A Source-book on French Law

A Source-book on French Law

System · Methods · Outlines of Contract

by Sir Otto Kahn-Freund, Claudine Lévy
and Bernard Rudden

with a Preface by André Tunc
Professeur de droit à l'Université de Paris-I

Second Edition

OXFORD
AT THE CLARENDON PRESS

Oxford University Press, Walton Street, Oxford OX2 6DP

London Glasgow New York Toronto
Delhi Bombay Calcutta Madras Karachi
Kuala Lumpur Singapore Hong Kong Tokyo
Nairobi Dar es Salaam Cape Town
Melbourne Auckland

and associate companies in
Beirut Berlin Ibadan Mexico City

© *Oxford University Press 1979*

British Libraries Cataloguing in Publication Data

A source-book on French law.— 2nd ed.
  I. Contracts—France
  I. Kahn-Freund, *Sir* Otto   II. Lévy, Claudine
  III. Rudden, Bernard
346'.44'0208   [Law]   79–40394
ISBN–0–19–876088–4
ISBN–0–19–825349–4 Pbk

First printed 1979
Reprinted 1982

Printed in Great Britain by
Mackays of Chatham Ltd.

Dedication

THIS edition is, with his permission, dedicated to Mr E. H. Cordeaux who, until his retirement from the office of Law Librarian in 1978, did so much for the Bodleian Law Library and for all its readers.

Acknowledgement

THIS work could not have been done without the financial assistance I received for six years from The Leverhulme Trust Fund. I should like to take this opportunity of expressing my sense of gratitude to the Trustees and to the Director of the Leverhulme Trust for the generous support they have given me throughout these years.

O. K.-F.

Contents

Preface

THIS book should go a long way towards helping British jurists acquire the knowledge of French law that is becoming more and more necessary.

For some decades, of course, on both sides of the Channel, distinguished scholars have directed their attention towards 'the other' legal system. The familiarity with it they acquired was sometimes intimate enough to enable them to write books valuable not only for their own countrymen, but also for the jurists of the system they studied. By a well-known phenomenon, consideration of a foreign system fosters 're-flection' on one's own. These scholars were able to influence pupils, some of whom developed their masters' researches. The flame of comparative study between Great Britain and France never dimmed and it would be easy to cite the names of a galaxy of jurists who, during the last decades, have worked to make it brighter.

None the less, up to the time when Great Britain joined the European Economic Community—or to the years immediately preceding her decision—the study of French law was something of a luxury. It was possible only in a few Universities and could attract only a minority of students of great curiosity of mind. Only a few of them saw in French law a matter which could be of practical interest.

The situation has now completely changed. The youngsters who are now entering Universities or the legal professions will still be in full activity during the first decades of the twenty-first century. In a period when in many respects the world seems in a state of revolution, it would need a bold man to be adventurous enough to try to describe what Europe will be in the year 2000 or 2030. Yet, in all likelihood, the relations between the various members of the European Economic Community will have greatly expanded in every domain. In particular, inter-state commerce should be as normal as domestic—as normal as it is within the United States. The European Economic Community members, it is true, do not form a nation; yet they form an economic *community*, a *common market*, and, for their common good, the walls which may be maintained by nationalisms more or less articulate, and by the diversity of languages, should be gradually dismantled. After a long evolution during which commercial dealings between Great Britain and France increased but slowly, Great Britain has crossed a threshold: from now on the country is engaged in a process of economic merger. The study of French law by a significant number of British students suddenly becomes of vital importance, not merely to them, but to the country.

If the years 1971 and 1972 are historic ones, a tribute should be paid to all those who have worked to prepare Great Britain for entry into the Common Market and, in particular, to the jurists who have foreseen the need to enlarge the study of the law of the Common Market and of the European countries. Among them, the place of Professor Otto Kahn-Freund is pre-eminent. It would be improper for the writer to pretend to present to the public a scholar whose well-merited reputation is established all over the world and who benefits from a general admiration for his character, as well as for his science. Still, someone who has been invited to his classes, who has heard his students speak of him, who has benefited from the excellent French collections gathered on his advice in the Bodleian Law Library, may be permitted to appear as a witness: the tradition of the study of French law, established by Professor Harry Lawson, and now resting on the shoulders of Professor Barry Nicholas, has been brilliantly developed by Professor Otto Kahn-Freund. Clearly this could not have been achieved if it had not been for the close collaboration between the three authors of this book. Dr. Claudine Lévy, who is lecturer in European Law at the University of Leeds, brought to bear on this work her training and extensive knowledge as a Continental lawyer, and Dr. Bernard Rudden, who holds the Oxford University Lectureship in European Law, his wide experience in comparative studies of the laws of both Western and Eastern Europe. It is for their students, for those of other British universities who have also established a tradition of the study of French law (and one cannot help thinking, among others, of Cambridge, Manchester, London, Birmingham, Nottingham, Edinburgh, Glasgow) and for all who will follow their path, that the three authors have prepared this book.

The work seems to respond perfectly to the needs of students of French law. In its first part, by documents astutely selected and by penetrating introductory notes, it gives an excellent view of the sources, categories, and institutions of French law. The second part, on the law of contract, is a perfect illustration of the former. It will enable the reader to understand how a Code produced before the Industrial Revolution for 'a race of peasants' (an amusing but sound remark of the authors) can still usefully govern modern business. The field of contract is probably less typical of the merits of codification than, say, the laws of family, property, succession, donation, or wills. But it is an ideal one to illustrate, without going to the extreme example of the law of tort, the interplay of the various sources of law. The second part has also an obvious value by itself, since the law of contract is one of those which will be most needed by the British practitioner.

One ought, perhaps, to have taught a foreign legal system to appreciate the science, labour, skill, and devotion embodied in this book and partly hidden by its elegant presentation. The French jurists, in any case, will be grateful to the three scholars who have so well depicted their legal system.

ANDRÉ TUNC

Université de Paris-I

Conventions

Codes. All references to the Codes, their addenda, and notes are to the Petit Dalloz edition.

Doctrine. The bibliography is numbered and works therein are cited in the footnotes by B. followed by the appropriate numbers. Where a work is not included in the bibliography, the full reference appears in the footnotes.

Unless otherwise stated:

(i) passages from writers are extracts only;
(ii) where the original bears numbers these have been preserved;
(iii) the author's own citations are omitted;
(iv) where textbooks are referred to but not reproduced, the number given is that of the section, not the page.

Jurisprudence. Cases are referred to in the usual French way: thus Cass. civ. 27.5.1908 means a decision of one of the sections of the *Chambre civile* of the *Cour de cassation* given on that date; Cass. req., a decision of that court's *Chambre des requêtes.*[1]

The method of compiling law reports has changed from time to time, and not all writers use the same conventions.[2] The letters D. and S. refer to Dalloz and Sirey; D.S. to those years when the reports were united. The last number is always the page; but if, between it and the date, there appears the number 1, 2, or 3, this refers, respectively, to the section of the volume dealing with decisions of the *Cour de cassation*, of other civil courts, and of administrative jurisdictions; the pages of each section are numbered afresh. In the case of the Recueil Dalloz, D.H. refers to the part entitled Hebdomadaire, D.A. to that entitled Analytique, D.C. to that entitled Critique, and D.Somm. to the Sommaires. The letters D.P. are normally used by the French to refer to the section entitled Périodique. If the citation is simply to D. or S. followed by the year

---

[1] For details see below, p. 278.
[2] For details see below, p. 11.

and page, the reader will find the case at that page in the section of
the volume devoted to *jurisprudence*.

The Gazette du Palais is published with two volumes in every
year; consequently, the number refers to the volume. The work
which appears under the name La Semaine Juridique is referred to
as J.C.P. (Jurisclasseur Périodique). It is divided into parts indicated
thus: I Doctrine, II Jurisprudence, III Textes, IV Tables etc. The last
number in the citation is that of the entry.

Abbreviations

adm./admin. administratif
AF Anciens francs
A.J. L'Actualité Juridique
al./alin. alinéa
anon. anonyme
art(s). article(s)
att. attendu
Bull. civ. Bulletin civil
C. contre
Cass. civ. Cassation chambre civile
Cass. com. Cassation chambre commerciale
Cass. crim. Cassation chambre criminelle
Cass. req. Cassation chambre des requêtes
Cass. soc. Cassation chambre sociale
Chr./Chron. Chronique
C. civ. Code civil
C. com. Code de commerce
Comm. gouv. Commissaire du gouvernement
Comp./Cie Compagnie
concl. conclusions
Cons. Consorts
cons. conseil
Cons. const. Conseil constitutionnel
C. pén Code pénal
C. proc. civ. Code de procédure civile
D. Dalloz
D.A. Dalloz analytique
D.C. Dalloz critique
D.H. Dalloz hebdomadaire
Dlle Demoiselle

Dme Dame
Doctr. Doctrine
D.P. Dalloz périodique
Dr. Soc. Droit social
D.S. Dalloz–Sirey
éd. édition
et s. et suivant(es)
Fr./fr. Francs
G.A. Grands arrêts (de la jurisprudence civile)
G.A.A. Grands arrêts (de la jurisprudence administrative)
G.D. Grandes décisions (du Conseil Constitutionnel)
Gaz. Pal. Gazette du Palais
gén. général(e)
J.C.P. Semaine juridique (Jurisclasseur périodique)
J.O. Journal officiel
L.G.D.J. Librairie générale de droit et de jurisprudence
N./n° numéro
P.U.F. Presses universitaires de France
R.D.P. Revue du droit public
Rev. ass. terr. Revue des assurances terrestres
Rev. trim. dr. civ. Revue trimestrielle de droit civil
Rev. trim. dr. com. Revue trimestrielle de droit commercial
S.A. Société anonyme
Somm. Sommaires
Vve Veuve

Table of French Statutes etc.

N.B. The more prolix titles have been shortened.

Table of French Cases

Table of English Statutes etc.

Table of English Cases

Introduction

THIS book is intended as a tool for students and teachers of comparative law. The material has been selected and the connecting text written to help common lawyers overcome some of the difficulties they have to face when trying to understand a Continental system; and this purpose determined both the choice of extracts and the structure of the work.

When, in 1964, it was decided to introduce comparative law as an undergraduate option at Oxford, it became clear that a collection such as this would be indispensable. A teacher of English law can refer his pupils to the sources—statutes, cases, textbooks, articles—fully confident that each of them will be easily accessible. Foreign material, however, may be not or may be only insufficiently available. Oxford is fortunate enough to be relatively rich in this field, but even here we had to prepare a duplicated collection of material; and it is this work, tested and amended in the light of some years' experience of its use, which has formed the basis of the book.

Anyone asked to prepare a course on comparative law is faced with a subject whose scope is vast, but whose functions are elusive. It is, in fact, not a subject at all but—as its French name makes clear—a method, a discipline. Without some such discipline most lawyers are blind; for the saddest thing about being blind must surely be, not that you cannot see other people, but that you cannot see yourself. Given, then, that one of the principal benefits of learning comparative law is the insight it affords into the student's own system, it follows that the course must be highly selective, both *ratione loci*— as regards the legal systems to be compared—and *ratione materiae*— in the choice of the particular topics to be included. It is this need for selection which makes the preparation of a course (and of a book like this one) so difficult and so interesting.

These considerations informed the decision of the Oxford Faculty of Law to restrict comparison to one legal system, and that the French. The reasons for this are to be found mainly in the structure of that country's legal sources. Much of the law is codified—and yet there can be few systems in the elaboration of which the courts have played so large a role. Partly this is due to the obsolescence of the Codes and the need for adapting their provisions to rapid social change; partly it springs from the virtual absence of codification in the vital area of public law; and the result is a symbiosis of code and case-law. It is nourished, moreover, by a kind of legal thinking far more systematic than any an English student will find in his own textbooks, and he can learn invaluable lessons from the extremely high standard and very great influence of academic writing in France.

These advantages are found, of course, in other systems; but what is, perhaps, a unique characteristic of French lawyers is their gift for blending the systematic and the practical, and their refusal to push speculation to the point where the academic loses his grip on the workaday application of the law. Like few other systems, the French can teach us both the great importance of theoretical thought for legal practice, and the fundamental need to keep the thinking down to earth. In other words, it can free the English student from the slavish cult of judicial 'authority' and show him the need for speculating on the hypothetical, the undecided, while at the same time teaching him not to lose his way in the wilderness of a *Begriffshimmel*.

There is, however, a more practical reason for choosing the French system: most students can read the language. We hope that this book will help the reader to grasp the *style* of French law and to understand why it is that French legal thinking and writing form part of a general literary civilization—but law and language cannot be separated. Lawyers have to produce results in the real world, affecting people's liberty, goods, and happiness, yet all they have is words. They work like a doctor but with the weapons of a priest. And so the sources must be read in French: a translation, like a copy of a painting, can give great pleasure, yet it is not the real thing, it will never instil a true feeling for style.

Having decided—for the reasons given—on the French legal system, we were faced with the problem of selection. Clearly, what is more interesting than any detail is the general nature of the sources, and the interrelation of legislation, case-law, academic writing, and contract practice. It is here that the difference between the common- and civil-law systems is most visible. Equally important is the structure of the substantive law itself, where the vital distinction between public and private law needs not only to be compared but to be contrasted with the position in England. Yet these more general topics come to life only when illustrated by an example of the law in action. Our choice can be easily justified: the law of contract is largely shaped by economic needs which are similar in both France and Britain. On the other hand, their legal traditions are very different, and so this branch of the law provides a good example of the effect on similar problems and situations of differing legal techniques. In this respect it is a better paradigm for an elementary course than say family law, any branch of public law, or even the law of property. In all these spheres, social, religious, and political traditions and institutions have a far greater influence than in the law of contract. The law of civil delict (tort) has, of course, been the great development of this century and provides fascinating material for comparison: but we felt that its complexities and subtleties were too great for an undergraduate student.

This, then, is our programme: Sources and Methods, and the General Principles of the Law of Contract. Within these topics we have had to make further, often agonizing, choices. Our approach to them was based on the belief that a teacher of comparative law has the twin duties of opening the eyes of his pupils to similarities concealed behind apparent differences and to differences hidden in solutions which, at first sight, look the same in both countries. In relation to French law the first of these tasks is—especially at an elementary level—perhaps the more urgent. This is why we decided to place all our emphasis on such topics as must bewilder the beginner. The questions we constantly asked ourselves were: 'What are the principles, the institutions, the practices of French law which a student with a background of common, or Scots, law is likely to find odd and hard to understand? At what points may he be repelled by unfamiliarity?' And, even more important, 'What can we do to help him articulate this feeling of strangeness, and thus to bridge the intellectual gulf which—sometimes in reality and sometimes only in appearance—separates his own intellectual traditions from those which lie behind the foreign words, thoughts, and doctrines he is being called upon to absorb?'

This policy—to take the bull by the horns and attack immediately the areas of difficulty, leaving easier matters to look after themselves —explains what must at first appear as arbitrary in our selection. Our fundamental assumption is that a student using this book will have been directed by his teacher to use one of the excellent French textbooks on *Droit Civil*, all of which contain general introductions on sources and methods. These books, however, have been written by French scholars for their native students and the emphasis is naturally distributed with an eye to their needs. Our material and connecting remarks are designed to adjust that emphasis to the requirements of students with a common-law background.

In adopting this principle, we had to impose on ourselves a self-denying ordinance of considerable dimension: we had to restrict our attention to private law and to refer to constitutional and administrative law only for the purpose of making the student see the nature of legislative sources and of the difference between private and public law. The entire area of criminal law and procedure had to be omitted—except where it was necessary to explain that (to a common lawyer) odd creature, the *partie civile* in the criminal courts. We cannot help feeling that a book similar to this but devoted to the criminal law, courts, and procedure should one day appear; but we were not in a position to produce it.

The first Part of this work is divided into three chapters, designed to present material elucidating areas of special difficulty in the nature of the sources of French law, in the categorization of its principles, and in the structure of its courts and legal profession. In the second Part, problems of difficulty appear under four chapter headings, concerned with the making of a contract, its effect on the parties, on others, and its termination.

We give a few examples from the first Part to show how our principle of selection was applied. In connection with statutes as a source of law, what we had to illustrate was the unfamiliar phenomenon of a codified legislative procedure and the operation of a written constitution which—and this is not easily understood by a common-law observer—while being a 'higher law' cannot be applied as such by a judge so as to declare any legislative act invalid. Here, and throughout, we felt it our duty to emphasize the principle of *séparation des pouvoirs* and its uniqueness in a comparative context. There was no call to explain the meaning of subordinate legislation, but the greatest need for dealing with the *règlement autonome* created by the 1958 Constitution and with the *Conseil constitutionnel*. These are matters over which the student is likely to stumble, as is the problem of the interpretation of statutes and standard contracts (which therefore—perhaps somewhat surprisingly—will be found discussed in the section on legislation). Codification itself is, of course, something which may present great difficulty to the student, and we thought it right to display the historic conflict of opinion surrounding its purpose.

We make no apology for having been expansive in demonstrating the great controversy which surrounds the problem of *la jurisprudence* as a source of law. The dispute may, at first blush, look quite incomprehensible to a common lawyer; but to see it in its constitutional, historical, and doctrinal context is a most valuable lesson, and may even suggest to him the existence of similar, if less articulate, problems in his own system.

Moreover, we thought it right to explain and illustrate the great importance of *la doctrine*. On the one hand it has helped to develop those 'general principles' which, better than anything else, give the student an insight into the limitations of a Code. On the other hand, we had to emphasize its influence on the courts, because our experience of teaching and examining this subject has shown that English students are only too easily misled into handling French judgments as if they were the 'precedents' of their own system, and into thinking that they have solved a problem by referring to a decision of the *Cour de cassation* or the *Conseil d'Etat*. Nothing, we thought, was more urgent than to show the greater flexibility of the French judicial methods and the practical consequences of that combination of a high respect for judicial authority with a rejection of its 'binding' force which is characteristic of French law. At the same time we hoped to enable the reader to decide for himself whether there is any truth in the oft-repeated assertion that the French system is more 'logical' than the common law.

Again, when dealing with the categories of law we selected those such as public and private law, civil and commercial law, which a student is likely to misunderstand, or those which are often underplayed in common-law teaching, such as *ius cogens, ius dispositivum*. We also tried to correct the notion that *ordre public* is simply a translation of 'public policy'. Similarly, we tried to underline those institutions, rules, habits by which the French courts and practitioners differ from their English counterparts. No one will be surprised that we stressed the 'collegiate' principle, the laconism of judicial style and the role of the *ministère public*.

Exactly the same policy was adopted in the second Part. The pervasive influence of the *pouvoir souverain du juge du fond* on the law of offer and acceptance, and its deployment as a method of decision-making by the highest court, the importance of the principles formulated by the great doctrinal writers of the seventeenth and eighteenth centuries, the survival of traditional notions such as *cause*, and of institutions such as avoidance for *lésion*—all of these show the extent to which the law of contract illustrates the general observations of the first Part. The distinction between *obligations de moyens* and those *de résultat* discussed in Chapter 5 is one of those fruitful abstractions of which French law is capable and which look so strange to the common-law student. He may be induced to consider whether a similar distinction does not underlie his own law of contract and tort and whether its articulation might not clarify some difficult problems. Conversely, he may speculate on what is lost to a system which does not distinguish right, power etc. as Hohfeld taught the common law. Clearly, *force majeure* and impossibility of performance are among those topics which are most tempting to anyone engaged in comparing the two systems of contract law. This, however, is even more true of all issues arising from the effect of a contract on third parties, and it was imperative, in the light of the approach described above, to devote a separate chapter to these matters. But the most difficult area of contract law is that concerned with breach. Here, we followed the example of French authors in including material on topics which, in this country, are not considered as part of the law of contract at all. How could one really grasp the French treatment of the subject without some understanding of *astreinte*?

Most of the following pages are devoted to extracts from French laws, cases, books, and articles. We have tried to restrict our own connecting contributions to the minimum. It will be seen that these have a threefold purpose. In some cases they are intended to make it easier to understand the French material—this is true, for instance, of our comments on *la jurisprudence* as a source of law, and of our introduction to the section on remedies and *astreintes*. In other parts of the book we thought it sufficient simply to draw the reader's attention to English parallels or contrasts, while elsewhere we invite him to test his understanding and have framed our references in the form of questions. Which of these methods we chose depended entirely on the nature and complexity of the problem involved; our approach was throughout pragmatic, rather than dogmatic. In adopting it we assumed that the reader would not only, as already indicated, be acquainted with a French textbook, but that he would have the *Code civil* at his elbow.

It remains for us to express our sincere thanks to Professor André Tunc for having contributed a Preface, and to the Delegates of the Oxford University Press for having undertaken to publish the book. We also owe a special word of gratitude to Mr. E. H. Cordeaux, Superintendent of the Bodleian Law Library, and his staff for their unfailing and patient assistance; to the printers for their excellent work on a difficult manuscript; to the authors who gave us permission to print their work; and to the following publishers: Cujas, Dalloz, Editions Montchrestien, Editions Techniques, Librairie Générale de Droit et de Jurisprudence, Michigan Law Review Association.

No doubt our mistakes are many; and, while not entirely sure of our grasp on the refinements of *responsabilité in solidum* and *solidarité*, we gladly accept whichever be the heavier.

O. K.-F.
C. L.

Oxford, Christmas, 1971   B. R.

Introduction to Second Edition

THIS edition attempts to take account of recent major developments in the French legal system. Of these, the new-found activism of the *Conseil constitutionnel* is as unexpected as it is important.[1] Its main effects are three-fold:

1. In checking the constitutionality of bills (which may now be referred to it by members of the Parliament) the *Conseil constitutionnel* has drawn more and more on the general, and fundamental, principles affirmed in the 1789 *Déclaration des droits de l'homme et du citoyen*.

2. Its assertion, in 1973, that only the Parliament (and not the

---

[1] A comprehensive analysis is given in Barry Nicholas, Fundamental Rights and Judicial Review in France, [1978] *Public Law* 85-101, 155-177.

Government) could impose the penalty of imprisonment threw the lower courts into disarray and brought the whole issue of the balance of powers before the *Cour de cassation*.

3. Its refusal to test the abortion bill against an international agreement (The European Convention on Human Rights) left the *Cour de cassation* faced with a crucial conflict between the Treaty of Rome and a later *loi*.

The materials given on these topics include substantial extracts from the submissions of M. Adolphe Touffait who was then *Procureur Général* and is now on the bench of the Court of Justice of the European Communities. His submissions analyse current constitutional problems and replace much of the doctrinal discussion printed in the First Edition.

The basic text on the French 'Ombudsman' is included and a new section has been introduced to illustrate the role of the judicial committee of the *Conseil d'Etat*, both in its control of the *pouvoir réglementaire* and in its *pleine juridiction*.

In Part II (Contract) no attempt has been made to print cases simply because they are recent; but, in the more difficult areas (such as *erreur* and *cause*), some are inserted because they make important points in a relatively simple context.

Grateful thanks are owed for the assistance given by Professors André Tunc, Tony Honoré, Barry Nicholas and Tony Ogus; and—of course and as always—for the cheerful help of Miss S. A. M. Lush, Law Librarian, and of all the staff of the Bodleian Law Library.

Oxford, January 1979   B.R.

Part 1. Sources and Methods

1 Major Sources of Law

Preliminary: Where to find the Law[1]

A. Law Reports and Periodicals

From Rodière, *Travaux pratiques* (1963)[2]

Recueils de jurisprudence et de législation

1. *Le Recueil Dalloz*. En 1824, les deux frères Dalloz entreprennent la publication, sous le nom de 'Jurisprudence générale du Royaume', d'un recueil qui fait alors suite au 'Journal des Audiences' fondé au début du siècle. Bientôt transformé, élargi dans sa publication, perfectionné dans sa présentation et régularisé dans son rythme de publication, le nouveau périodique devient le Recueil Dalloz tel qu'on le trouve dans les bibliothèques. Dans une forme qui ne changera plus guère que dans les détails, il date ainsi de 1845 . . .

(As to these details: Until 1924 Dalloz appeared monthly, and was collected into yearly volumes, divided into five parts, each numbered afresh; these were devoted to decisions of the *Cour de cassation*, of lower courts, of administrative tribunals and the *Conseil d'Etat*, legislation, and summaries. From 1924 to 1940 the main publication again appeared monthly, without the fifth part, and was known as *Dalloz périodique* (D.P.). There also appeared, weekly, a *Dalloz hebdomadaire* (D.H.) with unannotated reports. Both parts are usually bound into the yearly volumes.

From 1941 to 1944 the monthly part was called *Dalloz critique* (D.C.) and the weekly *Dalloz analytique* (D.A.).)

Depuis 1945, le Recueil ne comprend plus qu'une seule publication hebdomadaire. Il est divisé en trois parties. La première contient des chroniques consistant en des études doctrinales sur des sujets généraux ou d'actualité des genres les plus divers. La seconde comprend de la jurisprudence; les décisions y sont publiées *in extenso*; au pied de chaque décision, des références renvoient à des décisions rendues sur le même objet et déjà publiées ainsi qu'aux

---

[1] The best guide in English is Szladits, *Guide to Foreign Legal Materials* (French, German, Swiss), B. 2.

[2] B. 31, pp. 1 ff.

ouvrages de doctrine les plus couramment utilisés en la matière; les décisions les plus intéressantes par la nouveauté du problème résolu, de la solution adoptée ou encore de leur motivation, sont accompagnées d'une note critique plus développée et signée. La troisième est consacrée à la législation. Les lois et les décrets les plus importants y sont rapportés *in extenso*, parfois avec un commentaire doctrinal et pratique. Les textes réglementaires moins intéressants sont seulement signalés avec l'indication du jour et de la page du Journal officiel qui les a publiés.

2. *Le Recueil Sirey*. En l'an XIII, J.-B. Sirey, avocat à la Cour de cassation, faisait paraître la 'Jurisprudence de la Cour de cassation', avec ce sous-titre: 'Notices des Arrêts les plus importants, depuis 1791, époque de l'institution de la Cour jusqu'à l'An X' . . .

Mais, très vite, la jurisprudence de la Cour de cassation ne suffit pas à satisfaire la soif d'information juridique des praticiens. Des 'Additions', qui paraissent bientôt à la fin de chaque année, contiennent des arrêts des cours d'appel sur des points importants, 'surtout sur des points analogues aux dispositions des nouveaux Codes', et les lois, les senatus consultes, les Décrets impériaux . . . qui se rapportent à l'ordre 'judiciaire'.

A partir de 1808, la présentation est unifiée. Le Recueil général des Lois et Arrêts présente en deux parties: d'une part, la Jurisprudence de la Cour de cassation, d'autre part, les Lois et décisions diverses...

Les lois et décisions diverses, mêlées dans une seule partie depuis l'origine, trouvent place dans deux parties différentes. Plus exactement, les lois, décrets et autres textes réglementaires deviennent assez abondants pour justifier une publication séparée, celle des 'Lois annotées'. L'innovation date de 1846 . . .

Cependant le Sirey qui comme le Dalloz avait été une publication pour praticiens faite par des praticiens s'ouvre à l'Ecole. Les Facultés qui en vérité n'avaient jamais ignoré la jurisprudence l'étudient avec plus de soin et en tiennent un compte grandissant. L'interprétation des textes par la jurisprudence ne leur apparaît plus comme une sorte d'interprétation à mettre sur le même plan que celle de la doctrine. Cette évolution se manifeste dans ce fait matériel: la couverture du Sirey qui jusque-là n'indiquait comme directeurs ou comme collaborateurs que des praticiens du Palais, avocats et magistrats, annonce que la publication est faite avec la collaboration de plusieurs magistrats, professeurs et juris-consultes. En 1881, les noms de ces professeurs apparaissent pour la première fois sur la couverture, encore que, depuis de longues années déjà, des notes y sont signées de noms illustres, notamment de celui que l'on a pu considérer comme le créateur du genre, J. E. Labbé. La même année, le Sirey change et diversifie sa division intérieure. Il est désormais composé de cinq parties ; la première est consacrée à la jurisprudence de la Cour de cassation ; la seconde est consacrée aux cours d'appel, tribunaux et juridictions inférieures de l'ordre judiciaire, la troisième au Conseil d'Etat et autres juridictions administratives. Jusqu'ici, le parallélisme avec le Dalloz est fidèle. La quatrième partie indique une autre évolution : elle est consacrée à la jurisprudence étrangère. Le Droit français s'était nationalisé avec la Révolution. Des sentiments mêlés de chauvinisme et d'orgueil pour la codification napoléonienne avaient conduit à un repli intérieur excessif. Le changement des idées s'annonce dans cette rubrique nouvelle du Sirey. Enfin, une cinquième partie est constituée par les Lois nouvelles.

Sous cette forme, le Sirey ne changera plus jusqu'en 1950 . . .

. . . Le Sirey qui avait fusionné avec le Dalloz en 1955, a repris son indépendance l'année suivante.

(But since 1965 Dalloz and Sirey have again been merged and have become Dalloz–Sirey (D.S.).)

3. *La Semaine Juridique*, créée en 1927, a conservé son caractère de revue à l'usage des praticiens. Depuis 1937, elle se présente avec une division tripartite. La première partie contient des articles de doctrine, appelés longtemps 'dissertations' ; la seconde, des décisions de jurisprudence, généralement annotées ; la troisième, des textes législatifs. Elle présente une originalité en ce qu'elle n'est pas paginée ; articles de doctrine dans la première partie, arrêts dans la seconde, textes dans la troisième ont chacun un numéro. Une citation ainsi conçue : J. C. P. 1954. II. 8024 qui se réfère à une décision de jurisprudence se lit ainsi : 'Semaine Juridique, année 1954, 2ème partie, numéro 8024'. Ce système de numérotation présente l'avantage que l'ordre n'est pas interrompu à la fin de chaque année. L'année 1954 s'est achevée dans la partie de jurisprudence avec le no. 8447 ; la première décision de jurisprudence rapportée en 1955 a donc le numéro 8448.

. . .

4. *La Gazette du Palais*, fondée en 1881, se présente sous une forme particulière. C'est un journal du format courant des journaux

d'information, qui longtemps a paru quotidiennement et qui, depuis la dernière guerre, ne paraît plus que deux fois par semaine . . .   ;

La Gazette du Palais n'est pas divisée en parties intérieures mais en deux semestres. Une référence ainsi conçue: Gaz. Pal. 1954. 2. 227 se lira: 'Gazette du Palais de 1954, 2ᵉᵐᵉ semestre, page 227'.

Chaque volume semestriel comprend successivement de la jurisprudence, de la législation et de la doctrine. Il s'achève par des tables. La partie la plus intéressante pour l'étudiant en droit est constituée par la jurisprudence, car les études de doctrine y ont un caractère à peu près exclusivement pratique . . .

5. Revues. — Depuis le début du siècle dernier, de nombreuses revues sont nées; toutes sont mortes après une durée plus ou moins longue à l'exception d'une seule parmi celles qui se sont consacrées aux problèmes de droit privé et particulièrement au droit civil.[3]
. . .

La Revue trimestrielle de droit civil a été fondée en 1902. Elle est née à cette période d'intense renouvellement de la pensée juridique qui vit paraître la première édition du Traité élémentaire de Planiol (1899), l'ouvrage du doyen Gény '*Méthodes d'interprétation et sources en droit privé positif* (1899), les grandes œuvres de Saleilles et d'Edouard Lambert. Cette revue s'ouvrait sur un article d'A. Esmein, consacré aux rapports de la doctrine et de la jurisprudence où il affirmait: 'Il faut que la doctrine prenne la jurisprudence pour son principal objet d'étude'. Ce conseil n'a pas été oublié depuis. La Revue trimestrielle est spécialisée; on n'y trouve que des études consacrées au droit civil et à la procédure civile; études sous forme d'articles et de chroniques de jurisprudence. Chaque trimestre, une chronique, signée de grands noms des Facultés, indique, analyse et commente des décisions rendues et publiées au cours du trimestre précédent. Les étudiants ne devront jamais négliger cette source d'information et de critique, mais cette chronique ne doit jamais leur faire négliger la lecture *in extenso* des décisions qui y sont commentées mais qui n'y sont pas rapportées; c'est dans les recueils de jurisprudence décrits ci-dessus qu'ils liront ces décisions; la chronique de la Revue trimestrielle ne manque d'ailleurs pas d'indiquer ses références.

[3] The most important of these was the *Revue critique de législation et de jurisprudence* which existed from 1850 to 1939.

B. Textbooks

There is a large number of excellent French textbooks and handbooks on *Droit Civil*, and those intended for the use of students invariably contain a series of introductory chapters designed to give a survey of the legal institutions, and of some of the basic principles of the law. We recommend in particular:

Marty et Raynaud, *Droit civil*, Sirey.
(quoted Marty/Raynaud)

Mazeaud et Mazeaud (Henri, Léon et Jean), *Leçons de droit civil*, Montchrestien.
(quoted Mazeaud/Mazeaud)

Carbonnier, *Droit civil*, P.U.F.
(quoted Carbonnier)

Starck, *Droit civil*.
(quoted Starck)

Marty/Raynaud shows the advantage of the French style of legal reasoning admirably. It is incisive, systematic, and most illuminating, especially on the more difficult problems of the law of contract—*cause, lésion, stipulation pour autrui*, etc. It is very concise and closely reasoned and requires the student's concentrated attention. The only drawback of the work is that it is no longer up to date—the current edition of the volume on Obligations was published in 1962. It is, nevertheless, an indispensable aid to a student embarking on a course of French civil law.

In our experience many students have found Mazeaud/Mazeaud, *Leçons*, the most satisfactory work to serve as a basis of their studies. It displays the doctrines and problems in full—it is easier to read than Marty/Raynaud, and it assists the student through the judiciously selected *Lectures* (extracts from cases, articles, etc.) which are attached to the various *Leçons*. We strongly recommend the book as one of the foundations of the student's work.

We should however urge students to consider the work by Carbonnier as equally important. This is a book of outstanding merit, written in a style at once concise and lucid. It is easier to read than Marty/Raynaud, and without purporting to penetrate as deeply into the legal particulars as does that work, it gives a brilliant survey of the doctrinal problems. But it does far more—it enlightens its reader on the social and political and cultural forces which have shaped the law and which continue to transform it. In order to get the full benefit of the work one must read the passages in small print; they are the most valuable parts. Our bibliography contains details of more specialized works.

Section 1 : *Loi*

Introductory Notes

This section is intended to help the student to understand the legislative process, and especially those of its aspects with which he is likely to be most unfamiliar.

For this purpose we have included a copious extract from the Constitution of 1958 and from André Hauriou's analysis of the legislative process. This, we hope, will give the student an insight into a codified system of statute making, and an opportunity of comparing this with the largely uncodified principles of the constitutional law of the United Kingdom.

From the point of view of an English reader the most unfamiliar feature of the 1958 Constitution is that, while art. 34 provides that statutes (*lois*) are enacted by the Parliament, art. 37 al. 1 gives the Government a residuary—but far from residual—power to legislate. It does so, moreover, not by a rule *ascribing* jurisdiction but by a statement *describing* subject-matter. In consequence, delicate questions arise as to the relation between these two areas of juris-diction; as to where the line is to be drawn; and—most important of all—as to who is to draw it. The problem has engaged all three supreme tribunals—the judicial committee of the *Conseil d'Etat*, the *Conseil Constitutionnel*, and the *Cour de Cassation*—and we print their opinions on the issue of whether the Government (as opposed to the Parliament) can impose the penalty of imprisonment.

The absence of any 'judicial review' of *promulgated* statutes on the grounds of unconstitutionality is one of the fundamental principles of the system. Before promulgation, however, a key role is played by the *Conseil Constitutionnel*: consequently we give an extract from the *Répertoire de Droit Public* explaining its structure and functions (in so far as they are relevant in our context) and also several of its decisions. As will be seen from the Constitution, every *loi organique* must be referred to this body. Any other *loi* may be so referred by the President of the Republic, the Prime Minister, the President of either Chamber and, since 1974, by sixty or more members of either.[4]

During the 1970s the influence of the *Conseil Constitutionnel* has grown in unforeseen ways. In particular it has shown itself prepared to invoke basic principles drawn from the 1789 *Déclaration des droits de l'homme*; and the new power of deputies or senators to refer legislation may mean that, to some extent, it is drawn into the parliamentary struggle between Government and opposition. Its jurisdiction is, however, limited strictly to that conferred by the Constitution. Thus in the important case of 6.11.1962 it declined to examine the *loi constitutionnelle* providing for direct presidential election as this was passed by referendum and not by the Parliament.[4a] And in the equally important case of 15.1.1975 it refused to test the Abortion Act against an international agreement, although it did consider the *loi* from the point of view of the principles enshrined in the 1789 *Déclaration*.[4b] It should be emphasised however that, despite the *Conseil Constitutionnel*'s new-bound activism, it does not compare with the judicial review of constitutionality as practised in, for instance, Germany, Italy, the USA or Australia.

In order to allow the student to see the principles of draftmanship governing a codification we are giving an extract from Portalis's classical *Discours préliminaire* of 1800.[5] Portalis (1746–1807)[6] was one of the members of the Commission appointed by Napoleon to produce a draft to the civil Code. This is the introductory document with which the draft was presented to the *Conseil d'Etat*. The extract also shows the significance attached to scholarly writings and to case law by at least one of the authors of the Code; his attitude may usefully be compared with that of Jeremy Bentham.

Lastly some of the problems concerning the interpretation of statutes are discussed in the extracts from Capitant who articulates the difference between the attitudes of the French and the English

---

[4] *Loi constitutionnelle du* 29.10.1974 *infra* p. 28.
[4a] Below, p. 89. [4b] Below, p. 72.
[5] 'Discours préliminaire prononcé lors de la Présentation du Projet de la Commission du Gouvernement', B. 50, in B. 6, Vol. 1, p. 463.
[6] See H. Capitant, 'Portalis, le Père du Code civil', B. 44, p. 187. On Portalis's 'Discours préliminaire' see also Tunc, 'The grand Outlines of the Code', B. 52, in B. 1, p. 19.

courts especially as regards the use of *travaux préparatoires*. He also touches upon the similarities and differences between the interpretation of statutes and that of contracts, especially of those 'standard contracts' which bear so many resemblances to legislation and often exercise a similar function. We add at the end of the Section one decision (with annotation) and two pieces of scholarly writing on this fundamentally important problem of private 'legislation' in the guise of contract making.

A. Legislation

CONSTITUTION DU 4 OCTOBRE 1958

Préambule

Le peuple français proclame solennellement son attachement aux Droits de l'homme et aux principes de la souveraineté nationale tels qu'ils ont été définis par la Déclaration de 1789, confirmée et complétée par le préambule de la Constitution de 1946.

En vertu de ces principes et de celui de la libre détermination des peuples, la République offre aux territoires d'outre-mer qui manifestent la volonté d'y adhérer des institutions nouvelles fondées sur l'idéal commun de liberté, d'égalité et de fraternité et conçues en vue de leur évolution démocratique.

ARTICLE PREMIER. La République et les peuples des territoires d'outre-mer qui, par un acte de libre détermination, adoptent la présente Constitution, instituent une Communauté.

La Communauté est fondée sur l'égalité et la solidarité des peuples qui la composent.

TITRE PREMIER

De la souveraineté

ART. 2. La France est une République indivisible, laïque, démocratique et sociale. Elle assure l'égalité devant la loi de tous les citoyens sans distinction d'origine, de race ou de religion. Elle respecte toutes les croyances.

L'emblème national est le drapeau tricolore, bleu, blanc, rouge.

L'hymne national est 'la Marseillaise'.

La devise de la République est: 'Liberté, Egalité, Fraternité.'

Son principe est: gouvernement du peuple, par le peuple et pour le peuple.

ART. 3. La souveraineté nationale appartient au peuple, qui l'exerce par ses représentants et par la voie du référendum.

Aucune section du peuple ni aucun individu ne peut s'en attribuer l'exercice.

Le suffrage peut être direct ou indirect dans les conditions prévues par la Constitution. Il est toujours universel, égal et secret.

Sont électeurs, dans les conditions déterminées par la loi, tous les nationaux français majeurs des deux sexes, jouissant de leurs droits civils et politiques.

ART. 4. Les partis et groupements politiques concourent à l'expression du suffrage. Ils se forment et exercent leur activité librement. Ils doivent respecter les principes de la souveraineté nationale et de la démocratie.

TITRE II

Le président de la République

ART. 5. Le président de la République veille au respect de la Constitution. Il assure, par son arbitrage, le fonctionnement régulier des pouvoirs publics ainsi que la continuité de l'Etat.

Il est le garant de l'indépendance nationale, de l'intégrité du territoire, du respect des accords de Communauté et des traités.

ART. 6. Le Président de la République est élu pour sept ans au suffrage universel direct.[7]

. . .

ART. 7. Le Président de la République est élu à la majorité absolue des suffrages exprimés. Si celle-ci n'est pas obtenue au premier tour de scrutin, il est procédé le deuxième dimanche suivant, à un second tour. Seuls peuvent s'y présenter les deux candidats qui, le cas échéant après retrait de candidats plus favorisés, se trouvent alors avoir recueilli le plus grand nombre de suffrages au premier tour.

. . .

---

[7] As amended by the *loi constitutionnelle* of 6.11.1962.

ART. 8. Le président de la République nomme le Premier ministre. Il met fin à ses fonctions sur la présentation par celui-ci de la démission du gouvernement.

Sur la proposition du Premier ministre, il nomme les autres membres du gouvernement et met fin à leurs fonctions.

ART. 9. Le président de la République préside le Conseil des ministres.

ART. 10. Le président de la République promulgue les lois dans les quinze jours qui suivent la transmission au gouvernement de la loi définitivement adoptée.

Il peut, avant l'expiration de ce délai, demander au Parlement une nouvelle délibération de la loi ou de certains de ses articles. Cette nouvelle délibération ne peut être refusée.

ART. 11. Le président de la République, sur proposition du gouvernement, pendant la durée des sessions ou sur proposition conjointe des deux Assemblées, publiées au *Journal officiel,* peut soumettre au référendum tout projet de loi portant sur l'organisation des pouvoirs publics, comportant approbation d'un accord de Communauté ou tendant à autoriser la ratification d'un traité qui, sans être contraire à la Constitution, aurait des incidences sur le fonctionnement des institutions.

Lorsque le référendum a conclu à l'adoption du projet, le président de la République le promulgue dans le délai prévu à l'article précédent.

ART. 12. Le président de la République peut, après consultation du premier ministre et des présidents des Assemblées, prononcer la dissolution de l'Assemblée nationale.

Les élections générales ont lieu vingt jours au moins et quarante jours au plus après la dissolution.

. . .

Il ne peut être procédé à une nouvelle dissolution dans l'année qui suit ces élections.

ART. 13. Le président de la République signe les ordonnances et les décrets délibérés en Conseil des ministres.

Il nomme aux emplois civils et militaires de l'Etat.

. . .

ART. 16. Lorsque les institutions de la République, l'indépendance de la Nation, l'intégrité de son territoire ou l'exécution de ses engagements internationaux sont menacées d'une manière grave et immédiate et que le fonctionnement régulier des pouvoirs publics constitutionnels est interrompu, le président de la République prend les mesures exigées par ces circonstances, après consultation officielle du Premier ministre, des présidents des Assemblées ainsi que du Conseil constitutionnel.

Il en informe la Nation par un message.

Ces mesures doivent être inspirées par la volonté d'assurer aux pouvoirs publics constitutionnels, dans les moindres délais, les moyens d'accomplir leur mission. Le Conseil constitutionnel est consulté à leur sujet.

Le Parlement se réunit de plein droit.

L'Assemblée nationale ne peut être dissoute pendant l'exercice des pouvoirs exceptionnels.

Art. 17. Le président de la République a le droit de faire grâce.

Art. 18. Le président de la République communique avec les deux Assemblées du Parlement par des messages qu'il fait lire et qui ne donnent lieu à aucun débat.

Hors session, le Parlement est réuni spécialement à cet effet.

Art. 19. Les actes du président de la République autres que ceux prévus aux articles 8 (1er alinéa), 11, 12, 16, 18, 54, 56 et 61 sont contresignés par le Premier ministre et, le cas échéant, par les ministres responsables.

TITRE III

Le gouvernement

Art. 20. Le gouvernement détermine et conduit la politique de la Nation.

Il dispose de l'administration et de la force armée.

Il est responsable devant le Parlement dans les conditions et suivant les procédures prévues aux articles 49 et 50.

Art 21. Le Premier ministre dirige l'action du gouvernement. Il est responsable de la défense nationale. Il assure l'exécution des lois. Sous réserve des dispositions de l'article 13, il exerce le pouvoir réglementaire et nomme aux emplois civils et militaires.

Il peut déléguer certains de ses pouvoirs aux ministres.

Il supplée, le cas échéant, le président de la République dans la présidence des conseils et comités prévus à l'article 15.

Il peut, à titre exceptionnel, le suppléer pour la présidence d'un Conseil des ministres en vertu d'une délégation expresse et pour un ordre du jour déterminé.

ART. 22. Les actes du Premier ministre sont contresignés, le cas échéant, par les ministres chargés de leur exécution.

ART. 23. Les fonctions de membre du gouvernement sont incompatibles avec l'exercice de tout mandat parlementaire, de toute fonction de représentation professionnelle à caractère national et de tout emploi public ou de toute activité professionnelle.

. . .

TITRE IV

Le Parlement

ART. 24. Le Parlement comprend l'Assemblée nationale et le Sénat.

Les députés à l'Assemblée nationale sont élus au suffrage direct.

Le Sénat est élu au suffrage indirect. Il assure la représentation des collectivités territoriales de la République. Les Français établis hors de France sont représentés au Sénat.

. . .

ART. 31. Les membres du Gouvernement ont accès aux deux Assemblées. Ils sont entendus quand ils le demandent.

Ils peuvent se faire assister par des commissaires du gouvernement.

TITRE V

Des rapports entre le Parlement et le gouvernement

ART. 34. La loi est votée par le Parlement.

La loi fixe les règles concernant:

— les droits civiques et les garanties fondamentales accordées aux citoyens pour l'exercice des libertés publiques; les sujétions imposées par la défense nationale aux citoyens en leur personne et en leurs biens;

— la nationalité, l'état et la capacité des personnes, les régimes matrimoniaux, les successions et libéralités;

— la détermination des crimes et délits ainsi que les peines qui leur sont applicables; la procédure pénale; l'amnistie; la création de nouveaux ordres de juridiction et le statut des magistrats;

— l'assiette, le taux et les modalités de recouvrement des impositions de toutes natures; le régime d'émission de la monnaie.

La loi fixe également les règles concernant:

— le régime électoral des Assemblées parlementaires et des assemblées locales;

— la création de catégories d'établissements publics;

— les garanties fondamentales accordées aux fonctionnaires civils et militaires de l'Etat;

— les nationalisations d'entreprises et les transferts de propriété d'entreprises du secteur public au secteur privé.

La loi détermine les principes fondamentaux:

— de l'organisation générale de la défense nationale;

— de la libre administration des collectivités locales, de leurs compétences et de leurs ressources;

— de l'enseignement;

— du régime de la propriété, des droits réels et des obligations civiles et commerciales;

— du droit du travail, du droit syndical et de la sécurité sociale.

Les lois de finances déterminent les ressources et les charges de l'Etat dans les conditions et sous les réserves prévues par une loi organique.

Des lois de programme déterminent les objectifs de l'action économique et sociale de l'Etat.

Les dispositions du présent article pourront être précisées et complétées par une loi organique.

. . .

ART. 37. Les matières autres que celles qui sont du domaine de la loi ont un caractère réglementaire.

Les textes de forme législative intervenus en ces matières peuvent être modifiés par décrets pris après avis du Conseil d'Etat. Ceux de ces textes qui interviendraient après l'entrée en vigueur de la présente Constitution ne pourront être modifiés par décret que si le Conseil constitutionnel a déclaré qu'ils ont un caractère réglementaire en vertu de l'alinéa précédent.

ART. 38. Le gouvernement peut, pour l'exécution de son programme, demander au Parlement l'autorisation de prendre par ordonnances, pendant un délai limité, des mesures qui sont normalement du domaine de la loi.

Les ordonnances sont prises en Conseil des ministres après avis du Conseil d'Etat. Elles entrent en vigueur dès leur publication mais deviennent caduques si le projet de loi de ratification n'est pas déposé devant le Parlement avant la date fixée par la loi d'habilitation.

A l'expiration du délai mentionné au premier alinéa du présent article, les ordonnances ne peuvent plus être modifiées que par la loi dans les matières qui sont du domaine législatif.[7a]

ART. 39. L'initiative des lois appartient concurremment au Premier ministre et aux membres du Parlement.

Les projets de loi sont délibérés en Conseil des ministres après avis du Conseil d'Etat et déposés sur le bureau de l'une des deux Assemblées. Les projets de loi de finances sont soumis en premier lieu à l'Assemblée nationale.

ART. 40. Les propositions et amendements formulés par les membres du Parlement ne sont pas recevables lorsque leur adoption aurait pour conséquence soit une diminution des ressources publiques, soit la création ou l'aggravation d'une charge publique.[7b]

ART. 41. S'il apparaît au cours de la procédure législative qu'une proposition ou un amendement n'est pas du domaine de la loi ou est contraire à une délégation accordée en vertu de l'article 38, le gouvernement peut opposer l'irrecevabilité.

En cas de désaccord entre le gouvernement et le président de l'Assemblée intéressée, le Conseil constitutionnel, à la demande de l'un ou de l'autre, statue dans un délai de huit jours.

ART. 42. La discussion des projets de loi porte, devant la première Assemblée saisie, sur le texte présenté par le gouvernement.

Une Assemblée saisie d'un texte voté par l'autre Assemblée délibère sur le texte qui lui est transmis.

ART. 43. Les projets et propositions de loi sont, à la demande du gouvernement ou de l'Assemblée qui en est saisie, envoyés pour examen à des commissions spécialement désignées à cet effet.

Les projets et propositions pour lesquels une telle demande n'a pas été faite sont envoyés à l'une des commissions permanentes dont le nombre est limité à six dans chaque Assemblée.

[7a] See Cons. const. 11.1.1977 A.J. 1977. 258.
[7b] See Cons. const. 20.7.1977 A.J. 1977. 438.

Art. 44. Les membres du Parlement et le gouvernement ont le droit d'amendement.

Après l'ouverture du débat, le gouvernement peut s'opposer à l'examen de tout amendement qui n'a pas été antérieurement soumis à la commission.

Si le gouvernement le demande, l'Assemblée saisie se prononce par un seul vote sur tout ou partie du texte en discussion en ne retenant que les amendements proposés ou acceptés par le gouvernement.

Art. 45. Tout projet ou proposition de loi est examiné successivement dans les deux Assemblées du Parlement en vue de l'adoption d'un texte identique.

Lorsque, par suite d'un désaccord entre les deux Assemblées, un projet ou une proposition de loi n'a pu être adopté après deux lectures par chaque Assemblée ou si le gouvernement a déclaré l'urgence, après une seule lecture par chacune d'elles, le Premier ministre a la faculté de provoquer la réunion d'une commission mixte paritaire chargée de proposer un texte sur les dispositions restant en discussion.

Le texte élaboré par la commission mixte peut être soumis par le gouvernement pour approbation aux deux Assemblées. Aucun amendement n'est recevable sauf accord du gouvernement.

Si la commission mixte ne parvient pas à l'adoption d'un texte commun ou si ce texte n'est pas adopté dans les conditions prévues à l'alinéa précédent, le gouvernement peut, après une nouvelle lecture par l'Assemblée nationale et par le Sénat, demander à l'Assemblée nationale de statuer définitivement. En ce cas, l'Assemblée nationale peut reprendre soit le texte élaboré par la commission mixte, soit le dernier texte voté par elle, modifié le cas échéant par un ou plusieurs des amendements adoptés par le Sénat.

Art. 46. Les lois auxquelles la Constitution confère le caractère de lois organiques sont votées et modifiées dans les conditions suivantes.

Le projet ou la proposition n'est soumis à la délibération et au vote de la première Assemblée saisie qu'à l'expiration d'un délai de quinze jours après son dépôt.

La procédure de l'article 45 est applicable. Toutefois, faute d'accord entre les deux Assemblées, le texte ne peut être adopté par l'Assemblée nationale en dernière lecture qu'à la majorité absolue de ses membres.

Les lois organiques relatives au Sénat doivent être votées dans les mêmes termes par les deux Assemblées.

Les lois organiques ne peuvent être promulguées qu'après déclaration par le Conseil constitutionnel de leur conformité à la Constitution.

ART. 47. Le Parlement vote les projets de loi de finances dans les conditions prévues par une loi organique.

Si l'Assemblée nationale ne s'est pas prononcée en première lecture dans le délai de quarante jours après le dépôt d'un projet, le gouvernement saisit le Sénat qui doit statuer dans un délai de quinze jours. Il est ensuite procédé dans les conditions prévues à l'article 45.

Si le Parlement ne s'est pas prononcé dans un délai de soixante-dix jours, les dispositions du projet peuvent être mises en vigueur par ordonnance.

. . .

ART. 48. L'ordre du jour des Assemblées comporte, par priorité et dans l'ordre que le gouvernement a fixé, la discussion des projets de loi déposés par le gouvernement et des propositions de loi acceptées par lui.

Une séance par semaine est réservée par priorité aux questions des membres du Parlement et aux réponses du gouvernement.

ART. 49. Le Premier ministre, après délibération du Conseil des ministres, engage devant l'Assemblée nationale la responsabilité du gouvernement sur son programme ou éventuellement sur une déclaration de politique générale.

L'Assemblée nationale met en cause la responsabilité du gouvernement par le vote d'une motion de censure. Une telle motion n'est recevable que si elle est signée par un dixième au moins des membres de l'Assemblée nationale. Le vote ne peut avoir lieu que quarante-huit heures après son dépôt. Seuls sont recensés les votes favorables à la motion de censure qui ne peut être adoptée qu'à la majorité des membres composant l'Assemblée. Si la motion de censure est rejetée, ses signataires ne peuvent en proposer une nouvelle au cours de la même session, sauf dans le cas prévu à l'alinéa ci-dessous.

Le Premier ministre peut, après délibération du Conseil des ministres, engager la responsabilité du gouvernement devant l'Assemblée nationale sur le vote d'un texte. Dans ce cas, ce texte est considéré comme adopté, sauf si une motion de censure, déposée dans les vingt-quatre heures qui suivent, est votée dans les conditions prévues à l'alinéa précédent.

Le Premier ministre a la faculté de demander au Sénat l'approbation d'une déclaration de politique générale.

. . .

ART. 51. La clôture des sessions ordinaires ou extraordinaires est de droit retardée pour permettre, le cas échéant, l'application des dispositions de l'article 49.

TITRE VI

Des traités et accords internationaux

ART. 55. Les traités ou accords régulièrement ratifiés ou approuvés ont, dès leur publication, une autorité supérieure à celle des lois, sous réserve, pour chaque accord ou traité, de son application par l'autre partie.[7c]

TITRE VII

Le Conseil constitutionnel

ART. 56. Le Conseil constitutionnel comprend neuf membres, dont le mandat dure neuf ans et n'est pas renouvelable. Le Conseil constitutionnel se renouvelle par tiers tous les trois ans. Trois des membres sont nommés par le président de la République, trois par le président de l'Assemblée nationale, trois par le président du Sénat.

En sus des neuf membres prévus ci-dessus, font de droit partie à vie du Conseil constitutionnel les anciens présidents de la République.

Le président est nommé par le président de la République. Il a voix prépondérante en cas de partage.

ART. 57. Les fonctions de membre du Conseil constitutionnel sont incompatibles avec celles de ministre ou de membre du Parlement. Les autres incompatibilités sont fixées par une loi organique.

. . .

ART. 60. Le Conseil constitutionnel veille à la régularité des opérations de référendum et en proclame les résultats.

ART. 61. Les lois organiques, avant leur promulgation, et les règlements des Assemblées parlementaires, avant leur mise en application,

---

[7c] See Cons. const. 15.1.1975 below, p. 72, and Cass. ch. mixte 24.5.1975 below, p. 77.

doivent être soumis au Conseil constitutionnel qui se prononce sur leur conformité à la Constitution.

Aux mêmes fins, les lois peuvent être déférées au Conseil constitutionnel, avant leur promulgation, par le président de la République, le Premier ministre ou le président de l'une ou l'autre Assemblée *ou soixante députés ou soixante sénateurs.*[7d]

Dans les cas prévus aux deux alinéas précédents, le Conseil constitutionnel doit statuer dans le délai d'un mois. Toutefois, à la demande du gouvernement, s'il y a urgence, ce délai est ramené à huit jours.

Dans ces mêmes cas, la saisine du Conseil constitutionnel suspend le délai de promulgation.

ART. 62. Une disposition déclarée inconstitutionnelle ne peut être promulguée ni mise en application.

Les décisions du Conseil constitutionnel ne sont susceptibles d'aucun recours. Elles s'imposent aux pouvoirs publics et à toutes les autorités administratives et juridictionnelles.

. . .

TITRE VIII

De l'autorité judiciaire

ART. 64. Le président de la République est garant de l'indépendance de l'autorité judiciaire.

Il est assisté par le Conseil supérieur de la magistrature.

Une loi organique porte statut des magistrats.

Les magistrats du siège sont inamovibles.

ART. 65. Le Conseil supérieur de la magistrature est présidé par le président de la République. Le ministre de la Justice en est le vice-président de droit. Il peut suppléer le président de la République.

Le Conseil supérieur comprend en outre neuf membres désignés par le président de la République dans les conditions fixées par une loi organique.

Le Conseil supérieur de la magistrature fait des propositions pour les nominations de magistrats du siège à la Cour de cassation et pour celles de premier président de cour d'appel. Il donne son avis dans les conditions fixées par la loi organique sur les propositions du ministre de la Justice relatives aux nominations des autres magistrats

[7d] *Loi constitutionnelle* of 29.10.1974 (italics added).

du siège. Il est consulté sur les grâces dans les conditions fixées par une loi organique.

Le Conseil supérieur de la magistrature statue comme conseil de discipline des magistrats du siège. Il est alors présidé par le premier président de la Cour de cassation.

ART. 66. Nul ne peut être arbitrairement détenu.

L'autorité judiciaire, gardienne de la liberté individuelle, assure le respect de ce principe dans les conditions prévues par la loi.

. . .

TITRE X

Le Conseil économique et social

ART. 69. Le Conseil économique et social, saisi par le gouvernement, donne son avis sur les projets de loi, d'ordonnance ou de décret ainsi que sur les propositions de loi qui lui sont soumis.

Un membre du Conseil économique et social peut être désigné par celui-ci pour exposer devant les Assemblées parlementaires l'avis du Conseil sur les projets ou propositions qui lui ont été soumis.

. . .

TITRE XIV

De la révision

ART. 89. L'initiative de la révision de la Constitution appartient concurremment au président de la République sur proposition du Premier ministre et aux membres du Parlement.

Le projet ou la proposition de révision doit être voté par les deux Assemblées en termes identiques. La révision est définitive après avoir été approuvée par référendum.

Toutefois, le projet de révision n'est pas présenté au référendum lorsque le président de la République décide de le soumettre au Parlement convoqué en Congrès; dans ce cas le projet de révision n'est approuvé que s'il réunit la majorité des trois cinquièmes des suffrages exprimés. Le bureau du Congrès est celui de l'Assemblée nationale.

Aucune procédure de révision ne peut être engagée ou poursuivie lorsqu'il est porté atteinte à l'intégrité du territoire.

La forme républicaine du gouvernement ne peut faire l'objet d'une révision.

From Hauriou, Gicquel et Gélard, *Droit constitutionnel et Institutions politiques* (1975)[8]

LA PROCÉDURE LÉGISLATIVE

Par rapport au droit public français de la IIIe et de la IVe République, la technique d'élaboration des lois présente deux nouveautés importantes:

(*a*) Elle s'est tout d'abord *diversifiée*, des sortes de lois nouvelles apparaissant en 1958. Certes, il y a toujours eu, dans notre droit public, des lois constitutionnelles à côté des lois ordinaires, et, par conséquent, une procédure spéciale pour l'élaboration des premières. Mais, en plus de ces deux catégories traditionnelles, on doit noter, depuis 1958, la présence de lois établies par la procédure du référendum; celle de lois organiques; enfin, celle de lois de finances, lesquelles acquièrent, dans notre Constitution actuelle, une spécificité propre.

(*b*) Le Gouvernement devient, d'une façon beaucoup plus marquée qu'auparavant, *l'animateur et le directeur du travail parlementaire*.

Par là, la Constitution de 1958 s'éloigne du Régime présidentiel et retrouve un des aspects du parlementarisme moderne. En Grande-Bretagne, en effet, c'est le Cabinet qui dirige l'œuvre législative, d'une façon sans doute aussi efficace qu'en France sous la Ve République. Toutefois, on sait que, de l'autre côté de la Manche, cette animation par le Gouvernement de l'œuvre législative est opérée beaucoup plus par des moyens politiques que par des moyens juridiques, alors que c'est le contraire qui se produit chez nous. En Grande-Bretagne, c'est parce que le Cabinet se présente comme le Comité directeur du parti politique qui a obtenu la majorité à la Chambre des Communes qu'il exerce une maîtrise considérable sur le travail parlementaire; sans doute, des facilités de procédure lui sont-elles données. Mais son autorité lui vient surtout de la discipline de son propre parti; ce qui implique, du reste, à l'occasion, entre le Cabinet et sa majorité, une sorte de médiation des diverses instances de la formation politique qui est au pouvoir: conférences, congrès du Parti, etc.[9]

En France, comme l'existence de partis majoritaires était conçue, en 1958, comme devant demeurer exceptionnelle, on a cru devoir

[8] B. 37, pp. 1075 ff.

[9] Ce qui entraîne aussi qu'il peut y avoir des 'rebelles' dans le parti majoritaire, lors du vote de certaines lois, comme cela s'est produit en 1969, lors de la tentative de M. Wilson de mettre fin aux 'grèves sauvages' [authors' footnote].

recourir, de façon beaucoup plus fréquente, dans la Constitution, à des moyens juridiques.

Il y a, dès lors, lieu, étant donné que la collaboration du Parlement et du Gouvernement pour l'œuvre législative repose surtout sur des procédures, d'opérer des distinctions. La principale sera celle entre la procédure législative ordinaire et les procédures législatives spéciales.

A. LA PROCÉDURE LÉGISLATIVE ORDINAIRE

Il s'agit ici des lois parlementaires, dont le domaine est prévu à l'article 34. Nous examinerons, à leur propos, les étapes de l'élaboration de la loi et les prérogatives dont dispose le Gouvernement.

I. *Les étapes de l'élaboration de la loi*

On en distingue traditionnellement trois: celle de l'initiative, celle de la discussion, celle de la promulgation.

L'initiative de la loi. Elle appartient concurremment au Premier Ministre et aux membres du Parlement. Mais le fait que les origines de la loi peuvent être différentes entraîne à donner une précision de vocabulaire, véritable pont-aux-ânes:

On appelle *projets de loi* ceux qui sont déposés par le Premier Ministre au nom du Gouvernement en revanche;

On dénomme *propositions de loi* les textes qui proviennent d'une initiative parlementaire.

a. Les projets de loi sont délibérés et arrêtés en Conseil des ministres, *après avis du Conseil d'Etat.* Il y a lieu de remarquer que, depuis 1958, l'avis du Conseil d'Etat *doit toujours être demandé* au cours de l'élaboration d'un projet de loi. Sous les régimes antérieurs, le Gouvernement avait la faculté de solliciter cet avis, mais il n'y était pas tenu; à l'heure actuelle, les observations faites par le Conseil d'Etat n'ont toujours qu'un caractère consultatif (ce qui veut dire que le Gouvernement n'est pas obligé d'en tenir compte), mais ce dernier doit solliciter l'avis du Conseil. Le rôle législatif du Conseil d'Etat se trouve ainsi accru, mais il ne faut pas oublier que, sous le Premier et le Second Empire, ce Haut Conseil avait déjà tenu une place importante dans la préparation des lois.

Le Conseil économique et social peut également être saisi, pour avis, à l'occasion des projets et, du reste, aussi, des propositions de loi.

(The authors quote art. 69 of the Constitution[10] and continue)

b. Les propositions de loi peuvent provenir de membres du Sénat, comme de membres de l'Assemblée Nationale. Elles sont soumises, au moment de leur dépôt, à deux limitations:

— Elles ne peuvent avoir trait qu'à des problèmes rentrant dans l'énumération de l'article 34. Sinon, le Gouvernement peut opposer l'irrecevabilité, selon une procédure prévue par l'article 41.[11] . . .

Les propositions de loi ne sont pas non plus recevables (de même que des amendements proposés par les membres de l'une ou l'autre assemblée) lorsque leur adoption aurait pour conséquence soit une diminution des ressources publiques, soit la création ou l'aggravation d'une charge publique (art. 40).

Cette dernière limitation à l'initiative parlementaire est sans doute nécessaire, dans un pays moderne, mais elle est considérable . . .

. . . A l'heure actuelle, l'initiative parlementaire en matière de dépense est supprimée en tout temps et en tous domaines, même aux élus du suffrage universel direct. Ces dispositions aboutissent à paralyser de façon considérable le droit d'initiative parlementaire, car, en fait, dans un pays moderne, il y a très peu de mesures qui, pour leur application, n'entraînent pas la création ou le développement d'un service et, par conséquent, des dépenses nouvelles.[12]

La discussion de la loi.

a. L'intervention des commissions. La procédure de la discussion de la loi commence par le renvoi en commission, qui est prévu par l'article 43.[13] . . .

Nous savons que, malgré la préférence manifestée par les constituants pour les commissions spéciales, cette procédure est très peu usitée . . .

Après avoir délibéré sur le projet ou la proposition de loi, la commission désigne un rapporteur qui est chargé de présenter ses conclu-

---

[10] Above, p. 29.   [11] Above, p. 24.
[12] De 1959 à la fin de 1965, 46 lois seulement provenaient d'une initiative parlementaire, contre 467 ayant pour origine un projet déposé par le Gouvernement; encore faut-il ajouter que ces propositions de loi émanaient, presque toutes, de la majorité [author's footnote].
[13] Above, p. 24.

sions devant l'Assemblée en séance publique. Mais il y a lieu de préciser que la commission et le rapporteur n'ont pas la même latitude selon qu'il s'agit de projets ou de propositions de lois.

— Lorsqu'il s'agit d'un projet de loi, la commission peut proposer l'adoption, le rejet et, éventuellement, des amendements; mais *elle ne peut plus substituer un texte élaboré par elle à celui présenté par le Gouvernement*; nous savons qu'il s'agit là d'une réforme profonde de la procédure parlementaire et que celle-ci doit être approuvée.

— Lorsqu'il s'agit, par contre, d'une proposition de loi, la commission peut présenter un texte dit 'en forme', c'est-à-dire qu'elle peut, comme auparavant, *substituer* sa rédaction à celle des auteurs de la proposition de loi; du moment qu'il s'agit d'une initiative parlementaire, le Gouvernement n'intervient pas entre les auteurs de la proposition et la commission.

b. L'inscription à l'ordre du jour. Une fois que le rapport est imprimé et distribué, le projet ou la proposition de loi est prêt pour le débat public. Mais il faut bien se rappeler qu'entre la distribution du rapport et la séance publique se trouve un passage étroit, difficile à franchir surtout pour les propositions, qui est *l'inscription à l'ordre du jour.* Nous savons, en effet, qu'aux termes de l'article 48, . . . l'ordre du jour des Assemblées comporte, par priorité et dans l'ordre que le Gouvernement a fixé, la discussion des projets de loi déposés par le Gouvernement et des propositions de loi acceptées par lui. Ce passage est tellement difficile à franchir que, sous la Vᵉ République, un peu moins de dix pour cent des lois sont d'origine parlementaire, tandis que, sous la IIIᵉ et la IVᵉ République, la proportion était en général un tiers de propositions de loi pour deux tiers de projets présentés par le Gouvernement.

c. La discussion en séance publique. Elle porte, tout au moins pour les projets de loi, sur le texte qui a été présenté par le Gouvernement. Toutefois, cette règle n'est valable que pour la première assemblée: une assemblée saisie d'un texte voté par l'autre chambre délibère sur le texte qui lui est transmis (art. 42).

d. Le droit d'amendement. Bien entendu, des amendements peuvent être apportés, soit au texte présenté par le Gouvernement, s'il s'agit d'un projet de loi, soit à celui adopté par la Commission s'il s'agit d'une proposition. Mais l'article 44 prévoit à cet égard d'importantes nouveautés:

— Tout d'abord, le Gouvernement possède, comme les membres du Parlement, le droit d'amendement . . .

— La prolifération des amendements en séance est enrayée par l'article 44, alinéa 2.[14] . . . Cette disposition est, elle aussi, sage, car il est rare que des amendements improvisés en séance améliorent réellement un texte.

e. Le vote bloqué. Le Gouvernement peut user de la procédure du vote bloqué, prévue par l'article 44, alinéa 3.[15] Cette procédure a pour objet de permettre au Gouvernement d'éviter qu'un texte ne soit déformé en séance (même à l'instigation de la commission), *sans mettre en jeu, d'une façon constante, sa responsabilité politique.* C'est une sorte de *substitut à la question de confiance,* utilisable au cours du vote d'un projet de loi. Ces dispositions peuvent paraître draconiennes . . . il convient de remarquer qu'elles se rapprochent beaucoup de la technique britannique dite 'du Kangourou', qui permet également, par des moyens différents, de mener à bon port un projet de loi dans une rédaction aussi proche que possible de sa version primitive, sans que le Gouvernement soit obligé de poser la question de confiance . . .

f. La transmission à la seconde assemblée. Ce moment de la procédure législative est réglé par l'article 45.[16] . . .

Il résulte de l'ensemble de ces dispositions, qu'à ce stade encore de la procédure, le Gouvernement joue un rôle très actif: il a *seul* qualité pour déclarer l'urgence; il peut *seul* provoquer la création d'une Commission mixte pour essayer de résoudre les oppositions entre les deux Assemblées; il est *seul* qualifié pour clore le va-et-vient du projet ou de la proposition de loi entre les deux Chambres, en donnant le dernier mot à l'Assemblée Nationale.

Il faut surtout insister sur ce fait que le poids politique du Sénat, dans la procédure législative, dépend du Gouvernement. En ce domaine, le Gouvernement joue véritablement un rôle d'arbitre car il peut, à son choix, faire du Sénat l'égal ou le subordonné de l'Assemblée Nationale.

Le Gouvernement peut mettre le Sénat sur un pied d'égalité avec l'Assemblée Nationale en ne provoquant pas la réunion de la Commission mixte ou en ne demandant pas, à l'Assemblée Nationale, après la réunion de cette commission, de statuer définitivement. En pareille hypothèse, la navette entre les deux Assemblées peut continuer indé-

[14] Above, p. 25.   [15] Above, p. 25.   [16] Above, p. 25.

finiment, comme sous la IIIᵉ République, et le Sénat a même la possibilité, si le Gouvernement le laisse faire, d'enterrer le projet. De
toute façon, ou bien la loi obtiendra l'accord du Sénat, ou bien elle
ne sera pas votée.

En revanche, si le Gouvernement intervient, il peut subordonner
très étroitement le Sénat à l'Assemblée Nationale, grâce aux
dispositions de l'article 45 . . .

Il paraît évident qu'avec les dispositions de l'article 45, le Gouvernement a voulu se réserver la possibilité d'un jeu politique lui
permettant de s'appuyer soit sur l'une, soit sur l'autre des deux
Assemblées et aussi que le régime croyait pouvoir faire confiance aux
notables. Mais ce pari, qui a été vraisemblablement celui du Général
de Gaulle, a été perdu, tout au moins tant que ce dernier a été à la
Présidence de la République, à raison des dissentiments profonds qui
s'étaient élevés entre le Chef de l'Etat et le Sénat, à l'occasion de la
loi référendaire de 1962. Mais depuis l'élection de M. Georges Pom-
pidou et surtout celle de M. Valéry Giscard d'Estaing, les relations
entre Sénat et Exécutif étant devenues bonnes, le mécanisme prévu
à l'article 45 est susceptible d'être, utilisé le jour où la Gauche
dominera le Palais-Bourbon.

g. Transmission au Président de la République. Lorsque le texte de
la loi a été, d'une façon ou de l'autre, adopté par les deux Assemblées,
il est transmis au Président de la République, qui dispose alors de
deux facultés :

— Demander une seconde délibération au Parlement, laquelle ne
peut être refusée sans, toutefois, qu'une majorité qualifiée soit
requise pour cette seconde délibération.

— Saisir le Conseil constitutionnel s'il estime que la loi n'est pas
conforme à la Constitution. La Haute Instance se prononce, en ce
cas, dans un délai d'un mois, ramené, s'il y a urgence, à huit jours.

La promulgation de la loi. Si ces derniers obstacles sont franchis, la
loi est alors promulguée par le Chef de l'Etat. La promulgation, qui
a pour objet de rendre la loi exécutoire, consiste à 'enrober', pour
ainsi dire, le texte de la loi dans un décret. C'est en effet le Pouvoir
exécutif qui a le monopole des 'décisions exécutoires', c'est-à-dire
des décisions qui sont *parées pour l'exécution*. En elle-même, la
délibération parlementaire n'a pas force exécutoire ; elle doit recevoir,
à cet effet, un secours du Pouvoir exécutif, c'est pour cela que la date

officielle de la loi est non pas celle à laquelle elle a été définitivement votée par le Parlement, mais bien la date du décret de promulgation.

Notons, enfin, que le Gouvernement n'est pas seulement dénommé 'Pouvoir exécutif' parce qu'une part de son action consiste dans l'exécution des lois, mais aussi et peut-être surtout parce qu'il a le monopole des décisions exécutoires; ce qui veut dire, finalement, qu'il est le mieux placé pour agir.

Nous voyons donc que, du début à la fin de la procédure législative, le Gouvernement dispose de prérogatives importantes. Dès lors, il ne sera sans doute pas inutile de les recenser rapidement.

. . .

B. LES PROCÉDURES LÉGISLATIVES SPÉCIALES

L'élaboration des lois constitutionnelles. Une loi constitutionnelle est une loi qui modifie, abroge ou complète des dispositions inscrites dans la Constitution. Cette sorte de loi met en œuvre un pouvoir constituant qui est dit 'dérivé' ou 'institué', en ce sens qu'il est prévu par la Constitution elle-même.

. . .

Il y a lieu, à propos de [l']article 89,[18] de présenter les observations suivantes:

a. Au premier temps de l'opération, l'initiative de la révision est partagée entre le Président de la République, sur proposition du Premier Ministre, et le Parlement . . .

b. Au second temps de la procédure, le projet ou la proposition doit être voté par les deux Assemblées en termes identiques; cela signifie que le Sénat est mis, à cet égard, sur un pied d'égalité par rapport à l'Assemblée Nationale.

c. Au troisième temps, le Président de la République a le choix, pour la ratification, du texte voté par les deux Assemblées entre la procédure du référendum ou celle du vote à la majorité des trois cinquièmes des suffrages exprimés par le Parlement réuni en Congrès. Mais il faut bien remarquer que c'est seulement à l'occasion des *projets* de révision que le Chef de l'Etat dispose de cette faculté. Lorsque l'initiative a été prise par le Parlement et qu'on est en présence d'une *proposition de révision*, la procédure du référendum doit être utilisée obligatoirement.

[18] Above, p. 29.

L'élaboration des lois organiques. Les lois organiques sont celles que la Constitution déclare telles (art. 46). Toutefois, ces lois ne se caractérisent pas d'un seul point de vue formel, elles ont, en fait, pour objet de préciser l'organisation ou le fonctionnement des Pouvoirs publics, en développant des principes ou des règles énoncés dans la Constitution.

Dans la hiérarchie des normes, les lois organiques se situent entre la Constitution et les lois ordinaires, en tout cas, entre la Constitution et les lois parlementaires, leur position par rapport aux lois 'référendaires' étant encore, à l'heure actuelle, mal définie.

La Constitution de 1958 a fait grand usage de cette nouvelle catégorie de règles juridiques: elle renvoie à dix-neuf reprises à des lois organiques . . .

Les lois organiques doivent être élaborées selon une procédure normale qui présente les caractéristiques suivantes:

— Un délai de réflexion de quinze jours doit être prévu entre le dépôt d'un projet ou d'une proposition de loi organique et sa discussion en séance publique;

— Au cas où l'Assemblée et le Sénat ne se mettraient pas d'eux-mêmes d'accord sur le texte d'une loi organique, la procédure de l'article 45 (Commission mixte paritaire) est applicable; l'Assemblée Nationale peut donc, sur invitation du Gouvernement, forcer, en définitive, la résistance du Sénat au cas où la procédure de la Commission mixte n'a pas abouti à un accord; mais, en ce cas, elle ne peut adopter le texte en dernière lecture qu'à la majorité absolue de ses membres;

— Une loi organique relative au Sénat doit être votée en termes identiques par les deux Assemblées; ce qui signifie qu'aucune modification à l'organisation ou aux attributions du Sénat ne peut intervenir par le moyen d'une loi organique qu'avec le consentement de la Haute Assemblée.

— Enfin, les lois organiques, avant leur promulgation, sont obligatoirement examinées par le Conseil constitutionnel, qui vérifie leur conformité à la Constitution.

NOTES

1. If a Frenchman asked you who in this country has *l'initiative de la loi*, how would you answer this question? Is there anything in the British Constitution to correspond to the distinction between *un projet* and *une proposition de loi*, and what is it?

2. Can you point to the provisions in the French Constitution which fulfil the function which the control of the time of the House of Commons by the Government carries out in this country?

3. Where is the British analogy (if any) to *le vote bloqué*?

4. Would you think that the role of Parliamentary Committees in the legislative process in this country resembles that delineated in the French Constitution?

5. Compare what happens in the two countries in the event of a clash between the two Houses.

6. Is there anything in the British Constitution to correspond to *promulgation*?

7. What is the difference between *lois constitutionnelles, lois organiques*, and *lois ordinaires*, and why is the distinction of practical importance?

B. The Problem of Art. 34 and 37; Government and Parliament

Explanatory Note: These are the main questions discussed in the following extracts.

1. Parliament passes a law in a matter which the Government thinks has *un caractère réglementaire*.

a. The law was passed before the Constitution of 1958 came into force. This is now a *texte de forme législative*, i.e. *legislative* in form, but *réglementaire* in substance. It can—after the Constitution of 1958—be modified by *décrets*, but only after consultation with the *Conseil d'Etat*. Can it also be abrogated that way? What if the *Conseil d'Etat* declares that it has *un caractère législatif*? Can it also be abrogated or modified by a legislative act?

b. The law was passed after the Constitution of 1958 came into force. This presupposes (i) that the Government has not made use of its power—under art. 41—to object to the passing of the law or (ii) that it has made use of this power but the *Conseil constitutionnel* has declared that it has *un caractère législatif*.

i. If the Government has not made use of its power under art. 41, the encroachment by Parliament on the *pouvoir réglementaire* produces a valid statute. The statute—art. 37—cannot be modified (or *a fortiori*, it seems) repealed by *décret* unless and until the *Conseil constitu-tionnel* has declared that it has *un caractère réglementaire*.

ii. If the *Conseil constitutionnel* has declared that it has *un caractère législatif*, this settles the matter (art. 62, al. 2: 'Les décisions du Conseil constitutionnel . . . s'imposent aux pouvoirs publics').

c. Where the *Conseil constitutionnel* has decided that a matter had *un caractère réglementaire* and it was accordingly regulated by decree, can the Parliament subsequently modify or abrogate the decree by legislation? This is discussed by Louis-Lucas.[19] He seems to think the law is void by reason of art. 62. But can a law passed by both Chambers and promulgated by the President be 'void' in the sense that a court must refuse to apply it? Is this not contrary to the principle that the courts cannot examine the constitutionality of laws? Or is the procedure under art. 41 governed by art. 62, al. 1 as well as art. 62, al. 2 of the Constitution, and does this mean that a promul-gation in defiance of a decision of the *Conseil constitutionnel* under art. 41 is a nullity so that there would be no *loi* in the formal sense, and that in refusing to apply it, the court would not be denying the substantive compatibility of the statute with the Constitution but the existence of *une loi*? Are we here facing the fundamental problem of a Constitution under which the Parliament is no longer 'sovereign', i.e. under which the legislative power of Parliament is limited (by art. 37) but which nevertheless denies the courts and administrative authorities the power to review the constitutionality of legislation?

2. The Government exercises its powers under art. 37 to regulate by decree a matter which is alleged to have *un caractère réglementaire*. How is the validity of the decree tested in practice? There are two possibilities:

a. The decree is made in a matter on which Parliament had not previously legislated. In this case the validity of the *règlement* or *décret* is tested before the *Conseil d'Etat* by the ordinary procedure of *recours en annulation pour excès de pouvoir*,[20] i.e. it is tested after the decree has been made.

b. The decree is made in a matter on which Parliament had legislated *before* the Constitution of 1958 came into force: here the *Conseil d'Etat* must be consulted before the decree is made so as to insure that the subject-matter of the law has *un caractère réglementaire*.

[19] Below, p. 59.   [20] See de Laubadère, B. 38, vol. 1, no. 97.

c. The decree is made in a matter on which Parliament had legislated *after* the Constitution of 1958 came into force: before the decree is made the *Conseil constitutionnel* must have decided that the subject-matter of the law has *un caractère réglementaire.*

From Hauriou Gicquel et Gélard, *Droit constitutionnel et Institutions politiques* (1975)[21]

Les nouveaux rapports de la loi et du règlement

La loi parlementaire dispose, depuis 1958, d'un domaine réservé, limité et surveillé.

Le domaine réservé à la loi parlementaire. C'est l'article 34 de la Constitution qui détermine la consistance du domaine réservé au Parlement. Dans l'ensemble, ce sont les dispositions les plus importantes pour l'organisation de la vie privée et des rapports entre citoyens et Gouvernement qui sont réservées aux lois votées par le Parlement. Ce domaine est cependant regrettablement étroit.

Il l'est d'autant plus que l'article 34 distingue, en fait, deux domaines différents: celui dans lequel la loi *fixe les règles*, c'est-à-dire où le Parlement est seul habilité à intervenir; et celui dans lequel la loi se borne à *déterminer les principes fondamentaux*, de telle sorte que, pour les règles à établir dans ce second domaine, le Pouvoir exécutif intervient par voie réglementaire, afin de compléter la loi . . .

[The authors cite art. 34[22] and continue]

Le domaine de la loi parlementaire, ainsi précisé, *est réservé*, ce qui veut dire que le Gouvernement ne peut pas, par voie de décrets, y établir des règles générales obligatoires pour les citoyens.

La protection des droits du Parlement découle de cette circonstance que si le domaine de la loi parlementaire est désormais déterminé et limité, la loi, en tant que source de droit, *continue d'être considérée comme étant dans la hiérarchie des règles juridiques, supérieure au règlement.* Dès lors, tout acte réglementaire qui, pour une raison quelconque, mais plus précisément, du fait d'une contrariété avec les dispositions de l'article 34, serait en contradiction avec la loi, peut être soit annulé, soit frappé d'inefficacité juridique, au cours d'un procès, par la voie de l'exception d'illégalité.

L'annulation d'une disposition réglementaire illégale (parce que

[21] B. 37, pp. 1069 ff.   [22] Above, p. 22.

contraire aux règles posées par l'article 34 de la Constitution) peut être obtenue par la procédure du recours pour excès de pouvoir, qui, s'agissant d'un acte réglementaire édicté par le Président de la République ou le Premier Ministre, se déroule devant le Conseil d'Etat.[23] Mais il convient de dire que cette procédure est enfermée dans des délais très brefs: le recours devant être intenté dans les deux mois de la publication du décret. Par contre, l'illégalité d'un acte réglementaire qui violerait l'article 34 doit pouvoir être soulevée à tout moment devant les tribunaux administratifs ou même, le cas échéant, devant les tribunaux judiciaires.

Ce système de protection du Parlement et de la loi parlementaire par la constatation de l'illégalité d'un règlement qui empiéterait sur le domaine du Parlement risque, dans certains cas, d'aboutir à des contradictions entre les positions prises par le Conseil d'Etat ou les tribunaux judiciaires et celles arrêtées par le Conseil constitutionnel.[24] Il peut se faire, en effet, que le Conseil constitutionnel considère que c'est à bon droit que le Gouvernement a organisé par voie de règlement telle ou telle matière, alors que le Conseil d'Etat ou les tribunaux judiciaires croiraient pouvoir y constater une illégalité. Au cas où un pareil conflit de jurisprudence se produirait, on doit admettre que les diverses juridictions devraient se ranger à la position du Conseil constitutionnel. L'article 62 de la Constitution précise, en effet: 'Les décisions du Conseil constitutionnel ne sont susceptibles d'aucun recours. Elles s'imposent aux Pouvoirs publics et à toutes les autorités administratives et *juridictionnelles*.'

Le domaine réservé à la loi parlementaire est limité. Toute énumération opérée dans un texte juridique est limitative; il en est ainsi de celle contenue dans l'article 34.

a. Le Gouvernement dispose d'un domaine propre. Il y a lieu de préciser que la principale conséquence de cette limitation du domaine réservé à la loi parlementaire est que l'autorité normative de Droit commun n'est plus le Parlement, mais bien le Gouvernement opérant par voie de décrets. Cette règle est, du reste, énoncée clairement à l'alinéa 1er de l'article 37 de la Constitution: '*Les matières autres que celles qui sont du domaine de la loi ont un caractère réglementaire.*'

Il faut bien se rendre compte de la transformation profonde que ces dispositions nouvelles entraînent dans le droit public français.

---

[23] Below, p. 228.   [24] Below, p. 44.

D'une façon plus précise, on est en présence d'une situation inverse de celle qui découlait de la loi du 17 août 1948, qui, pour la première fois, avait essayé de déterminer les contours d'un domaine réglementaire. Dans la loi de 1948, le législateur ordinaire demeurait le Parlement: c'était lui qui déterminait le domaine réglementaire; il pouvait annexer, à son gré, au domaine de la loi tout ou partie du domaine déclaré réglementaire. En 1948, la loi parlementaire demeurait la règle générale; elle n'est plus désormais que l'exception . . .
. . .

Le domaine réservé à la loi est un domaine surveillé. L'article 61 de la Constitution prévoit, dans son alinéa 2, que le Président de la République, le Premier Ministre ou les Présidents de l'une ou l'autre Assemblée[24a] peuvent déférer au Conseil constitutionnel les lois qu'ils estiment contraires à la Constitution. Dès lors, si une loi ou une disposition de loi est déclarée inconstitutionnelle, elle ne peut, aux termes de l'article 62, être promulguée ni mise en application.

Il s'agit là d'un contrôle de la constitutionnalité des lois, opéré par un organe juridictionnel ou, tout au moins, quasi juridictionnel, mais il ne s'agit que d'un contrôle limité. En particulier, les simples citoyens ne peuvent pas s'adresser à cet organisme pour lui demander de constater que leurs droits et libertés consacrés par la Constitution sont violés par une loi ordinaire. Seuls, les représentants des Pouvoirs publics peuvent saisir le Conseil constitutionnel de la question de savoir si telle ou telle loi est conforme à la Constitution . . .

NOTE

All criminal offences are (1) *crimes*, (2) *délits*, or (3) *contraventions*. The *Declaration* of 1789 lays down that only a *loi* in the formal sense can create a criminal offence of *any kind* (*nullum crimen, nulla poena sine lege*). This is a *principe général de droit*. Art. 34 of the Constitution reserves to the 'pouvoir législatif la détermination des crimes et délits ainsi que des peines qui leur sont applicables', but, in conjunction with art. 37, leaves the creation of new *contraventions* to the *pouvoir réglementaire*. The *Conseil d'Etat* holds that these provisions prevail over the principle of the *Déclaration* of 1789 with which they are incompatible.

[24a] Ou 60 députés ou 60 sénateurs.

Conseil d'Etat 12.2.1960
(Société Eky)

D. 1960.263 note Jean L'Huillier

. . .

Sur les moyens tirés de la violation de l'art. 8 de la Déclaration des droits de l'homme et de l'art. 34 de la Constitution: — Considérant que, si l'art. 8 de la Déclaration des droits de l'homme de 1789 à laquelle se réfère le Préambule de la Constitution pose le principe que 'Nul ne peut être puni qu'en vertu d'une loi établie et promulguée antérieurement au délit', l'art. 34 de la Constitution qui énumère les matières relevant du domaine législatif, dispose que la loi fixe 'les règles concernant . . . la détermination des crimes et délits et les peines qui leur sont applicables'; que ni cet article ni aucune autre disposition de la Constitution ne prévoit que la matière des contraventions appartient au domaine de la loi; qu'ainsi il résulte de l'ensemble de la Constitution et, notamment, des termes précités de l'art. 34 que les auteurs de celle-ci ont exclu dudit domaine la détermination des contraventions et des peines dont elles sont assorties et ont, par conséquent, entendu spécialement déroger sur ce point au principe général énoncé par l'art. 8 de la Déclaration des droits; que, dès lors, la matière des contraventions relève du pouvoir réglementaire par application des dispositions de l'art. 37 de la Constitution; — Considérant que, d'après l'art. 1er c. pén., l'infraction qui est punie de peines de police est une contravention; qu'il résulte des art. 464, 465 et 466 dudit code que les peines de police sont l'emprisonnement pour une durée ne pouvant excéder deux mois, l'amende jusqu'à un maximum de 200 000 F et la confiscation de certains objets saisis; que les dispositions attaquées des art. R. 30 et s. c. pén. punissent d'une amende de 2 000 à 4 000 F et d'un emprisonnement de trois jours au plus et, en cas de récidive, de huit jours, ceux qui auront accepté, détenu ou utilisé des moyens de payement ayant pour objet de suppléer ou de remplacer les signes monétaires ayant cours légal; que les infractions ainsi visées se trouvant punies de peines de simple police, constituent des contraventions; que, dès lors, c'est par une exacte application de la Constitution que le Gouvernement, par voie réglementaire, les a définies et a fixé les peines qui leur sont applicables;

Sur le moyen tiré de la violation de l'art. 4 c. pén: — Considérant qu'il résulte de ce qui a été dit ci-dessus que l'art. 4 dudit code édicté par la loi du 12 févr. 1810 est incompatible avec les dispositions des art. 34 et 37 de la Constitution du 4 oct. 1958 en tant qu'il a prévu que nulle contravention ne peut être punie de peines qui n'aient été prononcées par la loi et doit, par suite, être regardé comme abrogé sur ce point . . .

Conseil constitutionnel 28.11.1973

D.S. 1974.269   G.D. 309

LE CONSEIL CONSTITUTIONNEL ; — Saisi le 19 nov. 1973 par le Premier ministre, dans les conditions prévues à l'art. 37, al. 2, de la Constitution d'une demande tendant à l'appréciation de la nature juridique des dispositions ci-après . . .

Considérant que, si le conseil supérieur de l'aménagement rural ainsi que le comité . . . qui lui a succédé, ont été créés par des actes du pouvoir réglementaire, les dispositions de l'art. 45 du code rural, soumises à l'examen du Conseil constitutionnel, font précéder de l'avis dudit organisme l'intervention du décret en Conseil d'Etat fixant 'notamment la définition des terres incultes' qui malgré l'opposition de leur propriétaire peuvent être soit vendues, soit concédées à un tiers; que lesdites dispositions doivent être considérées comme concernant les principes fondamentaux 'du régime de la propriété, des droits réels et des obligations civiles et commerciales' et qu'elles ont, en conséquence, le caractère législatif en vertu des dispositions de l'art. 34 de la Constitution . . .

En ce qui concerne les dispositions de l'art. 188–9, 1, du code rural soumises à l'examen du Conseil constitutionnel ; — Considérant que les dispositions susvisées tendent à réprimer d'une peine de 500 à 2 000 F le défaut de demande d'autorisation préalable . . . en cas de cumul ou de réunion d'exploitations agricoles . . . ; — Considérant qu'il résulte des dispositions combinées du Préambule, des alin. 3 et 5 de l'art. 34 et de l'art. 66 de la Constitution, que la détermination des contraventions et des peines qui leur sont applicables est du domaine réglementaire *lorsque lesdites peines ne comportent pas de mesure privative de liberté* . . . que . . . les dispositions susvisées . . . qui ne prévoient qu'une peine d'amende ne dépassant pas 2 000 F, ressortissent à la compétence du pouvoir réglementaire . . .

NOTES

1. Was the clause in italics (which have been added) necessary for a decision of the issue?

2. Can the clause be reconciled with the decision of the Conseil d'Etat of 12.2.1960 (Eky)?

3. Consider the comments in the following case.

Cass. crim. 26.2.1974

(Schiavon)

D.S. 1974.273 note Vouin

Conclusions de M. A. Touffait, procureur général:

Monsieur le Premier Président, Monsieur le Président, Monsieur le Doyen, Mesdames, Messieurs,

Vous êtes saisis de deux affaires relatives à des accidents de circulation ayant entraîné des condamnations des chefs d'homicides et blessures involontaires et de contraventions au Code de la route dans lesquelles des moyens principaux et additionnels ont été soulevés.

En ce qui concerne les premiers, je m'en remets à votre sagesse, mais en ce qui concerne les moyens additionnels qui comportent une rédaction identique et s'appuient sur une décision récente du Conseil constitutionnel, en date du 28 nov. 1973, je vous dois des explications un peu longues — et je m'en excuse — motivées par la très grande importance de la question soulevée.

Vous l'avez déjà évaluée en entendant les explications de Me Lyon-Caen dont j'examinerai, au fur et à mesure de mes conclusions, l'argumentation.

Pour ma part, je voudrais partir du moyen, et rester strictement dans le moyen.

Relisons-le ensemble:

Manque de base légale en ce que l'arrêt a déclaré l'exposant coupable d'homicide et de blessures involontaires et de contraventions au Code la route, *au motif* qu'il n'avait pas observé les prescriptions des art. R. 10 et R. 14 c. de la route pour la première affaire, R. 10, R. 13 et R. 40. § 4, pour la deuxième affaire, *alors que* ces dispositions du code de la route, édictées par le pouvoir réglementaire et assorties d'une sanction d'emprisonnement sont illégales, le pouvoir réglementaire étant incompétent pour sanctionner par une peine d'emprisonnement des contraventions *et alors que* l'inobservation d'un règlement illégal ne peut être constitutive du délit d'homicide ou de blessures involontaires.

C'est la première fois qu'un tel moyen est soulevé devant vous, et s'il a pu l'être, c'est parce qu'il est fondé sur un motif de la décision du Conseil constitutionnel du 28 nov. 1973 intervenue après sa saisine par le Premier Ministre dans les conditions prévues à l'art. 37, § 2, de la Constitution pour donner son appréciation sur la nature juridique de diverses dispositions du Code rural. Il ne peut prospérer en toute logique que si le motif sur lequel il s'appuie est affecté de la force obligatoire qui s'apparente à l'autorité de la chose jugée.

Ce motif vous le connaissez, mais je voudrais encore une fois le relire avec vous: 'Considérant qu'il résulte des dispositions combinées du Préambule, des alin. 3 et 5 de l'art. 34 et de l'art. 66 de la Constitution que la détermination des contraventions et des peines qui leur sont applicables est du domaine réglementaire, *lorsque lesdites peines ne comportent pas de mesure privative de liberté*'.

On voit donc très bien le raisonnement qui se trouve à la base du moyen et qui est celui-ci:

Etant donné, d'une part, qu'il est de jurisprudence constante que le juge répressif a le droit et le devoir d'apprécier la légalité d'un texte réglementaire ou la constitutionnalité ou l'illégalité d'un règlement 'autonome', et, d'autre part, que l'art. 62 de la Constitution dispose que les décisions du Conseil constitutionnel s'imposent aux autorités juridictionnelles, vous devez, vous Chambre criminelle, vous dit le moyen, déclarer illégaux — c'est le terme employé — les art. R. 10, R. 13, R. 14 et 40, § 4, insérés dans la partie réglementaire du code de la route, en vertu du deuxième motif concernant les dispositions de l'art. 188-9 c. rur., motif *qui a force obligatoire*.

En conséquence, prétend le pourvoi, vous ne pouvez que casser les arrêts qui sont soumis à votre censure.

Ce raisonnement serait imparable, si le considérant visé faisait partie intégrante de la décision du Conseil constitutionnel — le terme 'décision' étant pris ici dans son sens technique et constitutionnel très précis — mais je vais m'efforcer de vous démontrer qu'il n'en est rien et que le sens qui lui a été donné par les demandeurs ne peut être retenu.

Quels sont, en effet, la portée et les effets d'une décision du Conseil constitutionnel saisi en vertu de l'art. 37, al. 2, de la Constitution?

D'abord, il est un principe qui est indiscutable, c'est que le Conseil constitutionnel est une institution qui reste soumise au respect des principes fondamentaux de la procédure juridictionnelle. Il ne peut donc statuer ultra petita, il ne peut statuer que dans les limites de sa saisine et ce principe est inscrit dans l'art. 26 de l'ordonnance n° 58–1067 du 7 nov. 1958 portant loi organique sur le Conseil constitutionnel: 'Le Conseil constitutionnel constate, par une déclaration motivée, le caractère législatif ou réglementaire *des dispositions qui lui ont été soumises*'.

Des dispositions qui lui ont été soumises et seulement des dispositions qui lui ont été soumises.

Dans notre espèce, le Premier Ministre lui avait demandé, *entre autres*, son appréciation de la nature juridique des dispositions de l'art. 188–9 (1°) du Code rural et c'est sur ce seul point que la décision du Conseil constitutionnel a force obligatoire.

La réponse d'ailleurs était aisée puisque l'art. 188–9 ne prévoyait qu'une peine d'amende de 200 F. Mais, le Conseil constitutionnel a accentué sa motivation en y insérant un principe général qui en l'espèce était incident pour ne pas dire surabondant.[24b]

. . .

En présence de cette motivation prise dans son ensemble, la question se pose de savoir: quelle partie de la décision possède force obligatoire?

Le Conseil constitutionnel y a répondu lui-même dans une décision en date du 16 janv. 1962 en ces termes: 'La décision du Conseil constitutionnel s'impose aux pouvoirs publics et à toutes les autorités administratives et juridictionnelles avec la portée même que lui donnent les motifs qui en sont le soutien *nécessaire*'.

Toute la doctrine unanime et la jurisprudence du Conseil d'Etat ont interprété 'les motifs qui en sont le soutien nécessaire' comme ceux qui soutiennent *très directement* le dispositif et ils en ont déduit que la force obligatoire ne s'attachait qu'au dispositif de la décision et aux motifs qui faisaient corps avec lui, c'est-à-dire ceux qui concourent très directement à la solution du cas d'espèce et non à un raisonnement juridique qui ne contribue pas directement à bâtir le dispositif.

Si bien que dans notre cas, le troisième motif fait partie intégrante

[24b] Above, p. 44.

de la décision alors que le deuxième, qui propose un raisonnement juridique a contrario et pose un principe général, en est exclu.

En outre, il est évident que le Conseil constitutionnel ne peut pas prendre des arrêts de règlement, procédé qui serait contraire au principe du droit public français inscrit dans l'art. 5 du code civil : 'Il est défendu aux juges de prononcer par voie de disposition générale sur les causes qui leur sont soumises'. Il ne peut donc édicter des règles qui s'imposeraient à tous les cas analogues, car *il sortirait de son rôle de contrôle des lois et règlements en conformité avec la Constitution, pour remplir un rôle de nature législative et porterait gravement atteinte à l'équilibre des pouvoirs établis par la Constitution* avec toutes les conséquences difficilement mesurables qu'une telle interférence d'un pouvoir sur l'autre peut entraîner.

D'ailleurs, pour connaître la pensée des auteurs de la Constitution, sur la limite du rôle du Conseil constitutionnel, on peut citer les paroles que prononçait M. Michel Debré, garde des Sceaux, devant le Comité consultatif constitutionnel lorsque celui-ci examinait les conditions de la saisine du Conseil constitutionnel.

'Nous nous sommes attaché dans ces textes, disait-il, non à éparpiller les pouvoirs, mais à bien définir les responsabilités.

A un certain stade, il y a incompatibilité entre le recours au Conseil constitutionnel et l'exercice du régime parlementaire, car ni les assemblées, ni l'opinion publique n'accepteraient que des juges participent constamment à la vie politique . . . Nous ne voulons pas de gouvernement des juges . . . C'est pourquoi nous avons limité le nombre de ceux qui pourraient le saisir et défini avec précision la compétence du Conseil'.

C'est pourquoi, et je le répète, la décision du Conseil est limitée à l'objet de sa saisine, au dispositif de la décision et aux motifs qui le soutiennent d'une manière très directe.

Cette prise de position est conforme à l'équilibre des pouvoirs, garantie essentielle des libertés publiques et individuelles *telle que l'ont voulu les auteurs du projet de Constitution soumis au vote des Français et approuvé par eux.*

. . .

Donc, si vous estimiez, comme moi, que la thèse que j'ai l'honneur de soutenir devant vous s'impose juridiquement, il en résulterait que les art. R. 10, R. 13, R. 14 et R. 40, § 4, ne sont ni inconstitutionnels, ni illégaux comme je l'expliquerai par la suite et que, contrairement à ce que soutient le pourvoi, le deuxième motif n'a pas une valeur générale et absolue et dans tous les cas n'a pas de force obligatoire; en conséquence, les arrêts de cours d'appel critiqués ne manqueraient pas de base légale et le moyen qui s'appuie sur '*la petite phrase*', s'effondrerait et votre décision dépasserait le cas d'espèce qui vous est soumis et s'appliquerait même à un pourvoi formé contre un arrêt comportant une peine d'emprisonnement, si vous croyiez pouvoir motiver votre décision en déclarant que le deuxième motif sur lequel s'appuie le moyen n'a pas une valeur générale et absolue et force obligatoire. Je conclus au rejet des moyens et du pourvoi.

Je vous propose Messieurs, de vous arrêter ici, sans examiner au fond la 'doctrine' énoncée par le Conseil constitutionnel, car ainsi vous résolvez le problème qui vous est soumis en vous en tenant à votre technique stricte sans vous mettre en opposition avec la doctrine du Conseil constitutionnel exprimée dans le deuxième motif.

Cependant, cela pourrait laisser les esprits dans l'incertitude, car chacun pourrait se demander quelle est ma pensée sur la doctrine non contraignante du Conseil constitutionnel.

Certains pourront dire: vous contournez la difficulté et d'autres même: vous manquez de courage.

Ce n'est pas ainsi que j'ai envisagé le problème et je vais essayer de m'expliquer sur ce point.

Quand on a affaire à des problèmes aussi délicats que l'examen du fonctionnement et du rôle des plus hautes instances de l'Etat appelées en outre à résoudre des questions touchant directement aux libertés individuelles, il faut se montrer particulièrement prudent et se maintenir strictement dans ses compétences telles qu'elles ont été fixées par la Constitution ou les lois organiques ou ordinaires.

Il suffit, en effet, vous le voyez, d'une petite phrase sans force exécutoire, émanant d'une institution qui est l'interprète qualifié pour donner son sens authentique à la Constitution et dont les décisions — dans la limite de sa saisine — s'imposent au Parlement, au Gouvernement, aux juridictions administratives et judiciaires et aux autorités administratives, pour causer un bouillonnement d'avis, de décisions juridictionnelles contradictoires, de réflexions dans tous les sens.

Si l'on va au-delà de la solution que j'ai l'honneur de vous suggérer, les conséquences de votre décision, quelle qu'elle soit, seront très importantes:

C'est ainsi que si vous décidiez que le deuxième motif a valeur générale et absolue et force obligatoire ou si, par un autre raisonnement, vous adoptiez la doctrine du Conseil constitutionnel, du jour au lendemain, la répression des infractions contraventionnelles au code de la route, à la salubrité, à la protection du travail, relatives aux chèques sans provision inférieurs à 1 000 F des 4ᵉ et 5ᵉ classes serait gravement perturbée, des milliers de recours seraient déposés, les agents de répression seraient plongés dans l'incertitude, un trouble de conscience naîtrait dans nos juridictions en raison d'un doute sur la légalité ou la constitutionnalité de la pratique suivie.[24c] Une véritable anarchie juridique résulterait de cet immense vide juridique qu'il faudrait combler à chaud sous peine de graves désordres.

. . .

Mais, M. le Premier Président, Messieurs, un trouble se manifesterait aussi d'une autre manière si vous preniez une position directement contraire sur le fond de la doctrine du Conseil constitutionnel avec toute l'autorité qui s'attache à vos décisions, car si vous vous opposiez directement à cette doctrine que penseraient nos concitoyens? Quelle confiance pourraient-ils nous réserver en constatant que les plus hautes instances de l'Etat, *saisies sur le plan contentieux*, se heurtent et se contredisent sur l'interprétation de la Constitution sur des questions aussi graves que celles qui concernent les libertés individuelles dont l'autorité judiciaire est constitutionnellement la gardienne?

Mais, ces réflexions étant faites, voici, M. le Premier Président, M. le Président, Messieurs, comme je vous l'avais promis, ma pensée sur le fond du problème.

Pour vous l'exprimer clairement, j'estime qu'il est nécessaire de faire un retour en arrière pour voir par quel cheminement d'événements et de pensées l'art. 34 fixant le domaine d'attribution de la loi et l'art. 37 donnant le caractère de droit commun au domaine réglementaire, ont été insérés dans la Constitution de 1958.

. . .

En droit public français, depuis la Révolution, la loi, dans la hiérarchie des normes juridiques, est l'acte suprême. 'Rien contre la loi, tout pour elle'. Cette formule de Carré de Malberg traduit bien l'idéologie qui va imprégner tout le XIXᵉ siècle et le début du XXᵉ.

Et Gény portait un diagnostic exact quand il écrivait: 'le trait distinctif de notre système est le fétichisme de la loi'.

[24c] See Trib. gr. inst. d'Orléans 14.1.1974. D. 1974 Somm. 33.

Il n'y a point d'autorité supérieure à celle de la loi, proclamait la Constitution du 3 sept. 1791.

Constitution et loi sont au même degré les expressions *de la volonté générale*. La loi exerce une primauté incontestée dans le domaine de toutes les autres règles juridiques et le règlement, en particulier, est étroitement subordonné à la loi.

Cependant, après la guerre de 1914–18, en raison des graves difficultés financières du moment, une loi du 26 mars 1924 accorda au Gouvernement la faculté de procéder par décrets-lois afin de réaliser des économies.

Cette procédura sera renouvelée à plusieurs reprises sous la IIIᵉ et IVᵉ République et les magistrats de notre génération ont eu à appliquer à de nombreuses reprises les centaines de décrets-lois de 1935, 1937, 1953 et 1955.

Elle était incontestablement contraire à la lettre de la Constitution de 1875, mais était devenue coutume constitutionnelle créée d'un commun accord entre pouvoir exécutif et législatif, nécessaire pour réaliser les réformes indispensables pour lesquelles aucune majorité parlementaire n'était disposée à prendre les risques politiques qui leur étaient inhérents.

La Constitution de 1946 essaya de réagir contre cette pratique en disposant dans son article 13 'l'Assemblée nationale vote seule la loi. Elle ne peut déléguer ce droit'.

Mais la pression des faits fut encore plus puissante que la volonté des constituants et la loi du 17 août 1948 autorisa le Gouvernement à prendre par décrets des mesures tendant au redressement économique et financier dans des matières limitativement énumérées dans un art. 7. . . .

[La] technique de délégation de pouvoirs en matière pénale est très caractéristique de la IVᵉ République qui tenait à ce qu'il ne puisse être appliqué que des peines déterminées par la loi, que ce soit l'emprisonnement ou même l'amende.

C'est dans cet état de droit et ce climat qu'est intervenue la Constitution du 4 oct. 1958 qui a entendu réagir vigoureusement contre cette politique de délégation de pouvoirs intervenue malgré leur interdiction par les Constitutions antérieures.

D'abord la nouvelle Constitution, à l'instar de celle de 1946, abandonne la théorie de la souveraineté du Parlement; la souveraineté désormais appartient au peuple français: les conséquences pratiques de ce changement sont importantes.

Désormais le Parlement n'est plus à lui seul l'incarnation de la Nation. La Constitution reconnaît virtuellement au Chef de l'Etat et au Gouvernement, concurremment avec le Parlement, le pouvoir d'exprimer 'la volonté générale'.

Et, dans la Constitution de 1958, le Gouvernement est devenu le législateur de droit commun et le Parlement un législateur d'attribution.

L'article 34 énumère limitativement le domaine réservé à la loi; toutes les matières autres ont un caractère réglementaire. C'est le principe posé par l'art. 37.

Il faut nécessairement mesurer la transformation profonde que ces dispositions nouvelles ont entraînée dans notre droit public.

La compétence de la loi parlementaire qui, depuis la Révolution était universelle, est désormais limitée par la Constitution elle-même et le Gouvernement a toujours veillé à ce que la séparation *rigide* des compétences respectives de la loi et du règlement ne soit entamée d'aucune manière. . . .

Il n'est, je crois, pas besoin d'insister davantage pour montrer que les art. 34 et 37 doivent être considérés comme l'un des points d'appui essentiels des institutions nouvelles dont le Conseil constitutionnel est un des pièces maîtresses puisqu'il est juge de la répartition des matières entre loi et règlement suivant certaines procédures prévues par les art. 37, al. 2, 41 et 61 de la Constitution.

Eclairés sur l'origine et l'importance respective de la place réservée à la loi et au règlement dans la Constitution, examinons la doctrine nouvelle du Conseil constitutionnel telle qu'elle résulte du deuxième motif. . . .

Ce n'est pas la décision du Conseil constitutionnel qui peut nous éclairer, car le motif établissant la nouvelle doctrine se présente 'nu' en quatre lignes.[24d]

Les décisions du Conseil constitutionnel ressemblent, en effet, trait pour trait aux arrêts du Conseil d'Etat; cette ressemblance s'explique sans doute par la présence successive, en son sein, de membres éminents de la Haute assemblée.

Ils ont fait prévaloir la technique de la motivation brève par formules concises, ramassées, mais elle n'est pas éclairée par les conclusions d'un commissaire du Gouvernement ou les conclusions du ministère public, ou un développement dans un rapport annuel tel que celui de la Cour de cassation.

[24d] Above, p. 44.

Alors, nous sommes dans l'obligation de nous livrer au jeu toujours hasardeux de l'interprétation de la pensée des auteurs d'une décision.

Or, que se passe-t-il en pratique?

Le pouvoir réglementaire étant maître des incriminations et de la détermination des peines en matière de contravention dans la limite des art. 465 et 466 c. pén., sans qu'il soit nécessaire qu'elles soient rattachées à une loi, le service législatif de la Chancellerie a été saisi d'un très grand nombre de textes qu'il ne pouvait que vérifier au point de vue de leur légalité, mais dont il lui était difficile de discuter l'opportunité et, pour faire respecter leur réglementation, les bureaux des Administrations publiques, dans un souci qu'elles estiment, j'en suis persuadé, de bonne administration, n'hésitent pas à les assortir de peines d'emprisonnement inférieures le plus souvent à un mois.

Profitant et sans doute quelquefois abusant de leurs nouveaux pouvoirs fondés sur l'art. 37, ces textes ont proliféré à un moment où la politique criminelle générale sur les plans national et européen se pose la question de l'efficacité des courtes peines d'emprisonnement. Si bien que la situation à laquelle avaient voulu remédier les constituants de 1958 en raison des difficultés pour le Parlement de régler rapidement tous les problèmes posés par la complexité mouvante de la vie moderne s'est renversée et la prolifération des textes réglementaires répressifs a donné naissance à une situation qui doit être examinée. Il est possible, pour ne pas dire probable, que le Conseil constitutionnel ait voulu attirer l'attention du Gouvernement sur cet état de fait.

. . .

Mais a-t-il voulu aller plus loin?

Je ferai à cet égard plusieurs remarques.

Le Conseil constitutionnel savait fort bien que sa 'petite phrase' n'était pas contraignante et ne s'imposait pas aux autorités juridictionnelles; or n'oublions pas qu'il est composé d'hommes de très grande expérience, réalistes, et qu'ils n'ont certainement pas voulu créer du jour au lendemain une situation anarchique telle que je vous l'ai décrite.

D'autre part, ce considérant mettrait en place un système juridique qui n'irait pas sans demander des explications et des éclaircissements, car quel est ce principe tel que l'énonce le Conseil constitutionnel?

Si je comprends bien, par un raisonnement *a contrario*, si les peines d'amende restent du domaine réglementaire, les peines d'emprisonnement appartiennent au domaine législatif.

. . .

Opérer une scission entre les peines d'emprisonnement et les peines d'amende ne repose sur aucun fondement d'aucune sorte et j'aurais aimé que, sur ce point, il soit procédé à une démonstration et pas seulement à une affirmation.

Faire une telle distinction, c'est trop ou c'est trop peu.

L'interprétation de l'art. 34 peut être maintenue ou condamnée, mais en bloc.

L'atteinte au droit de propriété est, dans la Déclaration de 1789 (art. 2, 4, 17) du domaine de la loi tout autant que l'atteinte à la liberté individuelle.

Et, à cet égard, aucune distinction n'est faite entre les peines: 'Nul homme ne peut être *accusé*' (art. 7) ou 'puni' (art. 8) qu'en vertu de la loi. Il n'est donc pas exact qu'on puisse traiter différemment, quant à la compétence, l'amende, atteinte au patrimoine, et l'emprisonnement, atteinte à la liberté.

. . .

La détermination des peines et des incriminations appartiennent donc, soit au domaine législatif, soit au domaine réglementaire. C'est l'un ou l'autre, mais sans répartition entre l'un et l'autre.

. . .

[E]n ce qui concerne la détermination des peines, la logique du système a consisté à appliquer les art. 1er et 4 c. pén.

Art. 1er: 'L'infraction que les lois punissent de peines de police est une contravention'.

Art. 4: 'Nulle contravention, nul délit, nul crime ne peuvent être punis de peines qui n'étaient pas prononcées *par la loi*, avant qu'ils fussent commis', et donc à promulguer une loi fixant le minimum et le maximum de la peine d'emprisonnement et de la peine d'amende dans les limites entre lesquelles doit se mouvoir, mais sans pouvoir en dépasser les bornes, le pouvoir réglementaire et en faisant remarquer que le législateur reste maître des limites dans lesquelles s'exerce la compétence réglementaire; c'est-à-dire qu'à tout moment le législateur — s'il le souhaite — peut diminuer *le taux de l'amende, la durée de l'emprisonnement et même le supprimer*.

La Constitution de 1958 a eu pour conséquence de faire passer l'incrimination d'une contravention dans le domaine réglementaire pour toutes les raisons que nous nous sommes efforcé de dégager de l'évolution, de l'importance de la loi et l'élément légal a été l'objet de l'art. 7 de l'ordonnance n° 58–1297 du 23 déc. 1958 qui est devenu les art. 465 et 466 c. pén., ordonnance prise dans le cadre de l'art. 92 de la Constitution, dont le caractère législatif a été reconnu par votre Cour de cassation et par le Conseil d'Etat. Donc, dans le champ fixé par le législateur, l'autorité réglementaire peut tout à la fois définir l'infraction et fixer la peine qui y est attachée.

Une exception d'illégalité soulevée contre les art. R. 10, R. 13, R. 14 et R. 40, § 4, se heurte donc aux art. 465 et 466 du code pénal.[24e]

. . .

Je fais cependant remarquer que les art. 465 et 466 c. pén. faisant écran entre la Constitution et les règlements, il ne s'agit plus, alors, d'une exception d'illégalité, mais d'une exception d'inconstitutionnalité que nous ne sommes pas compétents pour apprécier puisque nous ne sommes pas juges de la constitutionnalité de la loi, compétence réservée au Conseil constitutionnel, avant la promulgation de la loi.

. . .

Il n'en reste pas moins qu'en l'état actuel des choses la satisfaction, que l'on peut éprouver à voir le Conseil constitutionnel motiver sa décision par un considérant d'inspiration libérale dans un domaine qui touche à la liberté individuelle, se teinte malgré tout de beaucoup de réserve et se heurte à des objections constitutionnelles et juridiques.

Mais, si vous décidez un rejet, votre, décision doit-elle impliquer une opposition de principe à la doctrine du Conseil constitutionnel?

Personnellement, cela ne me paraîtrait pas souhaitable pour les raisons que je vous ai exposées, car il est toujours regrettable qu'au sein de l'Etat des institutions entrent en conflit, comme il le serait — *mutatis mutandis* — d'une contrariété de jurisprudence entre les chambres de la Cour de cassation, et ce, d'autant plus que votre technique vous permet, par votre motivation s'appuyant soit sur le fait que le deuxième motif du Conseil constitutionnel n'a pas valeur générale et absolue, ni force obligatoire, soit sur l'écran des art. 465 et 466 c. pén. entre le règlement et la Constitution, de démontrer que le moyen auquel vous avez à répondre est dépourvu de base légale et votre arrêt dépassera le cas d'espèce qui vous est soumis

---

[24e] C. pén. 465: L'emprisonnement pour contravention de police ne pourra être moindre d'un jour ni excéder deux mois [authors' note].

pour s'appliquer à tous les moyens s'appuyant sur le deuxième motif de la décision de 1973 du Conseil constitutionnel.[24f]

Ainsi, en appliquant les règles habituelles de votre compétence, vous ne toucherez pas aux mécanismes extrêmement délicats de la Constitution qui a établi l'équilibre difficile des pouvoirs sur lequel est fondé le fonctionnement harmonieux de nos institutions, car on voit bien que, dès qu'on y touche un tant soit peu, il est causé un grand trouble dans les esprits.

C'est pour toutes ces raisons que je vous suggère de retenir la solution que j'ai l'honneur de vous proposer et de motiver votre arrêt de telle manière qu'il ne soit pas nécessaire de recourir aux art. 34, 37 et 66 de la Constitution, ce qui accuserait une situation d'opposition entre deux hautes instances de l'Etat dans une matière telle que la liberté individuelle où on est en droit d'être particulièrement sensibilisé et ce, d'autant plus que dans un temps plus ou moins limité, nous serons peut-être dans l'obligation d'abandonner notre thèse au profit de celle du Conseil constitutionnel, en vertu de la prédominance qu'ont ses décisions sur toutes les autres, en application de l'art. 62 de la Constitution.

Je conclus au rejet du moyen additionnel.

ARRÊT

LA COUR; — Statuant sur le pourvoi de Schiavon Claude contre un arrêt de la cour d'appel de Toulouse du 8 nov. 1972, qui l'a condamné, pour délits d'homicide et blessures involontaires et contravention au code de la route, à 15 jours d'emprisonnement avec sursis, 500 F et 100 F d'amende, à la suspension pendant deux mois de son permis de conduire, ainsi qu'à des réparations civiles; — Vu les mémoires produits en demande et en défense;

Sur le moyen additionnel de cassation, pris de la violation des art. 4 et 319 c. pén., de la loi des 16 et 24 août 1790, des art. 34 et 37 de la Constitution du 4 oct. 1958, de l'art. 593 c. pr. pén., défaut de motifs, manque de base légale en ce que l'arrêt attaqué a déclaré le demandeur coupable d'homicide et de blessures involontaires et de contraventions au code de la route, au motif qu'il n'avait pas observé les prescriptions des art. R. 10 et R. 14 c. de la route et que cette inobservation des règlements était en relation certaine et directe de causalité avec l'accident, alors que les dispositions ainsi visées du code de la route, édictées par le pouvoir réglementaire et assorties

[24f] Above, p. 44.

d'une sanction d'emprisonnement, sont illégales, le pouvoir réglementaire étant incompétent pour sanctionner par une peine d'emprisonnement des contraventions, et alors que l'inobservation d'un règlement illégal ne saurait être constitutive de blessures ou homicides involontaires; — Attendu que les art. R. 10 et R. 14 c. de la route constituent un règlement de police légalement pris par l'autorité compétente; que l'art. R. 232 du même code, qui en sanctionne l'inobservation, édicte des peines d'emprisonnement et d'amende entrant dans les prévisions des art. 464, 465, 466 c. pén. et 521 c. pr. pén., lesquels déterminent les pénalités applicables aux contraventions de police; que ces derniers textes, ayant valeur législative, s'imposent aux juridictions de l'ordre judiciaire qui ne sont pas juges de leur constitutionnalité; d'où il suit que le moyen doit être rejeté;

Sur les deux moyens de cassation réunis: (*sans intérêt*);
Par ces motifs, rejette.

NOTES

1. Why does the *Procureur général* emphasise that 'le juge *répressif* a le droit et le devoir d'apprécier la légalité d'un texte réglementaire ou la constitutionnalité ou l'illégalité d'un règlement autonome'? What, in this respect, is the difference between the powers of a criminal and of a civil court; and those of the *Conseil d'Etat*?[249]

2. How does M. Touffait's definition of the scope to be given to the binding force of decisions of the *Conseil Constitutionnel* compare with our distinction between *rationes decidendi* and *obiter dicta*?

3. Could an English court, in a case involving the validity of a statutory instrument have avoided the issue in a similar way?

Cass. civ. 9.10.73
(Requête du Procureur général près la Cour de cassation sur dépêche de M. le Garde des Sceaux [aff. Diaffara *C.* Boyadjian])

D.S. 1974.45

LA COUR; — Vu la dépêche de M. le Garde des Sceaux, en date du 25 janv. 1973, le réquisitoire de M. le Procureur général près la Cour

[249] See below, pp. 228ff.

de cassation du 5 févr. 1973 les art. 13 de la loi des 16 et 24 août 1790 et 18 de la loi du 3 juill. 1967; — Attendu que la décision attaquée rendue le 10 juill. 1972, en matière de loyers commerciaux par le juge du tribunal de grande instance d'Aix-en-Provence, comporte notamment les motifs suivants:

'Attendu qu'il est admis, généralement, en doctrine et jugé par le Conseil d'Etat que, dans l'actuel régime juridique, le contrôle de légalité par les tribunaux subsiste, se superposant au contrôle de constitutionnalité; — Attendu que la protection du droit de propriété privée entre essentiellement dans les attributions de l'autorité judiciaire, celle-ci pouvant, à cette fin, accueillir l'exception d'illégalité des règlements; — Attendu que le mécanisme du plafonnement des loyers commerciaux introduit, en matière de révision, par une loi, celle du 12 mai 1965, a été, avec d'autres modalités, étendu en principe à la matière du renouvellement par un simple décret, celui du 3 juill. 1972; que dans cette dernière réforme comme dans l'autre, le plafonnement n'est pas étendu aux charges immobilières, notamment aux réparations foncières; — Attendu que la dernière prérogative laissée aux bailleurs d'immeubles par le développement quasi ininterrompu des dispositions favorables aux locataires commerçants, celle de percevoir un loyer correspondant à l'entière valeur locative de leurs biens et la rémunération du capital mis à la disposition du preneur, a ainsi disparu presque complètement; que le résultat équivaut *lato sensu* à une expropriation partielle, sans indemnité; qu'une atteinte grave, flagrante, a été portée, en toute illégalité, au droit de la propriété privée immobilière'.

Attendu que cette décision dispose, comme conséquence des motifs [ci-dessus] rappelés '. . . et en tout cas déclarant le "plafonnement" institué par ce texte [*Décr.* 3 *juill.* 1972], inapplicable pour cause d'illégalité . . .'; — Attendu qu'au lieu de se cantonner dans l'examen du litige qui lui était déféré, le juge s'est livré à une critique du décret du 3 juill. 1972 en contestant l'opportunité et la légalité des règles nouvelles édictées par ce texte; qu'en formulant de telles appréciations, et en déclarant illégales certaines dispositions de cet acte réglementaire, ce juge a transgressé les limites dans lesquelles la loi circonscrit son autorité et manifestement excédé ses pouvoirs;

Par ces motifs, annule les motifs et la partie du dispositif ci-dessus rapportés; . . .

NOTES

1. Loi des 16–24 août 1790 art. 13: 'Les fonctions judiciaires sont distinctes et demeureront toujours séparées des fonctions administratives; les juges ne pourront, à peine de forfaiture, troubler de quelque manière que ce soit les opérations des corps administratifs'.

2. Loi du 3 juillet 1967 art. 18 al. 1: 'Le garde des sceaux, ministre de la justice, peut, en matière civile, prescrire au procureur général de déférer à la chambre compétente de la Cour de cassation les actes par lesquels les juges excèdent leurs pouvoirs'.

3. The disputed norm involved fixing a ceiling for business rents. Was the first instance judge implying that this was for the Parliament under art. 34 and not the Government under art. 37?

4. For the split between public and private law see Chapter 2, Section 1.

NOTE

The principal theme of Louis-Lucas's article is that the restriction of the power of Parliament brought about by the Constitution of 1958 may be more important in theory than in practice and he discusses a number of situations in which legislation can be validly passed though it encroaches upon the *pouvoir réglementaire* laid down in art. 37. He distinguishes the 'substantive' (*matériel*) and 'formal' concept of *loi*—the former being defined in terms of the content of the norm (and especially its 'generality'), the latter exclusively in terms of the procedure and form used in creating it. Thus, whereas in the United Kingdom the definition of an Act of Parliament is purely formal—any measure passed in accordance with constitutional form is an Act of Parliament irrespective of its content—art. 34 of the French constitution introduces into the definition of *loi* a substantive element—only measures within the terms of art. 34 are *des lois*. In fact, however, as Louis-Lucas points out, it is impossible to separate the areas reserved to the *pouvoir législatif* in art. 34 from those reserved to the *pouvoir réglementaire* in art. 37, and what may emerge is a participation of both powers in the regulation of particular matters, legislation providing the fundamental principles which are carried into effect by regulation.

From Louis-Lucas, *La Loi* (1964)[25]

. . . [The author speaks of] l'aspect profond des transformations réalisées par les art. 34 et 37 de la Constitution. Dire que l'on est passé d'un critère 'formel' de la loi à un critère 'matériel' c'est présenter comme une réforme ce qui est révolution. En réalité, on est

[25] B. 49, pp. 197 ff.

passé d'une loi au domaine illimité, donc souveraine, à une loi qui se trouve en concurrence avec un autre type de règles juridiques. Lorsque le règlement n'est plus subordonné à la loi mais rival de celle-ci il lui fait perdre son caractère essentiel, à savoir sa suprématie.

Un tel bouleversement des données traditionnelles ne se réalise pas au moyen de la seule modification d'une disposition constitutionnelle. Il implique que soient repensées les bases mêmes de notre droit public. Or, en 1958, la rapidité et l'efficacité de l'action politique ont fait passer dans l'ombre les exigences de la raison pure.

Aujourd'hui, avec la sage lenteur du droit qui se crée, la pratique dégage peu à peu les difficultés considérables qui viennent s'opposer à cette nouvelle conception de la loi. Cette chronique se propose de rechercher d'abord s'il est possible rationnellement de déterminer *a priori* un domaine de la loi distinct du domaine du règlement, ensuite si la méthode retenue par la constitution pour opérer ce partage est acceptable.

I. *Le principe d'une délimitation du domaine de la loi est-il admissible?*

Il faut avouer que l'idée même méconnaît presque dans ses fondements les données traditionnelles de notre droit. Faut-il rappeler que le pouvoir réglementaire dont on veut faire aujourd'hui l'égal du pouvoir législatif s'est introduit dans nos institutions par une porte dérobée? Il était systématiquement écarté dans la Constitution de 1791: 'Le pouvoir exécutif ne peut faire aucune loi même provisoire, mais seulement des proclamations conformes aux lois pour en ordonner ou en rappeler l'exécution' (Tit. III, chap. IV, sect. 1, art. 6); de 1793: 'Le Conseil exécutif . . . ne peut agir qu'en exécution des lois et des décrets du corps législatif' (art. 65) et, même, de l'an III.[26] Dans celle-ci figurait sans doute la formule fameuse le 'Directoire surveille et assure l'exécution des lois' (art. 147), mais outre qu'il s'agissait de surveillance et d'exécution *dans les administrations et tribunaux* ce qui limitait considérablement la portée de la formule et excluait l'idée d'un véritable pouvoir réglementaire s'adressant aux citoyens, une disposition précédente — l'art. 144 — prévoyait seulement que le Directoire pouvait 'faire des proclamations conformes aux lois et pour leur exécution'.

Ce n'est, en fait, que la Constitution de l'an VIII[27] qui prévoit à son art. 43 un véritable pouvoir général pour le Gouvernement de

---

[26] The Constitution of the *Directoire*.   [27] The Constitution of the Consulate.

'faire des règlements pour assurer l'exécution des lois'. . . . [The author points to] la grande incertitude qui caractérise le pouvoir réglementaire à cette époque. . . . Et c'est, il faut bien l'avouer, sur cette incertitude que va se fonder un pouvoir réglementaire, plus ou moins large selon les contingences politiques.

Tout ceci montre combien sont fragiles dans les institutions françaises les assises du pouvoir réglementaire. Il n'est qu'un pouvoir 'second' qui jusqu'en 1958 n'aurait su évidemment se faire le rival de la loi. . . . La souveraineté de la loi demeurait indemne.

En 1958, tout change. En vertu des art. 34 et 37 de la Constitution, deux pouvoirs subordonnés l'un à l'autre — ce qui assurait leur harmonisation — deviennent, au moins en apparence, parallèles.

Mais, est-il concevable d'isoler ainsi les unes des autres 'matières législatives' et 'matières réglementaires'? Pour que la chose soit possible, il faudrait pouvoir expulser définitivement la loi de certains domaines et, par le fait même, lui refuser cette primauté qui jusqu'ici la caractérisait. Or, pas plus qu'il ne peut y avoir d'armées sans généraux, le règlement ne peut s'affranchir totalement de la tutelle des lois.

Il est trop vite dit qu'il ne subsiste rien aujourd'hui de la suprématie de la loi et que — extrême application de séparation des pouvoirs à une époque où plus personne ou presque n'y croit — l'œuvre du législateur et celle du Gouvernement peuvent se réaliser chacune dans leur sphère propre. Le législatif et le réglementaire 'pouvoirs séparés mais égaux' demeurent une vue de l'esprit. En réalité, cette conception des rédacteurs du texte de 1958 est largement méconnue par la pratique actuelle — lorsque ceux-ci n'y ont pas eux-mêmes porté atteinte en formulant des règles qui la contredisent . . .

Cette primauté de la loi demeure-t-elle lorsque la Constitution n'y trouve plus l'un des procédés de délimitation entre compétences législative et réglementaire? Ce procédé, d'après le texte de 1958, n'est pas unique. Il y a des domaines où le règlement a seul qualité pour intervenir en application de l'art. 37 et où par suite il semble impossible de parler encore de suprématie de la loi.

La réalité est assez différente. En fait, cette caractéristique, indissoluble de la notion de loi, résiste dans des hypothèses importantes à la conception des constituants. Les 'textes de forme législative', expressément envisagés à l'art. 37 de la Constitution, en fournissent la meilleure illustration. Il s'agit de dispositions qui auraient dû être prises sous forme de règlement mais qui ont fait l'objet de lois, soit parce qu'elles sont antérieures à la constitution, soit parce que le Gouvernement n'a pas jugé nécessaire, lors de la procédure législative, d'opposer l'irrecevabilité prévue à l'art. 41. Celle-ci n'est en effet pour lui qu'une simple faculté et il renonce souvent à l'utiliser pour des motifs d'ordre politique. On a même vu — suprême paradoxe, qui ne se double sans doute pas d'une irrégularité — le Gouvernement déposer lui-même et faire voter un projet de loi dans un domaine où celle-ci est incompétente! . . .

II. Comment distinguer matières législatives et matières réglementaires?

Même si la logique, la tradition de notre droit public et la pratique actuelle se rebellent en face de ce concept de 'loi non souveraine', il est intéressant, la Constitution étant ce qu'elle est, d'analyser les tentatives déployées par le Conseil constitutionnel pour édifier sur ce terrain ingrat un système cohérent. Mais, rançon du non-conformisme —c'est le moins qu'on en puisse dire — des rédacteurs de la Constitution, cette recherche du rationnel a obligé de sacrifier largement certains des principes explicités par les art. 34 et 37.

Ces deux dispositions fournissent un schéma simple. Les diverses matières susceptibles de faire l'objet d'une réglementation se répartissent en trois catégories:

A. *Domaine législatif exclusif* (art. 34: 'La loi fixe les règles concernant . . .').

B. *Domaine mixte* (art. 34: 'La loi détermine les principes fondamentaux . . .').

C. *Domaine exclusif du règlement* (art. 37: 'Les matières autres que celles qui sont du domaine de la loi ont un caractère réglementaire'). Le domaine réglementaire concerne donc, à côté des matières mixtes, celles qui sont exclusivement réglementaires.

La logique n'a rien à redire à cette répartition tripartite. Toutefois, le Conseil constitutionnel, au contact des données permanentes de notre droit public, n'a pu utiliser ce cadre général qu'en le déformant gravement.

a. Il a dû admettre explicitement d'abord qu'il ne pouvait y avoir de *domaine législatif exclusif*. Qu'on le veuille ou non, le règlement conserve vocation générale à mettre en œuvre les textes législatifs, même s'il s'agit de textes envisagés au début de l'art. 34.

Cette solution qui contredit cette disposition — ou si on préfère qui en prouve la mauvaise rédaction — trouve une double justification : D'une part, ce serait aller à l'encontre de la Constitution que d'annihiler le pouvoir réglementaire dans un domaine où il s'exerçait normalement avant 1958, ce ne serait sûrement pas conforme à son esprit général ; d'autre part, la formule de l'art. 21 (Le Premier ministre 'assure l'exécution des lois'), qui reproduit celle des constitutions antérieures justifie, comme pour celles-ci, l'exercice d'un pouvoir réglementaire général.

Mais, si fondée soit-elle, cette solution ne manque pas de soulever de graves difficultés. Ces règlements d'application qui ne peuvent être écartés excluent-ils, dans le domaine précis où ils interviennent, la possibilité d'une réglementation législative ? Ecarter cette faculté, c'est méconnaître systématiquement l'art. 34 ('la loi fixe les règles . . .') et créer une hypothèse d'incompétence du législateur non prévue dans la Constitution ; l'admettre c'est oublier la conception de base actuelle et créer un domaine 'concurrent' de la loi et du règlement qui retire toute signification, dans ce cas, à l'art. 37.

Comme de toute manière on viole une disposition expresse de la Constitution (soit l'art. 34, soit l'art. 37), entre deux maux il faut choisir le moindre et admettre, comme le fait implicitement le Conseil constitutionnel, que l'expression 'la loi fixe les règles' signifie seulement 'la loi fixe les règles générales'. Compte tenu de l'esprit de la Constitution, admettre ici l'existence du pouvoir réglementaire, c'est donc admettre l'existence d'un pouvoir réglementaire qui interdit l'intervention du législateur.

b. S'il est admis par le Conseil constitutionnel qu'il n'y a pas de 'domaine législatif exclusif' et que par conséquent les catégories A et B envisagées plus haut se confondent pratiquement il semble également difficile d'admettre l'existence d'un *domaine réglementaire exclusif* (catégorie C). En effet, la question est de savoir s'il peut exister un domaine où l'intervention d'une loi peut être totalement et définitivement écartée. Or, la réponse affirmative est beaucoup moins certaine qu'il ne pourrait sembler à première vue.

Disons d'abord que chaque fois qu'un règlement sera intervenu dans le *domaine mixte*, il est évident que la loi pourra l'abroger : il lui suffira de poser des principes nouveaux, incompatibles avec la réglementation ancienne. Sans doute, le législateur pourra-t-il hésiter à user d'un procédé aussi radical et souvent préférera-t-il s'abstenir en face d'une réglementation gouvernementale qui lui déplaît, mais sur le plan des rapports entre les pouvoirs publics — et c'est cela qui importe — il n'est pas désarmé.

La décision du Conseil constitutionnel du 27 nov. 1959[28] — dont la motivation a été reprise par d'autres décisions — se révèle particulièrement significative à cet égard. Il s'agissait de savoir s'il appartenait au pouvoir réglementaire de fixer le prix des baux à ferme. Comme c'est à la loi qu'il appartient de déterminer les principes fondamentaux relatifs au 'régime de la propriété' et à celui des 'obligations civiles', le Conseil constitutionnel avait à dire si le mécanisme de fixation autoritaire des prix portait ou non atteinte à ces principes. Il admit la compétence du pouvoir réglementaire, non pas parce que les problèmes de prix lui appartiennent de manière inconditionnelle, mais parce qu'il est nécessaire de tenir compte des 'limitations de portée générale qui ont été *introduites par la législation antérieure* pour permettre certaines interventions jugées nécessaires de la puissance publique . . .'.

Par conséquent, la compétence réglementaire se révèle toute relative. La loi aurait, comme dans le passé, la faculté — en adoptant par exemple des principes plus protecteurs de la propriété privée — d'interdire une telle intervention gouvernementale dans le domaine des prix. On peut dire que, lorsqu'il est qualifié pour changer les principes, le Parlement l'est nécessairement pour changer l'étendue du pouvoir réglementaire. Ici donc, le domaine du règlement se détermine par référence à la 'législation antérieure'. Toutefois, il serait inexact d'assimiler ce système à celui qui l'a précédé: avant 1958 la loi circonscrivait directement le domaine du règlement; dans la présente hypothèse elle ne joue ce rôle que si elle adopte des 'principes' impliquant cette modification.

En serait-il de même si l'on se trouvait dans le domaine purement réglementaire, c'est-à-dire dans un domaine où la loi n'a pas qualité pour poser des principes?

A priori, la réponse négative semble s'imposer. Mais, à analyser les choses de plus près, elle paraît discutable.

D'abord il peut se produire aujourd'hui encore — dans des cas exceptionnels, alors que c'était la règle générale avant 1958 — que le législateur demeure qualifié pour déterminer sa propre compétence. Par le fait même, il limite celle du pouvoir réglementaire. En matière de contraventions, le Conseil d'Etat et le Conseil constitutionnel, par

---

[28] S. 1960.102 note Giffard. D. 1960.533 note Hamon.

application de l'art. 34, ont admis la compétence réglementaire. Mais, comme la loi conserve évidemment la faculté de punir d'une peine délictuelle ce qui l'était antérieurement par une contravention ou même, plus radicalement, de modifier la définition des délits, elle dispose, là encore, de moyens énergiques pour prévaloir sur le pouvoir réglementaire.

En dehors de ces cas, l'existence *d'un pouvoir réglementaire souverain* est difficile à contester mais, il ne peut jouer, en fait, que dans des hypothèses relativement rares. L'émotion soulevée par les art. 34 et 37 a trop souvent conduit ses commentateurs à user de formules de condamnation excessives, à dire, par exemple, que 'le Gouvernement est devenu le législateur de droit commun, tandis que le Parlement n'est qu'un législateur d'exception'.

Sans doute, la méthode utilisée par la Constitution pour lutter contre l'envahissement législatif qui a caractérisé la IIIᵉ et la IVᵉ République repose-t-elle, comme on a tenté de le démontrer, sur un concept aberrant de la loi qui justifie la sévérité des auteurs, mais l'honnêteté oblige à ajouter que l'art. 34 lui accorde un domaine large. La liste des matières législatives n'est pas longue, mais le contenu des rubriques est tellement vaste qu'il assure au législateur la maîtrise des grandes règles de droit. Certaines d'entre elles ont un caractère si compréhensif que les lois qui s'y réfèrent doivent en définitive *imprégner l'action du pouvoir réglementaire*. Dire que la loi fixe les règles 'concernant les garanties fondamentales accordées aux citoyens pour l'exercice des libertés publiques', celles qui concernent 'la nationalité, l'état, la capacité des personnes, les régimes matrimoniaux, les successions et libéralités', ou encore les principes fondamentaux du 'régime de la propriété', 'des obligations civiles et commerciales', 'du droit du travail, du droit syndical et de la sécurité sociale', n'est-ce pas pratiquement affirmer qu'aucune grande option fondamentale ne lui échappera? Certaines 'matières législatives' de l'art. 34 ont même été envisagées de manière si large qu'elles recouvrent d'autres dispositions du même texte. La 'procédure pénale' n'est-elle pas une garantie accordée aux citoyens pour l'exercice des 'libertés publiques' et le 'régime électoral des assemblées locales' ne se rattache-t-il pas au principe fondamental de 'libre administration des collectivités locales'?

Conclusion

Au total, ce qui choque dans la Constitution de 1958, c'est beaucoup moins l'étendue du domaine législatif que la conception que l'on s'est faite de la loi. Il est peut-être possible — encore que sur ce terrain une extrême prudence s'impose — de délimiter les 'pouvoirs' législatifs et réglementaires, il ne l'est sûrement pas d'arrêter une liste *a priori* des 'matières' appartenant à l'une ou l'autre des deux catégories . . .

. . .

[I]l n'existe pas de classification 'in abstracto' des matières législatives et réglementaires, mais . . . c'est de l'analyse concrète, ou du texte à modifier ou du texte nouveau que se déduit la solution du problème de compétence. Cette idée pourrait s'exprimer en disant qu'il n'y a pas de 'matières' législatives ou réglementaires, que tout problème de réglementation concrète a vocation à être abordé à la fois par la loi et le règlement. Bref, il est équivoque et en même temps un peu simpliste de raisonner en termes de 'matières', lorsqu'il s'agit de limiter les contours de pouvoirs aux caractéristiques nuancées et complexes.

Le réquisitoire qui vient d'être dressé contre la loi au sens où l'entend la Constitution de 1958, est si sévère, qu'on se demande alors comment le système peut encore fonctionner.

La réponse est aisée: il fonctionne parce que, chaque fois qu'il risque de conduire à des incohérences trop flagrantes, on ne l'applique plus. . . . Il existe en effet dans la Constitution un art. 41 — sur l'importance duquel on ne saurait trop insister — qui, avec une discrétion remarquable, ouvre aux pouvoirs publics la faculté surprenante d'écarter le système de 1958: si le Gouvernement peut ne pas opposer l'irrecevabilité en face d'un texte de 'nature réglementaire' en discussion au Parlement, s'il peut même déposer un projet de loi hors du domaine assigné à celle-ci, qui ne voit qu'on retrouve alors la loi à compétence illimitée du régime politique antérieur?

Sans cette 'soupape de sûreté', l'invraisemblable mécanisme qui répartit les matières entre lois et règlements n'aurait pu fonctionner. Pour dire les choses clairement, le régime législatif tout à fait original de 1958 ne joue que si le Gouvernement le veut bien. C'est sans doute l'indice de son omnipotence, mais c'est aussi la preuve qu'il est impossible d'aménager un système délimitant autoritairement et définitivement la notion de loi.

Si l'on ajoute à cela que même la loi à compétence limitée conserve des traits qui interdisent de la mettre, comme on l'a trop souvent écrit, au même rang que le règlement — elle s'impose à tous même au Gouvernement alors que ce dernier ne peut évidemment jamais exercer une tutelle sur elle —, on est amené à dire que la loi n'est pas désarmée pour lutter contre les coups qui lui sont portés depuis 1958. Elle n'a pas toujours triomphé mais elle n'a sûrement pas, dans tous les cas, abandonné le terrain revendiqué par l'ennemi. La loi n'est plus souveraine puisqu'elle ne peut plus tout faire, mais sa primauté reste indiscutable puisqu'elle conditionne largement l'exercice du pouvoir réglementaire, alors que ce dernier n'a pas prise sur elle. Ainsi, dans sa froide majesté, la formule de 1791 demeure actuelle, — prise à la lettre et non dans son esprit — : 'Il n'y a point en France d'autorité supérieure à celle de la loi'.

C. Control of Constitutionality

a. *Conseil constitutionnel*

From Dalloz, *Répertoire de Droit public et administratif*, title: Constitution et pouvoirs publics (1976)[29]

1. Organisation du Conseil constitutionnel

COMPOSITION DU CONSEIL

41. Le Conseil constitutionnel comprend d'une part des *membres de droit* et d'autre part des *membres nommés*. Les anciens Présidents de la République forment la première catégorie. La deuxième catégorie est formée par neuf membres désignés, à raison de trois par chacune des personnalités suivantes: Président de la République, président de l'Assemblée nationale, président du Sénat. Le mandat est de neuf ans et non renouvelable. Le Conseil constitutionnel se renouvelle par tiers tous les trois ans.

. . .

42. Le Président de la République nomme le *président* du Conseil constitutionnel, qui a voix prépondérante en cas de partage, parmi les membres de droit ou les membres nommés.

STATUT PERSONNEL DES MEMBRES DU CONSEIL

. . .

44. Les membres du Conseil sont soumis à certaines *incompatibilités*. D'une part, ils ne peuvent être membres du Gouvernement, du Parlement ou du Conseil économique et social, ni être nommés, pendant la durée de leurs fonctions, à un emploi public. D'autre part,

[29] B. 45, pp. 160 ff.

s'ils sont déjà fonctionnaires publics, ils ne peuvent, durant leurs fonctions, recevoir une promotion au choix.

2. Attributions du Conseil constitutionnel

52. Les attributions du Conseil constitutionnel peuvent être rangées dans trois catégories: *contrôle de constitutionnalité, contentieux des élections et des référendums, intervention dans les circonstances exceptionnelles.*

A. LE CONTRÔLE DE CONSTITUTIONNALITÉ

53. S'agissant du *contrôle de constitutionnalité*, le Conseil constitutionnel est *obligatoirement* saisi aux fins de vérification de la constitutionnalité des lois organiques et des règlements des assemblées parlementaires (Constit., art. 61, al. 1). Le Conseil doit alors statuer dans un délai d'un mois, délai ramené en cas d'urgence, à la demande du Gouvernement, à huit jours.

54. Le Conseil constitutionnel peut être *facultativement* saisi d'un texte de loi par le Président de la République, le Premier ministre ou le président de l'une des deux Assemblées[29a] (art. 61, al. 2). L'autorité qui saisit le Conseil en avise immédiatement les autres autorités qualifiées pour le faire (Ord. 7 nov. 1958, art. 18) . . .
   Il faut également mentionner l'hypothèse particulière dans laquelle le Conseil peut être saisi, prévue par l'art. 37, al. 2, de la Constitution: il s'agit du cas où un texte aurait été pris en la forme législative, alors qu'il ressortissait en réalité du domaine réglementaire. Un tel texte ne pourra pas être modifié par décret avant que le Conseil, saisi par le Premier ministre, ait déclaré qu'il a un caractère réglementaire. Dans cette hypothèse, comme dans celle de la vérification de la conformité d'un texte de loi ou d'un engagement international avec la Constitution, le Conseil statue dans le délai d'un mois, qui en cas d'urgence est ramené à huit jours. L'intervention du Conseil suspend la procédure en cours. Celle-ci reprend son cours dès que le Conseil rend une décision de conformité. En revanche, une décision de non-conformité rend le texte inapplicable. Dans le cas où seule une disposition d'un texte de loi est déclarée inconstitutionnelle et peut être séparée de l'ensemble du texte, seule cette disposition ne pourra pas être promulguée. — *Constitutionnalité des lois; lois visées*: la compétence du Conseil constitutionnel est strictement délimitée par

---

[29a] Ou 60 députés ou 60 sénateurs.

la Constitution et par la loi du 7 nov. 1958; le Conseil ne saurait donc se prononcer sur d'autres cas que ceux qui sont limitativement prévus par ces textes. Il résulte de l'esprit de la Constitution, qui a fait du Conseil constitutionnel un organe régulateur de l'activité des pouvoirs publics, que les lois que la Constitution a entendu viser dans son art. 61 sont uniquement des lois votées par le Parlement et non celles qui, adoptées par le peuple à la suite d'un *référendum*, constituent l'expression directe de la souveraineté nationale; par suite, aucune disposition ne donne compétence au Conseil constitutionnel pour se prononcer sur la demande par laquelle le président du Sénat lui défère, aux fins d'appréciation de sa conformité à la Constitution, le projet de loi adopté par le peuple français par voie de référendum le 28 oct. 1962. Le Conseil constitutionnel a estimé que, du fait de l'autorité de chose jugée conférée à ses décisions, il n'y avait pas lieu pour le Gouvernement de lui soumettre à nouveau des décrets pris pour la fixation des prix agricoles, dès lors que par décisions antérieures le Conseil constitutionnel avait déjà reconnu le caractère réglementaire des textes fixant ces prix.

. . .

54–2°. *Limites de compétence.* — La Constitution du 4 oct. 1958 a strictement délimité la compétence du Conseil constitutionnel et celui-ci ne saurait être appelé à statuer ou à émettre un avis que dans les cas et suivant les modalités qu'elle a fixés; le Conseil constitutionnel ne peut être saisi par le président de l'une ou de l'autre assemblée du Parlement qu'en vertu des art. 41, 54 et 61, al. 2, de la Constitution; ces dispositions ne le font juge que de la recevabilité, au regard des art. 34 et 38 de la Constitution, des propositions de lois ou des amendements déposés par les membres du Parlement, ainsi que de la conformité à la Constitution des engagements internationaux ou des lois ordinaires; en outre, l'art. 61 (1er al.) ne lui donne mission que d'apprécier la conformité à la Constitution des lois organiques et des règlements des assemblées parlementaires après leur adoption par ces assemblées et avant leur promulgation ou leur mise en application; ainsi, aucune des dispositions précitées de la Constitution, non plus d'ailleurs que l'art. 16, ne donne compétence au Conseil constitutionnel pour répondre à la consultation du président de l'Assemblée nationale sur le point de savoir si une motion de censure, déposée par cette assemblée réunie de plein droit en vertu de l'art. 16, al. 4, de la Constitution, peut être regardée comme recevable

(Cons. constit., 14 sept. 1961, D.1963.17, note L. Hamon). L'art. 61 de la Constitution ne confère pas au Conseil constitutionnel un pouvoir général d'appréciation et de décision identique à celui du Parlement, mais lui donne seulement compétence pour se prononcer sur la conformité à la Constitution des lois déférées à son examen (Cons. Constit., 15 janv. 1975, D.1975.529, note L. Hamon).

55. Dans la mesure où, comme pour le Comité constitutionnel de la IVe République, la saisine du Conseil constitutionnel appartient aux pouvoirs publics seuls et n'est pas ouverte aux citoyens, cet organe demeure l'arbitre des conflits qui peuvent surgir entre pouvoirs publics. Le contrôle de constitutionnalité n'est pas encore devenu en France, contrairement à ce qui se passe dans d'autres pays, une garantie offerte aux citoyens.

Conseil constitutionnel 16.7.1971
(Président du Sénat)

D.S. 1972.685   J.C.P. 1971 II 16832   G.D. 267

[The law of 1.7.1901 on Associations provides that, before an association may obtain legal capacity, certain particulars must be filed at the *Préfecture*, which then issues a certificate of filing (*récépissé*). Such a document was refused Simone de Beauvoir and Michel Leiris in respect of their 'Association des Amis de la Cause du Peuple'. In early 1971 an administrative court annulled this refusal on the ground of 'excès de pouvoir'.[30] A parliamentary bill was then introduced to amend the 1901 statute; article 3 would have allowed the *préfet* to delay issue of the certificate until the question of the association's legality had been tested in court. The bill was passed by the *Assemblée nationale*, but the President of the *Sénat* raised the issue of compatibility with the Constitution before the *Conseil constitutionnel*. This body, for the first time, argues from the Preamble.]

LE CONSEIL CONSTITUTIONNEL; — Saisi le 1er juillet 1971 par le Président du Sénat, conformément aux dispositions de l'article 61 de la Constitution, du texte de la loi, délibérée par l'Assemblée nationale et le Sénat et adoptée par l'Assemblée nationale, complétant les dispositions des articles 5 et 7 de la loi du 1er juillet 1901 relative au

---

30 Trib. adm. Paris 25.1.1971; J.C.P. 1971 II 16828.

contrat d'association; — Vu la Constitution, et notamment son préambule; — Vu l'ordonnance du 7 novembre 1958 portant loi organique sur le Conseil constitutionnel, notamment le chapitre II du titre II de ladite ordonnance; — Vu la loi du 1er juillet 1901 relative au contrat d'association, modifiée; — Vu la loi du 10 janvier 1936 relative aux groupes de combat et milices privées; — Considérant que la loi déférée à l'examen du Conseil constitutionnel a été soumise au vote des deux assemblées, dans le respect d'une des procédures prévues par la Constitution, au cours de la session du Parlement ouverte le 2 avril 1971; — Considérant qu'au nombre des principes fondamentaux reconnus par les lois de la République et solennellement réaffirmés par le préambule de la Constitution il y a lieu de ranger le principe de la liberté d'association; que ce principe est à la base des dispositions générales de la loi du 1er juillet 1901 relative au contrat d'association; qu'en vertu de ce principe les associations se constituent librement et peuvent être rendues publiques sous la seule réserve du dépôt d'une déclaration préalable; qu'ainsi, à l'exception des mesures susceptibles d'être prises à l'égard de catégories particulières d'associations, la constitution d'associations, alors même qu'elles paraîtraient entachées de nullité ou auraient un objet illicite, ne peut être soumise pour sa validité à l'intervention préalable de l'autorité administrative ou même de l'autorité judiciaire; — Considérant que si rien n'est changé en ce qui concerne la constitution même des associations non déclarées, les dispositions de l'article 3 de la loi dont le texte est, avant sa promulgation, soumis au Conseil constitutionnel pour examen de sa conformité à la Constitution, ont pour objet d'instituer une procédure d'après laquelle l'acquisition de la capacité juridique des associations déclarées pourra être subordonnée à un contrôle préalable par l'autorité judiciaire de leur conformité à la loi; — Considérant, dès lors, qu'il y a lieu de déclarer non conformes à la Constitution les dispositions de l'article 3 de la loi soumise à l'examen du Conseil constitutionnel complétant l'article 7 de la loi du 1er juillet 1901 ainsi, par voie de conséquence, que la disposition de la dernière phrase de l'alinéa 2 de l'article 1er de la loi soumise au Conseil constitutionnel leur faisant référence; — Considérant qu'il ne résulte ni du texte dont il s'agit, tel qu'il a été rédigé et adopté, ni des débats auxquels la discussion du projet de loi a donné lieu devant le Parlement, que les dispositions précitées soient inséparables de l'ensemble du texte de la loi soumise au Conseil; —

Considérant, enfin, que les autres dispositions de ce texte ne sont contraires à aucune disposition de la Constitution;

Art. 1ᵉʳ. Sont déclarées non conformes à la Constitution les dispositions de l'article 3 de la loi soumise à l'examen du Conseil constitutionnel complétant les dispositions de l'article 7 de la loi du 1ᵉʳ juillet 1901 ainsi que les dispositions de l'article 1ᵉʳ de la loi soumise au Conseil leur faisant référence; — *Art. 2.* Les autres dispositions dudit texte de loi sont déclarées conformes à la Constitution.

Conseil constitutionnel 15.1.1975
(Foyer et autres)

D.S. 1975.529 note Hamon   J.C.P. 1975.18030 note Bey   G.D. 357

LE CONSEIL CONSTITUTIONNEL; — Saisi le 20 déc. 1974 par M. Jean Foyer, Marc Lauriol, etc., députés à l'assemblée Nationale, dans les conditions prévues à l'art. 61 de la Constitution, du texte de la loi relative à l'interruption volontaire de la grossesse, telle qu'elle a été adoptée par le Parlement; ... — Considérant que l'art. 61 de la Constitution ne confère pas au Conseil constitutionnel un pouvoir général d'appréciation et de décision identique à celui du Parlement, mais lui donne seulement compétence pour se prononcer sur la conformité à la Constitution des lois déférées à son examen; — ...

Considérant qu'une loi contraire à un traité ne serait pas pour autant, contraire à la Constitution; — ...

Considérant que, dans ces conditions, il n'appartient pas au Conseil constitutionnel, lorsqu'il est saisi en application de l'art. 61 de la Constitution, d'examiner la conformité d'une loi aux stipulations d'un traité ou d'un accord international[30a]; —

Considérant, en second lieu, que la loi relative à l'interruption volontaire de la grossesse respecte la liberté des personnes appelées à recourir ou à participer à une interruption de grossesse, qu'il s'agisse d'une situation de détresse ou d'un motif thérapeutique; que, dès lors, elle ne porte pas atteinte au principe de liberté posé à l'art. 2 de la Déclaration des droits de l'homme et du citoyen; — Considérant que la loi déférée au Conseil constitutionnel n'admet qu'il soit porté atteinte au principe du respect de tout être humain dès le commencement de la vie, rappelé dans son article 1ᵉʳ, qu'en cas

[30a] The European Convention on Human Rights.

de nécessité et selon les conditions et limitations qu'elle définit; — Considérant qu'aucune des dérogations prévues par cette loi n'est, en l'état, contraire à l'un des principes fondamentaux reconnus par les lois de la République, ni ne méconnaît le principe énoncé dans le Préambule de la Constitution du 27 oct. 1946, selon lequel la Nation garantit à l'enfant la protection de la santé, non plus qu'aucune des autres disposition ayant valeur constitutionelle édictées par le même texte; — Considérant, en conséquence, que la loi ... ne contredit pas les textes auxquels la Constitution du 4 oct. 1958 fait référence dans son Préambule non plus qu'aucun des articles de la Constitution:

Art. Ier. — Les dispositions de la loi relative à l'interruption volontaire de la grossesse ... ne sont pas contraires à la Constitution.

NOTE

1. In Cass. ch. mixte of 24.5.1975 the *Procureur Général* uses the *Conseil's* third 'Considérant' to mount a powerful argument as to the jurisdiction of the *Cour de Cassation* (below, p. 77).

Conseil constitutionnel 23.7.1975

A.J. 1976.44   J.C.P. 1975.II.18200 note Franck

LE CONSEIL CONSTITUTIONNEL; — Saisi le 30 juin 1975 par MM ..., sénateurs, dans les conditions prévues à l'article 61 de la Constitution du texte de la loi modifiant et complétant certaines dispositions de procédure pénale telle qu'elle a été adoptée par le Parlement;
   Vu la Constitution; ...
   Considérant que le Conseil Constitutionnel a été conformément à l'article 61 de la Constitution, régulièrement saisi par soixante-neuf sénateurs de la loi modifiant et complétant certaines dispositions de procédure pénale, spécialement du texte modifiant les articles 393 et 398–1 du Code de Procédure pénale;
   Considérant que les dispositions nouvelles de l'article 398–1 du Code de Procédure pénale laissent au président du tribunal de grande instance la faculté, en toutes matières relevant de la compétence du tribunal correctionnel à l'exception des délits de presse, de décider de manière discrétionnaire et sans recours si ce tribunal sera composé de trois magistrats, conformément à la règle posée par l'article 398

du Code de Procédure pénale, ou d'un seul de ces magistrats exerçant les pouvoirs conférés au président;

Considérant que des affaires de même nature pourraient ainsi être jugées ou par un tribunal collégial ou par un juge unique, selon la décision du président de la juridiction;

Considérant qu'en conférant un tel pouvoir l'article 6 de la loi déférée au Conseil Constitutionnel... met en cause, alors surtout qu'il s'agit d'une loi pénale, le principe d'égalité devant la justice qui est inclus dans le principe d'égalité devant la loi proclamé dans la Déclaration des droits de l'homme de 1789 et solennellement réaffirmé par le Préambule de la Constitution;

Considérant, en effet, que le respect de ce principe fait obstacle à ce que des citoyens se trouvant dans des conditions semblables et poursuivis pour les mêmes infractions soient jugés par des juridictions composées selon des règles différentes;

Considérant, enfin, que l'article 34 de la Constitution qui réserve à la loi le soin de fixer les règles concernant la procédure pénale s'oppose à ce que le législateur, s'agissant d'une matière aussi fondamentale que celle des droits et libertés des citoyens, confie à une autre autorité l'exercice, dans les conditions ci-dessus rappelées, des attributions définies par les dispositions en cause de l'article 6 de la loi déférée au Conseil Constitutionnel;

. . .

Considérant que ces dispositions doivent donc être regardées comme non conformes à la Constitution;

. . .

DÉCIDE

Art. 1er: Sont déclarées non conformes à la Constitution les dispositions de l'article 6 de la loi modifiant et complétant certaines dispositions du Code de Procédure pénale.

. . .

NOTES

1. The first 'Vu' refers to the Constitution as a whole.

2. The Conseil deduces—from the Declaration of 1789—that equality before *la loi* entails equality before the courts.

Conseil constitutionnel 12.1.1977

(Pierre Joxe et autres)

D.S. 1978.173 note Hamon et Léauté

LE CONSEIL CONSTITUTIONNEL; — Saisi le 21 déc. 1976 par MM. Pierre Joxe et autres dans les conditions prévues à l'art. 61 (2ᵉ alinéa) de la Constitution, du texte de la loi autorisant la visite des véhicules en vue de la recherche et de la prévention des infractions pénales telle qu'elle a été adoptée par le Parlement; — Vu la Constitution; — Vu l'ordonnance du 7 nov. 1958 portant loi organique sur le Conseil constitutionnel, notamment le chapitre II du titre II de ladite ordonnance; — Ouï le rapporteur en son rapport; — Considérant que la liberté individuelle constitue l'un des principes fondamentaux garantis par les lois de la République, et proclamés par le Préambule de la Constitution de 1946, confirmé par le Préambule de la Constitution de 1958; — Considérant que l'art. 66 de la Constitution, en réaffirmant ce principe, en confie la garde à l'autorité judiciaire; — Considérant que le texte soumis à l'examen du Conseil constitutionnel a pour objet de donner aux officiers de police judiciaire ou, sur ordre de ceux-ci, aux agents de police judiciaire, le pouvoir de procéder à la visite de tout véhicule ou de son contenu aux seules conditions que ce véhicule se trouve sur une voie ouverte à la circulation publique et que cette visite ait lieu en la présence du propriétaire ou du conducteur; — Considérant que, sous réserve que soient remplies les deux conditions ci-dessus rappelées, les pouvoirs attribués par cette disposition aux officiers de police judiciaire et aux agents agissant sur l'ordre de ceux-ci pourraient s'exercer, sans restriction, dans tous les cas, en dehors de la mise en vigueur d'un régime légal de pouvoirs exceptionnels, alors même qu'aucune infraction n'aura été commise et sans que la loi subordonne ces contrôles à l'existence d'une menace d'atteinte à l'ordre public; — Considérant qu'en raison de l'étendue des pouvoirs, dont la nature n'est, par ailleurs, pas définie, conférés aux officiers de police judiciaire et à leurs agents, du caractère très général des cas dans lesquels ces pouvoirs pourraient s'exercer et de l'imprécision de la portée des contrôles auxquels ils seraient susceptibles de donner lieu, ce texte porte atteinte aux principes essentiels sur lesquels repose la protection de la liberté individuelle; que, par suite, il n'est pas conforme à la Constitution;

Art. 1ᵉʳ. — Sont déclarées non conformes à la Constitution les dispositions de l'article unique de la loi autorisant la visite des véhicules en vue de la recherche et de la prévention des infractions pénales.

b. The Courts

From Fabre, *Principes républicains de droit constitutionnel*
(1970)[31]

Contrôle juridictionnel de la constitutionnalité des lois

Par contrôle juridictionnel de la constitutionnalité de la loi, il faut entendre le contrôle exercé par un tribunal. Le but du contrôle juridictionnel est normalement la défense du citoyen contre l'arbitraire du pouvoir. Mais ce contrôle se situe à un moment où la loi est non seulement faite, mais parfaite, après la promulgation de celle-ci, et souvent après une certaine période d'application. La sanction du contrôle juridictionnel ne pourra donc être que de priver la loi inconstitutionnelle de tout effet juridique. Au surplus, cette sanction ne va pas toujours jusque-là, car elle varie suivant la procédure de saisine du juge, action ou exception . . .

[This is an observation, not on French constitutional law, but from the point of view of comparative constitutional law. The author discusses a number of constitutional systems (outside France) which know *l'action en inconstitutionnalité de la loi* and continues]

En France, tout individu dispose du recours pour excès de pouvoir devant les tribunaux administratifs. Il s'agit d'une action qui permet d'obtenir l'annulation de tout acte administratif pour illégalité (ou inconstitutionnalité). Mais si la notion d'acte administratif s'étend jusqu'au décret (y compris le décret-loi non ratifié par le parlement), le recours pour excès de pouvoir ne permet pas d'attaquer la loi. Faute d'action en inconstitutionnalité, du moins le citoyen français peut-il soulever l'exception d'inconstitutionnalité de la loi?
. . .

[After having examined a number of foreign systems (including the United States) in which the citizen can, by way of defence, raise the pleas of unconstitutionality of legislation, he adds]

[31] B. 46, pp. 161 ff.

Le juge français fait un certain contrôle de la loi, mais son contrôle ne porte que sur la régularité externe de la loi, sur l'existence constitutionnelle de la loi, par exemple il contrôle si la loi a été promulguée. Mais le juge ne contrôle pas la régularité interne de la loi, soit la conformité ou la non-conformité du contenu de la loi par rapport à la constitution. Sur cette incompétence des tribunaux français à contrôler la constitutionnalité des lois, il y a une jurisprudence extrêmement ferme . . .

Cass. civ. 20.12.1956

Bull. civ. 1956 II, no. 714[32]

'Attendu qu'il est fait grief à la décision attaquée d'avoir statué en application de la loi du 17 août 1948 alors que ce texte serait contraire à la Constitution;

Mais attendu que l'exception soulevée ne peut être portée devant les tribunaux de l'ordre judiciaire;

Qu'ainsi le moyen n'est pas recevable. — (Rejet)'

NOTE

Observe the categorical brevity of a judgement dealing with one of the most fundamental questions.

Cass. ch. mixte 24.5.1975

(Administration des Douanes C. Soc. 'Cafés Jacques Vabre' et S.A.R.L. J. Weigel et Cie)

D.S. 1975.497   J.C.P. 1975 II 18180 bis

[The EEC Treaty, which came into force on 1 January 1958, provides in art. 95:

'No Member State shall impose, directly or indirectly, on the products of other Member States any internal taxation of any kind in excess of that imposed directly or indirectly on similar domestic products.

Furthermore, no Member State shall impose on the products of other Member States any internal taxation of such a nature as to afford indirect protection to other products'.

[32] Quoted by Georgel and Moreau, 'La loi en général', B. 47, p. 8.

Vabre imported soluble coffee and protested against a higher tax imposed by a later *loi*.]

Conclusions de M. le Procureur général Touffait:

L'Administration des Douanes a soulevé six moyens dans l'affaire qui vous est soumise, seul le second pose la question de principe relative au conflit entre le Traité instituant la Communauté Européenne et la loi interne postérieure, question si importante qu'elle a motivé pour y répondre votre formation en Chambre mixte composée de toutes les chambres de la Cour de cassation, car toutes les chambres sont concernées par la solution que vous lui apporterez.

. . .

[He considers five of the *moyens*].

Nous n'avons plus à examiner que le deuxième moyen, moyen crucial qui pose le problème du conflit entre une loi postérieure dont les termes sont en contradiction avec ceux du Traité de Rome.

. . .

Examinons donc le fond du deuxième moyen qui mérite une relecture. Que dit-il? Violation de l'art. 55 de la Constitution, de l'art. 265 c. des douanes, du principe de la séparation des pouvoirs, de l'art. 102 du décret du 20 juill. 1972, défaut de motifs, manque de base légale, 'en ce que l'arrêt attaqué déclare *illégale* la taxe intérieure de consommation par suite de son incompatibilité avec les dispositions de l'art. 95 du Traité de Rome, au motif que ces dispositions communautaires ont une autorité supérieure à celle de la loi interne même postérieure au traité, qu'au demeurant, le juge fiscal ne saurait sans excéder ses pouvoirs écarter l'application d'une loi interne sous prétexte qu'elle revêtirait un caractère inconstitutionnel'.

Permettez-moi de dire que ce deuxième moyen est inexact dans sa formulation, car jamais ni le jugement, ni l'arrêt, n'ont déclaré 'illégale' la taxe intérieure de consommation prévue par l'art. 265 c. des douanes et à aucun moment ces deux décisions judiciaires n'ont dit que l'art. 265 était entaché d'inconstitutionnalité.

Si le mémoire ampliatif interprète donc inexactement les décisions des juges du fond, le mémoire en réplique de l'administration des Douanes pose, implicitement sinon formellement, la question du conflit existant entre le traité instituant la Communauté Européenne et une loi postérieure contraire audit traité. En réalité, d'une manière précise, il vous est posé la question de savoir comment résoudre le conflit né entre deux parties dont l'une se réclame de l'art. 95, al. 2, du Traité de Rome, datant du 25 mars 1957, qui interdit à tout Etat membre de frapper les produits d'un autre Etat membre d'impositions intérieures de nature à protéger indirectement d'autres productions, et l'autre demande l'application de l'art. 265 c. des douanes instituant une taxe intérieure de consommation sur les cafés au n° ex. 2 102 du tarif douanier, texte de nature législative, postérieur au Traité de Rome.

Question primordiale qui n'a encore jamais été posée à votre Cour d'une manière aussi nette.

[He then cites, *inter alia*, a decision of the *Conseil d'Etat* on Community law and the submissions of the *Commissaire du Gouvernement*, Mme. Questiaux.][32a]

. . .

L'administration des Douanes soutient, se référant à un arrêt du Conseil d'Etat dit des Semoules, en date du 1ᵉʳ mars 1968 que la Haute Assemblée a refusé d'exercer un pouvoir de 'censure' à l'encontre d'un texte législatif français promulgué postérieurement à la norme communautaire incompatible avec celui-ci . . ., car le juge, écrit-elle, ne peut se livrer à aucune appréciation de la constitution-nalité de la loi en écartant l'application de cette dernière au profit d'une disposition communautaire.

En l'espèce, il s'agissait de l'application d'une ordonnance du 19 sept. 1962 ayant valeur législative, maintenant à titre transitoire entre la France et l'Algérie devenue état souverain, le régime douanier en vigueur avant l'accession de ce pays à l'indépendance, ordonnance en contradiction avec un règlement n° 19 de la Communauté.

Le Conseil d'Etat a tranché le conflit en faveur de la loi nationale en écartant *implicitement* l'art. 55 de la Constitution, non pas avec les formules du demandeur insérées dans sa réplique, mais d'une façon voilée, sans poser de principe, ni parler d'inconstitutionnalité, comme un cas d'espèce particulier concernant les relations d'un Etat membre avec une partie de son territoire devenue Etat indépendant.

Cependant si l'arrêt du Conseil d'Etat se maintient dans une attitude de rédaction prudente, les conclusions du commissaire du Gouvernement sont très nettes et elles constituent le fondement de l'argumentation de l'administration des Douanes. Que disent-elles?

Elles font remarquer qu'il n'est pas certain que l'interprétation donnée à l'ordonnance française soit contraire aux obligations qu'impose à l'Etat français le Traité de Rome et elles ajoutent et je

---

[32a] Cons. d'Etat 1.3.1968. D. 1968.285 note M.L.

cite: 'Vous ne sauriez en décider sans renvoyer la question à la Cour
de Justice, en vertu de l'art. 177, *mais un sursis à statuer n'est pas
justifié, si vous estimez être de toute façon liés par les dispositions de
l'ordonnance*'.[33]

. . .

Ici, je fais une incidente et j'ouvre une parenthèse, car on pourrait
aussi dans notre affaire penser à utiliser l'action préjudicielle de
l'art. 177 du Traité de Rome aux fins de savoir si la taxe de consommation intérieure instituée par l'art. 265 c. des douanes est conforme
ou contraire à l'art. 95 du Traité de Rome et certains très bons
esprits ont eu cette idée en s'appuyant d'ailleurs sur des précédents
issus, il est vrai, de juridictions inférieures et en ajoutant que cette
procédure avait rendu à leurs Etats l'important service de leur éviter
un recours en manquement.

Mais il m'apparaît que votre Chambre mixte ne peut éluder la
question de principe qui lui est posée; celle de savoir si elle est tenue
ou non d'appliquer la loi contraire au Traité, quand elle lui est
postérieure, car si vous répondiez par l'affirmative à cette question,
le sursis à statuer ne serait en aucune façon justifié et ne se poserait
même pas, puisque votre réponse vous amènerait à appliquer la loi
qui ne pourrait donc pas être soumise à l'interprétation de la Cour
de Luxembourg. Et, si — sans procéder à l'examen de la question
de principe — vous saisissiez la Cour de Justice, ce renvoi trancherait
implicitement, mais nécessairement la question au bénéfice de la
primauté du Traité, solution qui ne peut convenir à la solennité de
votre formation qui se doit de trancher ce problème primordial.
C'est pour ces raisons qu'il faut écarter le recours à l'art. 177.

. . .

Je ferme la parenthèse et reviens à l'argumentation de fond de
Mme Questiaux:

'Vous ne pouvez pas, dit-elle, contrôler la conformité de la loi avec
le Traité, car le juge administratif ne peut faire l'effort qui lui est
demandé sans modifier, de sa seule volonté, sa place dans les
institutions. Il ne peut ni censurer, ni méconnaître une loi. Cette
considération l'a toujours conduit à refuser d'examiner les moyens
tirés de l'inconstitutionnalité d'une loi, d'autant plus maintenant que
la Constitution a traité du contrôle de la constitutionnalité des lois
pour le confier au Conseil Constitutionnel'.

[33] Italics in original.

Cette thèse est reprise par le mémoire ampliatif qui déclare : 'aucune juridiction française, à l'exception du Conseil Constitutionnel n'a le pouvoir de déclarer une loi inconstitutionnelle'.

'En vertu de l'art. 55 de la Constitution, qui donne primauté au traité sur la loi interne, Mme Questiaux recommande au juge de faire un effort de conciliation lorsqu'il interprète la loi postérieure contraire au traité. Il peut dire, devant ses silences ou ses ambiguïtés, qu'elle n'a pas voulu enfreindre la règle internationale. Mais si le législateur a manifesté une volonté précise, l'art. 55 ne dispense pas le juge de respecter cette volonté et le juge doit appliquer la loi postérieure'.

En présence de cette thèse soutenue devant eux, qu'ont répondu les juges judiciaires ? 'Il ne s'agit nullement, ont-ils dit, de confronter la loi interne avec la Constitution, mais au contraire en vertu de cette Constitution de comparer cette disposition interne au traité ; or, d'après l'art. 55 de la Constitution, les traités ont une autorité supérieure à celle des lois ; il en résulte que les dispositions du Traité de Rome, directement applicables dans l'ordre juridique interne de chaque Etat membre, priment les dispositions législatives même postérieures au traité'.

'Et loin de se faire juge de la constitutionnalité de la loi, le tribunal n'est appelé qu'à constater que la loi nationale a eu ses effets arrêtés dans la mesure où ils sont incompatibles avec les dispositions du traité, étant remarqué que la portée de cette loi ne subit aucune restriction en ce qui concerne les Etats étrangers, autres que les Etats membres de la Communauté'.

'En somme, il s'agit d'un conflit entre deux normes juridiques de valeur hiérarchique différente en contradiction l'une avec l'autre et de le résoudre en appliquant la règle supérieure'.

. . .

Le principe de la séparation des pouvoirs s'oppose à ce que les tribunaux de l'ordre judiciaire puissent se prononcer sur la légalité d'un acte administratif, *réserve faite des pouvoirs du juge au point de vue fiscal et pénal à l'égard d'un règlement illégal*, et votre Cour de cassation se montre fort attentive au respect de ce principe.

Cette limitation des pouvoirs du juge judiciaire l'a conduit, pour le cas de conflit entre deux normes juridiques de valeur hiérarchique différente à la solution technique que nous connaissons bien ; celle qui consiste à assurer le respect de la norme supérieure, non pas certes en annulant la règle inférieure, mais simplement en écartant l'application, en l'espèce, de la règle inférieure au bénéfice de la règle supérieure.

Cette technique s'est traduite dans notre affaire par le raisonnement suivant de la cour d'appel 'considérant que selon l'art. 55 de la Constitution, les traités régulièrement ratifiés ont une autorité supérieure à celle des lois, qu'il en résulte que les dispositions du Traité de Rome priment les dispositions législatives même postérieures'.

. . .

Mais, pour adopter cette thèse sans réserves, nous devons examiner si en statuant dans ce sens, il ne peut pas nous être fait le reproche de trancher un problème de constitutionnalité de la loi, autrement dit: la recherche de la conformité d'une loi avec un traité ne constitue-t-elle pas le contrôle de la constitutionnalité de la loi?

Nous avons déjà exposé sur ce point la thèse du commissaire du Gouvernement Mme Questiaux, dans l'affaire des Semoules qui tranche cette question par l'affirmative.

La thèse contraire du juge du 1er arrondissement s'exprime dans l'attendu suivant: 'Attendu qu'il ne s'agit nullement de confronter la loi interne avec la Constitution, mais au contraire, en vertu de cette Constitution, de comparer cette disposition au traité . . .; qu'il ne s'agit donc pas de se faire juge de la constitutionnalité de la loi . . .'

. . .

Heureusement, je puis me dispenser de vous proposer un long raisonnement juridique pour essayer de vous démontrer qu'il ne s'agit pas d'une question de constitutionnalité, car depuis le dépôt de ce pourvoi est intervenue une décision du Conseil Constitutionnel en date du 15 janv. 1975. Le Conseil était saisi par 81 députés, dont le premier signataire était un ancien Garde des Sceaux, dans les conditions prévues par le nouvel art. 61, § 2, de la Constitution, du texte de la loi relative à l'interruption volontaire de la grossesse telle qu'elle avait été adoptée par le Parlement.[34]

Cette décision — à mon avis — peut être considérée comme l'une des plus importantes, sinon la plus importante rendue par le Conseil Constitutionnel en raison de ses conséquences juridiques sur le plan du contrôle de la constitutionnalité.

. . .

---

[34] Above, p. 72.

Bien que l'ensemble de cette décision soit à méditer longuement sur le fonctionnement de nos institutions, je ne retiens d'elle — bien sûr — que la partie qui intéresse notre débat, c'est-à-dire la question relative à l'aptitude du Conseil Constitutionnel à vérifier la conformité d'une loi à un traité parce qu'il s'agirait d'après le demandeur d'une question de constitutionnalité.

Sur ce point, le recours formé par les parlementaires était ainsi formulé : 'qu'il plaise au Conseil Constitutionnel dire l'art. 4 de la loi sur l'interruption de grossesse non conforme aux dispositions de l'art. 2 de la Convention Européenne des Droits de l'Homme et des libertés fondamentales dont l'autorité est supérieure à celle des lois aux termes de l'art. 55 de la Constitution'.

Je précise : convention européenne dont la ratification, autorisée par la loi du 31 déc. 1973, est devenue effective à la suite du décret de publication paru au *Journal officiel* du 4 mai 1974, donc antérieure à la loi contestée.

C'est bien notre problème.

Que répond le Conseil Constitutionnel ?

'Que l'art. 61 de la Constitution lui donne seulement compétence pour se prononcer sur la conformité à la Constitution des lois déférées à son examen ; que si les dispositions de l'art. 55 de la Constitution confèrent aux traités une autorité supérieure à celle des lois, elles n'impliquent pas que le respect de ce principe doive être assuré par le Conseil Constitutionnel'.

On peut donc conclure de cette prise de position du Conseil Constitutionnel qu'il doit l'être par les juridictions auxquelles ce problème est posé, et il leur appartient, sous peine de déni de justice, d'y répondre.
. . .

Il en résulte qu'une loi contraire à un traité ne peut pas être taxée d'inconstitutionnalité et que le contrôle du respect du principe énoncé à l'art. 55 ne saurait s'exercer dans le cadre prévu à l'art. 61 de la Constitution en raison de la différence de nature de ces deux contrôles. En conséquence, il n'appartient pas au Conseil Constitutionnel d'examiner la conformité d'une loi aux stipulations d'un accord international. Le Conseil Constitutionnel pose ainsi un critère de compétence, critère très important, car le principal argument présenté par les partisans de la thèse qui dénie au juge compétence pour sanctionner la violation de l'art. 55, était tiré du concept que s'immisçant dans le contrôle de la primauté du traité par rapport à la loi postérieure, il pénétrait inéluctablement dans le contrôle de la constitutionnalité de la loi. Or, le Conseil Constitutionnel décide qu'il n'en est rien.

Selon cette décision du 15 janv. 1975, il ne s'agit donc pas pour le juge, en présence d'un conflit entre traité et loi postérieure de contrôler la constitutionnalité d'une loi, mais d'examiner un conflit entre une loi interne et un acte international qui, une fois régulièrement ratifié et publié, pénètre dans notre ordre juridique interne et la Constitution n'intervient que pour fixer la règle qui permet de résoudre le conflit en lui donnant une autorité supérieure.

Telle est la décision du Conseil Constitutionnel et celle-ci, en vertu de l'art. 62 de la Constitution, s'impose aux pouvoirs publics et à toutes les autorités administratives et juridictionnelles.

. . .

La doctrine unanime et la jurisprudence du Conseil d'Etat en ont déduit que la force obligatoire de la décision du Conseil Constitutionnel s'attachait non seulement au dispositif de la décision, mais également aux motifs qui faisaient corps avec lui et concouraient très directement à la solution du cas d'espèce. Nous pouvons donc en conclure que le conflit de la loi postérieure avec le traité ne pose pas une question de constitutionnalité de cette loi et ainsi la thèse des juridictions judiciaires se trouve consacrée par la décision du Conseil Constitutionnel.

. . .

Je pourrais presque arrêter ma démonstration juridique à ce point, mais étant donné l'importance de cette question, je voudrais maintenant — le plus rapidement possible — justifier la solution que je vous ai proposée en partant du droit international public, pour aboutir au traité instituant la Communauté Economique Européenne.

Les rapports entre le droit international et le droit interne ont été construits, pensés et énoncés dans le cadre de systèmes classés sous les doctrines du dualisme ou du monisme, chacune d'elles exprimant une dose de vérite historique, selon les pensées dominantes sur le plan national et l'évolution de la Société internationale.

. . .

L'idée se dégage irrésistiblement qu'il ne peut exister de relations internationales, si les conventions diplomatiques peuvent être mises en échec par des décisions unilatérales des puissances contractantes et le devoir pour l'Etat de respecter ses obligations internationales devient un principe fondamental, et au lendemain de la libération, des hommes politiques qui étaient souvent des juristes comprirent que leurs idées — pouvant subir la pesanteur des traditions juridiques et judiciaires — devaient pour triompher être inscrites solennellement dans la Constitution.

C'est ainsi que pour la première fois en France, la Constitution du 27 oct. 1946, dans ses art. 26 et 28, a consacré expressément et d'une manière générale le principe de la primauté des conventions internationales sur les lois internes.

L'art. 26 concerne les lois antérieures au Traité. *L'art. 28 concerne les lois postérieures au traité.*

Il était ainsi conçu: 'les traités diplomatiques régulièrement ratifiés et publiés ayant une autorité supérieure à celle des lois internes, leurs dispositions ne peuvent être *abrogées, modifiées* ou *suspendues* qu'à la suite d'une dénonciation régulière, notifiée par voie diplomatique. Lorsqu'il s'agit d'un des traités visés à l'art. 27 (c'est-à-dire d'un traité dont la ratification ne pouvait avoir lieu qu'en vertu d'une loi), la dénonciation doit être autorisée par l'Assemblée nationale, exception faite pour les traités de commerce'.

Ce texte ne prête donc à aucune équivoque.

Le fait qu'à ces deux articles du texte constitutionnel de 1946 corresponde un seul art. 55 de celui de 1958 ne change rien à la volonté des constituants.

Il suffit pour s'en convaincre de lire le compte rendu analytique du Comité consultatif constitutionnel, dont la discussion n'a porté que sur la notion de réciprocité dans l'application des traités.

D'ailleurs, comment comprendre autrement l'art. 55? La notion de supériorité n'a de sens qu'à l'égard des lois postérieures.

Si l'art. 55 n'avait entendu viser que les lois antérieures au traité, il aurait suffi qu'il disposât que 'le traité a force de loi', puisque c'est un principe absolu que la loi postérieure l'emporte sur la loi antérieure.

L'analyse des textes, conforme à l'éthique internationale voulue par les constituants de 1946 et 1958, conduit donc, inéluctablement, à considérer que la notion de supériorité du traité sur la loi n'a de sens qu'à l'égard des lois postérieures au traité, puisqu'à l'égard des lois antérieures la réponse est évidente, comme il est évident que l'ordre juridique international ne peut être réalisé et se développer que si les Etats appliquent avec loyauté les conventions qu'ils ont signées, ratifiées et publiées.

. . .

Nous aboutissons ainsi en dernier lieu à l'examen de notre vrai problème, c'est-à-dire du conflit entre le Traité instituant la Communauté Economique Européenne et une loi postérieure contraire à ses stipulations.

Si nous avons si longtemps retenu votre attention sur l'art. 55 de notre Constitution, c'est que l'argumentation du pourvoi discutant de sa portée, s'appuyant sur l'autorité d'un arrêt du Conseil d'Etat, nous a conduit à suivre le demandeur sur le terrain qu'il avait choisi, mais puisque nous avons réussi, — tout au moins je l'espère — à démontrer la supériorité de la norme internationale conventionnelle sur la norme interne, il nous appartient maintenant de pousser notre analyse en présence du même conflit mais avec le traité instituant la Communauté Economique Européenne dont la conception et les obligations diffèrent et dépassent celles découlant des traités classiques.

. . .

Le principe de la prééminence du droit communautaire sur le droit interne a été à plusieurs reprises rappelé par la Cour de Justice des Communautés Européennes . . .

. . .

La force du droit communautaire ne saurait en effet varier d'un Etat à l'autre à la faveur des législations internes ultérieures sans mettre en péril la réalisation des buts du Traité.

De tous ces principes non discutables, je pense qu'il faudra que vous en tiriez une conséquence pour la motivation de votre arrêt.

Il vous serait possible pour faire prévaloir l'application de l'art. 95 du Traité de Rome sur la loi postérieure de vous appuyer sur l'art. 55 de notre Constitution, mais personnellement, je vous demande de ne pas le mentionner pour ne fonder votre argumentation que sur la nature même de l'ordre juridique institué par le Traité de Rome.

En effet, dans la mesure où vous vous borneriez à déduire de l'art. 55 de notre Constitution, la primauté dans l'ordre interne français du droit communautaire sur le droit national, vous l'expliqueriez et la justifieriez, en ce qui concerne notre pays, mais cette motivation laisserait admettre que c'est de notre Constitution et d'elle seulement que dépend le rang du droit communautaire dans notre ordre juridique interne.

Dés lors, implicitement vous fourniriez un argument non négligeable aux juridictions des Etats membres qui, faute d'affirmation dans leurs constitutions de la primauté des Traités, seraient tentés d'en déduire la solution inverse . . .

Ce sont les raisons, Messieurs, pour lesquelles, je vous demande de ne pas fonder votre argumentation sur l'art. 55 de notre Constitution, vous reconnaîtrez ainsi que le transfert opéré par les Etats de leur ordre juridique interne au profit de l'ordre juridique communautaire, *dans la limite des droits et obligations correspondant aux dispositions du Traité*, entraîne une limitation définitive de leurs droits souverains contre laquelle ne saurait prévaloir un acte unilatéral ultérieur incompatible avec la notion de Communauté.

C'est d'ailleurs la méthode que vous appliquez déjà dans toutes vos chambres, lorsque vous saisissez la Cour de Justice de Luxembourg en vertu de l'art. 177, en ne vous appuyant que sur cet article du Traité sans faire référence à aucun article de la Constitution ou texte de la législation française, reconnaissant ainsi que le juge national est le juge de droit commun de l'application du Droit communautaire.

. . .

LA COUR; — Sur le premier moyen pris en ses deux branches: — Attendu qu'il résulte des énonciations de l'arrêt déféré (Paris, 7 juill. 1973, D. 1974.159, note J. Rideau; *Gaz. Pal.* 1973.2. 661, concl. J. Cabannes) que, du 5 janv. 1967 au 5 juill. 1971, la Soc. 'Cafés Jacques Vabre' (Soc. Vabre) a importé des Pays-Bas, Etat membre de la Communauté Economique Européenne, certaines quantités de café soluble en vue de leur mise à la consommation en France; que le dédouanement de ces marchandises a été opéré par la Soc. J. Weigel et Cie (Soc. Weigel), commissionnaire en douane; qu'à l'occasion de chacune de ces importations, la Soc. Weigel a payé à l'Administration des Douanes la taxe intérieure de consommation prévue, pour ces marchandises, par la position Ex. 2102 du tableau A de l'art. 265 c. des douanes; que, prétendant qu'en violation de l'art. 95 du Traité du 25 mars 1957 instituant la Communauté Economique Européenne, lesdites marchandises avaient ainsi subi une imposition supérieure à celle qui était appliquée aux cafés solubles fabriqués en France à partir du café vert en vue de leur consommation dans ce pays, les deux sociétés ont assigné l'Administration en vue d'obtenir, pour la Soc. Weigel, la restitution du montant des taxes perçues et, pour la Soc. Vabre, l'indemnisation du préjudice qu'elle prétendait avoir subi du fait de la privation des fonds versés au titre de ladite taxe; —

. . .

Sur le deuxième moyen: — Attendu qu'il est de plus fait grief à l'arrêt d'avoir déclaré illégale la taxe intérieure de consommation prévue par l'art. 265 c. des douanes par suite de son incompatibilité avec les dispositions de l'art. 95 du Traité du 25 mars 1957, au motif que celui-ci, en vertu de l'art. 55 de la Constitution, a une autorité supérieure à celle de la loi interne, même postérieure, alors, selon le pourvoi, que s'il appartient au juge fiscal d'apprécier la légalité des textes réglementaires instituant un impôt litigieux, il ne saurait cependant, sans excéder ses pouvoirs, écarter l'application d'une loi interne sous prétexte qu'elle revêtirait un caractére inconstitutionnel; que l'ensemble des dispositions de l'art. 265 c. des douanes a été édicté par la loi du 14 déc. 1966 qui leur a conféré l'autorité absolue qui s'attache aux dispositions législatives et qui s'impose à toute juridiction française; — Mais attendu que le Traité du 25 mars 1957, qui, en vertu de l'article susvisé de la Constitution, a une autorité supérieure à celle des lois, institue un ordre juridique propre intégré à celui des Etats membres; qu'en raison de cette spécificité, l'ordre juridique qu'il a créé est directement applicable aux ressortissants de ces Etats et s'impose à leurs juridictions; que, dès lors, c'est à bon droit, et sans excéder ses pouvoirs, que la cour d'appel a décidé que l'art. 95 du traité devait être appliqué en l'espèce, à l'exclusion de l'art. 265 c. des douanes, bien que ce dernier texte fût postérieur; d'où il suit que le moyen est mal fondé;

Sur le troisième moyen: — Attendu qu'il est au surplus reproché à l'arrêt d'avoir fait application de l'art. 95 du Traité du 25 mars 1957, alors, selon le pourvoi, que l'art. 55 de la Constitution subordonne expressément l'autorité qu'il confère aux traités ratifiés par la France à la condition exigeant leur application par l'autre partie; que le juge du fond n'a pu, dès lors, valablement appliquer ce texte constitutionnel sans rechercher si l'Etat (Pays-Bas) d'où a été importé le produit litigieux a satisfait à la condition de réciprocité; — Mais attendu que, dans l'ordre juridique communautaire, les manquements d'un Etat membre de la Communauté économique européenne aux obligations qui lui incombent en vertu du Traité du 25 mars 1957 étant soumis au recours prévu par l'art. 170 dudit traité, l'exception tirée du défaut de réciprocité ne peut être invoquée devant les juridictions nationales; d'où il suit que le moyen ne peut être accueilli; . . .

. . .

Par ces motifs, rejette.

NOTES

1. Why does the *Procureur général* urge the Court not to base its judgment on art. 55 of the Constitution?

2. Why does the Court not follow him?

Conseil constitutionnel 6.11.1962

D. 1963.398 note Hamon

LE CONSEIL CONSTITUTIONNEL; — Saisi par le président du Sénat, sur la base de l'art. 61, al. 2, de la Constitution, du texte de la loi relative à l'élection du Président de la République au suffrage universel direct et adoptée par le peuple dans le référendum du 28 oct. 1962, aux fins d'appréciation de la conformité de ce texte à la Constitution;

Vu la Constitution; — Vu l'ordonnance du 7 nov. 1958 portant loi organique sur le Conseil constitutionnel;

Considérant que la compétence du Conseil constitutionnel est strictement délimitée par la Constitution ainsi que par les dispositions de la loi organique du 7 nov. 1958 sur le Conseil constitutionnel prise pour l'application du titre VII de celle-ci; que le Conseil ne saurait donc être appelé à se prononcer sur d'autres cas que ceux qui sont limitativement prévus par ces textes; — Considérant que, si l'art. 61 de la Constitution donne au Conseil constitutionnel mission d'apprécier la conformité à la Constitution des lois organiques et des lois ordinaires qui, respectivement, doivent ou peuvent être soumises à son examen, sans préciser si cette compétence s'étend à l'ensemble des textes de caractère législatif, qu'ils aient été adoptés par le peuple à la suite d'un référendum ou qu'ils aient été votés par le Parlement, ou si, au contraire, elle est limitée seulement à cette dernière catégorie, il résulte de l'esprit de la Constitution qui a fait du Conseil constitutionnel un organe régulateur de l'activité des pouvoirs publics, que les lois que la Constitution a entendu viser dans son art. 61 sont uniquement les lois votées par le Parlement et non point celles qui, adoptées par le peuple à la suite d'un référendum, constituent l'expression directe de la souveraineté nationale; — Considérant que cette interprétation résulte également des dispositions expresses de la Constitution et notamment de son art. 60, qui détermine le rôle du Conseil constitutionnel en matière de référendum et de l'art. 11 qui ne prévoit aucune formalité entre l'adoption d'un projet de loi par le peuple et sa promulgation par le Président de la République; — Considérant, enfin, que cette même interprétation est encore expressément confirmée par les dispositions de l'art. 17 de la loi organique susmentionnée du 7 nov. 1958, qui ne fait état que des 'lois adoptées par le Parlement' ainsi que par celles de l'art. 23 de ladite loi qui prévoit que 'dans le cas où le Conseil constitutionnel déclare que la loi dont il est saisi contient une disposition contraire à la Constitution sans constater en même temps qu'elle est inséparable de l'ensemble de la loi, le Président de la République peut soit promulguer la loi à l'exception de cette disposition, soit demander aux Chambres une nouvelle lecture'; — Considérant qu'il résulte de ce qui précède qu'aucune des dispositions de la Constitution ni de la loi organique précitée prise en vue de son application ne donne compétence au Conseil constitutionnel pour se prononcer sur la demande sus-visée par laquelle le président du Sénat lui a déféré aux fins d'appréciation de sa conformité à la Constitution le projet de loi adopté par le peuple français par voie de référendum le 28 oct. 1962;

Art. 1er. Le Conseil constitutionnel n'a pas compétence pour se prononcer sur la demande sus-visée du président du Sénat.

NOTES

1. Considering (i) arts. 34, 37, and 41 (ii), art. 11 (iii), art. 16 (iv), arts. 46 and 89 of the Constitutions, would Dicey have said that under the present Constitution the French Parliament was 'sovereign' within the terms of his definition?

2. Compare the constitutional characteristics of *règlements* made in virtue of art. 37 with Orders in Council made in virtue of the Royal Prerogative.

3. Compare the power of delegated legislation vested in the Government under art. 38 with the power of the British Government to legislate through Statutory Instruments.

4. Is there anything in the Constitution of the United Kingdom to correspond to the powers of the President of the Republic under art. 16? Consider in particular the Emergency Powers Acts, 1920–64.

5. How do the functions of the *Conseil constitutionnel* compare with those of a high court such as the Supreme Court of the United States or (in relation to Australia) the Privy Council which exercise a power of judicial review?

6. Analyse the functions of the *Conseil constitutionnel* and those of the

Conseil d'Etat in defining the line which separates the *pouvoir législatif* from the *pouvoir réglementaire*.

7. In the decision of the 20.12.1956[35] the *Chambre civile* of the *Cour de cassation* reaffirms that 'les tribunaux de l'ordre judiciaire' have no jurisdiction to entertain a plea that a statute is unconstitutional. What is the legal source of the rule?

8. Will the constitutional amendment of 29.10.1974 draw the *Conseil constitutionnel* into parliamentary politics?

D. The function of a Code

From Portalis, *Discours préliminaire, prononcé le 24 thermidor an VIII* (1799), lors de la présentation du projet arrêté par la Commission du Gouvernement[36]

Mais quelle tâche que la rédaction d'une législation civile pour un grand peuple! L'ouvrage serait au-dessus des forces humaines, s'il s'agissait de donner à ce peuple une institution absolument nouvelle, et si, oubliant qu'il occupe le premier rang parmi les nations policées, on dédaignait de profiter de l'expérience du passé, et de cette tradition de bon sens, de règles et de maximes, qui est parvenue jusqu'à nous, et qui forme l'esprit des siècles.

Les lois ne sont pas de purs actes de puissance; ce sont des actes de sagesse, de justice et de raison. Le législateur exerce moins une autorité qu'un sacerdoce. Il ne doit point perdre de vue que les lois sont faites pour les hommes, et non les hommes pour les lois; qu'elles doivent être adaptées au caractère, aux habitudes, à la situation du peuple pour lequel elles sont faites; qu'il faut être sobre de nouveautés en matière de législation, parce que s'il est possible, dans une institution nouvelle, de calculer les avantages que la théorie nous offre, il ne l'est pas de connaître tous les inconvéniens que la pratique seule peut découvrir; qu'il faut laisser le bien, si on est en doute du mieux; qu'en corrigeant un abus, il faut encore voir les dangers de la correction même; qu'il serait absurde de se livrer à des idées absolues de perfection, dans des choses qui ne sont susceptibles que d'une bonté relative; qu'au lieu de changer les lois, il est presque toujours plus utile de présenter aux citoyens de nouveaux motifs de les aimer; que l'histoire nous offre à peine la promulgation de deux ou trois bonnes lois dans l'espace de plusieurs siècles; qu'enfin, *il n'appartient de*

---

[35] Above, p. 77.   [36] B. 50, in B. 6, vol. 1, pp. 463 ff.

proposer des changemens, qu'à ceux qui sont assez heureusement nés pour pénétrer, d'un coup de génie, et par une sorte d'illumination soudaine, toute la constitution d'un état.

. . .

A l'ouverture de nos conférences, nous avons été frappés de l'opinion, si généralement répandue, que, dans la rédaction d'un Code civil, quelques textes bien précis sur chaque matière peuvent suffire, et que le grand art est de tout simplifier en prévoyant tout.

Tout simplifier, est une opération sur laquelle on a besoin de s'entendre. *Tout prévoir*, est un but qu'il est impossible d'atteindre.

Il ne faut point de lois inutiles; elles affaibliraient les lois nécessaires; elles compromettraient la certitude et la majesté de la législation. Mais un grand Etat comme la France, qui est à la fois agricole et commerçant, qui renferme tant de professions différentes, et qui offre tant de genres divers d'industrie, ne saurait comporter des lois aussi simples que celles d'une société pauvre ou plus réduite.

Nous n'avons donc pas cru devoir simplifier les lois, au point de laisser les citoyens sans règle et sans garantie sur leurs plus grands intérêts.

Nous nous sommes également préservés de la dangereuse ambition de vouloir tout régler et tout prévoir. Qui pourrait penser que ce sont ceux même auxquels un code paraît toujours trop volumineux, qui osent prescrire impérieusement au législateur, la terrible tâche de ne rien abandonner à la décision du juge?

Quoique l'on fasse, les lois positives ne sauraient jamais entièrement remplacer l'usage de la raison naturelle dans les affaires de la vie. Les besoins de la société sont si variés, la communication des hommes est si active, leurs intérêts sont si multipliés, et leurs rapports si étendus, qu'il est impossible au législateur de pourvoir à tout.

Dans les matières mêmes qui fixent particulièrement son attention, il est une foule de détails qui lui échappent, ou qui sont trop contentieux et trop mobiles pour pouvoir devenir l'objet d'un texte de loi.

D'ailleurs, comment enchaîner l'action du temps? comment s'opposer au cours des événemens, ou à la pente insensible des mœurs? comment connaître et calculer d'avance ce que l'expérience seule peut nous révéler? La prévoyance peut-elle jamais s'étendre à des objets que la pensée ne peut atteindre?

Un code, quelque complet qu'il puisse paraître, n'est pas plutôt achevé, que mille questions inattendues viennent s'offrir au magistrat. Car les lois, une fois rédigées, demeurent telles qu'elles ont été écrites. Les hommes, au contraire, ne se reposent jamais; ils agissent toujours: et ce mouvement, qui ne s'arrête pas, et dont les effets sont diversement modifiés par les circonstances, produit, à chaque instant, quelque combinaison nouvelle, quelque nouveau fait, quelque résultat nouveau.

Une foule de choses sont donc nécessairement abandonnées à l'empire de l'usage, à la discussion des hommes instruits, à l'arbitrage des juges.

L'office de la loi est de fixer, par de grandes vues, les maximes générales du droit; d'établir des principes féconds en conséquences, et non de descendre dans le détail des questions qui peuvent naître sur chaque matière.

C'est au magistrat et au jurisconsulte, pénétrés de l'esprit général des lois, à en diriger l'application.

De là, chez toutes les nations policées, on voit toujours se former, à côté du sanctuaire des lois, et sous la surveillance du législateur, un dépôt de maximes, de décisions et de doctrine qui s'épure journellement par la pratique et par le choc des débats judiciaires, qui s'accroît sans cesse de toutes les connaissances acquises, et qui a constamment été regardé comme le vrai supplément de la législation.

. . .

Il serait, sans doute, désirable que toutes les matières pussent être réglées par des lois.

Mais à défaut de texte précis sur chaque matière, un usage ancien, constant et bien établi, une suite non interrompue de décisions semblables, une opinion ou une maxime reçue, tiennent lieu de loi. Quand on n'est dirigé par rien de ce qui est établi ou connu, quand il s'agit d'un fait absolument nouveau, on remonte aux principes du droit naturel. Car si la prévoyance des législateurs est limitée, la nature est infinie; elle s'applique à tout ce qui peut intéresser les hommes.

Tout cela suppose des compilations, des recueils, des traités, de nombreux volumes de recherches et de dissertations.

Le peuple, dit-on, ne peut, dans ce dédale, démêler ce qu'il doit éviter ou ce qu'il doit faire pour avoir la sûreté de ses possessions et de ses droits.

Mais le code, même le plus simple, serait-il à la portée de toutes les classes de la société? Les passions ne seraient-elles pas perpétuellement occupées à en détourner le vrai sens? Ne faut-il pas une certaine expérience pour faire une sage application des lois? Quelle est d'ailleurs la nation à laquelle des lois simples et en petit nombre aient longtemps suffi ?

Ce serait donc une erreur de penser qu'il pût exister un corps de lois qui eût d'avance pourvu à tous les cas possibles, et qui cependant fût à la portée du moindre citoyen.

Dans l'état de nos sociétés, il est trop heureux que la jurisprudence forme une science qui puisse fixer le talent, flatter l'amour-propre et réveiller l'émulation. Une classe entière d'hommes se voue dès-lors à cette science, et cette classe, consacrée à l'étude des lois, offre des conseils et des défenseurs aux citoyens qui ne pourraient se diriger et se défendre eux-mêmes, et devient comme le séminaire de la magistrature.

Il est trop heureux qu'il y ait des recueils, et une tradition suivie d'usages, de maximes et de règles, pour que l'on soit, en quelque sorte, nécessité à juger aujourd'hui, comme on a jugé hier, et qu'il n'y ait d'autres variations dans les jugemens publics, que celles qui sont amenées par le progrès des lumières et par la force des circonstances.

Il est trop heureux que la nécessité où est le juge, de s'instruire, de faire des recherches, d'approfondir les questions qui s'offrent à lui, ne lui permette jamais d'oublier que, s'il est des choses qui sont arbitraires à sa raison, il n'en est point qui le soient purement à son caprice ou à sa volonté.

. . .

Pour combattre l'autorité que nous reconnaissons dans les juges, de statuer sur les choses qui ne sont pas déterminées par les lois, on invoque le droit qu'a tout citoyen de n'être jugé que d'après une loi antérieure et constante.

Ce droit ne peut être méconnu. Mais, pour son application, il faut distinguer les matières criminelles d'avec les matières civiles.

Les matières criminelles, qui ne roulent que sur certaines actions, sont circonscrites : les matières civiles ne le sont pas. Elles embrassent indéfiniment toutes les actions et tous les intérêts compliqués et variables qui peuvent devenir un objet de litige entre des hommes vivant en société. Conséquemment, les matières criminelles peuvent devenir l'objet d'une prévoyance dont les matières civiles ne sont pas susceptibles.

En second lieu, dans les matières civiles, le débat existe toujours entre deux ou plusieurs citoyens. Une question de propriété, ou toute autre question semblable, ne peut rester indécise entre eux. On est forcé de prononcer ; de quelque manière que ce soit, il faut terminer le litige. Si les parties ne peuvent pas s'accorder elles-mêmes, que fait alors l'Etat? dans l'impossibilité de leur donner des lois sur tous les objets, il leur offre, dans le magistrat public, un arbitre éclairé et impartial dont la décision les empêche d'en venir aux mains, et leur est certainement plus profitable qu'un litige prolongé, dont elles ne pourraient prévoir ni les suites ni le terme. L'arbitraire apparent de l'équité vaut encore mieux que le tumulte des passions.

Mais, dans les matières criminelles, le débat est entre le citoyen et le public. La volonté du public ne peut être représentée que par celle de la loi. Le citoyen dont les actions ne violent point la loi, ne saurait donc être inquiété ni accusé au nom du public. Non-seulement alors on n'est pas forcé de juger, mais il n'y a pas même matière à jugement.

La loi qui sert de titre à l'accusation, doit être antérieure à l'action pour laquelle on accuse. Le législateur ne doit point frapper sans avertir: s'il en était autrement, la loi, contre son objet essentiel, ne se proposerait donc pas de rendre les hommes meilleurs, mais seulement de les rendre plus malheureux; ce qui serait contraire à l'essence même des choses.

Ainsi, en matière criminelle, où il n'y a qu'un texte formel et préexistant qui puisse fonder l'action du juge, il faut des lois précises et point de jurisprudence. Il en est autrement en matière civile; là, il faut une jurisprudence parce qu'il est impossible de régler tous les objets civils par des lois, et qu'il est nécessaire de terminer, entre particuliers, des contestations qu'on ne pourrait laisser indécises, sans forcer chaque citoyen à devenir juge dans sa propre cause, et sans oublier que la justice est la première dette de la souveraineté.

Sur le fondement de la maxime que les juges doivent obéir aux lois et qu'il leur est défendu de les interpréter, les tribunaux, dans ces dernières années, renvoyaient par des référés les justiciables au pouvoir législatif, toutes les fois qu'ils manquaient de loi, ou que la loi existante leur paraissait obscure. Le tribunal de cassation a constamment réprimé cet abus, comme un déni de justice.

Il est deux sortes d'interprétations: l'une par voie de doctrine, et l'autre par voie d'autorité.

L'interprétation par voie de doctrine, consiste à saisir le vrai sens des lois, à les appliquer avec discernement, et à les suppléer dans les cas qu'elles n'ont pas réglés. Sans cette espèce d'interprétation pourrait-on concevoir la possibilité de remplir l'office de juge?

L'interprétation par voie d'autorité, consiste à résoudre les questions et les doutes, par voie de règlemens ou de dispositions générales. Ce mode d'interprétation est le seul qui soit interdit au juge.

Quand la loi est claire, il faut la suivre; quand elle est obscure, il faut en approfondir les dispositions. Si l'on manque de loi, il faut consulter l'usage ou l'équité. L'équité est le retour à la loi naturelle, dans le silence, l'opposition ou l'obscurité des lois positives.

Forcer le magistrat de recourir au législateur, ce serait admettre le plus funeste des principes; ce serait renouveler parmi nous, la désastreuse législation des rescrits. Car, lorsque le législateur intervient pour prononcer sur des affaires nées et vivement agitées entre particuliers, il n'est pas plus à l'abri des surprises que les tribunaux. On a moins à redouter l'arbitraire réglé, timide et circonspect d'un magistrat qui peut être réformé, et qui est soumis à l'action en forfaiture, que l'arbitraire absolu d'un pouvoir indépendant qui n'est jamais responsable.

Les parties qui traitent entre elles sur une matière que la loi positive n'a pas définie, se soumettent aux usages reçus, ou à l'équité universelle, à défaut de tout usage. Or, constater un point d'usage et l'appliquer à une contestation privée, c'est faire un acte judiciaire, et non un acte législatif. L'application même de cette équité ou de cette justice distributive, qui suit et qui doit suivre, dans chaque cas particulier, tous les petits fils par lesquels une des parties litigentes tient à l'autre, ne peut jamais appartenir au législateur, uniquement ministre de cette justice ou de cette équité générale, qui, sans égard à aucune circonstance particulière, embrasse l'universalité des choses et des personnes. Des lois intervenues sur des affaires privées, seraient donc souvent suspectes de partialités et toujours elles seraient rétroactives et injustes pour ceux dont le litige aurait précédé l'intervention de ces lois.

De plus, le recours au législateur entraînerait des longueurs fatales au justiciable; et, ce qui est pire, il compromettrait la sagesse et la sainteté des lois.

En effet, la loi statue sur tous: elle considère les hommes en masse, jamais comme particuliers; elle ne doit point se mêler des faits individuels ni des litiges qui divisent les citoyens. S'il en était autrement, il faudrait journellement faire de nouvelles lois: leur multitude étoufferait leur dignité et nuirait à leur observation. Le jurisconsulte serait sans fonctions, et le législateur, entraîné par les détails, ne serait bientôt plus que jurisconsulte. Les intérêts particuliers assiégeraient la puissance législative; ils la détourneraient, à chaque instant, de l'intérêt général de la société.

Il y a une science pour les législateurs, comme il y en a une pour les magistrats; et l'une ne ressemble pas à l'autre. La science du législateur consiste à trouver dans chaque matière, les principes les plus favorables au bien commun: la science du magistrat est de mettre ces principes en action, de les ramifier, de les étendre, par une application sage et raisonnée, aux hypothèses privées; d'étudier l'esprit de la loi quand la lettre tue; et de ne pas s'exposer au risque d'être tour-à-tour, esclave et rebelle, et de désobéir par esprit de servitude.

Il faut que le législateur veille sur la jurisprudence; il peut être éclairé par elle, et il peut, de son côté, la corriger; mais il faut qu'il y en ait une. Dans cette immensité d'objets divers, qui composent les matières civiles, et dont le jugement, dans le plus grand nombre des cas, est moins l'application d'un texte précis, que la combinaison de plusieurs textes qui conduisent à la décision bien plus qu'ils ne la renferment, on ne peut pas plus se passer de jurisprudence que de lois. Or, c'est à la jurisprudence que nous abandonnons les cas rares et extraordinaires qui ne sauraient entrer dans le plan d'une législation raisonnable, les détails trop variables et trop contentieux qui ne doivent point occuper le législateur, et tous les objets que l'on s'efforcerait inutilement de prévoir, ou qu'une prévoyance précipitée ne pourrait définir sans danger. C'est à l'expérience à combler successivement les vides que nous laissons. Les codes des peuples *se font avec le temps*; mais, à proprement parler, *on ne les fait pas.*[36a]

From Bentham's *Theory of legislation*[37]

If the vague system known as 'custom' were got rid of, and the whole code put in written form; if laws which concern the whole community were comprised in a single volume, and those which affect particular classes were consigned to compact and separate compilations; if the common code were generally circulated, and became, as with the Hebrews, a factor in religious worship and a manual of education; if an acquaintance with it was essential to the enjoyment of political rights: then indeed would the law be truly known, every departure from it would be felt, and every citizen would constitute himself its guardian. It would no longer be wrapt in mystery; its exegesis would cease to be a monopoly; neither fraud nor chicane could evade it.

It is further necessary that the laws should be as simple in style as

---

[36a] See Carbonnier in D.S. 1975. Chr. 171.
[37] B. 41, vol. 1, pp. 206–7.

in arrangement; that they should be expressed in the language ordinarily used; and that legal forms should be free from scientific jargon. If the style of the code be distinguishable from that of other books, it should be by its greater lucidity, its greater precision, its greater homeliness of diction; for it is designed to suit the comprehension of all men, and in particular of the class which is least enlightened.

From Bentham's 'To the Emperor of all the Russias', Letter II (1817)[38]

The *Penal* is the branch of law, with which in contradistinction to the *Civil*, I in a manner took for granted that it would be deemed most proper to commence. Reasons are obvious, and seem conclusive. In the penal branch for instance, circumstances of universal growth have place in a larger proportion than in that other. On that account, it lies, in a more extensive degree, within the competence of a foreign hand. In the penal branch too, changes to any extent may be made, —and, so they be but for the better in other respects,—neither danger nor alarm be produced by the change.

Not so in the case of the *Civil* branch. Of *that* branch, the grand and all-pervading object is—*to keep out change*:—to prevent as much as possible, those *disappointments*, which are the result of *actual* and *unexpected* change, and those *alarms*, which are produced by the tremulous *expectation* of change. In this case, general uncertainty in the state of the law—that perpetual source of unexpected changes, in individual instances, to an unfathomable extent—is the grand source of evil: and uncertainty is the inherent disease of that wretched substitute to law, which is called *unwritten* law, and which, in plain truth, is no law at all. For this disease, *written* law—the only sort of law which has any other than a metaphorical existence,—is the only remedy.—A remedy of this sort, Napoleon had the merit of giving to France. With what degree of skill it is made up, I have never yet seen any use in the inquiring. But, wretchedly bad indeed must this remedy have been, if it has not been in a signal degree better than none.—Happy had it been for mankind,—if, in this way alone, he had set an example to its rulers.

[38] B. 42, pp. 77–8.

E. Interpretation

NOTE

As Capitant shows, the methods used for interpreting statutes differ from
those employed for the interpretation of contracts. There is however an
even more important difference.[39] Any question arising from the interpretation of a statute is, of course, a question of law, but it has since 1808 been
the view of the *Cour de cassation* that the interpretation of a contract
raises issues of fact and not of law and that on principle no judgment will
be quashed merely by reason of the *juge du fond* having taken an erroneous
view of the meaning of a contract. In the case of 2.2.1808[40] the *sections
réunies* of the *Cour de cassation* adopted the submission of the *procureur
général* Merlin to the effect that 'lorsque l'unique tort des juges consiste,
ou à avoir défini un contrat contrairement à l'opinion commune, ou à
n'avoir pas saisi le véritable sens de ses clauses, cette violation du contrat
n'offre pas le caractère d'une violation de la loi; il n'y a pas moyen de cassation.' Subsequently however the *Cour de cassation* grafted a fundamental
exception on to this principle. This is to the effect that 'il n'est pas permis
aux juges, lorsque les termes [des]. . . . conventions sont clairs et précis,
de dénaturer les obligations qui en résultent, et de modifier les stipulations
qu'elles renferment.'[41] If a clause of a contract is *claire et précise* the
very attempt to interpret it is a violation of the law. Whether there is
something to interpret, is a matter of law. If there is, the question
how it is to be interpreted is a question of fact. Similar principles
apply to other transactions, e.g. wills.[42] Hence in the case of *clauses
claires et précises* the interpretation of contracts, wills, etc. may—by
way of exception to the general principle—be submitted to the *Cour
de cassation*. The general principle however opens a gulf between the
interpretation of statutes—ultimately a matter for the highest courts—and
of contracts, generally (and subject to the above mentioned exception) a
matter within the *pouvoir souverain du juge du fond*. With the increasing
importance of standard terms and conditions the distinction is becoming
increasingly problematical. A set of conditions in an insurance policy used
by an insurance company or a group of insurance companies all over the
country in hundreds or thousands of transactions, or the clauses of a
collective agreement incorporated in the contracts of employment of
millions of workers, are certainly not 'legislation' in the legal sense of the
term. Their social effect, however, may be indistinguishable from that of a

---

[39] See on this Marty/Raynaud, vol. 2, no. 220.
[40] S. An VIII–1808 (1ère série), 480; 9. A. 97.
[41] Cass. civ. 15.4.1872; S. 1872.1.232; D. 1872.1.876; 9. A. 98. For a recent example
see Cass. civ. 5.3.1968; D.S. 1968.624.
[42] See e.g. Cass. civ. 25.6.1968; D.S. 1968.625.

statute, and the need for uniform interpretation may be as great in relation to such *contrats d'adhésion* as it is in relation to legislative enactments. This is illustrated by Cass. civ. 18.3.1942[43] and explained by Prof. Houin's note. The extracts from Saleilles[44] and from Josserand[45] show how this concept of the *contrat d'adhésion* was developed by scholarly writers. The term was actually coined by Saleilles in the passage here reproduced; its utility—as shown by Houin's note—is not beyond controversy.

a. Statutes

From H. Capitant, *Les travaux préparatoires et l'interprétation des lois* (n.d.)[46]

I. Doit-on pour éclairer le sens d'un texte législatif recourir aux travaux, exposé des motifs, rapports, délibérations devant les Chambres qui l'ont préparé?

Le système adopté sur ce point par le Droit anglais diffère de celui qui est traditionnellement admis dans les autres pays.

D'après la conception anglaise, le juge chargé d'appliquer la loi ne doit pas, s'il a des doutes sur son interprétation, se référer aux opinions ou explications émises au cours de son élaboration; il doit s'en tenir uniquement au texte que le législateur a voté, sans chercher d'éclaircissements dans les travaux qui l'ont précédé.

. . .

Ainsi les tribunaux anglais interprètent la loi, comme ils interprètent tous les actes écrits, en recherchant l'intention de leurs auteurs telle qu'elle a été par eux exprimée dans ces actes, ou telle qu'elle peut être déduite de leurs termes.

Cette règle est d'autant plus notable et curieuse qu'elle paraît spéciale à l'Angleterre. Dans les autres Etats, en France notamment, il est admis que l'interprète doit chercher dans les travaux préparatoires la pensée du législateur, non seulement lorsque le texte est obscur ou ambigu, mais même quand il s'agit de préciser ce qu'on appelle 'l'esprit de la loi', la *ratio legis*, en vue de décider si on doit l'appliquer à telle ou telle hypothèse qui n'est pas expressément prévue par elle.

II. Cette opposition de vue entre les tribunaux anglais et ceux des autres pays est très intéressante à constater et conduit à se demander

[43] Below, p. 106.   [44] Below, p. 110.
[45] Below, p. 111.   [46] B. 43, in B. 7, vol. 2, pp. 204 ff.

quel est de ces deux systèmes celui qui paraît le meilleur. Mais avant d'examiner et de comparer les considérations qui militent en faveur de l'un ou de l'autre, il convient de déterminer le lien qui rattache la loi une fois promulguée à la volonté de ceux qui l'ont édictée.

Que la loi soit l'expression de la volonté de ses auteurs, c'est une constatation qui semble difficilement contestable. 'Les lois sont des volontés', a dit Portalis dans l'Exposé des Motifs du Titre préliminaire du Code civil. Pour le nier, il faudrait fermer les yeux à la réalité et personne, nous semble-t-il, ne peut pousser le parti pris jusque-là.

Néanmoins, certains adeptes de l'Ecole historique allemande, partant de l'idée que le Droit a sa source profonde dans la conscience collective du peuple et poussant à l'extrême les conséquences de cette théorie, ont soutenu que la loi, une fois promulguée, se détache de la pensée du législateur et même qu'elle est moins le produit de la volonté personnelle de ses promoteurs que celui de la conscience populaire considérée soit, suivant certains, au moment de la publication de la loi, soit même, suivant d'autres, au jour où se posent les questions à résoudre.

Il est bien évident que, pour les adeptes de cette thèse, le recours aux travaux préparatoires n'a pas de raison d'être. Mais cette théorie n'a pas eu grand succès chez nous; elle s'accorde mal avec le besoin de clarté et de précision de notre tempérament. La prétendue conscience juridique collective est une notion vague, obscure, insaisissable, dont peut se contenter la pensée allemande mais qui ne nous satisfait pas. Elle ne satisfait pas davantage l'esprit pratique des Anglais et ce n'est pas elle qu'ils songent à invoquer pour expliquer leur répulsion à l'égard des travaux préparatoires. Et, chez nous, ceux-là même qui font prévaloir l'élément sociologique de la loi sur l'élément volonté, reconnaissent qu'au début tout au moins de son existence il y a un lien entre la loi et la volonté de ceux dont elle émane. En peut-on donner une meilleure preuve que cette tendance naturelle chez nos jurisconsultes, à quelqu'opinion qu'ils appartiennent, de chercher dans les travaux préparatoires la solution des questions que soulève l'interprétation des lois nouvelles?

Néanmoins, cette thèse de l'école allemande a exercé son influence sur les conceptions générales de nos jurisconsultes et nombreux sont ceux qui soutiennent aujourd'hui qu'à mesure que l'on s'éloigne du jour où elle a été promulguée, le lien qui unit la loi à la volonté de ses auteurs se relâche de plus en plus et finit par se rompre. La loi ne peut subsister qu'en s'adaptant à l'évolution des faits et des mœurs. Le juge chargé de l'appliquer ne peut pas faire abstraction du milieu où il vit, des conceptions morales actuelles, des modifications de l'ordre économique. L'économique et le juridique doivent marcher de pair et lorsque le législateur manque à les mettre d'accord c'est aux juges de suppléer à sa carence.

. . .

Cette dissociation entre la pensée du législateur et son œuvre est un fait historique que l'on peut fréquemment constater. La loi ne perd pas sa raison d'être et sa force obligatoire par cela seul que le but immédiat en vue duquel elle a été édictée n'existe plus; elle peut servir à d'autres fins non aperçues au moment de sa création. Combien de règles de notre Droit ne pourrait-on pas citer qui ont persisté alors que les raisons qui les ont engendrées ont depuis longtemps disparu? Elles n'ont pas pour cela perdu leur utilité; elles répondent aujourd'hui à d'autres besoins que ceux en vue desquels elles ont été édictées.

La conclusion naturelle de ces constatations serait donc qu'au bout d'un certain temps et quand il s'agit d'adapter la loi à des fins nouvelles, les tribunaux seraient en droit d'en faire des applications contraires à la volonté de ses auteurs ou tout au moins de ne plus tenir compte de cette volonté. Mais qui ne voit le danger de cette conséquence et quel champ d'arbitraire elle ouvrirait devant les juges? Ce serait tirer d'un point de départ juste une conclusion fort aventurée.

. . .

On doit néanmoins constater que la jurisprudence continue à chercher dans les articles du Code le moyen de résoudre les problèmes nouveaux qui se posent devant elle sans s'inquiéter de la volonté qui a inspiré leur rédaction. Quel exemple plus frappant en pourrait-on donner que celui de l'application aux accidents causés par les choses inanimées du premier alinéa de l'article 1384? Mais il faut bien reconnaître que c'est la négligence et l'inertie regrettables du législateur qui l'obligent à découvrir elle-même dans le vieil arsenal législatif les solutions nécessaires. Et ce n'est du reste que dans les cas où il y a un désaccord certain et persistant entre les textes existants et les besoins nouveaux que les tribunaux font ainsi œuvre prétorienne.

III. En résumé nous pensons, avec le doyen Gény, que jamais le lien entre la volonté créatrice de la loi et son expression ne se rompt. Il n'y a donc pas à distinguer entre les lois anciennes et les lois nouvelles pour résoudre la question que nous avons posée au début de ces pages. Elle se présente pour les unes et pour les autres et peut se formuler comme suit:

Etant admis que la loi est l'œuvre de la volonté consciente et réfléchie de ceux qui la préparent et la votent, convient-il, lorsqu'elle donne lieu à l'interprétation, de s'aider des travaux préparatoires pour éclairer ou découvrir la pensée de ses auteurs?

Il importe de bien préciser la portée de cette question. Elle suppose nécessairement que le texte de la loi est obscur, ambigu, qu'on peut le comprendre de façon différente, ou encore qu'il y a contradiction au moins apparente entre telle ou telle de ses dispositions. Elle peut également se poser quand il y a lieu de rechercher si les rédacteurs ont prévu lors de leurs délibérations un cas, une hypothèse non expressément réglés dans la loi.

Mais quand la loi est bien rédigée, quand les termes employés sont clairs et précis, quand il n'y a aucun doute sur leur signification, le recours aux travaux préparatoires doit être certainement et sans hésitation écarté. L'interprète est lié par le texte; il n'a pas le droit d'en modifier le sens ni la portée sous le prétexte que les déclarations qui ont été faites soit dans l'exposé des motifs, soit dans les rapports ou dans les délibérations ne concordent pas avec lui. Un texte clair n'a pas besoin d'être interprété.

. . .

La Cour de Cassation a affirmé à maintes reprises cette règle . . .

. . .

La question est maintenant bien posée. L'interprète doit-il se servir des travaux préparatoires pour découvrir quelle a été la volonté du législateur?

La réponse affirmative semble en quelque sorte s'imposer surtout à des cerveaux français. Si la loi est une simple manifestation de volontés, n'est-il pas logique, naturel de s'éclairer des observations et déclarations présentées par ses auteurs pour préciser le sens du texte qu'ils ont élaboré? Mais il faut ici se méfier de l'esprit de logique. Des considérations tirées à la fois de l'analogie et de l'observation des faits nous inclinent au contraire à penser que les jurisconsultes anglais ont été en cette matière de plus fins observateurs que ceux des autres pays.

Parmi les raisons que les premiers invoquent pour refuser toute autorité aux travaux préparatoires, ils font valoir l'analogie qui existe entre la loi et l'acte juridique et les règles admises en ce qui concerne l'interprétation de la volonté de l'auteur ou des auteurs de ces actes. Or, comme le constate le doyen Gény qui pourtant ne repousse pas le recours aux travaux préparatoires mais n'y a qu'une médiocre confiance, 'l'interprétation d'un texte législatif ressemble de fort près à celle d'un acte juridique, surtout d'un acte solennel dont le contenu est exprimé dans la formule authentique qui en précise les contours. Comme la volonté qui l'a créé est l'âme de tout acte juridique, ainsi la volonté législative doit seule animer la formule qui la révèle'.

Quelles sont donc les règles admises traditionnellement en ce qui concerne la détermination de la volonté des auteurs d'un acte juridique? Elles sont précisément contraires à celles que l'on suit pour la loi.[47]

. . .

Comment ce qui est conforme au bon sens quand il s'agit de préciser la volonté des auteurs d'un contrat écrit ne l'est-il plus pour la recherche de la volonté du législateur? Les points de ressemblance sont cependant nombreux entre la loi et le contrat, et ce n'est pas sans raison que l'article 1134 proclame que les conventions tiennent lieu de loi à ceux qui les ont faites.

Il semble même qu'il y ait des raisons bien plus fortes encore pour appliquer à la loi la règle concernant les actes juridiques. En effet, si la recherche de la volonté de l'auteur d'un acte est chose relativement aisée, il est bien plus difficile de dégager des travaux préparatoires la volonté collective d'assemblées délibérantes, car cette volonté, comme l'observe Gény, contient quelque chose de plus qu'une simple juxtaposition des volontés individuelles et ne doit pas être confondue avec celles-ci.

Ceci nous conduit à l'examen des considérations de fait qui viennent renforcer les arguments précédents fondés sur l'analogie entre la loi et les actes juridiques.

Tous les auteurs s'accordent à dire qu'il est presque impossible de tirer quelque précision des travaux préparatoires. Planiol, toujours si modéré, si pondéré dans ses observations, les juge comme suit: 'L'orateur, l'auteur du rapport, etc. a pu se tromper, commettre un oubli, avoir mal lu un texte, etc. Nos archives parlementaires fourmillent d'exemples de bévues de ce genre. Ensuite, les discussions, surtout dans une assemblée un peu nombreuse, reflètent souvent des

[47] See however the case below, p. 106, and the note by Houin.

opinions individuelles en contradiction avec la pensée vraie de la loi. Aussi est-ce une remarque souvent faite que les travaux préparatoires fournissent des armes à tous les partis et que les diverses opinions en présence y trouvent des arguments qui s'annulent réciproquement.'[48] L'exactitude de ces critiques ne saurait être contestée. La dualité des Chambres, l'incompétence des orateurs, la diversité des avis formulés, les contradictions dont fourmille la discussion devant des assemblées nombreuses, enlèvent toute autorité aux avis qui y sont formulés. Chacun n'y énonce que son opinion personnelle; aucun ne peut se flatter d'exprimer le sentiment général, ou de dégager ce qu'on appelle l'esprit de la loi. Les obscurités, les contradictions, qu'on rencontre à foison dans les lois récentes, car jamais le travail législatif n'a été aussi imparfait qu'à l'heure présente, tiennent précisément à la confusion de la discussion, aux opinions divergentes qui y sont formulées, aux modifications insuffisamment étudiées qui y sont apportées au cours du débat. Comment pourrait-on chercher des éclaircissements ou des directions dans des déliberations d'où sortent des textes obscurs ou contradictoires?

. . .

Comment donc se fait-il que, malgré les déceptions de l'expérience, la doctrine et la jurisprudence continuent à chercher la vérité là où elle n'est pas? Ils cèdent à la force de la tradition et à la persistance de l'espoir toujours déçu d'y trouver les éclaircissements nécessaires.

Il semble du reste que la Cour de Cassation se rende compte de la vanité de ces recherches. On ne rencontre que rarement dans ses arrêts d'argument tiré des travaux préparatoires du Code civil ou des lois récentes.

Toutes ces considérations démontrent, nous semble-t-il, la supériorité du système adopté par les juges anglais. Il nous paraît fondé sur une observation plus juste et plus exacte des faits que celui du continent.

Il se peut, comme le dit Dicey, que le système anglais d'interprétation judiciaire des lois soit un peu étroit, mais il constate avec raison qu'il augmente de beaucoup l'autorité des juges et la fixité du Droit, et cela a une importance primordiale, car la fixité du Droit est la garantie du justiciable. En outre, il est de nature à exercer une heureuse influence sur le législateur, en l'obligeant à donner plus d'attention à la rédaction de la loi, à éviter les formules ambiguës ou

---

[48] B. Traite él., vol. 1, no. 218. [Author's footnote.]

équivoques et surtout les contradictions. Il assure un travail législatif plus soigné, plus sérieux et partant de meilleure qualité.

Qu'on n'objecte pas que ce système a le défaut de faire prévaloir
la lettre sur l'esprit. Ce ne serait vrai que s'il se refusait à la recherche
de la volonté qui a inspiré l'écrit. Or, il n'en est rien. Mais en restant,
pour effectuer cette recherche, sur le terrain solide du texte, il aboutit
à des conclusions plus sûres, mieux fondées que celles qui se déduisent des opinions isolées exprimées dans les documents parlementaires. La supériorité de la loi sur le droit coutumier tient précisément
à ce qu'elle est écrite. C'est diminuer cette supériorité que de tenter
de l'éclairer par les discussions préliminaires. En résumé, l'interprétation des lois gagnerait en certitude, en autorité si l'on faisait abstraction complète des travaux préparatoires.

Cass. civ. 18.3.1942
(Comp. d'assur. La Protectrice *C.* Sénac et autres) — Arrêt

S. 1943.1.13 note Houin   D.A. 1942.89

LA COUR; . . . Mais sur le second moyen: Vu l'art. 9, alinéa dernier,
de la loi du 13 juill. 1930;[49] — Attendu que les prescriptions dudit
alinéa ne sont pas applicables aux clauses des polices d'assurance qui
définissent l'objet de l'assurance et limitent le risque assuré; —
Attendu qu'au cours d'un transport de futailles par un camion de
trois tonnes appartenant à Sénac et conduit par lui, Salinières a été
victime d'un accident mortel dont la responsabilité incombe pour
partie à Sénac; — Attendu que l'arrêt attaqué déclare la Comp. La
Protectrice, assureur du voiturier, mal fondée à refuser à l'assuré et
aux représentants de la victime la garantie qu'elle leur doit aux termes
de la police du 23 oct. 1931, nonobstant la stipulation de l'art. 1er,
alin. 1er, des conditions générales limitant l'assurance aux voitures
conduites par toute personne pourvue d'un 'permis de conduire'; —
Attendu qu'il résulte de l'arrêt attaqué qu'à la date de l'accident:
1° Sénac, conducteur de la voiture était muni du permis de conduire,
que toutefois ce permis ne portait pas la mention spéciale exigée par
la législation du roulage pour conduire 'un poids lourd'; 2° que la
police invoquée devant les premiers juges par la Comp. La Protec-

---

[49] Art. 9, al. dernier de la loi du 13.7.1930: 'Les clauses des polices édictant des
nullités ou des déchéances ne sont valables que si elles sont mentionnées en caractères
très apparents.'

trice subordonnant l'assurance à la conduite de la voiture par une personne munie 'd'un permis régulier', n'avait effet que du 23 févr. 1934, postérieurement à l'accident litigieux; — Mais attendu que le permis de conduire visé par la police d'assurance ne peut être que le permis exigé par la police du roulage pour conduire la camionnette désignée par le contrat d'assurance; que, d'ailleurs, la police litigieuse renferme une seconde stipulation dans l'alin. 3 de la première rubrique de son art. 1er, aux termes de laquelle, 'sont compris dans la garantie les dommages causés aux tiers par suite d'infraction aux lois, règlements ou ordonnances concernant la police du roulage, sauf en ce qui concerne le permis de conduire'; — Attendu que les juges du fait, devant qui l'assureur invoquait cette disposition, n'ont pas contesté qu'elle avait pour but d'exclure la garantie lorsque le permis de conduire du conducteur n'est pas conforme aux exigences de la police du roulage et que, pour refuser de l'appliquer, ils ont allégué que 'l'assuré ne saurait être dans l'obligation d'étudier et de donner leur portée réelle à des clauses sur lesquelles son attention n'a pas été attirée'; qu'en effet, la clause n'était pas imprimée en caractères spéciaux ou reproduite dans les conditions particulières, qu'il est inadmissible que la Compagnie ayant réglé un premier sinistre en 1932, ait négligé de s'expliquer avec l'assuré sur la régularité de son permis; — Attendu qu'en statuant ainsi, la Cour d'appel a fait une fausse application à une clause de limitation du risque garanti des règles qui concernent les clauses de déchéance et, par suite, violé le texte de loi ci-dessus visé; — Et sans qu'il soit besoin d'examiner le troisième moyen; — Casse, mais seulement du chef qui déclare la Comp. La Protectrice mal fondée à opposer la non-assurance de Sénac, l'arrêt rendu entre les parties par la Cour d'appel d'Agen le 4 mai 1937, et renvoie, quant à ce, devant la Cour d'appel de Toulouse, etc.

From the note

. . . Si la solution de la chambre civile est satisfaisante au fond, on peut se demander si la méthode employée par elle n'est pas révolutionnaire.

Il a toujours été admis, en effet, que l'interprétation des contrats est réservée aux juges du fond, à moins qu'ils ne dénaturent les termes clairs et précis de la convention. V. Cass. réun., 2 févr. 1808. C'est en invoquant une pareille dénaturation que la chambre civile avait décidé, en 1937, que le permis de conduire exigé des polices ne doit pas nécessairement être conforme au type du véhicule. De même, c'est en s'abritant derrière l'interprétation des juges du fond que la chambre des requêtes avait décidé le contraire dans son arrêt du 30 oct. 1939.[50]

Or, en l'espèce, la Cour de cassation n'invoque ni le pouvoir souverain des juges du fond, ni la dénaturation par eux d'une clause du contrat. Elle se borne à interpréter de son propre chef et par voie d'affirmation une clause douteuse de la police d'assurance: 'Attendu que le permis de conduire visé par la police ne peut être que le permis exigé par la police du roulage pour conduire la camionnette.' Affirmation d'autant plus curieuse qu'elle ne paraissait pas nécessaire en l'espèce, l'arrêt reconnaissant que les juges du fond n'avaient pas contesté cette interprétation.

L'utilité de cette interprétation n'est pas douteuse, puisqu'elle doit faire disparaître les hésitations de la jurisprudence antérieure. Mais ne faut-il pas aller plus loin et essayer de dégager, avec toute la prudence qui convient, une tendance de la Cour de cassation à accroître ses pouvoirs dans l'interprétation des conventions ou tout au moins dans l'interprétation de ces clauses de style que l'on retrouve dans tous les contrats d'un même type. A l'appui de cette tendance, on pourrait invoquer l'arrêt du 22 juill. 1941,[51] rendu au rapport du même éminent conseiller, et qui est le précédent direct de l'arrêt rapporté ci-dessus. Cet arrêt déclare déjà que la clause du permis de conduire est une 'clause usuelle limitant en termes clairs et précis le risque assuré'.

Cependant la notion de clause de style est une notion trop fuyante pour pouvoir servir de base à une telle extension des pouvoirs de contrôle de la Cour de cassation. Il faudrait plutôt voir dans ces clauses communes à tous les contrats d'assurance de véritables règles de droit, qui, dans une certaine mesure, dépassent la volonté des parties et ont la valeur de règles professionnelles ou corporatives. Sans doute en matière d'assurances ce caractère éminent des clauses de style n'apparaît pas aussi nettement que dans les contrats collectifs de travail. Cependant on peut faire remarquer qu'il existe des polices-types qui sont adoptées soit d'accord entre les représentants des assureurs et des assurés, comme la police-type incendie de 1913, soit, depuis le décret du 30 déc. 1938 (art. 181), sous le contrôle de la

---

[50] D.H. 1940.17.
[51] Rev. gén. ass. terr. 1941, p. 618, note M.A.B.

Direction des Assurances privées comme la police-type incendie 1941. De même ne peut-on considérer comme des règles corporatives les art. 110 et s. du décret du 30 déc. 1938, qui obligent les assureurs à insérer dans les polices certaines clauses en faveur des assurés et spécialement à s'engager à ne pas opposer aux tiers victimes d'un accident les causes de déchéance postérieures à l'accident. Ces obligations ne sont sanctionnées que par des mesures disciplinaires prises par l'Etat. Les clauses de style figurant dans les contrats d'assurance pourraient ainsi apparaître non pas comme des clauses imposées par un contractant plus fort dans un contrat d'adhésion, notion depuis longtemps dépassée, mais comme l'ébauche d'un règlement corporatif applicable à l'ensemble d'une profession dans l'intérêt supérieur de son bon fonctionnement et de la garantie des assurés.

Ainsi apparaîtrait dans le droit des assurances cette norme corporative qui résulte déjà des conventions collectives de travail, et qui dans certaines législations modernes, prend rang à côté de la loi et du règlement (art. 1er, titre préliminaire, C. civ. italien). Il serait alors normal que la Cour de cassation contrôle l'application de ces règles de droit de même que la Cour supérieure d'arbitrage s'est déjà reconnue compétente pour interpréter les conventions collectives de travail.

NOTE

See the Law Commission's paper 'The Interpretation of Statutes'[52] and consider, in the context of Capitant's essay, the analysis of the problem of *travaux préparatoires* in paragraphs 46–62 of the Law Commission's paper.

See also Willis 'Statute Interpretation in a Nutshell'[53] and his statement[54] that a court which follows the 'mischief rule' and openly considers the question why an Act was passed is debarred 'from referring to the only sources which can give a trustworthy answer to that question, viz. Hansard or the Reports of Royal Commissions'. The court's reference to 'the intent of the Legislature' is 'a polite notice that it is about to speculate as to what *it* thinks is the social policy behind the Act'.

---

[52] Law Commission no. 21; Scottish Law Commission no. 11. And see Sir Rupert Cross, Statutory Interpretation (1976).
[53] 16 *Can. Bar Review* (1938), p. 1.
[54] At p. 4.

b. Contracts

From Saleilles, *De la Déclaration de la Volonté* (1901)[55]

88. Il n'y a de contrat véritable que là où l'on fait ressortir, par delà les divergences personnelles, une volonté commune qui soit, non pas forcément la volonté de l'offrant, et non pas forcément la volonté de l'acceptant, mais la volonté contractuelle, celle qui se déduit du contrat comme devant être, ou comme ayant dû être ce qu'il y a d'identique et de commun dans les intentions unilatérales des deux parties. L'on s'exposera, sans doute, à construire ainsi une volonté contractuelle, qui ne sera exactement, ni celle de l'offrant, ni celle de l'acceptant, mais quelque chose de fictif et d'artificiel, une volonté purement juridique, au lieu d'une volonté réelle. Cela ne vaut-il pas mieux, après tout, puisque cette volonté juridique est celle qui aurait dû s'imposer pour les deux parties, conformément à la bonne foi, que de sacrifier l'une des deux volontés à l'autre? Le contrat n'est pas l'acte de maîtrise d'une volonté créatrice de droit; mais le procédé d'adaptation des volontés privées à l'utilisation des efforts communs, pour la satisfaction des intérêts individuels réciproques. Aussi est-ce d'après le but social de ce procédé de solidarité juridique, et non d'après la fantaisie individuelle de chacun de ceux qui y prennent part, que le contrat doit être interprété et appliqué.

89. Sans doute, il y a contrats et contrats; et nous sommes loin dans la réalité de cette unité de type contractuel que suppose le droit. Il faudra bien, tôt ou tard, que le droit s'incline devant les nuances et les divergences que les rapports sociaux ont fait surgir. Il y a de prétendus contrats qui n'ont du contrat que le nom, et dont la construction juridique reste à faire; pour lesquels, en tous cas, les règles d'interprétation individuelle qui viennent d'être décrites devraient subir, sans doute, d'importantes modifications; ne serait-ce que pour ce que l'on pourrait appeler, faute de mieux, les contrats d'adhésion, dans lesquels il y a la prédominance exclusive d'une seule volonté, agissant comme volonté unilatérale, qui dicte sa loi, non plus à un individu, mais à une collectivité indéterminée, et qui s'engage déjà par avance, unilatéralement, sauf adhésion de ceux qui voudront accepter la loi du contrat, et s'emparer de cet engagement déjà créé sur soi-même. C'est le cas de tous les contrats de travail dans la grande industrie, des contrats de transport avec les grandes com-

[55] B. 51, pp. 229 ff.

pagnies de chemins de fer, et de tous ces contrats qui revêtent comme un caractère de loi collective et qui, les Romains le disaient déjà, se rapprocheraient beaucoup plus de la LEX de l'accord des volontés.

90. L'interprétation, dans ce cas, devrait s'en faire comme celle d'une loi proprement dite, en tenant compte, beaucoup moins de ce qu'a pu croire et vouloir, soit l'ouvrier qui adhère aux conditions générales de l'engagement dans telle ou telle usine, soit le voyageur qui, en prenant son billet, adhère aux conditions et à la loi fixées par la compagnie, que de ce que ces chartes générales doivent être dans l'intérêt de la collectivité auxquelles elles s'adressent.

Ce qui doit constituer l'interprétation, ce n'est plus la recherche d'une volonté moyenne, qui puisse représenter la volonté commune des deux contractants — ces procédés ne sont de mise que là où les deux volontés ont un rôle égal à jouer — mais bien l'interprétation de la seule volonté qui a été prédominante, qui seule a formé l'engagement, à la façon d'une compagnie qui émet des titres au porteur et qui s'oblige déjà par l'émission du titre, avant toute acceptation par voie de souscription; volonté qui, par suite, a créé une loi contractuelle, offerte aux adhésions particulières, et qui doit être appliquée dans le sens de ce qu'exigent et la bonne foi et les rapports économiques en jeu, dans leur combinaison avec ces lois d'humanité qui s'imposent, dès qu'un particulier, une compagnie ou une autorité publique, touchent, par voie de règlements généraux, aux conditions de la vie économique ou sociale de l'individu . . .

From Josserand, 'La "Publicisation" du Contrat' (1938)[56]

4. Dans la conception classique et traditionnelle, la conclusion du contrat est précédée d'une phase préliminaire au cours de laquelle s'institue, entre les parties, la discussion de ses clauses et conditions: avant le marché, le marchandage; avant le traité, les tractations, destinées à dégager la formule contractuelle, cherchée et réalisée sous le signe du *fair play*, du libre jeu des volontés qui s'affrontent avant de se lier.

Ce genre de contrats, à préparation libre de part et d'autre, ou contrats 'de gré à gré' n'a pas entièrement disparu de l'horizon juridique: la vente d'immeubles y ressortit, comme aussi l'achat de

---

[56] B. 48, in B. 8, vol. 3, pp. 143 ff.

denrées, sur un marché public ou dans un petit magasin; si une loi conditionne alors l'accord des parties, c'est celle, purement économique, de l'offre et de la demande, mais non pas la loi issue du Parlement, ou un règlement quelconque; l'accord qui intervient dans ces conditions est fait sur mesure, pour les besoins de la cause, sans qu'on puisse le rattacher à un type préexistant dont il serait la reproduction plus ou moins fidèle; il a son individualité propre et il se suffit à lui-même; il est un ouvrage tout neuf, édifié par les parties sur un terrain nu, pour leur seul usage et d'après un plan qu'elles ont conçu et tracé librement.

5. Or, à côté de ce genre d'opérations, un autre se développe qui présente un aspect très différent et notamment cette particularité de ne point comporter, au préalable, de tractations effectives; la période précontractuelle est alors à peu près complètement abolie, parfois même complètement. Les parties deviennent des contractants de façon extemporanée et sans avoir joué, à vrai dire, le rôle de précontractants. C'est que l'une d'elles avait élaboré à l'avance un projet de contrat établi une fois pour toutes, *ne varietur*, se plaçant du même coup, par cela même, vis-à-vis du public, dans un état permanent d'offres susceptibles d'être saisies par qui voudra se les approprier, y donner son adhésion, mais sans être admis à les discuter, encore moins à les modifier. La 'prérédaction', ainsi établie unilatéralement, servira de base et d'amorce aux contrats, soit qu'elle émane d'un particulier ou d'une société privée (articles vendus à prix fixe dans les grands magasins, places dans un théâtre, livres, journaux, abonnements à un quotidien, à un périodique, à un concert), soit qu'elle revête l'aspect d'un tarif élaboré par un organisme ressortissant plus ou moins étroitement aux pouvoirs publics ou s'identifiant avec eux (transport des voyageurs, des bagages et des marchandises par une administration des chemins de fer, abonnement au téléphone, à l'éclairage ou à la force motrice, etc. . . .). Les conditions auxquelles sont conclus des accords de ce genre ne souffrent pas de marchandage; c'est à prendre ou à laisser; elles revêtent, de ce chef, un caractère impératif et réglementaire, avec cette circonstance aggravante, que, dans bien des cas, le public n'a pas même la ressource de s'abstenir, car il a en face de lui une entreprise qui bénéficie d'un monopole, de droit ou de fait, en sorte que, pour lui, ce n'est même plus à prendre ou à laisser, c'est à prendre, nécessairement, et aux conditions fixées par le *diktat* qu'on lui soumet.

6. Mais précisément parce que le contrat d'adhésion se présente ainsi sous la forme d'un *diktat*, exclusif, à la fois, de pourparlers préalables, et, chez l'une des parties, de toute ou presque toute autonomie de sa volonté, alors qu'il est attributif, chez l'autre contractant, d'un pouvoir de détermination, soit prépondérant, soit même absolu, on comprend que des auteurs éminents, qui se trouvent être pour la plupart des publicistes, aient prétendu dénier à une telle opération le caractère contractuel pour lui reconnaître la nature juridique d'un règlement, ce qui conduisait à expulser le contrat par adhésion, du droit civil ou du droit commercial pour l'intégrer dans le droit public.

Mais cette position a fait contre elle la grande majorité et quasi l'unanimité des civilistes qui remarquent, d'une part, que le code civil n'exige dans aucun de ses textes, soit expressément, soit implicitement que la conclusion du contrat soit précédée d'une discussion plus ou moins poussée, de travaux d'approche plus ou moins prolongés, et d'autre part que l'égalité économique n'est pas davantage requise entre les parties dont il est admissible que l'une soit plus puissante, mieux armée que l'autre à qui elle dicte ses conditions; réserve faite des circonstances dirimantes retenues par la loi — erreur, dol, violence et exceptionnellement lésion, — le consentement donné est considéré comme effectif et suffisamment libre, même s'il intervient sous la forme d'une adhésion consentie à un règlement préexistant; l'adhérent est encore un contractant, alors même qu'en fait sa liberté de détermination serait considérablement réduite et fût-elle presque éliminée: *coactus voluit, sed voluit.* Autre chose est la liberté juridique et autre chose l'indépendance économique. L'égalité devant le contrat ne présuppose pas nécessairement, chez les parties, le même pouvoir économique, le même *standing* de vie et d'influence; s'il en était autrement bien rares seraient les opérations susceptibles de rentrer dans la famille des contrats alors arbitrairement dépeuplée.

7. Il faut donc reconnaître, avec une doctrine dominante, que le contrat par adhésion est encore un contrat et que l'auteur de la prérédaction comme l'adhérent sont encore des parties contractantes; mais il n'en reste pas moins vrai que le procédé technique employé par celles-ci diffère grandement de la méthode traditionnelle qui préside à l'élaboration des contrats conclus de gré à gré; que les parts prises par chacun des intéressés à l'aménagement de l'opération sont foncièrement inégales; que l'une des parties émet une volonté régle-

mentaire, imposant ainsi ses conditions à l'autre qui ne joue, dans l'affaire, qu'un rôle dérivé et passif; en un mot, que le contrat renferme en lui un règlement et s'apparente ainsi aux actes administratifs, ce qui conduira le juge et le législateur à dégager pour lui les linéaments d'un statut spécial, protecteur du faible contre le fort, par exemple recherchant avec un soin particulier si telle clause, inscrite, imprimée dans le règlement, a bien été véritablement souscrite par l'adhérent en pleine connaissance de cause, et lui reste donc opposable, par exemple aussi, en transposant, pour la circonstance, la formule de l'article 1162 du code civil, pour interpréter la convention réglementaire, non pas contre celui qui a stipulé, contre le créancier, mais bien plutôt contre l'auteur du règlement qui, l'ayant élaboré d'autorité, unilatéralement, doit être seul responsable de son imperfection et de son obscurité.

Ainsi, tout en demeurant un contrat, et qui ressortit au droit privé, l'accord formé, en série, par la conjonction d'une volonté réglementaire et d'une adhésion s'imprègne de la structure, de la technique et de l'esprit des actes du droit administratif, par l'étendue de son champ d'application comme par son mécanisme, il réalise la 'publicisation' en même temps que la standardisation du concept contractuel.

NOTES

1. Do you think that Portalis's view of the functions of legislation is reflected in the provisions of the Code on the principles of the law of contract? How far can it be said that it has been adopted in this country? Consider in this connection the Sale of Goods Act, 1893, the Hire-Purchase Act, 1965, and the Occupiers Liability Act, 1957. Have any or all of these been drafted on the principle that 'l'office de la loi est de fixer, par de grandes vues, les maximes générales du droit; d'établir des principes féconds en conséquences, et non de descendre dans le détail des questions qui peuvent naître sur chaque matière'?

2. In so far as British draftsmanship does not comply with Portalis's postulate, how far is this connected with the methods of judicial interpretation prevailing in this country and extolled by Capitant in the penultimate paragraph of the extract from his article on *Travaux préparatoires*?

3. Has the difference in approach between Denning L. J. in *Magor and St. Mellons Rural District Council* v. *Newport Corp.*[57] and the House of

---

[57] [1950] 2 All E.R. 1226 at p. 1236.

Lords[58] anything to do with the issues discussed by Capitant? Is the controversy revealed in the *Magor* case concerned with a much wider issue of which Capitant discusses only one aspect?

4. What are, as presented by Capitant, the arguments for and against the use of *travaux préparatoires* for the interpretation of statutes?

5. Why is their use rejected in Britain? What is the difference between the reason for rejecting them in Britain and those said by Capitant to have been advanced by the historical school in Germany?

6. What are the arguments for and against drawing an analogy between the interpretation of statutes and the interpretation of contracts? How far are the same principles applied in both cases in England and in France?

7. Which of the rules of contract interpretation applied in England are in your opinion particularly adjusted to contracts which a French lawyer would identify as *contrats d'adhésion?*

8. Why does Houin consider the concept of a *contrat d'adhésion* as a *notion depuis longtemps dépassée* and what is he seeking to put in its place?

9. Consider the role of the *Cour de cassation* in the interpretation of contracts. How has it developed? How is it linked with the principle of the *pouvoir souverain du juge du fond?* What is, in this connection, the role of the *clauses claires et précises?*

10. In its decision of 18.3.1942[59] the *Cour de cassation*, while approving the lower court's interpretation of *permis de conduire*, quashed the decision by interpreting the statute and drawing a distinction between clauses defining cover and clauses cutting down cover.

(*a*) Is the distinction sound logic?

(*b*) Is the result good policy?

(*c*) Compare the distinction in English land law between interests determinable by limitation and by condition.

11. Leave to 'appeal' to the *Cour de cassation* is not required. Can it perhaps be said that the policy towards the interpretation of contracts adopted by that Court since 1808 is a measure of self-protection against being overflooded with cases, comparable to the policy of the need for leave to appeal to the House of Lords adopted by the Administration of Justice (Appeals) Act, 1934?

12. Can one draw a parallel between the doctrine of *clauses claires et précises* and the principle of the common law that the verdict of a jury may be set aside if there was no evidence on which a reasonable jury could have arrived at the verdict?[60]

---

[58] Esp. Lord Simonds in the same case [1952] A.C. 189.   [59] Above p. 106.
[60] See *Hopkins* v. *Tanqueray* (1845) 15 C.B. 130.

Section 2 : *Jurisprudence*

C.civ.art.4 'Le juge qui refusera de juger, sous prétexte du silence, de
l'obscurité ou de l'insuffisance de la loi, pourra être
poursuivi comme coupable de déni de justice.'

   art.5 'Il est défendu aux juges de prononcer par voie de
disposition générale et réglementaire sur les causes qui
leur sont soumises.'

Introductory Note

It is hoped that the extracts given here will help the student to understand the difference between the English principle of precedent and
the factual *autorité de la jurisprudence* in France. They have been
chosen especially with a view to explaining why, in the opinion of
some representative French scholars, the principle of *séparation des
pouvoirs* and the provision of art. 5 of the *Code civil* are compatible
with the functions which the courts exercise in developing the law.
The article by Boulanger gives a survey of the problem. The extracts
from Gény and Ripert show two different approaches towards the
relationship between the legislative and the judicial function. It will
be observed that both authors, however different their opinions may
be, agree that cases cannot be a formal source of law and cannot
establish 'general rules'. But, whilst Gény thinks that there are gaps
in the law and that it is the task of the court to fill them in each
individual case, Ripert denies that there are such gaps and insists on
the purely interpretative function of the judge. The student should
compare Gény's view with that of Lord Halsbury expressed in *Quinn
v. Leathem*.[61] Perhaps some students will find the key to the solution
of the problem in the extract from the article by Esmein.

   That *la jurisprudence* is not a source of law is however not a principle which commands universal assent. This is clear from the article
by Maury, in which the author carefully distinguishes between *le
système anglo-saxon du précédent* and the existence of *règles de droit
jurisprudentielles*,[62] and takes the view that these rules derive their
force from the combined effort of the factual power of the courts to
impose their decisions and of the consent of those to whom the norm
applies, *l'assentiment, le consensus des intéressés*. This is similar to

---

[61] [1901] A.C. 495 at 506 discussed by Cross, *Precedent in English Law*, B. 54, p. 61.
[62] Cf. Goodhart, Precedent in English and Continental law, B. 57.

Boulanger's view that *l'opinion commune des juristes* is one of the elements constituting the factual authority of court decisions.

Maury's view is in sharp contrast with that of Waline, who asserts that the courts act 'as if' they had a rule-making power and that they can so act by virtue of the tacit assent of the legislature. It will be seen that Maury's view is derived from an analysis of social facts: the power of the courts and the assent of the public, and that Waline's account rests on a fictitious assent ascribed to the legislature; one is a sociological, the other a normative theory seeking to explain why, despite the principle of *séparation des pouvoirs*, the courts in fact exercise a norm-creating function. See also the view of Lebrun (as reported by Maury) for whom judge-made law is a kind of customary law, and that of Hébraud (also reported by Maury) which is purely sociological and seeks to explain the validity of a judge-made norm in terms of its social effectiveness.

From Ledru-Rollin (1837)[63]

Issue de la loi, la jurisprudence en conserve d'abord la tradition stoïque. Peu à peu, elle s'empreint d'équité, reflète les mœurs, les idées, les découvertes nouvelles, et d'esclave soumise se fait proclamer reine à son tour. S'emparer des intérêts que la loi n'a pas satisfaits, les porter timidement dans son sein, les faire enfin prédominer par des essais continus, voilà sa mission. La jurisprudence n'est donc pas seulement, comme on le répète chaque jour,[64] le commentaire et le complément de la loi existante; car alors elle aurait pour objet unique de maintenir et de constituer la loi, tandis qu'elle exerce contre elle une action dissolvante et, en l'élargissant sans cesse, aspire à la remplacer. .... La codification immobiliserait les destinées d'un peuple qui ne saurait les confier à la jurisprudence. A la jurisprudence l'avenir; à elle, apôtre et précurseur de la loi nouvelle, de céder, par des transitions prudentes et ménagées, à la pente irrésistible des faits et des idées.

From J. Boulanger, 'Jurisprudence' (1953)[65]

1. Pris dans un sens large, le mot 'jurisprudence' désigne *l'ensemble des décisions rendues par les tribunaux*; dans un sens restreint, *la série*

---

[63] Preface to B. 60, p. xvii, quoted by Thaller in B. 9, vol. I at p. 229.
[64] In 1837.   [65] B. 53, pp. 17 ff.

des décisions relatives à un point de droit déterminé. En l'état actuel des choses, un juriste ne peut se flatter de connaître le droit positif, et spécialement, la règle de droit applicable à telle ou telle situation de fait, s'il ignore la jurisprudence. Un texte de loi n'a de valeur, en pratique, que si on le rapproche de l'interprétation qu'en ont donnée les tribunaux. L'expérience prouve que l'interprétation judiciaire en arrive à tirer d'un texte de loi tout autre chose que ce que le législateur a voulu y mettre, et parfois tout le contraire. A quoi s'ajoute que le texte de loi cité dans une décision peut être un simple décor juridique, derrière lequel a été affirmée une solution créée par le juge, le législateur n'ayant pas prévu la situation juridique litigieuse: la jurisprudence comble les lacunes de la loi. Si l'on ne devait tenir compte de ce que certaines règles légales sont énoncées avec tant de clarté, et respectées avec tant de facilité qu'elles ne suscitent pas de procès, en dépit de l'extrême fréquence de leurs applications, on pourrait soutenir que le droit positif est davantage dans la jurisprudence que dans la loi.

2. A l'origine de cette influence exercée par la jurisprudence, il y a un phénomène juridique que l'on a toujours constaté dans les divers droits positifs; le pouvoir du *précédent judiciaire.* Ce phénomène n'a rien de mystérieux si l'on considère qu'une décision est une *manifestation d'opinion* du juge: saisi d'une situation de fait, le juge doit se préciser, en quelque sorte pour lui-même, la règle applicable; même lorsque cette règle est légale, il lui attache une signification déterminée; et c'est après avoir pris parti sur la règle, qu'il formule sa décision. . . . A supposer donc qu'une difficulté semblable lui soit soumise ultérieurement, le juge aura naturellement tendance à se référer à son opinion précédemment exprimée, sans qu'il soit besoin que les plaideurs se chargent de lui donner la référence. Certes un changement d'opinion se conçoit; sur réflexion nouvelle, la probité intellectuelle peut l'imposer. Mais ce qui ne se comprendrait pas, c'est un changement continuel d'opinion à travers la succession des litiges; entre autres reproches, le juge encourrait celui de manquer de sérieux.

3. Le pouvoir du précédent ne requiert d'explication véritable que lorsqu'on envisage la situation du juge par rapport à ce que d'autres que lui ont déjà décidé: on peut parfaitement admettre que le juge se sente entièrement libre à l'égard de ce qui a été précédemment jugé. . . . Mais, en fait, cette indépendance du juge, qui est ici d'ordre intellectuel, se combine avec une donnée psychologique constante, qui est

le sentiment d'une continuité nécessaire du droit: les juges se suc-
cèdent les uns aux autres, mais ils ont ce caractère commun d'être, les
uns et les autres, les serviteurs d'une règle dont le propre est d'être
permanente. Sans abdiquer pour autant, à l'égard de ce qui a été jugé
antérieurement, un droit de critique qui se traduit par le droit de se
décider dans un sens différent, le juge découvre bien vite les inconvénients graves qui résulteraient de la perpétuelle remise en question
d'une interprétation judiciaire parce que celle-ci est pratiquement
indissociable de la règle applicable. L'interprétation judiciaire emprunte sa permanence à la règle que le juge met en œuvre.

4. Cette permanence, en quelque sorte intuitive de l'interprétation
judiciaire reçoit un supplément de force, dans une organisation judiciaire qui, comme la nôtre, repose sur le principe de la collégialité.[65a]
Le mot 'juge' n'est, pour nous, qu'un moyen commode pour
désigner l'autorité qui détient le pouvoir de décision. En réalité, c'est
une cour ou c'est un tribunal qui décide, et si les personnages qui
composent la cour ou le tribunal changent, la cour ou le tribunal
demeure, en tant que corps. La permanence du corps judiciaire, qui
a la mission de dire le droit, favorise, de la sorte, la continuité d'une
certaine manière d'interpréter et de dire ce droit. . . . La *permanence
de la doctrine juridique* qui inspire une sentence, participe de la permanence du corps judiciaire qui rend cette sentence.

5. Sur quoi intervient une nouvelle donnée de notre organisation judiciaire, la hiérarchie. . . . A partir du moment où une difficulté juridique
a pris un caractère contentieux, chaque juridiction a toute liberté
pour élaborer sa propre jurisprudence. Mais, à partir du moment où
la Cour de cassation s'est prononcée, la situation se transforme, parce
qu'une préoccupation nouvelle apparaît dans l'esprit des juges du
fond. Certes, une décision de la Cour de cassation n'est, après tout,
qu'une manifestation d'opinion sur le sens de la règle applicable; . . .
elle ne lie pas la juridiction du fond qui aura à connaître, après
cassation de l'affaire déférée à la Cour suprême; elle ne lie jamais les
juridictions du fond qui auront à connaître d'affaires semblables.
Mais c'est un fait d'expérience, à l'origine duquel on aurait bien tort
de ne discerner qu'une question d'amour-propre, une cour d'appel
n'aime pas voir ses arrêts cassés, pas plus qu'un tribunal n'aime voir
ses jugements réformés par la cour d'appel. . . . C'est de cette manière
que la Cour de cassation devient cour régulatrice.

[65a] See Cons. const. 23.7.1975 above, p. 73.

6. Cette prépondérance de la Cour de cassation s'est affirmée avec d'autant plus de facilité que toutes les décisions doivent être *motivées*.[65b] Par une curieuse revanche des faits, c'est le législateur révolutionnaire, résolument hostile à la jurisprudence, qui a posé la règle dont l'application n'a cessé d'accroître l'autorité de la jurisprudence. Depuis la loi des 16–24 août 1790, le juge doit motiver sa décision, c'est-à-dire indiquer le raisonnement juridique en vertu duquel la décision est rendue. En d'autres termes, les motifs, dénommés motifs de droit, sont *l'expression de l'opinion juridique* que le juge s'est formée à propos du cas qui lui était déféré. C'est là précisément, nous l'avons noté, ce qui confère à la jurisprudence sa stabilité. Dans une législation codifiée comme la nôtre, le juge rend sa sentence en vertu d'un texte. Mais il ne se borne pas à citer le texte; il expose la signification qu'il lui attache; il fait état, le cas échéant, des déductions logiques que le texte lui paraît comporter. Ainsi donc, quand la Cour de cassation prend parti, les motifs qui précèdent sa décision ne peuvent pas ne pas comporter, si grande que puisse être parfois leur concision, l'affirmation d'une certaine doctrine juridique, à propos du point contesté.

Par suite, ce n'est pas tant la solution elle-même qui s'impose en fait, aux juridictions du fond, que la *doctrine d'où procède la solution.* . . . Les motifs de droit indiqués par la Cour de cassation, dans un arrêt de principe, en arrivent à se substituer, dans la pratique, au texte même de la loi.

7. Les observations qui viennent d'être présentées ne sont destinées, bien entendu, qu'à mettre en évidence le 'fait jurisprudentiel'. Il va sans dire que les juridictions du fond ne 'se soumettent pas' toujours aussi aisément à la Cour de cassation. On aurait tort surtout de confondre la permanence de la jurisprudence avec l'immobilité et la stagnation. De temps à autre, il se produit un revirement de jurisprudence, la Cour de cassation abandonnant son interprétation, pour revenir d'ailleurs parfois à une interprétation plus ancienne qu'elle avait rejetée. Et même lorsqu'elle ne se renverse pas brusquement, la jurisprudence obéit à la loi générale, qui est d'évoluer et de s'adapter: sous l'empire de considérations diverses, les formules en usage subissent des retouches, s'enrichissent d'adjonctions, qui préparent ou opèrent de lentes transformations. La Cour de cassation en a une si

[65b] See below, p. 160.

exacte conscience qu'elle se garde de propositions trop générales qui auraient pour inconvénient de la lier pour des situations actuellement imprévisibles, et, dans une époque troublée comme la nôtre, cette prudence, en soi fort naturelle, risque parfois de se développer aux dépens de l'indispensable sécurité du droit. Il y a, au surplus, des jurisprudences qui meurent, tels des arbres desséchés, parce que la vie n'y circule plus.

20. Une donnée incontestable doit tout d'abord être posée : la jurisprudence *ne jouit pas d'une autorité de droit*. On veut signifier par là qu'il n'y a aucune obligation légale, pour le juge, de statuer conformément à ce qui a été antérieurement décidé. L'ancienne pratique des 'arrêts de règlement' a été prohibée par l'article 5 du code civil : 'Il est défendu aux juges de prononcer par voie de disposition générale et réglementaire sur les causes qui leur sont soumises'. . . . Il existe, à cet égard, une différence fondamentale entre notre droit codifié et le droit anglo-saxon qui attribue un caractère obligatoire au précédent judiciaire.

21. L'autorité de la jurisprudence est de pur fait. C'est donc à tort que l'on a invoqué, en la matière, des arguments tirés du droit constitutionnel et notamment le principe de la séparation des pouvoirs, législatif et judiciaire. Il y aurait empiètement du pouvoir judiciaire sur le pouvoir législatif, si, pour éluder l'application de la loi, le juge prenait prétexte de la soumission qu'il déclarerait devoir au précédent; l'autorité du précédent serait alors dressée contre l'autorité de la loi. C'est en effet ce que l'on ne saurait admettre. Mais ce n'est pas ainsi que les choses se passent. Le juge se borne à suivre le précédent dans l'exécution de sa mission d'interprète de la loi. Et c'est ce dont aucun texte ne permet de lui tenir grief.

22. Théoriquement le juge peut faire table rase de ce que d'autres ont jugé, et, aussi, de ce qu'il a jugé lui-même auparavant. De cette liberté théorique du juge, on a conclu que la jurisprudence n'était pas une source de droit. Nous ne sommes pas très sûr que, par rapport à la jurisprudence, ce problème des sources de droit ait été examiné avec un souci suffisant de la réalité. . . . Il n'y a pas coexistence et concurrence de la loi écrite, d'une part, et de séries de décisions, d'autre part. La *jurisprudence* c'est la *loi interprétée, modifiée, complétée* telle qu'elle apparaît à travers les décisions judiciaires. A notre avis donc, le véritable problème est de savoir, si, lorsqu'une espèce

lui est déférée, le juge, tenant pour non-avenu tout ce travail
d'interprétation qui a été accompli avant lui, doit reprendre le texte
en son état primitif pour en tirer les déductions qui lui semblent
personnellement justifiées, ou, au contraire, si, en vue d'une application nouvelle, il 'reçoit' le texte avec les éclaircissements, adjonctions,
transformations qui résultent des décisions précédentes. Or, nous
avons dit pourquoi en fait, c'est le second parti qui s'impose au juge
(supra, nos. 2 et s.) — *Dans la pratique*, l'autorité de la jurisprudence
se ramène à ceci : une série de décisions relatives à un point de droit
déterminé donne à celui qui doit lui-même prendre parti, la conviction que telle solution doit être adoptée. Cette conviction remar-
quons-le, n'est pas propre au juge : elle se communique à tous les
praticiens, aux notaires notamment, dont l'activité demeure étrangère
aux contestations judiciaires et qui doivent, au contraire, s'ingénier
à épargner à leurs clients les traces et les aléas d'un procès. . . . D'une
façon générale, on peut dire qu'en l'état actuel de notre droit positif,
un praticien ne peut prétendre s'acquitter correctement de toutes ses
obligations professionnelles, s'il ne s'informe pas de l'évolution de la
jurisprudence. Si la jurisprudence jouit d'une simple autorité de fait,
le fait que cette autorité s'impose à tous ceux qui participent à la vie
du droit s'impose avec toute la force de l'évidence.

34. A notre avis, une jurisprudence *ne s'impose pas*; pour reprendre
l'expression courante, elle 'n'est pas faite', elle ne saurait inspirer aux
sujets de droit le sentiment de sa nécessité (*opinio necessitatis*, comme
on disait autrefois à propos de la coutume), *tant que la Cour de
cassation ne s'est pas prononcée*. C'est là une conséquence logique du
caractère *hiérarchique* de notre organisation judiciaire. . . . Et il est
bien certain qu'aussi longtemps que la Cour de cassation n'a pas pris
parti, une cour d'appel, par exemple, sera naturellement porteé à se
conformer à ce qu'elle a déjà jugé. Mais si une autre cour d'appel est
saisie de la même difficulté juridique, sa souveraineté lui ménage, au
point où en sont les choses, une entière liberté de décision : les décisions rendues par d'autres cours n'ont pour elle que la valeur d'une
indication. . . . Cela ne signifie nullement bien entendu, que les
décisions des juridictions du fond ne présentent pas d'intérêt. Bien
au contraire, cet intérêt est considérable : quand une loi nouvelle est
mise en application, les décisions des juges du fond permettent de
prévoir ce que sera, selon toute vraisemblance, la jurisprudence, une
fois formée, surtout si une majorité très nette se dégage. Et même,

après que la Cour de cassation a pris parti, les décisions du fond jouent un rôle important; si elles sont conformes à la jurisprudence de la Cour de cassation, elles lui confèrent un supplément de force, en révélant une sorte d'assentiment de l'opinion juridique; si elles sont contraires, l'esprit de résistance qu'elles manifestent peut être l'indice d'un revirement possible . . .

35. Il faut aller plus loin: la jurisprudence n'est pas faite, par cela seul que la Cour de cassation a rendu un arrêt, ou même plusieurs arrêts relativement au point litigieux. L'organisation même de la Cour de cassation et aussi, le cas échéant, sa manière de procéder, imposent, là encore, des distinctions.

36. Bien que, légalement, il ne résolve définitivement le point de droit litigieux que pour une affaire déterminée, un arrêt rendu par les chambres réunies jouit, en fait, pour la solution de cas semblables, d'une autorité que l'on ne songe même pas à discuter. On peut dire sans paradoxe que la Cour de cassation a plus de respect pour les arrêts de ses chambres réunies que pour la loi elle-même, car, s'il lui arrive d'altérer ou de modifier la loi sous couleur de l'interpréter, elle n'abandonne jamais la jurisprudence créée par un arrêt des chambres réunies: en tous cas, nous ne connaissons pas d'exemple d'un tel abandon. Il convient toutefois de se garder de toute exagération. Sans changer sa jurisprudence, la Cour de cassation peut l'assouplir; elle peut au moins, tout en gardant les mêmes formules, infléchir son évolution dans un sens différent de celui qu'une interprétation littérale ou tendancieuse pourrait laisser prévoir . . .

38. Mis à part les arrêts des chambres réunies et les arrêts rendus en séance plénière, une jurisprudence peut, en règle générale, être tenue pour acquise, lorsqu'une solution est affirmée par une *série concordante d'arrêts* dont la doctrine est révélée en des *motifs suffisamment explicites*. La jurisprudence peut alors être qualifiée de constante, dans le double sens du terme: constante, en ce sens qu'il n'y a pas d'ambiguïté sur la manière dont la Cour de cassation a statué; constante, en ce sens que la succession des arrêts atteste la continuité de la pensée juridique qui les inspire . . .

39. Un seul arrêt peut-il 'faire jurisprudence'? Il y en a des exemples. Mais ceci suppose, tout d'abord, bien entendu, qu'il s'agit d'un arrêt 'de principe', et non pas d'un arrêt 'd'espèce', c'est-à-dire d'un arrêt visiblement inspiré par des considérations d'équité ou d'opportunité.

Ceci suppose, en outre, que l'arrêt a bénéficié de l'assentiment immédiat du milieu juridique. Et c'est alors une nouvelle donnée qui entre en ligne de compte.

40. . . . Mais ce pouvoir du juge se trouve limité le cas échéant, par la résistance que lui oppose *l'opinion commune* des juristes. C'est à propos de cette opinion commune que l'on peut parler de 'réception de la règle jurisprudentielle'. La jurisprudence a pleine autorité si elle est en accord avec cette opinion, et aussi longtemps que dure cet accord: autorité de fait, dépendant d'un pouvoir de fait. Si l'accord est rompu, la jurisprudence se modifie tôt ou tard; elle peut même 'se renverser'. Une loi sociologique veut qu'on ne puisse pas, en fait, indéfiniment juger contre l'opinion de l'ensemble des justiciables. En modifiant l'adage célèbre, on pourrait dire: *Opinio communis facit jus.*

NOTES

1. In no. 1 it is said that 'la jurisprudence comble les lacunes de la loi'. Is this true of what the English courts do? How far do the English rules of interpretation enable the courts to fill gaps in the law? In connection with the power of the court to draw conclusions from a text at variance with the intention of the Legislature, consider what has happened in relation to section 1 of the Guardianship of Infants Act, 1925,[66] and to the Restriction of Offensive Weapons Act, 1959.[67]

2. Does the phrase 'sans qu'il soit besoin que les plaideurs se chargent de lui donner la référence' in no. 2 throw any light on the difference between the nature of the legal argument in a French and in an English court, and on the difference in the relationship between Bench and Bar?

3. The reference in no. 4 to 'le principe de collégialité' raises the general problems whether a strict principle of precedent is (*a*) more necessary, and (*b*) more likely to develop in a 'single judge' system (such as English law) or in a 'collegiate' system (such as French law). Is the judge more likely to feel the need for relying on precedents where he bears the personal responsibility for his decision or where he is anonymously submerged in a collegiate court, but anxious not to be outvoted?[68]

4. Comparing the role played by the *Cour de cassation* (see no. 5) and by the English appellate courts (including the House of Lords) in the development of the law, what significance should one attribute to the

---

[66] *Re Carroll* [1931] 1 K.B. 317 (C.A.); *J. v. C.* [1970] A.C. 668.
[67] *Fisher* v. *Bell* [1961] 1 Q.B. 394 (D.C.), and see the Restriction of Offensive Weapons Act, 1961.
[68] On the organization of the French courts see below, pp. 275ff.

domaine souverain du juge du fond in France? Consider this question in the light of the material on offer and acceptance in Part II.

5. 'Ce n'est pas tant la solution elle-même qui s'impose en fait aux juridictions du fond que la doctrine d'où procède la solution' (no. 6). How does this compare with the English principle of precedent? Is there any room in French law for a distinction between *ratio decidendi* and *obiter dictum*?[69]

6. Can you think of any English examples of 'des jurisprudences qui meurent' (no. 7)?[70]

7. Observe that in the author's view (no. 21) every decision of a court is necessarily an interpretation of *un texte*, i.e. of a statute (whether Code or otherwise), and the 'authority' of a precedent is in fact the 'authority' of the statute as interpreted by that precedent. In the light of this, how can one explain the decision of Cass. civ. of 4.12.1929?[71] How can one account for the existence of *principes généraux de droit*?[72] See also, on the problem of 'gaps' in the law, i.e. the legislation, the controversy between Gény[73] and Ripert.[74]

8. For the rule (nos. 20 and 21) that the judge may not substitute reliance on precedent for argument derived from the law itself and from general principles see Cass. crim. 3.11.1955.[76]

9. The observations in no. 34 may be regarded as going to the root of the differences between the French practice and the English principle of precedent.

10. Nos. 36 and 38. Observe that since 1968[77] the *Assemblée plénière* has taken the place of the *Chambres réunies*, and the *Chambre mixte* that of the *Assemblée plénière civile*.

11. How can one distinguish (no. 39) an *arrêt de principe* from an *arrêt d'espèce*, i.e. a judgment which 'rests on its facts'? Consider in this connection the importance of the *rapport* by the *juge rapporteur* and of the *conclusions* presented by the *ministère public*.[78]

12. *L'opinion commune des juristes* (no. 40). What is this? Is it the same as 'the general opinion of the Temple' or 'of Lincoln's Inn'? Who are *les*

[69] See Cass. civ. 13.4.1923, below, p. 495.
[70] Consider (a) *Martell* v. *Consett Iron Co.* [1955] Ch. 363 (C.A.) and *Hill* v. *Archbold* [1968] 1 Q.B. 686 (C.A.), and (b) *Jones Brothers Hunstanton Ltd.* v. *Stevens* [1955] 1 Q.B. 275 (C.A.).
[71] S. 1931.1.49; below, p. 253.   [72] See below, p. 176.   [73] Below, p. 126.
[74] Below, p. 132.   [76] Below, p. 154.
[77] See below, p. 284, and see Carbonnier, B. 19, vol. 1, nos. 20 and 31.
[78] See below, p. 286.

juristes? Is this a reference to academic opinion, expressed, for example, in the annotations in Sirey, Dalloz, etc.? Have we here a clue for the understanding of the significance of *la doctrine*[79] and of its influence on the development of the law? See also, for this concept of *l'opinion de l'ensemble des justiciables* or of *l'assentiment, le consensus des intéressés* and its significance for an explanation of the factual influence of *la jurisprudence*, the article by Maury,[80] and contrast the opinion of Hébraud, which he attacks.

From François Gény, *Méthode d'Interprétation et Sources de Droit Privé Positif* (1919)[81]

146. Sous son premier aspect, la question, qui se présente ici, se peut traduire brièvement, dans une formule courante en France, en disant, qu'il s'agit de savoir, si nous pouvons, et si nous devons, aujourd'hui, reconnaître un *pouvoir prétorien* à la jurisprudence . . .

Sous le nom de *pouvoir prétorien* de la jurisprudence, on entend, suivant les cas, deux choses fort différentes.

Souvent, on signifie, par là, que les tribunaux, en tant qu'interprètes du droit, auraient, à propos des procès, qu'ils doivent juger, un large pouvoir de création juridique, dans *le silence ou l'insuffisance*[82] de la loi (sinon même pour la corriger), et à défaut d'un droit coutumier constant. Mais, ce pouvoir serait exercé par eux, d'une façon toute concrète, et sans tirer, nécessairement du moins, à conséquence pour l'avenir. Le reconnaître ne serait pas autre chose, que proclamer la légitimité d'une libre recherche scientifique, dans le domaine du droit positif. — Ainsi compris, j'ai admis, très largement, du moins à l'effet de suppléer ou de compléter la loi, le pouvoir prétorien de la jurisprudence . . .

Toutefois, ce n'est pas avec ce sens, que la question du pouvoir prétorien se présente à nous, à cette place. Et nous devons, pour la comprendre, employer les même mots, dans une acception plus détournée et moins répandue. — Il s'agit, maintenant, de savoir, si la circonstance, qu'une certaine interprétation juridique a prévalu, dans un jugement, ou mieux encore dans une série de jugements, qu'une règle de droit, plus ou moins douteuse, a été consacrée juridictionnellement (si l'on veut bien me passer l'expression), un certain nombre de fois, confère à cette interprétation ou à cette règle, envi-

---

[79] See below, p. 166.
[81] B. 56, vol. 2. [Author's punctuation.]
[80] Below, p. 139.
[82] Italics added.

sagées désormais sous une forme abstraite, et de par l'autorité dont elles émanent, la valeur de préceptes quasi-législatifs, qui, en tout cas, s'imposeraient désormais, en quelque mesure, à l'interprète.

Bien que j'aie déjà laissé percer mon sentiment sur ce point, je dois ici fixer définitivement les raisons décisives, qui m'empêchent de reconnaître le pouvoir prétorien sous cette forme abstraite, ou, en d'autres termes, de mettre la jurisprudence moderne, prise en soi et comme autorité, au rang des sources formelles de notre droit privé positif. Ces raisons sont essentiellement d'ordre constitutionnel. A ce titre, j'estime qu'elles s'imposent, sans discussion possible, malgré la liberté qui demeure ici à notre méthode, parce que celle-ci même nous oblige à prendre ces données constitutionnelles, comme un fait social inéluctable, qui, en vertu d'une force des choses supérieure, vient radicalement couper court à notre difficulté.

En effet, d'après les principes incontestables de notre organisation politique, principes affirmés par de nombreux textes, l'autorité judiciaire ne peut, en France, rien entreprendre sur la fonction législative. D'où résulte, que les décisions des tribunaux, de quelqu'ordre que ce soit, n'ont pas le pouvoir d'émettre une règle générale, qui prétende s'imposer, à titre abstrait, en dehors de l'espèce, pour laquelle elle serait légitimement formulée. — Les juges sont chargés d'appliquer la loi, ou, plus généralement, de mettre en œuvre le droit, soit exprès, soit latent. S'ils peuvent le créer pour une espèce déterminée, ils n'ont pas qualité, pour l'ériger en précepte destiné à régir les cas à venir. Tel est, chez nous, le principe absolu. Et, ce n'est pas assurément une vague indication, tirée des travaux préparatoires de notre Code civil, qui puisse faire croire à un abandon quelconque de ces idées, de la part des rédacteurs de ce Code, alors que les conséquences, les plus certaines, du principe, ont été, d'ailleurs, formellement maintenues par eux.

C'est pour mieux assurer l'exécution de ce principe, que nos lois ont rigoureusement interdit la pratique, si utile pourtant, à bien des égards, des arrêts de règlement (Loi des 16–24 août 1790, tit. II, art. 12; Constitution du 5 fructidor an III, art. 203; art. 5, C. civ.). Et, si cette prohibition ne paraît pas empêcher absolument toute décision générale, par laquelle un tribunal ferait connaître *in abstracto* son sentiment sur tels ou tels problèmes juridiques, en indiquant par là la direction probable de sa jurisprudence, de semblables dispositions ne peuvent assurément valoir, qu'à titre de *pure indication*, de simple renseignement pour les intéressés, et sous la condition formelle, que le tribunal, de qui elles émanent, ne soit pas *juridique-ment* lié par elles, qu'il puisse, mieux éclairé, y passer outre.

Il est, par ailleurs, incontestable, que le principe de droit public, qui interdit à l'autorité judiciaire toute ingérence dans l'action législative, n'a subi aucun échec, du fait des dispositions légales, qui ont assuré le contrôle suprême de la Cour de cassation, et notamment de la loi du 1er avril 1837, qui, en cas de seconde cassation, basée sur les mêmes motifs que la première, et prononcée toutes Chambres réunies, impose au tribunal, saisi par nouveau renvoi, de se conformer à la décision de la Cour régulatrice, sur le point de droit jugé par cette Cour (art. 2), puisqu'ici l'injonction, émanée de la seconde cassation, conserve un caractère strictement judiciaire, restant limitée à l'espèce, qui en est l'occasion. Sans doute, par la mission même dont elle est investie, la Cour de cassation joue un rôle considérable, et qui pourrait devenir prépondérant, dans la mise en œuvre de la méthode juridique. Mais, sa fonction n'en reste pas moins, exclusivement et strictement, judiciaire. Et, pas plus que les tribunaux, dont elle contrôle les décisions, elle n'empiète, en aucun cas, ni à aucun degré, sur la fonction législative.

Cette conclusion me paraît donc inéluctable, dans notre organisation française moderne: que les décisions de jurisprudence ne sauraient contenir des règles générales, qui aient, pour l'interprète, force obligatoire dans l'avenir.

Par suite, je considère, comme tout à fait téméraire, de prétendre introduire chez nous les idées, qui ont cours en Grande-Bretagne ou dans la plus grande partie des Etats-Unis de l'Amérique du Nord. Là, il est vrai, les précédents judiciaires ont une autorité reconnue, à l'effet d'établir des règles de droit qui s'imposent au jurisconsulte. Et, certains auteurs anglais vont jusqu'à dire, que le droit positif ne se conçoit pas, comme tel, en dehors de la forme, que lui assignent, à défaut de lois (*Statute*), les actes de pratique et surtout les décisions judiciaires, celles-ci constituant, par elles-mêmes, une coutume génératice de droit. — C'est que, bien qu'en ait pu penser MONTES-QUIEU, la séparation des pouvoirs, législatif et judiciaire, est moins entière en Angleterre, surtout à l'encontre du second de ces pouvoirs, que l'ont voulu faire chez nous les lois révolutionnaires. Et, du moins quand la loi est muette ou insuffisante, le juge anglais, grâce à une fiction bien connue, se trouve, non pas sans doute comme le préteur romain, en vertu d'une sorte de délégation de pouvoirs officiellement reconnue, mais après coup et d'une façon tout empirique, dans la mesure des besoins pratiques à satisfaire, investi régulièrement d'une autorité quasi-législative.

A défaut d'institutions et d'idées semblables, difficiles à acclimater dans nos mœurs et à accommoder à notre état social, ne pourrions-nous pas, cependant, nous inspirer du résultat obtenu par elles, et reconnaître, à notre jurisprudence, une valeur vraiment positive, qui dût influer sur le jugement de l'interprète, et pût, en l'absence de solution légale, servir de base ferme à sa décision sur le point de droit?

149. Je persisterai..., quant à moi, à refuser de voir, en notre jurisprudence, une source formelle de droit privé positif, qui, à côté de la loi écrite et de la coutume, puisse jouir d'une force créatrice indépendante. Est-ce à dire, que je lui dénie toute autorité et toute valeur positive? Ces conséquences seraient loin de ma pensée, et traduiraient mal les conclusions de mon examen. Je dois, ici, compléter ma solution principale, par deux observations, qui la limiteront et en préciseront la portée.

Tout d'abord, les précédents judiciaires, surtout quand ils forment, en un sens déterminé, une suite constante de décisions uniformes et faisant bloc, doivent avoir, dans l'esprit de l'interprète, une autorité considérable. — J'entends par là, que, non seulement ils exerceront sur lui l'ascendant moral et pratique, que commande leur origine, mais, de plus, ils imposeront à son jugement une force de conviction analogue à la *force de raison écrite*, que connaissait notre ancien droit. Pour préciser je dirai, qu'en présence d'une solution, étayée d'une ferme jurisprudence, l'interprète peut se soustraire à la nécessité d'une investigation nouvelle, sur la foi de précédents avérés, qu'à tout le moins il est fondé à trancher ses hésitations personnelles, dans le sens que lui indique l'autorité, que même il ne doit s'écarter de celle-ci, que pour des raisons décisives, emportant sa conviction en sens contraire. — Assurément, ce n'est pas là une force législative proprement dite, comme celle attachée à la loi écrite ou à la coutume, qui, dans leurs décisions formelles, coupent court à toute libre recherche. Ce n'en est pas moins une puissance sérieuse, qui *peut*, et, dans une certaine mesure, *doit*, tenir en échec, les incertitudes ou les caprices de la raison subjective.

D'un autre côté, si la jurisprudence n'a pas, par elle-même, la valeur d'une source formelle de règles juridiques, elle contribue souvent à la formation de semblables sources, ou même, elle en constitue comme un élément essentiel et indispensable, dans la réalité des choses. — C'est un fait bien connu, que, fréquemment, les jugements ouvrent la voie à la loi écrite, qu'ils en préparent la disposition, en montrant la nécessité d'une règle nouvelle, et en suggérant son contenu. 'N'est-ce pas ainsi,' comme on l'a écrit judicieusement, 'par une évolution lente des faits, des jugements et finalement des textes, que le droit est appelé à progresser?'

Surtout, la jurisprudence est, chez nous, à l'époque moderne, la seule occasion, vraiment féconde, en tout cas la plus fréquente, d'une coutume juridique, principalement d'une coutume générale. En effet, une fois établie, sur un point donné, la jurisprudence, à raison de son autorité incontestable, tout au moins en fait, grâce aussi à la continuité et à la cohésion de nos traditions extra-judiciaires (pratique notariale surtout), détermine fréquemment des pratiques en harmonie avec ses tendances. . . . Dans ces conditions, et lorsque les pratiques, ainsi suggérées, se sont enracinées par un long usage, nous avons tous les éléments d'une vraie coutume juridique, dont la jurisprudence se trouve être le point de départ et le déterminant essentiel. Et, dès lors, je ne vois pas, comment nous pourrions refuser de reconnaître ici une règle de droit, vraiment obligatoire, comme issue de cette source formelle, la coutume. — Mais, il importe de le remarquer. Ce n'est pas, que la jurisprudence constitue ici une source de droit indépendante, pas plus une coutume *sui generis*. Elle n'apparaît, dans ces hypothèses, que comme *propulseur* de la coutume, mais *propulseur* tellement indispensable, et aux effets à ce point inévitables, dans notre état social et politique, qu'il suffit d'une transposition d'idées, et presque d'une simplification de formule, pour lui rapporter tout le mérite de la création, dont elle constitue, en fait, l'instrument capital. Et, au surplus, alors même que la pratique ne s'est pas encore, pour ainsi dire, cristallisée en coutume autour de ce noyau, que lui offrent les décisions judiciaires, celles-ci, du moment que, sur un point donné, elles forment un ensemble compact et homogène, peuvent toujours être envisagées comme un germe de coutume, et étudiées à ce titre.

Voilà comment la jurisprudence, en tant qu'initiatrice de coutume, peut, à mon avis, et de nos jours encore, passer pour une force vraiment productive de droit.

Mais, puisqu'elle n'a cette force que comme organe de la coutume, ses effets ne sauraient dépasser ceux que nous avons reconnus à celle-ci. Et, comme nous n'avons pu admettre l'efficacité d'une coutume contraire à la loi écrite, nous ne pouvons pas plus attribuer force obligatoire à l'usage, reposant sur une jurisprudence, qui contredirait, formellement, et pour ainsi dire, *violemment*, un texte légal.

Ceci, il faut le dire, sera rare; tellement rare, qu'il n'est pas bien facile d'en citer des exemples décisifs. Le plus souvent, la jurisprudence, même la plus décidément contestable, passe à côté de la loi sans la choquer absolument, ou la complète sans l'offusquer. Il en résulte une *interprétation usuelle*, qui, une fois passée en coutume, a engendré une véritable règle de droit. — Comme direction pour l'interprète, pareille jurisprudence coutumière sera surtout précieuse, quand elle comblera de véritables lacunes, et, parfois même, des trous béants de notre législation . . .

NOTES

No. 146

1. What are the two meanings of *le pouvoir prétorien de la jurisprudence* which Gény seeks to distinguish?

2. Why does he refuse to consider *la jurisprudence* as a formal source of law? Compare his argument based on the principle of *séparation des pouvoirs* (art. 5 C. civ.) with that presented by Maury.[83]

3. How does he combine his refusal to consider *la jurisprudence* as a source of law with his acceptance of the creative power of the courts and *la libre recherche scientifique*?

4. How do Gény's views compare with those expressed by Ripert?[84] Consider in particular the problem of *lacunae*, of *le silence ou l'insuffisance de la loi*.

5. When the *Assemblée plénière* makes a second *renvoi* the third *Cour d'appel* is *in specie* bound by its views.[85] But since the law of 3.7.1967, the *Assemblée plénière* may itself decide the case if it feels the facts are clear.

6. 'Les juges sont chargés d'appliquer la loi, ou, plus généralement, de mettre en œuvre le droit, soit exprès, soit latent.' Compare the reference to the 'latent' law with the views expressed by O. W. Holmes in 'The Path of the Law'.[86] Would Holmes have qualified the 'latent' law as a 'brooding omnipresence in the sky'?

[83] Below, p. 139.   [84] Below, p. 132.
[85] Below, p. 285.   [86] (1897) 10 Harv. L.R. 457.

7. In Gény's view the rule against *arrêts de règlement* (art. 5 C. civ.) does not prevent a court from making its views known *in abstracto* so as to indicate *la direction probable de sa jurisprudence*. Does this indicate a third meaning of the 'praetorian' power of the courts, additional to the two distinguished by Gény himself?

No. 149

8. Note Gény's theory of the threefold effect of case law in France (beyond the actual case before the court):

(*a*) As 'persuasive' authority, 'une force de conviction analogue à la force de *raison écrite* que connaissait notre ancien droit', 'une puissance sérieuse qui peut, et dans une certaine mesure doit, tenir en échec, les incertitudes ou les caprices de la *raison subjective*'. Observe the analogy to *ratio scripta* —Roman law in the *ancien droit*.

(*b*) As a pacemaker for legislation (is this one of the functions ever exercised by an English court?).

(*c*) As a basis for the creation of customary law—according to Gény (as according to other writers, e.g. Maury),[87] *la jurisprudence* is not *ipso facto* customary law, but can and often does become a basis for its creation, especially if it is coupled with a *pratique notariale* which is very roughly equivalent to an English conveyancing practice.

NOTE: The following extract presents a quite different view.

From G. Ripert, *Les forces créatrices du droit* (1955)[88]

158. Le législateur a pris toutes les dispositions utiles pour que le pouvoir judiciaire ne puisse se considérer comme un législateur. Le Code civil interdit aux tribunaux de statuer par voie de disposition réglementaire (art. 5). Il limite l'autorité de la chose jugée aux parties au procès, à l'objet et à la cause de leur demande (art. 1351).

Le Code civil ordonne au juge de statuer à peine de déni de justice et ne l'autorise pas à justifier un refus par l'obscurité ou l'insuffisance de la loi (art. 4). On ne peut donc proposer pour déterminer le pouvoir du juge une distinction entre le cas où une loi est applicable et le cas où aucune loi n'existe. Il y a toujours une loi applicable, car le Code civil constitue le droit privé commun et la liberté individuelle est le grand principe du droit. S'il est présenté au juge un contrat ne répondant à aucun des types prévus par la loi, il le considérera comme

---

[87] See below, p. 139.   [88] **B. 12.**

obligatoire en vertu de la liberté des conventions, à moins qu'il ne le juge contraire à l'ordre public par application du principe posé par l'article 6 du Code civil. Si on lui soumet un fait qui n'est interdit par aucune loi, il déclarera que l'acte est licite et régulier et ne peut engager la responsabilité de son auteur, ou bien qu'il constitue l'abus d'un droit.

D'autre part le législateur a pris les mesures nécessaires pour que l'égalité de tous devant la loi ne soit pas compromise par la contrariété des décisions judiciaires. S'il s'agit d'une appréciation des faits, le double degré de juridiction dans les causes importantes est une garantie de l'exactitude de la solution. S'il s'agit de l'application de la loi, le recours en cassation est ouvert pour violation de la loi et même des principes généraux du droit. L'unité de la jurisprudence est assurée, tout au moins au bout d'un certain temps . . .

159. On comprend mal, en présence de ces dispositions légales, que la question de l'interprétation des lois ait soulevé à l'époque contemporaine tant de difficultés et qu'elle ait donné lieu à tant d'études. Le livre justement célèbre du doyen Gény sur la méthode d'interprétation et les sources en droit privé positif, paru en 1899 et réédité vingt ans après, a renouvelé les études juridiques. Après lui on a montré l'insuffisance de la loi en tant que source du droit positif et on en a cherché d'autres dans la jurisprudence ou dans la coutume, et même dans les deux à la fois. La doctrine qui avait, tout au moins dans la première partie du XIXe siècle, témoigné quelque opposition à une jurisprudence soupçonnée d'interpréter trop largement la loi a manifesté la plus vive admiration pour le progrès qu'une jurisprudence novatrice a apporté, et l'a incitée à faire plus encore en libérant le droit du joug de la loi écrite. La jurisprudence a été considérée comme une source du droit tout autant que la loi.

Les plus surpris de cette attribution d'une puissance législative ont été les juges. Ils n'avaient pas la prétention de dire un droit nouveau, étant d'ailleurs par prudence et sagesse les conservateurs du droit établi. Les juridictions inférieures craignent la censure de l'appel, et les Cours, la cassation de leurs décisions. Pourtant de la répétition de décisions semblables se dégagent des règles de droit aussi importantes que les règles légales. Il est désormais nécessaire pour le juriste de connaître la jurisprudence tout autant que la loi . . .

Le juge n'a pas le pouvoir de créer la règle juridique. Quand le législateur veut lui donner le pouvoir de statuer sur le mode d'exercice de certains droits il le dit. A défaut le juge ne saurait s'attribuer le pouvoir de régler pour l'avenir la conduite des hommes. Il est d'ailleurs impossible de dégager des décisions des tribunaux une règle qui ait les caractères exigés de la loi par la technique fondamentale : la décision n'a pas un caractère général et permanent ; elle ne comporte de sanction que pour le défendeur condamné. Etant rendue pour un cas particulier elle n'est pas convenable aux cas qui pourraient se présenter pour l'avenir. Elle est donnée par des hommes qui n'ont pas entendu la voix de tous les intéressés et elle est inspirée par des considérations qui n'auraient peut-être pas guidé le législateur. D'ailleurs si le juge avait le droit de faire la loi il aurait celui d'abroger une loi existante ; personne n'a jamais osé le soutenir.

160. L'impossibilité de faire du juge un créateur des règles juridiques s'accuse dans la manière même où il est invité à exercer son pouvoir. Il est seulement question pour la doctrine de la méthode d'interprétation.

Les tribunaux doivent interpréter les lois. Ils sont bien obligés de le faire quand le texte est obscur puisqu'il leur est prescrit de juger sans qu'ils puissent se refuser à le faire en invoquant cette obscurité. Le pouvoir d'interprétation a été conçu autrefois comme la recherche de l'intention probable du législateur : puisque la loi tire sa force de la volonté du législateur, c'est cette volonté qu'il faut deviner dans le texte qui l'exprime. D'où un large appel aux travaux préparatoires, dans l'espérance de découvrir le pensée qui a inspiré le texte. Il s'agit alors vraiment là d'une méthode d'interprétation. Même si l'interprétation est hardie ou douteuse le principe de la force de la loi est respecté par la fiction que c'est la loi même qui est appliquée dans le sens désiré par le législateur.

Mais ce n'est plus ainsi que la doctrine moderne entend l'interprétation. Elle enseigne que l'interprétation ne consiste pas à chercher ce que le législateur a voulu, ni ce qu'il aurait pu vouloir si sa pensée s'était portée sur tel point, ni même ce qu'il aurait pu raisonnablement vouloir, mais à quitter le terrain de l'interprétation du texte pour rechercher par une autre méthode les autres sources du droit. C'est alors changer le sens des mots. Ce n'est plus une interprétation, c'est une création qui est proposée. Il est pourtant impossible d'admettre, dans notre Constitution actuelle, que le pouvoir judiciaire ait le pouvoir de créer des règles de droit. La doctrine qui prétend le lui donner est elle-même inquiète d'un tel pouvoir. Elle en cherche les limites pour ne pas admettre l'arbitraire du juge et la conception du droit libre.

En réalité quand on continue à parler de l'interprétation du droit c'est parce que, plus ou moins confusément, demeure chez certains l'idée que le droit positif n'est pas tout le droit. Il y aurait alors au-dessus, ou tout au moins en dehors des lois, un droit dont le juge aurait la possibilité de dégager les règles. Comme ces règles ne nous seraient connues que par la décision du juge chargé de les appliquer, la jurisprudence apparaîtrait comme une source du droit. Les décisions de justice rendraient visibles aux intéressés ces règles du droit jusqu'alors ignorées et les modifications qu'elles subissent sans cesse.

Une telle conception est inconciliable avec le positivisme juridique. Il n'existe pas d'autre droit positif que celui qui est établi par le Pouvoir sous la forme d'une loi ou d'un acte ayant valeur de loi. Le pouvoir d'interprétation du juge consiste simplement à dégager nettement le sens du texte et par conséquent à préciser la règle. Donner une règle nouvelle supposerait un pouvoir de création que le juge n'a pas.

161. La force et la valeur de la jurisprudence ne sont pourtant pas discutables. Nul juriste ne s'aviserait aujourd'hui d'exposer les règles du droit sans tenir compte de la jurisprudence établie. Le jugement individuel qu'il portera sur sa valeur n'a pas plus d'importance que celui qu'il a le droit de porter sur une loi. La règle qui se dégage des arrêts de justice est aussi obligatoire que celle résultant de la loi.

On ne peut le comprendre que si cette obligation est de même nature, c'est-à-dire si on admet que la règle tient en réalité sa force de la loi. La loi est la seule source du droit, mais elle ne crée qu'une règle formelle. Elle n'arrive à régir l'activité des individus que par l'autorité chargée de l'appliquer. Nous avons vu que l'Administration joue ce rôle quand son concours est nécessaire ou son intervention possible. Pour les conflits de droits privés ce sont les tribunaux qui détiennent le pouvoir nécessaire pour appliquer la loi . . .

NOTES

1. Compare the conflict between Gény and Ripert with the old controversy whether at common law the judges 'make' the law or 'find' it. See also the extract from Esmein, *La Jurisprudence et la Loi*.[89]

[89] Below, p. 136.

2. Note Ripert's remark that the judges 'n'avaient pas la prétention de dire un droit nouveau' (no. 159), and consider the tendency of English courts to present great changes of judicial policy in terms of deductions from precedents.[90]

3. Ripert's statements: 'Il y a toujours une loi applicable' and 'Le pouvoir d'interprétation du juge consiste simplement à dégager nettement le sens du texte et par conséquent à préciser la règle' (no. 158) should be compared with the views of Waline.[91] Observe that in a subsequent passage (no. 160) Ripert himself calls this a 'fiction'. This is the pure form of what Holmes called the theory of the 'brooding omnipresence in the sky'.

4. The conflict between Gény and Ripert could be stated in terms of their approaches to 'general principles of law'[92] whether codified (*ordre public*, art. 6, 1133) or not (*abus de droit, enrichissement sans cause*).

5. Consider the objection raised to judicial law-making which is derived from the insufficiency of the evidence available to the judge, and from his inability to hear *la voix de tous les intéressés* (no. 159). Would Ripert have been able to use the development leading to the Matrimonial Homes Act 1967, as an argument in his favour?

6. 'Si le juge avait le droit de faire la loi, il aurait celui d'abroger une loi existante' (no. 159)—an obvious fallacy. Expose it.

7. For the methods of interpretation and their history see above.[93]

8. Is the statement in the first four sentences of no. 161 compatible with that in the last four sentences of no. 160?

From P. Esmein, 'La Jurisprudence et la Loi' (1952)[94]

... Là où l'on admet la prééminence de la loi, c'est dans ses dispositions que le juge cherche d'abord un appui. Alors la question qui se pose est celle de la plus ou moins grande liberté du juge dans l'interprétation de celle-ci. Peut-il, sous couleur d'interprétation, quand la loi ne répond plus aux aspirations des hommes de son temps, déformer cette loi sur laquelle il prétend s'appuyer, comme il peut se libérer des précédents de jurisprudence sur lesquels il s'appuie, à défaut de loi?

Le même problème se pose dans des pays comme l'Angleterre, où,

---

[90] e.g. *Nordenfeldt* v. *Maxim Nordenfeldt Co.* [1894] A.C. 535 ff.; *Donoghue* v. *Stevenson* [1932] A.C. 562, esp. 580 ff., 612 ff.; *Hedley Byrne & Co. Ltd.* v. *Heller & Partners Ltd.* [1964] A.C. 465 e. g. pp. 517 ff.

[91] Below, 148.

[93] pp. 99 ff.

[92] See below, p. 176.

[94] B. 55, pp. 17 ff.

contrairement à ce qui a lieu en France, les règles de droit affirmées par les cours de justice dans des décisions antérieures s'imposent aux juges. Le problème du pouvoir du juge d'interpréter les autorités et de former des règles nouvelles est seulement déplacé. Il se pose au regard des précédents judiciaires. C'est aussi sous couleur d'interprétation que les juges créent du droit nouveau.

La doctrine anglaise de l'autorité des précédents dispense seulement les Anglais de se livrer à la discussion, jamais close chez nous, de savoir si la jurisprudence constitue une source du droit. Ce débat est sans issue, car il faut répondre non et oui, suivant qu'on se place dans le champ des idées pures ou qu'on considère la réalité des faits.

Sur le plan des idées, l'art. 5. C. civ., en interdisant aux juges de se prononcer par voie de disposition générale et réglementaire sur les causes qui leur sont soumises, exclut qu'ils soient obligés de statuer comme eux-mêmes, ou d'autres juges, même supérieurs, ont statué antérieurement . . .

Mais lorsque quelqu'un, pour la gestion de ses propres intérêts, ou comme conseiller d'autrui, veut savoir comment un problème de droit sera résolu, il recherche dans les décisions de justice comment il l'a été antérieurement. Il n'est pas d'autre façon de prévoir ce qui sera jugé. Les jurisconsultes anglais, plus réalistes, disent parfois que la science du droit consiste à prévoir ce qui sera jugé, et que donc le droit est quelque chose qui existe dans l'avenir.

Sans doute, la prévision peut être erronée. La jurisprudence la mieux assise peut être modifiée. Mais le fait se produit même dans les pays qui affirment l'autorité des précédents. Et la loi écrite peut aussi être modifiée, et même brusquement, au cours d'un débat d'assemblée législative.

La prévision risque d'être erronée surtout quand les précédents sont en sens divers, les cours et tribunaux ayant donné les solutions contradictoires. Elle est incertaine, même quand la Cour de cassation a statué, si elle n'a pas pris une position de principe, ce qui n'est pas toujours facile à apprécier.

Aussi nombre d'auteurs ont-ils émis l'opinion que la jurisprudence ne devient une source de droit que quand elle a engendré une coutume: pour quoi il faut qu'elle existe avec une concordance suffisante dans les décisions, et depuis un temps assez long, pour que le sentiment se soit formé dans les esprits qu'elle est inébranlable. A cette condition seulement existe l'*opinio necessitatis*, que l'on a toujours considéré comme nécessaire pour qu'il y ait une coutume.

Mais on a toujours estimé aussi que la coutume suppose une pratique de longue durée. Or, quand, sur une question vivement débattue, et spécialement une de celles que soulève l'application d'une loi nouvelle, la Cour de cassation a pris nettement position, il n'est personne qui ne considère que (sauf revirement, rare, mais non impossible) le droit est fixé . . .

Et n'est-ce pas précisément un des services qu'on attend de la Cour de cassation que de fixer la règle de droit incertaine, tout spécialement en présence des lois nouvelles mal rédigées et par suite sources de procès? Ce qu'on regrette, c'est que la Cour ne fixe pas plus rapidement le droit.

Il faut se résigner à n'avoir dans la jurisprudence, dont on ne peut se passer qu'une source de droit imparfaite, au point de vue de la stabilité comme de la certitude. Mais il n'y a, par rapport aux autres sources, et spécialement la loi écrite, qu'une différence de degré dans l'imperfection. Et c'est trop méconnaître la réalité que refuser d'y voir une source de droit . . .[95]

NOTES

1. Compare Esmein's attitude to the difference between English and French legal method to that of Gény[96] Do you agree with Esmein that the basic problem of judicial 'interpretation' versus judicial 'creation' is the same, no matter whether that which is to be interpreted is a statute or a judicial precedent?

2. 'Ce débat est sans issue' (Para. 3). Have we here the key to the solution of the problem?

3. At the end of Para. 5 you may wonder why Esmein refers to *les jurasconsultes anglais*. Is this not very obviously an allusion to the American realists whose doctrine was already presented by Holmes in the article quoted[97]—a guess as to what a court will decide?

4. 'Une position de principe' (Para. 7).[98] An *arrêt de principe* may be demoted to an *arrêt d'espèce*. Is this what happened to *Derry* v. *Peek*?[99]

5. 'La jurisprudence ne devient une source de droit que quand elle a

---

[95] See also P. Esmein's case-note below, p. 469.
[96] No. 146 above, p. 126.
[97] Above, p. 131.
[98] See above, p. 137 (*arrêt de principe, arrêt d'espèce*).
[99] (1889) 14 App. Cas. 337; see *Nocton* v. *Ashburton* [1914] A.C. 932 and *Hedley Byrne & Co. Ltd.* v. *Heller & Partners Ltd.* [1964] A.C. 465.

engendré une coutume.'[100] Most authors agree that to become a 'source of law' *la jurisprudence* must be supported by an element of assent and possibly by *opinio necessitatis*. Contrast the views of Hébraud,[101] of Waline,[102] and of Esmein himself.

6. Could the argument developed in the last three paragraphs be used to show why the binding force of judicial precedents in England cannot be explained in terms of 'custom'?

From J. Maury, *Observations sur la Jurisprudence en tant que Source de Droit* (1950)[103]

Le 'fait jurisprudentiel' est aujourd'hui unanimement reconnu: c'est, a écrit Planiol, la jurisprudence 'seule qui est la forme vivante du droit, elle seule qui est la règle appliquée'. La question, par contre, reste controversée de savoir si la jurisprudence constitue une des sources formelles du droit, si elle est créatrice de règles juridiques: des auteurs, de plus en plus nombreux, se prononcent, il est vrai, pour l'affirmative, plusieurs d'entre eux voyant dans le droit jurisprudentiel 'un droit coutumier de nouvelle formation', 'le droit coutumier moderne'; mais il en est encore — et des plus autorisés — qui se refusent à admettre cette solution, pour qui la jurisprudence n'est pas — et ne peut pas être — source de droit.

Il est nécessaire de préciser, d'abord, le problème et l'angle sous lequel il sera examiné . . .

Nous nous limitons à la question classique de la formation juris-prudentielle d'une norme générale et abstraite, d'une norme compa-rable à la règle légale.

Cette difficile question, nous n'essayerons pas de la traiter en son entier, nous bornant à rappeler ou indiquer les arguments tirés du droit constitutionnel français ou des textes légaux. Le principe de la séparation des pouvoirs en vertu duquel 'l'autorité judiciaire ne peut, en France, rien entreprendre sur la fonction législative',[104] outre qu'il n'est pas absolu, interdit uniquement au juge de faire œuvre de législateur, c'est-à-dire 'd'édicter par un acte de sa propre volonté une

---

[100] See on this also Gény, no. 149 above, p. 129, Lebrun (as reported by Maury) below, p. 141, and Maury himself (*assentiment*) below, p. 144.
[101] As reported by Maury below, p. 141.
[102] Below, p. 148.
[103] B. 61, in B. 14, vol. 1, pp. 28 ff.
[104] See Gény, B. 56, vol. 2, no. 146; above, p. 126.

règle générale et permanente', ne condamne que le système anglo-
saxon du précédent; l'article 5 du Code civil, qui défend aux juges
'de prononcer par voie de disposition générale ou réglementaire', si
l'on veut y voir autre chose qu'une traduction particulière de l'idée
de séparation des pouvoirs, ne prohibe que les arrêts de règlement,
très différents, comme le fait observer Lambert, de la 'jurisprudence
acquise'. Il ne semble donc pas qu'aucun des principes du droit
positif français exclue la jurisprudence des sources formelles du
droit . . .

Le problème, sur lequel nous voulons présenter quelques observations, peut maintenant être énoncé de façon précise. Il y a, ou il paraît
y avoir, des règles de droit jurisprudentielles, ces règles étant non pas
des dispositions impératives générales posées par une seule décision
judiciaire (ce qui est le système du précédent), mais des dispositions
impératives générales se dégageant d'une jurisprudence 'fixe' ou
'acquise', d'une jurisprudence dite constante . . .

. . .

(La question que nous avons posée) serait résolue sans difficulté s'il
y avait délégation du législateur au juge, si le pouvoir était reconnu
à celui-ci par celui-là de créer des règles de droit par une jurisprudence
constante. Mais on sait que, au moins en France, comme, d'ailleurs,
dans de nombreux pays, une telle délégation n'existe pas. M. Waline
a essayé d'y suppléer au moyen d' 'une réception implicite de la règle
jurisprudentielle par le législateur'. Les univers du juge et du législateur ne sont pas sans communication; ce que fait le premier ne reste
pas inconnu du second, ne fût-ce qu'à raison des protestations des
particuliers lésés — immédiatement ou éventuellement — par une
décision judiciaire. De fait, il n'est pas très rare de voir le législateur
prendre parti sur une jurisprudence établie ou même en voie de
formation, soit pour la confirmer, soit pour la condamner, le rejet
d'un projet ou proposition de loi la condamnant, valant, d'ailleurs,
approbation. Dès lors, quand 'il ne se passe rien du tout', 'hypothèse
pratiquement la plus fréquente', il faut interpréter l'absence de réaction du législateur comme une 'approbation tacite'. 'Connaissant la
jurisprudence, pouvant la condamner et ne le faisant pas, le législateur ne donne-t-il pas sa sanction à l'exercice que celle-ci a fait de son
pouvoir normatif?' Il nous semble impossible d'accepter une telle
thèse, pour spécieuse qu'elle soit. Elle a à base deux hypothèses qui,
dans la plupart des cas, ne correspondent pas à la réalité. On suppose,
d'abord, que le législateur, c'est-à-dire la majorité au moins des

parlementaires, connaît les solutions jurisprudentielles, ce qui est certainement inexact. Combien de membres de l'Assemblée nationale savent-ils ce qu'est la théorie de l'enrichissement sans cause que M. Waline lui-même prend comme exemple de création jurisprudentielle? Lorsque même cette connaissance pourrait très exceptionnellement exister, l'abstention ne peut, en second lieu, être tenue pour une approbation tacite: un individu n'accepte pas tout ce contre quoi il n'agit pas, pouvant le faire; *a fortiori* en est-il ainsi d'un corps législatif, d'un groupe de personnes dont la volonté collective est difficile à former, plus encore à manifester. La réception implicite de la jurisprudence par le législateur nous apparaît comme une fiction dont le but est de maintenir la cohérence et la hiérarchie de l'ordre juridique. . . . Le pouvoir normatif de la jurisprudence ne peut s'expliquer par un recours à la loi.

De nombreuses tentatives ont été faites pour lui trouver, en dehors d'un tel recours, justification et fondement. Nous ne retiendrons que celles de MM. Lebrun et Hébraud.

Pour M. Lebrun, la coutume, c'est-à-dire toute règle de droit extralégale a pour base des faits se présentant 'dans des conditions telles qu'il devient certain que la règle qu'ils indiquent est utile au bien commun, convenable et équitable'; elle est une forme du droit indispensable à côté du droit légal, 'droit écrit' ou 'droit promulgué', toujours et nécessairement insuffisant, et elle puise, comme celui-ci, sa force obligatoire, dans le caractère obligatoire du droit lui-même, 'nécessaire à toute société pour atteindre sa fin, qui est le bien commun de ses membres'. . . . Sans méconnaître la part de vérité contenue dans cette théorie, nous ferons observer, d'abord, qu'elle est impuissante à expliquer la création — souvent observée pourtant — d'une règle jurisprudentielle par un seul arrêt de la cour suprême, ensuite que, s'attachant exclusivement à la valeur présumée de la règle, elle néglige, jusqu'à l'ignorer totalement, le rôle du pouvoir dans la formation de celle-ci.

C'est, au contraire, sur cet élément formel de la norme que M. Hébraud construit sa thèse. L'auteur reprend les idées de Dupeyroux sur le droit positif, sur l'ordre juridique, distinguant l'effectivité (ou l'efficacité) qui est le caractère du pouvoir, et la validité, qui est celui de la norme; il écrit: 'Toutes les règles en vigueur dans un milieu social donné forment donc un système (ordonnancement) qui tire sa valeur positive de sa validité, au regard du pouvoir qui régit le groupe. Ce système aura valeur de droit positif si l'autorité d'où il

émane est bien celle qui s'exerce effectivement sur le groupe.' Ce
système, cet ordre, 'la constitution de notre société est', d'ailleurs,
'organique et unitaire', hiérarchisé: 'la loi est, en principe, la seule
source de droit valable'; mais 'la règle de droit n'est que le moyen de
diriger la vie juridique. Celle-ci résulte de l'activité des individus et
de celle des diverses autorités chargées d'appliquer la loi. C'est donc
dans la manière dont ces autorités comprennent la loi pour s'y conformer qu'il faut chercher l'agent qui modèle la loi pour lui faire
remplir sa fonction de règle de droit.' Mais ayant ainsi affirmé que
l'activité juridique est la conduite des individus aussi bien que celle
des autorités, M. Hébraud va ne retenir que cette dernière. Pour lui,
l'usage, 'manière d'agir généralement suivie', reste, par lui-même,
'imprécis et sans valeur juridique. Pour donner naissance à une véritable règle juridique, il faut qu'intervienne une autorité sociale qui
précise la règle et l'impose: le juge est l'autorité la plus naturellement
désignée à cet effet. La règle de droit, la coutume, naît donc seulement
au moment où une autorité compétente a précisé les contours de la
règle qui se dégage d'une manière diffuse de l'usage et lui confère son
autorité.' L'intervention d'une autorité sociale est toujours nécessaire.
Elle est suffisante: Les agents par l'intermédiaire de qui se fait l'application de la loi, autorités administratives ou judiciaires, peuvent se
conformer et se conforment le plus souvent à celle-ci; mais ils peuvent
dévier de son application correcte et, alors, de deux choses l'une: ou
il existera des moyens de les ramener à l'exacte observation de la
règle légale et celle-ci subsistera en tant que telle ou, 'pour des raisons
de pur fait ou de droit', un tel redressement ne sera pas possible. 'On
peut dire alors que naît une règle de droit. Ce droit est illégal; c'est
précisément dans la mesure où la règle légale est dépassée et modifiée
que se forme une règle nouvelle. Mais ce droit repose, juridiquement,
sur l'autorité de l'agent qui agit dans le cercle de la compétence qui
lui appartient d'après sa fonction.' C'est le pouvoir qui est la source
du droit, le pouvoir du juge qui crée le droit jurisprudentiel. Et la
valeur de la règle nouvelle, qui s'impose toujours aux particuliers,
dépend, à l'égard des diverses autorités sociales, 'de l'autorité de
l'agent dont la pratique a provoqué sa naissance'. Telles sont,
croyons-nous, les positions de M. Hébraud. Nous ne pensons pas
pouvoir les faire nôtres. En premier lieu, l'auteur n'explique pas
pourquoi, dans certains cas, la règle jurisprudentielle résultera
seulement de plusieurs décisions concordantes, dont parfois un arrêt
des Chambres réunies de la Cour de cassation, et pourquoi, dans

d'autres, un seul arrêt d'une des chambres de la Cour suprême suffira à la constituer, il ne précise pas la notion fondamentale de jurisprudence constante, ou, mieux, de jurisprudence fixe: s'il s'agissait uniquement de l'autorité du pouvoir judiciaire, il faudrait ou bien exiger toujours l'intervention des Chambres réunies qui, seule, assure la souveraineté de la Cour de cassation, ou se contenter toujours d'une seule décision de celle-ci; or M. Hébraud affirme: 'En réalité, il suffit d'une décision, si on peut prévoir qu'elle exprime l'opinion définitive de la Cour de cassation . . . quelle que soit l'opinion des justiciables'; mais comment saura-t-on, essaiera-t-on de savoir si l'opinion est définitive? Elle l'est évidemment toujours, en principe, si l'on regarde seulement du côté du pouvoir émetteur car nulle cour ne dit blanc aujourd'hui avec l'intention de dire noir demain. Le caractère, définitif ou non, de la solution donnée va donc dépendre des résistances qui se manifesteront ou des adhésions qui se produiront, on ne peut négliger l'attitude, la conduite des justiciables dont, d'ailleurs, M. Hébraud lui-même remarquait qu'elle est un des éléments de la vie juridique. La considération exclusive du pouvoir, de l'autorité est insuffisante. L'explication de M. Hébraud, pour ingénieuse et profonde qu'elle soit, ne nous semble pas, en outre, parfaitement cohérente; il suffit, pour l'apercevoir, de rapprocher ces deux affirmations, déjà reproduites: l'ordre juridique est organique et unitaire, la loi est, en principe, la seule source valable de droit; la règle nouvelle, droit illégal, repose sur l'autorité de l'agent qui agit dans le cercle de la compétence qui lui appartient, l'autorité de la règle jurisprudentielle est 'celle-là même qui appartient au pouvoir judiciaire'; en effet, si celui-ci ne peut agir que dans le cercle de la compétence à lui attribuée par la loi et si cette dernière ne reconnaît pas d'autre source du droit qu'elle-même, ne permet au juge que de l'appliquer, ce juge ne peut certainement pas créer du 'droit illégal', il ne peut y avoir de droit jurisprudentiel: c'était la conclusion logique de Dupeyroux. La cohérence, la hiérarchie de l'ordre juridique n'est compatible avec l'existence d'un tel droit que s'il y a délégation du législateur au juge ou à défaut si l'on peut admettre la réception implicite de M. Waline . . .

A notre avis, deux éléments donnent, par leur réunion, à la règle jurisprudentielle, le caractère de norme juridique établie: la décision du pouvoir que sont les tribunaux, l'assentiment, le consensus des intéressés.

Il semble presque inutile d'insister sur le premier dont l'intervention est évidente. Mais il faut préciser ce que nous entendons par pouvoir: il ne s'agit pas, en effet, pour nous, d'un organe agissant uniquement dans les limites de la compétence fixée par une règle supérieure ou, suivant l'expression de Dupeyroux, d'une 'autorité qualifiée'; il s'agit d'un pouvoir social, d'un pouvoir existant, en fait, dans la société. Sans doute, le juge occupe une fonction qui lui a été régulièrement conférée et dont l'exercice est soumis à des règles qui le lient théoriquement; mais, par le fait de cette occupation, dans l'exercice même de sa fonction, il jouit d'un certain pouvoir propre dont il peut user et dont il use, en réalité, pour sortir parfois des limites de sa compétence. Il y a décision d'un pouvoir, quoique celui-ci soit irrégulier ou, si l'on veut, de pur fait. Cela explique et que le juge puisse aller à l'encontre même de la règle qui le qualifie et que sa décision, par elle seule, ne puisse valoir règle juridique.

Cette valeur ne va lui être donnée que par l'addition du second élément, l'assentiment des intéressés. Sans doute, ce n'est pas la masse, l'ensemble, qui va, ici, prendre position: ce sont les juges eux-mêmes, les hommes de lois, les juristes qui vont, en quelque sorte, représenter cette masse et dont l'opinion technique s'imposera pratiquement aux justiciables. Souvent il y aura acceptation immédiate. Celle-ci peut résulter de ce que la solution jurisprudentielle nouvelle n'est que la conclusion d'un mouvement antérieur . . .

L'acceptation immédiate de la norme jurisprudentielle peut aussi tenir à la tendance à s'incliner devant toute décision de la Cour suprême, quelles que soient les raisons valables qu'on aurait ou pourrait avoir de s'y opposer. Mais il ne faut pas exagérer. Si les juges et les auteurs, quoique pour des raisons différentes, ont parfois manifesté, à l'égard de la Cour de cassation, un respect un peu excessif, le misonéisme des praticiens du droit est une force qui agit en sens contraire et il n'est pas rare, en réalité, de voir la jurisprudence ne se fixer que difficilement et progressivement, l'adhésion être, aussi longtemps que possible, refusée . . .

[The author illustrates this by an example and continues by saying that this shows 'l'importance de l'élément d'adhésion ou *consensus* dont l'absence tient en suspens la validité, l'établissement même de la règle jurisprudentielle'.]

C'est seulement par cet assentiment que celle-ci prend naissance. Certes, si le pouvoir, si les tribunaux persistent dans leur solution, l'assentiment finira toujours ou presque toujours par se produire;

mais la résistance peut être plus ou moins longue, plus ou moins vigoureuse et, par exemple, quoiqu'une résistance à une décision des Chambres réunies des juridictions autres que celle de renvoi soit aujourd'hui pratiquement à peu près inconcevable, elle ne l'est pas logiquement et suffirait, à notre avis, à faire obstacle à la création de la norme nouvelle. En quoi consiste exactement l'assentiment, l'adhésion nécessaire? Nous pensons qu'il s'agit essentiellement d'une croyance au caractère obligatoire de la règle, d'une reconnaissance de validité se traduisant par l'acceptation ou la résignation, par l'absence, en tout cas, d'opposition.

Le parti pris sur la nature, sur la formation du droit jurisprudentiel doit avoir sur l'autorité de celui-ci des conséquences, d'ailleurs malaisées à préciser. Nous nous en tiendrons à quelques indications dont nous ne nous dissimulons pas le caractère sommaire et peut-être provisoire. La règle jurisprudentielle n'existe que si les deux éléments créateurs sont maintenus. L'adhésion, le *consensus*, peut, théoriquement du moins, disparaître; en fait, le plus souvent, sa disparition, qui sera très rare, supposera un changement des conditions de vie, des circonstances, entraînant une évolution des mentalités. Mais surtout, un revirement est possible — un renversement de jurisprudence — de la part de ce qu'on peut appeler le pouvoir émetteur, 'c'est, dit M. Waline, l'application pure et simple de la règle classique du *contrarius actus*'. Seulement, il faut alors se demander quel est ce pouvoir. M. Chrétien soutient que tous les juges, ou presque tous, 'sont, dans une plus ou moins grande mesure', les auteurs 'de la règle' et en déduit que, si l'autorité de fait, l'autorité morale de cette dernière est considérable à l'égard des diverses juridictions, celles-ci ne sont jamais liées par la règle jurisprudentielle qui ne les oblige pas. C'est, nous semble-t-il, ne pas tenir compte du pouvoir et, pour ainsi dire, de la souveraineté de la Cour suprême. Sans doute, il peut y avoir, et il y a parfois, une jurisprudence des cours d'appel ou même, plus exceptionnellement, des tribunaux de première instance et il est certain que les juridictions qui l'ont faite pourront la défaire. Mais lorsque la Cour de cassation est intervenue, soit en 'inventant' elle-même une règle, soit en consolidant ou détruisant celle — d'autorité toujours précaire — que des juridictions subordonnées avaient établie, et lorsqu'une règle jurisprudentielle a pris naissance sur cette intervention, il n'y a plus de liberté pour les juges inférieurs (sauf celle de mal faire). *A fortiori* en est-il ainsi quand il y a une décision des Chambres réunies. Seulement, ce qui peut arriver, c'est qu'une résis-

tance nouvellement affirmée des juges du fait fasse disparaître l'élément adhésion, à laquelle les magistrats concourent et ainsi mette fin
à la vie de la règle. Supposons que celle-ci subsiste: quelle va être son
autorité à l'égard du législateur ou de l'Administration? La tendance
est de répondre qu'elle laisse le premier libre, qu'elle oblige, par
contre, le second . . .

NOTES

1. Note that—writing in 1950—Maury says that a growing number of
authors consider *jurisprudence* as a source of law. Gény wrote his book
in 1899. Compare his views.[105]

2. Maury's views on the constitutional problem (*séparation des pouvoirs*,
art. 5 C. civ.) should also be compared with those of Gény. Maury thinks
that art. 5 condemns only what he calls 'le système anglo-saxon du précédent', but not *la jurisprudence* as a formal source of law. This distinction
rests on the concept of *jurisprudence constante* or *acquise*[106] and thus presupposes the doctrine of *assentiment* or *consensus* developed by Maury in
the subsequent passage.

3. *Droit coutumier*: remember the difference between regarding case law
itself as customary law and regarding it (as Maury does) as merely a
potential source thereof.

4. Maury's problem is how decisions in individual cases can create general
norms. His solution is the theory of *assentiment*. The analogous problem in
England is how to extricate from the individual decision the general norm
which constitutes the *ratio decidendi*. Note the contrast between a system
in which the courts make law because and in so far as society, and especially
the legal profession and the other courts, accept their ruling, and one which
attributes to them that power only in so far as they enunciate general
principles.

5. Compare Waline's views[107] and note that English courts sometimes
argue that Parliament has dealt with a certain matter without encroaching
upon a previously existing body of case law, and has thereby implicitly
confirmed it.[108] See also the argument that a section of a previously existing

---

[105] Above, p. 126.
[106] See on this the article by Goodhart, B. 57, referred to above, p. 116.
[107] Below, p. 148.
[108] For a recent example see *Zimmerman* v. *Grossman* [1971] 1 All E.R. 363 (C.A.),
esp. per Widgery L. J. at p. 369.

statute incorporated in a consolidating statute must be regarded as having retained the meaning previously attributed to it.[109]

6. Lebrun's theory summarized by Maury seeks to explain the law-making function of the courts exclusively in terms of 'custom'. Though Maury criticizes Lebrun, his own approach is similar.

7. Hébraud's theory, however, is quite different. It is a sociological theory of law according to which its normative force is based on its social effectiveness. Law should be obeyed because it is generally obeyed. Maury criticizes Hébraud for lack, not of logic, but of inner consistency. How can one, says Maury, in applying such a theory neglect the conduct of those to whom the law applies, and seek to derive—as Hébraud does—the binding force of case law simply from the 'power' of the courts (as if one were, so to speak, in England and not in France)? If, says Maury, the power of the courts were the sole basis of the binding force of a judgment, then either every judgment of the *Cour de cassation* would make law (the English system) or only the judgments of the *Chambres réunies* (now the *Assemblée plénière*). Hébraud says a judgment makes law if it expresses 'l'opinion définitive de la Cour'. But, asks Maury, how do we know whether it does?

8. Whether or not the courts have in any given case 'made law' depends on whether their view has (*a*) become *une norme juridique établie* and (*b*) met with *l'assentiment des intéressés*, i.e. of the courts and the legal profession in general (which includes the academic commentators). An element of *assentiment* is, according to Maury, 'une croyance au caractère obligatoire de la règle — *opinio necessitatis*'. Case law operates as customary law.

9. He makes the important point that a decision of the *Chambres réunies* (now the *Assemblée plénière*) may be rejected by the lower courts (except the one to which the case has been remitted), but that this is in practice almost inconceivable.

10. If *l'assentiment* is a necessary condition for the existence of a rule of case law, can its withdrawal abrogate the rule? The answer is that it can, but that it will do so only in the presence of social change which entails *une évolution des mentalités*. This does not mean that the lower courts (for *Tribunal de première instance* one must now read *Tribunal de grande instance*) can set aside a rule established by the *Cour de cassation* or *a fortiori* by the *Assemblée plénière*, unless the rejection amounts to a withdrawal of *assentiment*. But we are not told at what point a rejection begins

---

[109] See *Beswick* v. *Beswick* [1968] A.C. 58 at pp. 73 ff., 79 ff., 84 ff., 93, 104 ff. (in relation to s. 56 of the Law of Property Act, 1925); Treitel, *Law Reform in the Court of Appeal*, 29 M.L.R. (1966) 656, 661 f. Note however that Waline's argument goes much further. See also the notes on *astreinte* below, Part II, p. 520.

to involve the disappearance of *l'élément d'adhésion*—a special aspect perhaps of the eternal problem of the border between disobedience and *desuetudo*.

11. The works discussed by Maury are:
Waline, 'Le pouvoir normatif de la jurisprudence'.
Lebrun, *La Coutume*, Thèse Caen, 1932.
Hébraud, 'L'acte juridictionnel et la classification des contentieux', *Recueil de l'Académie de Législation de Toulouse*, xix (1949), 131 ff., and *Droit Civil*, Ière année, Cours, 1949–50 (Toulouse).
Chrétien, *Les règles de droit d'origine jurisprudentielle*, Thèse Lille, 1936.

From M. Waline, 'Le Pouvoir Normatif de la Jurisprudence' (1950)[110]

6. . . . . L'idée que la jurisprudence puisse créer des règles de droit se heurte en effet, tout au moins en droit français, à deux articles du Code civil: l'article 5, qui prohibe les arrêts de règlement, et l'article 1351, qui établit la relativité de l'autorité de la chose jugée. Ne constituent-ils pas un obstacle péremptoire à toute idée de création de règle de droit par la jurisprudence?

L'obstacle serait décisif, en effet, s'il n'y avait pas l'article 4 du Code civil, qui interdit au juge de refuser de juger sous prétexte du silence ou de l'obscurité de la loi.

Le juge, même s'il croit ne trouver aucune solution dans la loi, doit juger tout de même. N'est-ce pas l'inviter à compléter l'œuvre législative? Pas nécessairement: car on peut comprendre de deux façons l'article 4 du Code civil. Il peut signifier: 'lorsque le juge constatera une lacune du droit, il y suppléera' auquel cas celui-ci est évidemment associé à l'œuvre législative. Mais cet article peut signifier aussi: 'il n'y a pas de lacune dans le droit positif; si le juge croit le contraire, il se trompe; il doit creuser le sens des règles du droit positif jusqu'à ce qu'il trouve celle qui lui donnera la clef du procès qu'il a à juger'.

En d'autres termes, l'article 4 du Code civil peut être compris comme l'affirmation implicite qu'il n'y a pas de lacune dans le droit; que toute question juridique, quelle qu'elle soit, peut être tranchée sur la base du droit positif existant.

7. La question du pouvoir normatif de la jurisprudence revient donc à celle-ci. En admettant que l'article 4 du Code civil ait affirmé qu'il

---

[110] B. 63, in B. 16, vol. 2, pp. 613 ff.

n'y a pas de lacune dans le droit positif (et *tout se passe comme si* telle avait été en effet la pensée du législateur), est-ce là l'expression de la vérité, ou est-ce une fiction légale?

Si ce n'est qu'une fiction, la jurisprudence crée en réalité de nouvelles règles de droit, lorsqu'elle fait semblant, pour obéir à l'article 4, de ne pas trouver de lacunes dans le droit. Si, au contraire, la réalité est bien qu'il n'y a pas de lacunes du droit positif, alors la jurisprudence ne crée jamais aucune règle de droit (ou peut-être en crée-t-elle, mais alors en violant le droit positif?).

[The author gives a number of examples of creative judicial action, including the cases on *enrichissement sans cause* and on *ordre public*, and continues:]

14. Nous devons conclure:

1° Qu'en droit administratif, et spécialement pour les cas de responsabilité sans faute ne découlant pas d'un texte législatif, il est impossible d'expliquer la jurisprudence par la croyance où serait le juge qu'il n'y a pas de lacunes dans le droit; on ne peut dire que la jurisprudence applique une règle de droit préexistante (de même, en droit civil, pour la jurisprudence relative à l'enrichissement sans cause).

2° Que, même en dehors de ces cas, la jurisprudence, si elle peut s'analyser dans l'interprétation d'expressions légales telles que 'faute' ou 'ordre public', développe tellement ces notions, qu'elle y ajoute des éléments nouveaux qui sont son œuvre propre, et non plus celle du législateur.

Elle y ajoute ces éléments par concrétisation de la règle légale. Et nous rejoignons ici la théorie kelsénienne de la formation du droit par degrés, concomitante à la concrétisation progressive des normes.

Il est possible de dire, en se plaçant à un point de vue théorique, et à la façon du célèbre '*Nihil est in intellectu*...' qu'il n'y a rien dans la jurisprudence qui ne fût déjà dans la loi; mais ce ne peut être vrai qu'en donnant à ces derniers mots le sens suivant: qui ne fût *virtuellement*, qui ne fût en *puissance en germe*, dans la loi.

La jurisprudence crée rarement une règle juridique *ex nihilo*: tout au moins la jurisprudence judiciaire; mais elle *développe* des règles qui étaient seulement en puissance dans la loi; et il est difficile de nier qu'elle n'*enrichisse*, par ses interprétations, les concepts législatifs: à tel point qu'il y a comme une vie de ceux-ci, avec croissance, et par-

fois . . . dénaturation. Les auteurs du Code civil reconnaîtraient-ils
s'ils ressuscitaient, leurs notions de faute ou d'ordre public?

A la question: la jurisprudence a-t-elle un pouvoir normatif? nous
sommes donc obligés de répondre: elle agit comme si elle l'avait; elle
prouve le mouvement en marchant; elle s'arroge ce pouvoir; elle
prend des décisions qui ne peuvent s'expliquer par l'idée qu'il n'y a
pas de lacunes dans le droit: parce que, si vraiment il n'y a pas de
lacunes dans le droit, le droit doit avoir un contenu qui serait parfois
directement contraire aux solutions de la jurisprudence (cas de la
responsabilité de l'Etat sans faute).

Ces cas sont, sans doute, *relativement* rares. Et comment ne le
seraient-ils pas? Ils supposent, ou bien qu'il y a vraiment une lacune
du droit, ce qui est difficile, sinon même impossible à admettre;
ou bien que le droit positif choque tellement le sentiment que le
juge se fait du droit naturel ou de l'équité, qu'il agit délibérément
comme s'il y avait lacune du droit. Il faut avouer que, dans un
cas comme dans l'autre, la situation a forcément un caractère
exceptionnel.

Mais ce qui, en revanche, est tout à fait habituel, c'est l'*enrichissement*, par la jurisprudence, de la règle de droit écrit, par *concrétisation*
de celle-ci; ce qui est bien une création parce que la norme ainsi
enrichie a un contenu plus complexe, ne peut plus se formuler en
termes aussi brefs, laconiques que le texte légal. Il y a eu ce qu'on
appellerait, en mathématiques, développement de la formule. Mais si,
en mathématiques, le développement, toute compte fait, n'ajoute rien
à la formule, ne fait que l'expliciter, ici, au contraire, il est difficile
de ne pas y voir apparaître des éléments nouveaux. Lorsque, de
l'article 1382, la jurisprudence déduit, par exemple, que celui qui use
de son droit uniquement dans le but de léser un tiers commet une
faute génératrice de responsabilité, on a beau dire que c'est une interprétation de l'article 1382, c'est tout de même un développement qui
ajoute quelque chose à l'article 1382.

Il y a donc, en quelque sorte, le plus souvent, création qualitative
par approfondissement et enrichissement, d'une règle, quelque chose
de comparable aux règlements d'application d'une loi, qui ajoutent
à celle-ci, en précisant les détails de son application, — et parfois
même création quantitative d'une règle absolument sans fondement
légal.

15. Cette conclusion nous oblige à aborder une seconde question:

comment des décisions de justice, qui n'ont, en principe, que l'autorité relative de la chose jugée, peuvent-elles aboutir à enrichir le droit objectif de règles nouvelles, et cela malgré l'article 5 du Code civil? Et quelle est la valeur juridique des dites règles, c'est-à-dire quelle place occupent-elles dans l'ordonnancement hiérarchique des règles de droit?

[The author then develops the theory of tacit acceptance of the *jurisprudence* by the legislature, criticized by Maury,[111] and continues:]

18. ... La règle dégagée par la jurisprudence, au su du législateur qui ne réagit pas, n'acquiert pas pour cela la valeur juridique d'une loi formelle, ne va pas prendre place parmi les règles juridiques au titre de loi écrite formelle.

Supposons qu'une jurisprudence se soit établie ainsi sans réaction du législateur, ou que même une tentative de faire condamner la jurisprudence, tentative matérialisée dans un projet ou une proposition de loi, soit repoussée.

La jurisprudence était ainsi établie avec l'assentiment tacite du législateur, un tribunal brave soudain la Cour de cassation, contredit la jurisprudence; un pourvoi en cassation est formé; la Cour de cassation cassera la décision dissidente, mais elle ne la cassera pas pour violation de la jurisprudence (jamais ce chef de cassation n'a été invoqué par aucun arrêt); elle cassera pour fausse interprétation de la loi antérieure que la jurisprudence prétend interpréter.

Ainsi, ce que le tribunal est censé avoir violé, ce n'est pas une règle nouvelle posée par la jurisprudence, c'est la vieille loi, celle que la jurisprudence prétendait interpréter. Il est donc impossible de dire que l'assentiment du législateur a élevé la règle jurisprudentielle à la hauteur d'une loi.

D'autre part, la règle jurisprudentielle a-t-elle besoin d'une loi pour être abrogée? Non: une nouvelle décision de jurisprudence suffit. Rien n'empêche la Cour suprême, par exemple d'abandonner même une jurisprudence établie depuis plusieurs dizaines d'années, et implicitement confirmée par le silence du législateur.

Nous devons donc admettre que, tant que le législateur n'incorpore pas la solution jurisprudentielle au droit écrit, par une loi formelle de contenu identique, il adopte cette règle, *mais à condition qu'elle ait la valeur d'une simple règle jurisprudentielle.*

---

[111] Above, p. 142.

20. Nous arrivons donc à cette conclusion: la règle créée par la jurisprudence n'est jamais une règle de droit écrit. Formée, soit par les
décisions de la Cour suprême (judiciaire ou administrative), soit, au
minimum, par des décisions concordantes, sans dissidence importante, des autres juridictions, si la Cour suprême n'a pas eu à se
prononcer faute de pourvoi, elle est de la catégorie des règles coutu-
mières . . .

NOTES

No. 6

1. Art. 1351 C. Civ.: 'L'autorité de la chose jugée n'a lieu qu'à l'égard de
ce qui a fait l'objet du jugement. Il faut que la chose demandée soit la
même; que la demande soit fondée sur la même cause; que la demande
soit entre les mêmes parties, et formée par elles et contre elles en la même
qualité.' Consider whether the principle of *res iudicata* (which refers to an
individual cause of action—*demande, petitum*) should be allowed to have
any effect on the principle of precedent (which refers to a rule of law
applied to adjudicating upon that cause of action).

2. The view that art. 4 implies the absence of gaps in the law is in accordance with the opinion of Ripert.[112]

3. Does the opposite interpretation of art. 4 lead to a legal principle such
as that expressed in art 1 of the Swiss civil Code: 'La loi régit toutes les
matières auxquelles se rapportent la lettre ou l'esprit de l'une de ses
dispositions. A défaut d'une disposition légale applicable le juge prononce
selon le droit coutumier et, à défaut d'une coutume, selon les règles qu'il
établirait s'il avait à faire acte de législation. Il s'inspire des solutions
consacrées par la doctrine et la jurisprudence.'?

No. 14

4. *Droit administratif.* This refers to the case law developed by the *Conseil
d'Etat* on the liability of public authorities for injurious acts done by their
servants.

5. *Enrichissement sans cause*: see Cass. req. 15.6.1892.[113]

6. *Faute*: see e.g. the law on *révocation abusive*.[114]

7. *Ordre public*: see Cass. civ. 4.12.1929.[115]

---

[112] Above, p. 132.
[113] Below, p. 194 and see Nicholas, 'Unjustified enrichment in the Civil Law', B. 71.
[114] Below, Part II, p. 330.
[115] Below, p. 253.

8. *Théorie kelsénienne*: see Hans Kelsen, *General Theory of the Law and the State*, 1961, esp. Part I, Ch. XI (The Hierarchy of the Norms) and as to the place of the judicial act in the hierarchy of norms, pp. 134 ff.

9. *La jurisprudence judiciaire* is here contrasted with *la jurisprudence administrative*, i.e. the case law of the ordinary (civil and criminal) courts with that of the administrative courts.

10. Art. 1382 and *abus de droit*: see Cass. req. 3.8.1915.[116]

No. 18

11. The *Cour de cassation* never refers to a precedent or to the opinion of an author, and never annuls a judgment by reason of non-conformity with a precedent, but only by reason of misinterpretation of *un texte*. Frequently this misinterpretation is caused by a failure of the lower court to apply the law as previously interpreted by the *Cour de cassation*, but the *Cour de cassation* does not put it that way. It refers to the correct interpretation of the law, not to the interpretation laid down by itself.

Art. 4 of the *Code civil* is very far from being a dead letter.

Cass. civ. 16.4.1970
(Epoux Giordano C. Epoux Corniglion)
D.S. 1970.454 note Mme Contamine-Raynaud   J.C.P. 1970 II 16459

LA COUR; — *Sur le moyen unique, pris en sa troisième branche:* — Vu l'article 4 du Code civil; — Attendu que lorsque deux personnes revendiquent, l'une contre l'autre, la propriété d'un immeuble, le juge, qui reconnaît que ce bien appartient nécessairement à l'un ou à l'autre de ces deux revendiquants, ne peut rejeter les deux revendications sous prétexte qu'aucune des parties n'a prouvé la supériorité de son droit et que les données de l'expertise ne permettent pas d'appliquer les titres sur le terrain; . . . Attendu que, pour débouter 'purement et simplement les parties chacune' de sa revendication, au motif que ni l'une ni l'autre n'avait fait la preuve de son droit de propriété sur le bien revendiqué, l'arrêt attaqué énonce que rien n'a permis à l'expert Kovache, commis par les premiers juges le 6 avril 1965, 'de situer exactement sur place la parcelle, désignée uniquement par ses confronts et sa valeur', dans un acte de donation du 11 février 1828, 'notamment à raison de la complexité des désignations, de confusions dans les directions et lieux dits', et que l'analyse dudit

---

[116] Below p. 193. See Gutteridge, 'Abuse of Rights', B. 58.

rapport d'expertise démontre 'l'incertitude des titres et l'impossibilité d'en faire une application sur le terrain'; — Attendu qu'en statuant de la sorte, tout en admettant que l'immeuble en litige, ayant appartenu à Jean-Louis Serraire, était devenu, en vertu de l'acte de donation précité et d'une donation-partage du 27 mars 1953, la propriété, soit d'André Serraire, soit de Marie-Thérèse Serraire, auteurs respectifs de Giordano et de Corniglion, la Cour d'appel, qui a refusé d'user de son pouvoir de décider lequel de ces deux derniers était propriétaire, n'a pas satisfait aux exigences du texte susvisé.

Par ces motifs, et sans qu'il soit besoin de statuer sur les deux premières branches du moyen: Casse . . .

Cass. crim. 3.11.1955
(Cornet)

S. 1956.89   D. 1956.1.557 note R. Savatier

LA COUR; — Statuant sur le pourvoi en cassation de Cornet, partie civile, contre un arrêt rendu le 10 déc. 1953 par la cour d'appel de Poitiers, qui a condamné Fouchereau, prévenu de blessures involontaires, à des réparations civiles;

Sur le moyen unique de cassation, pris de la violation des art. 5 et 1382 c. civ., 7 de la loi du 20 avr. 1810, défaut et contradiction de motifs, manque de base légale, en ce que l'arrêt attaqué, 'sans contester la baisse invoquée du chiffre d'affaires du sieur Cornet après l'accident, ni sous-estimer l'importance personnelle de son activité productrice et l'incidence de l'incapacité permanente partielle sur celle-ci', a réduit à 2 500 000 fr. l'indemnité afférente à l'incapacité permanente partielle de 50 p. 100 résultant pour ledit sieur Cornet de l'accident dont le sieur Fouchereau a été reconnu responsable dans la proportion des deux tiers, au seul motif que 'la cour ne croit pas pouvoir aller au delà de son appréciation maxima habituelle en cette matière', alors que, les juges ne pouvant prononcer par voie de disposition générale et réglementaire sur les causes qui leur sont soumises et le propre des dommages-intérêts étant de réparer intégralement le préjudice, la cour, statuant dans la plénitude de sa souveraineté, ne pouvait limiter l'indemnisation d'un préjudice dont elle reconnaissait l'importance, en se prétendant liée par 'son appréciation maxima habituelle en la matière', et alors, à tout le moins, qu'en statuant ainsi, par référence à 'son appréciation maxima habituelle en la matière', l'arrêt attaqué, qui n'est pas motivé, n'a pas donné de base légale à sa décision: Vu lesdits articles; — Attendu que l'arrêt attaqué, statuant sur les réparations civiles dues à Cornet à la suite d'un accident dont celui-ci a été victime et dont Fouchereau a été reconnu partiellement responsable, après avoir fixé les indemnités afférentes au *pretium doloris* et aux frais médicaux et pharmaceutiques, déclare, en ce qui concerne l'incapacité permanente partielle, 'que sans contester la baisse invoquée du chiffre d'affaires de Cornet après l'accident ni sous-estimer l'importance personnelle de son activité productrice et l'incidence de l'incapacité permanente partielle sur celle-ci, la cour ne croit pas pouvoir aller au delà de son appréciation maxima habituelle en cette matière et qu'il y a lieu d'évaluer à 2 500 000 fr. l'indemnité afférente à cette incapacité'; — Mais attendu qu'il est défendu aux juges de prononcer par voie de disposition générale et réglementaire sur les causes qui leur sont soumises; que si, en matière de dommages provenant d'un crime ou d'un délit, les juges de répression apprécient souverainement, dans les limites des conclusions de la partie civile, l'indemnité due à celle-ci, ils ne sauraient se référer, dans une espèce déterminée, à des règles établies à l'avance, pour justifier leur décision; qu'il y a eu, dès lors, violation des textes visés au moyen; Par ces motifs, casse . . ., renvoie devant la cour d'appel de Bourges.

From the note

Qu'il y ait, pour chaque juridiction, une sorte de barème usuel de la détermination des dommages-intérêts, et cela spécialement quand il s'agit de l'évaluation, toujours difficile et quelque peu élastique, des conséquences d'une infirmité, c'est une constatation bien connue. Non seulement cette pratique est générale, mais bienfaisante. C'est une limite d'expérience que le juge donne à son arbitraire. C'est une garantie de fait pour les plaideurs qui, connaissant les habitudes du juge, savent à peu près sur quelle base ils seront jugés, et, par là même, sont détournés de procès inutiles. Enfin, c'est un apaisement à l'esprit public, enclin à confondre une bonne justice avec la similitude des sentences, et à s'indigner quand il compare les indemnités manifestement inégales que deux invalidités apparemment semblables pourraient valoir à deux victimes différentes, si le juge ne s'en tenait à son barème. . . .

On s'explique donc bien, dans l'intimité du juge, le scrupule qu'avait exprimé l'arrêt cassé, et qui, cependant, lui a valu la censure de la Cour suprême. ....

Mais on comprend parfaitement aussi le blâme de la Cour de cassation en présence de cette révélation publique, par le juge, de la méthode systématique par laquelle il avait triomphé de ses scrupules.

C'est que cette méthode, officialisée en quelque sorte par l'arrêt d'appel, et présentée comme le motif de justification déterminant de la sentence, se conciliait mal avec l'art. 5 c. civ.: 'Il est défendu aux juges de prononcer par voie de disposition générale et réglementaire sur les causes qui leur sont soumises'.

En ce point, affleure la différence qui subsiste toujours entre les deux grandes sources de notre droit, la loi et la jurisprudence. La loi seule a pouvoir d'être réglementaire; en ce sens que, seule, elle peut trancher un problème d'équité par l'adoption d'une règle à la fois générale, forfaitaire, rigide et obligatoire, qui supprimera, pour le juge, toute recherche sur le point qu'elle tranche.

La jurisprudence peut simplement se donner des 'directives'; et il est souhaitable qu'elle le fasse.

Mais, d'une part, celles-ci ne devront jamais être considérées comme définitivement sclérosées. Et c'est même en quoi la jurisprudence française, dont le rôle tend à rejoindre aujourd'hui en importance la *Common Law* anglaise, reste heureusement plus souple et plus adaptable.

Cass. crim. 13.4.1956
(Plisson et Vautier)

S. 1956.1.12

ARRÊT

LA COUR; — Statuant sur les pourvois en cassation de: 1° Plisson; 2° Vauthier; 3° Guillen; 4° Parenne contre un arrêt rendu le 11 juin 1951 par la cour d'appel de Paris, qui les a condamnés à des réparations civiles envers les consorts François, parties civiles; joignant les pourvois en raison de la connexité;

Sur le premier moyen de cassation commun aux deux demandeurs, pris de la violation des art. 1382 c. civ. et 7 de la loi du 20 avr. 1810, défaut de motifs et manque de base légale, en ce que l'arrêt attaqué a fixé le quantum des dommages-intérêts alloués aux parties civiles, sans donner aucun motif même sommaire et ce, d'autant plus qu'il n'a pas homologué le rapport de l'expert lequel avait d'ailleurs méconnu les termes de la mission à lui confiée par la cour d'appel; — Attendu que les juges du fait, après avoir rappelé que par un précédent arrêt du 9 mai 1949, les demandeurs au pourvoi avaient été condamnés, conjointement et solidairement à titre de provision, à payer aux consorts François, parties civiles, la somme d'un million de francs; que Ledoux-Lebard, expert, avait été commis pour apprécier la valeur des objets détournés et que l'affaire avait été renvoyée à une audience ultérieure, pour statuer définitivement sur les dommages-intérêts, ont pris soin de déclarer qu'ils possédaient, après le dépôt du rapport de l'expert, tous les éléments d'appréciation pour estimer le préjudice subi par les parties civiles à la somme de douze millions de francs; — Attendu, d'une part, que pour justifier la condamnation des demandeurs à des dommages intérêts, la cour d'appel n'était pas tenue de donner des motifs spéciaux; que cette condamnation trouvait ses motifs dans les délits mêmes de complicité de vol et de recel reconnus constants à la charge des demandeurs; — Attendu, d'autre part, qu'en matière de dommages-intérêts provenant d'un délit, les juges de répression apprécient souverainement, dans les limites des conclusions de la partie civile, l'indemnité qui lui est due et qu'ils ne sont pas tenus de spécifier sur quelles bases ils en évaluent le montant; d'où il suit que le moyen n'est pas fondé;

Sur le second moyen: pris de la violation des art. 1134, 1350, 1351, 1382, c. civ., de l'avis du Conseil d'Etat du 18 nov. 1806 et excès de pouvoirs, 7 de la loi du 20 avr. 1810, défaut de motifs et manque de base légale, en ce que l'arrêt attaqué a condamné le demandeur à payer aux consorts François, douze millions de dommages-intérêts, (provision comprise), solidairement avec les autres prévenus, alors qu'il avait été précédemment décidé, conformément d'ailleurs aux conclusions des parties civiles, que la participation dudit demandeur aux préparations civiles serait limitée à 30 000 fr. et à tout le moins dans les rapports des condamnés entre eux sans qu'en tout état de cause, la contribution de Guillen puisse excéder 180 000 fr.; — Attendu que l'arrêt attaqué condamne Guillen conjointement et solidairement avec ses coinculpés, à payer aux consorts François, parties civiles, la somme de douze millions de francs, provision comprise; — Attendu qu'en statuant ainsi ledit arrêt n'a commis aucune violation de la loi; que s'il est vrai que l'arrêt avant dire droit du 9 mai 1949, prononce contre ces mêmes inculpés, une condamnation conjointement et solidairement à titre de provision, à une somme de un million de francs, sous réserve des affectations précisées au jugement entrepris qui avait limité la part de Guillen à 30 000 fr., cette disposition de l'arrêt ne pouvait intéresser que les rapports des condamnés entre eux et seulement en ce qui concerne ladite provision; — Et attendu que l'art. 55 c. pén. dispose que tous les individus condamnés pour un même crime ou pour un même délit, seront tenus solidairement à des dommages intérêts; qu'il en est de même pour les prévenus reconnus coupables de délits différents pourvu que ces délits soient connexes; qu'il en est ainsi, notamment lorsque comme en l'espèce, les délits retenus à la charge des inculpés contre lesquels la condamnation solidaire a été prononcée constituaient des délits de complicité de vol ou de recel des mêmes objets mobiliers; d'où il suit que le moyen ne saurait être accueilli;

Par ces motifs, rejette.

Contrast with *Jefford* v. *Gee* [1970] 2 Q.B. 130 (C.A.).

From P. Mimin, *Le Style des Jugements* (1970)[117]

77. — En France, les décisions judiciaires sont coulées dans un moule connu:

> 'Le Tribunal, après en avoir délibéré,
> 'Attendu que . . .; que . . .;
> 'Attendu que . . .; que . . .;
> 'Par ces motifs,
> 'Déclare . . .;
> 'Rejette . . .;
> 'Condamne . . .
> 'Et condamne . . .'.

Cette manière, qui fond le jugement en un seul bloc, ne manque pas d'allure. La comparaison avec les formes des juridictions étrangères et avec les tentatives ratées de quelques novateurs, nous a convaincu qu'il est sage de s'en tenir à la primitive observance. Par elle on peut sauver les plus humbles détails. Si on l'abandonne, on s'expose à des résultats sans prestige.

77 bis. Structure du jugement. — Distinguons le point de vue procédural, le point de vue logique et le point de vue grammatical:

---

[117] 4th edn., Paris 1970.

(*a*) 'Le Tribunal,
    'Attendu que . . .; que . . .;
    'Attendu que . . .; que . . .;
    'Par ces motifs,
(*b*) 'Rejette . . .;
    'Condamne . . .;
    'Et condamne . . .'

Du point de vue procédural, la partie (*b*) s'appelle *dispositif*, et la partie (*a*) s'appelle *motifs*.

Du point de vue logique, la partie (*b*) constitue la décision, et la partie (*a*) constitue les raisons de la décision.

Du point de vue grammatical, (*a*) et (*b*) se trouvent compris dans une phrase unique : en (*b*) sont les verbes des propositions principales, et en (*a*) sont les propositions complétives de ces verbes. Il faut insister sur une structure grammaticale qui entraîne des conséquences nécessaires.

78. Un seule phrase, un seul sujet. — Dans sa forme traditionnelle, le jugement français ne comprend strictement qu'une seule phrase avec un seul sujet ('Le Tribunal') et un ou plusieurs verbes ('dit que', 'condamne', 'donne acte', 'renvoie' . . .) constituant au dispositif une ou plusieurs propositions principales juxtaposées. Cette phrase unique reçoit, sous le nom de 'motifs', une multitude de propositions subordonnées (propositions complétives circonstancielles des verbes du dispositif), introduites nécessairement par des locutions conjonctives (*attendu que; mais attendu que; considérant que* . . .); ou par la conjonction *que* (celle-ci employée pour éviter la répétition des *attendu que*). Cette phrase unique peut recevoir aussi, au dispositif, des propositions subordonnées mises au gérondif ('en donnant défaut . . .'; 'infirmant . . .'; 'rejetant . . .'; . . .).

NOTE

This is a standard, and celebrated, work by a former judge. It commends the French style on the grounds of prestige; for a very different recent view see the following extract.

From A. Touffait and A. Tunc, 'Pour une motivation plus explicite des décisions de justice notamment de celles de la Cour de cassation' (1974)[118]

1. On entend souvent dire pas des juristes anglais ou américains que les décisions françaises ne sont pas motivées.[119]

Il est aisé de s'indigner, de dénoncer l'erreur grossière.

Déjà, les légistes de la monarchie capétienne avaient compris qu'il était de leur devoir de motiver leurs décisions. La Révolution française a repris le principe de la motivation et lui a donné une place de premier plan. La loi du 20 avril 1810 exige que toutes les décisions judiciaires soient motivées, et la simple insuffisance de motifs justifie une impitoyable cassation. Dès 1818 et 1834, le Conseil d'Etat a estimé que la motivation s'imposait, même en l'absence d'un texte exprès, à toutes les juridictions, et il n'a jamais renié cette règle. On a pu écrire de l'obligation de motiver qu'elle constitue 'un de ces grands principes dont on dit volontiers qu'ils dominent le droit'.

L'obligation de motiver est en effet une garantie contre l'arbitraire du juge en même temps qu'elle met le juge à l'abri du soupçon d'arbitraire. Sur un plan plus psychologique, elle répond à une exigence essentielle de justice: celui qui perd son procès ou qui encourt une condamnation peut légitimement exiger d'en connaître les raisons. C'est d'ailleurs parce que la justice est faite pour le justiciable qu'on s'efforce de rapprocher le style judiciaire du langage courant. La motivation présente un intérêt plus large encore: elle est indispensable à la clarté du droit et à son progrès. . . .

Pourtant, l'affirmation que les décisions françaises ne sont pas motivées est commune dans la bouche de juristes anglais ou américains, de la part même de ceux qui ont étudié le droit français. Et si l'erreur commune ne fait pas la vérité plus qu'elle ne fait toujours le droit, elle oblige du moins à s'interroger, à se demander si les choses ne sont pas plus complexes qu'on avait pensé.

. . .

2. Il est certain que la France, d'une part, et d'autre part l'Angleterre, les Etats-Unis et, plus généralement, les pays de *common law* vivent sous des traditions très différentes en ce qui concerne le style des jugements.

---

[118] 1974 Revue trimestrielle de Droit civil, 487 ff.
[119] See B. Rudden, Courts and Codes in England, France and Soviet Russia, (1974) 48 Tulane L.R. 1010.

La décision française se veut aussi brève que possible. A la Cour de cassation, notamment, le modèle de la décision est le syllogisme le plus simple. Une affirmation de principe forme la majeure, une constatation de fait, la mineure: une conclusion en résulte, incontestable en apparence. Pourquoi cette tradition? S'agit-il d'une *imperatoria brevitas*? La Cour pense-t-elle que la concision est une condition de la précision? Quoi qu'il en soit, nos amis anglais ou américains ne comprennent pas qu'une décision de justice puisse être rédigée de la sorte. Ils nous demandent sur quoi s'appuie le principe qui fonde la décision. Et si parfois nous pouvons leur montrer un texte législatif formel, souvent nous devons répondre que ce principe a été énoncé d'elle-même par la Cour de cassation. Ce principe, bien sûr, n'a pas été arbitrairement posé par la Cour. Il s'inscrit dans tout un cadre juridique. Mais pourquoi la Cour l'a-t-elle choisi, plutôt que d'autres également possibles? Quels éléments la Cour de cassation a-t-elle pris en considération? Le juriste français ne peut répondre que par une hypothése, simple opinion personnelle . . .

La Cour de cassation procède par affirmation de principes dont elle ne fait même rien pour éclairer la portée.

. . .

Ainsi le juge français, surtout à la Cour de cassation, ne motive en général sa décision que très formellement. Il refuse de l'argumenter: s'il doit répondre à tous les moyens, il n'a pas à répondre à tous les arguments. Il ne doit surtout pas recourir à des arguments d'ordre extra juridique, fussent-ils aussi pertinents que des considérations d'assurance dans une affaire d'accident, et encore moins à des 'niaiseries humanitaires'.

. . .

6. Une décision peut se fonder sur un texte législatif formel ou un principe de droit dont la signification, la portée et l'application à l'espèce sont peu douteuses (et pourtant on a plaidé . . .). Mais il n'en est pas toujours ainsi. En différents domaines, la Cour de cassation, confrontée à des problèmes nouveaux ou voulant adapter le droit aux nouvelles conditions de vie, ce qui est une de ses missions, a posé un certain nombre de principes juridiques qui forment l'armature du droit. Ces principes, la Cour de cassation les a posés pour des raisons qu'elle n'explicite pas, ce qui est contraire aux idées

qui fondent l'obligation de motiver, et sans même en préciser la portée, ce qui est plus grave encore.

. . .

7. Il est en soi regrettable que la justice ne s'explique pas plus complètement devant les justiciables et les justiciables éventuels que nous sommes tous, notamment à une époque qui est moins que jamais placée sous le signe de la résignation. La nécessité morale et politique de l'explication avait été ressentie et comprise depuis des siècles; il est fâcheux qu'on l'ait peu à peu oubliée.

Un exemple récent illustre la défectuosité à cet égard du système actuele. Le Conseil constitutionnel décide, le 28 novembre 1973,[119a] que 'la détermination des contraventions et des peines qui leur sont applicables est du domaine réglementaire lorsque lesdites peines ne comportent pas de mesure privative de liberté'. Cette réserve finale, d'une portée pratique considérable et qui a eu un certain retentissement dans la presse et dans l'opinion publique, est exprimée en onze mots sans aucune justification. Saisie à son tour du problème, la Cour de cassation écoute les conclusions du Ministère Public (celui-ci constate la 'perplexité' de l'interprète, que la décision n'éclaire nullement). Ces conclusions couvrent six pages en caractères fins dans le *Recueil Dalloz*. La Cour de cassation, le 26 février 1974,[119b] se prononce contre la réserve énoncée par le Conseil constitutionnel. Mais, tenant compte du système actuel de motivation, elle le fait en esquivant entièrement la difficulté et en paraissant ignorer la décision du Conseil Constitutionnel.

9. Le style des décisions judiciaires laisse place à un second danger.

La Cour de cassation procède par voie d'affirmation. Le souci de la sécurité juridique, à laquelle elle attache légitimement une très grande importance, la conduit à reprendre les mêmes principes dans les mêmes termes, quelles que soient les discussions qu'ils ont pu susciter. Tout se passe donc comme si la Cour se considérait infaillible. On peut discuter la portée du dogme, non son existence. De là résulte un certain immobilisme, une constance excessive, une 'force d'inertie' — certains ont dit: une certaine sclérose.

. . .

10. Le dernier inconvénient du style judiciaire français que l'on relèvera ici, avant de proposer une conclusion plus générale, est qu'il

---

[119a] Above, p. 44.   [119b] Above, p. 45.

permet de présenter comme constatations de fait des propositions qui cachent des problèmes juridiques fort délicats.

. . .

11. Les critiques qui viennent d'être formulées à l'encontre du style des décisions judiciaires en France se résument sans doute dans une critique plus fondamentale et plus grave: ce style, le plus souvent, coupe la justice de la vie.

N'est-il pas exceptionnel de voir un jugement examiner les conséquences économiques, sociologiques ou, plus largement, les conséquences pratiques des différentes solutions possibles du problème présenté au tribunal? Et pourtant, le problème de la responsabilité des vendeurs et fabricants ne présente-t-il pas un enjeu économique écrasant? Le droit de la responsabilité nucléaire ne s'est-il pas élaboré essentiellement sur un fondement économique? Le droit de la responsabilité civile (extra-contractuelle et contractuelle même) ne fonctionne-t-il pas entre deux institutions qui se mesurent chacune en dizaines de milliards de francs lourds de redistribution annuelle et qui faussent complètement sa mise en œuvre: l'assurance et la sécurité sociale? Il est aujourd'hui normalement faux que l'on doive réparer le dommage que l'on cause à autrui: on s'est assuré pour n'avoir pas à en répondre.

. . .

12. On peut concevoir de deux manières une réforme qui remédierait aux maux que l'on a cru résulter de la pratique judiciaire française actuelle.

La première n'a vraiment rien de révolutionnaire. Elle consisterait, dans un temps, à libérer partiellement la décision du carcan des 'attendus'. Elle a été préconisée dès 1968, après avoir été mise à l'essai. Si la suggestion s'est en France heurtée à des résistances, elle a en revanche été adoptée par la Cour de Justice des Communautés Européennes. Un arrêt de celle-ci expose d'abord sans forme particulière les points du fait et de droit soulevés par le litige, la procédure et les observations présentées devant la cour.

13. On peut se demander pourtant si, dans l'explicitation des motifs, il ne conviendrait pas d'aller plus loin encore : de permettre et même demander au juge de livrer le fond de sa pensée, d'expliquer vraiment pourquoi il statue dans un certain sens, sans rien cacher des éléments qu'il prend en considération.

La décision serait souvent, comme aujourd'hui, une simple référence à une règle législative ou jurisprudentielle suffisamment claire et peu contestée. Encore serait-il bon que cette référence soit explicite, c'est-à-dire que la décision cite l'arrêt qu'elle 'suit', ou qu'éventuellement elle se situe parmi celles qui l'ont précédée, en renvoyant expressément aux plus importantes et plus récentes. Mais certaines décisions pourraient constituer un apport plus approfondi à l'étude d'une question. Cela serait souhaitable notamment quand se pose une question nouvelle, ou quand la jurisprudence antérieure n'est pas claire, ou que cette jurisprudence a été contestée ou se heurte à la résistance des juges du fond.

. . .

20. . . . La Cour de cassation rend tous les ans six mille cinq cents arrêts en matière civile, plus quatre mille en matière criminelle (deux mille cinq cents si l'on néglige les affaires de forme). C'est une fécondité qui laisserait sans doute Malthus déconcerté et qui déconcerte, en tout cas, les juristes de *common law*. Mais cette énorme production est très largement gaspillée, car la plupart de ces arrêts n'accèdent jamais à la vie juridique externe et font au mieux l'objet d'un sommaire de quelques lignes. Or — qu'on relise le *Discours préliminaire*[119c] — la fonction essentielle d'une juridiction suprême n'est pas de constituer au profit de plaideurs individuels un troisième degré de juridiction limité aux points de droit. Il est de clarifier le droit et de l'adapter aux besoins de la société contemporaine.

. . .

En fait, un arrêt de la juridiction suprême française a normalement moins d'importance, pour les juristes même, qu'en Angleterre une décision d'un juge de première instance de droit commun. N'est-ce pas là une situation qui mérite qu'on la médite pour en tirer des conséquences pratiques?

On a dit comment les choses pourraient graduellement changer, et il faut répéter que la clarté du droit tarirait une large partie de la litigation. A la rigueur, on pourrait envisager aussi de permettre à la Cour de cassation de n'examiner que les affaires qui lui donnent l'occasion de clarifier ou moderniser la règle de droit: *mutatis mutandis*, c'est la pratique normale de la Chambre des Lords ou de la Cour suprême des Etats-Unis. L'objectif lointain pourrait être une Cour de cassation où chaque Chambre rendrait un arrêt par semaine,

---

[119c] Above, p. 91.

mais un arrêt mûrement réfléchi et situé par ses rédacteurs eux-mêmes dans le cadre des décisions antérieures et des commentaires par elles suscités: après tout, tel est le rythme de travail du tribunal anglais de première instance pour des affaires d'importance moyenne.

21. Arrivé à ce point, on peut se poser une question qui étonnera, ou même paraîtra insensée, tellement elle s'éloigne de nos traditions: on peut se demander si le style judiciaire ici considéré ne devrait pas logiquement ouvrir la possibilité pour chacun des membres d'une juridiction collégiale d'exprimer son sentiment personnel à la suite de la décision du tribunal ou de la cour, que ce soit pour dire 'oui, mais . . .', 'oui, et de plus . . .', ou 'non, parce que', éventuellement: 'non' tout court.
. . .

22. On a dit que le juge ne pouvait dégager une règle de droit parce que des considérations d'équité propres à l'espèce risquaient de troubler son jugement. Sans être négligeable, l'argument n'est pas décisif. Est-il plus choquant que le juge parfois méconnaisse secrètement le droit ou que, le méconnaissant, il le dise et explique pourquoi? Au surplus, les cas où l'équité demande qu'on s'écarte de la règle de droit ne peuvent-ils s'ordonner en règles qui seraient demain des règles de droit? C'est ainsi, on le sait, qu'est née en Angleterre l'*equity*.

23. On a fait valoir aussi que les juges ne peuvent se prononcer 'par voie générale et réglementaire'. Mais n'y a-t-il pas là un malentendu? Il est bien certain que ni la Cour de cassation, ni les juridictions de première instance et d'appel ne peuvent imposer elles-mêmes de règles de décision. Mais on attend bien d'elles que leurs décisions fassent autorité: que les principes juridiques sur lesquels elles se fondent soient dans l'avenir suivis s'il n'y a pas de raison de s'en écarter ou de les renverser. Il n'y aurait pas, autrement, de jurisprudence des tribunaux. Et l'on peut penser que cette jurisprudence serait plus claire si elle était moins implicite.

24. Il y a donc, semble-t-il, des raisons puissantes de souhaiter que la motivation des décisions judiciaires, notamment de la Cour de cassation, soit beaucoup plus explicite, et les aspects négatifs d'une réforme sont sans doute plus apparents que réels. Et s'il est vrai que l'administration de la justice n'est parfaite ni en Angleterre, ni aux Etats-Unis, il semble qu'en Angleterre ce soit largement à cause du

trop grand respect accordé à chaque décision, respect qui gêne les remises en ordre, alors que la jurisprudence fédérale des Etats-Unis peut paraître, dans l'ensemble, plus claire que la jurisprudence française lorsque celle-ci ne s'appuie pas sur un texte formel, et toujours plus vivante.

25. S'il est permis, à la fin d'une étude qui conduit à exprimer le vœu que les décisions de justice soient imprégnées de considérations diverses, de conclure par une comparaison avec la liturgie, on peut dire que le style actuel des décisions, notamment de la Cour de cassation, est un peu la messe en latin. C'est le prolongement d'une tradition infiniment respectable. Mais c'est aussi la répétition de formules que beaucoup ne comprennent pas et qui permettent à l'esprit de s'orienter où il veut.

C'est une garantie contre toute manifestation d'hérésie, mais un piétinement qui ralentit le progrès collectif. La motivation explicite, c'est la possibilité d'erreurs et de maladresses, mais aussi celle de cérémonies qui transforment les 'coeurs de pierre' en 'coeurs de chair'. C'est l'autorité qui ne résulte plus de l'emploi d'une langue ésotérique et d'un refus de toute discussion, mais qui s'appuie sur la force d'idées, de sentiments sur la vie elle-même.

Section 3: *Doctrine* and *principes généraux*
Introductory Notes

1. To understand the role played by *la doctrine* in French law, an English student must realize that the term 'authority' as used in English law has no place in a Continental legal system. An English author may suggest a certain answer to a legal problem or a certain way of interpreting a statutory provision and add: 'I am submitting this although I cannot quote an authority in its support'—meaning a judicial decision or the dictum of a judge. This makes no sense in French law: the author, like the judge, seeks to draw conclusions from principles—the conclusion may be true or false, but its validity rests on its correctness, not on the source from which it emanates. That judicial decisions have a greater factual prospect of being followed than academic opinions is true—and to this extent it is true everywhere that *auctoritas non veritas facit legem*. But this is no more than a difference in the extent to which the view expressed is likely to

command obedience rather than conviction. A French academic writer if asked for the 'authority' supporting his view might answer: 'My authority is the correctness of my reasoning.' The question addressed to the student is not 'How would a court decide?' but 'How would *you* decide?'.

2. Nothing illustrates the significance of systematic legal writing more clearly than the influence which the great writers of the seventeenth and eighteenth centuries have had on the development of French law and particularly on the *Code civil*. This is very true of Domat, *Les loix civiles dans leur ordre naturel*, 1689–94, and of Pothier, especially of his *Traité des obligations*, 1761, large parts of which are reproduced in fundamental provisions of Title III, Chapter I of the Code (e.g. art. 1101–4; 1156–64). This explains the 'textbook' style of some of the provisions of the Code (e.g. art. 1108, 1316, 1370). The growth of codifications out of textbooks is familiar to English law,[120] but the style is different: it is far more doctrinal, and perhaps more didactic in France.

3. It was only in the course of the nineteenth century that French legal writers and teachers 'discovered' case law: now it plays a prominent role in teaching and research. On the significance of the 'note' as a 'bridge-builder' between *le Palais* and *l'Ecole* see below.[121]

4. One important aspect of *la doctrine* is the discovery and development of 'general principles of law'. Legal practice creates law which emerges from the thrust and counter-thrust of interests. It is said to be the task of the scholar to adjust the result of this process to general principles derived from justice. It is certainly the task of academic teaching and writing to examine and re-examine the law in its historic and comparative setting. References to history and to foreign legal systems abound in the textbooks.

5. Lastly, one of the most important functions of *la doctrine* is to exercise a continuous influence on legislation. To consider not only the law as it is, but also the law as it should be, is the *nobile officium* of the law teacher and of the law student. As Mazeaud/Mazeaud[122] say:

Les juristes ne doivent pas se contenter d'étudier la loi, en la révérant

---

[120] e.g. Sir Mackenzie Chalmer's Bills of Exchange Act, 1882, and Sale of Goods Act, 1893, and Sir Frederick Pollock's Partnership Act, 1890.
[121] p. 168.   [122] B. 26, vol. I (1), no. 99.

comme la raison écrite: *ratio scripta*. Ils ont le devoir d'en rechercher les défauts, de montrer au législateur la faille qui peut la séparer de la morale ou des besoins sociaux et économiques. S'inspirant des travaux du droit comparé et de l'histoire, ils doivent proposer des règles meilleures, mieux adaptées à notre civilisation. Cette recherche est le rôle éminent du juriste; elle est particulièrement utile. L'étudiant en droit lui-même a le devoir de porter sur les institutions un jugement de valeur: il le modifiera, peut-être, avec l'expérience et la science qu'il aura acquises; mais il est important pour lui de ne pas se contenter du rôle d'interprète, de ne pas envisager les institutions uniquement dans ce qu'elles sont, *de lege lata*; il doit rechercher ce qu'elles devraient être, les étudier *de lege ferenda*.

Par cette direction donnée à leurs recherches, les juristes apportent au législateur une efficace contribution. Beaucoup de textes ont été préparés dans des associations groupant des juristes de professions différentes (magistrats, professeurs de droit, avocats, officiers ministériels, conseils juridiques) avant d'être soumis au Parlement. Les travaux préparatoires des assemblées législatives révèlent parfois l'attention qu'apporte le législateur aux études de la doctrine et l'importance qu'il attache à ses suggestions.

A. *Doctrine*

From Meynial, 'Les recueils d'arrêts et les arrêtistes' (1904)[123]

[Note: the author traces the history of law reporting and annotating in France since the Revolution, and distinguishes three periods: to 1830, from 1830 to the 1850s, and since then. About this third period he writes:]

Ce qui caractérise la dernière période de la vie de nos recueils d'arrêts, c'est le développement et l'importance prépondérante qu'y prend de plus en plus la note d'arrêts et l'apparition d'une véritable école de juristes qui se consacrent à ce genre nouveau, dont les uns sont comme d'origine praticienne et les autres d'origine doctrinale, et dont la rencontre dans les mêmes recherches et dans les mêmes recueils constitue la plus heureuse occasion et le meilleur exemple de la fusion de la pratique et de la doctrine à cette époque. C'est la note d'arrêts qui a permis de tirer de la jurisprudence tout l'enseignement qu'elle contient en y amalgamant, pour lui donner la consistance nécessaire, une parcelle de cet esprit doctrinal sans lequel elle resterait éparse. La note d'arrêts constitue dans la littérature juridique

[123] B. 70.

contemporaine le genre le plus souple qui existe, susceptible de devenir ou plus dogmatique ou plus pratique suivant son rédacteur, tout en conservant un intérêt capital pour les deux catégories de lecteurs. Elle a pour avantage considérable de présenter le droit vivant, c'est-à-dire dans toute la complication et l'enchevêtrement des intérêts opposés qu'il a mission de concilier; de permettre, à cette occasion, au juriste, de consulter, tout au fond de sa conscience, son propre sens de l'équité sur un point particulier, d'une application immédiate, sur lequel il y a chance que des hommes de tendances diverses, mais d'égale bonne foi et d'égale finesse, se rencontrent quand ils appartiennent à une même société et à une même époque; de se prêter par conséquent à une détermination, avec les moindres chances d'erreur, de la solution qui répond le plus exactement à la conscience générale et par conséquent de la direction dans laquelle il est souhaitable de s'engager; et aussi de donner libre et utile carrière aux aspirations constructives ou exégétiques du juriste qui l'entraîneront à ordonner et à organiser toutes les décisions d'espèce en un appareil assez résistant pour que l'arbitraire ou le privilège ne puissent rien contre lui. Et tout cela prend dans la note un caractère si actuel, si vivant et parfois si émouvant, que peu d'esprits résistent à la séduction qu'elle exerce, moins abstraite, moins raide et moins froide que la pure spéculation dogmatique, plus désintéressée, plus générale et d'une plus sereine impartialité que la consultation ou que la plaidoirie ou même que le rapport judiciaire. Peu de genres conviennent mieux à la souplesse et à la finesse de bons sens du tempérament français, et c'est peut-être pour cela qu'elle a si bien réussi chez nous et qu'un des maîtres actuels de la science juridique pouvait dire, il n'y a pas bien longtemps, avoir entendu à l'étranger compter tel de nos grands recueils d'arrêts parmi les meilleures de nos revues juridiques et les plus appréciées.

. . .

L'influence de la jurisprudence et des notes d'arrêts, dans cette dernière période, a été considérable sur la doctrine et sur la pratique. Sur la doctrine, elle a donné à la jurisprudence une autorité de laquelle aucune autre ne peut être rapprochée aujourd'hui, sinon celle du droit comparé. Il est facile de constater les progrès de cette autorité dans les grands traités de droit civil écrits en France depuis 1855, en commençant par ceux d'Aubry et Rau et de Demolombe, pour finir par les plus récents, comme ceux de M. Baudry-Lacantinerie ou de M. Planiol. Les plus anciens, le second surtout, s'attachent encore à la jurisprudence sous son aspect fragmentaire, aux espèces, aux solutions individuelles; chez les plus récents, c'est la jurisprudence dans son système, dans son esprit ou dans ses tendances qu'on retrouve, celle que les arrêtistes ont contribué à nous construire, et qu'ils continuent de nous organiser chaque jour. Dans l'enseignement, le progrès a été le même.

. . .

La plupart de nos civilistes actuels sont en même temps de précieux arrêtistes. Et on sent bien la faveur dont jouit le juge à l'Ecole, rien que par l'éclosion de toutes les théories récentes sur l'interprétation, dont la plupart aboutissent à faire du juge une sorte d'arbitre entre les contractants, sur le tact juridique duquel on fait assez fond pour lui permettre de prendre conseil de son sentiment intime autant que du texte de la loi. La note d'arrêts et l'examen doctrinal, dans cette sorte de communion quotidienne qu'il faudrait établir alors entre l'interprète doctrinal et le praticien, seraient sûrement les deux instruments les plus indispensables et les plus puissants pour régulariser toute notre vie juridique. Que diraient nos vieux juristes dogmatiques du début du XIXe siècle, si hautains vis-à-vis de la pratique, si pénétrés de la vertu absolue de la formule de la loi? Ne penseraient-ils pas, en constatant, dans le regret de leur âme, cette intimité flagrante, que c'en est fini du Code qu'ils avaient édifié, et que le monument est si bien recouvert par ces végétations parasites qui s'attachent aux vieilles choses, qu'il y disparaît presque tout entier? Et leur sérénité ne serait-elle pas tristement altérée par cet amas de volumes d'arrêts qui ont pris dans nos bibliothèques la place où siégeaient autrefois si dignement, plus discrets, les travaux préparatoires du Code civil?

NOTE

In this article the author assigns to the elaborate case annotation—perhaps the most characteristic and original element of French legal writing—a major historic role in bridging the gap between academic theory (*l'Ecole*) and judicial and advocatorial practice (*le Palais*). This has two aspects: the growing attention paid to academic writing by practitioners, and the growing role played by case law in academic writing and teaching. In this connection the last sentences of this extract are especially interesting: the case annotation and the activity of academics as *arrêtistes*[124] have

[124] On J.-E. Labbé, the first and perhaps the most famous of the school of *arrêtistes*, whose influential annotations were published—mainly in Sirey—between 1859 and 1894, see Baudet, *Labbé arrêtiste*, B. 64.

helped to dispel the 'arrogance' of the academics towards the practitioners (whether judicial or advocatorial) and also the excessive attention paid to *travaux préparatoires* by academic writers of the 'exegetic school' during most of the nineteenth century.

From the note by Charles Lyon-Caen in S. 1885.1.129, criticizing the decision of the *Chambre civile* of 10.11.1884

Nos lois, qui contiennent des dispositions assez nombreuses sur le contrat de transport de choses et marchandises (C. civ., 1782 à 1786; C. comm., 96 à 108, 273 à 310), sont muettes, au contraire, sur le contrat de transport des personnes. De ce silence de la loi naissent bien des difficultés relativement à ce dernier contrat. C'est sur l'une d'elles que statue notre arrêt. Il s'agit d'une question de preuve. Elle se pose dans les termes suivants: En matière de transport de marchandises, le voiturier est responsable de la perte, des avaries, du retard. Cette responsabilité cesse notamment quand il y a eu cas fortuit ou de force majeure. C'est au voiturier actionné par l'expéditeur ou par le destinataire à faire la preuve du cas fortuit ou de force majeure qui a pour effet de le libérer. L'art. 1784, C. civ., le dit expressément quand il y a perte ou avarie; il n'est pas douteux qu'il en est de même pour le retard. (C. comm., 97 et 104.) Ainsi, la personne lésée n'a pas à prouver la faute du voiturier; c'est à celui-ci à justifier de l'absence de toute faute de sa part. Faut-il appliquer la même règle de preuve au transport des personnes? Ne faut-il pas, au contraire, admettre qu'en matière de transport des personnes, c'est au voyageur ou à ses ayants cause, lésés par un accident, à faire la preuve de la faute du voiturier?

La chambre civile admet que la preuve de la faute incombe au voyageur ou à ses ayants cause, et fait ainsi une distinction profonde entre le transport des personnes et le transport des marchandises. Cette doctrine nous paraît contraire aux principes généraux du droit. Selon nous, qu'il s'agisse de l'une ou de l'autre des deux grandes espèces de transport, le voiturier (Comp. de chemin de fer ou autre) doit indemniser la personne lésée du dommage éprouvé, à moins qu'il ne prouve le cas fortuit ou de force majeure.

. . .

　Le voiturier est obligé *contractuellement* envers le voyageur à le transporter au lieu de destination convenu, à faire tout ce qui est en lui pour qu'il y arrive sain et sauf. Si le voiturier n'exécute pas son obligation, si, par exemple, le voyageur est tué ou blessé en route, la personne qui agit en indemnité contre le voiturier n'a rien à prouver que le contrat de transport intervenu, le fait de la mort ou de la blessure et l'étendue du dommage pécuniaire causé. C'est au voiturier à faire, s'il le peut, la preuve du cas fortuit ou de force majeure. Il ne s'agit pas, en effet, d'une faute délictuelle. Quoiqu'en dise notre arrêt, les art. 1382 et 1383 n'ont rien à faire ici. Ces articles régiraient, par exemple, le cas où un dommage serait causé sur une voie ferrée à une personne qui traverserait un passage à niveau. Si cette personne alléguait qu'un train en marche l'a atteinte au moment où elle passait, ce serait bien à elle à prouver qu'il y a eu faute de la Comp. Mais pourquoi? C'est qu'alors l'action en dommages-intérêts est fondée sur un délit ou un quasi délit; le dommage a été causé à une personne envers laquelle la Comp. ne se trouvait pas précédemment obligée en vertu d'un contrat.

Il est incontestable qu'un contrat intervient entre la Comp. de chemins de fer et le voyageur, et que, par suite, l'action en dommages-intérêts, exercée à raison d'un accident arrivé à celui-ci, est fondée sur une faute contractuelle. Pourquoi donc ne pas appliquer les principes généraux posés plus haut au transport des personnes? Y a-t-il des motifs quelconques d'y déroger pour ce contrat? Nous ne les apercevons pas. On peut même, à titre de considération, dire qu'il serait singulier que la vie des personnes ne fût pas, en matière de transport, aussi énergiquement protégée par la loi que les marchandises. C'est à ce résultat singulier qu'aboutirait la doctrine de la chambre civile. Avec elle, une condamnation à des dommages-intérêts serait bien plus difficile à obtenir à raison de la mort d'un voyageur ou des blessures reçues par lui qu'à raison de la perte ou des avaries des marchandises!

Cass. civ. 21.11.1911

(Comp. générale transatlantique *C.* Zbidi Hamida ben Mahmoud)

S. 1912.1.73 note Ch. Lyon-Caen   D. 1913.1.249 note Sarrut G.A. 185

ARRÊT (*ap. délib. en ch. du cons.*)

LA COUR; — Attendu que, des qualités et des motifs de l'arrêt attaqué, il résulte que le billet de passage remis, en mars 1907, par la Comp. générale transatlantique à Zbidi Hamida ben Mahmoud, lors de son embarquement à Tunis pour Bône, renfermait, sous l'art. 11, une clause attribuant compétence exclusive au tribunal de commerce de Marseille pour connaître des difficultés auxquelles l'exécution du contrat de transport pourrait donner lieu; qu'au cours du voyage, Zbidi Hamida, à qui la Comp. avait assigné une place dans le sous-pont, à côté des marchandises, a été grièvement blessé au pied par la chute d'un tonneau mal arrimé; — Attendu que, quand une clause n'est pas illicite, l'acceptation du billet sur lequel elle est inscrite implique, hors les cas de dol ou de fraude, acceptation, par le voyageur qui le reçoit, de la clause elle-même; que vainement l'arrêt attaqué déclare que les clauses des billets de passage de la Comp. transatlantique, notamment l'art. 11, ne régissent que le contrat de transport proprement dit et les difficultés pouvant résulter de son exécution, et qu'en réclamant une indemnité à la Comp. pour la blessure qu'il avait reçue, Zbidi agissait contre elle, non 'en vertu de ce contrat et des stipulations dont il avait été l'objet, mais à raison d'un quasi-délit dont il lui imputait la responsabilité'; que l'exécution du contrat de transport comporte, en effet, pour le transporteur, l'obligation de conduire le voyageur sain et sauf à destination, et que la Cour d'Alger constate elle-même que c'est au cours de cette exécution et dans des circonstances s'y rattachant que Zbidi a été victime de l'accident dont il poursuit la réparation; — Attendu, dès lors, que c'est à tort que l'arrêt attaqué a refusé de donner effet à la clause ci-dessus relatée, et déclaré que le tribunal civil de Bône était compétent pour connaître de l'action en indemnité par Zbidi Hamida contre la Comp. transatlantique; qu'en statuant ainsi, il a violé l'article ci-dessus visé; — Casse, etc.

From the note by Lyon-Caen

Cet arrêt mérite d'attirer spécialement l'attention. Il contient, en effet, une doctrine tout opposée à celle qu'a admise antérieurement la Chambre civile sur la source des obligations du transporteur envers le voyageur, et l'on peut supposer que ce changement de doctrine entraînera, par voie de conséquence, un revirement de jurisprudence sur une question de preuve qui se pose en matière de transport de personnes. Cette question a une portée générale, en ce qu'elle est commune aux transports par terre et aux transports par mer.

Dans l'espèce, une clause du billet de passage attribuait compétence au tribunal de commerce de Marseille pour les difficultés auxquelles pourrait donner lieu l'exécution du contrat. La Cour d'Alger avait, sans nier la validité de cette clause, reconnu que le tribunal de commerce de Marseille était incompétent pour connaître d'une action en dommages-intérêts formée par un passager qui avait été blessé par la chute de marchandises se trouvant dans le sous-pont, et mal arrimées.

L'arrêt d'appel se fondait sur ce que la clause du billet de passage ne régissait que le contrat de transport proprement dit et les difficultés auxquelles son exécution pouvait donner lieu. Il déclarait que le voyageur blessé n'agissait point en vertu du contrat de transport et des stipulations dont il avait été l'objet, mais à raison d'un quasi-délit, dont il imputait la responsabilité à la Comp. de transport. L'arrêt d'appel ajoutait que l'action se rattachait si peu au contrat de transport qu'elle eût appartenu à la personne blessée, alors même qu'elle n'aurait pas contracté avec la Comp.

Que fait la Chambre civile? Elle casse l'arrêt de la Cour d'Alger. Sur quels motifs se fonde-t-elle pour le faire? Elle dit que c'est vainement que l'arrêt attaqué déclare que le voyageur blessé agissait, non en vertu du contrat, mais à raison d'un quasi-délit dont le demandeur lui imputait la responsabilité. Et, pour bien établir que le transporteur était obligé, en vertu du contrat de transport, d'indemniser le voyageur blessé, la Chambre civile ajoute 'que l'exécution du contrat de transport comporte, en effet, pour le transporteur, l'obligation de conduire le voyageur sain et sauf à destination, et que la Cour d'Alger constate elle-même que c'est au cours de cette exécution et, dans des circonstances s'y rattachant, que Zbidi a été victime de l'accident dont il poursuit la réparation'.

C'est ce dernier considérant qui affirme une doctrine tout à fait contraire à celle que la Chambre civile avait adoptée antérieurement. A propos des actions en dommages-intérêts intentées par les voyageurs contre les transporteurs, se présente une question relative à la charge de la preuve. Faut-il, appliquant la même règle qu'en matière de transport de marchandises (C. civ., 1784; C. comm., 103), admettre que c'est au transporteur à prouver le cas fortuit ou de force majeure, ou, au contraire, décider qu'il incombe au demandeur de prouver la faute du transporteur ou celle des personnes dont il est responsable? Dans un arrêt de cassation du 10 nov. 1884 (S. 1885.1.129. — D. 1885.1.279), la Chambre civile a décidé que la preuve de la faute doit être faite par le demandeur. Sur quoi se fondait-elle? Elle invoquait deux motifs: 1° La règle édictée par l'art. 1784, C. civ., n'est que l'application, au dépôt nécessaire de la chose transportée entre les mains du voiturier, du principe général posé par les art. 1302 et 1315, C. civ., sur la preuve de la libération, principe d'après lequel le voiturier doit, comme tout autre dépositaire d'un corps certain, le rendre en bon état à celui qui le lui a remis, ou bien justifier de l'extinction de son obligation par paiement ou par cas fortuit ou force majeure; 2° ce principe ne saurait être appliqué au transport des personnes, par rapport auxquelles les règles de la responsabilité civile sont exclusivement fixées par les art. 1382 et s., C. civ.

Il est facile d'apercevoir que, dans l'arrêt du 21 nov. 1911, que nous rapportons, la Chambre civile énonce une doctrine tout à fait opposée à celle qu'elle avait adoptée dans l'arrêt du 10 nov. 1884. Dans l'arrêt de 1911, elle admet l'existence d'une responsabilité contractuelle du transporteur, qu'elle niait dans l'arrêt de 1884, alors qu'elle affirmait que, dans le contrat de transport de personnes, il y a lieu d'appliquer exclusivement les règles de la responsabilité civile fixées par les art. 1382 et s., c'est-à-dire de la responsabilité délictuelle ou quasi délictuelle.

La nouvelle doctrine de la Chambre civile est celle que nous avons admise dans ce *Recueil*, en note sous l'arrêt précité du 10 nov. 1884 et, avec quelques auteurs, nous nous étions servis des termes mêmes que la Chambre civile reproduit dans son arrêt du 21 nov. 1911 . . .

NOTE

This is a conspicuous illustration of the influence which *la doctrine* can have on *la jurisprudence*. In its decision of 10.11.1884[125] the *Chambre civile* had held that an action for damages brought by a passenger against a carrier by reason of injuries suffered in the course of transit sounded in delict—art. 1382, 1383 C. civ.—and that consequently—as the law then stood—it was incumbent on the passenger (or in case of a fatal accident his *ayants droit*) to prove *faute*. In his note to this case Charles Lyon-Caen (one of the greatest authorities on commercial law at that time) argued that this was wrong, that the action was contractual, that it was the carrier's obligation to deliver the passenger at the destination *sain et sauf*, and that in the event of a violation of this obligation the carrier was liable unless (art. 1147, 1148 C. civ.) he could prove *une cause étrangère*, e.g. *force majeure*, or *cas fortuit*. In the decision of 21.11.1911, reproduced above, the *Chambre civile* upheld and applied a clause in a contract for the transport of a passenger by ship from Tunis to Bône by which the parties agreed on the exclusive jurisdiction of the *Tribunal de commerce de Marseille*. The defendants—the carriers—pleaded the clause as a bar to the jurisdiction of the *Tribunal civil* at Bône (where the plaintiff had sued them for damages by reason of injuries suffered in the course of transit),

[125] S. 1885.1.129.

but in the lower courts the defence was rejected on the ground that the action was delictual and that consequently the agreement to confer exclusive jurisdiction on the *Tribunal de commerce* did not apply. In quashing the decision to this effect of the *Cour d'appel d'Alger*, the *Cour de cassation* adopted verbatim the argument developed in 1885 by Lyon-Caen on the contractual nature of the passenger's claim. Since then it has become *jurisprudence constante* of the *Cour de cassation* that the carrier's obligation to deliver the passenger *sain et sauf* at the destination is an *obligation de résultat*,[126] and that the only defences to an action based on its breach are *cause étrangère*, including *force majeure* and *cas fortuit*, and *faute de la victime*, all of which the carrier has to prove.[127]

Note that, whilst in the case of 1911 the classification of the claim as contractual was—by reason of the choice of forum clause—favourable to the carrier, the *revirement de jurisprudence* which it inaugurated was—by reason of the redistribution of the burden of proof—essentially favourable to the passenger.

An English parallel may perhaps be seen in the jump from *Cutler* v. *United Diaries*[128] to *Haynes* v. *Harwood*.[129]

B. *Principes généraux*

NOTES

1. General principles of the law (as the term is understood in France) are not rules of law which can be directly applied, but principles guiding the law-maker, i.e. the legislator, the judge, and the interpreter of existing legislation. The closest English parallels are perhaps the 'Maxims of Equity' and the Principles of Natural Justice ('nemo judex in causa sua, audiatur altera pars'). Rules such as that statutes are presumed not to be retroactive nor to take away common law rights or remedies may be said to be general principles of law brought to bear on the interpretation of statutes.

2. Three of the most famous French decisions applying 'general principles of law' are printed here. The principles involved are that a person commits an unlawful act if he makes use of a right with the sole purpose of injuring another person (*abus de droit*) and that one who has, without any *cause*, obtained a benefit at the expense of another person is bound to restore it (*enrichissement sans cause*). Neither can be found in the Code or in any other law.

---

[126] See Part II, p. 425.
[127] See e.g. Cass. civ. 6.12.1932; below, Part II, p. 467.
[128] [1933] 2 K.B. 297 (A.C.).
[129] [1935] 1 K.B. 146 (A.C.); see Goodhart, 'Rescue and voluntary assumption of risk', B. 66, and the observations of Greer L. J. in [1935] 1 K.B. at pp. 156 ff.

3. In the extract below Jeanneau investigates the question on what legal basis principles such as these can be said to rest. He rejects the view that they can be understood as generalizations derived from scattered legislative provisions (note in this connection what the court says in Cass. req. 15.6.1892[130] about art. 548 of the Code and the relation of this provision to the principle of *enrichissement sans cause*—does this support Jeanneau's view?). He also rejects the view that the *principes généraux* can in their entirety be explained as emanations from the Preambles of the Constitutions of 1958 and of 1946 and of the *Déclaration des droits de l'homme* of 1789, deriving their legal force from them, although he admits the importance of these documents as crystallizations of general principles. (Clearly principles such as that of *enrichissement sans cause* have nothing to do with the Declaration of 1789, whilst e.g. the rule of equality before the law is expressed in it.) Jeanneau also refuses to see custom as the legal basis of the general principles and arrives at the conclusion that they can be understood only as products of the norm-creating activities of the courts. 'Le principe général . . . n'a pas d'existence propre, c'est le juge qui lui donne force et vie.'

Does this view sufficiently account for the fact that these general principles may be guides not only to the judge but also to the legislator? Or are they merely guides to the interpreter of legislation?

3. In the elaboration and crystallization of the two general principles of *abus de droit* and of *enrichissement sans cause*, *la doctrine* had a vital influence.[131] In these particular cases it was the 'psychological' school of thought represented by Ripert which assisted the courts in giving effect to these principles.[132] Ripert's work *La règle morale dans les obligations civiles* is representative of this school.[133] It is because of the decisive significance of *la doctrine* for the elaboration of general principles and because of its influence on practice in this respect that the material on these principles is here combined with that on *la doctrine*.

4. As indicated, some of the most important general principles are expressed in the *Déclaration des droits de l'homme et du citoyen*, passed in 1789 by the *Assemblée Constituante* and subsequently incorporated in the Constitution of 1791.[134] The Declaration was expressly referred to in the Preamble of the Constitution of 1946[135] which in turn is incorporated in the Preamble of the present Constitution of 1958[136] but, as Jeanneau points out, it was in no sense incorporated in the Constitution of the Third

---

[130] At p. 194.
[131] See on this P. Roubier, 'L'ordre juridique et la théorie des sources du droit' B. 72 vol. 1, pp. 9 ff.
[132] Roubier, p. 25.
[133] B. 13 on *abus de droit* nos. 89 ff. and on *enrichissement sans cause* nos. 133 ff.
[134] See below, p. 190.   [135] See below, p. 188.   [136] See above, p. 18.

Republic, not even in the Preamble, and this gives rise to the question whether the principles of 1789 can be brought to bear on the interpretation of legislation passed before 1946.[137]

5. However influential in the evolution of such principles, constitutional documents such as the Declaration of 1789 cannot prevail against express legislation by which a principle is abrogated or restricted.[138] Where, however, a constitution is a 'higher law' (as e.g. in the United States and in Australia) that which in France is called a *principe général de droit* may be elevated to the rank of a rule which not only determines validity but circumscribes the interpretation of legislation. Such are e.g. the principles of the Constitution of the United States on freedom of speech, on equal protection of the law, and on due process of law, and such is the principle of separation of powers enshrined in the Constitution of the Commonwealth of Australia.[139] Observe the very important remark made by Jeanneau that, in relation to *règlements* made under art. 37 of the Constitution of 1958,[140] the *principes généraux* have a restrictive effect which they do not of course impose on Parliamentary legislation, an effect which one might wish to compare to that of a constitution of the United States or Australian type in relation to legislation itself. Jeanneau's view is generally accepted.

6. General principles may also appear as parts of a Code and thus become 'general clauses' such as art. 6. 1131, 1134, or 1382 and 1383 of the *Code civil*. Their application by the Courts will then appear as the 'interpretation' of a general clause of the Code as happened in relation to art. 6 in the decision of Cass. civ. 4.12.1929.[141]

7. It is because such codified 'general clauses' dominate private law but do not exist in administrative law, that the *Conseil d'Etat* relies far more frequently than do the civil courts on the direct application of *principes généraux*. This too is emphasized by Jeanneau, who calls the codified general clauses 'des propositions directives susceptibles d'une série infinie

---

[137] For a leading case before the *Conseil d'Etat* in which the *conclusions* of the *Commissaire du gouvernement* were largely based on the 'equality clause' in art. 1 of the Declaration of 1789 see Hamson, *Executive Discretion and Judicial Control*, B. 67, p. 199. This is the famous case alluded to by Jeanneau in his discussion of the significance of the Declaration.

[138] An example referring to the restriction of the principle of art. 7 of the Declaration of 1789 by arts. 34 and 37 of the Constitution of 1958 is shown by the case before the *Conseil d'Etat* printed above, p. 43.

[139] See *Att. Gen. for Australia* v. *Boilermakers Society* [1957] A.C. 288 (P.C.).

[140] See above, p. 23.

[141] Below, p. 253.

d'application'.[142] He sees in these general principles an element which links public and private law.[143]

8. (i) On *abus de droit* see Cass. req. 3.8.1915 and Cass. civ. 20.1.1964[144] and contrast with *Mayor of Bradford* v. *Pickles*.[145] Does this contrast show that those principles which Jeanneau calls 'le produit d'aspirations latentes de la conscience nationale', and to which the judge gives legal effect without (as Jeanneau says) being the source of their intrinsic moral authority, are stronger formative influences in France than in England?[146] French law has no statutory provision embodying the principle of *abus de droit*. Contrast Para. 226 of the German Civil Code which reads: 'The exercise of a right is unlawful if it can have no other purpose but to cause injury to another.'[147] Note the extreme narrowness of this provision.

(ii) Nor is there anything in the *Code civil* on a general principle of *enrichissement sans cause*—Book III Title IV Ch. I deals only with the two special cases of *negotiorum gestio* and *condictio indebiti*.[148] For Lord Mansfield's attempt to introduce into English law a similar principle see *Moses* v. *Macferlan*. 'If the defendant be under an obligation from the ties of natural justice to refund, the law implies a debt, and gives this action, founded in the equity of the plaintiff's case, as it were a contract *quasi ex contractu* as the Roman law expresses it.'[149] The positivist reaction to this attempt to lay down a *principe général* is described in Goff and Jones[150] and expressed by Lord Sumner in *Sinclair* v. *Brougham*: 'The action for money had and received cannot now be extended beyond the principles illustrated in decided cases.'[151] Does the more recent development indicate a gradual return to a 'general principle' such as that formulated by Lord Mansfield? Consider the speech of Lord Wright in *Fibrosa* v. *Fairbairn*.[152]

In contrast to the absence of a general clause in the French Civil Code one can mention again the German Code,[153] Para. 812 (1), which reads: 'A person who, through an act of performance by another, or in any other manner, acquires something at the expense of the latter without legal cause, is bound to return it to him. He is equally liable if the legal cause later disappears or the result to be achieved by performance according to the terms of a juristic act does not occur.'[154]

[142] See on this also Hamson, B. 67, pp. 169 ff., and remember the strong reliance on rules of 'natural justice' in English administrative law.

[143] On the difference between public and private law and its significance see below, pp. 204 ff.

[144] Below, pp. 193 and 197.   [145] [1895] A.C. 587.

[146] On *abus de droit* see also Gutteridge, 'Abuse of Rights', B. 58, p. 22.

[147] Editors' translation.

[148] On this see the case below, p. 194, and the note by Labbé in Sirey, and further Nicholas, op. cit., B. 71.

[149] (1760) 2 Burr. 1005, at 1009.   [150] *Law of Restitution*, 1966, pp. 8 ff.

[151] [1914] A.C. 398 at p. 453.

[152] [1943] A.C. 32 at pp. 62 ff. and see generally Goff and Jones, p. 10.

[153] See Roubier, B. 72, p. 25.   [154] Editors' translation.

(iii) On *ordre public* as a general principle of law transcending mandatory statutory provisions see Cass. civ. 4.12.1929.[155] The leading case of 1929 lays down that e.g. a contract may be illegal and void by reason of a general public policy not expressed in a mandatory statute.[156] The analogous issue in English law is whether Lord Halsbury's view, expressed in *Janson* v. *Driefontein Consolidated Mines Ltd*.[157], that no court may 'invent a new head of public policy' still represents the law.

B. Jeanneau, 'La nature de principes généraux du droit en Droit français' (1963)[160]

Les principes généraux du droit n'ont jamais fait l'objet dans notre système juridique d'une consécration officielle. Rien de comparable en droit français à cette disposition du Code civil italien recommandant au juge de statuer en cas d'absence de texte à la lumière des principes généraux du droit. Rien de comparable non plus à ce fameux article 38 du statut de la Cour de Justice internationale mentionnant expressément parmi les sources du droit applicables par la Cour 'les principes généraux de droit reconnus par les nations civilisées'.

Et cependant bien qu'aucun texte n'en reconnaisse l'existence, les principes généraux font sans aucun doute partie de notre droit positif. Les tribunaux judiciaires et plus encore le juge administratif n'hésitent pas à y recourir soit pour combler les lacunes du droit écrit, soit pour en éclairer la portée. Qu'il s'agisse en droit privé du principe d'équité qui défend de s'enrichir aux dépens d'autrui, d'adages traditionnels tels que *Nemo auditur propriam turpitudinem* . . ., *Fraus omnia corrumpit* ou encore de ces principes généraux qui régissent en matière criminelle les droits de la défense, qu'il s'agisse en droit public du principe de la non rétroactivité des actes administratifs ou de la continuité des services publics, ce sont là autant de règles générales et non écrites que consacrent respectivement la jurisprudence judiciaire et administrative.

On observera cependant que s'il existe aussi bien en droit privé qu'en droit public un corps de principes non écrits, le phénomène ne revêt pas la même intensité dans l'un et l'autre ordre juridique. Les tribunaux judiciaires ne recourent en effet qu'avec une certaine

---

[155] Below, p. 253, and see Lloyd, *Public Policy*, B. 69, esp. Ch. VII.
[156] See further on this below, p. 241.
[157] [1902] A.C. 484, at p. 491.
[160] B. 68, pp. 204–9; and see Boulanger, B. 65.

timidité et assez rarement à des règles non écrites là où le Conseil d'Etat, plus particulièrement depuis 1945, se réfère sans ambages et fréquemment à ce qu'il appelle 'les principes généraux du droit applicables même en l'absence de texte'. Cette différence s'explique aisément par la place que tiennent et les caractères que présentent les textes en droit privé français. Très élaborés, codifiés par surcroît, ils comprennent en effet, outre des dispositions particulières et techniques, nombre de propositions directrices susceptibles d'une série indéfinie d'applications. La législation applicable à l'administration, au contraire, le plus souvent empirique et incomplète, n'énonce que très rarement des principes généraux. C'est cette défaillance de la règle écrite en matière administrative qui est pour une part responsable du développement très remarquable des principes généraux du droit dans la jurisprudence du Conseil d'Etat.

Mais le particularisme du droit public en ce domaine ne va pas jusqu'à ôter toute unité au problème des principes généraux du droit dans notre système juridique. Plus nombreux et plus fréquemment utilisés sans doute que les principes non écrits du droit privé, les principes généraux du droit public n'en appartiennent pas moins à la même famille. Et si chaque ordre juridique possède un corps de principes propre, une telle autonomie n'a rien d'une séparation rigide. Ainsi a-t-on pu voir récemment un tribunal de l'ordre judiciaire faire application du principe de l'égalité de tous les citoyens devant les charges publiques et, plus récemment encore, le Conseil d'Etat à l'inverse emprunter au droit privé le fameux principe de l'enrichissement sans cause. Sans aller jusqu'à affirmer l'existence d'un corps unique de principes non écrits qui commanderaient tout à la fois le droit public et le droit civil, il reste donc vrai de dire que c'est au niveau des principes généraux que le droit public et le droit privé se rejoignent bien souvent. L'exemple du principe de la liberté de la défense est typique à cet égard.

Au reste, de droit privé ou de droit public, les principes généraux correspondent de toute manière à un processus identique d'élaboration du droit et c'est là l'essentiel. Ne découlant directement d'aucun texte, dégagés et formulés par le juge lui-même, ils présentent, en effet, dans l'un et l'autre ordre juridique, et quel que soit leur contenu, le double caractère de règles non écrites et de normes dotées d'un grand rayonnement. Le problème de leur nature se pose donc dans les mêmes termes; c'est pourquoi, tout en nous réservant la possibilité de marquer à l'occasion les nuances qui découlent de la dualité de notre système juridique, nous ne séparerons pas dans nos développements les principes qui se rattachent au droit privé de ceux qui appartiennent au droit public.[161]

Cette première difficulté résolue, reste à préciser ce qu'il faut entendre par l'expression *nature* des principes généraux. Selon nous, la nature d'une norme ne doit pas être confondue avec son autorité, sa valeur. Il ne s'agit donc pas ici de rechercher le rang auquel se situent les principes généraux dans notre hiérarchie des actes juridiques. Tout juste signalera-t-on au passage les transformations survenues sur ce point depuis l'entrée en vigueur de la Constitution du 4 octobre 1958 et notamment l'extension du champ d'application des principes généraux résultant de la restriction du domaine législatif et de l'apparition d'un pouvoir réglementaire autonome.[162] Chacun s'accordant aujourd'hui à reconnaître la soumission de cette législation d'origine gouvernementale aux principes généraux du droit, il y a là à coup sûr pour ces derniers une occasion nouvelle de développement. Mais cet aspect tout récent de la théorie des principes généraux du droit ne nous intéresse pas directement, dès lors qu'il nous faut moins déterminer la force juridique des principes considérés que rechercher à quelle source ils la puisent. En d'autres termes, il nous apparaît que poser le problème de la nature des principes généraux du droit, cela équivaut à se demander d'où provient leur autorité, sur quelle base repose en définitive leur valeur.

A cet égard on peut rechercher un fondement aux principes généraux du droit dans trois directions différentes: du côté du droit écrit tout d'abord, de la coutume ensuite, enfin de la jurisprudence. Il va sans dire que la nature des principes généraux dépendra en dernier ressort du choix opéré entre ces trois orientations. Il importe donc de les examiner successivement avant de se prononcer sur l'une des questions les plus controversées de notre droit.

Que l'on soit tenté d'expliquer l'autorité des principes généraux du droit, par définition non écrits, par la force positive qui s'attache à la loi, voilà qui peut légitimement surprendre et mérite quelque explication.

Au vrai deux tentatives très différentes et qu'il convient de distinguer ont été faites dans ce sens: l'une s'appuie sur une prétendue volonté implicite du législateur, l'autre s'efforce d'établir un lien entre les principes généraux et les Déclarations de droit.

---

[161] See on the difference between private and public law below, p. 204.
[162] See on this above, p. 38.

A. La première de ces explications consiste à présenter les principes généraux du droit comme la résultante, la synthèse de textes législatifs épars. Formulation de règles contenues implicitement dans tout un ensemble législatif, le principe général puiserait donc sa force dans la loi elle-même. Et le juge, quant à lui, se bornerait à interpréter cette volonté diffuse du législateur, mais ne saurait en aucun cas être considéré comme l'auteur des principes ainsi dégagés.

Une telle argumentation peut, à n'en pas douter, trouver dans la jurisprudence tant judiciaire qu'administrative quelques justifications. Il est bien certain que nombre de principes généraux de notre procédure, par exemple, ne constituent qu'une généralisation à partir des textes. Mais appliquée au phénomène pris dans son ensemble cette thèse selon laquelle les principes généraux ne seraient que le prolongement du droit écrit ne nous paraît pas satisfaisante pour plusieurs raisons.

En premier lieu, on nous accordera que tous les principes généraux du droit ne peuvent pas être dégagés par méthode juridique des lois existantes. De quel ensemble de textes pourrait-on sérieusement prétendre déduire notamment le principe de la continuité des services publics ou le principe en vertu duquel les pouvoirs d'un gouvernement démissionnaire sont limités à l'expédition des affaires courantes ?

Au surplus, à supposer même que l'on parvienne par un effort d'exégèse à dégager de l'esprit d'un ensemble de textes, voire d'un système juridique tout entier, un principe quelconque, le lien de fait qui unit dans ce cas le texte à la règle nouvellement dégagée nous paraît si lâche que nous apercevons difficilement par quel processus le principe en cause pourrait bien hériter de la force obligatoire qui s'attache aux textes dont il est issu.

Quant à la volonté du législateur à laquelle le juge ne ferait que se conformer lorsqu'il applique des principes généraux non écrits, reconnaissons qu'elle est malléable à souhait et que l'entreprise est singulièrement malaisée qui consiste à déduire de l'ensemble de notre droit écrit les principes qui inspirent depuis cent cinquante ans le législateur.

Sans doute existe-t-il des liens de fait entre les principes généraux et le droit écrit en ce sens que certains d'entre eux sont dégagés sinon de la lettre, du moins de l'esprit d'un texte ou d'un ensemble de textes. Mais il ne s'ensuit pas pour autant, nous semble-t-il, que leur autorité provienne de la force obligatoire qui s'attache aux dispositions dont ils sont indirectement issus.

B. Quant au rattachement des principes généraux de droit au Préambule de la Constitution et à la Déclaration des droits de l'homme, nous conviendrons qu'il s'agit là d'une explication à première vue plus fondée et qui de toute manière ne doit pas être écartée aussi rapidement que la précédente. Elle ne saurait cependant, comme nous allons le voir, emporter notre adhésion.

Certes de nombreux principes généraux trouvent-ils leur source idéologique et même leur formulation dans la Déclaration des droits de 1789 ou le Préambule de la Constitution de 1946 auxquels se réfère expressément la Constitution actuelle du 4 octobre 1958. Ainsi du principe de l'égalité devant l'impôt ou devant la loi, des principes de la séparation des pouvoirs ou de l'autorité de la chose jugée et bien d'autres encore. Or ces dispositions fondamentales qui sont à la base de notre régime politique, les tribunaux judiciaires et administratifs leur reconnaissent force de loi. Et si l'on a pu contester pendant un temps le caractère de droit positif des prescriptions contenues dans le Préambule de la Constitution, de nombreuses et récentes décisions du Conseil d'Etat permettraient de lever sur ce point et s'il en était besoin les derniers doutes. Dès lors pourquoi ne pas admettre que les principes généraux du droit empruntent tout naturellement leur force juridique à ces textes solennels dont ils sont issus?

En premier lieu parce que la consécration des principes généraux du droit par la jurisprudence est antérieure au Préambule de la Constitution de 1946. Or, il ne faut pas l'oublier, sous la IIIe République, la Déclaration des droits de 1789 ne faisait pas partie du droit positif et ce n'est que par l'intermédiaire du Préambule qu'elle se trouve aujourd'hui incorporée à la Constitution.

D'autre part, bien des principes généraux du droit ne figurent ni dans la Déclaration des droits, ni dans le Préambule de 1946. Qu'on songe par exemple au principe de la continuité des services publics.

Enfin même lorsqu'ils sont consacrés par la Déclaration des droits ou le préambule, ce n'est pas de cette insertion que la Haute Juridiction administrative semble faire découler leur force obligatoire. Les déclarations de certain commissaire de gouvernement[162a] dans une affaire restée célèbre sont révélatrices à cet égard qui ne tendent pas à expliquer la valeur des principes généraux par l'autorité qui s'attacherait au Préambule mais font au contraire dépendre la force

---

[162a] Concl. M. Gazier dans l'affaire Dehaene (Cons. d'Etat 7.7.1950; R.D.P. p. 70 2). [Author's footnote.]

positive des prescriptions contenues dans les déclarations de droit de leur consécration par le juge sous forme de principes généraux. Il est vrai que cette interprétation qui date déjà de quelques années ne correspond peut-être plus exactement à la pensée actuelle du juge administratif.

Quoi qu'il en soit, il nous paraît de toute façon bien difficile de ne voir dans les principes généraux du droit qu'une simple transposition de règles contenues dans la Déclaration des droits de l'homme ou le Préambule de la Constitution. Pour prestigieux que soient ces documents, ils ne s'avèrent donc pas d'un très grand secours pour résoudre le problème de la nature des principes généraux du droit.

Mais si la force juridique des principes généraux du droit ne découle point de l'autorité qui s'attache à la loi écrite, ne proviendrait-elle pas alors d'une consécration coutumière?

On serait tenté de l'affirmer et de se rallier à cette seconde explication à ne considérer que ces adages traditionnels si nombreux en droit privé. *Error communis facit jus, Pas d'intérêt, pas d'action, Nul ne plaide par procureur, Neminem laedit qui suo jure utitur*, toutes ces règles qui, comme on l'a dit, 'ont une saveur d'ancienneté' s'imposent, en effet, apparemment par la seule force de la tradition. De la même manière, en droit public, un principe tel que celui en vertu duquel les pouvoirs d'un gouvernement démissionnaire sont limités à l'expédition des affaires courantes semble bien, lui aussi, résulter d'une longue pratique constitutionnelle.

Mais s'il existe ainsi un certain nombre de principes non écrits dont la force juridique paraît procéder de cette longue suite d'actes répétés qui caractérise précisément la coutume, tous les principes généraux du droit — loin s'en faut — ne sauraient être considérés comme la cristallisation d'un usage passé dans les mœurs.

Au reste, la pratique constante ne suffit pas à définir la coutume, formée, comme chacun sait, de la réunion de deux éléments: l'un d'ordre matériel, l'usage, l'autre d'ordre psychologique, à savoir la conviction que cette pratique correspond au droit. Or ces deux traits se trouvent rarement réunis et quand l'usage est là, comme dans le principe selon lequel les pouvoirs d'un gouvernement démissionnaire sont limités à l'expédition des affaires courantes, *l'opinio juris seu necessitatis* vient à manquer. A l'inverse lorsque la croyance existe, l'élément matériel risque fort, lui, de faire défaut. Et cette dernière hypothèse est de beaucoup la plus fréquente en notre matière.

Si bien des principes généraux du droit, en effet, ne sont que l'expression de croyances collectives, il manque le plus souvent à cet élément psychologique, à cette conviction unanime, le support d'ordre matériel qui confère à la coutume le minimum de précision nécessaire à toute règle de droit. Dépourvues de cet apport concret les aspirations latentes de la conscience nationale dont procèdent certains principes généraux restent à l'état de sentiments diffus tant que le juge ne les a pas formulées en règles claires. Et c'est précisément cette part du juge dans la naissance des principes généraux qui différencie ces derniers de la coutume.

La règle coutumière, en effet, existe indépendamment du juge, elle lui est extérieure. Le principe général au contraire n'a pas d'existence propre, c'est le juge qui lui donne force et vie. En d'autres termes le juge ne participe pas à formation de la coutume alors qu'il intervient dans l'élaboration des principes. La règle coutumière apparaît ainsi d'origine sociale à un degré inconnu des principes généraux du droit puisqu'elle est la création d'agents indifférenciés. Les principes généraux ne peuvent donc pas être considérés comme des règles de droit qui s'imposeraient au juge de l'extérieur avec la même force que la coutume. Avant d'avoir fait l'objet d'une transformation par le juge, ils ne constituent, en effet, qu'un embryon de norme dépourvu de l'élément matériel indispensable à la formation de la règle coutumière, un faisceau de croyances collectives imprécises.

Pour tout dire, nous ne saurions voir dans les principes généraux un phénomène coutumier parce qu'ils sont davantage l'œuvre du juge que celle de la collectivité.

Si les principes généraux du droit sont l'œuvre du juge c'est donc qu'ils s'identifient à la jurisprudence.

D'un point de vue formel et organique nous n'en disconviendrons pas. N'est-ce pas le juge qui introduit les principes généraux du droit dans l'ordre juridique? Le principe général comme la règle jurisprudentielle tire donc sa force en dernière analyse du pouvoir qui est reconnu ou que s'est attribué le juge de créer du droit. A cet égard il constitue une remarquable illustration de ce que l'on a appelé le 'pouvoir normatif de la jurisprudence'. Pour tout dire la source formelle dont procèdent les principes généraux du droit n'est autre en définitive que la 'juridiction'.

Mais si les principes généraux ne constituent ainsi qu'un 'cas particulier de la construction du droit par le juge', nous n'en persistons pas moins à penser qu'il s'agit là d'une variété, et d'une variété très spéciale, de la jurisprudence.

Sans doute, nous a-t-on mal compris lorsque, pour traduire ce particularisme, nous avons parlé dans notre thèse, de 'source autonome du droit administratif', et peut-être cette expression présentait-elle effectivement quelque ambiguïté.

Quoi qu'il en soit, les données dont nous avons voulu par là rendre compte n'en subsistent pas moins et en particulier ce fait d'importance que le juge s'est toujours défendu d'être l'auteur des principes généraux du droit.

On peut, bien sûr, considérer comme purement verbal ce désaveu de paternité quasi-officiel et n'y voir qu'une de ces 'réactions psychologiques' ou une de ces précautions du juge sans influence véritable sur le fond du problème.

Pour notre part nous ne **saurions** nous résoudre à tenir pour négligeables des déclarations aussi peu équivoques, fréquemment renouvelées et émanant de membres éminents de la Haute Juridiction administrative.

Loin de nous apparaître comme secondaires de telles allégations nous semblent au contraire révélatrices de la place très spéciale qu'occupent les principes généraux parmi les règles jurisprudentielles.

Si le juge met tant d'insistance, en effet, à se dire étranger à ces principes qu'il introduit cependant lui-même dans le droit positif, c'est qu'il se sent confusément mais réellement moins libre dans l'élaboration des principes que dans la construction de la norme jurisprudentielle proprement dite. Cela tient à ce que ces principes généraux qu'il fait accéder à la vie juridique sont bien souvent le produit d'aspirations latentes de la conscience nationale qui s'imposent à lui avec une force toute particulière.

Et c'est ici que l'idée de droit naturel peut trouver en notre matière son application dans la mesure même où aux yeux du juge les principes généraux ne sont que l'expression d'exigences supérieures, le reflet d'une philosophie qui engage toute une conception de l'homme et du monde. Nombre d'entre eux se rattachent, en effet, étroitement au respect de la personne humaine. Il suffit pour s'en convaincre de mentionner le principe de la liberté de la défense, le principe de l'égalité, le principe suivant lequel la qualité de citoyen chez l'homme prime toutes les autres et ne peut pas être étouffée au profit d'un groupe quelconque. . . . Tous concourent à favoriser le plein épanouissement de la personnalité. Et c'est encore à des exigences supérieures, d'un autre ordre sans doute mais non moins impérieuses, que répondent le principe de la continuité des services publics, le principe de l'autorité de la chose jugée . . . etc. . . . . Au reste l'expression 'principe supérieur', bien souvent employée pour désigner les principes généraux du droit, nous paraît très heureusement traduire cette transcendance des principes généraux.

Dotés d'un grand rayonnement, bénéficiant d'une permanence certaine, prenant racine à un fond d'exigences morales et sociales particulièrement impérieuses, les principes généraux du droit se différencient donc nettement par tous ces traits de la règle jurisprudentielle proprement dite, qui loin d'être l'expression de valeurs sociales universelles, procède, elle, de nécessités plus contingentes.

Que tous ces éléments soient d'ordre matériel, ce n'est pas douteux et que du point du vue organique une identité subsiste entre principes généraux et règles jurisprudentielles tenant au fait que les uns et les autres restent formellement l'œuvre du juge, nous ne cherchons pas à le nier. Mais du moins qu'on n'invoque pas la logique des classifications pour nous interdire de marquer, même avec complaisance, le particularisme de l'espèce au sein du genre.

Et pour concilier, s'il était possible, ces différents points de vue nous serions finalement tenté de dire que les principes généraux du droit tirent formellement leur force juridique de l'intervention du juge qui les édicte, mais tiennent matériellement leur autorité et leur rayonnement de la source philosophique et morale à laquelle ils s'alimentent.

LA CONSTITUTION DU 27 OCTOBRE 1946[163]

Préambule[164]

Au lendemain de la victoire remportée par les peuples libres sur les régimes qui ont tenté d'asservir et de dégrader la personne humaine, le peuple français proclame à nouveau que tout être humain, sans distinction de race, de religion ni de croyance, possède des droits inaliénables et sacrés. Il réaffirme solennellement les droits et les

---

[163] Above, p. 177.
[164] Les dispositions du Préambule de la Constitution du 27 octobre 1946 sont toujours en vigueur, en vertu du préambule de la Constitution du 4 octobre 1958. [Footnote in original.]

libertés de l'homme et du citoyen consacrés par la Déclaration des droits de 1789 et les principes fondamentaux reconnus par les lois de la République.

Il proclame, en outre, comme particulièrement nécessaires à notre temps, les principes politiques, économiques et sociaux ci-après:

La loi garantit à la femme, dans tous les domaines, des droits égaux à ceux de l'homme.

Tout homme persécuté en raison de son action en faveur de la liberté a droit d'asile sur les territoires de la République.

Chacun a le devoir de travailler et le droit d'obtenir un emploi. Nul ne peut être lésé, dans son travail ou son emploi, en raison de ses origines, de ses opinions ou de ses croyances.

Tout homme peut défendre ses droits et ses intérêts par l'action syndicale et adhérer au syndicat de son choix.

Le droit de grève s'exerce dans le cadre des lois qui le réglementent.

Tout travailleur participe, par l'intermédiaire de ses délégués, à la détermination collective des conditions de travail ainsi qu'à la gestion des entreprises.

Tout bien, toute entreprise, dont l'exploitation a ou acquiert les caractères d'un service public national ou d'un monopole de fait, doit devenir la propriété de la collectivité.

La Nation assure à l'individu et à la famille les conditions nécessaires à leur développement.

Elle garantit à tous, notamment à l'enfant, à la mère et aux vieux travailleurs, la protection de la santé, la sécurité matérielle, le repos et les loisirs. Tout être humain qui, en raison de son âge, de son état physique ou mental, de la situation économique, se trouve dans l'incapacité de travailler a le droit d'obtenir de la collectivité des moyens convenables d'existence.

La Nation proclame la solidarité et l'égalité de tous les Français devant les charges qui résultent des calamités nationales.

La Nation garantit l'égal accès de l'enfant et de l'adulte à l'instruction, à la formation professionnelle et à la culture. L'organisation de l'enseignement public gratuit et laïque à tous les degrés est un devoir de l'Etat.

La République française, fidèle à ses traditions, se conforme aux règles du droit public international. Elle n'entreprendra aucune guerre dans des vues de conquête et n'emploiera jamais ses forces contre la liberté d'aucun peuple.

Sous réserve de réciprocité, la France consent aux limitations de souveraineté nécessaires à l'organisation et à la défense de la paix.

La France forme avec les peuples d'outre-mer une Union fondée sur l'égalité des droits et des devoirs, sans distinction de race ni de religion.

L'Union française est composée de nations et de peuples qui mettent en commun ou coordonnent leurs ressources et leurs efforts pour développer leurs civilisations respectives, accroître leur bien-être et assurer leur sécurité.

Fidèle à sa mission traditionnelle, la France entend conduire les peuples dont elle a pris la charge à la liberté de s'administrer eux-mêmes et de gérer démocratiquement leurs propres affaires ; écartant tout système de colonisation fondé sur l'arbitraire, elle garantit à tous l'égal accès aux fonctions publiques et l'exercice individuel ou collectif des droits et libertés proclamés ou confirmés ci-dessus.

LA CONSTITUTION DE 1791

Déclaration des droits de l'homme et du Citoyen du 26 août 1789[165]
(placée ensuite en tête de la Constitution de 1791)

Les représentants du peuple français, constitués en Assemblée nationale, considérant que l'ignorance, l'oubli ou le mépris des droits de l'homme sont les seules causes des malheurs publics et de la corruption des gouvernements, ont résolu d'exposer, dans une déclaration solennelle, les droits naturels, inaliénables et sacrés de l'homme, afin que cette déclaration, constamment présente à tous les membres du corps social, leur rappelle sans cesse leurs droits et leurs devoirs ; afin que les actes du pouvoir législatif et ceux du pouvoir exécutif, pouvant être à chaque instant comparés avec le but de toute institution politique, en soient plus respectés ; afin que les réclamations des citoyens, fondées désormais sur des principes simples et incontestables, tournent toujours au maintien de la Constitution et au bonheur de tous. — En conséquence, l'Assemblée nationale reconnaît et déclare, en présence et sous les auspices de l'Etre suprême, les droits suivants de l'Homme et du Citoyen.

---

[165] Le préambule de la Constitution du 4 octobre 1958 a remis en vigueur les dispositions contenues dans la Déclaration de 1789, comme l'avait déjà fait le préambule de la Constitution du 27 octobre 1946. [Footnote in original; see above, p. 177.]

ARTICLE PREMIER. — Les hommes naissent et demeurent libres et égaux en droits.[165a] Les distinctions sociales ne peuvent être fondées que sur l'utilité commune.

ART. 2. — Le but de toute association politique est la conservation des droits naturels et imprescriptibles de l'homme. Ces droits sont la liberté, la propriété, la sûreté et la résistance à l'oppression.

ART. 3. — Le principe de toute souveraineté réside essentiellement dans la Nation. Nul corps, nul individu ne peut exercer d'autorité qui n'en émane expressément.

ART. 4. — La liberté consiste à pouvoir faire tout ce qui ne nuit pas à autrui : ainsi, l'exercice des droits naturels de chaque homme n'a de bornes que celles qui assurent aux autres membres de la société la jouissance de ces mêmes droits. Ces bornes ne peuvent être déterminées que par la loi.

ART. 5. — La loi n'a le droit de défendre que les actions nuisibles à la société. Tout ce qui n'est pas défendu par la loi ne peut être empêché, et nul ne peut être contraint à faire ce qu'elle n'ordonne pas.

ART. 6. — La loi est l'expression de la volonté générale. Tous les citoyens ont droit de concourir personnellement, ou par leurs représentants à sa formation. Elle doit être la même pour tous, soit qu'elle protège, soit qu'elle punisse.[165b] Tous les citoyens, étant égaux à ses yeux, sont également admissibles à toutes dignités, places et emplois publics, selon leur capacité et sans autre distinction que celle de leurs vertus et de leurs talents.

ART. 7. — Nul homme ne peut être accusé, arrêté ni détenu que dans les cas déterminés par la loi et selon les formes qu'elle a prescrites. Ceux qui sollicitent, expédient, exécutent ou font exécuter des ordres arbitraires doivent être punis ; mais tout citoyen appelé ou saisi en vertu de la loi doit obéir à l'instant : il se rend coupable par la résistance.

ART. 8. — La loi ne doit établir que des peines strictement et évidemment nécessaires, et nul ne peut être puni qu'en vertu d'une loi établie et promulguée antérieurement au délit, et légalement appliquée.

ART. 9. — Tout homme étant présumé innocent jusqu'à ce qu'il ait

[165a] See Cons. const. 12.1.1977 above, p. 75.
[165b] See Cons. const. 23.7.1975 above, p. 73.

été déclaré coupable, s'il est jugé indispensable de l'arrêter, toute rigueur qui ne serait pas nécessaire pour s'assurer de sa personne doit être sévèrement réprimée par la loi.

ART. 10. — Nul ne doit être inquiété pour ses opinions, même religieuses, pourvu que leur manifestation ne trouble pas l'ordre public établi par la loi.

ART. 11. — La libre communication des pensées et des opinions est un des droits les plus précieux de l'homme; tout citoyen peut donc parler, écrire, imprimer librement, sauf à répondre de l'abus de cette liberté dans les cas déterminés par la loi.

ART. 12. — La garantie des droits de l'homme et du citoyen nécessite une force publique; cette force est donc instituée pour l'avantage de tous, et non pour l'utilité particulière de ceux à qui elle est confiée.

ART. 13. — Pour l'entretien de la force publique, et pour les dépenses d'administration, une contribution commune est indispensable; elle doit être également répartie entre tous les citoyens, en raison de leurs facultés.[165c]

ART. 14. — Les citoyens ont le droit de constater, par eux-mêmes ou par leurs représentants, la nécessité de la contribution publique, de la consentir librement, d'en suivre l'emploi, et d'en déterminer la quotité, l'assiette, le recouvrement et la durée.

ART. 15. — La société a le droit de demander compte à tout agent public de son administration.

ART. 16. — Toute société dans laquelle la garantie des droits n'est pas assurée, ni la séparation des pouvoirs déterminée, n'a point de constitution.

ART. 17. — La propriété étant un droit inviolable et sacré, nul ne peut en être privé, si ce n'est lorsque la nécessité publique, légalement constatée, l'exige évidemment, et sous la condition d'une juste et préalable indemnité.

Constitution du 3 Septembre 1791

L'Assemblée nationale voulant établir la Constitution française sur les principes qu'elle vient de reconnaître et de déclarer, abolit

---

[165c] See Cons. d'Etat 14.1.1938 below, p. 234.

irrévocablement les institutions qui blessaient la liberté et l'égalité des droits. — Il n'y a plus ni noblesse, ni pairie, ni distinctions héréditaires, ni distinctions d'ordres, ni régime féodal, ni justices patrimoniales, ni aucun des titres, dénominations et prérogatives qui en dérivaient, ni aucun ordre de chevalerie, ni aucune des corporations ou décorations, pour lesquelles on exigeait des preuves de noblesse, ou qui supposaient des distinctions de naissance, ni aucune autre supériorité, que celle des fonctionnaires publics dans l'exercice de leurs fonctions. — Il n'y a plus ni vénalité, ni hérédité d'aucun office public. — Il n'y a plus, pour aucune partie de la Nation, ni pour aucun individu, aucun privilège, ni exception au droit commun de tous les Français. — Il n'y a plus ni jurandes, ni corporations de professions, arts et métiers. — La loi ne reconnaît plus ni vœux religieux, ni aucun autre engagement qui serait contraire aux droits naturels ou à la Constitution.

Cass. req. 3.8.1915
(Coquerel *C*. Clément-Bayard)

D. 1917.1.79

ARRÊT

LA COUR; — Sur le moyen du pourvoi pris de la violation des art. 544 et suiv., 552 et suiv. c. civ., des règles du droit de propriété et plus spécialement du droit de se clore, violation, par fausse application, des art. 1382 et suiv. c. civ., violation de l'art. 7 de la loi du 20 avr. 1810: — Attendu qu'il ressort de l'arrêt attaqué que Coquerel a installé sur son terrain, attenant à celui de Clément-Bayard, des carcasses en bois de 16 mètres de hauteur surmontées de tiges de fer pointues; que ce dispositif ne présentait pour l'exploitation du terrain de Coquerel aucune utilité et n'avait été édifié que dans l'unique but de nuire à Clément-Bayard, sans d'ailleurs, à la hauteur à laquelle il avait été élevé, constituer, au sens de l'art. 647 c. civ., la clôture que le propriétaire est autorisé à construire pour la protection de ses intérêts légitimes; que, dans cette situation de fait, l'arrêt a pu apprécier qu'il y avait eu par Coquerel abus de son droit et, d'une part, le condamner à la réparation du dommage causé à un ballon dirigeable de Clément-Bayard, d'autre part, ordonner l'enlèvement des tiges de fer surmontant les carcasses en bois; — Attendu que, sans contradiction, l'arrêt a pu refuser la destruction du surplus du dispositif, dont la suppression était également réclamée, par le motif qu'il n'était pas démontré que ce dispositif eût jusqu'à présent causé du dommage à Clément-Bayard et dût nécessairement lui en causer dans l'avenir; — Attendu que l'arrêt trouve une base légale dans ces constatations; que, dûment motivé, il n'a point, en statuant ainsi qu'il l'a fait, violé ou faussement appliqué les règles du droit ou les textes visés au moyen; — Par ces motifs, rejette.

Du 3 août 1915.-Ch. req.-MM. Baudouin, 1er pr.-Poupardin, rap.-Blondel, av. gén., c. conf.-André Morillot, av.

Art. 544: 'La propriété est le droit de jouir et disposer des choses de la manière la plus absolue, pourvu qu'on n'en fasse pas un usage prohibé par la loi ou par les règlements.'

Art. 552: 'La propriété du sol emporte la propriété du dessus et du dessous.
Le propriétaire peut faire toutes les plantations et constructions qu'il juge à propos, sauf les exceptions établies au titre *Des servitudes ou services fonciers.*'
. . .

Art. 647: 'Tout propriétaire peut clore son héritage, sauf l'exception portée en l'article 682.' [Art. 682 refers to ways of necessity.]

NOTE: Is *abus de droit* a question of law?

Cass. req. 15.6.1892
(Patureau-Miran *C*. Boudier)

S. 1893.1.281 note Labbé   D. 1892.1.596 G.A. 152

[As this leading case involves certain procedural complexities, the facts are summarized in English and only parts of the *pourvois* and *arrêt* are given.]

Patureau-Miran leased agricultural land to a tenant who bought, used, but did not pay for, fertilizer from Boudier. The tenant failed to perform his obligations and the landlord terminated the lease. The sum due from the tenant for his breaches was admitted at 15,000 fr. As part payment the landlord took the standing crop, which was estimated by valuers and agreed at a figure which did *not* include the cost of fertilizer. This cost was thus notionally part of the balance still due from the tenant. He was insolvent and the supplier claimed the price from the landlord and won at first instance. For technical reasons the latter appears as *le demandeur* and the former as *le défendeur*; there are two *pourvois en cassation* because the lower court gave two judgments, one on evidence and one on substance.

Premier pourvoi en cassation par M. Patureau-Miran.

— *1ᵉʳ Moyen.* Violation et fausse application des principes de l'art. 1165 . . . et de l'action *de in rem verso*[166] en ce que le jugement attaqué a admis qu'une dette pouvait résulter à l'encontre de M. Patureau, au profit de MM. Boudier père et fils, d'une fourniture d'engrais que ces derniers auraient faite à Garnier-Godard, fermier de M. Patureau, avant la résiliation du bail . . .

Second pourvoi . . .

— *2ᵉᵐᵉ Moyen.* Violation et fausse application de l'art. 548 C. Civ., et des règles de l'action *de in rem verso* en ce que le jugement attaqué a admis en principe que M. Patureau-Miran pourrait se trouver personnellement obligé par le seul fait d'une fourniture d'engrais faite à son ancien fermier avant la résiliation du bail . . .

— *3ᵉᵐᵉ Moyen.* Violation de l'art. 1165 C. Civ., et de la règle *res inter alios acta aliis neque nocere neque prodesse potest*, en ce que le jugement attaqué fait bénéficier MM. Boudier père et fils de préten-dues conventions qui seraient intervenues entre M. Patureau et son ancien fermier, bien que Boudier père et fils n'aient jamais été ni parties ni représentés à ces conventions.

ARRÊT

LA COUR; — Vu la connexité, joint les causes et statuant par un seul et même arrêt sur les deux pourvois; — Sur le premier moyen du premier pourvoi, tiré de la violation de l'art. 1165, C. civ., de l'art. 2102 du même Code et de la fausse application des principes de l'action *de in rem verso*; — Sur la première branche tirée de la vio-lation de l'art. 1165, C. civ.: Attendu que, s'il est de principe que les conventions n'ont d'effet qu'entre les parties contractantes et ne nuisent point aux tiers, il est certain que ce principe n'a pas été méconnu par le jugement attaqué; qu'en effet, cette décision n'a point admis, comme le prétend le pourvoi, que le demandeur pouvait être obligé envers les défendeurs éventuels à raison d'une fourniture d'engrais chimiques faite par ces derniers à un tiers, mais

---

[166] For this see Marty/Raynaud, B. 25, vol. 2 (1), nos. 347–55.

seulement à raison du profit personnel et direct que ce même demandeur aurait retiré de l'emploi de ces engrais sur ses propres
terres dans des circonstances déterminées; — D'où il suit que, dans
cette première branche, le moyen manque par le fait qui lui sert de
base;

. . .

Sur la troisième branche, relative à la fausse application des
principes de l'action *de in rem verso*: Attendu que, *cette action,
dérivant du principe d'équité qui défend de s'enrichir au détriment
d'autrui, et n'ayant été réglementée par aucun texte de nos lois, son
exercice n'est soumis à aucune condition déterminée; qu'il suffit, pour
la rendre recevable, que le demandeur allègue et offre d'établir l'existence d'un avantage qu'il aurait, par un sacrifice ou un fait personnel,
procuré à celui contre lequel il agit;*[167] que, dès lors, en admettant les
défendeurs éventuels à prouver par témoins que les engrais par eux
fournis à la date indiquée par le jugement avaient bien été employés
sur le domaine du demandeur pour servir aux ensemencements dont
ce dernier a profité, le jugement attaqué n'a fait des principes de la
matière qu'une exacte application;

Sur le deuxième moyen . . .

Sur le premier moyen du deuxième pourvoi . . .

Sur le deuxième moyen, pris de la violation et fausse application
de l'art. 548, C. civ., et des règles de l'action *de in rem verso*: —
Attendu qu'il en est de même en ce qui concerne la première branche
de ce deuxième moyen, tirée de la violation et fausse application de
l'art. 548, C. civ.; — Attendu, en effet, que le jugement attaqué
déclare formellement que le droit des défendeurs éventuels n'est pas
fondé sur cet article, lequel n'est mentionné qu'à titre d'exemple et
comme constituant une des applications du principe, consacré
virtuellement par le Code, que nul ne peut s'enrichir au détriment
d'autrui.

Sur la deuxième branche tirée de la fausse application des règles
de l'action *de in rem verso*: Attendu que la solution précédemment
donnée sur la troisième branche du premier moyen dans le premier
pourvoi, rend inutile l'examen de celle-ci, qui n'en est que l'exacte
reproduction;

Sur le troisième moyen, pris de la violation de l'art. 1165, C. civ.,
et de la règle *res inter alios acta aliis neque nocere neque prodesse
potest*: Attendu que, par une série de constatations et d'appréciations

[167] Italics added.

souveraines résultant des enquêtes et des documents de la cause, le jugement arrive à déclarer que le demandeur a pris l'engagement implicite, mais formel, de payer la dette contractée avec les défendeurs éventuels; qu'une semblable déclaration, qui ne saurait d'ailleurs être revisée par la Cour, n'implique aucune violation de l'article ni de la règle susvisés;

Sur le quatrième moyen . . .

. . .

Rejette les deux pourvois.

Cass. civ. 20.1.1964

(Dame Blum. *C.* Demoiselle Lassus)

D. 1964.518   J.C.P. 1965 II 14035 note Oppetit

LA COUR; — *Sur le premier moyen, pris en sa première branche:* — Vu l'article 1382 du Code civil; — Attendu que l'exercice du droit de propriété, qui a pour limite la satisfaction d'un intérêt sérieux et légitime, ne saurait autoriser l'accomplissement d'actes malveillants, ne se justifiant par aucune utilité appréciable et portant préjudice à autrui; — Attendu que la Cour d'appel a refusé d'ordonner la suppression d'un rideau de fougères[167a] de 1 m 70 de hauteur, planté par demoiselle Lassus, à environ 0 m 85 du mur de la maison de dame Blum et empêchant le passage de la lumière par une ouverture à verre dormant dont l'aménagement avait été judiciairement autorisé pour l'éclairage d'une cuisine; Que pour statuer ainsi, l'arrêt infirmatif attaqué se fonde sur ce que, s'il était fait droit à la prétention de dame Blum, l'héritage voisin se trouverait grevé 'd'une véritable servitude d'éclairement . . . contractuellement inexistante'; — Mais attendu que la même décision, après avoir rappelé et déclaré constantes les constatations de fait des premiers juges, a relevé 'qu'il apparaît bien des éléments de la cause que les parties vivent dans une mésintelligence certaine' et que 'l'instance . . . reflète et caractèrise la psychologie de demoiselle Lassus, recherchant la satisfaction d'un mobile malicieux'; — Attendu qu'en se refusant, dans de telles circonstances, à accorder à dame Blum réparation du préjudice dont elle se plaignait alors qu'ils constataient en même temps, à la charge de demoiselle Lassus, un exercice purement malicieux, partant abusif,

---

[167a] Ferns.

de son droit de propriété, les juges du second degré ont violé le texte
visé par le pourvoi;

Par ces motifs . . . casse . . .

Epilogue to Chapter 1

1. The structure of the sources of French law explains to some
extent why it looks at first so strange to an English student. The
'strangeness' lies in the relation between legislation, case law, and
academic writing.

2. Most of the fundamental principles of private and criminal law
have in France been codified. The lawyer looks to legislation for the
statement of fundamental principles before he looks anywhere else.
A French lawyer could not even begin to understand what is meant
by the English dichotomy between 'rules of law' (i.e. rules made by
judges) and 'statutory provisions' (i.e. details added by legislation)—
at least this is true of the specialist in private, if not in public, law.

3. The style of legislation, especially of the Civil Code, is didactic as
well as prescriptive. It is addressed to the people, not only to the
lawyers.

4. The role of the courts in developing the law is by no means
smaller in France than it is in England, but in the French legal
system the greatest possible intellectual difficulties have to be
surmounted in order to accommodate the creative role of the courts.[168]
Moreover, there remain profound differences in the theoretical legal
significance and, far more important, in the style of the case law as
between the two countries.

(*a*) In principle the judge remains, in Montesquieu's words, *la
bouche qui prononce les paroles de la loi*, and in this sense it is still true
that (in theory, but by no means in practice) the judicial function
is *en quelque façon nulle*. The judge is the interpreter of the law,
and law here means legislation. In a civil or in a criminal case a
decision practically always purports to rest on *un texte*, and the *vu*
at the beginning of the decision is thus a key to its understanding.
The policy-making function of the court is most carefully concealed behind the façade of interpretation. A request to the

---

[168] See above, p. 116.

Cour de cassation to annul a decision of a lower court (*pour-voi*) must normally be based on the allegation that a specific and named legislative enactment has been violated or misinterpreted by the lower court. This allegation is what is called *le moyen*. It is rarely based on a rule made by anyone except the legislature.[169]

(*b*) This explains the difference between the style of judicial reasoning in the two countries. The individual judge never appears in France in the judgment. One never finds the words 'I' or 'We'. It is the *Chambre civile* of the *Cour de cassation* which speaks, or e.g. the *Cour d'appel de Paris* or the *Tribunal de grande instance de Versailles*. More precisely, it is the State which speaks through its court in interpreting its own legislation. Nothing characterizes the difference in the roles of the judiciary more sharply than the staggering contrast between the subjective and discursive style of English judges and the objective, anonymous, and rigid reasoning of the French. There is no room in their system for dissenting or concurring judgments. The voting inside a collegiate court is secret, and the judges must not disclose which of them voted for or against the actual decision. French judges are as anonymous as English civil servants. Their names appear at the bottom of the judgment in small print, much like those of the firms of solicitors at the end of an English report.

(*c*) The anonymity of the judicial style characterizes judicial decisions throughout the French legal system, even where no *texte* is available to support it. This is most frequently the case in the administrative courts[170] and on very rare occasions in a civil court, where, as in the case on *enrichissement sans cause*,[171] the court openly applies a *principe général de droit*.

(*d*) Since it is not the function of the judge to expound the law, the court does not refer to previous decisions (either its own or those of any other court) or to doctrinal writings.[172] One cannot see from the judgment itself whether the court affirms, modifies, or overrules its previous *jurisprudence*. A student reading the case

---

[169] For an exceptional case see Cass. civ. 27.5.1908, below, p. 483.
[170] Especially the *Conseil d'Etat*, see below, p. 206.
[171] Printed above, p. 194.
[172] But see the example below, Pt. II, p. 376 (Colmar 30.1.1970).

printed above[173] can see from Lyon-Caen's note, but not from the judgment, that the court overruled its previous decision. Had this been in England, the substance of the professor's argument would have appeared in the judgment or one or several of the judgments.

(*e*) However much French legal thinking may, under the influence of great jurists such as Gény, Saleilles, and Josserand, have freed itself from the shackles of the *école de l'exégèse*, the judicial style (but by no means necessarily judicial thinking) still rests on the theory that each decision is no more than the logical interpretation of a *texte*. Only this accounts for the *attendu que* phrasing of the reasons.

5. The expository role played by the judges in common law countries, that is the function of explaining the law and of developing it through argument and counter-argument, is in France performed by three agencies: academic writing, the *rapport* of the member of the collegiate court who acts as *rapporteur* and prepares a reasoned proposal for a decision,[174] and the *conclusions* (i.e. the submissions) presented to the court by the representative of the *ministère public*,[175] i.e. by a legal official whose function it is to expound to the court the law *dans l'intérêt de la loi*.

6. French academic writing, its role and its style, can therefore be understood only in terms of the difference in the constitutional and indeed the social position of the judges in the two countries. A very important part of what the courts do in the common-law world is done in France and Germany by academic teachers. Seen from a Continental point of view the strangest thing about English law is perhaps that the judges have to do the work which elsewhere is done partly by professors and partly by the legislature. This difference between the roles of the judiciaries in the common law world and in the civil law world is deeply rooted in the histories, especially the political histories, of England and of most Continental countries, and more particularly of France. It is only in this light that one can hope to understand the difference between a legal system which places the judiciary outside the civil service and gives to the legal profession as such a central place in the constitution, and one in which the judicial service is one of many provided by the Government and in which the judicial career is spent in the service of the State. It should be

---

[173] p. 172.   [174] See below, p. 281.   [175] See below, p. 286.

superfluous to add (but perhaps it is not) that all this has nothing to do with the principle of judicial independence, i.e. with the rules that no one can give any orders to a judge on how to deal with a case, and the rule that no judge can (except for severe disciplinary reasons) be removed from his office.[176] These rules are carefully observed in both countries, despite the profound differences in the social and constitutional positions of the judiciaries.

7. An outline of some of the decisive facts of political history is given below in the extract from Waline.[177] Here, in the form of the shortest possible summary, is a preview of the salient points.

8. The principal instruments for the pacification and unification of the country were, in medieval England, the courts, in France an increasingly centralized system of administration. The unification of the law, the creation of a 'common' law, was in England the work of the courts, in France (since the seventeenth century) that of legislators. With the victory of Parliament over the Crown in the seventeenth century the attempt to build up a civil service administration failed in England; in France it succeeded under Richelieu and Colbert, and the Revolution continued the work of the Monarchy.[178] In England it was left to the legal profession and to the judges to build up legal principles and doctrines and to teach the law, largely through apprenticeship—a system of 'guild law'—while in France much of this was done in the universities, so as to train future officials as well as lawyers. Here is perhaps one of the main roots of the contrast between casuistic and systematic legal thinking, and between the styles of English and French law.

9. After the victory of Parliament over the Crown there was no room in seventeenth- and eighteenth-century England for a conflict between the interests of the landowning nobility and gentry on the one side and the administration on the other, and, what is decisive here, no room for a conflict between courts and Crown officials. The legal history of France during that period is dominated by that conflict. The historic struggle between the landowning nobility, entrenched in the higher courts (the *Parlements*), and the Crown and its servants is one aspect of the growth of the modern State and its

---

[176] See below, Chapter 3.   [177] Below, p. 204.

[178] 'The destruction of the royal bureaucracy in 1640–1 can be regarded as the most decisive single event in the whole of British history.' Christopher Hill, *Reformation to Industrial Revolution* (1967), p. 76.

struggle with feudal interests. The higher courts frequently sought, in the interests of the landowning aristocracy, to impede the measures taken or to be taken by the Crown and e.g. by its principal servants, the *intendants*. The Crown sought to free the administration from their interference—to separate, that is, the administrative from the judicial power.[179]

10. Here is the origin of the fundamental principle of *séparation des pouvoirs* which the Monarchy never achieved, but which the Revolution carried into effect with article 13 of the *Loi d'Organisation Judiciaire* passed by the *Assemblée Constituante* on 16–24 August 1790, and with the rule now expressed in art. 5 of the *Code civil*.

11. The Revolution also abolished the *Parlements* and created a new system of courts.[180]

12. The rule that the civil and criminal courts must not interfere with the administration, combined with the need for protecting the individual against unlawful acts of administrators and of securing redress for him in the event of harm suffered through the fault of administrators acting in the course of their duties, had to lead in due course to the creation of administrative courts which were and are completely separate from the civil and criminal courts.

13. The dual system of courts—*la juridiction judiciaire* and *la juridiction administrative*—one culminating in the *Cour de Cassation*, the other in the *Conseil d'Etat*, accounts for the existence side by side of two separate but interacting bodies of substantive law, 'private' and 'public'. Material on this distinction and on its origin will be found in Chapter 2. Clearly the 'categories of law' are very closely connected with its sources.

14. It is always idle to speculate on what would have happened in history if something else had or had not occurred. A comparative lawyer, however, cannot help asking himself whether the sources and style of English law and the structure of English legal institutions would not have followed a path similar to the French, if the conflict of the seventeenth century had ended with the victory of the Crown over Parliament, and if Francis Bacon rather than Edward Coke had become the patron saint of the common law.

---

[179] See Waline below, no. 33, p. 209.   [180] Below, p. 211.

2 Categories of Law

Introductory Notes

1. In all legal systems the rules and principles are grouped into categories. This may be done for very different purposes. The only *raison d'être* of the division may be to facilitate exposition. Such is the English distinction between 'public' and 'private' law or (in England as well as in France) that between 'constitutional' and 'administrative' law. Sometimes categories which are mainly educational may nevertheless acquire practical importance, e.g. the distinction between rules of substance and rules of procedure, which is largely of academic significance, but becomes fundamental in private international law. Other classifications may be of practical importance, e.g. that between civil and criminal law in England and France because different courts, a different procedure, and (at least in England) different rules of evidence apply in civil and in criminal cases.

2. For an English student approaching French law it is necessary to realize that there are two distinctions which in England are mainly academic and educational, but which are basic to the working of the French system. These are the distinctions between private and public, and between civil and commercial law. Further one may, in private law, draw a line between mandatory and non-mandatory rules. The former (*ius cogens, lois impératives*) override the parties' wishes, while the latter (*ius dispositivum, lois supplétives*) yield to their contrary, or supplement their unexpressed, intention. This line is drawn in both countries, but is of far greater significance in a system which has codified so many of these rules. Lastly, the difference between criminal and civil law must be commented on because of some links between French civil and criminal jurisdiction which, in this form, do not exist in England. Consequently this Chapter is subdivided into four sections:

1. Public and private law.
2. Mandatory and non-mandatory rules.
3. Civil and commercial law.
4. Civil and criminal law.

Section I: Public and Private Law

A. The Distinction

Loi des 16–24 août 1790: art. 13:

> 'Les fonctions judiciaires sont distinctes et demeureront toujours séparées des fonctions administratives: les juges ne pourront à peine de forfaiture troubler de quelque manière que ce soit les opérations des corps administratifs.'

NOTES

1. The difference between public and private law, which in England has exclusively academic and educational significance, is in France the most fundamental distinction.

2. The reason for this is that its root is in the coexistence of two systems of courts: the *ordre de juridiction judiciaire* and the *ordre de juridiction administrative*.

3. The historical causes of the political and legal development which led to this 'dual' system in France but not in England are set out in the extract from Waline's treatise[1] and the notes below.[2]

4. In the extracts from Brèthe de la Gressaye, the inherent powers of the administration, its *prérogatives* as regards the citizen, are explained, and it is shown how the parallelism of private and of public law has led to two bodies of rules governing contracts and delictual liability. It is also mentioned how (in the matter of delictual responsibility) public-law principles have been influenced by those of private law.

5. Most important: Brèthe de la Gressaye makes it clear that the *prérogatives* of the administration, e.g. the powers it exercises unilaterally in relation to a contracting party, are balanced by its liability to compensate the other party. '[L'Administration] peut tout, mais si elle fait mal, elle paie.'

From M. Waline, *Droit administratif* (1961)[3]

Introduction générale

Chapitre II: Particularité du droit administratif en France

21. *Le 'régime administratif'*. Dans tous les pays civilisés, il existe un droit administratif, même s'il est réduit à sa partie descriptive. Mais il a pris un développement et des caractères particuliers en France,

---

[1] and see above, p. 201.   [2] p. 218.   [3] B. 40.

pour former ce qu'Hauriou a appelé le 'régime administratif'. Il peut se ramener à trois propositions.

1° Les autorités administratives y disposent de grands pouvoirs.

2° Mais elles ne les exercent que sous la menace d'un contrôle toujours possible d'un juge, sur simple requête de tout citoyen intéressé par la mesure qu'il prétend arbitraire, ou excédant les pouvoirs de son auteur.

3° Seulement, ce n'est pas toujours, ce n'est même pas en principe, le juge habituel.

22. *Le pouvoir d'action d'office de l'administration.* L'administration s'est vu reconnaître en France de très grands pouvoirs. C'est une conséquence de l'effort centralisateur de la monarchie capétienne.

Cette monarchie a été doublement centralisatrice: d'une part en réunissant des territoires un peu à la manière du propriétaire rural qui agrandit ses domaines; d'autre part, en luttant contre les puissances féodales et ecclésiastiques jusqu'à les annihiler.

Or, cet effort centralisateur n'a pu se faire qu'à coups de procédés autoritaires, et a donné l'habitude de voir les agents du Roi agir autoritairement. Il s'est ainsi formé en France une tradition donnant de très forts pouvoirs aux agents du Roi.

La Révolution s'est bien gardée de prendre, au moins durablement, sur ce point, le contrepied de la monarchie. Elle a plutôt transféré à la Nation les pouvoirs qui appartenaient au Roi, et aux agents de la Nation, c'est-à-dire aux fonctionnaires de l'Etat, les pouvoirs des anciens agents du Roi.

Ceci est surtout vrai si l'on ne considère pas seulement le début de la Révolution, mais la période de la Convention, puis du Consulat et de l'Empire.

Ainsi, les agents de l'Etat ont traditionnellement en France de très grands pouvoirs. C'est essentiellement la prérogative, le privilège de prendre des décisions obligatoires, et même parfois exécutoires par elles-mêmes . . .

. . . On peut donc poser cette première proposition pour caractériser le régime administratif français: Les autorités administratives qualifiées, ou, pour employer l'expression juridique, compétentes ('compétentes' ne veut pas dire autre chose que 'qualifiées juridiquement') peuvent prendre des décisions créant par elles-mêmes des obligations aux administrés, et dont elles peuvent assurer l'obéissance par des procédés de coercition pouvant aller exceptionnellement jusqu'à l'emploi de la force.

Mais si cette proposition n'était pas contrebalancée par une autre, la France serait un 'Polizeistaat'. Or, c'est inconcevable du pays de la Déclaration des droits de l'homme, très individualiste, sinon autant que les pays anglo-saxons.

23. *La possibilité du contrôle juridictionnel, garantie essentielle de l'administré.* D'où une deuxième proposition : les pouvoirs de prendre des décisions exécutoires et de les exécuter d'office ne s'exercent que dans le cadre des lois qui protègent les libertés contre l'arbitraire administratif . . .

. . . Par conséquent, l'administration a sans doute en France de très grands pouvoirs, puisqu'elle a celui de prendre des décisions exécutoires, mais elle ne les exerce jamais que sous le contrôle toujours possible d'un juge. C'est là un fait extrêmement important pour caractériser le régime administratif de la France, et l'opposer, par exemple, au 'Polizeistaat' . . .

24. *L'existence de juridictions administratives spécialisées.* Toutefois (et c'est ici la troisième proposition qui achève de caractériser le système français), ce juge n'est pas le juge ordinaire, le tribunal civil par exemple. Les recours formés contre les actes de l'administration, si efficaces soient-ils (puisqu'ils peuvent aboutir à l'annulation, c'est-à-dire à l'anéantissement rétroactif, de l'acte administratif illégal, ainsi que de tous ses effets juridiques) ne sont pas portés devant le juge ordinaire, mais devant des juridictions spécialisées appelées juridictions administratives.

Ce dernier point est d'une importance capitale, et mérite qu'on s'y arrête longuement. Car ce qui a déterminé le développement pris en France par le droit administratif, spécialement en ce qui concerne la responsabilité et le droit contractuel, c'est la conjonction de ces deux circonstances :

1° que ce droit est en France de formation jurisprudentielle ;

2° que cette jurisprudence est l'œuvre de tribunaux spécialisés, distincts des tribunaux civils.

25. *Importance de la jurisprudence parmi les sources du droit administratif.* Les sources des règles d'une branche quelconque du Droit, en effet, sont la loi, la coutume et la jurisprudence. Nous pouvons négliger la coutume, qui n'a une réelle importance de fait, en droit administratif, que dans la mesure où elle a reçu une consécration jurisprudentielle.

Examinons donc successivement le rôle joué par la loi et par la jurisprudence dans la formation des règles du droit civil et du droit administratif.

1° *La loi.* En droit civil il y a un Code qui pose en chaque matière des principes plus ou moins développés. Sans doute, on peut s'étonner qu'à côté des huit articles (1156 à 1164) consacrés à l'interprétation des conventions, et sur lesquels il n'y a pratiquement aucune jurisprudence (ce qui tend à faire penser que ces articles sont d'une faible utilisation pratique) ou des quinze articles relatifs au contrat de rente viagère (de moins en moins pratiqué), il n'y en ait que cinq sur toute la matière, si fondamentale, de la responsabilité. Mais, dans ces cinq articles, étaient posés tous les principes applicables en la matière, la jurisprudence n'avait plus qu'à les développer. Ces textes sont courts, mais très denses.

En droit administratif, au contraire, il n'y a pas de Code posant des principes généraux; il y a une législation extrêmement touffue, mais faite de pièces et de morceaux, sans idée directrice. Nous n'y trouvons pas de principes généraux applicables, par exemple, à l'ensemble de la matière de la responsabilité.

Ainsi, en droit civil, la jurisprudence est guidée par le Code; son rôle est d'interpréter la loi, de développer les conséquences des intentions du législateur. En droit administratif, au contraire, les tribunaux sont livrés à leur seul sens de la justice, d'une part, des exigences de l'intérêt général, d'autre part, sans guide, la plupart du temps, dans la loi.

26. *Existence d'une juridiction et d'une jurisprudence administratives autonomes.*

2° *La jurisprudence* a donc une importance capitale dans la formation des règles du droit administratif. Or, elle n'émane pas des mêmes tribunaux que la jurisprudence en matière de droit civil. C'est un fait d'une importance capitale, sans la connaissance duquel le développement et l'état actuel du droit administratif seraient absolument incompréhensibles.

[In no. 27 the author discusses various possible systems of judicial organization, including those which like the federal court system in the United States and that of the United Kingdom culminate in a single supreme court which exercises control over all lower courts. He continues:]

28. *Le système français.* Mais le système français est différent. Il y a en France des tribunaux différents à tous les échelons, jusqu'à la Cour suprême incluse. En d'autres termes, il y a en France deux Cours

suprêmes, deux juridictions dont chacune n'en a aucune au-dessus d'elle. D'où la possibilité des deux jurisprudences radicalement distinctes, appliquant des principes absolument différents voire peut-être contradictoires, sans qu'il existe aucune possibilité de ramener ces deux jurisprudences à l'unité, aucun moyen de faire fléchir l'une de ces deux jurisprudences au profit de l'autre.

29. *La notion d' 'ordre de juridictions'*. Nous avons donc en France deux ordres de juridictions. On dit de deux tribunaux qu'ils appartiennent au même ordre de juridictions lorsque, par le jeu des voies de recours, la doctrine juridique de leurs décisions, c'est-à-dire l'interprétation de la règle de droit telle qu'ils l'ont comprise, sera soumise finalement à la même Cour suprême. Par exemple, le tribunal de commerce, le tribunal de grande instance, le conseil des prud'hommes, le tribunal d'instance appartiennent à un même ordre de juridictions, parce que, si l'on épuise toutes les voies de recours contre leurs décisions, c'est finalement la Cour de cassation qui a à apprécier leur jurisprudence.

Les tribunaux administratifs et les tribunaux d'instance, au contraire, n'appartiennent pas au même ordre de juridictions parce que les jugements des tribunaux administratifs peuvent être déférés au Conseil d'Etat tandis que les jugements des tribunaux d'instance peuvent être déférés à la Cour de cassation.

En somme, les deux ordres de juridictions forment deux systèmes de tribunaux absolument distincts l'un de l'autre, séparés par une cloison absolument étanche qui s'élève jusqu'au niveau des Cours suprêmes: il y a des juridictions judiciaires et des juridictions administratives. Les tribunaux judiciaires sont ceux dont les décisions peuvent être déférées directement ou indirectement au contrôle suprême de la Cour de cassation; les juridictions administratives sont celles dont les décisions peuvent être déférées, directement ou indirectement, au contrôle suprême du Conseil d'Etat. L'expression de 'tribunaux judiciaires' peut paraître un pléonasme; elle se justifie pour permettre de qualifier certains tribunaux par opposition aux juridictions administratives. Mais les uns et les autres sont des tribunaux, des juridictions. Lorsque le Conseil d'Etat statue au contentieux, il est tout autant un tribunal que le tribunal de grande instance ou la Cour d'appel; seulement, c'est un tribunal d'un autre ordre de juridictions. Nous allons voir pourquoi il en est ainsi en France, puis les conséquences de cette division des tribunaux en deux ordres pour l'évolution des deux branches du Droit sur lesquelles sont respectivement compétents les tribunaux de ces deux ordres.

Section I: Pourquoi il y a en France deux ordres de juridictions

[In nos. 30–2 the author traces the history of administrative tribunals under the *Ancien Régime* and concludes that, whilst there were certain courts dealing with 'administrative' matters (e.g. certain matters of taxation), there was no system of administrative courts (*ordre de juridiction administrative*) because there was no separate highest court controlling the legality of their action, and establishing a unified set of principles of administrative law.]

32. . . . Dans la mesure où l'Ancien Régime a connu une procédure où l'on puisse voir une ébauche de notre actuel pourvoi en cassation, c'est-à-dire ce que l'on appelait la *proposition d'erreur*, ce pourvoi était jugé par l'un ou l'autre des conseils dont l'ensemble formait le Conseil du Roi, et cela sans distinction, semble-t-il, entre les causes jugées par les tribunaux civils ou les tribunaux statuant en matière administrative; par conséquent, la juridiction de cassation, dans la mesure où elle existait, était constituée dans tous les cas par le Conseil du Roi . . .

Il y avait seulement des juridictions statuant en matière de droit privé, et d'autres statuant en différentes matières administratives; mais l'unification de la jurisprudence des unes et des autres se faisait toujours par le Conseil du Roi.

33. *Causes de l'hostilité des Constituants de 1789 pour les tribunaux judiciaires.* La répartition des tribunaux entre deux ordres de juridictions, tels que nous les connaissons aujourd'hui, ne remonte donc pas à l'Ancien Régime; elle est le résultat d'une série de faits historiques qui sont survenus au XVIIIe et au XIXe siècles.

Les Parlements, sous l'Ancien Régime, n'avaient pas vu sans un très grand déplaisir, la création et la multiplication des juridictions spécialisées en matière administrative; et tout spécialement, l'attribution de pouvoirs de juridiction aux intendants leur avait été extrêmement désagréable. Les Parlements perdaient, en effet, par la multiplication des attributions contentieuses des Intendants, un gros contentieux; or, sous l'Ancien Régime les magistrats n'étaient pas rémunérés, comme aujourd'hui, par un traitement fixe, mais par le procédé des 'épices', c'est-à-dire que leur revenu professionnel était fonction du nombre et de l'importance des affaires qu'ils avaient à juger; exactement comme aujourd'hui, les revenus professionnels des officiers ministériels, des avoués, par exemple, sont proportionnels au nombre et à l'importance des affaires pour lesquelles ils ont eu à représenter des plaideurs devant le tribunal.[4]

Par conséquent, chaque fois que le Roi attribuait à un Intendant la connaissance d'une nouvelle catégorie de procès, les parlementaires avaient le sentiment qu'on venait tarir une source de leurs revenus professionnels.

Or, les Parlements étaient recrutés tous, par le procédé de la vénalité et de l'hérédité des offices, dans la même classe sociale, on pourrait même dire dans la même caste, la noblesse de robe; et les membres de cette caste étaient étroitement solidaires entre eux. Les Parlements et les autres Cours, dites souveraines, représentaient donc une véritable puissance sociale, assez forte pour entamer une lutte contre le pouvoir royal. On sait que celle-ci se poursuivit pendant les règnes de Louis XV et de Louis XVI . . .

Cette lutte se manifesta notamment par des conflits perpétuels de compétence entre les juridictions statuant en matière administrative, et particulièrement les Intendants, d'une part, et les Parlements, d'autre part. On se disputait les procès; les règles de compétence n'étant pas toujours très précises, il y avait souvent matière à discussion, d'où possibilité de jugements contradictoires rendus sur une même affaire par un Parlement et un Intendant. Le Roi, pour défendre la juridiction de son Intendant, évoquait l'affaire en son Conseil. Les Parlements, et d'une façon générale les tribunaux statuant en matière civile, livraient à l'administration une véritable petite guerre, et essayaient par tous les procédés à leur disposition de gêner l'administration, de la brimer. En voici un exemple minime en soi mais qui s'est renouvelé à un nombre considérable d'exemplaires pendant le dernier siècle de la monarchie.

Le Conseil du Roi doit casser, le 20 février 1781, un jugement des officiers de la sénéchaussée de la Rochelle (juridiction que nous classerions aujourd'hui dans l'ordre judiciaire) qui avait condamné un conducteur des Ponts et Chaussées pour avoir comblé un fossé, fait constituant prétendûment une atteinte inadmissible à la propriété privée, alors que ce conducteur n'avait fait que mettre fin à l'usurpation du sol de la route, et que d'ailleurs il n'avait agi que sur les ordres de ses supérieurs; le demandeur est renvoyé à se pourvoir devant l'Intendant, c'est-à-dire devant le juge administratif.

[4] On this see below, pp. 293 and 299.

Les Parlements ont donc mené contre l'administration une guerre sournoise mais acharnée; or, en 1789, ils étaient très impopulaires, pour de tout autres raisons d'ailleurs: parce que, bien que s'étant donné l'apparence d'avoir réclamé eux-mêmes la convocation des Etats généraux, personne ne se faisait d'illusions sur la sincérité de leurs sentiments révolutionnaires. Tout le monde savait, en 1789, que les Parlements s'étaient toujours opposés de toutes leurs forces, et pour défendre leurs privilèges nobiliaires, à toute réforme proposée par le pouvoir royal pour abaisser ou supprimer les privilèges fiscaux.

34. *La loi des 16–24 août 1790.* Aussi l'un des premiers actes de l'Assemblée constituante est-il de supprimer les Parlements. Mais, en même temps, pour éviter que les nouvelles juridictions qui les remplaceront ne continuent cette petite guerre contre l'administration (on se rendait compte qu'elle était contraire à l'intérêt public), la Constituante, dans la grande loi d'organisation judiciaire qui porte la date des 16–24 août 1790, insère, au titre IX de cette loi, un article 13 extrêmement important encore aujourd'hui en vigueur, et qui demeure la base juridique de la compétence de nos juridictions administratives.

Cet article est ainsi rédigé: 'Les fonctions judiciaires sont distinctes et demeureront toujours séparées des fonctions administratives: les juges ne pourront à peine de forfaiture troubler de quelque manière que ce soit les opérations des corps administratifs.'

C'est le principe connu sous le nom de séparation des autorités administrative et judiciaire, qui est évidemment un corollaire de la fameuse séparation des pouvoirs qui, précisément, venait d'être mise à la mode par l'Esprit des lois de Montesquieu.

Par conséquent, en votant cette disposition, la Constituante faisait d'une pierre deux coups: elle prévenait le retour d'abus particulièrement sensibles à la fin de l'ancienne monarchie, ceux des anciens Parlementaires; en même temps, elle appliquait la théorie de Montesquieu.

Cette interdiction aux juges de se mêler des affaires de l'administration a été renouvelée notamment par une loi du 16 fructidor an III: 'Les juges, dit cette loi, ne peuvent entreprendre sur les fonctions administratives, ni citer devant eux les administrateurs pour raison de leurs fonctions. Défenses itératives (c'est-à-dire renouvelées) sont faites aux tribunaux de connaître des actes d'administration de quelque espèce qu'ils soient.'

Ces deux textes de base sont encore visés par les décisions judiciaires ou de juridictions administratives qui refuseraient la connaissance d'un procès aux tribunaux civils.

35. *Portée et interprétation de ce texte.* En apparence, ce principe avait une portée bilatérale. Si les juges ne devaient pas se mêler d'administration, les administrateurs, de leur côté, ne devaient pas non plus juger; il était interdit aux administrateurs de s'immiscer dans les fonctions judiciaires, c'est-à-dire de juger des procès. Mais, très évidemment, la loi de 1790 et celle de l'an III ont, comme on dit, une 'pointe' dirigée contre les tribunaux; si le texte se contente de rappeler brièvement que le principe est bilatéral, on insiste surtout sur les prohibitions faites aux juges.

Ceux-ci ne doivent naturellement pas entreprendre sur les fonctions administratives, c'est-à-dire d'abord faire eux-mêmes d'actes administratifs, par exemple, des règlements; cela va de soi. Mais le principe, tel qu'il a été entendu en France, va beaucoup plus loin; il est même interdit aux tribunaux de donner des ordres à l'administration ou à ses fonctionnaires, de leur adresser des injonctions; et ici déjà nous trouvons une particularité du système français qui l'oppose au système britannique ou américain: en Grande-Bretagne ou aux Etats-Unis, les juges peuvent donner des ordres aux agents publics, c'est ce qu'on appelle des 'writs'.

Il faut aller encore plus loin: les tribunaux ne doivent pas non plus prononcer de condamnations contre l'administration, car la condamnation comporte nécessairement une injonction; et même — on a toujours interprété du moins ces lois dans ce sens en France — il est interdit aux tribunaux de juger aucun procès dès l'instant que ce jugement comporterait nécessairement une appréciation de la conduite de l'administration. Si, par exemple, on reproche une faute à l'administration, le juge étant ainsi exposé à reconnaître que l'administration a commis une faute, on considère que ce serait déjà 'troubler les opérations des corps administratifs'.

Les tribunaux judiciaires doivent encore refuser de porter une appréciation sur la légalité d'un acte administratif, car le juge pourrait être amené à déclarer que l'administration a commis une illégalité, et cela encore 'troublerait les opérations des corps administratifs'.

Reste alors à se demander ce que l'on entend par acte administratif. On entend par là un acte juridique accompli par un fonctionnaire dans l'exercice de ses fonctions.

Ainsi, dès que, dans un procès, la conduite d'une administration, ou celle d'un administrateur agissant dans l'exercice de ses fonctions publiques, ou la légalité d'un acte administratif peuvent être mises en cause ou discutées, le juge doit refuser de juger par crainte de violer la loi des 16–24 août 1790.

Mais alors une question pratique va se poser: si les tribunaux judiciaires doivent refuser de juger tout procès contre l'administration, que va pouvoir faire l'administré qui s'estimera victime d'une illégalité ou d'une faute commise par l'administration?

36. *Situation des administrés après cette loi.* A cela l'Assemblée constituante répond: les administrés qui croiront qu'une administration a excédé ses pouvoirs s'adresseront à l'administration elle-même, et précisément à ces administrations collégiales qui, sous le nom de 'directoires', sont créées dans chaque district (circonscription un peu plus petite que l'arrondissement actuel) et dans chaque département; ou bien, en vertu d'une loi des 7–14 octobre 1790, on s'adressera, quand on croira qu'une autorité administrative a dépassé sa compétence, au roi lui-même pris en sa qualité de chef de l'administration du royaume.

Ce système, pour mettre fin à un abus incontestable des anciens Parlements, créait une situation extrêmement regrettable pour les administrés. Car s'adresser à l'auteur même de l'acte illégal, ou à son supérieur hiérarchique qui est lui-même un administrateur, c'est une bien faible garantie: il est à prévoir que l'administration n'aura pas pour les règles juridiques le même respect qu'aurait eu un tribunal. Il est donc à craindre que ce recours purement administratif et non contentieux, donné au citoyen, ne soit pas une arme suffisante pour le défendre. Un administrateur auquel un administré reproche un abus de pouvoir ne reconnaît pas volontiers sa faute.

Telle fut cependant la situation qui se prolongea de 1790 à 1800, c'est-à-dire pendant toute la période de la Révolution et du Directoire.

[The author then discusses certain reforms introduced by Bonaparte and continues:]

39. *Création du Conseil d'Etat.* La réforme vraiment capitale de Bonaparte en matière administrative, c'est la création, par la Constitution du 22 frimaire an VIII, du Conseil d'Etat.

Bonaparte assignait au Conseil d'Etat un double rôle: il devait être d'une part le conseiller juridique du gouvernement; c'est, à ce titre, le Conseil d'Etat qui élabora les grands Codes, et notamment le Code civil. Le Conseil d'Etat préparait le texte de toutes les lois; le Corps législatif ne puvait ensuite que le voter, sans droit d'amendement. Le Conseil d'Etat était aussi le conseil juridique de l'administration, qui, très souvent, était obligée de recueillir son avis avant de prendre certaines décisions.

Mais en même temps (et c'est par ce côté qu'il nous intéresse en ce moment) dans l'esprit de la Constitution de l'an VIII, dans l'esprit de Bonaparte par conséquent, le Conseil d'Etat devait jouer un rôle qu'on ne peut mieux comparer qu'à celui, dans une grande firme, du service du contentieux. Toute firme un peu importante a un service chargé de recevoir les réclamations des clients ou des fournisseurs qui discutent un prix ou qui n'ont pas été satisfaits de la commande livrée, etc., et de décider s'il y a lieu de donner satisfaction à ce client ou au contraire de s'exposer à un procès; et, si le procès éclate, c'est ce service du contentieux qui va être chargé de le soutenir pour la firme, de se mettre en relations avec les avoués, les avocats, etc. Le Conseil d'Etat était donc un peu le service du contentieux de l'Etat à cette époque, c'est-à-dire que tous les administrés, qui sur une partie quelconque du territoire, croyaient avoir à se plaindre d'une décision administrative qu'ils estimaient arbitraire, devaient adresser leur réclamation au chef de l'Etat, c'est-à-dire, dans la Constitution de l'an VIII, au Premier Consul; et celui-ci transmettait la réclamation pour étude, à ses conseillers juridiques, c'est-à-dire au Conseil d'Etat. Celui-ci étudierait l'affaire et verrait s'il y avait lieu ou non de donner satisfaction à cette réclamation; il adresserait ensuite au Premier Consul une proposition de réponse, soit donnant tort à l'administré et rejetant sa réclamation, soit lui donnant raison en tout ou en partie et lui accordant, par exemple, une indemnité, ou proposant d'annuler la décision administrative illégale; sur le vu de cette proposition, le Premier Consul déciderait . . .

. . . Qu'est-ce qui manquait donc au Conseil d'Etat, à cette époque, pour être un véritable juge?

1º Il ne prenait pas lui-même la décision; car, juridiquement, il ne faisait que des propositions au Premier Consul, qui, seul, décidait; il n'était donc que son conseiller juridique.

2º Il n'était pas tenu de suivre les règles de procédure qui sont nécessaires pour garantir au justiciable une instruction impartiale de sa requête.

3º Enfin, le Conseil d'Etat, qui examinait ces requêtes, avait aussi des fonctions purement administratives, il n'était pas spécialisé exclusivement dans l'examen des requêtes contentieuses.

Or, ces trois obstacles, qui empêchaient, en l'an VIII, de considérer le nouveau Conseil d'Etat comme un véritable juge, allaient peu à peu tomber.

40. *Comment le Conseil d'Etat est devenu une juridiction.* 1° Tout d'abord, il est exact que juridiquement, le Conseil d'Etat faisait de simples propositions et que c'est le chef de l'Etat, qui seul prenait la décision. Mais le Premier Consul (plus tard l'Empereur) était trop occupé pour se noyer dans la paperasse procédurière. D'ailleurs, Napoléon n'avait pas la sottise de se croire meilleur juriste que ses conseillers d'Etat, et il s'en remettait aveuglément à leurs propositions; et plus tard l'autorité qui, sous des noms divers, le Roi, par exemple, ou de nouveau l'Empereur sous le Second Empire, homologuera les propositions du Conseil d'Etat en matière contentieuse, se gardera bien d'y changer jamais quoi que ce soit. La signature du chef de l'Etat est devenue une simple formalité.

Dans ce régime, dit de la justice retenue, la justice est censée appartenir au chef de l'Etat; il l'a déléguée aux tribunaux judiciaires; mais, à l'égard du Conseil d'Etat, il la retient, c'est-à-dire qu'il se réserve de juger lui-même, le Conseil d'Etat ne faisant que de simples propositions. Mais très vite cela devient une pure fiction. Y a-t-il jamais eu un seul cas où, entre l'an VIII et 1871, le chef de l'Etat n'ait pas homologué les propositions de son Conseil d'Etat en matière contentieuse? . . .

. . .

. . . 2° L'objection tirée de ce que le Conseil d'Etat n'était pas spécialisé dans la fonction juridictionnelle a très vite disparu, car, dès un décret du 22 juillet 1806, il était créé à l'intérieur du Conseil d'Etat une commission du contentieux spécialisée dans l'examen des requêtes contentieuses; on ne pouvait donc plus dire que cet examen ne fût pas le fait d'un organisme spécialisé.

3° Le même décret édictait les premières règles de procédure donnant aux citoyens des garanties d'instruction impartiale de la requête. Ces règles de procédure devaient être perfectionnées dès le début de la monarchie de Juillet par différentes ordonnances royales de 1831, et confirmées par une loi du 18 juillet 1845.

Donc, à la fin de la monarchie de Juillet, le Conseil d'Etat décide pratiquement seul de la suite à donner aux requêtes des administrés contre l'administration. C'est, à l'intérieur du Conseil d'Etat, un petit groupe d'hommes spécialisés dans cette tâche qui l'accomplit, et les règles de l'instruction sont fixées par la loi de façon à donner les garanties qu'un justiciable est en droit d'attendre d'une juridiction.

41. *La reconnaissance législative de son caractère juridictionnel.* Il ne restait plus qu'à lui reconnaître officiellement ce caractère; c'est ce que fit, sous la Seconde République, la loi du 3 mars 1849. Cette loi, il est vrai, n'eut qu'une existence éphémère. Après le coup d'Etat du 2 décembre, Napoléon III, qui essayait d'imiter en tout Napoléon 1er, rétablit la justice retenue par un décret du 25 janvier 1852. Mais le Conseil d'Etat fut de nouveau, et, cette fois, définitivement, reconnu officiellement comme une juridiction, dès la chute du Second Empire, par une loi du 24 mai 1872. La juridiction administrative était alors officiellement créée.

Ainsi, depuis cette loi, le Conseil d'Etat a reçu ce qu'on appelle la justice déléguée. Cela signifie que, désormais, le Conseil d'Etat, lorsqu'il examine ou tranche des réclamations formées contre l'Etat, est un véritable juge; il ne propose plus au chef de l'Etat des projets de décisions, il prend lui-même la décision, et c'est une décision de justice, elle acquiert l'autorité de la chose jugée. Les arrêts rendus par le Conseil d'Etat sont précédés de la formule 'Au nom du peuple français'; le dispositif de l'arrêt, c'est-à-dire la partie qui suit les considérants et qui exprime la décision prise en conséquence de ceux-ci, est rédigé en une forme impérative: 'L'Etat paiera au requérant la somme de . . .' ou: 'Telle décision est annulée avec toutes ses conséquences de droit'. Enfin, ces décisions sont revêtues de la formule exécutoire.

Le Conseil d'Etat est donc devenu une juridiction, exactement au même titre que n'importe quel tribunal civil ou Cour d'appel, ou que la Cour de cassation. Le chef de l'Etat n'intervient plus dans l'exercice de la fonction juridictionnelle, pas plus en matière administrative qu'en matière civile ou commerciale.

Section II: Conséquences, sur l'évolution des règles de fond du droit, de l'existence d'une juridiction administrative

45. *Les tribunaux judiciaires n'auraient pas créé un droit administratif autonome.* Supposons qu'il n'y ait eu, en France, ni la loi des 16–24 août 1790, ni le Conseil d'Etat. Supposons donc que les tribunaux judiciaires, comme dans certains pays étrangers, aient eu à juger ce que l'on appelle le contentieux administratif, c'est-à-dire l'ensemble

des procès provoqués par les actes de l'administration. Que se serait-il passé ?

Il est sans doute aventuré de faire l'histoire conjecturale, d'imaginer ce qui se serait passé si certains événements historiques ne s'étaient pas produits et s'il s'en était produit d'autres à leur place; mais on peut dire tout de même que les tribunaux judiciaires n'auraient sans doute pas appliqué au jugement des procès intéressant l'administration, des règles sensiblement différentes de celles qu'ils appliquent au jugement des procès civils.

46. *L'autonomie d'une branche du Droit suppose des tribunaux spécialisés.* D'une façon plus générale, on peut poser la règle suivante : une branche quelconque du droit ne se développe de façon distincte, n'acquiert une véritable autonomie par rapport aux branches de Droit voisines, que s'il lui correspond, à défaut de Code distinct, une juridiction distincte.

49. *Lien entre les règles de compétence et les règles de fond.* Aujourd'hui, les deux phénomènes se combinent : théoriquement, on refuse compétence aux tribunaux judiciaires pour juger certains procès (qui, dès lors, passent dans la compétence des juridictions administratives) par application de la vieille loi de 1790, soi-disant pour empêcher les tribunaux de 'troubler les opérations des corps administratifs', comme disait cette loi ; mais c'est devenu une fiction. On attribue en réalité compétence à la juridiction administrative (et on la dénie aux tribunaux judiciaires) lorsqu'on veut qu'un procès ne soit pas jugé sur la base des règles du droit civil. C'est, au moins la plupart du temps, la considération des règles qui seront applicables au jugement du fond du procès qui détermine l'attribution de compétence soit aux tribunaux judiciaires, soit aux juridictions administratives.

Donc, théoriquement, on choisit la compétence, et le changement des règles de fond qui seront appliquées s'ensuit ; mais en réalité, on choisit, au contraire, les règles de fond qu'on veut voir appliquer au procès, et la compétence s'ensuit. La rédaction de l'arrêt Blanco précité le montre bien. Ramené à son schéma, il tient, en somme, en deux propositions :

1° la responsabilité de l'Etat ne doit pas être appréciée selon les règles du Code civil;

2° par suite, les tribunaux judiciaires ne sont pas compétents.

Ainsi, la ligne frontière entre ce que régit le droit civil et ce que régit le droit administratif est, pratiquement, sensiblement la même que celle de la compétence des juridictions administratives; étudier l'une, c'est étudier l'autre.

NOTES

1. The reason why one cannot understand the structure of French substantive law without understanding the coexistence of *deux ordres de juridictions* (no. 29) is clearly stated by Waline in the concluding paragraphs (nos. 45–9) of the extract given here. The most characteristic trait of the structure of French substantive law is the dichotomy of private and public law. Although there are situations in which civil or criminal courts may have to apply public law (e.g. when a criminal court has to decide whether or not a regulation under which someone is prosecuted is valid) and the administrative courts may also have to refer to private law, the general rule is that private law is applied by the civil, and public law by the administrative, courts.

2. Waline takes the view (no. 45) that there would have been no separate body of administrative law if the ordinary courts had obtained or retained jurisdiction in matters concerning administrative authorities. This is the case in England where the ultimate jurisdiction in matters concerning the validity of administrative acts and redress against breach of contract or the consequences of unlawful acts done by public servants in the course of their duties vests in the ordinary courts.

3. As Professor S. A. de Smith says: 'There can be no doubt that the absence in the common law systems of a distinct body of public law, whereby proceedings against public authorities are instituted only before special administrative courts and are governed by a special body of rules, is directly traceable to the extensive use of prerogative writs by the Court of King's Bench.'[5] And one may add that the jurisdiction of the ordinary courts over breaches of contract and torts committed by public servants in their official capacity is equally important. Conversely the refusal of the French people to allow the ordinary courts to interfere with the administration accounts for the coexistence of the two jurisdictions and consequently of the two interlinked but separate bodies of substantive law.

4. To get the full flavour of the contrast compare the following texts:
(*a*) Art. 13 of the law of 16–24.8.1790 (which is still in force):

'Les fonctions judiciaires sont distinctes et demeureront toujours séparées des fonctions administratives. Les juges ne pourront, à peine de forfaiture, troubler de quelque manière que se soit, les opérations des corps administratifs, ni citer devant eux les administrateurs par raison de leur fonction.'

[5] *Judicial Review of Administrative Action*, B. 75, p. 376.

(b) Atkin L. J. in *R*. v. *Electricity Commissioners*:[6]

[The writs of prohibition and *certiorari*] are of great antiquity, forming part of the process by which the King's Court restrained courts of inferior jurisdiction from exceeding their powers. . . . Both writs deal with questions of excessive jurisdiction, and doubtless in their origin dealt almost exclusively with the jurisdiction of what is described in ordinary parlance as a Court of Justice. But the operation of the writs has extended to control the proceedings of bodies which do not claim to be, and would not be recognized as, Courts of Justice. Whenever any body of persons having legal authority to determine questions affecting the rights of the subjects, and having the duty to act judicially, act in excess of their legal authority, they are subject to the controlling jurisdiction of the King's Bench Division exercised in these writs.

This is widely agreed to be a classical statement of a fundamental rule of English law, and we must remember that (in both countries) very many administrative acts are performed by authorities which, in the sense in which Atkin L. J. used the word, have to act 'judicially'.

5. The jurisdiction of the French administrative courts is of a dual character:

(a) On the one hand it corresponds to that exercised by English courts in proceedings for prohibition, *certiorari*, or *mandamus*, i.e. the ultimate control over the legality of administrative action or inaction, and the power to annul administrative acts (*juridiction d'annulation*).

(b) On the other hand it gives redress to those who have suffered injury or damage as a result of a wrongful act on the part of a public servant acting in the course of his service, whether the wrong be a breach of contract or what in civil law would be called a delict or tort (*pleine juridiction*).

6. The administrative courts have, especially through the *pleine juridiction*, built up a body of public-law principles of contract and of delict. These exist side by side with the corresponding rules of private law.[7] In many respects they are similar and, what is more, there has been a constant 'give and take', that is influence and counter-influence between the *jurisprudence* of the ordinary and that of the administrative courts. There remain, however, very important differences, e.g. in the law of contract as applied by the *Cour de cassation* and by the *Conseil d'Etat*, that is the principles governing contracts between citizens and those between a citizen and an administrative authority.[8]

---

[6] [1924] I K.B. 171 at pp. 204 f.

[7] See the article by Brèthe de la Gressaye below, p. 221.

[8] For the most famous example, the doctrine of *imprévision* developed by the *Conseil d'Etat*, see below, Part II, p. 430.

7. Problems of the delimitation of jurisdiction as between the civil and the administrative courts are bound to arise, both in situations in which both claim jurisdiction (*conflit positif*) and in situations in which both disclaim it (*conflit négatif*). To decide such cases of conflict is the function of the *Tribunal des conflits*.[9] It is not its function to reconcile the substantive principles applied by the two *juridictions*.[10]

8. The contrast between English and French law can be further explained by analysing, in the light of English law, the three characteristics of French administrative law listed by Waline (no. 21).

(*a*) The first is fundamental (no. 22). Waline emphasizes the principle of French law that the State, that is the Government, has the inherent power to govern and to administer without any need for a detailed statutory grant of power in each case. This was the tradition inherited by the Revolution from the Monarchy, and in this (as in other respects, e.g. the law of 16–24.8.1790) French legal history illustrates Alexis de Tocqueville's thesis that the Revolution was the executor of the will of the defunct Monarchy. By contrast, English law has inherited the notion of inherent powers of the judiciary, including not only that of control of the administration, but also e.g. the power to punish for contempt of court, an idea alien to French law. The significance of this important point is further explained in the article by Brèthe de la Gressaye.[11] It is there pointed out that the power of the administration to act unilaterally, and, in so doing, to impose obligations on a citizen, is *une manifestation de puissance publique*, but can also be exercised where the administration performs acts of management (*gestion*) e.g. in connection with publicly owned property, because the existence and exercise of such unilateral powers is in the public interest. The issue becomes especially important in handling contractual relations between administrative authorities and citizens, as is explained in the article.

(*b*) As regards Waline's second point (no. 23) we see not a contrast, but a parallel between the two systems. The denial of judicial control of administrative action would be what Waline calls the *Polizeistaat*, a German term (literally 'police state') which is generally used to signify the antithesis of the 'rule of law' and which is synonymous with the unfettered rule of the executive. The need for protecting the citizen against administrative abuse is particularly great in a country in which the administration has the inherent powers referred to by Waline. This may be one of the reasons why France became the classical country of administrative law. It was and is the outcome of a combination of wide governmental power with an intense desire to protect the freedom of the citizen.

---

[9] See below, p. 301.   [10] See Waline no. 28.
[11] Below, p. 221.

(*c*) The principal contrast emerges with the third point (no. 24). Exactly the opposite is true of England. The parallel between England and France as regards Waline's second point, and the contrast as regards his third, mark the distinction between the rule of law and the rule of the ordinary courts. *France shares with England the rule of law—it does not share the rule of the courts.*

9. The structure of French administrative law is, for reasons set out by Waline (nos. 25–6), more like that of the English common law than of French civil law. The general principles are not codified; they have been developed by the *Conseil d'Etat*, and what there is of legislation—a vast body of it—is a laborious patchwork which (like so much of English statute law) can be understood only within the framework of principles not to be found in any enactment at all. By contrast, the principles, e.g. of the French law of civil delict, have all been distilled out of the short five articles 1382–6 of the *Code civil.*

10. The *juridiction administrative* comprises the *tribunaux administratifs* and the *Conseil d'Etat* (*statuant au contentieux*, i.e. in its judicial capacity). The *Tribunal des conflits* merely adjudicates on conflicts of jurisdiction, not on substantive law.[12] This is why there are two *ordres de juridiction* (no. 29). There is no *forum commune* for the *juridiction judiciaire* and the *juridiction administrative*. Thus, in the French sense, England, Scotland, and Northern Ireland have the same *ordre de juridiction* (because the ultimate appeal from the three countries goes to the House of Lords), but England and the Channel Islands have different *ordres de juridiction* because from the courts of the latter the ultimate appeal goes to the Judicial Committee of the Privy Council.

11. The historic struggle between *Parlements* and the *Intendants* should be compared with the struggle between the common law courts and the prerogative courts, and between the common law and equity in England.[13]

12. One may also compare the evolution of the *justice déléguée* out of the *juridiction retenue* as described by Waline (nos. 40–41) with the growth of the English Courts out of the *curia regis* at a much earlier stage of the development, or the subsequent, but similar, birth of the Chancellor's equitable jurisdiction.

From J. Brèthe de la Gressaye, 'Droit Administratif et Droit Privé' (1950)[14]

. . . Le principe de la distinction entre Droit administratif et Droit privé doit être recherché, semble-t-il, dans leur objet et dans leur but.

---

[12] See above, pp. 202 and 301.   [13] See above, p. 209.
[14] B. 73, in B. 14, vol. 1, pp. 304 ff.

L'objet du Droit administratif est l'activité de l'Administration, et celle-ci tantôt se comporte comme un particulier, en ce qui concerne par exemple la gestion du domaine privé, tantôt remplit une fonction propre consistant à assurer l'ordre (pouvoir de police), à conserver et à utiliser le domaine public, à organiser les services publics.

Le but du Droit administratif est d'assurer la suprématie de l'intérêt public. Il s'ensuit que l'Administration est dotée de prérogatives qui manifestent sa supériorité sur les simples particuliers, non seulement quand elle exerce des pouvoirs de puissance publique (pouvoir réglementaire, pouvoir de police, recouvrement des impôts), mais même quand elle gère le domaine public ou des services publics. Elle a le droit d'expropriation et de réquisition, elle bénéficie du privilège du préalable et de l'exécution d'office, elle décerne des contraintes contre ses débiteurs, et en revanche ses biens ne peuvent être saisis par ses créanciers. Enfin, quand l'Administration agit ainsi pour le bien public, elle a encore un privilège, celui d'être jugée par des juridictions administratives, et non par les tribunaux de l'ordre judiciaire.

Pour expliquer ces prérogatives exorbitantes du droit commun, la doctrine avait d'abord invoqué la notion de puissance publique. Mais la jurisprudence du Conseil d'Etat ayant étendu le régime particulier du Droit administratif à la gestion des services publics, ce critérium a été abandonné, et l'effort de la doctrine, avec MM. Jèze et Bonnard notamment, a tendu à construire tout le Droit administratif sur la notion de service public, assez difficile d'ailleurs à caractériser avec netteté, mais évoquant tout de même l'idée d'intérêt public. Maurice Hauriou, suivi par M. Waline, a mis au centre du Droit administratif, ce qu'il a appelé la décision exécutoire, acte unilatéral, émané d'un administrateur qualifié, susceptible de produire par lui-même des effets de droit. C'est une manifestation de puissance publique, un acte d'autorité, mais qui a une large portée et s'applique même aux actes de gestion, parce que l'intérêt public exige que l'Administration jouisse de cette prérogative. Que l'on conserve ou non l'idée d'autorité, l'idée de souveraineté de l'Etat, la notion d'intérêt public suffit à justifier les pouvoirs de l'Administration.

Pour expliquer ce particularisme du Droit administratif, l'idée de but va d'ailleurs rejoindre celle d'objet. C'est parce que l'Administration est au service du bien public qu'elle a une fonction propre et une activité différente de celle des particuliers.

Cependant les deux idées ne se confondent pas complètement. D'une part, les prérogatives de l'Administration ne sont-elles pas poussées trop loin lorsque sa responsabilité délictuelle n'est retenue, dans les circonstances les plus voisines de celle d'un particulier, que suivant les règles élaborées par le Conseil d'Etat, et son privilège d'échapper aux voies d'exécution forcée étendu à ses dettes privées, bref lorsque ni l'objet de son activité ni un but d'intérêt général ne justifient ces dérogations au droit commun?

D'autre part, dans des cas de plus en plus nombreux aujourd'hui, où cependant l'Administration remplit sa fonction propre, en vue de servir le bien public, la jurisprudence du Conseil d'Etat estime que les règles du Droit privé sont applicables, soit en totalité (recours à un contrat de droit privé pour assurer le fonctionnement d'un service public), soit du moins en partie (concession de service public, gestion direct d'un service public à caractère industriel ou commercial, entreprises nationalisées).

En sens inverse, le Droit administratif étend son domaine à des institutions privées qui sont placées sous le contrôle de l'Administration, telles que la mutualité et la coopération; et comme le fait social du corporatisme se manifeste aujourd'hui par la reconnaissance par l'Etat à des corps professionnels ou autres, comme les Ordres des professions libérales, d'un pouvoir de discipline sur tous leurs ressortissants et du droit de représenter leurs intérêts communs, qui confèrent à ces corps un certain caractère public, on se demande s'ils ne seraient pas des institutions administratives.

Il nous semble dès lors que le Droit administratif n'a pas une unité parfaite. Il comporte un dosage varié de Droit spécial et de Droit commun, suivant l'objet des activités de l'Administration et les procédés qu'elle emploie . . .

[The author deals with situations in which the administration acts unilaterally and continues:]

2. Si l'Administration procède souvent par décisions unilatérales elle est obligée, en temps normal, pour se procurer ce dont elle a besoin, de recourir plutôt qu'à la réquisition à des accords contractuels avec des fournisseurs ou entrepreneurs.

On appelle 'contrats administratifs' les contrats destinés à fournir à l'Administration des prestations, et non ceux par lesquels elle en fournit aux usagers des services publics. Les principaux sont: le marché de travaux publics, le marché de fournitures, la concession de service public.

Ces contrats administratifs se distinguent des contrats de Droit privé, que l'Administration peut aussi conclure suivant le droit commun, par des règles particulières de forme (l'adjudication, par exemple) et surtout par des règles de fond qui dérogent gravement aux principes du droit contractuel.

En Droit privé, il y a égalité entre les parties contractantes. Elles sont liées l'une et l'autre par le contrat, aucune d'elles ne peut y apporter de modifications unilatéralement en cours d'exécution, et si l'une a à se plaindre de l'inexécution par l'autre de ses engagements, elle ne peut obtenir la résolution du contrat et des dommages-intérêts qu'en s'adressant à la justice.

Dans les contrats administratifs, il n'y a pas égalité entre le fournisseur ou entrepreneur et l'Administration, celle-ci jouit de certaines prérogatives. Elle a le droit de modifier unilatéralement les conditions du marché ou de la concession, si les besoins du service l'exigent, sauf à indemniser le co-contractant du préjudice qui lui serait ainsi causé en rompant l'équilibre financier du contrat (théorie de l'imprévision).[15] Et si le fournisseur, l'entrepreneur ou le concessionnaire du service public ne remplit pas exactement ses engagements, l'Administration a le pouvoir de lui infliger elle-même des sanctions: amendes, résiliation, mise en régie ou sous séquestre. Ici encore joue le privilège du préalable: l'Administration se fait justice à elle-même, sans recourir à une juridiction.

La raison de ces privilèges est que le contrat administratif met en jeu d'un côté l'intérêt du service public, et de l'autre un intérêt privé. C'est ce qui justifie l'inégalité entre les parties, la supériorité de l'Administration.

Il n'en est que plus frappant que, dans un acte juridique comme le contrat qui repose sur l'accord des volontés, l'Administration puisse, une fois le contrat conclu, agir unilatéralement et sans action en justice préalable, comme lorsqu'elle agit par voie de décision exécutoire.

Il s'ensuit, ici aussi, que le contentieux des contrats administratifs ne connaît pas d'actions intentées par l'Administration, mais seulement des actions dirigées contre elle par ses co-contractants pour obtenir le paiement du prix ou de l'indemnité qui leur est dû (recours de pleine juridiction).

3. L'Administration peut causer un préjudice injuste soit à un administré soit à un fonctionnaire, par un acte juridique, spéciale-

---

[15] See Pt. II, p. 430.

ment une décision unilatérale émanant d'une autorité administrative, ou encore par une opération matérielle effectuée au cours de l'exécution de travaux publics ou du fonctionnement d'un service public. La responsabilité de l'Administration est soumise, comme aussi celle de l'agent auteur de l'acte, à des règles particulières dérogeant au droit commun des articles 1382 et suivants du Code civil . . .

. . . C'est l'Administration seule qui répond des fautes de service de ses agents, devant les tribunaux administratifs. Mais sa responsabilité n'est pas réglée par les principes du Droit civil.

La doctrine hésite sur le fondement de cette responsabilité : l'Administration est-elle responsable en tant que commettant, comme un chef d'industrie, ou en tant que personne morale agissant par l'intermédiaire de ses organes ? Mais comment expliquer que ses agents n'encourent pas de responsabilité personnelle, à la différence des préposés et des organes des personnes morales du Droit privé ? La responsabilité exclusive de l'Administration n'a-t-elle pas un fondement particulier dans la complexité de son organisation où des agents subalternes obéissent à des ordres d'autorités hiérarchiques supérieures, et où tous doivent faire application de règlements établis à l'avance, de sorte qu'il est bien difficile de retenir la responsabilité personnelle de l'agent qui a appliqué le règlement, suivant les instructions du service.

La Jurisprudence du Conseil d'Etat, sans s'arrêter à cette difficulté, affirme la responsabilité générale de l'Administration à raison des fautes de service, mais pour apprécier l'existence et la gravité de la faute de service, elle ne se sert pas du même critérium que la Cour de cassation pour les particuliers, elle tient compte des circonstances concrètes dans lesquelles l'activité administrative a causé le préjudice.

A une époque récente, le Conseil d'Etat a élargi, en un sens qui la rapproche de celle des particuliers, la responsabilité de l'Administration. Elle doit répondre même des fautes personnelles de ses agents, du moins lorsqu'elles ont été commises à l'occasion du service. Le cumul des responsabilités est admis depuis 1918, afin de mieux garantir les tiers lésés, et lorsque ceux-ci ont été indemnisés par l'Administration, elle peut exercer un recours en remboursement contre l'agent coupable d'une faute personnelle. C'est à peu près ce que décide la jurisprudence civile à propos des délits civils des préposés.

Le Conseil d'Etat, enfin, déclare l'Administration responsable des risques qu'elle a créés, pour les dommages résultant soit de l'exécution de travaux publics, soit plus récemment de l'emploi de machines et de véhicules dangereux. Mais si cette responsabilité se rapproche de celle du gardien d'une chose inanimée, qui a été dégagée par la Cour de cassation de l'article 1384, alinéa 1, du Code civil, elle est fondée directement sur l'idée de risque, et non sur celle d'une faute présumée.

Tout en demeurant différentes de la responsabilité des particuliers, la responsabilité de l'Administration et celle de ses agents, se sont profondément transformées depuis 1870, afin de mieux protéger l'intérêt des tiers lésés. Ceux-ci ont toujours un recours contre l'Administration devant la juridiction administrative, et en outre, exceptionnellement, contre l'agent coupable devant les tribunaux civils. L'Administration est la première responsable et souvent la seule, à la différence du commettant en Droit privé. Cette lourde responsabilité est la contre-partie équitable de ses pouvoirs exceptionnels et de l'étendue grandissante de ses interventions. Les prérogatives exorbitantes de l'Administration sont supportables parce qu'elles sont rachetées par sa responsabilité. Elle peut tout, mais si elle fait mal, elle paie.

NOTES

1. The object of the article is to analyse the difference between private and public law. This is done by:

   (*a*) explaining the principle of inequality of powers as between the administration and the citizen;

   (*b*) discussing the effect of this on

   (i) the power of the administration to impose obligations by unilateral administrative act,

   (ii) the operation of contracts between the administration and an individual;

   (*c*) demonstrating how the power to act unilaterally is balanced by far-reaching liabilities to compensate the individual for the injurious effect of such action or for the creation of risks.

2. Note the distinction between *exercice de puissance publique* (acts of authority, e.g. a tax demand, a requisition, or an order of the police forbidding a demonstration) and *actes de gestion* (acts of management, e.g. a contract with a builder for the erection of a police station, purchase of army stores, etc.). This is a distinction which we need not pursue here, except to point out that the principles of administrative law (as Brèthe de la Gressaye shows) have been applied by the *Conseil d'Etat* to those *actes de gestion* which, according to the *jurisprudence*, fall within the orbit

of public law. This does not involve all contracts made by the administration. Those which do not exhibit special characteristics, which do not contain terms that only the public administration would impose (*clauses exorbitantes*), are private law contracts made by the administration and fall within the jurisdiction of the ordinary courts and within the scope of private law.

3. In relation to contracts which fall within the scope of public law and under the jurisdiction of the administrative courts, the administration has the *prérogatives exorbitantes* mentioned in Brèthe de la Gressaye, e.g. the power of unilateral modification of the contractual terms in the public interest at the price of indemnifying the other party. The doctrine of *imprévision* must be seen in this context,[16] which explains why it was developed by the *Conseil d'Etat*, but has always been rejected by the *Cour de cassation*.

4. Moreover, in relation to public-law contracts (e.g. contractual concessions, building contracts, purchase of stores) the administration has powers of unilateral enforcement through penalties, execution, etc. The administration need not invoke the jurisdiction of any court to enforce its contracts, but, whatever it does, it does so at the risk of having to indemnify the other party. Hence in cases before the administrative courts falling within their power to give redress to the citizen (*recours de pleine juridiction*)[17] he is always plaintiff.

5. However, as is also pointed out in the Article, the number of cases in which the *administration* is regarded as having acted under private law is growing steadily, especially in connection with industrial and commercial activities. On the other hand, professional bodies, if they exercise public functions, may be regarded as falling under administrative law. The author concludes that 'le droit administratif n'a pas une unité parfaite'. He also doubts whether, e.g. in relation to delictual liability and to the exemption from execution of private-law contracts, the prerogatives of the administration do not go too far.

6. In the concluding passages he discusses what corresponds to delictual liability in civil law, and points out that the *Conseil d'Etat* has taken the view that, where the administration is liable for wrongful exercise of their power by its servants in the course of their service (*faute de service*), the victim can make only the administration and not the servant responsible, which is quite different in the corresponding situation of vicarious liability under art. 1384 of the *Code civil*, and is justified by the public-law obligation of a servant to obey superior orders. In those cases, however, in which the administration is liable for *fautes personnelles* of its servants (e.g. negligence

---

[16] See below, Part II, p. 430.   [17] See above, pp. 218 and 234.

in delaying a postal package, as distinct from faulty organization of the postal service), it can take its recourse against the servant.

7. The general principles of delictual liability differ from those of the civil law, but the principle of risk liability imposed by the *Conseil d'Etat* often produces results similar to the presumption of liability imposed by the ordinary courts under art. 1384 of the code. In this connection it is important that liability for motor accidents has been taken entirely out of the hands of the administrative courts and subjected to the principles of private law and the jurisdiction of the civil courts.[18]

8. When we get down to details of practical importance it will be seen that the distinction between the public- and private-law spheres begins to look very arbitrary. It cannot in fact be understood except in terms of positive law, partly contained in the relevant legislation (such as the law of 1957 on motor accidents) and partly in the *jurisprudence* of the *Conseil d'Etat* (such as the distinction between private-law and administrative-law contracts).

9. It will also be seen that the great difficulties of delimitation may lead to potential hardship for the individual, e.g. if the victim of an accident (not a motor accident) seeks to get redress from the allegedly guilty public servant and, taking the view that his fault was a *faute personnelle*, sues him in the civil courts, and the courts take the view that it was a *faute de service* for which only the administration can be made responsible and only in the administrative courts. If the latter take the opposite view, a denial of justice arises. For the legislation passed to remedy this situation see below.[19]

B.   The Dual Jurisdiction of the Administrative Courts

1 Juridiction en annulation

NOTE

As has been explained the French administrative courts exercise judicial control over the legality of the administration and, in countless cases, have annulled its actions or refusals to act. We have selected a few examples to counterbalance the earlier account of the problem of control over *lois*. Accordingly they are instances of administrative measures which were taken at the highest level and—according to the Government—under powers conferred ultimately by the Constitution.

---

[18] Law of 31.12.1957.   [19] p. 305.

(a) *Constitution art.* 37

Conseil d'Etat 4.7.1969
(Ordre des Avocats près la Cour d'appel de Paris et autres)

A.J. 1970.43 note Molinier   R.D.P. 1970.1449

LE CONSEIL D'ETAT; — Considérant que les requêtes sus-visées de
l'Ordre des avocats près la cour d'appel de Paris et autres sont
dirigées contre le décret du 3 janvier 1966 modifiant le décret du 30
septembre 1953 réglant les rapports entre bailleurs et locataires en
ce qui concerne le renouvellement des baux à loyer d'immeubles ou
de locaux à usage commercial, industriel ou artisanal et ont fait
l'objet d'une instruction commune; qu'il y a lieu de les joindre pour
y être statué par une seule décision;
. . .
En ce qui concerne les conclusions dirigées contre les articles 1er *et*
7 *du décret:*
Considérant que les requérants soutiennent que le gouvernement,
en fixant dans l'article 1er du décret attaqué les conditions dans
lesquelles doit être calculée la valeur locative en cas de renouvellement ou de révision des baux commerciaux, aurait porté atteinte aux
principes fondamentaux du régime de la propriété, des droits réels et
des obligations civiles et commerciales, lesquels sont du domaine de
la loi en vertu de l'article 34 de la Constitution, et aurait ainsi
outrepassé les limites de la compétence du pouvoir réglementaire
telle qu'elle est déterminée par l'article 37 de ladite Constitution;
Considérant que les principes fondamentaux dont s'agit doivent
nécessairement être appréciés dans le cadre des limitations de portée
générale qui ont été introduites par la législation antérieure en
matière de baux commerciaux et notamment par le décret du 30
septembre 1953 et la loi du 12 mai 1965; qu'il ressort de cette
législation qu'elle subordonne d'une manière générale le droit des
propriétaires de louer leurs locaux à caractère industriel ou commercial et de fixer le montant des loyers de ces locaux à l'observation
d'un ensemble de prescriptions reconnues nécessaires par les pouvoirs
publics; qu'en application de cette législation, l'article 23 du décret
du 30 septembre 1953, qui disposait que le montant du loyer des baux
à renouveler ou à réviser devrait correspondre à la valeur locative
équitable et énumérait trois éléments dont il devait 'notamment' être
tenu compte pour déterminer cette valeur, se bornait à fixer certaines

modalités du calcul du loyer sans toucher aux principes fondamentaux sus-visés; que, dès lors, le décret attaqué a pu sans porter
atteinte à ces principes et pour rendre plus précise la détermination
de la valeur locative, ne pas reprendre le qualificatif 'équitable' et
substituer huit éléments aux trois mentionnés dans ledit article;

Considérant, en revanche, que l'article 7 du décret attaqué qui
modifie l'article 33 du décret du 30 septembre 1953 et prévoit que
'toutes les actions exercées en vertu du présent décret se prescrivent
par une durée de deux années' institue une prescription; qu'en fixant
ainsi un délai dont le terme entraîne l'extinction d'une obligation, les
auteurs du décret attaqué ont touché aux principes fondamentaux
des obligations civiles, lesquels relèvent, ainsi qu'il a été dit, du
domaine de la loi; que, par suite, les requérants sont fondés à
demander l'annulation de l'article 7 du décret sus-visé;

. . .

DÉCIDE:

Art. 1er: L'article 7 du décret sus-visé n° 66–12 du 3 janvier 1966
est annulé.

Art. 2: Le surplus des requêtes sus-visées est rejeté.

(b) *Constitution art.* 38

Conseil d'Etat 24.11.1961

(Fédération nationale des syndicats de Police de France et
d'outre-mer)

D. 1962.424 note Fromont   S. 1963.59 note Hamon

LE CONSEIL D'ETAT; — Vu la requête présentée pour la Fédération
nationale des syndicats de police de France et d'outre-mer . . .
tendant à ce qu'il plaise au Conseil annuler pour excès de pouvoir
l'ordonnance du 18 août 1960 modifiant la loi du 28 sept. 1948
relative au statut spécial des personnels de police, en tant qu'elle
détermine les règles d'élaboration des statuts des personnels de police
de la Sûreté nationale . . .

Vu la Constitution du 4 oct. 1958;

. . .

Considérant qu'aux termes de l'art. 34 de la Constitution du 4 oct.
1958 'la loi fixe . . . les règles concernant . . . les garanties fondamentales accordées aux fonctionnaires civils et militaires de l'Etat';

que si la loi du 4 févr. 1960 habilitait le Gouvernement à prendre, pendant un délai limité, des 'mesures comprises normalement dans le domaine de la loi et nécessaires pour assurer le maintien de l'ordre', et, par conséquent, à fixer par ordonnance prise en vertu de l'art. 38 de la Constitution, les garanties fondamentales reconnues aux personnels de police de la Sûreté nationale, les dispositions attaquées de l'art. 1er de l'ordonnance du 18 août 1960, loin de déterminer ces garanties, donnent au Gouvernement tout pouvoir de régler par décrets en Conseil d'Etat le statut de ces personnels, les dispositions de l'ordonnance du 4 févr. 1959 portant statut général des fonctionnaires ne demeurant applicables à ceux-ci que dans la mesure où le Gouvernement aura choisi de n'y pas déroger; qu'il s'ensuit que l'art. 1er a pour effet de transférer au Gouvernement d'une manière permanente le pouvoir de définir les garanties fondamentales accordées aux personnels de police de la Sûreté nationale; qu'en conséquence la fédération requérante est fondée à soutenir que ledit article viole l'art. 34 de la Constitution et à en demander pour ce motif l'annulation;

. . .

(Annule)

(c) *Constitution art.* 16
[This and the next case followed the attempted Algerian putsch in the spring of 1961. From April to September of that year the 'emergency powers' of art. 16 of the Constitution were in force. One of the decisions taken under this article by President de Gaulle was to set up special tribunals to deal with insurrectionaries.]

Conseil d'Etat 2.3.1962
(Rubin de Servens et autres)

S. 1962.147 note Bourdoncle   D. 1962.109 note Morange

LE CONSEIL D'ETAT; — Considérant que les requêtes susvisées présentent à juger les mêmes questions; qu'il y a lieu de les joindre pour y être statué par une seule décision;

Considérant que, par décision en date du 23 avr. 1961, prise après consultation officielle du Premier ministre et des présidents des Assemblées et après avis du Conseil Constitutionnel, le Président de la République a mis en application l'art. 16 de la Constitution du

4 oct. 1958; que cette décision présente le caractère d'un acte de gouvernement dont il n'appartient au Conseil d'Etat ni d'apprécier la légalité ni de contrôler la durée d'application; que ladite décision a eu pour effet d'habiliter le Président de la République à prendre toutes les mesures exigées par les circonstances qui l'ont motivée et, notamment, à exercer dans les matières énumérées à l'art. 34 de la Constitution le pouvoir législatif et dans les matières prévues à l'art. 37 le pouvoir réglementaire;

Considérant qu'aux termes de l'art. 34 de la Constitution 'la loi fixe les règles concernant . . . la procédure pénale . . . la création de nouveaux ordres de juridiction'; que la décision attaquée en date du 3 mai 1961, intervenue aprés consultation du Conseil Constitutionnel, tend d'une part à instituer un tribunal militaire à compétence spéciale et à créer ainsi un ordre de juridiction au sens de l'art. 34 précité, et, d'autre part, à fixer les règles de procédure pénale à suivre devant ce tribunal; qu'il s'ensuit que ladite décision, qui porte sur des matières législatives et qui a été prise par le Président de la République pendant la période d'application des pouvoirs exceptionnels, présente le caractère d'un acte législatif dont il n'appartient pas au juge administratif de connaître; . . . (Rejet).

(d) *Constitution art. 3 al. 1 and art. 11*
[In 1962 a settlement of the Algerian crisis was reached at Evian. Its terms were approved by referendum and became the *loi du 13 avril 1962.* Acting, as he thought, under art. 2 thereof the President of the Republic set up a Military Court of Justice by *ordonnance.* Having been condemned to death by this Court, Canal and others sought to have the *ordonnance* annulled.]

Conseil d'Etat 19.10.1962
(Canal, Robin et Godot)

S. 1963.32   J.C.P. 1963 II 13068 note Debbasch   D. 1962.687

LE CONSEIL D'ETAT; — Sur la fin de non-recevoir opposée par le ministre de la justice et le ministre des armées: — Considérant que l'art. 2 de la loi du 13 avr. 1962 adoptée par le peuple français par la voie du référendum, autorise le Président de la République 'à arrêter, par voie d'ordonnance ou, selon le cas, de décrets en Conseil des ministres, toutes mesures législatives ou réglementaires relatives

à l'application des déclarations gouvernementales du 19 mars 1962';
qu'il résulte de ses termes mêmes que ce texte a eu pour objet, non
d'habiliter le Président de la République à exercer le pouvoir
législatif lui-même, mais seulement de l'autoriser à user exceptionnellement, dans le cadre et les limites qui y sont précisées, de son
pouvoir réglementaire, pour prendre, par ordonnances, des mesures
qui normalement relèvent du domaine de la loi; qu'il suit de là que
l'ordonnance attaquée du 1er juin 1962, qui a été prise en application
de l'art. 2 de la loi du 13 avr. 1962, conserve le caractère d'un acte
administratif et est susceptible, comme tel, d'être déférée au Conseil
d'Etat par la voie du recours pour excès de pouvoir;

Sur la recevabilité de l'intervention des sieurs Bonnefous, Lafay,
Plait, Jager et André: — Considérant que les sieurs Bonnefous,
Lafay, Plait, Jager et André ont intérêt à l'annulation de l'ordonnance
attaquée et que, par suite, leur intervention est recevable;

Sur les conclusions de la requête tendant à l'annulation de
l'ordonnance du 1er juin 1962 instituant une Cour militaire de
justice;

Sans qu'il soit besoin de statuer sur les autres moyens de la
requête: — Considérant que, si l'art. 2 de la loi du 13 avr. 1962
précité a donné au Président de la République de très larges pouvoirs
en vue de prendre toutes mesures législatives en rapport avec les
déclarations gouvernementales du 19 mars 1962 relatives à l'Algérie
et si de telles mesures pouvaient comporter, notamment, l'institution
d'une juridiction spéciale chargée de juger les auteurs des délits et
des infractions connexes commis en relation avec les événements
d'Algérie, il ressort des termes mêmes aussi bien que de l'objet de la
disposition législative précitée, que l'organisation et le fonctionnement d'une telle juridiction ne pouvait légalement porter atteinte aux
droits et garanties essentielles de la défense que dans la mesure où,
compte tenu des circonstances de l'époque, il était indispensable de
le faire pour assurer l'application des déclarations gouvernmentales
du 19 mars 1962;

Considérant qu'il ne résulte pas de l'instruction que, eu égard à
l'importance et à la gravité des atteintes que l'ordonnance attaquée
apporte aux principes généraux du droit pénal, en ce qui concerne,
notamment, la procédure qui y est prévue et l'exclusion de toute voie
de recours, la création d'une telle juridiction d'exception fût
nécessitée par l'application des déclarations gouvernementales du 19
mars 1962; que les requérants sont dès lors, fondés à soutenir que

ladite ordonnance, qui excède les limites de la délégation consentie par l'art. 2 de la loi du 13 avr. 1962, est entachée d'illégalité; qu'il y a lieu, par suite, d'en prononcer l'annulation; . . . (Annule).

NOTES

1. The last two cases illustrate the distinction between certain measures whose normative source is art. 16 of the Constitution and those which spring from a particular *loi référendaire.*

2. Does it follow from *Rubin de Servens* that *every* measure taken under art. 16 '*porte sur des matières législatives au sens de l'art.* 34'?

3. After the *Canal* case the Government proposed, the Parliament enacted and the President promulgated the *loi du* 15 *janv.* 1963, art. 50 of which provided that the *ordonnances* issued under the 1962 *loi référendaire* '*ont et conservent force de loi à partir de leur publication.*'

2 Pleine juridiction

Since 1790 the ordinary courts may not *troubler* **de quelque manière que ce soit** *les opérations des corps administratifs.* It follows that, not only may they not consider 'administrative' matters, but may not (as a general rule) hear ordinary actions in contract and tort where the administration is a party. That task also is for the *tribunaux d'ordre administratif.*[20] Out of the innumerable cases we have chosen only one: in which the Conseil d'État—which cannot consider the *legality* of a *statute*—nonetheless decides that a private person may be awarded *damages* for the particular economic loss sustained as a result of the enactment.

Conseil d'Etat 14 janv. 1938
(Société Anonyme des produits laitiers 'La Fleurette')
S. 1938.3.25 concl. Roujou, note Laroque   D. 1938.3.41 note Rolland

LE CONSEIL D'ETAT; — Vu la loi du 29 juin 1934, la loi du 24 mai 1872, art. 9; — Considérant qu'aux termes de l'art. 1er de la loi du 29 juin 1934, relative à la protection des produits laitiers: 'Il est interdit de fabriquer, d'exposer, de mettre en vente ou de vendre, d'importer,

---

[20] Unless the acts of the *fonctionnaire* are so far outside his official powers as to constitute *une voie de fait*: see Cons. d'Etat 18.11.1949 (Carlier) S. 1950.3.49 note Drago.

d'exporter ou de transiter: 1° sous la dénomination de 'crème', suivie ou non d'un qualificatif ou sous une dénomination de fantaisie quelconque, un produit présentant l'aspect de la crème, destiné aux mêmes usages, ne provenant pas exclusivement du lait, l'addition de matières grasses étrangères étant notamment interdite'; — Considérant que l'interdiction ainsi édictée en faveur de l'industrie laitière a mis la société requérante dans l'obligation de cesser de fabriquer le produit qu'elle exploitait antérieurement sous le nom de 'gradine', lequel entrait dans la définition donnée par l'article de loi précité et dont il n'est pas allégué qu'il présentait un danger pour la santé publique; que rien, ni dans le texte même de la loi ou dans ses travaux préparatoires, ni dans l'ensemble des circonstances de l'affaire, ne permet de penser que le législateur a entendu faire supporter à l'intéressé une charge qui ne lui incombe pas normalement; que cette charge, créée dans un intérêt général, doit être supportée par la collectivité; qu'il suit de là que la Soc. 'La Fleurette' est fondée à demander que l'Etat soit condamné à lui payer une indemnité en réparation du préjudice par elle subi; — Mais considérant que l'état de l'instruction ne permet pas de déterminer l'étendue de ce préjudice; qu'il y a lieu de renvoyer la requérante devant le ministre de l'agriculture pour qu'il y soit procédé à la liquidation, en capital et intérêts, de l'indemnité qui lui est due; — Art. 1er. La décision implicite de rejet résultant du silence gardé par le ministre de l'agriculture sur la demande d'indemnité formée par la société requérante est annulée. — Art. 2. La société est renvoyée devant le ministre de l'agriculture pour y être procédé à la liquidation de l'indemnité à laquelle elle a droit, en capital et intérêts. — Art. 3. L'Etat est condamné aux dépens.

NOTES

1. The *annulation* is of the Minister's refusal (deduced from his silence) to pay compensation to *La Fleurette S.A.* when claimed.

2. Had the *texte* of the *loi* provided that no compensation would be payable that would, of course, have ended the matter. But the *Conseil d'Etat* goes further and looks to see if any such indication appears from the *travaux préparatoires*.

3. In its absence the tribunal applies the general principle of *L'égalité devant les charges publiques* — the effect of the *loi* on this particular company was to force it out of business.

C.   The French 'Ombudsman'

From Loi no. 73–6 du 3.1.1973 instituant un médiateur;
complétée par Loi no. 76–1211 du 24.12.1976

Art. 1ᵉʳ. — Un médiateur reçoit, dans les conditions fixées par la
présente loi, les réclamations concernant, dans leurs relations avec
les administrés, le fonctionnement des administrations de l'Etat, des
collectivités publiques territoriales, des établissements publics et de
tout autre organisme investi d'une mission de service public.
Dans la limite de ses attributions, il ne reçoit d'instruction
d'aucune autorité.

Art. 2. — Le médiateur est nommé pour six ans par décret en
conseil des ministres. Il ne peut être mis fin à ses fonctions avant
l'expiration de ce délai qu'en cas d'empêchement constaté dans des
conditions définies par décret en Conseil d'Etat. Son mandat n'est
pas renouvelable.

Art. 3. — Le médiateur ne peut être poursuivi, recherché, arrêté,
détenu ou jugé à l'occasion des opinions qu'il émet ou des actes qu'il
accomplit dans l'exercice de ses fonctions.

Art. 6. — Toute personne physique qui estime, à l'occasion d'une
affaire la concernant, qu'un organisme visé à l'article 1ᵉʳ n'a pas
fonctionné conformément à la mission de service public qu'il doit
assurer, peut, par une réclamation individuelle, demander que
l'affaire soit portée à la connaissance du médiateur. Est considérée
comme individuelle la réclamation présentée au nom d'une personne
morale si la personne physique qui la présente a elle-même un intérêt
direct à agir.
La réclamation est adressée à un député ou à un sénateur. Ceux-ci
la transmettent au médiateur si elle leur paraît entrer dans sa
compétence et mériter son intervention.
Les membres du Parlement peuvent, en outre, de leur propre chef,
saisir le médiateur d'une question de sa compétence qui leur paraît
mériter son intervention.
Sur la demande d'une des six commissions permanentes de son
assemblée, le président du Sénat ou le président de l'Assemblée
nationale peut également transmettre au médiateur toute pétition
dont son assemblée a été saisie.

Art. 7. — La réclamation doit être précédée des démarches nécessaires auprès des administrations intéressées.
Elle n'interrompt pas les délais de recours, notamment devant les juridictions compétentes.

Art. 9. — Lorsqu'une réclamation lui paraît justifiée, le médiateur fait toutes les recommandations qui lui paraissent de nature à régler les difficultés dont il est saisi et, le cas échéant, toutes propositions tendant à améliorer le fonctionnement de l'organisme concerné.
Lorsqu'il apparaît au médiateur, à l'occasion d'une réclamation dont il a été saisi, que l'application de dispositions législatives ou réglementaires aboutit à une iniquité, il peut recommander à l'organisme mis en cause toute solution permettant de régler en équité la situation du requérant, proposer à l'autorité compétente toutes mesures qu'il estime de nature à y remédier et suggérer les modifications qu'il lui paraît opportun d'apporter à des textes législatifs ou réglementaires.
Le médiateur est informé de la suite donnée à ses interventions. A défaut de réponse satisfaisante dans le délai qu'il a fixé, il peut rendre publiques ses recommandations. L'organisme mis en cause peut rendre publique la réponse faite et, le cas échéant, la décision prise à la suite de la démarche faite par le médiateur.

Art. 10. — A défaut de l'autorité compétente, le médiateur peut, au lieu et place de celle-ci, engager contre tout agent responsable une procédure disciplinaire ou, le cas échéant, saisir d'une plainte la juridiction répressive.

Art. 11. — Le médiateur ne peut intervenir dans une procédure engagée devant une juridiction, ni remettre en cause le bien-fondé d'une décision juridictionnelle, mais a la faculté de faire des recommandations à l'organisme mis en cause.
Il peut, en outre, en cas d'inexécution d'une décision de justice passée en force de chose jugée, enjoindre à l'organisme mis en cause de s'y conformer dans un délai qu'il fixe. Si cette injonction n'est pas suivie d'effet, l'inexécution de la décision de justice fait l'objet d'un rapport spécial présenté dans les conditions prévues à l'article 14 et publié au Journal officiel.

Art. 12. — Les ministres et toutes autorités publiques doivent faciliter la tâche du médiateur.
Ils sont tenus d'autoriser les agents placés sous leur autorité à

répondre aux questions et éventuellement aux convocations du médiateur, et les corps de contrôle à accomplir, dans le cadre de leur compétence, les vérifications et enquêtes demandées par le médiateur. Les agents et les corps de contrôle sont tenus d'y répondre ou d'y déférer. Ils veillent à ce que ces injonctions soient suivies d'effet.

Art. 13. — Le médiateur peut demander au ministre responsable ou à l'autorité compétente de lui donner communication de tout document ou dossier concernant l'affaire à propos de laquelle il fait son enquête. Le caractère secret ou confidentiel des pièces dont il demande communication ne peut lui être opposé sauf en matière de secret concernant la défense nationale, de sûreté de l'Etat ou de politique extérieure.

En vue d'assurer le respect des dispositions relatives au secret professionnel, il veille à ce qu'aucune mention permettant l'identification des personnes dont le nom lui aurait été ainsi révélé ne soit faite dans les documents publiés sous son autorité.

Art. 14. — Le médiateur présente au Président de la République et au Parlement un rapport annuel dans lequel il établit le bilan de son activité. Ce rapport est publié.

Art. 14 bis. — Sera punie d'un emprisonnement de un à six mois et d'une amende de 2 000 francs à 10 000 francs ou de l'une de ces deux peines seulement toute personne qui aura fait ou laissé figurer le nom du médiateur, suivi ou non de l'indication de sa qualité, dans tout document de propagande ou de publicité, quelle qu'en soit la nature.

NOTE

Compare Parliamentary Commissioner Act 1967.

Section: 2 *Ius cogens* and *ius dispositivum* (mandatory and non-mandatory rules); *Ordre public* and *Bonnes mœurs*

1. This section deals with the difference between rules which do not and those which do yield to a contrary intention. The French use the phrases *lois impératives* and *lois supplétives* although, even in their system, not all the rules are statutory.

2. There is no easy two-fold distinction but, simplifying somewhat, we can discern the following categories:

(*a*) At one extreme are rules which yield to no exercise of the human will (save, of course, that of the legislator). A prime example is the prohibition against murder (statutory in France, though not in England) which those who favour euthanasia would like to see capable of being set aside by the will of the victim and his medical advisers. Other instances are the Rule in *Shelley*'s case, the Rule against Perpetuities and the Rule against contractual penalties; they are often signalled by the phrase 'It is a rule of law that . . .'

(*b*) At the other extreme we find rules, no matter how august their source, which have no normative effect whatever unless invoked —the Statute of Frauds is the great example.

Within these extremes we may distinguish:

(*c*) Rules which operate unless set aside by one human will—such as the intestacy regimes of both systems;

(*d*) Rules which need the consent of two wills to be set aside—the standard French matrimonial regime for instance, or (in principle) the rule in *Donoghue* v. *Stevenson*;

(*e*) Rules which can be set aside by the judicial will either

   (i) with the consent of the parties (usually expressed in their contract) as in various provisions of the Unfair Contract Terms Act 1977; or

   (ii) against the will of one of the parties. Thus the Code civil art. 1152 enacts:

     'Lorsque la convention porte que celui qui manquera de l'exécuter paiera une certaine somme à titre de dommages-intérêts, il ne peut être alloué à l'autre une somme plus forte ni moindre.'

     In 1975, however, there was added to this celebration of the ancient principle '*convenance vaint loi*'[21] an alinea which runs:

      'Néanmoins le juge peut modérer ou augmenter la peine qui avait été convenue si elle est manifestement excessive ou dérisoire. Toute stipulation contraire sera réputée non écrite'.[22]

---

[21] Phillippe de Beaumanoir, Coutumes de Beauvaisis (c. 1286) ed. Salmon. Picard, Paris, 1900, vol. 2, p. 999.

[22] *Loi no.* 75–597 *du* 9.7.1975.1231. It also introduces a new art. 1231.

3. The idea that certain rules are so important as to be *ius cogens* is not new. Recent years, however, have seen both systems making use of mandatory legislation in the fields of social law and of consumer protection. Examples of the former would be the Rent Acts and minimum wage legislation of both countries. The second type is found in the Unfair Contract Terms Act 1977, many of whose provisions protect consumers dealing with business-men but not the latter, or private citizens, dealing *inter se*. Similar distinctions are found in a French statute of 1978 which relates (*inter alia*) to 'les contrats conclus entre professionnels et non-professionnels ou consommateurs' and avoids 'clauses imposées . . . par un abus de la puissance économique . . .'[23]

4. As Julliot de la Morandière points out, there are three kinds of enactment.[24] Some statutes say, in so many words, that they yield to the contrary intention of the parties. Some expressly say that they do not so yield—as in the new addition to C. civ. 1152 above. But many statutes say neither—for instance the basic 'tort' provision of art. 1382: 'Tout fait quelconque de l'homme qui cause à autrui un dommage, oblige celui par la faute duquel il est arrivé, à le réparer.'

5. In this third situation it is the task of *la jurisprudence* and *la doctrine* to decide the issue. It is rightly emphasized by Julliot de la Morandière that this gives great power to the courts. Thus the *jurisprudence* of the *Cour de cassation* that art. 1382–6, which deal with delictual liability, are *des lois impératives*, was an act of creative judicial law-making to cope with the problem of exemption clauses. The English courts never arrived at the simple proposition that the rule against careless infliction of bodily harm was *ius cogens*; but— at least as to 'business liability'—Parliament achieved this by UCTA 1977 s. 2(1). As to other types of harm the common law is still in a state of flux. Indeed the great debate about whether it is a rule of law that one cannot exclude liability for fundamental breach or a principle of construction that one is not likely to have done so— amounts to asking whether such liability should be *ius cogens* or *ius (difficiliter) dispositivum*.[25]

---

[23] *Loi du* 10.1.1978 *sur la protection . . . des consommateurs.* D.S. 1978. L. 86.
[24] Below, p. 246.
[25] *Suisse Atlantique etc. S.A.* [1966] 2 All E.R. 61 esp. per Lord Reid at 76.

6. The term *ordre public* cannot be simply translated by 'public policy'. The reason is that it has two meanings:

(*a*) A *loi impérative* is also said to be a *loi d'ordre public*. This is the way the term is used e.g. in Mazeaud/Mazeaud,[37] 'Le domaine de la loi impérative dépend de la notion d'ordre public.' While the terms *loi impérative* and *loi d'ordre public* are often treated as synonymous,[38] this way of looking at *ordre public* (though predominant) is not shared by all authors.[39] The English term 'public policy' could here be used only in the sense that one speaks of a statute which represents a public policy and cannot therefore be contracted out of. This is not, of course, the normal way of using the term 'public policy'.

(*b*) But *ordre public* also has a meaning similar to that usually associated with 'public policy'. All *lois impératives* express principles of *ordre public*, but not all principles of *ordre public* are expressed in *lois impératives*. 'La cause est illicite quand elle est contraire à l'ordre public, sans qu'il soit nécessaire qu'elle soit prohibée par la loi.' This is the cardinal principle expressed by the *Cour de cassation* in the fundamentally important decision of 4.12.1929[40] which—seen in a comparative context—makes it clear that something closely akin to the common-law notion of public policy is inherent in French law.[41] This view of the significance of the decision of 1929 and of *ordre public* in general is expounded by Julliot de la Morandière.[42]

7. The wider meaning of *ordre public*, as established by the decision of 1929 and its general approval by the *doctrine*, is closely linked with the concept of the function of codification formulated by Portalis.[43] Without mentioning Portalis's name, Julliot de la Morandière clearly refers to the *Discours Préliminaire* where he says that the Fathers of the Code 'savaient que tout ne peut être prévu'. Those considering the decision of 1929 as an isolated case and as not yielding a principle

[37] B. 26, vol. 1, no. 68.
[38] e.g. by Carbonnier, B. 19, vol. 1, no. 24.
[39] Not e.g. by Malaurie, *Ordre public*, B. 78, para. 1.
[40] Below, p. 253.
[41] Compare this case with *Horwood* v. *Millar's Timber and Trading Co. Ltd.* [1917] 1 K.B. 305 (C.A.).
[42] Below, p. 246.
[43] See above, 91.

may be said to represent 'legislative utopianism' in the spirit of Bentham.[44]

8. Another reason why one cannot translate *ordre public* as 'public policy' is that a large part of the area covered in England by 'public policy' is covered in France by the sister concept of *bonnes mœurs*.[45] Many of the cases in which this notion was applied referred to sexual immorality, but *bonnes mœurs* is more than the antithesis of sexual immorality. Note that, according to Julliot de la Morandière, there is no essential distinction between *ordre public* and *bonnes mœurs*, and if there were such a distinction in the past, its significance must have been reduced by the wide acceptance of the interpretation of *ordre public* in the case of 1929. Both concepts appear together in art. 6 and art. 1133 of the Code. There are legal systems in which the term *boni mores* (or its translation into a modern language) is the equivalent of 'public policy' in the common law.[46]

9. The power of the judiciary has, as Julliot de la Morandière points out,[47] been increased by the growth of mandatory legislation and especially of legislation the mandatory or non-mandatory character of which depends on the decisions of the courts. This has been reinforced by the acceptance of the principle that there are rules of *ordre public* which owe their origin not to legislation but to their recognition by the courts.

10. Can and must courts in general and the *Cour de cassation* in particular consider *ordre public* (including mandatory laws) and *bonnes mœurs ex officio*? Compare with the principle that they can and must the solution of the problem in English law.[48] In England illegality is considered *ex officio* if a contract is *ex facie* illegal, but not otherwise; in France it is considered *ex officio* by the judge 'pourvu qu'il ne s'appuie pas sur des faits autres que ceux qui lui sont soumis'.[49] Nor must he give to a party a judgment for what he has

---

[44] See e.g. Malaurie, op. cit., B. 78, para. 10.
[45] See Julliot de la Morandière's footnote below, p. 248.
[46] See e.g. para. 138 of the German Civil Code.
[47] Below, p. 245.
[48] Lord Haldane in *North. Western Salt Co. Ltd.* v. *Electrolytic Alkali Co. Ltd.*, [1914] A.C. 461, and p. 469; *Edler* v. *Auerbach* [1950] 1 K.B. 359, per Devlin J. at 371; *Chettiar* v. *Chettiar* [1962] A.C. 294 (P.C.).
[49] Julliot de la Morandière, B. 77, p. 396.

not claimed.[50] How do English and French law compare in this respect? In which system do the judges exercise wider powers? Would the case Cass. soc. 18.3.1955[51] have been decided differently had the lower court given the plaintiff twelve rather than forty days' holiday pay, on the basis, not of the *arrêté préfectoral* which had been pleaded but was no longer in force, but of the law of 10.3.1948 which was in force yet had not been pleaded? (This case originated in the *Conseil de prud'hommes*, the 'industrial tribunal', and went by way of appeal to what was then the *tribunal civil*.)

11. The court can never apply a mandatory law *ex officio* if the sanction is *nullité relative* and not *nullité absolue*, terms which are not identical with but comparable to 'voidability' and 'voidness'. The rules of *prescription* referred to by Malaurie[52] are in art. 2262 and 1304 of the Code: the first is the normal principle of thirty years (*prescription trentenaire*), the second the exceptional rule for 'nullity actions' which provides for a five- (formerly ten-) year period.

12. For the subject here discussed see the very interesting monograph by Dennis Lloyd, *Public Policy, a Comparative Study in English and French Law*.[53]

From L. Julliot de la Morandière, 'L'Ordre public en Droit privé interne' (n.d.)[54]

. . . Ce qui frappe en effet, lorsque l'on rassemble les décisions judiciaires qui font appel à la notion d'ordre public, c'est leur diversité . . .

Mais sous cette diversité, on peut facilement découvrir l'unité de la notion d'ordre public. Je ne voudrais pas me hasarder à donner une définition scientifique et précise de l'ordre public: un des caractères même de cette notion est son imprécision. Il est facile cependant, en dehors de tout système préconçu, en prenant les mots 'ordre public' dans leur sens courant, ordinaire, d'en dégager l'idée essentielle . . .

Pour avoir une idée approximative du rôle que joue la notion d'ordre public dans le droit privé, c'est-à-dire dans les relations juridiques entre individus, il faut remarquer qu'au sein d'un Etat les

---

[50] See Cass. soc. 18.3.1955, below, p. 254.
[51] Below, p. 254.   [52] Op. cit., B. 78, para. 2.
[53] B. 69.   [54] B. 77, in B. 3, pp. 381 ff.

sources de Droit pour ces relations peuvent être diverses. Il y a des sources suprêmes, donnant naissance aux règles qui s'appliquent à tous: ce sera la loi au sens large du mot, coutume aussi bien que loi écrite et promulguée; ces sources sont générales, nationales, réglant l'ordre dans l'Etat. Mais il y a des sources secondaires, la loi ne pouvant pas du fait de son caractère général prévoir toutes les situations, et s'adapter à toutes. Ces sources ont le pouvoir de régler certaines situations juridiques spéciales. Et précisément la notion d'ordre public suppose un conflit entre la source générale et la source secondaire: la règle générale posée par la première ne cadre pas avec la règle spéciale posée par la seconde. La notion d'ordre public sert alors à trancher le conflit et permet de décider dans quels cas la règle spéciale doit s'incliner devant la règle générale. Il n'en est pas toujours ainsi.

Parfois, souvent même, c'est la règle émanant de la source secondaire qui est la plus forte. Il s'agit d'apprécier la valeur respective des motifs qui ont fait admettre la valeur de la source spéciale de droit et des raisons d'ordre qui sont à la base de la règle émanant de la source générale. C'est seulement lorsque ces dernières l'emportent que l'on parle d'ordre public. Cette notion traduit donc la supériorité des raisons d'ordre général, d'ordre national, sur les motifs qui justifient l'existence d'une source particulière de droit. Et ceci s'éclaire si on considère les principales applications faites en droit privé de l'ordre public. Elles peuvent se ramener à deux idées.

A côté de la loi, de la règle générale du droit national, notre Droit français admet deux sources particulières de droit pour les rapports entre individus, la volonté individuelle, les lois étrangères.

La volonté individuelle d'abord; c'est à son propos que dès le début du Code nous lisons dans l'article 6: 'On ne peut déroger par des conventions particulières aux lois qui intéressent l'ordre public et les bonnes mœurs.' Ce texte est la justification de ce que nous disions tout à l'heure. A côté de la loi, source générale de droit, notre Droit reconnaît la valeur de l'acte juridique, individuel, plus spécialement de la convention, comme source de règles juridiques particulières, liant les individus (Cf. également l'art. 1134). Or l'acte juridique peut entrer en conflit avec la règle générale: l'article 6 nous dit que la convention doit s'incliner devant la loi lorsque celle-ci intéresse l'ordre public. La notion d'ordre public suppose ici le conflit entre la loi et la volonté individuelle considérée comme source de droit et est la mesure de la supériorité de la loi . . .

. . . Ceci nous montre toute l'importance du problème. Dans son premier aspect, il n'est autre que le problème de la lutte sur le terrain du droit privé entre l'idee sociale et l'individualisme . . .

. . . L'aspect principal est celui que nous avons déjà signalé et que révèlent les articles 1131 et 1133 du Code civil. La volonté individuelle est source de droit lorsqu'elle se traduit en actes juridiques; or ces actes juridiques seront nuls, dénués d'efficacité, lorsqu'ils seront contraires à l'ordre public . . .

I. *L'Ordre Public et l'Acte Juridique*

Le principe est certain, l'acte juridique qui se heurte à l'ordre public est nul . . .

1° . . . Qui va alors préciser les cas dans lesquels un acte juridique sera considéré comme contraire à l'ordre public? Il faut souligner ici le rôle très important dévolu au juge. C'est lui qui, saisi d'une demande en exécution ou en annulation d'un acte juridique aura à dire si cet acte peut produire ses effets ou est dépourvu de validité, comme se heurtant à l'ordre public. Ce rôle est contraire aux tendances manifestées par la plupart des auteurs de Droit civil français au cours du XIXᵉ siècle, auteurs qui se rattachaient à l'école libérale. Pour ceux-ci, en effet, le dogme juridique suprême était la liberté de l'individu et la source essentielle des obligations devait être cherchée dans la volonté individuelle. Sans doute il doit exister des règles sociales, car la liberté des uns doit avoir pour limite le respect de la liberté des autres. Mais les barrières mises à la liberté doivent être aussi précises que possible et résulter avant tout de textes légaux. La notion d'ordre public, qui s'oppose à la toute-puissance de l'acte juridique, doit être avant tout une notion légale. Et cette doctrine semblait trouver son fondement dans l'article 6 du Code civil: 'On ne peut déroger par des conventions particulières aux lois qui intéressent l'ordre public et les bonnes mœurs.' Pour qu'un acte juridique tombe sous le coup de l'article 6, il faudra qu'il soit contraire à un texte de loi, auquel le législateur lui-même aura accordé le caractère d'ordre public.

Mais une pareille doctrine n'a jamais été celle qui a inspiré la jurisprudence française. En apparence, celle-ci dans ses arrêts emploie souvent la terminologie des auteurs libéraux classiques, elle parle souvent de lois d'ordre public. Mais dans ses solutions réelles, elle s'inspire d'un état d'esprit tout différent.

Le point de vue classique en effet ne trouve guère d'appui solide dans les textes. Le Code civil a certes été influencé par les idées libérales de la fin du XVIIIe siècle, mais il ne faut pas oublier qu'il a été rédigé par des magistrats, hommes de pratique formés à l'école des faits et tout imprégnés de la technique juridique de l'ancien régime. Ceux-ci savaient que tout ne peut être prévu, réglementé de façon précise par les textes et qu'une large part d'adaptation doit être laissée à l'interprète, au juge. Et précisément en admettant même que la notion d'ordre public doive être une notion légale, qu'une convention ne puisse être considérée comme contraire à l'ordre public que si elle est contraire à un texte, il reste encore à distinguer quels sont les textes qui sont d'ordre public, de ceux qui ne le sont pas. Les textes d'ordre public, dit la doctrine classique, sont l'exception: comme toute exception, ils doivent être strictement limités et il faut un critérium précis pour les reconnaître. Or, dans quelques textes sans doute, la loi a pris la peine d'indiquer clairement son idée à ce point de vue, affirmant tantôt le caractère purement interprétatif du texte, en disant par exemple 'sous réserve des conventions contraires', tantôt au contraire le caractère impératif par d'autres formules 'à peine de nullité de toute convention contraire . . .' notamment. Mais il est loin d'en être toujours ainsi et tous les auteurs s'accordent pour constater que la loi garde souvent le silence, que même lorsqu'elle parle de nullité, il peut s'agir d'une nullité qui n'est pas d'ordre public. Ce sera donc le juge qui sera appelé à déterminer quel est, à notre point de vue, le caractère des textes de loi et innombrables sont les arrêts jugeant que tel ou tel texte intéresse ou non l'ordre public.

Pour éviter l'arbitraire du juge, que la doctrine classique craint par-dessus tout, celle-ci a essayé de dégager un critérium, de donner une définition de l'ordre public. Mais ses efforts sont demeurés vains . . .

Mais il faut aller plus loin et admettre avec nos arrêts que la notion d'ordre public n'est pas une notion essentiellement légale. L'article 6 du Code civil ne nous dit pas: il est interdit de déroger aux textes d'ordre public, mais aux textes qui intéressent l'ordre public, et l'article 1133: qu'une convention peut être annulée quand elle est prohibitée par la loi ou contraire à l'ordre public ou aux bonnes mœurs. L'ordre public est donc une notion indépendante des textes positifs de loi. Et nos arrêts admettent, cela a été jugé à plusieurs reprises, qu'une convention peut être contraire à l'ordre public sans se heurter à aucun texte précis.[55] Et ce sera alors le juge qui aura à estimer s'il faut ou s'il ne faut pas annuler la convention . . .

[55] V. notamment l'arrêt de la Cour de cassation du 4 déc. 1929, S. 1931.1.49 avec la note de M. Esmein. [Author's footnote. See below, p. 253.]

Il est impossible de ne pas lui reconnaître ce pouvoir. La base individualiste de la doctrine classique est en effet trop étroite . . .

. . . Les activités individuelles sont innombrables; leurs formes, leurs buts peuvent varier à l'infini: il est impossible de leur donner pour seule barrière des textes de loi. En dehors des cas où la loi a parlé, il est nécessaire de reconnaître au juge, placé en face des faits de chaque classe, le pouvoir d'estimer si les nécessités sociales ne doivent pas s'opposer à ce qu'ont voulu les individus. Ces nécessités sont elles-mêmes mouvantes et multiples, il est impossible de les préciser d'une façon nette et rigide. Sans doute on court le danger d'arbitraire mais ce danger est inévitable. On y parera d'abord par le soin avec lequel seront recrutés les magistrats et organisées les différentes juridictions. On devra d'ailleurs faire ici une application des principes qui dominent l'interprétation jurisprudentielle de façon générale. Le juge ne peut pas être libre à sa fantaisie d'appliquer ou non la notion d'ordre public; il ne doit pas avoir une conception personnelle, purement subjective, de l'ordre public. En réalité notre jurisprudence trouve la base de ses arrêts en ces matières dans des éléments objectifs, soit les textes en vigueur, soit l'esprit qui résulte de l'ensemble de la législation, soit les tendances générales de l'opinion et l'observation des faits économiques et sociaux . . .

. . . 2° Il serait impossible et vain d'essayer d'énumérer les cas dans lesquels on fait appel pour annuler des actes juridiques à la notion d'ordre public. Ce qu'il faut souligner c'est l'évolution qui en de nombreuses matières s'est produite sur ce point. La notion d'ordre public comporte en pratique des applications de plus en plus fréquentes. Cela tient d'abord au développement considérable des 'affaires': plus l'activité des individus est grande, plus le législateur ou le juge auront l'occasion d'intervenir pour la refréner. Cela tient aussi au changement qui se manifeste dans la conception des rapports entre l'individu et l'Etat.

Pendant presque tout le cours du xixe siècle, le libéralisme règne, le laisser faire est le principe, le rôle de l'Etat est réduit à son minimum. Celui-ci doit être uniquement le gardien de l'ordre au sens strict du mot, de la liberté des citoyens et de la morale. On fera appel à l'idée d'ordre public pour annuler les conventions contraires à l'organisation générale de l'Etat ou des services publics; aux règles concernant l'état des personnes et plus spécialement l'organisation de la famille; aux libertés individuelles, à la liberté de conscience, à la liberté du commerce et de l'industrie; à l'organisation de la propriété individuelle et à la libre circulation des biens; aux bonnes mœurs enfin.[56]

A l'heure actuelle, la structure apparente de notre organisation civile n'a pas changé, nous avons conservé notre vieux Code et ses principes; rien d'étonnant par suite que sur certains domaines l'application de l'idée d'ordre public paraisse demeurée la même.

On fait toujours appel à cette idée pour annuler les conventions contraires à l'organisation de l'Etat ou à la bonne marche des services publics. Mais, pour nous borner à quelques indications, nous rappellerons d'une part que la fiscalité étant devenue beaucoup plus complexe et plus lourde, il a fallu se servir sur ce terrain beaucoup plus fréquemment de l'idée d'ordre public pour rendre inefficaces les conventions ayant pour but d'y échapper, d'autre part que les crises monétaires ont amené des interventions analogues contre les clauses tendant à se protéger contre la dévaluation du franc.

La jurisprudence se montre toujours protectrice de l'organisation familiale; toutefois, l'admission du divorce, la reconnaissance de droits de plus en plus grands aux enfants naturels montrent un certain relâchement dans l'organisation légale de la famille et conduit nos arrêts à admettre plus facilement qu'autrefois la validité de certaines conventions touchant à cette organisation.

Les tribunaux se font toujours les défenseurs de la morale traditionnelle; il est indiscutable cependant que leur sévérité sur bien des points est moindre qu'autrefois.

La déclaration des droits de l'homme est toujours la base théorique de nos libertés. Qui méconnaîtra cependant que cette base ne se trouve aujourd'hui singulièrement ébranlée. On n'a plus le même fétichisme pour certaines des libertés tout au moins. Autrefois, le respect de la liberté individuelle était tel que, au nom de la liberté, on

---

[56] L'article 6 du Code civil, ainsi que l'article 1133, vise à la fois l'ordre public et les bonnes mœurs. La notion de bonnes mœurs est assez vague et peut prêter à controverse. On la retrouve en droit pénal (V. sect. IV, chap. 1, titre II, livre III, C. pén.: des attentats aux mœurs; l'art. 28 de la loi de 1881 sur la presse, la loi du 2 août 1882 sur l'outrage aux bonnes mœurs par les publications obscènes): là, elle a un sens restreint de conformité à la morale sexuelle. En droit civil, sa signification est beaucoup plus générale, elle sert à atteindre nombre de conventions non conformes à la morale ou à l'honnêteté traditionnelles. Elle ne se distingue pas essentiellement, à notre avis, de l'ordre public; notre organisation sociale ne repose pas seulement sur des règles à caractère politique ou économique, mais sur des règles morales, qui n'ont pas été expressément intégrées dans les lois, mais qui imprègnent notre civilisation et font partie de l'ordre qu'elle inspire. Les arrêts font souvent d'ailleurs, avec raison, appel aux deux notions. Les applications de l'idée de bonnes mœurs en vue de l'annulation des contrats étaient fréquentes au XIXᵉ siècle: contrats relatifs aux maisons de tolérance, au jeu, donations entre concubins, contrat de claque, cession de clientèle médicale. [Author's footnote.]

refusait la liberté d'association : sur presque tous les terrains, on se méfiait des groupements. A l'heure actuelle, on les encourage, on tend à les rendre obligatoires. Au lieu d'annuler les conventions enchaînant les individus aux autres, on annule celles qui portent atteinte au développement des groupes, des syndicats. Il est banal de relever également que l'Etat intervient de plus en plus dans les rapports économiques entre individus, qu'il réglemente étroitement les rapports d'employeurs et d'employés, de bailleurs et de locataires, d'assureurs et d'assurés, qu'il a tendance à fixer impérativement les prix. Tout ceci donne naissance à de multiples règles impératives qui élargissent le champ de l'ordre public. La jurisprudence complète son œuvre et a souvent à statuer sur la validité de conventions ou de clauses portant atteinte à l'égalité entre les contractants, traduisant une exploitation du public et des épargnants . . ., etc. Le contrôle des activités individuelles se fait, sur le terrain économique, de jour en jour plus étroit.

3° Il resterait à montrer comment est sanctionnée la contravention à l'ordre public. L'acte contraire à l'ordre public est nul, d'une nullité dite précisément d'ordre public et, selon les termes de l'article 1131, il ne peut avoir aucun effet. Ceci ne veut pas dire qu'il ne s'exécutera pas en fait. Il est certain que si tous les intéressés sont d'accord pour tenir leur engagements, l'acte aura pratiquement effet : mais il ne s'agit pas d'un effet juridique, sanctionné par le Droit. Tout intéressé pourra se prévaloir de la nullité, soit pour refuser d'exécuter ses engagements, soit pour répéter ce qu'il aura payé, soit pour faire cesser toute exécution de l'acte contraire à ses intérêts. Cependant, malgré la formule absolue de l'article 1131, la notion d'ordre public présente là encore une certaine souplesse. Tantôt (voir art. 900) la contravention à l'ordre public n'entraîne pas l'inefficacité de l'acte tout entier, tantôt il s'agira d'un contrat successif et l'annulation prononcée ne permettra pas de revenir entièrement sur les effets déjà réalisés, tantôt par application de la règle nemo auditur propriam turpitudinem allegans, l'action en répétition sera rejetée, lorsque les tribunaux estiment qu'il est préférable pour l'ordre public lui-même de refuser cette action au cocontractant coupable d'avoir participé à l'acte illicite ou immoral . . .

NOTE

In the subsequent passages Julliot de la Morandière discusses the significance of *ordre public* in the law of civil procedure, i.e. *inter alia* the question whether *le ministère public* can and must *ex officio* invoke the jurisdiction of the court to declare the nullity of transactions which are contrary to *l'ordre public*. A great controversy surrounds the concluding words of art. 46 of the law of 20 April 1810:

'En matière civile, le ministère public agit d'office dans les cas spécifiés par la loi. Il surveille l'exécution des lois, des arrêts et des jugements; il poursuit d'office cette exécution dans les cas qui intéressent l'ordre public.'

The *ministère public*[57] has certain specific functions in civil cases, mainly in family law (annulment of marriages etc.): do the concluding words of art. 46 give to it the power to intervene *sua sponte* in each case of violation of *ordre public* that comes to its notice? The question remains open, but in practice it does not appear that if such a power exists it is exercised to any large extent, if at all.[58]

From L. Josserand, 'La "Publicisation" du Contrat' (1938)[59]

III. *Aménagement du Contrat*

1° De plus en plus volontiers, le législateur édicte, au nom de l'ordre public, des prohibitions, des injonctions, des nullités; de plus en plus, il veut être obéi, exactement; sa susceptibilité est en éveil à l'égard des dérogations que les parties prétendraient apporter aux règles qu'il institue; il ne veut pas que son texte devienne lettre morte grâce à l'usage de clauses de style pour lesquelles il éprouve un éloignement croissant, une défiance systématique, il se montre de plus en plus ombrageux et intolérant, toujours plus restrictif du champ laissé aux initiatives particulières; aussi s'attache-t-il à multiplier les exclusives contre les clauses dont il redoute l'insertion dans les contrats; les lois de quelque importance contiennent normalement un article final qui déclare 'toutes dispositions contraires nulles et de nul effet'. C'est là une véritable clause de style législatif qui est destinée à conjurer les clauses de style conventionnel . . .

2° Il arrive que le législateur, allant plus loin dans la voie du contrôle du droit contractuel, s'arroge la prérogative de fixer, plus ou moins étroitement, les éléments du contrat, les conditions auxquelles il pourra être valablement conclu; son ingérence revêt alors une forme, non plus seulement prohibitive et négative, mais constructive et posi-

[57] See below, p. 287.
[58] See also M. H. Solus, *La Jurisprudence contemporaine et le droit du Ministère public d'agir en justice au service de l'ordre public*, B. 79, in B. 3, pp. 769–80, and Cass. civ. 18.3.1955, printed below, p. 254.
[59] B. 48, in B. 8, vol. 3, pp. 143 ff.

tive; ce n'est plus librement que les parties fixent le prix de certaines denrées, de certaines prestations, mais seulement dans des limites plus ou moins resserrées, établies par la loi ou par l'autorité réglementaire; une politique de ce genre fut inaugurée, en matière de loyers, par la loi du 9 avril 1918, suivie de nombreux textes destinés à en proroger les dispositions ou à les élargir et à les fortifier; plus récemment la loi du 19 août 1936, tendant à réprimer la hausse injustifiée des prix, a prévu et provoqué l'établissement, pour les 'denrées, objets et marchandises de première nécessité', de prix dits 'normaux' dont le dépassement, lorsqu'il intervient dans de certaines conditions, expose les commerçants à des peines d'amende et d'emprisonnement: suivant une méthode de plus en plus en honneur, le droit répressif fait une incursion dans le droit privé et exerce sur lui une réaction puissante: ce ne sont plus les parties qui fixent les conditions du contrat; ce n'est même plus la loi économique de l'offre et de la demande; c'est la loi tout court qui intervient pour assurer un aménagement prétendûment équitable de la convention; la volonté générale domine et bride les volontés particulières; elle s'insinue dans le droit contractuel qui en devient moins privé et qui s'en 'publicise' d'autant.

IV. *Contenu Obligatoire du Contrat*

10. Dans la pure doctrine subjective, la convention ne devrait pas produire d'autres obligations que celles qui ont été envisagées, expressément ou implicitement, par les parties, l'effet ne pouvant excéder la cause qui réside, en l'occurrence et sous un régime de parfaite autonomie des volontés, dans le *mutuus consensus*; et, effectivement, c'est bien à 'la commune intention des parties contractantes' que le code civil français se réfère pour déterminer la portée des clauses insérées dans le pacte et, du même coup, le contenu obligatoire du contrat (art. 1156).

Mais l'article 1160 précise qu''on doit suppléer dans le contrat les clauses qui y sont d'usage, quoiqu'elles n'y soient pas exprimées'; et surtout, l'article 1135 pose ce standard fécond que 'les conventions obligent non seulement à ce qui y est exprimé, mais encore à toutes les suites que l'équité, l'usage ou la loi donnent à l'obligation d'après sa nature'. Ces textes, et surtout le dernier, renferment en germe un système dans lequel le contenu obligatoire du contrat dépassera son contenu formel, la volonté commune des parties n'étant plus la source unique de leurs devoirs et de leurs droits, mais partageant cette

mission et cette puissance avec l'usage et avec l'équité. En partant de
ces directives, on aboutit à cette conclusion que le contrat doit être
d'abord et sans doute, ce que les parties ont voulu qu'il fût, mais
aussi et par surcroît, ce que l'usage et l'équité commandent qu'il soit;
cette proposition est exacte, elle devient opportune surtout pour les
contrats nommés, dont la loi, la jurisprudence et la doctrine ont fixé
les traits: on comprendrait mal que les contractants pussent en
altérer la physionomie et procéder, de propos délibéré, à leur dénaturation en éliminant de leur sphère de rendement des effets qui y
sont naturellement et équitablement attachés.

11. C'est en partant de ces données que la jurisprudence a fait sortir
de tels ou tels contrats des obligations qui n'avaient pas été envisagées
par les parties — au moins par l'une d'elles — et qu'elle inclut de
vive force dans le cadre de l'opération, au nom de l'équité; obligations qui, si l'on va au fond des choses, ne sont pas véritablement
contractuelles; ou, du moins, le cadre, seul, a un caractère contractuel, à l'exclusion de la source profonde, qui est légale ou jurisprudentielle et souvent plus ou moins prétorienne: 'par l'intention
des parties, mais au-delà de cette intention', telle pourrait être la
devise de cette jurisprudence et de cette législation expansives du
contenu obligatoire des conventions.

C'est ainsi qu'une obligation de sécurité a été mise à la charge de
nombreux contractants, tantôt par le législateur et plus souvent par
la jurisprudence:[60] soit pour les accidents du travail (loi du 9 avril 1898
et lois postérieures), soit pour les accidents survenus au cours d'un
transport de personnes, ou dans l'utilisation des jeux forains ou
pendant une leçon d'équitation donnée dans un manège, ou lors du
séjour d'un voyageur dans un hôtel, la victime d'un tel accident, qui
s'est produit pendant la période d'exécution du contrat de transport,
de jeux forains, d'hôtellerie, etc. . . . va pouvoir placer la responsabilité du transporteur, du tenancier, de l'hôtelier, sous le signe du
contrat, ce qui le dispensera d'établir que le dommage par elle
éprouvé est dû à une faute du défendeur, lequel demeurera donc
responsable jusqu'à plus ample informé, c'est-à-dire jusqu'à ce qu'il
ait fait la preuve de la force majeure ou de la faute de la victime: le
passage de la responsabilité du délictuel au contractuel entraîne ainsi
un déplacement du fardeau de la preuve, déplacement qui en constitue l'objectif et la raison d'être . . .

[60] See Part II, p. 425.

NOTE

In the paragraphs headed *Contenu obligatoire du Contrat* Josserand further develops his analysis of the phenomenon of which s. 12 of the Wages Councils Act, 1959[61] is an example.[62] He adds that in France the courts as well as the legislature have formulated obligations to be read into the contract between the parties. His main example is the *obligation de sécurité* e.g. in the case of contracts for the carriage of passengers, contracts between innkeepers and guests, etc. It will be observed how much of what the French courts have achieved via the law of contract, the English judges have attained through the, to them, more flexible machinery of torts. The *obligation de sécurité* implied by the courts is sometimes an *obligation de résultat*, e.g. to deliver the passenger at the destination *sain et sauf*,[63] and sometimes an *obligation de moyens*, i.e. to apply the *soins du bon père de famille*, as in the case of doctor and patient. But the principle discussed by Josserand is the same in both cases: an obligation is implied through the creative action of the court. Sometimes it may and sometimes may not be capable of being contracted out of.

Cass. Civ. 4.12.1929
(Croizé C. Veaux)

S. 1931.1.49 note Esmein   D.H. 1930.50   Gaz. Pal. 1930.1.74   G.A. 4

LA COUR; — Attendu que par contrat en date du 16 oct. 1923, Croizé publiciste, a cédé à Veaux, docteur en médecine, la licence exclusive d'exploitation des marques 'Faid' et 'Biorane' pour produits pharmaceutiques et méthode thérapeutique, ainsi que de la clinique Faid, sise à Lille, moyennant le versement d'un somme de 240 000 fr. par an, Veaux s'engageant en outre à faire dans les journaux de Lille et de la région au moins 6 000 fr. de publicité par mois; — Attendu que l'arrêt attaqué déclare que l'un des buts du contrat est de faire prescrire par Veaux, docteur en médecine, les produits dénommés 'Faid' et 'Biorane'; qu'il a pour objet principal l'exploitation par Veaux de la méthode 'Biorane'; que, d'après les prospectus répandus à foison dans le public, cette méthode a pour effet de guérir toutes sortes de maladies; qu'elle a été imaginée par des personnes qui ne sont munies d'aucun diplôme médical et qu'elle paraît n'avoir aucune valeur scientifique; qu'il en est de même de la méthode 'Faid' qui n'en est que l'accessoire et qui a été imaginée par Croizé qui n'est pas docteur

---

[61] See above, p. 240.
[62] See Lord Wright M.R. in *Gutsell* v. *Reeve* [1936] 1 K.B. 272 at 283.
[63] See Cass. civ. 21.11.1911, above, p. 172, and Part II, pp. 467.

en médecine; — Attendu que l'arrêt attaqué constate, d'autre part, qu'avant de gagner pour lui la moindre somme, Veaux doit se faire remettre par ses clients des honoraires d'au moins 26 000 fr. par mois pour lui permettre de tenir ses engagements vis-à-vis de Croizé; — Attendu qu'en l'état de ces constatations souveraines, la Cour d'appel a pu décider, par une interprétation de la convention, dont elle n'a point dénaturé les termes, que le contrat litigieux avait pour objet l'exploitation des malades au moyen d'une publicité intense et par l'emploi de qualificatifs destinés à impressionner le public; — Attendu qu'en décidant qu'une convention ayant un tel objet était nulle comme contraire à l'ordre public, la Cour d'appel a appliqué aux faits constatés les conséquences légales qu'ils comportaient; — Attendu qu'il résulte des termes de l'art. 1133, C. civ., que la cause est illicite quand elle est contraire à l'ordre public, sans qu'il soit nécessaire qu'elle soit prohibée par la loi; que, par suite, la nullité du contrat litigieux pouvait être prononcée sans qu'il eût été passé en violation de l'art. 16, s. 3 de la loi du 30 nov. 1892; qu'il est dès lors sans intérêt de rechercher si la Cour d'appel a pu, dans un motif surabondant, invoquer une violation de ce texte de loi; — Rejette le pourvoi formé contre l'arrêt de la Cour de Douai du 17 févr. 1926.

Cass. soc. 18.3.1955
(Delort C. Rongier) — Arrêt

S. 1956.1.86 note anon.   D. 1956.517 note Malaurie

LA COUR; — Sur le premier moyen: — Vu l'art. 7 de la loi du 20 avr. 1810;[64] — Attendu que les juges du fond ne peuvent modifier d'office ni l'objet ni la cause de la demande et doivent statuer dans les limites fixées par les conclusions des parties; — Attendu que des qualités et des motifs du jugement attaqué (Trib. civ. Aurillac, 16 mai 1950), il résulte que sur l'action prud'homale introduite par le père du mineur Justin Rongier à l'encontre du cultivateur Delort qui avait engagé ce dernier comme berger du 1er avr. 1948 au 25 mars 1949, le juge de paix, faisant droit aux prétentions du demandeur basées sur l'arrêté préfectoral du 14 mars 1946, a condamné le patron à lui verser une indemnité compensatrice de 3 999 fr. pour douze jours de repos hebdomadaire, dont ce jeune berger n'avait pas bénéficié pendant la période susvisée; — Attendu que sur appel du patron et sur les con-

[64] **Below**, p. 276.

clusions de l'intimé tendant à la confirmation pure et simple du jugement entrepris, le tribunal civil d'Aurillac, après avoir admis que
l'arrêté préfectoral du 14 mars 1946 n'était plus en vigueur, a décidé
cependant qu'il y avait lieu de faire application au profit de ce berger
de la loi du 10 mars 1948 et en conséquence de le faire bénéficier
d'une indemnité correspondant non pas aux seuls douze jours dont
il faisait état, mais à quarante jours, au motif que ladite loi était
d'ordre public; — Mais attendu que le caractère d'ordre public de ce
texte ne pouvait permettre aux juges d'en faire application d'office et
en conséquence de modifier la cause et l'objet du litige, alors que
l'intimé, libre de renoncer à des droits acquis, ne la réclamait point
et se bornait à sa demande originaire visant une indemnité compensatrice pour douze journées; d'où il suit que le tribunal a violé les
textes susvisés; — Par ces motifs, casse.

From the note anon.

i. Le juge peut soulever d'office les moyens d'ordre public, de même
que les parties peuvent les invoquer en tout état de cause (V. Julliot
de la Morandière, 'L'ordre public en droit privé interne', Mélanges
Capitant, p. 381 et s., spécialement, p. 395–396; Planiol et Ripert,
Traité prat. de droit civil français, t. 6, par Esmein, n⁰ 288).

ii. Cependant, lorsqu'une partie a la faculté de renoncer au bénéfice
d'une disposition d'ordre public, il n'appartient pas au juge de
soulever d'office ce moyen pour une extension de cette règle: note
Malaurie au Dalloz 1954, 520; s'il est possible de renoncer à un droit
stipulé par un texte d'ordre public, n'est-ce pas en raison de ce que
l'ordre public ne s'y oppose pas? et dans ce cas, peut-on faire intervenir la notion d'ordre public?

NOTE

See also the note by Hébraud and Raynaud in *Rev. trim. dr. civ.* 1955,
pp. 699 ff. (no. 8), and see above, p. 243.

Section 3: Civil and Commercial Law

i. In England the term 'commercial law' signifies those branches
of the law which, in many universities, are taught under this designa-
tion, or are called 'mercantile law'. It comprises the most important

commercial contracts, such as sale of goods, agency, carriage by land, sea, and air, negotiable instruments, suretyship, insurance, and also the law of commercial associations, i.e. partnerships and companies. The link between these topics is that they are, or are supposed to be, of special importance to business. With few exceptions, however, there is no distinction between the principles of the law applicable to transactions entered into in the course of business between two businessmen (one firm sells 100 sacks of sugar to another firm) or between a business- and a non-businessman (a grocer sells a pound of sugar to a housewife) and those not entered into in the course of business (one housewife sells a pound of sugar to her neighbour). English private law has no separate body of rules for commercial transactions, and in this sense no 'commercial law'. The most important vestige of a genuine commercial law (in the Continental sense) is probably s. 14 of the Sale of Goods Act, 1893 (in subsection 1 as well as 2).

2. The term 'commercial law' also has a procedural meaning. It may be said to comprise the 'commercial actions', i.e. the causes of action which may be entered into the commercial list in the charge of one of the judges of the Queen's Bench Division. Special rules of procedure apply to it in accordance with Order 72 of the Rules of the Supreme Court, 1965.

3. There is, however, no body of special legal principles to govern such actions, and the judge who takes the Commercial List applies the same rules of substantive law which he would if he were exercising his judicial function outside the 'commercial court'. The 'courts merchant' which played an important role in medieval England were absorbed by the common law courts, and in the seventeenth and eighteenth centuries, at the time of Lord Holt and Lord Mansfield, the customs of merchants were absorbed by the common law. In England the *lex mercatoria* became the law of the land.[65]

4. For obvious reasons in many countries, and especially in France, the need for unifying the law was felt particularly keenly where business transactions were concerned. Hence the codification of commercial law preceded that of civil law by decades, or even—as in France—by centuries. There it was the work of the two great commercial *Ordonnances* associated with Colbert, the *Ordonnance sur le commerce de terre* of 1673 (Code Savary) and the *Ordonnance*

---

[65] See Holdsworth, *History of English Law*, vol. i, pp. 535 ff.; v. 102–54; vi. 519 ff.; xii. 524 ff.

sur le commerce de mer of 1681.[66] The two *Ordonnances* were incorporated in Napoleon's *Code de commerce* of 1807. Most of it deals with partnerships and companies, negotiable instruments, maritime law, bankruptcy, and the special commercial courts, but it also contains a number of special provisions on commercial agents, transport by land, and limitation of actions. Many of these matters have been codified in England: e.g. partnership, negotiable instruments, sale of goods, marine insurance.

5. French writers on civil law do not normally deal with the typical contracts of business life: commercial sales, banking and stock exchange transactions, negotiable instruments, contracts of carriage (e.g. charter-parties), marine insurance, etc. Learning contract in England involves the study of decisions on just these matters, but French students of civil (as distinct from commercial) law are told about cases which occur in a more homely and workaday atmosphere.

6. As is pointed out by Julliot de la Morandière, Rodière, and Houin,[67] there are two methods of marking commercial law off from civil law. The 'objective' method distinguishes between types of transactions (*actes de commerce*) of a business nature and other transactions, without regard to the parties; the 'subjective method' distinguishes between persons, i.e. between *commerçants* and others, without regard to the type of transaction. The *Code de commerce* is a compromise between the two methods.[68] It defines the *acte de commerce* and defines a *commerçant* as a person who makes it his habitual occupation to conclude *des actes de commerce*, and its provisions generally apply to an *acte de commerce* irrespective of who is the party. Thus the Code adopts the 'objective' system, but tempers it by the principle that *actes accessoires* entered into by a *commerçant* (e.g. a contract of employment) are also *actes de commerce*, and tempers it further by defining certain *actes de commerce* as those concluded in the course of an *entreprise*, e.g. manufacture, transport, etc., and the letting and hiring of chattels. If a man hires a car from a friend, he does not enter into an *acte de commerce*; if he hires it from a car-renting firm, he does. Certain transactions, e.g. negotiable instruments, are always *actes de commerce—par leur forme*.[69]

---

[66] On the origin and spirit of the former see the extract from the article by Thaller below, p. 268.
[67] See below, p. 260.   [68] See art. 1, and 632 and 633 below, p. 259.
[69] For details see Julliot de la Morandière, Rodière, and Houin, below, p. 261. nos. 17 ff.

7. R.S.C. Order 72 Rule 1 is also an amalgam of 'objective' and 'subjective' elements. It reads:

This Order applies to commercial actions in the Queen's Bench Division, and the other provisions of these rules apply to those actions subject to the provisions of this Order. In this Order 'commercial action' includes any cause arising out of the ordinary transactions of merchants and traders and, without prejudice to the generality of the foregoing words, any cause relating to the construction of a mercantile document, the export or import of merchandise, affreightment, insurance, banking, mercantile agency and mercantile usage.

Section 14 of the Sale of Goods Act, 1893, however, is, in both its branches, an illustration of the subjective method.

8. The importance of the distinction between *Droit civil* and *Droit commercial* has now much diminished.[70] There are still differences in substantive law concerning matters such as joint and several liability for debts (*solidarité*), rates of interest, and the realization of securities (*gages*), and also as regards limitation of actions. But the main differences are procedural:

(*a*) The admission of oral evidence (art. 109 *Code de commerce*) in many situations in which the *Code civil* requires written evidence (art. 1341 ff.).

(*b*) The application of the law of bankruptcy to *commerçants* but not to others.

(*c*) The jurisdiction and simplified procedure of the *Tribunaux de commerce*.

It will be observed that the object of the creation of the Commercial List in the Queen's Bench Division was 'to create a simplified procedure, more suited to the needs of the mercantile community, with briefer pleadings, more expeditious trials before judges of special experience in such cases, and reduced expense'.[71] It will also be remembered that, until the passing of the Bankruptcy Act, 1861, only a 'trader' could be made bankrupt—a trader being defined by a casuistic enumeration of trades, including, *inter alia*, 'all persons who either for themselves or as agents or factors for others, seek their living by buying and selling, or by buying and letting for hire or by the workmanship of goods or commodities'.[72]

---

[70] See Julliot de la Morandière, Rodière, and Houin, below, p. 263, no. 19, and the extracts from the article by Lyon-Caen, below, p. 264.

[71] Supreme Court Practice, 1970.1.1038.

[72] See Bankruptcy Act, 1849, s. 65.

9. For reasons listed by Lyon-Caen[73] almost seventy years ago, there is no longer any justification for distinguishing between civil and commercial law, and in modern codifications such as those of Switzerland (Law of Obligations, 1907) and Italy (Civil Code of 1942) it has been abandoned. On the other hand, a Uniform Commercial Code now exists throughout the United States.

CODE DE COMMERCE

ART. 1. Sont commerçants ceux qui exercent des actes de commerce et en font leur profession habituelle — Com. 632s.

ART. 109. Les achats et les ventes se constatent:
Par actes publics,
Par actes sous signature privée,
Par le bordereau ou arrêté d'un agent de change ou courtier, dûment signé par les parties,
Par une facture acceptée,
Par la correspondance,
Par les livres des parties,
Par la preuve testimoniale, dans le cas où le tribunal croira devoir l'admettre. — Com. 8s., 12, 76, 78, 80, 82, 84, 273, 339, 415; Civ. 1317s., 1322, 1341, 1352, 1357s.

ART. 632. La loi répute actes de commerce:
Tout achat de biens meubles pour les revendre, soit en nature, soit après les avoir travaillés et mis en œuvre;
(L. n. 67–563, 13 juill. 1967, art. 151 et 164, avec effet à compter du 1er janvier 1968) Tout achat de biens immeubles en vue de les revendre;
Toutes opérations d'intermédiaire pour l'achat, la souscription ou la vente d'immeubles, de fonds de commerce, d'actions ou parts de sociétés immobilières;
Toute entreprise de location de meubles;
Toute entreprise de manufactures, de commission, de transport, par terre ou par eau;
Toute entreprise de fournitures, d'agence, bureaux d'affaires, établissements de ventes à l'encan, de spectacles publics;
Toute opération de change, banque et courtage;
Toutes les opérations des banques publiques;
Toutes obligations entre négociants, marchands et banquiers;

[73] Below, p. 267.

(L. 7 juin 1894) Entre toutes personnes, les lettres de change, —
Com. 636s.
[as amended by Loi du 13 juillet 1967 sur le règlement judiciaire, Art.
151-II. See Julliot de la Morandière, Rodière, Houin, vol. I, p. 36.]

ART. 633. La loi répute pareillement actes de commerce:
Toute entreprise de construction, et tous achats, ventes et reventes
de bâtiments pour la navigation intérieure et extérieure;
Toutes expéditions maritimes;
Tout achat et vente d'agrès, apparaux et avitaillements;
Tout affrètement ou nolissement, emprunt ou prêt à la grosse;
Toutes assurances et autres contrats concernant le commerce de mer;
Tous accords et conventions pour salaires et loyers d'équipages;
Tous engagements de gens de mer, pour le service de bâtiments de
commerce. — Com. 190s., 221s., 273s., 286s., 311s., 332s.

From Julliot de la Morandière–Rodière–Houin, *Droit Commercial* (1968)[74]

1. *Particularisme du droit commercial.* En droit positif français, il
est un corps de règles auxquelles on donne le nom de droit commercial. Ainsi, les contrats commerciaux peuvent se prouver par
tous moyens et les commerçants peuvent être mis en faillite. Ces
deux règles ne se retrouvent pas en droit civil où les contrats ne
peuvent pas se prouver par témoins au delà d'un certain intérêt et
où les débiteurs en déconfiture ne peuvent pas être l'objet de mesures
collectives de saisie.

Quelles sont les limites du droit commercial? Il est difficile de les
définir avec précision parce que nos lois n'ont pas opté franchement
pour l'un des deux grands systèmes concevables. Suivant le premier,
le droit commercial serait le corps des règles auxquelles sont soumis
les commerçants; c'est le système subjectif. Suivant le second, ce
serait le corps des règles appliquées au commerce; c'est le système
objectif. Entre les deux, notre droit n'a pas su ou n'a pas voulu
choisir. Notre droit commercial comprend des règles particulières
aux commerçants. Ses hésitations et l'interaction des deux notions
se marquent dans la facture même du Code de commerce. L'article
1er définit le commerçant comme celui qui exerce des actes de commerce et en fait sa profession habituelle et c'est tout à la fin, aux

articles 632 et s. (alors que le code comprend 648 articles) qu'est donnée dans une formule singulière l'énumération des opérations ou des entreprises que 'la loi répute actes de commerce'.

17. *Bases et domaine du droit commercial.* Les règles du droit commercial, dans la mesure où elles diffèrent des autres règles du droit, ont un domaine particulier qui se définit par les notions d'actes de commerce de commerçant, de fonds de commerce ou d'entreprise commerciale, par opposition aux notions d'actes, de professions, de clientèles ou d'entreprises civiles. Pour connaître le domaine d'application du droit commercial, il faut donc commencer par définir les termes d'acte de commerce, de commerçant, de fonds de commerce, et par là même, rechercher le critère de la commercialité.

Deux conceptions, avons-nous dit (supra, no. 1), sont possibles.

On peut d'abord considérer que le droit commercial est avant tout un droit professionnel réservé aux personnes qui exercent les professions dites commerciales, et aux opérations qu'elles effectuent à ce titre. Dans cette conception subjective, on définira le commerçant par l'activité économique qu'il exerce (entremise dans la circulation des biens, industrie, banque, transport, etc.) ou par l'inscription à un registre professionnel, ou par l'organisation de son entreprise et les méthodes employées. Le droit commercial ne s'applique qu'à ces personnes ou entreprises et aux actes juridiques qu'elles font; l'acte de commerce se définit, de façon subsidiaire, comme celui que font les commerçants.

La seconde conception dite objective considère que le droit commercial est, avant tout, l'ensemble des règles régissant les actes de commerce. Elle part de la définition de l'acte de commerce, caractérisé par ses éléments intrinsèques, indépendamment de la personne qui le fait; l'acte sera ainsi caractérisé par son objet (opérations de banque), ou par son but (achat pour revendre ou louer), ou par sa forme (lettre de change). Il sera commercial, qu'il soit fait par un commerçant ou un non-commerçant. Quant à la définition du commerçant, elle n'aura qu'un caractère subsidiaire: le commerçant sera celui qui fera professionnellement des actes de commerce.

Les différences théoriques entre les deux conceptions sont assez considérables: (*a*) dans la conception objective, le droit commercial sera plutôt le droit des contrats et des obligations, tandis que, dans la conception subjective, il groupera plutôt des règles régissant les commerçants et les entreprises commerciales; (*b*) dans la conception objective, les actes de commerce pourront être faits par des non-commerçants, tandis que dans la conception subjective, ils ne peuvent l'être que par des commerçants ; (*c*) dans la conception objective, les actes des commerçants ne sont des actes de commerce que s'ils entrent dans les définitions données par la loi, tandis que, dans la conception subjective, tous les actes des commerçants sont commerciaux, du seul fait qu'ils interviennent à propos de l'activité professionnelle.

18. *Conception du droit positif.* En France, jusqu'au code de commerce, la conception subjective l'a emporté, car le droit commercial avait été fait par les commerçants pour leurs besoins propres ; l'Ordonnance de 1673 donnait bien une liste d'actes de commerce, mais c'était seulement pour limiter étroitement la compétence des tribunaux de commerce. Cependant, les auteurs du code de commerce ont été guidés — au moins dans une certaine mesure — par la conception objective. L'article 1er du code de commerce définit le commerçant comme celui qui fait professionnellement des actes de commerce et si c'est seulement à propos de la compétence des tribunaux de commerce que les articles 632 et suivants du code de commerce énumèrent les actes de commerce, ces textes ont une portée générale. Sans doute la notion de commerçants conserve encore des intérêts importants, mais c'est plutôt celle d'acte de commerce qui définit le domaine d'application des règles du code de commerce. Il a semblé aux rédacteurs de ce code que les principes révolutionnaires de l'égalité des citoyens devant la loi et de la liberté du commerce et de l'industrie, qui avaient entraîné la suppression des corporations, étaient incompatibles avec le maintien d'un droit des professions commerciales qui serait apparu comme un droit de classe ; le droit commercial devait être surtout le droit des actes de commerce et le commerçant ne pouvait se définir que par les actes juridiques faits par lui.

Ce serait d'ailleurs une erreur de croire que le droit positif français s'inspire exclusivement de la conception objective. A bien des égards, il retient de nombreuses conséquences de la conception subjective : (*a*) grâce à la théorie des actes de commerce par accessoire, tous les acts faits par un commerçant pour les besoins de son entreprise commerciale, sont considérés comme des actes de commerce, même s'ils ne répondent pas aux définitions données dans les articles 632 et s. du code de commerce . . . ; (*b*) en sens inverse, la plupart des actes de commerce énumérés dans ces articles, ne sont commerciaux que s'ils sont faits par un commerçant; cela est évident pour les actes qui doivent être faits en 'entreprise' (entreprise de manufacture, de transport, de commission, etc.); mais même les autres actes (achat pour revendre, opérations de banque) ne sont pratiquement considérés comme commerciaux que s'ils sont faits par des commerçants; finalement la conception objective n'est conservée que pour les actes qui sont commerciaux pour toutes personnes, comme la lettre de change; (*c*) on peut ajouter que l'intervention administrative dans l'économie conduit à une multiplication des règles concernant les commerçants, les fonds de commerce, les entreprises et les professions commerciales; le droit commercial, à bien des égards, apparaît comme un droit professionnel parmi d'autres. Cependant, d'un autre côté, il faut remarquer que les règles du droit commercial sont douées d'une grande force d'expansion et tendent à s'appliquer aux non-commerçants, ceux-ci étant d'ailleurs mêlés de plus en plus étroitement à la vie économique; ainsi, les règles relatives aux effets de commerce, aux valeurs mobilières, aux opérations de banque et de bourse, aux sociétés, qui sont nées dans les relations entre commerçants, s'appliquent de façon générale.

19. *Intérêts attachés à la notion d'acte de commerce.* Le régime juridique des actes de commerce diffère, sur de nombreux points, de celui des actes civils: (*a*) il faut une capacité particulièrement étendue pour faire un acte de commerce; (*b*) les règles de preuve sont plus simples: la preuve par écrit, même au delà de 50 francs, n'est pas exigée, le juge pouvant retenir tous moyens de preuve, tels que livres de commerce, correspondance, factures, témoignages et présomptions (C. com., art. 109); les actes de commerce ne sont soumis ni à la règle du double original pour les contrats synallagmatiques, ni à celle du 'bon pour' pour les actes unilatéraux, ni aux dispositions relatives à la date certaine (Cass. comm. 5 déc. 1961, D. 1962, 88). Cependant un certain formalisme reparaît en droit commercial pour des raisons de sécurité: un écrit est souvent exigé au moins à titre de preuve (contrats relatifs au fonds de commerce, sociétés), les valeurs mobilières et les effets de commerce sont des titres formalistes; les factures sont obligatoires, la pratique développe les contrats-types; mais c'est un formalisme simple; (*c*) le taux de l'intérêt légal est plus élevé en matière commerciale (5%; 6% en cas d'assignation en justice) qu'en matière civile (4% ou 5%

en cas d'assignation en justice; art. 1153 C. civ. modifié par Ord. 7 janv. 1958; Décr.-L. 8 août 1935 modifié par Décr. 5 août 1958); le taux de l'intérêt conventionnel est libre dans les deux cas, mais les règles civiles relatives à la capitalisation des intérêts ne s'appliquent pas en droit commercial, notamment dans le compte courant; (*d*) la mise en demeure peut se faire par tous moyens et non pas seulement par acte d'huissier (C. civ., art. 1139); (*e*) l'imputation des paiements n'est pas soumise aux règles du droit civil; (*f*) le principe civil d'après lequel la solidarité ne se présume pas, ne s'applique pas (C. civ., art. 1220); (*g*) la prescription extinctive des obligations commerciales est au maximum de dix ans et non de trente ans (C. com., art. 189, bis, mod. par L. 18 août 1948).

From Ch. Lyon-Caen, 'De l'influence du Droit commercial sur le Droit civil depuis 1804' (1904)[75]

Le Droit civil français a, depuis 1804, subi de nombreuses modifications dues à l'influence du Droit commercial: un grand nombre de règles faites originairement pour le commerce seul, sont devenues des règles de droit commun. Il y a là, du reste, un fait qui n'est spécial ni à notre temps ni à la France. A Rome, on l'a souvent constaté, des innovations introduites par le préteur seulement dans l'intérêt des affaires commerciales, ont fini par recevoir une portée d'application générale et les principes du droit des gens (*jus gentium*), admis surtout pour faciliter les relations commerciales avec les étrangers, ont été peu à peu appliqués même aux rapports entre citoyens romains. De nos jours, le même fait s'est produit dans les pays étrangers. Ainsi, pour ne citer qu'un exemple récent entre beaucoup d'autres, le Code civil allemand de 1896, en vigueur depuis le 1er janvier 1900, s'est approprié, pour les généraliser, de nombreuses dispositions contenues dans le premier Code de commerce allemand de 1861.

Si l'influence du Droit commercial sur le Droit civil est constante et universelle, c'est qu'il y a là l'application d'une sorte de loi d'évolution naturelle. Quand deux législations coexistent, la plus équitable, la plus simple, la moins formaliste, celle qui fait le plus complètement abstraction de la nationalité des individus, et ce sont là des caractères du Droit commercial par rapport au Droit civil, tend à s'étendre et à devenir la législation unique et commune.

[75] B. 80.

Mais les transformations ou les modifications du Droit civil sous l'influence du Droit commercial paraissent avoir été plus nombreuses en France et au XIXe siècle qu'en aucun autre pays et en aucun temps. Cela tient à la fois à la date à laquelle remonte le Code civil français, le plus ancien des Codes civils du monde, et aux grands changements qui, durant le siècle qui vient de s'écouler, se sont produits dans les relations entre les hommes, au développement des rapports internationaux, à la facilité et à la rapidité des communications dues à des découvertes et à des inventions de toutes sortes.

Au début du XIXe siècle, il était relativement rare qu'une personne qui n'était pas commerçante se livrât à des opérations non commerciales nombreuses, ces opérations ne se renouvelant pas souvent pour le même individu, se faisaient lentement; des non-commerçants avaient rarement de nombreux créanciers et le besoin de crédit n'existait guère pour eux: quand ils contractaient, c'était presque exclusivement avec des compatriotes; les sociétés elles-mêmes, fondées pour des entreprises non commerciales, n'avaient que bien rarement besoin d'importants capitaux, par cela même que ces entreprises étaient généralement assez restreintes. Il résultait de là que le Droit civil pouvait sans inconvénient entourer de formalités plus ou moins compliquées les opérations régies par lui, soumettre à des conditions rigoureuses la preuve des contrats, se préoccuper peu des questions de crédit, rendre difficile pour les étrangers l'accès des tribunaux français, ne pas placer sur un pied d'égalité complète les nationaux et les étrangers, admettre des sociétés dont l'organisation et le fonctionnement ne convenaient pas aux grandes entreprises.

Les choses ont profondément changé depuis 1804. Beaucoup de non-commerçants font aujourd'hui des opérations répétées; comme les commerçants, ils ont de fréquents appels à faire au crédit; comme eux, ils ont parfois de nombreux créanciers, ils contractent avec des étrangers; enfin, des sociétés se fondent pour des opérations civiles de la plus grande importance. Les habitudes du commerce tendent à devenir des habitudes générales; ses besoins deviennent ceux de tout le monde.

Aussi des différences entre le Droit civil et le Droit commercial qui s'expliquaient soit à l'époque où le premier s'est séparé du second par réaction contre les règles étroites et formalistes du Droit romain et du Droit canonique, soit même à l'époque de la confection de nos grands Codes français, ne se justifient plus aujourd'hui. Il ne faut, par suite, pas s'étonner que beaucoup de ces différences aient disparu

ou se soient, tout au moins, atténuées. Les deux grandes branches du
droit privé tendent de plus en plus, en France comme ailleurs, à
revenir à leur unité primitive. De bons esprits pensent même que
cette unité sera un jour complètement reconstituée par suite de la
fusion opérée entre le Droit civil et le Droit commercial. Si cette fusion
doit se produire, elle ne sera que le dernier résultat de l'influence
exercée par le Droit commercial et, par suite, elle se réalisera au profit
de ce dernier, par cela même qu'il est plus équitable et moins formaliste, qu'il tient plus de compte du besoin de célérité et de crédit
devenu commun à presque toutes les opérations et à toutes les
personnes. Mais les plus ardents partisans de cette fusion doivent le
reconnaître, si complète qu'elle puisse être, elle ne s'appliquera jamais
à toutes les matières du Droit civil; la nature des choses s'y oppose.
Elle ne peut se concevoir que pour les matières communes aux deux
branches du Droit privé, c'est-à-dire pour les contrats et pour les
obligations, ainsi que pour la réglementation de la situation du
débiteur embarrassé dans ses affaires et des droits de ses créanciers ...
...

Si le Droit civil a été complété ou modifié depuis 1804 par suite de
nombreux emprunts faits au Droit commercial, on ne saurait voir
là une preuve des imperfections ou des lacunes du Code civil. Celui-
ci était fort bien adapté aux besoins et aux usages de l'époque où il a
été fait; comme nous le disons plus haut, ce sont des changements de
toute nature, impossibles à prévoir au début du xixᵉ siècle, qui ont
été la cause déterminante des modifications subies par le Droit civil
par suite de l'influence du Droit commercial.

Celle-ci s'est manifestée de plusieurs façons. C'est grâce aux conventions des parties, à la jurisprudence, parfois à des lois, que des
dispositions spéciales à l'origine au Droit commercial ont été
étendues.

Le Code civil, et ce n'est pas là assurément un de ses moindres
mérites, fait, dans les matières qui ne touchent pas à l'état et à la
capacité des personnes-une large place à l'autonomie de la volonté.
Aussi un grand nombre de dispositions du Code civil sont-elles
purement interprétatives, de telle sorte que les parties peuvent en
écarter l'application par l'expression d'une volonté contraire. Parfois,
sous l'empire de besoins nouveaux, les parties excluent les règles du
Droit civil qui leur paraissent gênantes ou peu conformes au but
qu'elles se proposent, pour rendre applicables certaines règles du
Droit commercial. La jurisprudence, appelée à se prononcer sur la

validité de semblables conventions, s'inspire des besoins de la pratique et reconnaît facilement la validité de ces conventions, en refusant volontiers tout caractère prohibitif ou impératif aux dispositions du Code civil auxquelles elles dérogent.

[As Lyon-Caen points out, one of the principal examples is the extension, by a contract practice approved by the courts, of the transfer of debts through the endorsement and delivery of a document (negotiation), a far more convenient method than an assignment which in France (art. 1690 C. civ.) as in England requires the notification of the debtor. Transfer by negotiation (endorsement and delivery) is provided for in the Commercial Code for certain documents such as bills of exchange but, by construing art. 1690 as *une loi supplétive*, the courts enabled the practice to be extended to other documents such as certain insurance policies. This example is of particular interest to English students because the need for enabling commercial documents other than bills of exchange, promissory notes, and cheques to circulate by endorsement and delivery or simple delivery has, in England as in France, led to the incorporation of commercial custom into the common law.[76]

The author gives further examples to show how civil law has been influenced by commercial law. These are largely taken from the law of commercial and non-commercial associations. He then proceeds to list the most important remaining differences between civil- and commercial-law principles and continues:]

Les différences qui subsistent entre le Droit civil et le Droit commercial n'ont rien d'essentiel. Elles ne s'imposent pas et on peut concevoir assurément qu'elles disparaissent. La preuve en est que, dans beaucoup de pays étrangers, elles ne sont pas connues ou ne l'ont jamais été. Il en est notamment ainsi du principe de la liberté des preuves qu'il pourrait y avoir intérêt à étendre aux matières civiles. ... On concevrait aussi que, comme dans tant de pays, la faillite ne fût pas restreinte aux seuls commerçants. Enfin, sans toucher en rien à l'organisation judiciaire, on pourrait simplifier la procédure suivie devant les tribunaux civils et la calquer sur celle qui est suivie devant les tribunaux de commerce. Il n'y a pas à parler ici de la suppression des tribunaux de commerce et de la compétence attribuée aux tribunaux civils même pour les procès commerciaux. ... Les commerçants considèrent comme une sorte de privilège intangible le droit

---

[76] See Cockburn C. J. in *Goodwin* v. *Robarts* (1875) L.R. 10 Exch. 337, 346 ff. (delivering the judgment of the Exchequer Chamber whose decision was affirmed by the House of Lords (1876) 1 App. Cas. 476). See also Holdsworth, *History of English Law*, vol. viii, 159 ff.

d'être jugés par leurs pairs[77] et le principe électif sur lequel repose
l'organisation des tribunaux de commerce, si conforme au caractère
de notre organisation politique, contribue à en protéger l'existence.
Il y a, d'ailleurs, une tendance marquée en faveur des juridictions
spéciales; on en crée ou on cherche à en créer de nouvelles. Comment
supprimerait-on celles qui ont survécu à toutes les réformes de
notre organisation judiciaire?

. . .

Du reste, les bases de la distinction entre le Droit civil et le Droit
commercial sont bien ébranlées et, par suite, souvent on ne comprend
pas comment la loi a pu considérer un acte comme civil alors qu'elle
reconnaît à un autre le caractère commercial et, par suite, les soumettre à des règles de droit différentes. Il semble que le législateur se
soit livré à une véritable casuistique, dont on a parfois peine à
démêler le sens, pour délimiter le domaine du Droit commercial par
rapport à celui du Droit civil . . .

From E. Thaller, 'De l'attraction exercée par le Code civil et par ses méthodes sur le Droit commercial' (1904)[78]

En 1804, quand paraît le Code civil, la ligne de partage entre le droit
commercial et le droit civil est des plus prononcées. La raison de
cette séparation réside en partie, si l'on veut, dans un fait qui a
subsisté, dans l'attribution à deux juridictions distinctes des procès
relevant de l'un et de l'autre de ces droits. Mais il existe à l'opposition
alors tranchée des deux législations un autre motif: elles sont appliquées à cette époque dans un esprit tout différent.

Au commerce, on motive les décisions par des considérations de
pure équité. Les tribunaux de commerce continuent la tradition des
juges consuls de l'ancien Régime, dont ils ont pris la place par les
lois des 16–24 août 1790, ils suivent l'Ordonnance de Colbert de
1673. Cette Ordonnance est dépourvue de toute marque théorique,
les légistes n'ont point pris part à son élaboration. Des pratiques de
droit commercial s'étaient infiltrées dans les villes du Royaume,

---

[77] Il n'est pas douteux que les commerçants tiennent beaucoup à ce privilège,
et de vives protestations s'élèveraient en France s'il était sérieusement question de la
suppression des tribunaux de commerce. Cependant, par une singularité qui mérite
d'être constatée, dans les grandes villes, spécialement à Paris, les commerçants participent en nombre infime à l'élection des juges consulaires, depuis l'admission, pour cette
élection, du principe du suffrage universel consacré par la loi du 8 décembre 1883.
[Author's footnote.]

[78] B. 81.

depuis plusieurs siècles, par l'action des comptoirs appartenant aux marchands italiens. Le moment est venu, sous le Grand Roi, de fixer par écrit quelques-uns de ces usages, de préciser quelques règles de compétence judiciaire. Pour accomplir cette codification encore bien imparfaite, on fait abstraction du droit civil, on ne le prend pas pour support, on ne le connaît point . . .

Ce qui est certain, c'est que les magistrats du commerce pris il y a un siècle rendent des décisions de pur fait, *ex bono et aequo*, en dehors de toute construction juridique, comme le font encore aujourd'hui les conseils de prud'hommes; ils ne mettent pas un seul instant en doute qu'ils jouent entre les plaideurs un rôle comparable à celui d'arbitres, d'amiables compositeurs.

L'Edit de 1563, d'où descend leur institution, ne l'a-t-il pas dans son préambule affranchie des 'subtilités' des lois et Ordonnances? Etre subtil, c'est pousser l'argument jusqu'à l'argutie, c'est ergoter, rechercher les pointes d'aiguilles, c'est tendre un piège à l'adversaire en étendant le sens d'un mot, en prenant à la lettre une formule qui cependant doit en bon sens être atténuée: écueil grave du tournoi judiciaire devant les juridictions qui statuent en droit. Les tribunaux de commerce se croient déliés par là de tout raccordement de leurs solutions à des principes; pour supprimer les subtilités, c'est le raisonnement qu'ils suppriment. Leur Edit de création ne l'avait pas cependant entendu de la sorte.

Que de nombreux abus soient résultés de cette manière de faire, on le devine. Mais il ne semble pas que les contemporains les aient beaucoup regrettés, tant ils éprouvaient de soulagement à avoir des juges à eux . . .

En face de cette jurisprudence d'équité, se développait celle des tribunaux ordinaires, bailliages ou présidiaux avant 1789, juges de district, juges d'arrondissement plus tard. Le droit civil était serré dans le raisonnement juridique ainsi que dans un étau. L'éducation des esprits par le droit romain donnait à ce raisonnement une grande rigidité. Magistrats et procureurs se courbaient devant la raison écrite de l'œuvre justinienne. La coutume y avait apporté quelque adoucissement en tenant compte des besoins locaux, mais sans entamer la construction des contrats romains dans son gros œuvre. D'ailleurs, le droit romain, pour des hommes travaillés par le désir de l'unité française, avait cet avantage d'être le droit que nulle barrière régionale n'arrêtait, le grand agent d'assimilation. On lui témoignait un respect quasi-superstitieux. . . . Un plus grand formalisme dans les contrats que ce n'est le cas aujourd'hui contribuait encore à faire de l'homme de lois un dialecticien systématique.

Nous répétons que, placés entre ces deux jurisprudences, les commerçants n'hésitaient pas à préconiser la leur . . .

Cependant, tout dans ce fonctionnement de la magistrature consulaire n'était pas recommandable, et les esprits perspicaces avaient conscience de son défaut capital. Une jurisprudence d'équité est trompeuse et illusoire. Elle sera ce que feront d'elle l'intégrité et la rectitude de jugement du magistrat. Elle dispense le tribunal de donner ses raisons au plaideur débouté ou condamné. Elle empêche celui qui négocie un marché de prévoir la façon dont il sera jugé, si un procès doit s'en suivre. C'est la mort du crédit . . .

Que les affaires viennent à s'étendre, qu'elles acquièrent plus de complexité, et ce mirage du droit de bonne foi s'évanouira : coûte que coûte, il faudra que la conviction du juge se prenne dans une armature de raisonnement. Que le droit civil, de son côté, perdant de sa raideur, cesse d'être une législation au texte inflexible et au précepte immuable, pour se façonner selon ce qu'exigeront une protection des intérêts, une autonomie de la volonté, une conception de l'ordre public autrement comprises ; et le droit commercial n'aura rien de mieux à faire que de s'assujettir à ce gouvernement d'un droit civil devenu libéral dans ses méthodes et d'en accepter la discipline . . .

Section 4 : Civil and Criminal Law

NOTES

1. There is no need to explain the difference between civil and criminal law : as in England, a sharp distinction is made between civil and criminal jurisdiction (*juridiction répressive* or *pénale*, and *juridiction civile*).[79]

2. It is, however, a characteristic feature of French law that the victim of a crime can seek to get compensation in the criminal proceedings instituted either by the public prosecutor or by himself. This is known as *action civile* and the party who takes advantage of this principle is known as the *partie civile*. *Action civile* is distinguished from *action publique* (i.e. criminal prosecution) and means civil action in the criminal court.[80]

3. The victim of a crime can of course also proceed in the civil court, but, for reasons listed in no. 2 of the extract from the *Encyclopédie Dalloz*,[81]

[79] For the various criminal and civil courts see below, p. 277.
[80] For an example see Cass. crim. 7.6.1945, below, p. 421.   [81] Below, p. 271.

there are great advantages (especially with regard to evidence and proof) in making use of the *action civile* in the criminal courts, as the victim can utilize the evidence collected by the public prosecutor or the *juge d'instruction*.

4. From the alternative possibilities of proceeding in the civil or in the criminal courts there arise difficult problems of detail, e.g. of the need for staying actions or *res iudicata* etc.

5. It follows that the student of French law will often find very important decisions on questions of the civil law (of delict, e.g. on motor accidents) in the *jurisprudence* of the *Chambre criminelle* of the *Cour de cassation*. It has happened, e.g. in the law of damages, that the *Chambre civile* and the *Chambre criminelle* were at variance on important issues.

6. For an example of a judgment of the *Chambre criminelle* on a civil claim by the mother of a victim of a fatal motor accident against the driver of the car see Cass. crim. 24.1.1962.[82] Note that the court applies the law of criminal procedure but the substantive civil law.

7. In special situations English criminal courts can also give civil redress, the most important example being an order for the restitution of stolen goods, or goods representing them, or compensation for them under s. 28 of the Theft Act, 1968. Another example can be found in s. 12 (3) (b) of the Wages Councils Act, 1959.

From P. Faivre, *Action Civile* (1967)[83]

1. L'action en réparation du dommage causé par un crime, un délit ou une contravention porte le nom d'action civile (C. pr. pén., art. 2). Cette terminologie crée une confusion avec les actions en responsabilité de droit commun, désignées sous des vocables tels que actions *d'ordre civil* (P. Garraud), à *fin civile* (G. Stefani et G. Levasseur) ou de *nature civile* (P. Bouzat), au moins en présence d'un intérêt de distinction.

2. L'article 2 proroge la compétence du tribunal répressif, en lui soumettant l'action civile accessoirement à l'action publique, d'où plusieurs avantages: l'indemnisation rapide sans attendre l'issue d'un procès pénal indépendant, saisie d'une seule juridiction, utilisation des preuves recueillies par l'enquête pénale, réduction des frais.

4. . . . La fonction indemnitaire de l'action civile se double d'une fonction punitive, car la rééducation du coupable reste liée à la

---

[82] Below, p. 273.   [83] B. 82, vol. I, p. 42.

réparation du préjudice, d'où la nature mixte, à la fois civile et pénale, de cette voie de droit, organisée à titre exceptionnel.

6. . . . L'art. 2 du code de procédure pénale ouvre l'action civile *à ceux qui ont personnellement souffert du dommage causé par une infraction*. . . . Le soutien de l'action publique suppose une infraction, mais la jurisprudence distingue des lois dont la violation trouble seulement l'ordre social.

CODE DE PROCÉDURE PÉNALE

Titre préliminaire: De l'action publique et de l'action civile.

ART. 1er: L'action publique pour l'application des peines est mise en mouvement et exercée par les magistrats ou par les fonctionnaires auxquels elle est confiée par la loi.

Cette action peut aussi être mise en mouvement par la partie lésée, dans les conditions déterminées par le présent code.

ART. 2: L'action civile en réparation du dommage causé par un crime, un délit ou une contravention appartient à tous ceux qui ont personnellement souffert du dommage directement causé par l'infraction.

. . .

ART. 3: L'action civile peut être aussi exercée en même temps que l'action publique et devant la même juridiction.

Elle sera recevable pour tous les chefs de dommages, aussi bien matériels que corporels ou moraux, qui découleront des faits objets de la poursuite.

ART. 4: L'action civile peut aussi être exercée séparément de l'action publique.

Toutefois il est sursis au jugement de cette action exercée devant la juridiction civile tant qu'il n'a pas été prononcé définitivement sur l'action publique lorsque celle-ci a été mise en mouvement.

ART. 5: La partie qui a exercé son action devant la juridiction civile compétente ne peut la porter devant la juridiction répressive.

. . .

ART. 10: (Ord. 23 déc. 1958) L'action civile ne peut être engagée après l'expiration du délai de prescription de l'action publique.

Lorsqu'il a été définitivement statué sur l'action publique et si une condamnation pénale a été prononcée, l'action civile mise en mouvement dans les délais prévus par les précédents articles se prescrit par trente ans.

L'action civile est soumise à tous autres égards aux règles du Code civil.

Cass. crim. 24.1.1962
(Dame veuve Weber *C.* Keller)
S. 1962.285 note Meurisse   D. 1962.678 note J. Pradel

LA COUR; — Sur le premier moyen de cassation pris de la violation et fausse application des art. 1382 c. civ. et 7 de la loi du 20 avr. 1810, pour défaut de motifs et manque de base légale: 'en ce que l'arrêt attaqué a admis un partage de la responsabilité civile entre la victime et le prévenu, au motif que, l'accident étant survenu par suite d'un excès de vitesse de la voiture où était transportée la victime, cette dernière aurait commis la faute de prendre place, pour un déplacement inutile, dans un véhicule conduit par un conducteur en état d'imprégnation alcoolique et, de surcroît, fatigué; alors, d'une part, que la prétendue faute ainsi constatée à la charge de la victime est sans rapport avec l'infraction dont la cause unique réside dans un excès de vitesse — et que par conséquent la victime n'a pu concourir au dommage qu'elle a subi; et alors, d'autre part, que le prévenu en faute d'avoir pris le volant s'il était hors d'état de conduire — ce qui n'est d'ailleurs pas constaté — ne peut alléguer sa propre turpitude pour y trouver le fondement d'une réduction de sa responsabilité'; — Vu lesdits articles;

Attendu que tout jugement ou arrêt doit contenir les motifs propres à justifier la décision; que l'insuffisance ou la contradiction des motifs équivaut à leur absence; — Attendu qu'il résulte des énonciations de l'arrêt attaqué (Colmar, 20 déc. 1960) que le 13 déc. 1949, vers 5 heures du matin, après avoir passé la nuit à fréquenter différents bals en compagnie d'autres jeunes gens, le prévenu Keller Jean-Jacques, qui conduisait son automobile dans Mulhouse à une vitesse supérieure à 80 kilomètres à l'heure, a perdu le contrôle de sa machine et heurté des arbres, puis un mur; que Weber, qu'il transportait gratuitement dans sa voiture, décédait peu après des suites de l'accident; que l'excès de vitesse caractérisé du prévenu a été la faute génératrice du délit d'homicide involontaire qu'il a ainsi commis; — Attendu qu'en l'état de ces motifs, la cour d'appel, qui était saisie des appels du ministère public, du prévenu et de la mère de la victime, la dame Weber, qui était partie civile à l'instance, a, tout en confirmant la condamnation prononcée par les premiers juges contre Keller sur l'action publique, infirmé leur décision par laquelle, statuant sur l'action civile, ils avaient imputé au prévenu l'entière responsabilité de l'accident; qu'à cet égard, faisant droit aux conclusions déposées par Keller devant la cour et qui tendaient à un partage de responsabilité, l'arrêt énonce que si, au cours des heures qui ont précédé ledit accident, le prévenu, qui avait veillé toute la nuit, s'était livré jusqu'à 3 heures du matin à de nombreuses libations, Weber 'a assisté à cette consommation d'alcool'; qu'ainsi, il a commis une imprudence en s'associant, en connaissance de cause, à un transport qui, en raison de l'état physique du conducteur (état d'imprégnation alcoolique et fatigue), présentait un danger supérieur aux risques normaux et qui, de plus, l'avait conduit à allonger, sans nécessité, son trajet de retour; qu'un homme avisé n'aurait pas pris place dans la voiture du prévenu pour une promenade parfaitement inutile et que 'cette faute de Weber envers lui-même est en relation certaine avec le dommage' dont souffre la partie civile et doit diminuer dans la proportion d'un quart la responsabilité du prévenu; — Mais attendu qu'il n'est ainsi relevé à l'encontre de Weber, aucune faute qui, ayant été génératrice de l'accident, aurait justifié qu'une part de responsabilité soit mise à sa charge, alors d'ailleurs que l'arrêt précise, d'autre part, que la seule faute génératrice de cet accident a été l'excès de vitesse et le défaut de maîtrise; d'où il suit qu'en l'état de ces motifs, la cour d'appel n'a pas donné une base légale à sa décision;

Par ces motifs et sans qu'il y ait lieu d'examiner le second moyen, casse . . .

3   The Courts and the Legal Profession

Section 1 : Organization of Courts

Introductory notes

1. The similarity of the structure of the English and the French courts is deceptive. It is tempting to compare the *tribunal d'instance* with the County Court, the *tribunal de grande instance* with the High Court, the *Cour d'appel* with the Court of Appeal, and the *Cour de cassation* with the House of Lords. This comparison would be wrong as it would fail to take account of the fundamental differences of organization.

2. The most important of these lies in the decentralization of the administration of justice in France, both at first instance and at the appellate stage. It is as if there were a high court in each county in England and a number of courts of appeal in various parts of the country. This makes it necessary to have rules on territorial (geographical) jurisdiction. There are no 'itinerant' judges.

3. A second difference stems from the collegiate principle in France which means that all major matters are heard by a bench of at least three judges.[1] The one-judge court exists only for minor cases—the *tribunal d'instance*. The collegiate nature of the courts is not of course necessarily, but is in fact, linked with the 'anonymity' of the individual judge referred to.[1a] This anonymity is compatible with the one-judge system, just as its opposite, the personal character of the judgment, may, as every decision of our Court of Appeal shows, flourish within a bench of three. The French attitude cannot be understood unless one remembers that the civil jury is unknown.

4. A third difference results from the position of the highest court, the *Cour de cassation* which, with one solitary exception,[2] never decides a case on merits. It is not a court of ultimate appeal, and is

---

[1] See Cons. const. 23.7.1975 above, p. 73.
[1a] Below p. 282.   [2] Below, p. 285.

thus quite different from the House of Lords. The *Cour de cassation* reviews the judgment, not the case. Its sole function is to ensure that the judgments of the lower courts are in accordance with the law. It can either reject the *pourvoi* or quash[3] the decision under attack and send the case back to another court of the same level. A *pourvoi* is not an appeal.[4] The nearest English equivalent is an appeal by case stated under ss. 83 ff. of the Magistrates Courts Act, 1952, except that the Divisional Court can make a decision on the merits. The *Cour de cassation* also differs from the House of Lords in that a *pourvoi* is admissible against every decision of any court which is final (i.e. not subject to appeal) so that even cases from the lowest courts can go directly to the highest, e.g. a decision of a *tribunal d'instance* if the sum involved is less than 2 500 frs.

5. The difference between *tribunaux de droit commun* and *tribunaux d'exception* must not be considered as equivalent to the English distinction between 'superior' and 'inferior' courts. The French distinction refers to the technique of formulating the range of a court's jurisdiction, whether by statutory tabulation (*tribunaux d'exception*) or by a grant of residuary power (*tribunaux de droit commun*).

A. Principles of Organization

Loi sur l'organisation de l'ordre judiciaire et l'administration de la justice, 20 avril 1810

Art. 7 : La justice est rendue souverainement par les cours impériales ; leurs arrêts, quand ils sont revêtus des formes prescrites à peine de nullité, ne peuvent être cassés que pour une contravention expresse à la loi. Les arrêts qui ne sont pas rendus par le nombre de juges prescrit, ou qui ont été rendus par des juges qui n'ont pas assisté à toutes les audiences de la cause, ou qui n'ont pas été rendus publiquement, ou qui ne contiennent pas les motifs, sont déclarés nuls.

La connaissance du fond est toujours renvoyée à une autre cour impériale.

---

[3] 'Casser' equals 'quash'—the same word.
[4] Note the different kinds of lines in the Tables below.

From de Juglart, *Cours de Droit civil* (1972)[5]

TABLEAU GÉNÉRAL SIMPLIFIÉ DE L'ORGANISATION JUDICIAIRE

Voies de recours:
→ Appel
⇢ Cassation ou recours Conseil d'État

MATIÈRES ADMINISTRATIVES

Conseil d'État

Tribunal administratif (toujours 1ᵉʳ ressort)

Autres juridictions administratives (premier et dernier ressort)

Tribunal des conflits

MATIÈRES JUDICIAIRES

Cour de cassation — 5 chambres civiles[6] — 1 chambre criminelle

Cour d'assises

Tribunal de police — premier ressort | dernier ressort

Tribunal correctionnel (formation du tribunal de grande instance)

Cour d'appel — autres chambres — chambres des appels correctionnels

Tribunal de grande instance — premier et dernier ressort | premier ressort

Tribunal d'instance — premier et dernier ressort | premier ressort

Paris

Région

Arrondissement *Département*

N.B. — Ce tableau est l'œuvre de Mᵐᵉ FOULON-PIGANIOL, maître assistante à la Faculté de Droit de Paris. [Author's remark.]

[5] B. 24, vol. I (1), pp. 137, 138.   [6] Including a *Chambre sociale* and a *Chambre commerciale*.

TABLEAU DE L'ORGANISATION JUDICIAIRE EN MATIÈRE CIVILE

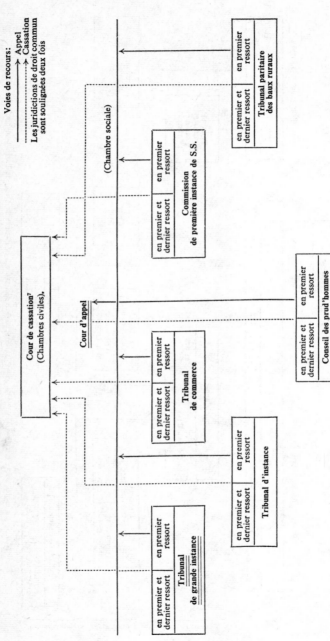

Voies de recours:
→ Appel
⇢ Cassation
Les juridictions de droit commun sont soulignées deux fois

[7] Until 1947 there existed in addition to the *Chambres civiles* a *Chambre des requêtes* which acted as a 'sieve', i.e. its function was to examine cases before they reached one of the *Chambres civiles*. If the *Chambre des requêtes* decided that the *pourvoi* was unfounded, that was the end of the matter, and only in this case did the *Chambre des requêtes* give reasons for its decision. If it regarded the *pourvoi* as possibly well founded, the case went to one of the *Chambres civiles*. Many older cases reproduced in this book are decisions of the *Chambre des requêtes*.

From de Juglart, *Cours de Droit civil* (1972)[8]

Notions fondamentales sur le procès civil

85. Nous aurons souvent l'occasion de parler de 'procès', d' 'action en justice', de 'justiciable', de 'défendeur', de 'recours en appel' ou 'en cassation'; il convient donc, tout d'abord, de savoir comment se déroule un procès civil. Pour cela, le plus simple est de prendre un exemple.

M. Jean Martin, entrepreneur, demeurant à Toulouse, 50, rue de l'Arbre-Mort, demande à la Compagnie Générale d'Assurances le paiement d'une somme de 10.000 F en réparation du préjudice qu'il a subi du fait d'un incendie et en exécution d'un contrat qu'il avait souscrit auprès de cette compagnie. La compagnie d'assurances contestant sa dette et se refusant à l'exécution de son contrat, prétextant que la déclaration de sinistre n'a pas été faite dans le délai de cinq jours prévu par la police, M. Martin la met en demeure[9] de lui payer la somme qu'il estime lui être due. Cette mise en demeure se fait, en pratique, par lettre recommandée avec accusé de réception ou même par acte d'huissier.

Faute d'un accord amiable, M. Martin va 'citer' son adversaire devant le tribunal de grande instance de Toulouse par voie d'huissier. Autrement dit, il charge un huissier de remettre de sa part à la Compagnie Générale d'Assurances un acte sur papier timbré, appelé 'exploit d'ajournement', par lequel il fait connaître à son adversaire le nom de son avoué[9a] (dont l'intervention est obligatoire devant le tribunal), l'objet de sa demande et lui fixe un délai de comparution (en général à huitaine franche) devant le tribunal qui doit juger l'affaire et connaître de la demande.

La Compagnie Générale d'Assurances ayant reçu l'exploit d'huissier, doit 'comparaître', c'est-à-dire venir à l'audience devant le tribunal pour se défendre (d'où le nom de 'défendeur' sous lequel on la désignera) contre la demande de M. Martin (qui est désigné sous le nom de 'demandeur'). Mais cette comparution se fait, là aussi, obligatoirement par l'intermédiaire d'un autre avoué.

Si, à l'expiration du délai d'ajournement, le défendeur n'a pas 'constitué' (choisi) avoué, le demandeur peut faire juger l'affaire par le tribunal en l'absence du défendeur (procédure 'par défaut').

La Compagnie Générale d'Assurances ayant régulièrement constitué avoué, l'affaire est 'mise au rôle', c'est-à-dire inscrite au greffe du

[8] B. 24, pp. 115 ff.   [9] Below, p. 494.   [9a] For *avoué* read *avocat*.

tribunal sur un registre où sont inscrites toutes les affaires portées devant le tribunal, à la demande de l'avoué de M. Martin qui dépose pour cela un acte appelé 'placet' ('plaise au tribunal . . .') consistant en une copie de la demande en paiement adressée à la Compagnie Générale d'Assurances. Cette mise au rôle s'accompagne de la désignation d'un juge chargé de mettre les affaires en état et de l'ouverture d'un dossier au greffe au nom de 'M. Martin contre Compagnie Générale d'Assurances'.

Après qu'il a fait inscrire l'affaire au rôle, l'avoué de M. Martin, demandeur, met l'avoué du défendeur (la Compagnie d'assurances) en mesure de déposer ses propres conclusions, sous quinzaine, par un 'avenir', c'est-à-dire un acte l'invitant à 'venir' devant le tribunal.

Au jour fixé par l'avenir se tient la séance du tribunal dite 'audience de liaison de l'instance', qui constitue le premier acte du procès. Les avoués des deux parties déposent leurs conclusions sur le bureau du tribunal. Ces 'conclusions' contiennent l'exposé des prétentions respectives des deux parties et sont indispensables pour permettre au tribunal de déterminer l'étendue exacte des revendications des deux adversaires. Le soin apporté à la rédaction de ces actes est donc décisif pour l'issue du procès. Il est de règle que les deux avoués se communiquent au préalable toutes les pièces, tous les documents qu'ils comptent déposer à l'appui de leurs conclusions.

Après l'audience de liaison de l'instance, l'affaire est 'instruite' pendant un temps plus ou moins long sous la direction du juge des mises en état créé par le décret du 13 octobre 1965, en vue d'accélérer la marche des procès civils. Le décret n'est toutefois applicable pour l'instant que devant les cours et tribunaux de grande instance figurant aux tableaux annexés à un arrêté du 13 octobre 1965 et aux arrêtés postérieurs. Devant les autres cours et tribunaux de grande instance, le magistrat 'chargé de suivre la procédure' exercera les prérogatives dévolues au magistrat des 'mises en état'; mais son rôle est moins important (art. 80 et s. C. pr. civ.) . . .

Quoi qu'il en soit, l'instruction consiste dans la présentation des preuves (on dit 'l'administration des preuves') et, en cas d'incident, dans l'échange de nouvelles conclusions.

Lorsque l'instruction civile est close par le juge (ordonnance de clôture qui va permettre d'écarter, en principe, toutes autres conclusions ou pièces, tandis que, de son côté, le juge rapporteur rassemblera les éléments du litige), l'affaire vient à l'audience pour être plaidée par les avocats de M. Martin et de la Compagnie Générale d'Assurances, d'après les conclusions échangées par les avoués (en pratique, et pour des raisons de commodité, ce sont les avocats qui rédigent assez souvent le texte des conclusions, mais ces dernières doivent être obligatoirement signées par les avoués).

A l'audience des 'plaidoiries', après le rapport du juge rapporteur désigné selon les modalités fixées par le décret du 13 octobre 1965, on plaide, c'est-à-dire que chaque avocat, celui du demandeur d'abord, celui du défendeur ensuite, développe oralement les prétentions formulées dans les conclusions. Après les plaidoiries, le Président prononce la clôture des débats et donne la parole au ministère public pour formuler ses propres conclusions qui consistent d'ordinaire à s'en rapporter à la sagesse du tribunal. Toute cette phase du procès se passe à l'audience qui est presque toujours publique.

Après le 'délibéré', pendant lequel les membres du tribunal se mettent d'accord sur la décision à prendre, le tribunal rend son jugement, soit séance tenante, soit après un délai de réflexion, à 'huitaine' ou à 'quinzaine'.

C'est seulement à la lecture du texte du jugement qui lui aura été communiqué par son avocat ou par son avoué que M. Martin saura s'il a gagné ou perdu son procès contre la Compagnie Générale d'Assurances. Mais le tribunal fait remettre directement de son côté une copie du jugement à M. Martin par voie d'huissier, ainsi qu'à la Compagnie d'assurances.

A partir du jour de la signification, le plaideur mécontent de la décision du tribunal dispose d'un délai d'un mois pour faire 'appel' de ce jugement. L'appel entraîne un deuxième examen du dossier par une juridiction supérieure: la Cour d'appel.

86. La procédure d'*appel* est, en principe, absolument la même qu'en première instance (article 470 du Code de procédure civile). Il est néanmoins indispensable d'avoir recours à un autre avoué, dit avoué près la Cour d'appel, l'avocat pouvant rester le même devant les deux juridictions. Le procès se déroule donc comme devant la Cour et se termine par une décision appelée 'arrêt'. En principe, le procès s'arrête là et il n'est plus possible de faire procéder par une juridiction à un nouvel examen du fond de l'affaire.

87. Toutefois, si l'arrêt considéré a été rendu en violation de la loi, en excès de pouvoir, par une juridiction incompétente, en inobservation des formes ou en contrariété d'un autre jugement, il est possible de se *pourvoir en cassation* devant la Cour de cassation. Là, la

procédure est tout entière conduite par un officier ministériel spécialisé, qu'on appelle 'avocat au Conseil d'Etat et à la Cour de cassation' et qui remplit devant cette double juridiction le rôle d'avocat en même temps que celui d'avoué.

From Vincent, *Procédure civile* (1969)[10]

100. *Le principe de collégialité*

Le droit français semble très attaché à la règle de la collégialité considérée comme une garantie de pondération, d'impartialité des magistrats. Elle a été respectée lors de la création de nouvelles juridictions d'exception . . .

Il est cependant juste de signaler que le juge d'instance (et naguère le juge de paix), le président du tribunal de grande instance, le président du tribunal de commerce, le président du tribunal paritaire des baux ruraux statuent parfois comme juge unique; il en va de même pour le juge des loyers. La règle de la collégialité est donc toujours affirmée, mais elle reçoit des dérogations de plus en plus nombreuses. La réorganisation des tribunaux d'instance tend à accroître le rôle du juge unique . . .

101. *Juridictions de droit commun — Juridictions d'exception*

Cette classification, commune à tous les ordres de juridictions, joue un rôle de premier plan en droit judiciaire privé. Les tribunaux de *droit commun* qui sont le tribunal de grande instance et la cour d'appel, jouissent de la plénitude de juridiction qui est refusée aux *tribunaux d'exception* parmi lesquels il faut ranger: les tribunaux d'instance, les tribunaux de commerce, les conseils de prud'hommes, les commissions de sécurité sociale, les tribunuax paritaires de baux ruraux; l'expression plénitude de juridiction signifie qu'ils ont une aptitude de principe à connaître de toutes les affaires civiles, tandis que les tribunaux d'exception ne peuvent être saisis que des litiges qui leur ont été expressément confiés par la loi.

Les formes de procédure sont généralement simplifiées devant les tribunaux d'exception; ceux-ci sont, en outre, composés généralement de juges non professionnels, choisis en raison des connaissances qu'ils possèdent dans un domaine bien délimité (travail, commerce, baux ruraux, etc. . . .).

. . .

[10] B. 35.

La multiplication des juridictions d'exception, l'importance sans cesse accrue qui leur est reconnue, constituent l'un des traits les plus remarquables, mais aussi les plus discutables de notre droit judiciaire moderne. Leur création correspond au désir d'obtenir une justice plus expéditive, moins onéreuse aussi pour les plaideurs . . . et pour l'Etat, puisque, mis à part les juges d'instance, les magistrats de ces tribunaux ne sont pas rémunérés. Elle traduit aussi sur le plan procédural l'évolution des institutions du droit privé. La formation d'un droit de catégorie, se manifestant par l'élaboration de règles juridiques concrètes, applicables à tel ou tel groupement d'individus, de statuts particuliers dérogatoires au droit commun, provoque la constitution de tribunaux de catégorie, de tribunaux d'exception . . .

Le Gouvernement n'a pas porté atteinte, en décembre 1958,[11] à ces juridictions d'exception . . .

102. *Juridictions homogènes, jury ou échevinage*

. . .

Les projets relatifs à l'institution d'un jury en matière civile n'ont jamais été pris sérieusement en considération.

. . .

103. *La hiérarchie des tribunaux*

Les tribunaux de l'ordre judiciaire doivent être également répartis dans une autre classification: celle des juridictions inférieures ou de première instance et celle des juridictions supérieures ou d'appel.

Avant les textes de décembre 1958, les juridictions d'appel étaient assez nombreuses . . .

Désormais, il n'y a qu'une juridiction d'appel, la cour d'appel. C'est devant elle que doivent être portés les recours formés, tant contre les décisions des tribunaux de droit commun que contre celles des juridictions d'exception. En tout cas, quand la voie d'appel est ouverte, il ne peut y avoir qu'un degré d'appel. Toutes les juridictions de l'ordre judiciaire sont en outre rattachées à la Cour de cassation.[12]

---

[11] Décrets du 22.12.1958.
[12] For a survey of the organization of the *tribunaux de grande instance*, the *Cours d'appel*, the *Cour de cassation*, and the *juridictions d'exception* see Carbonnier, B. 19, vol. 1, nos. 19 and 20, and for the history of the *tribunaux de commerce* and their significance for the development of French law see Thaller, above, p. 268.

B. *Cour de cassation*

145. *Origines et rôle de la Cour de cassation*

. . .

Le rôle de la Cour de cassation est bien connu: il consiste à réaliser, sans que le précédent ait, en principe, valeur contraignante, l'unification dans l'interprétation des règles de droit. Aussi bien, la Cour de cassation n'a-t-elle pas à s'occuper des éléments de *fait* du procès; elle ne les apprécie pas, mais elle les accepte tels qu'ils résultent des considérants ou des attendus des décisions qui lui sont déférées. Elle ne fait porter son examen critique que sur les questions de *droit*; elle a pour mission de rechercher si, à ces éléments de fait qu'elle ne contrôle pas, il a été fait une bonne et saine application de la loi, s'il y a eu violation de la loi, dans un sens large. Si elle estime qu'il y a eu violation de la loi, elle casse; mais, comme elle ne peut pas substituer sa décision à celle des premiers juges, elle renvoie devant une autre juridiction de même ordre, de même nature, de même degré.

Si elle considère que la loi a été bien appliquée, elle rejette le pourvoi.

C'est cette mission spéciale qui fait de la Cour suprême une juridiction tout à fait exceptionnelle.

Elle ne constitue pas un troisième degré de juridiction, puisqu'elle ne connaît pas des procès comme en connaissent les juridictions inférieures et qu'elle se maintient dans la sphère des questions de droit.

Elle sert de régulateur aux autres juridictions et assure une certaine fixité à la jurisprudence . . .

[Until 1 January 1968, when the law of 3 July 1967 came into operation, a special procedure applied if the lower court to which the case had been remitted insisted on applying the principle of law disapproved by the *Cour de cassation* in that case. In this situation the case went to the *Chambres réunies* of the *Cour de cassation* which consisted of all the 35 members of the then four *Chambres civiles* and of the *Chambre criminelle*. If the *Chambres réunies* agreed with the previous decision of the *Cour de cassation*, they quashed the second decision of a lower court and remitted the case to a third lower court of the same rank which was then bound by the interpretation of the law adopted by the *Chambres réunies*: the only case, it is believed, in French law of an application of the principle of precedent in the English sense.]

From Code de l'Organisation Judiciaire (1978)[13]

Art. L 111–1. — Il y a, pour toute la République, une Cour de Cassation.

Art. L 111–2. — La Cour de cassation statue sur les pourvois en cassation formés contre les jugements en dernier ressort rendus par les jurisdictions de l'ordre judiciaire.

La Cour de cassation ne connaît pas du fond des affaires sauf disposition législative contraire.

Art. L 121–3. — La Cour de cassation comprend des chambres civiles et au moins une chambre criminelle.

Art. L 131–2. — Lorsqu'elle pose une question de principe ou une question relevant normalement des attributions de plusieurs chambres ou encore lorsque sa solution serait susceptible de causer une contrariété de décision, l'affaire peut être renvoyée devant une chambre mixte . . .

Art. L 131–3. — Le renvoi à une chambre mixte est de droit en cas de partage égal des voix ou lorsque le procureur général le requiert . . .

Art. L 131–4. — Lorsque, après cassation d'un premier arrêt . . . le deuxième arrêt . . . rendu dans la même affaire entre les mêmes parties procédant en la même qualité est attaqué par les mêmes moyens, le premier président saisit l'assemblée plénière . . .

Art. L 131–5. — Si le deuxième arrêt . . . rendu encourt la cassation pour les mêmes motifs que le premier, l'assemblée plénière peut, si les constations et appréciations qu'il contient le permettent, statuer sans renvoi . . .

Lorsque le renvoi est ordonné, la juridiction saisie doit . . . se conformer à la décision de l'assemblée plénière sur les points de droit jugés par cette assemblée.

Art. L 132–1. — Le procureur général porte la parole aux audiences des chambres mixtes et de l'assemblée plénière ainsi que dans les assemblées générales de la Cour.

Il la porte aux audiences des chambres quand il le juge convenable.

---

[13] J.C.P. 1978 No. 17, supplement.

Section 2 : Judicial personnel and *ministère public*

Introductory notes

1. The most important difference between the English and the French judicial system is in the method of selecting and appointing judges. Those in France follow a career comparable to that of a civil servant. They are not appointed from the ranks of the advocates and their number far exceeds that of the English judges. All judges in the *tribunaux de droit commun* and in the *tribunaux d'instance* have had a legal training (including a university degree in law), but the *tribunaux de commerce* consist of *commerçants*, and the *conseil de prud'hommes* of equal numbers of employers and employees.

2. The English and French judicial systems resemble each other in that in both the judges are independent and cannot, except for grave breaches of duty, be removed from their offices. French judges can be promoted, a process controlled by a commission in which the judiciary itself is predominantly represented.

3. On the other hand, one of the most characteristic differences is the existence in France of the *ministère public*, also called the *parquet* or *magistrature debout*. This has no parallel in England, and its importance for the administration of the law cannot be exaggerated. In criminal proceedings the members of the *ministère public* are the public prosecutors, but their role in civil procedure is to be the watchdogs of the law. They are, as it were, institutionalized *amici curiae*. The law of 16–24.8.1790 described them as *les agents du gouvernement exécutif auprès des tribunaux*, but this is not what they are in fact. They represent not the government, but the law. Their job (and that of the *commissaire du gouvernement*, the analogous institution in the *Conseil d'Etat*) is to present the law to the court, to give an objective appraisal in the light of the previous *jurisprudence*, and to make a formulated proposal (*conclusions*) for action sometimes involving a change of the court's attitude as expressed in earlier cases.

4. The *conclusions* of the *parquet* resemble in their style an English judgment, far more so than do the French judgments themselves. They are both personal and argumentative. The activity of the *parquet* is quite often the channel through which academic *doctrine* influences the courts.

From Vincent, *Procédure civile* (1969)[14]

A. The judges and their independence (*Magistrature du siège*)

158. Pour que les tribunaux statuent avec l'impartialité désirable, il ne suffit pas que les règles de recrutement garantissent la compétence des juges; il faut encore que ceux-ci bénéficient, au cours de leur carrière, d'un statut leur permettant de préserver leur indépendance, de résister aux pressions qui s'exerceraient sur eux; il est indispensable aussi que le magistrat ne soit pas pris entre son intérêt personnel et les devoirs de sa charge. Le magistrat, tout en étant un fonctionnaire, doit bénéficier dans l'intérêt même des justiciables, d'une position, à certains égards, privilégiée.

. . .

159. Une fois nommés, les magistrats sont inamovibles, ce qui revient à dire qu'ils ne peuvent être destitués, suspendus ou déplacés que dans des conditions prévues par la loi.

Ils ne sont pas à la discrétion du pouvoir exécutif. Tel est le sens du mot *inamovibilité* . . .

. . .

La Constitution de 1946 avait affirmé solennellement dans son article 84: 'Les magistrats du siège sont inamovibles'. La formule a été reprise dans le texte constitutionnel du 4 octobre 1958 (art. 64, al. 4), ainsi que dans l'ordonnance n° 58-1270 du 22 décembre 1958 (art. 4).[15]

. . .

B. *Ministère public (Magistrature debout)*

177. Le ministère public n'est représenté . . . qu'auprès des juridictions de droit commun et auprès de la Cour de cassation . . .

A la *Cour de cassation*, le ministère public se compose de: un procureur général, un premier avocat général, dix-sept avocats généraux.

Près des *cours d'appel*, le ministère public est représenté par un procureur général, un ou plusieurs avocats généraux . . . un ou plusieurs substituts du procureur général.

[14] B. 35.
[15] The French equivalent of the guarantee of judicial independence in the Act of Settlement.

Près des *tribunaux de grande instance*, le ministère public se compose du procureur de la République et de un ou plusieurs substituts.

Le ministère public est désigné sous le nom de *parquet*, parce qu'autrefois la table des 'gens du roi' était placée sur le parquet de la salle et non comme maintenant sur une estrade à la même hauteur que les magistrats du siège. On désigne aussi les membres du ministère public sous le nom de *magistrature debout*, parce qu'ils se lèvent pour requérir.

178. Les magistrats du parquet font partie, comme les juges du siège, du corps judiciaire, mais ils ne jouissent pas des mêmes prérogatives que ces derniers. . . . [L]es conditions de recrutement sont les mêmes pour les deux catégories de magistrats . . .

Au cours d'une carrière, on peut passer du siège au parquet et inversement.

Mais des divergences de régime apparaissent sur plusieurs points. Ainsi que l'affirme l'article 5 de l'ordonnance no. 58-1270, du 22 décembre 1958, 'Les magistrats du parquet sont placés sous la direction et le contrôle de leurs chefs hiérarchiques et sous l'autorité du Garde des Sceaux, Ministre de la Justice'. Cette formule contraste avec celle de l'article 4 qui proclame que 'les magistrats du siège sont inamovibles' . . .

. . . Les membres du ministère public ne sont *pas inamovibles*.

179. Les caractères des officiers du ministère public peuvent se résumer dans les quatre points suivants : . . .

1º Tout d'abord ce sont des *agents du Gouvernement* chargés comme tels de requérir la justice, de veiller à l'exécution des lois et au respect de la légalité.

Le Garde des Sceaux peut ordonner d'agir ou défendre d'agir aux membres du ministère public qui sont sous sa complète dépendance, mais il ne peut pas agir à leur place.

2º C'est un corps *indivisible*; chaque membre du ministère public représente le ministère public; les membres du ministère public se remplacent les uns les autres; ils peuvent alterner dans les procès occupant plusieurs audiences . . .

Mais l'indivisibilité du ministère public ne peut pas se retourner contre lui. Ainsi, le procureur de la République peut interjeter appel d'un jugement rendu par le tribunal, conformément aux conclusions de son substitut.

3° Le ministère public est un corps organisé *hiérarchiquement*. Les membres du ministère public dépendent tous étroitement du Garde des Sceaux . . .

En principe, les membres du ministère public peuvent conclure comme ils le jugent bon, mais, lorsqu'on leur ordonne, dans tel ou tel procès, de formuler telles conclusions, ils doivent s'incliner ou se démettre. Toutefois, intervient là un principe que les membres du ministère public ont toujours tenu à honneur de sauvegarder, c'est que, 'si la plume est serve, la parole est libre'. Après avoir déposé leurs conclusions telles qu'on leur a ordonné de le faire, ils peuvent, oralement, développer des conclusions contraires. Cette règle coutumière a reçu consécration légale dans l'ordonnance no. 58-1270, article 5 *in fine*:

'A l'audience, leur parole est libre'.

4° Le ministère public forme un corps *indépendant* des cours et tribunaux.

Cette indépendance se rattache à une tradition lointaine . . .

Attributions du ministère public

180. Il y a une formule traditionnelle pour définir les attributions du ministère public: le ministère public a été institué pour veiller à l'observation des lois et décrets, poursuivre l'exécution des jugements et arrêts, défendre les intérêts des personnes morales publiques et des incapables.

Cette formule très compréhensive confère, rien qu'au point de vue civil, des attributions très nombreuses au ministère public.

On peut les classer en deux catégories: Les attributions *extra-judiciaires*, les attributions *judiciaires*.

182. *Attributions judiciaires. Distinction de la voie d'action et de la voie de réquisition*

. . .

Le ministère public procède par voie *d'action*, quand il fait ou soutient un procès pour son propre compte, ou comme représentant de certaines personnes morales que la loi lui impose de défendre. On dit alors qu'il est *partie principale*.

Le ministère public procède par voie de *réquisition*, quand il se contente d'intervenir dans un procès auquel il n'a pas donné naissance, pour fournir aux juges, en quelque sorte à titre de jurisconsulte

officiel, son avis sur la façon dont doit être tranché ce procès et conclure à ce que les juges se conforment à sa manière de voir. Il est alors
partie jointe.

. . .

183. . . . [L]orsque le ministère public procède par voie d'action,[16] il
est l'adversaire des parties en cause. C'est un plaideur comme un
autre. Lorsqu'il procède par voie de réquisition, il est simplement
partie jointe, il n'est l'adversaire de personne. Il requiert seulement
la meilleure application, selon lui, de la loi.

. . .

184. Telles sont les deux attitudes que le ministère public peut prendre
pour exercer ses attributions . . .

La plus normale c'est la voie de réquisition. Cela ressort de l'art. 2,
titre 8, de la loi des 16–24 août 1790 qui dit: 'Au civil, les commissaires du roi exercent leur ministère non par voie d'action, mais seulement par celle de réquisition dans les procès dont les juges auront été
saisis'. La voie d'action demeure donc exceptionnelle.

185. La règle, c'est donc la voie de réquisition.

Le ministère public peut prendre communication de toutes les
causes où il juge son intervention utile et déposer des conclusions.
C'est un droit qu'il a et qu'on ne peut pas lui enlever.

En principe, ce rôle est facultatif, le ministère public peut le faire,
il n'est pas obligé de le faire . . .[17]

C'est seulement à la Cour de cassation que le ministère public, dans
tous les procès, dépose des conclusions . . .

---

[16] This is the case only where the law authorizes, and makes it incumbent upon, the
ministère public to proceed in certain exceptional matters, mainly connected with
family relations (annulment of marriages). See on the problem of art. 46 of the law
of 20.4.1810 above, p. 250.
[17] This is subject to a number of exceptions.

Section 3: Legal profession and auxiliary personnel

Introductory notes

1. Until 1971 the profession comprised *avocats*, *avoués* and *notaires*. The first gave legal advice and pleaded in court while the second, being technically the representative of the litigant, had charge of the formal stages of judicial procedure, known by the term *postuler et conclure*. The distinction was not the same as that between barristers and solicitors.

2. The split between the two functions was largely abolished by the statute of which extracts are given below.[18] The effects of the distinction are, however, preserved in two rules which, while nowadays subject to many exceptions, may be unfamiliar to a British lawyer:

(a) *Mandatory representation:* a citizen may not generally act for himself in the formal stages of an action but must be represented by a member of the profession;[18a]

(b) *Territorialité de la postulation:* while an *avocat* may plead anywhere (though, as explained below, there is a separate bar for the two supreme courts) the power of *postulation* in a given court is, in principle, reserved to the local bar.

3. The *notaire* is a key figure in French law. The work he does is done in England partly by solicitors and partly by the Chancery Bar.[19] He is often the confidential adviser of families and of business enterprises. The legal significance of his office stems partly from the much stronger force which notarial documents (*actes authentiques*) have compared with private documents (*actes sous seing privé*). See art. 1319 compared with art. 1324 of the *Code civil*. Each statement made by a *notaire* of what was said or done before him in his official capacity is presumed true until disproved in a formal procedure (*inscription de faux*) which is hardly ever used. If a document

---

[18] The function of '*avoués près la Cour d'Appel*' is retained.

[18a] The *Nouveau Code de procedure civile* (1976) applies this rule to the *Cours d'Appel*. For first instance proceedings see art. 18, 411 ff.

[19] See Brown, 'The Office of Notary in France', B. 83, pp. 60 ff.

purports to have been signed before a notary, and the signature is denied, he who denies it has the burden of proof. The opposite is true of a document *sous seing privé*. Moreover certain transactions (e.g. marriage contracts, mortgages, and in some cases, wills) can be entered into only by *acte authentique*. Finally, a promise of payment made before a notary can be enforced like a judgment.

4. In most Continental countries the notaries were the strongest formative influence in the development of the forms and the substance of contracts, conveyances, wills, etc. The French *notaire* is a public officer, though not a civil servant, and is paid by his client. The number of *notaires* (like that of *avocats à la Cour de cassation et au Conseil d'Etat*) is limited by law.

5. Apart from the legal profession *stricto sensu*, that of *conseil juridique* is also regulated by the 1971 statute.

From Solus et Perrot, *Droit judiciaire privé* (1961)[20]

Les auxiliaires de justice

892. *Nécessité de leur rôle; définition*
Les juridictions ne peuvent, par le seul ministère des juges qui les composent, rendre la justice. Encore faut-il que leur soit assuré le concours d'hommes de loi.

Ceux-ci auront pour mission non seulement de conseiller les plaideurs, de les assister dans l'exposé et la défense de leurs droits[21] et de les représenter dans l'accomplissement des actes de procédure que suppose toute instance judiciaire,[22] mais aussi d'aider les juges dans leur tâche pendant l'instruction du procès et à l'audience,[23] de constater et de conserver leur décisions,[24] d'en assurer l'exécution.[25]

Ces hommes de loi ont été très justement appelés du terme générique d'auxiliaires de la justice.

Dans notre organisation judiciaire, ils n'ont pas la qualité juridique de fonctionnaires; on peut donc les définir: de *simples particuliers qui, à des titres divers et sous certaines conditions d'habilitation, participent au fonctionnement du service public de la justice* . . .

---

[20] B. 34.   [21] *Avocat.*   [22] *Avoué; avocat à la Cour de cassation.*
[23] *Greffier.*   [24] *Greffier.*   [25] *Huissier.*

A. *Les Avocats*

From Loi n° 71–1130 du 31 décembre 1971 portant réforme de certaines professions judiciaires et juridiques.[26]

TITRE Ier

Création et organisation de la nouvelle profession d'avocat

CHAPITRE Ier

Dispositions générales

Art. 1er. — I. — La nouvelle profession d'avocat est substituée aux professions d'avocat près les cours et tribunaux, d'avoué près les tribunaux de grande instance et d'agréé près les tribunaux de commerce, qui exercent individuellement ou dans le cadre d'une société civile professionnelle. Les membres de ces professions font d'office partie, s'ils n'y renoncent, de la nouvelle profession. Ils sont inscrits au tableau du barreau de leur choix, à la date de leur première prestation de serment dans l'une ou l'autre des professions auxquelles est substituée la nouvelle profession d'avocat.

Les membres de la nouvelle profession exercent, avec le titre d'avocat, dans les conditions fixées au présent titre et par les décrets prévus à l'article 53, l'ensemble des fonctions antérieurement dévolues à chacune des professions visées à l'alinéa 1er.

Le titre d'avocat peut être suivi, le cas échéant, de la mention des titres universitaires et des distinctions professionnelles. . .

Art. 3.— Les avocats sont des auxiliaires de justice.

Ils prêtent serment et revêtent, dans l'exercice de leurs fonctions judiciaires, le costume de leur profession.

Art. 4. — Nul ne peut, s'il n'est avocat, assister ou représenter les parties, postuler et plaider devant les juridictions et les organismes juridictionnels ou disciplinaires de quelque nature que ce soit, sous réserve des dispositions régissant les avocats au Conseil d'Etat et à la Cour de cassation et les avoués près les cours d'appel . . .

Art. 5. — Les avocats exercent leur ministère et peuvent plaider sans limitation territoriale devant toutes les juridictions et organismes juridictionnels ou disciplinaires, sous les réserves prévues à l'article précédent.

[26] For the full text see D.S. 1972. L. 38.

Ils exercent exclusivement devant le tribunal de grande instance dans le ressort duquel ils ont établi leur résidence professionnelle les activités antérieurement dévolues au ministère obligatoire de l'avoué auprès de ce tribunal. Toutefois, les avocats exercent ces activités devant tous les tribunaux de grande instance près desquels leur barreau est constitué. . . .

Art. 6. — Les avocats peuvent assister et représenter autrui devant les administrations publiques, sous réserve des dispositions législatives et réglementaires . . .

Art. 7. — I. — La profession d'avocat est une profession libérale et indépendante.

Sont incompatibles avec l'exercice de cette profession toutes activités de nature à porter atteinte à l'indépendance de l'avocat et au caractère libéral de la profession . . .

Art. 8. — L'avocat peut exercer sa profession soit à titre individuel, soit en groupe dans le cadre d'associations ou au sein de sociétés civiles professionnelles, soit en qualité de collaborateur d'un autre avocat ou groupe d'avocats . . .

Art. 9. — L'avocat régulièrement commis d'office par le bâtonnier ou par le président de la cour d'assises ne peut refuser son ministère sans faire approuver ses motifs d'excuse ou d'empêchement par le bâtonnier ou par le président.

Art. 10. — La tarification de la postulation et des actes de procédure demeure régie par les dispositions sur la procédure civile. Les honoraires de consultation et de plaidoirie sont fixés d'accord entre l'avocat et son client.

Toutefois, est interdite la fixation à l'avance d'honoraires en fonction du résultat à intervenir. Toute convention contraire est réputée non écrite.

CHAPITRE II

De l'organisation et de l'administration de la profession[27]

Art. 11. — Nul ne peut accéder à la profession d'avocat s'il ne remplit les conditions suivantes:

    1° Etre Français, sous réserve des conventions internationales;

[27] For Community nationals see EEC Treaty art. 52 and 54, Directive 77/249 and cases 2/74 (Reyners) and 71/76 (Thieffry).

2° Etre titulaire de la licence ou du doctorat en droit;

3° Etre titulaire, sous réserve des dérogations réglementaires, du certificat d'aptitude à la profession d'avocat;

4° N'avoir pas été l'auteur de faits ayant donné lieu à condamnation pénale pour agissements contraires à l'honneur, à la probité ou aux bonnes mœurs;

5° N'avoir pas été l'auteur de faits de même nature ayant donné lieu à une sanction disciplinaire ou administrative de destitution, radiation, révocation, de retrait d'agrément ou d'autorisation;

6° N'avoir pas été frappé de la faillite personnelle . . .

Art. 12. — Sous réserve des dérogations réglementaires, l'avocat reçoit une formation professionnelle assurée par un enseignement théorique et pratique dispensé au cours d'un stage.

Art. 13. — L'enseignement professionnel est assuré par des centres de formation professionnelle . . .

Art. 14. — I. — Un centre de formation professionnelle est institué auprès de chaque cour d'appel . . .

II. — Le centre de formation professionnelle est chargé:

De participer à la préparation au certificat d'aptitude à la profession d'avocat;

D'assurer l'enseignement et la formation professionnelle des avocats pendant la durée du stage ainsi que la formation permanente des avocats . . .

Art. 15. — Les avocats font partie de barreaux qui sont établis auprès des tribunaux de grande instance, suivant les règles fixées par décrets. . . . Ces décrets donnent aux barreaux la faculté de se regrouper.

Chaque barreau est administré par un conseil de l'ordre élu pour trois ans, au scrutin secret, par tous les avocats inscrits au tableau de ce barreau et renouvelable par tiers chaque année. Le conseil de l'ordre est présidé par un bâtonnier, élu pour deux ans dans les mêmes conditions.

Art. 17. — Le conseil de l'ordre a pour attribution de traiter toutes questions intéressant l'exercice de la profession et de veiller à l'observation des devoirs des avocats ainsi qu'à la protection de leurs droits.

. . .

Art. 21. — Chaque barreau est doté de la personnalité civile.

Le bâtonnier représente le barreau dans tous les actes de la vie civile. Il prévient ou concilie les différends d'ordre professionnel entre les membres du barreau et instruit toute réclamation formée par les tiers.

Chapitre III

De la discipline

Art. 22. — Le conseil de l'ordre siégeant comme conseil de discipline poursuit et réprime les infractions et les fautes commises par les avocats inscrits au tableau ou sur la liste du stage.

Il agit, soit d'office, soit à la demande du procureur général, soit à l'initiative du bâtonnier.

Il statue par décision motivée après une instruction contradictoire . . .

Art. 24. — La décision du conseil de l'ordre en matière disciplinaire peut être déférée à la cour d'appel par l'avocat intéressé ou par le procureur général.

Art. 25. — Toute faute, tout manquement aux obligations que lui impose son serment, commis à l'audience par un avocat, peut être réprimé immédiatement par la juridiction saisie de l'affaire, sur les conclusions du ministère public, s'il en existe, et après avoir entendu le bâtonnier ou son représentant.

En cas de manquement aux obligations ou de contravention aux règles découlant des dispositions sur la procédure, les avocats encourent les sanctions édictées par lesdites dispositions.

Chapitre IV

De la responsabilité et de la garantie professionnelles

Art. 26. — Les instances en responsabilité civile contre les avocats suivent les règles ordinaires de procédure.

Art. 27. — Il doit être justifié, soit par le barreau, soit collectivement ou personnellement par les avocats, soit à la fois par le barreau et par les avocats, d'une assurance garantissant la responsabilité civile professionnelle de chaque avocat membre du barreau, en raison des négligences et fautes commises dans l'exercice de leurs fonctions.

Il doit également être justifié d'une assurance au profit de qui il appartiendra, contractée par le barreau ou d'une garantie affectée au remboursement des fonds, effets ou valeurs reçus.

Art. 53. — Dans le respect de l'indépendance de l'avocat, de l'autonomie des conseils de l'ordre et du caractère libéral de la profession, des décrets en Conseil d'Etat fixent les conditions d'application du présent titre.

Ils précisent notamment:

1° Les conditions d'accès à la profession d'avocat ainsi que les incompatibilités, les conditions d'inscription et d'omission du tableau et les conditions d'exercice de la profession dans les cas prévus aux articles 6 et 8;

2° Les règles de déontologie, ainsi que la procédure et les sanctions disciplinaires;

3° Les règles d'organisation professionnelle . . .

TITRE II
Réglementation de l'usage du titre de conseil juridique

CHAPITRE Ier

Conditions d'inscription sur la liste des conseils juridiques

Art. 54. — Les personnes qui n'appartiennent pas à une profession judiciaire ou juridique réglementée ou dont le titre est protégé et qui donnent, à titre professionnel, des consultations ou rédigent des actes pour autrui en matière juridique ne sont autorisées à faire usage du titre de conseil juridique ou fiscal, assorti ou non d'une mention de spécialisation ou d'un titre équivalent ou susceptible d'être assimilé au titre de conseil juridique ou fiscal qu'après leur inscription sur une liste établie par le procureur de la République, et sous réserve des conditions suivantes:

1° Etre titulaire, soit de la licence ou du doctorat en droit, soit de titres ou de diplômes reconnus comme équivalents pour l'exercice de l'activité considérée;

2° Justifier d'une pratique professionnelle;

3° Satisfaire aux conditions de moralité exigées des avocats.

Art. 56. — La profession de conseil juridique est incompatible avec toutes activités de nature à porter atteinte au caractère libéral de cette profession et à l'indépendance de celui qui l'exerce.

Il est, en particulier, interdit à un conseil juridique de faire des actes de commerce.

Art. 59. — Chaque conseil juridique doit justifier d'une assurance garantissant sa responsabilité civile professionnelle en raison des négligences et fautes commises dans l'exercice de ses fonctions, ainsi que d'une garantie spécialement affectée au remboursement des fonds, effets ou valeurs reçus . . .

TITRE III

Dispositions diverses

Art. 67 — Nul ne peut, à titre professionnel, donner des consultations ou rédiger pour autrui des actes sous seing privé en matière juridique :
    1° S'il a été condamné à une peine pour un crime ou un délit contre l'honneur, la probité ou les mœurs ;
    2° S'il a été frappé, pour des faits de même nature, d'une sanction disciplinaire ou administrative de destitution, de radiation, de révocation, de retrait d'agrément ou d'autorisation ;
    3° S'il est failli non réhabilité . . .

Art. 72. — Sera puni d'une amende de 3 600 F à 18 000 F et, en cas de récidive, d'une amende de 18 000 F à 36 000 F et d'un emprisonnement de six jours à six mois ou de l'une de ces deux peines seulement, quiconque aura, n'étant pas régulièrement inscrit au barreau, exercé une ou plusieurs des activités réservées au ministère des avocats dans les conditions prévues à l'article 4, sous réserve des conventions internationales . . .

Art. 74. — Quiconque aura fait usage, sans remplir les conditions exigées pour le porter, d'un titre tendant à créer, dans l'esprit du public, une confusion avec les titres et profession réglementés par la présente loi, sera puni des peines prévues à l'article 259, alinéa 1er, du code pénal.

Art. 75. — Il est interdit à toute personne physique ou morale de se livrer au démarchage en vue de donner des consultations ou de rédiger des actes en matière juridique. Toute publicité est subordonnée au respect de conditions fixées par décret.

B. *Les Avocats au Conseil d'Etat et à la Cour de cassation*

From Vincent, *Procédure civile* (1969)[28]

244.

Auprès de la Cour de cassation fonctionnent des officiers ministériels appelés avocats à la Cour de cassation, qui jouent à la fois le rôle d'avocats et d'avoués et qui ont comme ancêtres immédiats les anciens avocats au Conseil du Roi. Ils sont à la fois chargés de plaider, de postuler et de conclure . . .

Les avocats à la Cour de cassation sont en même temps avocats au Conseil d'Etat, depuis 1817. Ils sont au nombre de soixante et constituent un Ordre, à la tête duquel se trouve placé un président. . .

Les avocats à la Cour de cassation ont, en outre, le droit, comme tout avocat, de plaider devant toutes les juridictions de droit commun; mais ils ne l'exercent pas.

C. *Les notaires*[29]

From Dalloz, *Nouveau Répertoire* (1964)[29] title *Notaire, mise à jour* 1977

. . .

2. *La fonction notariale.* Les notaires sont les officiers publics établis pour recevoir tous les actes auxquels les parties doivent ou veulent faire donner le caractère d'authenticité attaché aux actes de l'autorité publique, et pour en assurer la date, en conserver le dépôt, en délivrer des grosses et expéditions (Ord. 2 nov. 1945, abrogeant et remplaçant L. 25 vent. an XI, art. 1er).

3. En tenant leurs attributions des pouvoirs publics et en conférant aux actes et contrats qu'ils reçoivent l'autorité attachée aux actes de l'autorité publique, les notaires remplissent les fonctions d'un officier public; mais ils ne sont ni fonctionnaires publics ni agents de l'autorité publique; ils sont nommés par arrêté du Garde des Sceaux (Décr. 30 déc. 1953); mais cette nomination est faite sur la présentation de leur prédécesseur (L. 28 avr. 1816, art. 91); ils exercent leur ministère sous la surveillance et le contrôle du ministère public; mais ils ne sont pas soumis à l'autorité hiérarchique du Garde des Sceaux;

[28] B. 35.
[29] See Loi 73.546 du 25.6.1973. D.S. 1973. 3 245.
[29] B. 84.

ils ne sont pas rémunérés par l'Etat; ils répondent, devant les tribunaux judiciaires, des fautes commises dans l'exercice de leurs fonctions.

35. Pour remplir les attributions que leur confère la loi, les notaires ont un monopole qui résulte de la définition que donne d'eux l'article 1er de l'ordonnance du 2 novembre 1945 ('les notaires sont les officiers publics établis pour . . .') (V. *supra*, n° 2), comme de celle qu'en donnait l'article 1er de la loi du 25 ventôse an XI ('les notaires sont les fonctionnaires publics établis pour . . .'); les notaires ont seuls qualité pour remplir légalement les attributions qui leur sont conférées . . .

39. *Nature des actes.* Les notaires sont chargés de recevoir et de dresser acte de tous traités, engagements, conventions, ou de tous faits qu'une personne peut avoir intérêt à faire constater légalement, pourvu qu'ils ne rentrent pas dans la catégorie des actes que le notaire doit se refuser à recevoir. D'une manière générale, le notaire peut recevoir tous les actes de juridiction gracieuse, sauf l'acte de mariage (C. civ., art. 477). Au contraire, les actes de juridiction contentieuse lui sont, en général, interdits . . .

40. *Obligation de prêter leur ministère.* Le notaire est tenu de prêter son ministère quand il en est requis (L. 25 vent. an XI, art. 3) . . .

41. *Libre choix du notaire.* Toute personne peut choisir librement son notaire nonobstant le règlement des chambres des notaires.

42. Les notaires donnent aux actes qu'ils reçoivent l'authenticité attachée aux actes de l'autorité publique. Les actes reçus par les notaires font foi jusqu'à inscription de faux entre les parties contractantes et leurs héritiers ou ayants cause. . . . Les grosses qui en sont délivrées, revêtues de la formule exécutoire, sont susceptibles d'exécution forcée . . .

44. Il est interdit aux notaires, sauf ordonnance du président du tribunal de grande instance, de donner connaissance des actes à d'autres qu'aux personnes intéressées en nom direct, héritiers ou ayants droit (L. 25 vent. an XI, art. 23). Il est fait exception à cette règle en faveur des agents de l'enregistrement, qui sont investis d'un droit de communication.

46. L'expédition est la copie littérale d'un acte délivré par le notaire détenteur de la minute. Lorsqu'elle est délivrée en forme exécutoire,

elle prend le nom de grosse et est susceptible d'exécution forcée. . . .
Le notaire est tenu de délivrer expédition ou copie des actes aux
intéressés en nom direct, à leurs héritiers ou ayants droit, mais
seulement pour la partie de l'acte qui concerne l'intéressé.

Section 4 : *Tribunal des conflits*[30]

Introductory notes

1. As noted above, the *Tribunal des conflits* decides conflicts of
jurisdiction between the courts and the administration.

2. The 'positive' conflict procedure can be initiated only by the
administration (by *le préfet*) so as to stop the courts from acting; not
vice versa. This is a measure to protect the administration against
encroachment by the courts, i.e. it seeks to give effect to the spirit of
séparation des pouvoirs as expressed in art. 13 of the law of August
1790.[31]

3. The procedure starts with a *déclinatoire de compétence* presented
by the prefect to the court in which the case is pending. If, as in our
first case, the court rejects the *déclinatoire* and the prefect does not
agree, the case must go to the *Tribunal des conflits*. If the court
accepts it and stops the case, this—subject to appeal to a higher court
—is the end of the matter.

4. The 'negative' conflict of which our second case is an example
arises if the courts of either *ordre de juridiction* take the view that the
courts of the other *ordre de juridiction* have jurisdiction in a given
case. If the *Cour de cassation*, the *Conseil d'Etat*, or any other court
whose decision is not susceptible of *recours* has declined competence
and a court of the other jurisdiction seised of the case considers them
wrong, it must send the problem to the *Tribunal des conflits*. Until
1960 the party himself had to submit the case to the *Tribunal des
conflits*.

5. Now however it is possible (since 1960)[32] for either the *Cour de
cassation* or the *Conseil d'Etat* to prevent a negative conflict by directly
submitting the case to the *Tribunal des conflits* for a binding decision,

---

[30] See Brown and Garner, B. 36, pp. 71 ff.
[31] Above, p. 204.
[32] Décret n° 60-728 du 25 juillet 1960, arts. 34–39.

without the courts of the other *ordre de juridiction* having been seised of the case.

6. In an exceptional situation such as that in our third case the *Tribunal des conflits* decides on the merits. This might happen where an administrative court held that an accident was caused by the fault of a private citizen over which the ordinary courts have jurisdiction, and the ordinary courts held that it was caused by a public servant in the course of his duties and therefore the case belonged to the administrative courts. The conflict here is a conflict of substance (*conflit de décisions*), not of jurisdiction, and the *Tribunal des conflits* decides on the merits. If it could not do so, there would be a denial of justice.[33]

7. Our third case would no longer arise in this form because by the law of December 1957 all motor accidents, even if caused by public servants in the course of their duty, belong to the jurisdiction of the ordinary courts.[34] The limitation of the scope of this law is vividly illustrated by our fourth case. What would have been the position had the motor-cyclist been injured by colliding with a policeman riding, and not pushing, his bicycle?

From Rivero, *Droit administratif* (1973)[35]

136. *Vue générale.* L'existence de deux ordres de juridictions pose le problème de l'exacte délimitation de leurs compétences respectives. A ce problème, le législateur n'a jamais apporté une réponse d'ensemble, en dehors de celle, purement négative et très vague, qui résultait des textes révolutionnaires interdisant aux tribunaux judiciaires la connaissance des litiges administratifs.[35a] Cette incertitude entraîne nécessairement des difficultés. Le plaideur peut se tromper sur le juge dont relève son litige; et le juge lui-même peut commettre une erreur, en se déclarant à tort, compétent ou incompétent. Ces erreurs peuvent être redressées grâce aux voies de recours ouvertes au sein de l'ordre dont relève la juridiction qui les a commises: une Cour d'appel peut censurer la décision rendue sur la compétence par le tribunal de grande instance; mais si chacun des deux ordres de juridictions restait maître de fixer souverainement la frontière de sa

---

[33] Loi du 20.4.1932.
[34] Loi nº 57–1424 du 31.12.1957.
[35] B. 39.
[35a] Above, p. 204.

compétence, les solutions adoptées pourraient fort bien se révéler contradictoires; il en résulterait un grave désordre dans l'exercice de la justice. La nécessité de résoudre ces contradictions, qui constituent les conflits de compétence, est donc évidente; mais le législateur n'a pas retenu l'hypothèse dans laquelle la juridiction administrative se déclarerait compétente dans une affaire relevant de la compétence judiciaire; sa préoccupation essentielle a été d'empêcher le juge judiciaire d'empiéter sur la compétence administrative, selon l'interprétation révolutionnaire du principe de séparation, conçu comme un moyen de préserver l'indépendance de l'administration vis-à-vis du juge judiciaire.

Cette préoccupation explique que le jugement des conflits ait été initialement confié au chef de l'Etat statuant en son Conseil, c'est-à-dire en pratique au Conseil d'Etat; le juge administratif suprême était ainsi en mesure d'imposer à l'ordre judiciaire le respect des limites qu'il entendait assigner à sa propre compétence.

La solution qui a prévalu respecte au contraire l'égalité des deux ordres de juridictions: elle confie le jugement des conflits à un organisme paritaire composé de représentants de l'un et de l'autre: c'est le Tribunal des Conflits, dont la création définitive, après un essai tenté par la seconde République, date de la loi du 24 mai 1872.

§ 1 — *Le Tribunal des Conflits*

137. A. *Composition*. La loi du 24 mai 1872 a fait du Tribunal des Conflits une juridiction paritaire où les deux ordres sont représentés à égalité: La Cour de cassation et le Conseil d'Etat désignent trois de leurs membres pour siéger au tribunal; les six juges ainsi nommés en choisissent deux autres, et deux suppléants; l'usage veut que ce soient également deux conseillers d'Etat et deux conseillers à la Cour de cassation. Les huit titulaires et les deux suppléants sont nommés pour trois ans. Le risque de cette composition paritaire serait que le tribunal se partageât, chaque groupe défendant la compétence de son ordre, et ne pût aboutir. Pour y parer, la présidence a été attribuée au Garde des Sceaux, ministre de la Justice. . . . [Il] n'intervient que lorsqu'il y a partage des voix; or, le cas est très rare; le plus souvent, une majorité se dégage d'elle-même . . .

En pratique, hormis ces cas exceptionnels, la présidence est exercée par un vice président élu par ses collègues parmi eux, et choisi alternativement dans l'un et l'autre ordre. Le principe paritaire s'applique également au choix des commissaires du gouvernement appelés à présenter des conclusions dans chaque affaire . . .

§ 2 — *Les divers chefs de compétence du Tribunal des Conflits*

139. *Vue d'ensemble.* On appelle conflits d'attribution, ou de compétence, les oppositions qui s'élèvent entre l'ordre judiciaire et l'ordre administratif touchant la compétence respective des deux juridictions. Les conflits d'attribution que le Tribunal des Conflits est appelé à trancher sont de deux sortes: conflits positifs, conflits négatifs; il faut se garder de croire, malgré l'opposition que suggère[nt] entre eux les adjectifs choisis pour les désigner, que chacun de ces deux types peut se définir comme le contraire de l'autre: ils sont différents, mais non inverses.

Le jugement des conflits d'attribution fut longtemps la seule compétence du Tribunal des Conflits; il reste sa mission essentielle; mais sur le terrain de la compétence, cette mission vient d'etre modifiée et complétée par le décret du 25 juillet 1960: en matière de conflits négatifs, le rôle essentiel du Tribunal n'est plus de trancher, mais de prévenir; en outre le même texte permet de lui donner à juger, non des conflits, mais de simples difficultés de compétence. De plus, depuis la loi du 20 avril 1932, il est également appelé à statuer dans des cas où les deux ordres de juridiction s'opposent, non sur la compétence, mais sur le fond.

From Charlotte Béquignon-Lagarde, *Conflit* (1958)[36] and (1970)[37]

1. . . . . Il existe quatre cas de conflits, qui diffèrent par leur but, leur origine et leur réglementation, ainsi d'ailleurs que par leur importance pratique, le quatrième cas étant resté théorique.

2. Le conflit positif ou conflit d'attribution assure la séparation des pouvoirs *au profit de l'Administration.* Destiné à protéger celle-ci contre les empiètements du pouvoir judiciaire, il suppose qu'une question que l'Administration estime échapper à la compétence des tribunaux judiciaires est portée devant l'un d'eux et lui permet d'obtenir le dessaisissement de ce tribunal judiciaire.[38]

---

[36] B.85, vol. 1, pp. 442 ss.
[37] B. 85, Mise à jour, 1976.
[38] Trib. des Conflits 25.3.1957, below, p. 306.

3. Le conflit négatif est un conflit de juridiction, organisé *dans l'intérêt du justiciable*, pour lui permettre d'obtenir un juge. Il s'ouvre lorsqu'un plaideur, ayant porté sa demande devant un tribunal judiciaire et une juridiction administrative, s'est vu opposer deux déclarations d'incompétence fondée sur le principe de la séparation des pouvoirs, chacune des juridictions déclarant que le litige relève des tribunaux de l'autre ordre. Le plaideur demande alors au Tribunal des conflits d'indiquer le tribunal compétent.[39]

4. La loi du 20 avril 1932 (D.P. 1932.4.273) a créé un troisième cas de conflit: deux tribunaux, l'un de l'ordre administratif, l'autre de l'ordre judiciaire ont statué au fond et ont rendu des décisions inconciliables dont la contrariété aboutit à un déni de justice. Le Tribunal des conflits statue alors au fond.[40]

. . .

5-2°. Un décret n° 60-728 du 25 juill. 1960 (D. 1960.266) a modifié certains points de la procédure des conflits d'attributions. . . . Mais ce décret a surtout institué une procédure de renvoi par les juridictions judiciaires ou administratives au Tribunal des conflits.[41]

From the décret no. 60-728 of 25 July 1960

149-3°. *Cas d'ouverture de la procédure de renvoi par la juridiction saisie.* Le premier cas (art. 34) concerne l'hypothèse où un juge, saisi après une procédure suivie devant un autre ordre juridictionnel et qui a donné lieu à une décision d'incompétence, estime devoir, lui aussi, rendre une décision d'incompétence au motif que le litige ressortit à la compétence de l'ordre juridictionnel primitivement saisi dans des conditions qui créeraient un *conflit négatif* (V. *infra*, n° 149-4°). Le second cas (art. 35) concerne l'hypothèse où une question de compétence soulèverait une difficulté sérieuse et mettrait en jeu la séparation des autorités administratives et judiciaires.

149-4°. *Solution d'un conflit négatif éventuel.* Aux termes de l'art. 34 nouveau: 'Lorsqu'une juridiction de l'ordre judiciaire ou de l'ordre administratif a, par une décision qui n'est plus susceptible de recours, décliné la compétence de l'ordre de juridiction auquel elle

---

[39] Trib. des Conflits 25.3.1957, below, p. 307.
[40] Trib. des Conflits 8.5.1933, below, p. 308.
[41] Trib. des Conflits 4.2.1974 below, p. 310.

appartient au motif que le litige ne ressortit pas à cet ordre, toute juridiction de l'autre ordre, saisie du même litige, si elle estime que ledit litige ressortit à l'ordre de juridictions primitivement saisi, doit, par un jugement motivé qui n'est susceptible d'aucun recours même en cassation, renvoyer au Tribunal des conflits le soin de décider sur la question de compétence ainsi soulevée et surseoir à toute procédure jusqu'à la décision de ce tribunal'. En ce sens que la première juridiction saisie du litige doit, pour permettre à la seconde d'élever le conflit, avoir rendu une décision non susceptible de voie de recours.

149-5°. *Difficulté mettant en jeu la séparation des autorités adminis-tratives et judiciaires.* Aux termes de l'art. 35 nouveau: 'Lorsque le Conseil d'Etat statuant au contentieux, la Cour de cassation ou toute autre juridiction statuant souverainement et échappant ainsi au contrôle tant du Conseil d'Etat que de la Cour de cassation, est saisi d'un litige qui présente à juger, soit sur l'action introduite, soit sur une exception, une question de compétence soulevant une difficulté sérieuse et mettant en jeu la séparation des autorités administratives et judiciaires, la juridiction saisie peut, par décision ou arrêt motivé qui n'est susceptible d'aucun recours, renvoyer au Tribunal des conflits le soin de décider sur cette question de compétence. Il est alors sursis à toute procédure jusqu'à la décision de ce tribunal'.

Trib. des Conflits 25.3.1957
Isaad Slimane *C.* Dʳ M...

S. 1957.196 concl. comm. du. gouv. Chardeau   D. 1957.395
J.C.P. 1957 II 10004 obs. R. Savatier

LE TRIBUNAL DES CONFLITS; — Vu l'arrêté, en date du 11 oct. 1956, par lequel le préfet de Vaucluse a élevé le conflit d'attribution dans l'instance pendante devant le tribunal civil d'Apt entre le sieur Isaad Slimane, d'une part, et le Dʳ M..., chirurgien de l'hôpital-hospice d'X..., d'autre part; — Vu l'exploit, en date du 4 août 1955, par lequel le sieur Isaad Slimane a assigné le Dʳ M... devant le tribunal civil d'Apt en paiement de dommages-intérêts, lui imputant à faute de ne pas lui avoir donné les soins nécessités par son état lors de son séjour à l'hôpital-hospice d'X...; — Vu le déclinatoire de com-pétence, en date du 24 mars 1956, par lequel le préfet de Vaucluse a demandé au tribunal de se déclarer incompétent pour le motif que dans l'hypothèse où une faute personnelle pourrait être reprochée au Dʳ M..., cette faute se serait produite à l'occasion de l'exécution d'un service public et qu'en conséquence, l'autorité administrative demeurerait seule juge de la responsabilité du chirurgien, agent de ce service public ; — Vu le jugement en date du 11 juill. 1956, par lequel le tribunal civil d'Apt a rejeté ledit déclinatoire au motif que les tribunaux judiciaires sont compétents pour statuer sur les conséquences dommageables des fautes commises par les médecins d'un hôpital dans l'exercice de leur art médical ; — Vu le jugement, en date du 24 oct. 1956, par lequel le même tribunal a déclaré surseoir à statuer dans l'instance pendante devant lui ; — Vu, enregistrées au secrétariat du Tribunal des conflits le 5 déc. 1956, les observations du secrétaire d'Etat à la santé publique et à la population tendant à la confirmation de l'arrêté de conflit ; — Vu les autres pièces produites et jointes au dossier ; — Vu les lois des 16–24 août 1790 et 16 fruct. an III ; — Vu l'ordonnance du 1ᵉʳ juin 1828, le décret du 26 oct. 1849, la loi du 24 mai 1872 et le décret du 5 déc. 1952 ;

Considérant que l'action introduite par le sieur Isaad Slimane contre le Dʳ M... et sur laquelle le préfet du Vaucluse a élevé le conflit tend à établir la responsabilité du Dʳ M..., chirurgien de l'hôpital-hospice d'X..., établissement public communal, auquel il reproche d'avoir refusé de lui donner les soins que nécessitait son état de santé ; — Considérant que les faits allégués, s'ils étaient établis par l'expertise ordonnée par le tribunal civil d'Apt, ne constitueraient pas une faute personnelle, détachable de l'accomplissement du service public de santé dont le Dʳ M... avait la charge ; que, dès lors, c'est à bon droit que le préfet a élevé le conflit dans l'action portée par le sieur Isaad Slimane devant le tribunal civil d'Apt ;

Art. 1ᵉʳ. L'arrêté de conflit sus-visé du préfet de Vaucluse en date du 11 oct. 1956 est confirmé.

Art. 2. Sont déclarés nuls et non avenus le jugement du tribunal civil d'Apt du 11 juill. 1956 et l'assignation délivrée le 4 août 1955.

Trib. des Conflits 25.3.1957

(Hospices civils du Puy)

Gaz. Pal. 1957.2.20   D. 1957, Somm. 105

LE TRIBUNAL ; — Considérant que les Hospices civils du Puy ont saisi successivement le président du Tribunal civil statuant en référé et le président du Tribunal administratif de Clermont-Ferrand de conclusions tendant à la désignation d'un expert à l'effet de constater la nature, l'importance et les causes des dégâts subis par l'installation radiologique de l'hôpital Emile-Roux et qui seraient imputables au sieur de la Pérelle, ancien médecin radiologue de cet établissement; que le président du Tribunal civil et le président du Tribunal administratif se sont, l'un et l'autre, déclarés incompétents pour les motifs, le premier, que le litige sur le fond relevait de la compétence de la juridiction administrative, le second, que le litige échappait à la compétence de ladite juridiction, que de cette double déclaration d'incompétence résulte un conflit négatif et qu'il y a lieu de régler la compétence;

Considérant que les rapports entre un hôpital public et un médecin participant à l'exécution des fonctions assumées par ledit hôpital sont des rapports de droit public; que le litige né entre les Hospices civils du Puy et le sieur de la Pérelle ayant son origine dans les rapports qui s'étaient établis entre eux à l'occasion de l'exercice par le sieur de la Pérelle de ses fonctions de médecin radiologue d'un hôpital relevant desdits hospices civils ne peut trouver sa solution que dans les principes du droit public et que la juridiction administrative a seule qualité pour en connaître; qu'il suit de là que c'est à tort que le président du Tribunal administratif de Clermont-Ferrand s'est déclaré incompétent pour connaître des conclusions dont il était saisi et tendant, à l'occasion dudit litige, à la désignation d'un expert;

Décide: Art. 1ᵉʳ. La décision susvisée du président du Tribunal administratif de Clermont-Ferrand en date du 16 avril 1956 est déclarée nulle et non avenue. Art. 2. Les Hospices civils du Puy et le sieur de la Pérelle sont renvoyés devant le président du Tribunal administratif de Clermont-Ferrand pour être statué à nouveau sur la demande des Hospices civils du Puy. Art. 3. Les dépens exposés devant le Tribunal des conflits seront supportés par la partie qui succombera en fin d'instance.

Trib. des Conflits 8.5.1933

(Rosay)

S. 1933.3.117   D.H. 1933.336

LE TRIBUNAL DES CONFLITS; — Vu la loi du 20 avril 1932; les art. 1382 et 1383, C. civ.; — En la forme: Considérant que, dans deux litiges portant sur le même objet, le Conseil d'Etat et la Cour d'Appel de Rouen ont rendu des décisions définitives qui présentent contrariété et qui conduisent à un déni de justice; qu'ainsi, le recours introduit par Rosay devant le Tribunal des conflits est recevable par application de l'art. 1er de la loi du 20 avril 1932; — Au fond : Considérant que, le 13 sept. 1922, vers 19 heures, une collision s'est produite au point de jonction du chemin de grande communication n° 88 et du chemin de grande communication n° 63 entre une voiture automobile Ford, conduite par Bornon, et une voiture Panhard, conduite par un militaire; que Rosay, qui avait pris place dans la première des voitures, fut grièvement blessé dans la collision; qu'il résulte de l'instruction à laquelle il fut procédé, notamment des procès-verbaux de gendarmerie, des rapports et des témoignages recueillis au cours d'une enquête ordonnée par le tribunal d'Yvetot, que la collision est due tout à la fois à la faute du conducteur militaire au service de l'Etat, qui a abordé le carrefour à une vive allure sans signaler suffisamment son approche et qui, contrairement aux prescriptions de l'art. 10 du décret du 27 mai 1924, alors en vigueur, n'a pas cédé le passage au conducteur de la voiture qui venait d'un chemin de même catégorie sis à droite, alors cependant qu'il était averti par un poteau indicateur de l'existence de ce chemin et à la faute de Bornon, qui, pour virer du chemin n° 63 sur le chemin n° 88, s'est trop rapproché du talus qui était à sa gauche, en sorte qu'après avoir fini son tournant, il s'est trouvé sur la gauche du chemin dans la direction où il allait marcher; — Considérant que si chacun des auteurs du fait dommageable est responsable solidairement envers la victime de l'accident lorsque, comme dans l'espèce, il n'est pas possible de déterminer la proportion dans laquelle chaque faute a concouru à produire le dommage, il convient néanmoins, dans le rapport des coauteurs entre eux, de répartir le montant de la condamnation suivant la gravité de leurs fautes respectives; que, dans l'espèce, la répartition peut être faite par moitié; — Considérant que l'état de l'instruction ne permet pas d'apprécier la nature et l'importance de l'invalidité qui est résultée pour le sieur Rosay de l'accident du 13 sept. 1922; — Art. 1er. Sont considérés comme nuls et non avenus l'arrêt du Conseil d'Etat du 13 juill. 1926 et l'arrêt de la Cour de Rouen du 10 déc. 1926. Art. 2. L'Etat, représenté par le ministre de la guerre et les consorts Bornon sont condamnés solidairement à payer à Rosay la somme de huit mille cinq cents francs, représentant les frais et débours nécessités par l'accident, avec les intérêts à compter du 4 nov. 1922 et les

intérêts des intérêts à compter du 31 mai 1932, ainsi que le montant
des frais qui ont été exposés devant les diverses juridictions successivement saisies depuis l'accident, à l'exclusion des frais exposés personnellement contre le général Duchesne. Art. 3. Dans les rapports
entre l'Etat et les consorts Bornon, ces condamnations seront supportées par moitié. Art. 4. Dit que, par M. le vice-président du
Tribunal des conflits, un expert sera désigné, lequel, après serment
prêté devant le secrétaire du Tribunal des conflits, aura pour mission
d'examiner Rosay, de déterminer les conséquences de l'accident
et de fixer l'incapacité qui en est résultée, pour être statué après
le dépôt du rapport, qui devra être fait un mois après la prestation
du serment, sur la demande en 150.000 fr. de dommages-intérêts.
Art. 5. Les dépens de la présente instance sont réservés.

Trib. des Conflits 4.2.1974

(Alban, Trouche et autres *C.* Soc. Gyrafrance et Entente
interdépartementale de démoustication du littoral méditerranéen)

D.S. 1975.214 note Despax

LE TRIBUNAL DES CONFLITS; — Considérant que l'affaire Alban et
autres contre Soc. Gyrafrance et Entente interdépartementale pour
la démoustication du littoral méditerranéen (n° 1986) et l'affaire
Trouche contre Soc. Gyrafrance et Entente interdépartementale pour
la démoustication du littoral méditerranéen (n° 1988 *bis*) présentent
à juger la même question; qu'il échet de les joindre pour y statuer
par une seule et même décision; — Considérant que l'Entente
interdépartementale pour la démoustication du littoral méditerranéen
régulièrement habilitée à intervenir dans la lutte contre les
moustiques, ayant chargé la Soc. Gyrafrance d'épandre, au moyen
d'hélicoptères ou d'avions lui appartenant, des substances insecti-
cides, les produits déversés à cette occasion ont causé des dégâts aux
cultures du sieur Alban et de seize autres propriétaires de la région
de Béziers; que, sur l'action intentée par ceux-ci contre la Soc.
Gyrafrance et contre l'Entente interdépartementale pour la
démoustication du littoral méditerranéen en vue d'obtenir la
désignation d'un expert chargé d'évaluer leur préjudice, la cour
d'appel de Montpellier, par arrêt du 8 juill. 1970, s'est déclarée
incompétente au motif qu'en application de la loi du 16 déc. 1964
les dommages pouvant résulter des travaux et des opérations de lutte

contre les moustiques, faits par les organismes et les services agréés, devaient être considérés comme des dommages résultant de l'exécution de travaux publics et réparés dans les mêmes conditions : que le tribunal administratif de Montpellier, saisi à son tour du même litige et estimant que celui-ci relevait de la compétence des tribunaux judiciaires, a, par jugements des 13 juill. et 28 sept. 1973, saisi le Tribunal des conflits pour qu'il soit statué sur la compétence ; — Considérant que les dommages dont se prévalent le sieur Alban et seize autres propriétaires sont dûs à la nature des produits utilisés dans la lutte contre les moustiques et non au fait qu'ils ont été déversés par un hélicoptère et un avion ; que l'intervention de ces véhicules n'ayant pas été la cause génératrice de ces dommages, la loi du 31 déc. 1957 ne peut recevoir application ; que, dès lors, les actions ouvertes au sieur Alban et aux autres propriétaires et qui tendent à la réparation de dommages assimilés par l'art. 12 de la loi du 16 déc. 1964 à des dommages résultant de travaux publics relèvent de la compétence administrative ;

Art. 1er. — Il est déclaré que les juridictions de l'ordre administratif sont compétentes pour se prononcer sur les actions formées par les sieurs Alban [. . .] contre la Soc. Gyrafrance et l'Entente interdépartementale pour la démoustication du littoral méditerranéen.

Part II. Contract

Introduction

1. The materials which follow will not make of their reader an expert on the French law of contract. Such an aim, even were it feasible, would, to a civil lawyer, be absurd. He does not live in a pigeon-hole. For him, contract is but a part of the law of obligations, whose origin may be contract, delict, quasi-delict, or quasi-contract, and whose existence, enforcement, and ending are governed by the same basic principles. This is why a French treatise on obligations is organized so differently from a common law work on tort or contract and why its author will cheerfully adduce arguments based on one chapter of the Code to handle problems unresolved by the apparently more appropriate part.

Part II is intended, simply, to afford the reader who has mastered the institutional structures described in Part I a glimpse of the law at work. Basically, the plan has been to insert a probe into four areas of the law of contract by grouping the material around four articles of the Code.

Article 1108 defines the conditions necessary for the validity of an agreement and is used as a focal point for extracts on offer, acceptance, *erreur*, *cause*, and *lésion*.

Articles 1134 states the fundamental rule as to the effect of agreements on the parties to them and is employed as an introduction to the topics of interpretation, *imprévision*, and *force majeure*.

Article 1165 lays down the general principle as to third parties and is followed by extracts illustrating exceptions.

Article 1184, is, at first glance, merely another provision tucked away in the section on conditions. In fact it serves as a useful introduction to the major remedies.

Naturally enough most contracts end by performance; but no materials on this topic are included, partly because the basic principles can be deduced from the cases on breach, and partly for reasons of space.

2. Since it is very difficult to set a scene solely by means of extracts, it may be helpful to preface the materials with a few general

remarks; a few of the more difficult topics are given their own introductions.

(1) *The place of contract within the civil law*

The French take great pains to locate the law of contract in its precise place in the legal system. It is, first, within the realm of *droits patrimoniaux*—those legal rules which govern relations expressible ultimately in terms of money. Within this category it is usual to distinguish *droits réels* and *droits personnels* with obligations in general, and contracts in particular, falling in the latter class.

The former are defined thus: 'Les droits réels sont ceux qui, créant un rapport immédat et direct entre une chose et la personne au pouvoir de laquelle elle se trouve soumise, d'une manière plus ou moins complète, sont par cela même susceptibles d'être exercés, non pas seulement contre telle personne déterminée, mais envers et contre tous.'[1]

By contrast, a *droit personnel* lacks four features:

(i) it does not necessarily involve *une chose*;
(ii) it lays no duty on all not to interfere;
(iii) it gives the creditor no priority;
(iv) it gives him no *droit de suite*.

The clarity of this scheme is seductive, but not impregnable to criticism:

(i) The word *chose* itself, so easily capable of denoting only a tangible, non-human object,[2] has, in fact, much vaguer connotations. Like the Latin *res* or the English 'thing', its semantic history is the converse of what one would expect. Derived from *causa*, its earlier usage is to describe a relationship between people; then a lawsuit; then the object in dispute.[3]

(ii) Whatever the definition of *chose*, Planiol and Ripert make the point that

un rapport d'ordre juridique ne peut pas exister entre une personne et une chose parce que donner à l'homme un droit sur la chose équivaudrait à imposer une obligation à la chose envers l'homme, ce qui serait une absurdité. Par définition tout droit est un rapport entre les personnes. Le

---

[1] Aubry et Rau, *Droit civil français*, B. 17, vol. 2 (5th edn.), no. 172; later editions slightly compress the definition.

[2] Compare Austin, *The Province of Jurisprudence Determined*, Lect. xiii; for the German '*Sachen*' see BGB, § 90.

[3] The Norwegian for a court is still *ting*; while in modern French *affaires* can mean luggage!

droit réel doit donc être conçu sous la forme d'un rapport obligatoire, dans lequel le sujet actif est simple et représenté par une seule personne, tandis que le sujet passif est illimité en nombre.[4]

(iii) Planiol's point is essentially that a real right is similar to a personal right, save that its correlative is a duty of which there are many. But one can equally well argue that an obligation is a species of real right. Even the most conservative jurists admit that debts (*créances*) are wealth. As Raynaud puts it (and the word italicized is revealing) 'Si l'obligation reste un rapport de personne à personne, elle est aussi une *chose*, elle est une valeur qui figure au passif du débiteur et à l'actif du créancier.'[5] It is of course true that the creditor of an obligation has neither priority nor a vindication action. This, however, is to assume that the criterion of a real right is *how* it can be enforced; while a logically prior question is *whether* it is in some way protected against persons other than the debtor and his representatives. The brief extract on *concurrence déloyale* will give some idea of the extent of this protection. It is also still true, even so, that the number of possible defendants is limited. But is it necessary to distinguish only personal rights enforceable against one and real rights protected against all? May there not be many intermediate classes against whom a right can be enforced, as, for instance, all possessors of another's property except those who can use the shield of article 2279?

Despite these criticisms, however, it must be admitted that 'dans ses grandes lignes, le droit positif français est resté fidèle à la conception classique'.[6]

(2) *The scope of the law of contract*

To the common lawyer, accustomed to finding the principles of the law of contract in cases involving charter-parties, patents, local authorities, and the like, the French sources have a domestic, almost rustic, feel. This is explained by the nature of the *Code civil*.

In the first place, business matters fall generally under the *Code de commerce*; the strict civil law of contract is thereby largely confined to cases involving ordinary citizens. Administrative law, on the other hand, governs almost all matters to do with public bodies engaged in public service.

---

[4] B. 28, vol. i, no. 2602; compare Hohfeld, 'Fundamental Legal Conceptions' (1917) 26 *Yale Law Journal* 710 at p. 745.

[5] B. 30, p. 7.　　　　　　　　　　　　　　　[6] Raynaud, B. 30, p. 9.

In the second place, the *Code civil* did not spring, fully armed, from the mouth of 'Marianne's mother'. Many of its provisions, especially on obligations, are taken almost straight from Pothier, whose works are imbued, not merely with Roman law, but with the effect of centuries of cogitation by the canonists. The point is made in the very title of his great predecessor's treatise—Domat set out to expound 'Les Loix Civiles *dans leur ordre naturel*'.[7]

Finally, the Code is essentially a product of the days before the Industrial Revolution; and it says much for the French courts and writers that they have been able to apply and adapt its provisions to the problems of so different an age. Whether Napoleon's jibe be true or not, it certainly seems that the English law of contract was designed for a nation of shopkeepers. If that be so, the common lawyer might retort, then the French system was made for a race of peasants.

(3) *The basis of the law of contract*

Although the Code does not emphasize the word, both doctrine and decisions insist that the basis of the law of contract is *volonté*.[8] This at once confronts the Englishman with a semantic problem. It seems that the word in French has a unity and a strength which enable it to serve as a durable tool. In English, however, the word 'will'—possibly because Anglo-Saxon lacked a future tense, possibly because it was the greatest English poet's Christian name[9]—has become so fragmented in meaning that it sounds uneasily as a translation of *volonté*.[10]

The notion of *volonté* as the foundation of contract is the result of the political liberalism of the Age of Reason and of the economic liberalism of the nineteenth century. Obligations imposed from outside should be as few as possible. A man may be bound only by his own will; he is the best judge of his own interests; and therefore the best rule is that freely agreed by free men. This principle justifies both statute and contract. 'Les conventions légalement formées', proclaims article 1134, 'tiennent lieu de *loi* à ceux qui les ont faites.'

When translated into legal terms, the theory has the following consequences:

---

[7] B. 5.

[8] Gaudemet, B. 22, pp. 27 ff.; Bordeaux 17.1.1870, below, p. 330.

[9] See Sonnets 135 and 136.

[10] It is curious to reflect, in passing, that one branch of English law which has a small group of general and flexible concepts is the law of *wills*.

(i) A person cannot be made to contract against his will, nor can he be bound by agreements made between others.

(ii) A contract, being the expression of free will, must, by definition, be fair. 'Qui dit contractuel dit juste.'[11]

(iii) It is not for the law, but for the parties, to invent their own type of contract. The days of nominate contracts did not outlive the Romans.[12]

(iv) It is for the parties, not the law, to decide the form of their contract.

(v) It is for the parties to choose which law governs their contract.

(vi) If the parties do not express their will on certain essentials—say, the price on sale—the court cannot do it for them.

These deductions from the postulate of *l'autonomie de volonté* are, by now, subject to numerous strains and several exceptions. But one problem of general scope will appear constantly in the following pages: is the relevant *volonté* to be *interne* or *déclarée*; or, in other words, is the law to attempt a subjective, or objective, appraisal of the parties' intention?[13] Further, given that the *volonté* is expressed, must it be declared to the other party? The extracts on offer, revocation, acceptance, and *erreur*, will illustrate the difficulties; while those on *imprévision* will show the basic principle at its most rigorous.

[11] Fouillé, *La Science sociale contemporaine* (1880), p. 410, quoted in Raynaud, B. 30, p. 38.

[12] Though perhaps, to a common lawyer, there is still a trace of this desire to classify in France.

[13] See Schmidt, *Model, intention, fault*; B. 86.

4 The Essentials of Contract

C. civ. art. 1108

'Quatre conditions sont essentielles pour la validité d'une convention :
Le consentement de la partie qui s'oblige;
Sa capacité de contracter;[14]
Un objet certain qui forme la matière de l'engagement;
Une cause licite dans l'obligation.'

Section 1 : *Consentement* : Offer and Acceptance

Paris 5.2.1910
(Welter *C.* Michelin)

D. 1913.2.1 note Valéry

LA COUR: Considérant que le 14 janv. 1908, Michelin, demeurant à Poitiers a fait paraître dans le journal 'La Bibliographie de la France' une annonce dans laquelle il était toujours acheteur de la 'Revue des Deux-Mondes', année 1832, à 180 F;

Considérant que le 14 janvier, Welter, libraire à Paris, a écrit à Michelin qu'il lui offrait ladite 'Revue' au prix de 180 F;

Considérant que le lendemain, 15 janvier, Michelin a, par lettre recommandée, accusé réception à Welter de sa lettre, lui faisant connaître qu'il acceptait le prix proposé et lui envoyait la somme de 180 F, plus 0 F 95 cent. pour prix du colis postal recommandé;

Considérant qu'il résulte des documents produits que la lettre recommandée a été présentée chez Welter à huit heures, le 16 janvier, et que son magasin n'étant pas ouvert, elle lui a été présentée de nouveau et délivrée le même jour vers dix heures et demie;

Considérant que Welter soutient que le contrat de vente n'aurait pu se former que le 16 janvier au moment où il a reçu la lettre recommandée de Michelin, et qu'à ce moment il avait déjà

[14] No materials are given on capacity.

vendu à un tiers les exemplaires de la 'Revue des Deux-Mondes' en litige;

Mais considérant que le contrat s'est trouvé formé par l'offre faite le 10 janvier par Michelin dans 'La Bibliographie de la France', et par l'acceptation contenue dans la lettre écrite le 14 janvier par Welter à Michelin; qu'à partir de cette dernière date, il y avait accord entre les parties sur la chose et sur le prix, que, par suite, il y avait vente; que le terme 'd'offre', employé par Welter dans sa lettre, est sans importance, alors qu'il résulte sans contestation de cette lettre, qu'il acceptait la proposition d'achat qui lui était faite par Michelin et le prix qui lui était offert;

Considérant au surplus qu'en fût-il autrement, la prétention de Welter n'en serait pas plus fondée, en premier lieu parce qu'ayant écrit à Michelin une lettre personnelle pour lui offrir une certaine année de la 'Revue' à un prix déterminé, il devait lui laisser le temps matériel de répondre, en second lieu parce que, s'il résulte de ses livres qu'il aurait vendu ladite 'Revue' le 16 janvier, il n'établit en aucune manière l'avoir vendue avant dix heures du matin, heure à laquelle il est constant qu'il a reçu la lettre recommandée qui lui a été adressée par Michelin, qu'à défaut par lui de faire cette preuve, son contrat avec Michelin doit être réputé définitivement conclu;

Sur l'astreinte: — Considérant qu'il échet de réduire à 5 F par jour de retard l'astreinte prononcée;

Par ces motifs, confirme le jugement dont est appel, dit qu'il sortira son plein et entier effet, réduit néanmoins à 5 F par jour de retard l'astreinte prononcée, laquelle commencera à courir à partir de la signification du présent arrêt; dit que passé ledit délai il sera fait droit, et condamne Welter à l'amende et aux dépens.

NOTES

1. On what article of the Code is this decision based?

2. The Court gives three different grounds for its decision; what are they?

3. Which rule for posted acceptances does the Court adopt in the first of its grounds? In the third? Can you reconcile the apparent self-contradiction?

4. How would the following question be answered in French law? 'If a man makes an offer to sell a . . . horse . . . and the next day goes and sells the horse to somebody else . . . can the person to whom the offer was

originally made then come and say 'I accept' so as to make a binding contract . . .?'[15]

5. What would be the likely result of a *pourvoi en cassation*? (See the next two cases.)

Cass. req. 20.2.1905
(Guili *C.* Ferrando)

S. 1905.1.508

Par lettre du 10 juin 1902, M. Guili a offert à M. Ferrando de lui acheter, pour le prix de 7 500 fr., une propriété que ce dernier possédait à Mila (Algérie). Cette lettre porte: 'Je vous offre 7 500 fr., payable comptant, c'est-à-dire au moment de la réalisation, qui ne pourra se faire pour moi que dans le courant d'octobre prochain. Si vous acceptez mes propositions, veuillez considérer ma lettre comme tenant lieu d'engagement, et je vous prie de vouloir bien me répondre le plus tôt possible, ayant une autre affaire en vue; dans l'affirmative, votre lettre me servira d'engagement de votre part. Il est entendu que, si l'affaire se traite, la jouissance devra partir du 1er oct. 1902.' M. Ferrando a répondu à M. Guili, par lettre du 11 juin 1902, qu'il ne pouvait lui céder sa propriété à moins de 8 000 fr., payable comme l'acquéreur le désirait. Le 14 juin 1902, M. Guili a maintenu son offre de 7 500 fr., et, le 25 du même mois, M. Ferrando lui a adressé la lettre suivante: 'J'ai en son temps reçu votre honorée lettre. Pour en finir et vous montrer mon bon vouloir, je vous laisse à 7 750 fr.; nous partagerons la différence. Vous n'hésiterez pas cette fois à me confirmer la vente par lettre recommandée pour l'époque que vous me fixerez, et je vous répondrai également mon acceptation par lettre recommandée. Nous passerons l'acte à la date que nous aurons fixée.' M. Guili a accepté cette dernière offre, d'abord par un télégramme du 28 juin 1902, puis, par une lettre recommandée du même jour, ainsi conçue: 'Par la présente, je vous confirme mon télégramme de ce matin, vous disant que j'accepte d'acheter votre concession de Bou-Fouah, moyennant 7 750 fr., avec entrée en jouissance au 1er octobre prochain. Le prix sera payé comptant; mais, dans le cas où je serais gêné pour verser le tout, je vous verserais 4 500 ou 5 000 fr.; le surplus serait payable l'année prochaine. L'acte de vente pourra être passé dans le courant du mois de novembre 1902, car

---

[15] *Dickinson* v. *Dodds* (1876) 2 Ch.D. 463 per Mellish L.J. at 474, 475.

ce n'est qu'à cette époque que je pourrais avoir les fonds disponibles.'
M. Ferrando n'a pas accusé réception de cette lettre, et a loué sa
propriété à des indigènes.

M. Guili a assigné M. Ferrando devant le tribunal de Constantine,
pour 'voir déclarer bonne et valable, parfaite et définitive la vente
verbale dont il s'agit'. M. Ferrando a répondu à cette demande en
soutenant que l'échange de lettres entre M. Guili et lui n'avait pu
former un contrat par correspondance, à défaut d'une dernière lettre
recommandée par laquelle il aurait accepté la conclusion de la vente,
conformément aux prévisions de sa lettre du 25 juin 1902 — Le
tribunal de Constantine a rejeté ce moyen, et a décidé qu'après la
lettre du 28 juin 1902, par laquelle M. Guili avait accepté le prix de
7 750 fr., proposé par M. Ferrando, 'l'accord étant fait entre les
parties et sur l'objet et sur le prix, la vente était parfaite; que la
stipulation d'échange de lettres recommandées n'était que de pure
forme'.

Sur l'appel de M. Ferrando, la Cour d'Alger a réformé cette
décision, par un arrêt du 6 juin 1904, dont extrait suit: 'La Cour;
— Attendu que Guili a bien confirmé la vente dans les conditions
stipulées dans la lettre de Ferrando du 25 juin 1902, mais que cette
confirmation de la vente ne suffisait pas, aux termes de la lettre de
Ferrando, pour rendre la vente définitive; que l'acceptation par
Ferrando par lettre recommandée était encore, aux termes de la
même lettre, absolument nécessaire; — Attendu que Ferrando, qui
n'était pas encore lié, ne sanctionna pas, — pour un motif qu'il
importe d'ailleurs peu de rechercher, mais qui semble cependant ne
devoir être autre que la restriction opposée, après l'abaissement du prix
à 7 750 fr., par Guili dans le paiement de son prix, — son acceptation
du projet de contrat par l'envoi de sa lettre recommandée devant
contenir une acceptation définitive; que tel était son droit; qu'il se
l'était formellement réservé par sa lettre du 25 juin 1902; — Attendu
que, Ferrando n'ayant pas envoyé cette lettre, ainsi que le reconnaît
Guili, il n'y a eu entre les parties que pourparlers, et non contrat
définitif'.

POURVOI en cassation par M. Guili.

LA COUR; — Sur le moyen unique du pourvoi, pris de la violation des
art. 1101, 1108, 1174, 1582 et 1583, C. civ., et 7 de la loi du 20 avril
1810;[16] — Attendu que, par une interprétation qui n'a nullement

[16] Printed above, p. 276.

dénaturé le sens clair et précis des lettres échangées, aux dates des 25 et 28 juin, entre Ferrando et Guili, relativement à la vente de l'immeuble appartenant au premier, la Cour d'Alger déclare qu'il n'y avait eu entre eux que des pourparlers et non un contrat définitif; qu'en l'état de ces constatations et appréciations de la commune intention des parties, qui sont souveraines et échappent au contrôle de la Cour de cassation, le pourvoi est mal venu à soutenir, en premier lieu, que la vente était parfaite à la suite de l'acceptation de Guili, et, subsidiairement, que la réserve d'y adhérer constituait une condition purement potestative de la part de Ferrando, du moment où il est reconnu par les juges du fond que celui-ci ne s'était pas encore définitivement lié par sa lettre précitée du 25 juin; — D'où il suit qu'en repoussant la demande de Guili, qui tendait à faire déclarer bonne, valable, parfaite et définitive la vente verbale dont s'agit, et ordonner qu'il en serait passé acte authentique, l'arrêt attaqué n'a violé aucun des articles de loi visés au moyen; — Rejette, etc.

NOTES

1. Note the *Cour de cassation*'s insistence that the lower court's findings 'sont souveraines et échappent au contrôle de la Cour de cassation' and compare the next case.

2. Was the telegram of 28 June 1902 a means of communication within the terms of Ferrando's letter of 25 June?

3. Was Guili's letter of 28 June a simple acceptance of what he claimed was an offer?

Cass. civ. 28.11.1968
(Maltzkorn *C.* Braquet)

J.C.P. 1969 II 15797   Gaz. Pal. 1969.1.95

LA COUR; — Sur le moyen unique: — Vu l'art. 1589 C. civ.; — Attendu que l'offre faite au public lie le pollicitant à l'égard du premier acceptant dans les mêmes conditions que l'offre faite à personne déterminée; — Attendu qu'il résulte des énonciations de l'arrêt partiellement confirmatif que Maltzkorn, ayant pris connaissance d'une annonce parue dans le journal L'Ardennais du 23 mai 1961, proposant la vente d'un terrain déterminé au prix de 25 000 F, fit connaître à Braquet, propriétaire, qu'il acceptait son offre; que cependant Braquet prétendit n'être pas engagé par cette offre; —

Attendu que pour écarter la demande de Maltzkorn, tendant à la régularisation de la vente, l'arrêt relève que 'l'offre faite par voie de la presse, d'un bien ne pouvant être acquis que par une seule personne, ne saurait être assimilée à l'offre faite à une personne déterminée; qu'elle constitue seulement un appel à des amateurs éventuels et ne peut, en conséquence, lier son auteur à l'égard d'un acceptant'; qu'en statuant par ce motif d'ordre général, alors qu'elle constatait que Braquet avait déclaré que 'la ferme n'était toujours pas vendue' lorsqu'il avait reçu notification de l'acceptation, et sans relever aucune circonstance d'où elle ait pu déduire que l'annonce constituait seulement une invitation à engager des pourparlers ou que l'offre de Braquet comportait des réserves, la Cour d'appel n'a pas donné de base légale à sa décision;

Par ces motifs : — Casse et annule l'arrêt rendu entre les parties par la Cour d'appel de Nancy le 24.11.1966, et renvoie devant la Cour d'appel de Reims.

NOTES

1. This seems to be the first reported case in which the *Cour de cassation* has quashed a lower court's finding on whether a statement was an offer or an invitation to treat. What happened to the *pouvoir souverain du juge du fond*?

2. The decision is based on C. civ. 1589 ('La promesse de vente vaut vente, lorsqu'il y a consentement réciproque des deux parties sur la chose et sur le prix . . .'). What has that got to do with it?

3. Would C. civ. 5 be appropriate? ('Il est défendu aux juges de prononcer par voie de disposition générale et réglementaire sur les causes qui leur sont soumises.')

4. The lack of legal basis is said to be the enunciation of a general rule coupled with a finding of fact that Braquet had not sold the farm. If he had sold the farm, would this change the advertisement from being an offer to being an invitation to treat? Or would it be a revocation?

Paris 14.12.1961

(Soc. des Eaux de Vittel *C.* Dehen Soc. Supermag-Rennes)

Gaz. Pal. 1962.1.135   J.C.P. 1962 II 12547 note R. Savatier

LA COUR; — Considérant que . . . dame Dehen ayant effectué quelques achats parmi lesquels une bouteille de bière et une bouteille de

'Vittel-Délices' dans un magasin type libre-service de la Soc. Supermag-Rennes, se présenta à la caisse pour les payer; qu'une préposée
retira du panier fourni par l'établissement les marchandises que
dame Dehen y avait placées; que celle-ci, en attendant que son débit
fut enregistré, les transféra dans son propre sac à provisions; que
c'est alors que la bouteille de 'Vittel-Délices' ayant heurté légèrement
la bouteille de bière qui s'y trouvait déjà, fit explosion et que l'un de
ses éclats ou sa capsule, atteignit dame Dehen à l'œil droit; . . .

Considérant que . . . dame Dehen a assigné la Soc. Supermag et la
Soc. des Eaux de Vittel . . . sur le fondement tant des art. 1382, 1383
et 1384 C. Civ., que des art. 1641 et suiv. C. civ.; . . .

Considérant en revanche que dame Dehen est parfaitement recevable à agir contre la Soc. Supermag-Rennes mais que la responsabilité de celle-ci ne peut être envisagée que sous l'angle de la responsabilité contractuelle;

Considérant en effet que lorsqu'il est procédé à un achat dans un
magasin fonctionnant sous le régime du libre-service, la vente se
trouve réalisée, si même le prix n'en doit être acquitté qu'à la sortie de
l'établissement, dès l'instant où le client, ayant choisi sur un rayon
un article offert à la vente moyennant un prix affiché qu'il accepte, l'a
placé dans le panier ou le sac mis à sa disposition et qu'il doit obligatoirement utiliser jusqu'au contrôle des préposés à la caisse . . .

Cass. civ. 20.10.1964
(Soc. Supermag-Rennes *C*. Dame Dehen et Soc. des Eaux de
Vittel)

D.S 1965.62

LA COUR; . . . Mais attendu qu'après avoir exactement observé que la
responsabilité de la Société Supermag à l'égard de la victime ne
pouvait être que contractuelle, l'arrêt énonce qu'au moment où la
dame Dehen transférait dans son sac à provisions une bouteille de
limonade qu'elle avait prise dans un rayon et soumise au contrôle,
cette bouteille, après avoir légèrement heurté une bouteille de bière
qui s'y trouvait déjà, avait explosé; qu'il précise que la bouteille était
'anormalement chaude' et que la société vendeuse n'avait 'pas prévu
comme elle le devait, que des liquides gazeux laissés par manque de
précaution à proximité d'une source de chaleur, pouvaient constituer
un danger'; qu'à l'encontre de la Société des Eaux de Vittel, la cour
d'appel relève que 'le processus de l'explosion . . . s'explique suffisam-

ment par les conditions dans lesquelles la Société Supermag l'a exposée à la vente', excluant ainsi implicitement mais nécessairement le caractère dangereux de la marchandise et l'hypothèse de l'existence d'un vice à la fourniture de la bouteille; qu'en l'état de ces constatations souveraines la cour d'appel a pu faire droit à la demande principale et rejeter l'appel en garantie; qu'ainsi le moyen unique du pourvoi est mal fondé en ses deux branches;

Par ces motifs, rejette.

NOTES

1. From Tunc (1962):[17]

'. . . nous pensons que, dans un magasin à libre service, le client n'acquiert la propriété des marchandises qu'il emporte qu'au moment où il les paie. N'est-il pas courant qu'ayant choisi un certain produit et l'ayant placé dans le panier que le magasin met à sa disposition, il change d'avis et le remette sur le rayon, parfois pour le remplacer par quelque autre? Faut-il alors dire qu'une vente avait été conclue, mais qu'elle a été résolue et qu'une autre vente s'est formée? Il nous paraît plus exact de reconnaître que le client met dans le panier des produits qu'il se propose d'acheter, mais qu'il n'achète vraiment qu'au moment où il les paie.'

2. Can you think of any policy reason why the Court would prefer to found liability in contract rather than in tort?[18]

3. Compare from the point of view of judicial technique, *Pharmaceutical Society of Great Britain* v. *Boots*.[19]

Cass. req. 27.6.1894
(Maier-Yung C. Grapinet)
S. 1898.1.434

LA COUR; — Sur l'unique moyen du pourvoi, pris de la violation des art. 1108, 1109. C. civ., et 7 de la loi du 20 avril 1810: — Attendu que l'arrêt attaqué constate en fait qu'une vente de colza sur échantillon a été proposée par Grapinet à Maier-Yung; que celui-ci prétend que

---

[17] 'Jurisprudence en matière de droit civil', *Rev. trim. dr. civ.* 1962, pp. 305 ss. (no. 1), at p. 306.

[18] See Lacombe: 'La responsabilité de l'exploitant d'un magasin à l'égard de ses clients.' B. 87.

[19] [1953] 1 QB 401 (C.A.).

ladite vente est devenue parfaite par son acceptation, et que Grapinet, ne pouvant, par son fait, exécuter son obligation de vendeur, doit être condamné à des dommages-intérêts; — Mais attendu que l'arrêt, prenant en considération la nature du marché et les circonstances de l'affaire, déclare que l'offre faite par Grapinet à Maier-Yung, étant restée pendant cinq jours sans réponse, n'avait pas été acceptée dans le délai moral nécessaire pour l'examiner et y répondre; qu'en décidant, dans cet état des faits, que le contrat ne s'était point formé, et, par suite, en déboutant Maier-Yung de sa demande, l'arrêt attaqué n'a pas violé les dispositions de loi visées au pourvoi; — Rejette . . .

Cass. civ. 17.12.1958
(Isler et Puy *C.* Chastan)

D. 1959.33

LA COUR; — Sur le moyen unique: — Attendu qu'il ressort des énonciations de l'arrêt attaqué (Montpellier, 12 oct. 1955) que, par lettre du 11 août 1954, Isler a fait savoir à Chastan qu'il était prêt à lui vendre un chalet dont il était propriétaire, moyennant le prix de 2 millions 500 000 F; qu'ayant visité le chalet quatre jours plus tard, Chastan a télégraphiquement avisé Isler, le lendemain, qu'il acceptait cette offre; que, le 17 du même mois, il lui a confirmé par lettre cette acceptation, en se déclarant prêt à payer le prix comptant lors de la passation de l'acte; que, sur action intentée par Chastan, après mise en demeure de recevoir le prix et de remettre les clefs vainement signifiée le 6 sept. 1954 à Isler celui-ci a prétendu qu'il n'avait pu vendre au réclamant le chalet le 16 août précédent, pour la raison qu'à cette date il l'avait déjà vendu à Puy, lequel, intervenant en cause, a 'précisé que cette vente avait été conclue au début d'août et normalisée sous la forme d'un acte sous seing privé du 14 août 1954' avec versement d'un accompte d'un million; — Attendu que ledit arrêt, infirmatif, déclare non pertinents les faits articulés par Isler comme constitutifs d'une rétractation, antérieure à l'acceptation de Chastan, de l'offre du 11 août 1954, 'dit et juge qu'il est d'ores et déjà établi par les éléments de la cause que l'offre de vente faite par Isler et Chastan, personellement, n'a pas été révoquée avant le 17 août 1954, date à laquelle Isler a eu connaissance de l'acceptation expresse de cette offre par Chastan', refuse, en conséquence 'd'autoriser Isler à rapporter la preuve des faits par lui allégués' et décide 'que la vente proposée par Isler et acceptée par Chastan est devenue parfaite . . ., en application de l'art. 1583 c. civ.'; qu'il est fait grief à la cour d'appel d'avoir, par contradiction de motifs, reconnu que l'offre du 11 août 1954, constituait une simple pollicitation, non une promesse unilatérale au sens de l'art. 1589 du même code, et donné néanmoins à cette proposition les effets légaux de la promesse de vente, en décidant à tort que l'acceptation de l'acquéreur avec qui les rapports d'Isler n'auraient pas dépassé le stade des simples pourparlers, avait rendu la vente parfaite;

Mais attendu que si une offre peut en principe être rétractée tant qu'elle n'a pas été acceptée, il en est autrement au cas où celui de qui elle émane s'est expressément ou implicitement engagé à ne pas la retirer avant une certaine époque; qu'en l'espèce, après avoir admis que la lettre du 11 août 1954 constituait 'simplement une offre de vente' pouvant 'en principe être retirée tant qu'elle n'avait pas été acceptée', l'arrêt relève que 'cependant, sachant par lettre de Chastan du 9 août, que celui-ci se proposait de venir visiter le chalet le 15 ou 16 août et, l'y ayant autorisé dans sa réponse du 11 août, Isler s'était tacitement obligé à maintenir son offre pendant le temps ainsi prévu, c'est-à-dire jusqu'après la visite annoncée', et qu'il n'aurait donc pu le rétracter le 14 août sans commettre 'une faute de nature à engager sa responsabilité'; qu'analysant ensuite les circonstances de la cause, notamment la production tardive de l'unique exemplaire d'un acte sous seing privé, non enregistré, consistant en une déclaration 'd'Isler seul, datée du 14 août . . . d'après laquelle il vend son chalet à Puy, lequel a apposé son acquiescement à une date qui n'est point indiquée' et, qui ne mentionne pas le versement d'un accompte d'un million, la cour d'appel constate que 'de tous ces éléments résulte un ensemble de présomptions suffisamment graves, précises et concordantes pour déterminer l'absolue conviction que l'acte de vente dont se prévaut Puy n'a pas été signé le 14 août; que n'ayant pas vendu son chalet à Puy, Isler n'avait aucune raison de révoquer l'offre formelle qu'il avait faite à Chastan; qu'il n'a donc pas pu manifester le 14 août une volonté de révocation qu'il n'avait pas encore et qui, même dans sa lettre du 20 août, ne se trouvait pas nettement exprimée' et que 'la mauvaise foi de Puy et d'Isler et leur collusion résultent manifestement desdites circonstances'; que de ces constatations les juges du second degré déduisent, par une appréciation souveraine de l'intention des contractants et sans se contredire, que l'offre ayant été maintenue, 'le contrat est devenu parfait dès cette notification' et la vente est acquise de 'droit à l'acheteur . . . par suite de l'accord des parties sur les éléments essentiels, la chose et le prix'; d'où il suit que l'arrêt attaqué n'a pas violé les textes visés au moyen et se trouve légalement justifié;

Par ces motifs, rejette.

NOTES

1. What is the legal basis of the inability to revoke for a certain time?

2. The factual reason was that the offerer knew the offeree was coming to inspect the property. What would be the legal result if several prospective buyers made appointments to view?

3. The offerer relies on the sale to a third party as revocation. Why does the offeree not argue that this purported revocation was not communicated to him?

4. Compare: '. . . the law says—and it is a perfectly clear rule of law— that, although it is said that the offer is to be left open until Friday morning, . . . that did not bind . . . either in law or in equity.'[20]

5. Compare Paris 5.2.1910.[21]

Bordeaux 17.1.1870
(Jahn *C.* Charry)
S. 1870.2.219

LA COUR; — Attendu que le consentement réciproque des parties contractantes, est la condition essentielle de l'existence d'une convention; que ce consentement, entre absents, peut être formé par lettres, mais qu'il est géneralement admis que le consentement n'intervient, dans ce cas, d'une manière utile que lorsque la volonté de la partie qui a écrit à l'autre pour lui proposer le marché, a persévéré jusqu'au temps où sa lettre est parvenue à sa destination, et jusqu'au moment où l'autre partie aura déclaré qu'elle acceptait; que, de même qu'on n'est pas lié par des paroles proférées, mais non entendues de la personne avec laquelle on traite verbalement, de même on peut retirer une promesse, une offre faite par une lettre expédiée, mais non lue par le destinataire de cette lettre; qu'il n'est pas même indispensable que ce changement de volonté soit manifesté par une seconde lettre

---

[20] *Dickinson* v. *Dodds* (1876) 2 Ch.D. 463 per Mellish L.J. at 473, 474.
[21] Above, p. 320 at para. 7.

écrite au destinataire lui-même; qu'il suffit qu'avant la lecture de la lettre contenant l'offre, il soit certain et établi que la volonté de l'offrant avait changé, pour que le contrat soit considéré comme n'ayant pas pris vie; car, au moment de se former, elle aura été privée du consentement essentiel de l'une des parties, l'une des deux acceptant ce que l'autre n'offrait plus au même moment;

Attendu, en fait, que, par deux télégrammes, l'un du 1er oct. 1868, à 10 heures 50 minutes du matin, l'autre du 2 oct. suivant, à 9 heures 46 minutes, tous deux expédiés de La Haye, Jahn, directeur du théâtre de cette ville, faisait à la dame Andrieu Charry des propositions définitives d'engagement pour lequel des négociations avaient été précédemment entamées et suivies par l'intermédiaire de Formelle, agent théâtral à Paris; que la réponse demandée à la première de ces dépêches était payée par Jahn; ce qui indiquait que l'expéditeur était pressé de la recevoir, et la durée de son consentement soumise à un délai fort court; que la même indication résultait de la phrase de la seconde: 'Répondez, si ainsi l'affaire est faite';

Attendu que, par suite de circonstances dont la responsabilité incombant à Jahn ou à la dame Andrieu Charry, sera plus tard examinée ces deux dépêches ne sont parvenues à cette dernière que dans la journée du 3 oct., et n'ont été répondues que le même jour par un télégramme daté de La Brède, à 3 heures 10 minutes du soir, ainsi conçu: 'Accepté; serai à La Haye le 12 oct.; dépêche reçue le 3', lequel télégramme n'a été reçu par Jahn qu'à 8 heures 17 minutes du même soir;

Attendu que, dès la veille, c'est à dire le 2, Jahn, qui attendait une réponse immédiate à ses deux dépêches du 1er et du 2, prenant pour un refus le silence de la dame Charry, envoyait à 8 heures 57 minutes du soir un télégramme au sieur Formelle, à Paris, par lequel il retirait sa proposition et le chargeait d'engager une autre artiste; que le retrait de cette proposition était confirmé par une lettre de Jahn à Formelle du lendemain 3, dont les dispositions ont été portées à la connaissance de Mme Andrieu Charry par une lettre de même jour à elle adressée par Formelle; qu'il résulte évidemment de ces faits, qu'à 3 heures 10 minutes du soir, le 3 oct., moment où la dame Andrieu Charry fournissait son acceptation à la convention proposée le 1er et le 2 au matin, Jahn, ainsi qu'il en avait le droit, ne persévérait plus dans sa proposition, et l'avait retirée depuis la veille à 8 heures 57 minutes; que le consentement fourni par elle ne se trouvait plus, par conséquent, en face du consentement de Jahn, ou plutôt ne se trouvait plus qu'en face d'un consentement rétracté; qu'au moment, par conséquent, assigné par la dame Andrieu à la naissance du contrat, celui-ci a manqué du consentement mutuel et réciproque nécessaire à son existence et formant le lien de droit; que c'est à tort que les premiers juges ont reconnu le contraire et, comme conséquence de cette erreur, se sont crus obligés à prononcer l'application rigoureuse de la clause du contrat portant dédit de 20 000 fr. contre celle des parties qui contreviendrait aux obligations réciproques qu'il contenait;

Attendu néanmoins, à un second point de vue, que si, le contrat n'ayant pu se former parce que les deux volontés d'offrir et d'accepter n'ont coexisté à aucun moment, l'auteur de la proposition a causé un préjudice à celui auquel elle était faite; que si celui-ci, induit en erreur par la réception d'une lettre soumettant à son acceptation des offres auxquelles il était autorisé à attribuer un caractère définitif, a éprouvé un dommage, l'équité comme le droit obligent l'offrant à le réparer;

Attendu que la circonstance qui empêche la convention entre Jahn et la dame Andrieu Charry de devenir parfaite tient au retard des dépêches télégraphiques qui, parties le 1er et le 2 oct., au matin, de La Haye, n'ont été remises à cette dame, à la Dîme, près Martillac, que dans la journée du 3 par le facteur rural de cette commune; que cette remise n'a été ainsi faite que parce que Jahn l'avait adressée à la Dîme, près Bordeaux, sans indiquer qu'elle serait portée par exprès à sa destination; que Jahn a à s'imputer de n'avoir pas précisé dans ses dépêches ce mode rapide et particulier d'envoi, avec d'autant plus de raison que, pour faire ses dernières propositions, il s'est dispensé de l'intermédiaire de Formelle, par lui employé jusqu'alors, lequel connaissait la véritable demeure de la dame Andrieu, avec laquelle il correspondait, et n'aurait pas expédié la dépêche avec l'adresse incomplète et l'absence de recommandation qui en ont retardé la remise aux mains de la destinataire; que Jahn doit par conséquent être déclaré responsable de la cause qui a empêché le contrat d'obtenir sa perfection et des conséquences dommageables que cet empêchement a causées à la dame Andrieu Charry;

Attendu que cette artiste était engagée pour l'année théâtrale moyennant la somme de 12 000 fr., et qu'elle a été privée des bénéfices que lui aurait produits un tel engagement; que cet engagement, publiquement annoncé et dont la négociation a été brusquement dénoncée, peut avoir donné lieu à des interprétations fâcheuses de nature à nuire à sa réputation comme artiste; que, de plus, sur la foi d'un traité qu'elle était autorisée à croire définitif, elle avait expédié ses costumes, ou une partie de ses costumes, à La Haye; qu'à ces divers points de vue, il lui est dû des dommages-intérêts dont la Cour possède les éléments d'appréciation;

Infirme, dit qu'il n'y a pas eu contrat définitif entre la dame Andrieu Charry et Jahn; déclare néanmoins celui-ci responsable des causes qui ont empêché le contrat dont se prévaut la dame Andrieu de devenir parfait, ainsi que des dommages qui sont résultés pour elle de ce fait; fixe à 4 000 fr., la somme qui lui est due à ce titre etc.

NOTES

1. This case is given in full because it contains an exposition of the classical French theory of contract. Compare the phrase 'on n'est pas lié par des paroles proférées mais non entendues . . .' with the observations of Lord Justice Denning in *Entores Ltd.* v. *Miles Far East Corporation.*[22]

2. When did the revocation take effect?

3. How would an English court have decided; in particular, what damages would have been awarded? Compare *Adams* v. *Lindsell*[23]; *Hedley Byrne & Co. Ltd.* v. *Heller & Partners Ltd.*[24]

Acceptance by silence

Cass. civ. 25.5.1870
(Guilloux *C.* Soc. des raffineries nantaises et syndic. Robin)

S. 1870.1.341   D. 1870.1.257   G.A. 95

LA COUR; — Vu les art. 1101 et 1108, C. Nap.; — Attendu que l'arrêt attaqué, en condamnant le demandeur comme obligé par la souscription de vingt actions prises en son nom dans la société des raffineries nantaises, s'est uniquement fondé sur ce fait que ledit demandeur avait laissé sans réponse la lettre par laquelle Robin et comp., chargés du placement des actions, lui avaient donné avis qu'il avait été porté sur la liste des souscripteurs, et qu'ils avaient versé pour lui la somme exigée pour le premier versement sur le montant des actions; . . . Attendu, en droit, que le silence de celui qu'on prétend obligé ne peut suffire, en l'absence de toute autre

22 [1955] 2 Q.B. 327 (C.A.).   23 (1818) 1 B. & Ald. 681.
24 [1964] A.C. 465.

circonstance, pour faire preuve contre lui de l'obligation alléguée;
— Attendu qu'en jugeant le contraire, l'arrêt attaqué a violé les dispositions ci-dessus visées du Code Napoléon; — Casse, etc.

Cass. req. 29.3.1938
(Bert *C.* Nicoleau et Calvo)

S. 1938.1.380   D.P. 1939.1.5 note Voirin   Gaz. Pal. 1938.2.32 note anon.

LA COUR; . . . — Attendu que si, en principe, le silence gardé par le
destinataire d'une offre ne vaut pas acceptation, il est permis,
cependant, aux juges du fait, dans leur appréciation souveraine des
faits et de l'intention des parties, et lorsque l'offre a été faite dans
l'intérêt exclusif de celui à qui elle est adressée, de décider que son
silence emporte acceptation; — Or attendu qu'il résulte des constatations du jugement attaqué que Bert a fait remise à ses locataires, sur
loyers échus, d'une somme de 1 750 fr., ce qui ramenait sa créance
contre eux à la somme de 2840 fr., que, par la suite, il a à plusieurs
reprises, exercé des poursuites en paiement de cette somme de 2840 fr.;
que, sur l'une d'elles, les locataires ont versé un accompte de
400 fr., ce qui réduisait leur dette à 2440 fr.; — Attendu qu'en l'état
de ces constatations, le tribunal, en décidant que les locataires
avaient accepté tacitement la remise de dette que leur avait consentie
Bert, leur bailleur, et que, dès lors, celui-ci ne pouvait plus la
révoquer, a justifié légalement sa décision, sans dénaturer la convention des parties, ni violer les textes visés au moyen; — Rejette le
pourvoi formé contre le jugement du tribunal civil de Lourdes du
8 mars 1934, etc.

NOTES

1. Note this is a case of *pourvoi en cassation* against a decision of a court
of first instance.

2. Does this provide an explanation of the duty to keep an offer open?
'. . . toute offre de contrat est . . . assortie d'une offre accessoire, celle de
maintenir l'offre principale . . . pendant le délai moral indispensable pour
permettre au destinataire de prendre parti et de répondre. Or, cette offre
accessoire, qui n'impose ni charge, ni obligation au destinataire, est réputée
acceptée par le silence . . .'[25]

3. How can it be reconciled with the basic theory of *volonté*? 'Le silence
. . . rend impénétrable la volonté de celui qui le garde et permet même de

[25] Voirin, p. 7.

douter que celui-ci ait eu, dans le for intérieur, la volonté de prendre une décision.'[26] And compare the English insistence on *le for extérieur*: 'It is clear . . . that the nephew in his own mind intended his uncle to have the horse at the price . . . but he had not communicated such his intention to his uncle, or done anything to bind himself.'[27]

4. For waiver of a debt see C. civ. 1282 et seq. How does such a waiver differ from a gift which, by C. civ. 932, requires formal acceptance?

Cass. civ. 1.12.1969
(Martin *C.* Sandrock et autres)

D.S. 1970.422 note Puech   J.C.P. 1970 II 16445 note J.-L. Aubert

LA COUR; — Sur le moyen unique: — Attendu qu'il résulte des énonciations de l'arrêt attaqué que Sandrock, se trouvant près des lieux d'une collision entre la voiture de Veidt et le vélomoteur de Martin, au cours de laquelle cet engin avait pris feu, tenta d'éteindre les flammes avec un extincteur, mais fut blessé par l'explosion du réservoir; — Attendu qu'il est fait grief à la cour d'appel d'avoir condamné Martin à réparer le dommage causé à Sandrock, au motif qu'une convention d'assistance s'était formée entre les parties, alors qu'il ne saurait y avoir de convention sans accord de volontés et que l'arrêt n'a pas relevé le consentement de l'assisté; — Mais attendu que la cour d'appel n'avait pas à relever le consentement exprès de l'assisté, dès lors que, lorsque l'offre est faite dans son intérêt exclusif son destinataire est présumé l'avoir acceptée; qu'ayant souverainement estimé qu'une convention d'assistance avait été formée entre Sandrock et Martin, c'est à bon droit que les juges d'appel ont retenu que l'assisté avait obligation de réparer les dommages subis par celui qui avait prêté bénévolement assistance; qu'ainsi le motif ne saurait être accueilli;

Par ces motifs, rejette.

From the note by Puech:

Il n'y a point de contrat là où il n'est point constaté que 'deux ont voulu' . . . l'acte de dévouement intervient le plus souvent dans les circonstances qui excluent le libre arbitre de la personne assistée. Voici un individu qui gît grièvement blessé et sans connaissance sur

---

[26] Voirin, p. 5.
[27] *Felthouse* v. *Bindley* (1862) 11 C.B. (N.S.) 869 (C.P.) per Willes J. at 876.

la route; tel autre, dont la voiture a quitté la chaussée et heurté un arbre, se trouve sous l'effet d'une commotion cérébrale. Un sauveteur bénévole leur porte secours. Dira-t-on qu'une convention d'assistance s'est formée? Pareille affirmation se heurte à une impossibilité d'ordre juridique. Il y a absence de consentement . . .

Sans doute, dans l'espèce qui nous occupe, on pouvait admettre que la volonté interne des parties à la prétendue convention d'assistance avait existé. Mais l'existence de la volonté interne ne suffit pas à produire des effets de droit. Elle doit pour jouer un rôle sur le plan juridique être déclarée. . . . On pourrait . . . rechercher si le comportement du garagiste constituait bien une 'offre'. Exécuter une obligation légale de porter secours, autrement dit, agir pour ne pas tomber sous le coup de l'art. 63 al. 2, C. pén. constitue-t-il une offre de contrat? Nous ne le pensons pas.

En tout cas, nous l'avons vu, le cyclomotoriste n'avait fait, lui, aucun geste ni prononcé aucune parole impliquant directement ou indirectement sa volonté de contracter. . . . C'est cette solution [the immediately preceding case of 29.3.1938] vieille de 31 ans, que l'arrêt de rejet a tiré des oubliettes du droit pour ne pas avoir à censurer la cour d'appel.

[The *arrêtiste* then compares the two judgments and says:]

Cette différence de rédaction marque le passage d'une solution d'espèce à un principe général. . . . L'équité, il est vrai, veut que celui qui porte secours à une personne en danger soit indemnisé du dommage qu'il pourra subir. Faut-il, pour satisfaire un sentiment si louable, continuer à découvrir des 'conventions d'assistance' dans des circonstances où, pour y parvenir, il faudra torturer les notions d'offre et d'acceptation, voire même nier le rôle primordial de la volonté dans la genèse de l'acte juridique? . . .

NOTES

1. Do you agree with the *arrêtiste*'s objections as expressed in the last quoted paragraph?

2. Is his handling of the earlier case so different from common law techniques for dealing with precedent?

3. Can you think of any policy reason for founding the defendant's liability in contract?

4. On what article of the Code is the decision based?

Contracts inter absentes

From Marty/Raynaud (1962)[28]

109. . . . Logiquement la question du lieu et celle du moment de la formation du contrat doivent recevoir la même réponse: l'événement qui marque le moment de la conclusion du contrat détermine en même temps le lieu de la formation qui est celui où cet événement se produit. Les auteurs ont donc généralement essayé de résoudre ce double problème à l'aide des mêmes principes.

Cette recherche a été orientée dans deux directions différentes. Les uns considèrent le contrat formé dès l'instant que les deux parties ont déclaré leurs volontés et se contentent donc de *la coexistence* des deux déclarations, le contrat est formé dès l'acceptation de l'offre et au lieu de cette acceptation; d'autres exigent, au contraire une véritable *rencontre* de volontés et pensent que les volontés ne se sont vraiment rencontrées qu'au moment où l'acceptation a été portée à la connaissance de l'offrant. Ainsi s'opposent le système de l'émission et le système de la réception. Chacun des deux est d'ailleurs susceptible de variantes.

1. *Le système de l'émission* considère le contrat comme formé au moment et au lieu de l'acceptation, puisque c'est l'acceptation de l'offre qui réalise la convention.

Les moins exigeants se contentent de la manifestation par l'acceptant de son intention d'accepter, de la déclaration de sa volonté. Ainsi le contrat par correspondance est conclu au moment où l'acceptant signe sa lettre d'acceptation. C'est le système dit de *la déclaration*, qui a pu invoquer des arguments de texte, comme celui de l'article 1985, alinéa 2 du Code civil, qui déclare que l'acceptation du mandat peut résulter de son exécution par le mandataire, sans exiger qu'elle ait été portée à la connaissance du mandant.

Mais une telle analyse a l'inconvénient pratique de laisser la formation du contrat à la merci du destinataire de l'offre qui pourra à son gré expédier sa lettre d'acceptation, en retarder l'envoi ou la détruire; une acceptation susceptible d'être aussi facilement reprise se ramène à une acceptation purement mentale, la volonté n'est pas vraiment extériorisée. Cette remarque qui conduit certains auteurs à proposer le système opposé de la réception, a amené certains partisans de la théorie de l'émission à amender celle-ci, en fixant le moment de la formation du contrat à celui où l'acceptant se dessaisit de son

[28] B. 25, vol. 2, no. 109.

acceptation et ne peut plus revenir sur elle, par exemple en mettant une lettre à la poste ou en expédiant un télégramme pour l'adresser à l'offrant : c'est le système de *l'expédition.*

Mais on a pu remarquer que l'expédition de l'acceptation n'empêche pas nécessairement son auteur de revenir sur elle ; un procédé plus rapide pourra peut-être permettre d'atteindre l'offrant avant la lettre ou le télégramme d'acceptation pour en paralyser l'effet. Le seul moment où l'acceptation est irrévocable est celui où elle est arrivée à la connaissance de l'offrant, de là le deuxième groupe de théories qui s'attache à la réception.

2. *Le système de la réception* considère que le contrat n'est véritablement formé qu'au moment et au lieu où l'offrant a eu connaissance de l'acceptation de son offre. Ce moment ne peut être que celui où l'offrant a pris effectivement connaissance de l'acceptation, par exemple en lisant la lettre ou le télégramme qui la lui apporte. On invoque l'article 932 du Code civil d'après lequel l'acceptation d'une donation par acte séparé n'a d'effet que du jour de sa notification au donateur. C'est le système le plus exigeant : celui de *l'information.*

Mais cette solution ne peut guère s'appliquer sans poser de graves questions de preuve : comment savoir que l'offrant a effectivement lu la lettre d'acceptation et le moment précis où il l'a fait ? C'est pourquoi le système de la réception a été présenté avec un correctif qui en facilite la mise en œuvre : le contrat est formé dès l'instant que l'acceptation arrive chez l'offrant, celui-ci est présumé en avoir eu connaissance aussitôt et d'ailleurs il est désormais impossible à l'acceptant de retirer ou de modifier sa décision : c'est le système de la *réception* proprement dite.

3. Une troisième position doctrinale est celle qui considère que la solution ne peut être recherchée que dans *l'intention des parties.* Il est bien certain, en effet, que celles-ci peuvent avoir expressément convenu, au cours de leurs pourparlers, de la date et du lieu de la formation du contrat ; si elles ne l'ont pas fait, cette fixation pourra être tirée d'une interprétation de leurs intentions et spécialement de celle de l'offrant.

From Gaudemet (1937)[29]

Une personne, qui a l'intention de s'engager par un mode volontaire, n'entend pas l'être sans le savoir. . . . Cela est présumé contraire

[29] B. 22, pp. 44–5.

à son intention au moment de l'offre. Donc, le contrat ne sera parfait qu'au moment où l'offrant sera informé de l'acceptation.

From Mazeaud/Mazeaud (1969)[30]

Le contrat se forme par le consentement des parties; or, ce consentement existe dès qu'il y a accord des volontés, c'est-à-dire dès qu'il y a offre et acceptation. *Exiger la connaissance de l'acceptation (connaissance prouvée ou présumée par la réception) c'est ajouter une condition de formation des contrats que la loi n'exige pas.*

From Gaudemet (1937)[31]

. . . ce n'est pas le concours métaphysique de deux volontés dont l'une ignore l'autre; c'est le concours conscient de deux volontés qui, réciproquement, se connaissent.

From Valéry (1910)[32]

Comme la Haute Cour d'Angleterre l'a jugé . . . si les partisans de la théorie de l'information la suivaient jusque dans ses dernières conséquences, ils seraient condamnés à s'enfermer dans un cercle vicieux. Effectivement, si l'on décide que le sort du contrat reste en suspens jusqu'à ce que le proposant ait été avisé de l'acceptation de son offre, on est forcé d'admettre que l'acceptant ne sera lié définitivement que s'il apprend que son acceptation est parvenue . . .

From Gaudemet (1937)[33]

Mais cela est inexact. Il n'y a qu'une information nécessaire dans notre système: l'information de l'acceptation reçue par le pollicitant. Quant à l'acceptant, il est inutile qu'il reçoive la nouvelle de cette première information. Dès qu'il a émis son acceptation, il sait à quoi s'en tenir; il sait ce qu'on lui a offert et qu'il l'a accepté; il sait aussi quand son acceptation parviendra, quand l'offrant sera présumé la connaître; il sait donc le contenu du contrat et le moment où il se formera. Sa situation est toute différente de celle de l'offrant qui, avant la réception de l'acceptation, ne sait ni si le contrat sera accepté, ni quand il le sera.

---

[30] B. 26, vol. 2 (1), no. 146. Italics in original.   [31] B. 22, p. 48.
[32] Note to Paris 5.2.1910, above, p. 320; D. 1913.2.1 at p. 2.   [33] B. 22, p. 48.

Paris 12.6.1869
(Brousse, Pernolet et comp. *C.* Fardeau)
S. 1869.2.287

LA COUR; — Considérant, en fait, que la lettre de proposition, contenant l'offre du prix de 6 fr. par sac, pour 6 000 sacs de charbons,
a été adressée le 4 mars 1868 par les appelants à l'intimé, qui l'a reçue
le 5; que Fardeau n'a répondu, pour accepter la proposition, que par
une lettre timbrée le 9 mars au bureau de la poste de Sens, et le 10
au bureau ambulant de la ligne d'Auxerre à Paris; qu'enfin, ledit jour
9 mars, une lettre de rétractation de l'offre précédemment faite
avait été adressée par les appelants à Fardeau, qui l'a reçue, soit le
9 mars au soir, ainsi que le prétendent les appelants, soit le 10 au
matin, comme le reconnaît Fardeau lui-même; — Considérant qu'il
ne serait pas moins contraire aux principes du droit qu'aux règles de
l'équité que l'offre faite par correspondance, alors même qu'elle ne
porte l'indication d'aucun délai pour l'acceptation ou le refus, pût
être considérée comme engageant son auteur au delà du temps
moralement nécessaire pour que celui qui l'a reçue examine la proposition faite et fasse connaître sa réponse; — Considérant que, eu
égard à la nature du marché et aux circonstances de la cause, la lettre
d'acceptation de Fardeau, écrite ou adressée aux appelants quatre
jours après l'offre reçue, ne l'a point été en temps utile, la rétractation
des appelants ayant été mise à la poste à un moment où il est incontestable que lesdits appelants n'étaient pas encore avisés de l'acceptation de Fardeau; — Infirme, etc.

NOTES

1. On what article of the Code is this decision based?

2. Which rule is the Court applying: the *information* rule of acceptance, or
the lapse of an offer?

Cass. civ. 2.2.1932
(Soc. immobilières Vendôme *C.* Cons. Berryer)
S. 1932.1.68 note anon   Gaz. Pal. 1932.1.702 note anon.

LA COUR; — Sur le moyen unique: — Attendu qu'il résulte des constatations de l'arrêt attaqué que les consorts Berryer, par acte des 24 et
26 sept. 1925, se sont engagés envers Lévy, agissant comme intermédiaire pour le compte de la Société immobilière des Champs-Elysées,
à donner en location un immeuble leur appartenant et que, par le

même acte, ils ont consenti à Lévy, en la même qualité, une promesse de vente dudit immeuble, étant expressément stipulé que la convention serait nulle si elle n'était ratifiée par l'assemblée générale de la Société immobilière des Champs-Elysées, laquelle serait convoquée à cet effet 'd'ici le 1ᵉʳ octobre'; — Attendu que l'arrêt constate également, d'une part, que Berryer, ayant adressé à Lévy, le 1ᵉʳ oct. 1925, une lettre équipollente à une mise en demeure par laquelle il le pressait de faire connaître si la ratification était intervenue, n'a reçu aucune réponse, d'autre part, que les consorts Berryer, ayant reçu le 11 janv. 1926, sommation de réaliser la vente de l'immeuble au profit de la Société immobilière Vendôme, à laquelle la Société immobilière des Champs-Elysées avait cédé ses droits le 28 décembre, s'y sont refusés le 20 janvier et que c'est seulement le 22 janvier, après le refus par eux opposé, que la Société Vendôme leur a signifié une délibération du 30 sept. 1925, par laquelle l'assemblée générale de la Société des Champs-Elysées avait ratifié les conventions des 24 et 26 septembre; — Attendu qu'en l'état de ces appréciations et constatations, les juges du fait, interprétant souverainement la volonté des parties aux actes susindiqués, ont pu décider qu'à la date du 20 janv. 1926, les consorts Berryer étaient en droit de rétracter l'offre par eux faite les 24 et 26 sept. 1925, dont l'acceptation n'avait pas été portée à leur connaissance; — D'où il suit que l'arrêt attaqué, en statuant comme il l'a fait, n'a pas violé les textes visés au moyen; — Sans qu'il y ait lieu d'avoir égard à des motifs surabondants; — Rejette, etc.

From the note in Sirey

Si la question s'est déjà posée de savoir en quel lieu doit être réputé passé le contrat conclu par un commis ou un mandataire, sous condition de ratification, par le patron, celle de savoir à quel moment le même contrat est formé paraît nouvelle en jurisprudence.

Mais l'analogie évidente d'un tel contrat avec le contrat par correspondance commande de décider que, comme pour ceux-ci la réponse à cette question dépend avant tout des circonstances de la cause, telles que les usages, l'intention des parties, etc. D'une manière générale, et bien que le contraire soit soutenu par des auteurs éminents, c'est au moment où l'acceptation de l'offre parvient à destination que dans les contrats par correspondance la jurisprudence fixe le moment de formation du contrat. Et elle en tire cette conclusion que l'offre peut être révoquée tant que l'acceptation n'est pas parvenue au pollicitant.

C'est la même solution que donne l'arrêt ci-dessus, rendu après délibération en chambre du conseil, pour un contrat de bail avec promesse de vente passé par un mandataire au nom d'une société anonyme et subordonné à la ratification de l'assemblée générale. Il décide, en conséquence, que le concours des volontés se produisant non au moment de la ratification elle-même, mais à celui où cette ratification est notifiée au vendeur, celui-ci peut rétracter son offre, tant que cette ratification n'a pas été portée à sa connaissance.

NOTES

1. See Colin/Capitant, B. 20, vol. II, no. 632 C.

2. Do you consider this *arrêt* elegant, either in form or in argument? Consider the following points:

(*a*) On a *consensus ad idem* principle, was not the contract complete on 30 September?

(*b*) If the offer be read as meaning that it could be accepted only by (i) a general meeting and (ii) notice thereof—both to take place by 1 October, then the offer lapsed on that date and the Court's reasoning is superfluous.

(*c*) If the offer be read as requiring acceptance by (i) a general meeting by 1 October and (ii) notice thereof thereafter, but within a reasonable time, then it should have lapsed on the offeree's failure to answer the letter of 1 October.

(*d*) The Court dates the revocation from 20 January. By that date, did not the offeror know—from the letter of 11 January—of the acceptance?

(*e*) Was the revocation effective on emission or reception?

Cass. req. 21.3.1932
(Soc. d'assur. Lloyd de France *C*. Faucheux)

S. 1932.1.278 note anon.   D.P. 1933.1.65 note Sallé de la Marnierre
Gaz. Pal. 1932.1.910 note anon.   G.A. 94

Code de Procédure Civile, Livre Deuxième, Titre XXV: 'Procédure devant les tribunaux de commerce.'

Art. 420: 'Le demandeur pourra assigner à son choix,
        Devant le tribunal du domicile du défendeur,
        Devant celui dans l'arrondissement duquel la promesse a été faite et la marchandise livrée:
        Devant celui dans l'arrondissement duquel le payement devait être effectué.'

LA COUR; . . . Au fond:—Attendu que l'art. 420 § 2, C. proc. civ. attribue compétence au tribunal dans l'arrondissement duquel la promesse a été faite et la marchandise livrée; que, d'une part, la formation de la promesse est réalisée et le contrat rendu parfait par l'acceptation des propositions qui sont faites, dès l'instant où cette acceptation a lieu; qu'en réponse à une lettre de la Compagnie Lloyd de France, du 6 juill. 1927, proposant à Faucheux les conditions de son engagement comme inspecteur de la compagnie, celui-ci, par lettre expédiée de Gannat à la compagnie le 14 août 1927, acceptait ces propositions; que de nouvelles conditions ayant été proposées par lettre de la compagnie du 22 janv. 1929, Faucheux les accepta par lettre expédiée de Gannat le 29 janv. 1929; que c'est donc à Gannat, où a eu lieu l'acceptation de Faucheux, que s'est réalisée la formation de la promesse; que, d'autre part, les services d'inspecteur de Faucheux devant, aux termes de la lettre du 6 juill. 1927 être exécutés dans le département de l'Allier et à Gannat, c'est Gannat qui est, en même temps que le lieu de la promesse, le lieu de la livraison, celui-ci, en effet, étant, en la cause, le lieu de la prestation des services; — Attendu, en outre, que compétence est attribuée par l'art. 420, § 3, au tribunal du lieu où doit s'effectuer le paiement, et que cette disposition, qui, par sa généralité, embrasse les contrats relatifs à tout ce qui tient au commerce, s'applique nécessairement au louage de services; qu'il résulte de la correspondance des parties, et notamment des lettres de la compagnie du 23 sept. 1927, 10 janv. et 5 mars 1928, que le règlement des sommes dues à Faucheux se faisait par l'envoi de chèques tirés sur la Société générale à Gannat, payables et encaissés dans cette ville; que la remise d'un chèque, par un débiteur, à son créancier, ne le libère pas immédiatement et ne réalise pas un paiement, la libération et le paiement ne se produisant que par l'encaissement définitif; que, dès lors, c'est le lieu dans lequel doit se faire l'encaissement et non celui de la remise du chèque, qui, en conformité de l'art. 420, § 3, détermine la compétence; — Attendu que le tribunal de commerce de Montluçon a donc été, dans la cause, compétemment saisi par application de l'art. 420, §§ 2 et 3, C. proc. civ.; — Déclare la requête en règlement de juges formée par la Comp. d'assurances sur la vie Le Lloyd de France mal fondée, la rejette; dit que le tribunal de commerce de Montluçon est compétent pour connaître de la cause.

From the note in Sirey

Il est de principe que l'art. 420, C. proc., qui attribue compétence au tribunal dans l'arrondissement duquel la promesse a été faite et la marchandise livrée, ou à celui dans l'arrondissement duquel le paiement devait être effectué, s'applique, par la généralité de ses termes, à toutes les demandes basées sur des conventions relatives au négoce et spécialement à celles qui concernent le louage de service. C'est ainsi qu'il a été jugé que le lieu où la promesse a été faite à une personne de lui confier un emploi et où cette promesse devait être exécutée et l'a été par la prestation des services promis est compétent pour statuer sur les différends auxquels peut donner lieu l'application de la convention. Mais lorsque la promesse d'emploi n'a pas été faite ni acceptée verbalement, mais par lettre, dans quel lieu doit-on considérer que la promesse a été faite? L'arrêt ci-dessus décide que la formation de la promesse est réalisée et le contrat rendu parfait par l'acceptation des propositions de l'employeur dès l'instant où cette acceptation a eu lieu. C'est donc, d'après la chambre des requêtes, dans le lieu d'où la lettre d'acceptation a été expédiée que s'est réalisée la formation de la promesse, et, lorsque ce lieu est également celui où les services devaient être rendus, c'est le tribunal de ce lieu qui est compétent pour statuer sur les litiges soulevés par le contrat de louage de services. Il est à remarquer que cette solution ne coïncide qu'imparfaitement avec celle donnée dans la question, toute voisine, de savoir dans quel lieu, dans les contrats par correspondance, la promesse doit être réputée faite, au sens de l'art. 420, C. proc. La jurisprudence des Cours d'appel, à qui la Cour de cassation reconnaît un pouvoir souverain d'appréciation, est, en effet, divisée sur la question, et si certaines décisions admettent, comme l'arrêt ci-dessus, que la promesse est faite au lieu d'où a été expédié l'avis d'acceptation du marché, d'autres, plus récentes et plus nombreuses, décident que la promesse doit être réputée faite au lieu où l'avis d'acceptation est parvenu au cocontractant.

NOTES

1. Can you reconcile this decision with that delivered the month before by the *Chambre civile*?[34]

2. Can you guess at a policy behind the decision?

[34] Above, p. 340.

3. Assume that Paris is the domicile of D and the place where the contract is to be performed. D posts an offer from Nancy to P in Reims; P posts his acceptance there. P sues D in Reims, where the courts, following the *réception* theory, decline jurisdiction; he then sues in Nancy, where the courts, following the *émission* theory, decline jurisdiction .He does not wish to sue in Paris. Advise him.

Cass. civ. 21.12.1960
(Cons. de Chomel *C*. Roqueta)

D. 1961.417 note Malaurie

LA COUR; — Sur le moyen unique : — Attendu que le pourvoi fait grief à la cour d'appel (Aix, 5 juin 1958) d'avoir rejeté la prétention de Chomel à se prévaloir d'un règlement par correspondance entre Roqueta et lui au motif qu'il n'était pas prouvé que Roqueta qui avait proposé ce règlement avait reçu sa lettre d'acceptation avant de rétracter son offre, alors que l'acceptation rendait le contrat parfait dès l'instant où elle a eu lieu et qu'un pollicitant ne peut revenir sur son offre après qu'elle a été acceptée ; — Mais attendu que les juges du fond n'ont fait qu'user de leur pouvoir souverain d'interpréter la volonté des parties en décidant que Roqueta était en droit de retirer son offre jusqu'à la réception de l'acceptation ; d'où il suit que le moyen n'est pas fondé ;

Par ces motifs, rejette.

From the note

Les illustres devanciers de l'ancienne époque aimaient controverser en théories catégoriques sur la date de la formation du contrat par correspondance ; la doctrine contemporaine paraît avoir abdiqué, se refuse maintenant d'indiquer toute solution de principe, et casuistique, se réfugie derrière les intentions des parties et les circonstances de fait.

La jurisprudence a évité ces positions extrêmes ; ni elle n'énonce un unique principe de solution à tout ce problème, ni ne dilue la règle de droit dans des circonstances de fait aussi variées que le sont les contrats. Mue sans doute par des considérations d'équité, elle distingue selon la question pratique qui est en cause et fournit alors des réponses qui ont une remarquable constance de fait. Sans doute, la Cour de cassation ne prétend-elle pas généralement qu'il y a une règle de droit applicable à la matière.

Mais, au moins à titre d'habitude de fait, la jurisprudence applique deux règles opposées et complémentaires, selon l'intérêt pratique qui est en cause. Lorsqu'il s'agit d'apprécier la validité d'une révocation de l'acceptation ou de l'offre — ce qui était le cas de l'espèce —, *la réception de l'acceptation* est en fait (sinon en droit) l'élément unique et décisif de la détermination du moment de la formation du contrat (I); au contraire, lorsqu'il s'agit de fixer la compétence territoriale d'un tribunal, *l'émission de l'acceptation* redevient l'élément unique et décisif de la détermination du lieu de la formation du contrat (II).

I. *Révocation de l'acceptation ou de l'offre*

En permettant de valablement rétracter l'offre jusqu'à ce que la lettre d'acceptation ait été reçue, l'arrêt rapporté donne une solution conforme à une jurisprudence classique, reculant jusqu'à la réception de l'acceptation le moment à partir duquel une acceptation ou une offre deviennent irrévocables.

La question n'est pas douteuse pour l'acceptation: cette dernière peut être révoquée tant qu'elle n'est pas parvenue à la connaissance du pollicitant; ainsi, la jurisprudence admet qu'un télégramme peut révoquer l'acceptation pourvu qu'il soit arrivé à destination avant la lettre. M. Carbonnier en donne l'explication juridique élégante: la lettre est un mandataire muet et peut, comme telle, être révoquée.

La solution est identique pour le retrait de l'offre: tant que le pollicitant ne sait pas qu'elle a été acceptée, il peut la rétracter. L'arrêt rapporté a des précédents connus; ainsi, il a été jugé qu'un bailleur était en droit de rétracter l'offre, qu'il avait faite à son locataire, s'il n'avait pas encore connu l'acceptation de ce dernier. M. Carbonnier en donne aussi la justification d'équité: le commerçant qui a lancé des offres ne peut être obligé avant d'avoir été informé de leur acceptation.

La jurisprudence est constante en ce sens. Sans doute, on soutient parfois qu'un arrêt récent de la Cour de cassation aurait épousé une doctrine contraire, et aurait, en cette matière, consacré la théorie de l'émission. La Cour de cassation, en cette espèce, a censuré une décision qui avait validé un retrait de pollicitation intervenu entre l'émission et la réception de l'acceptation; mais en réalité, cet arrêt est étranger à la question des contrats entre absents car si la Cour de cassation a estimé que le contrat était conclu avant le retrait de l'offre, c'est qu'elle a pensé qu'il s'agissait, non d'un contrat par correspondance, mais d'un contrat conclu verbalement; l'analyse est de pur fait, et la juridiction de renvoi a estimé que ce contrat n'avait jamais été verbalement conclu et que par conséquent le retrait de l'offre était valable.

C'est presque une loi juridique que plus une institution produit d'effets, plus sévères sont ses conditions d'existence. L'irrévocabilité d'une volonté est un effet trop grave pour admettre la hâte ou la précipitation, et on a le droit d'hésiter ou de se reprendre tant que le consentement n'est pas complètement échangé: il n'y a de véritable concordance entre les deux oui que lorsque chacun sait que l'autre l'a dit. Ainsi lorsqu'une correspondance crée un trait de temps entre l'offre et l'acceptation, elle n'établit de consentement irrévocable que lorsque le consentement se connaît complètement et mutuellement, que lorsque la correspondance correspond totalement.

II. *Compétence territoriale d'un tribunal*

Ces considérations ne jouent plus lorsqu'il s'agit simplement de déterminer la compétence du tribunal appelé à connaître des difficultés relatives à un contrat, et où la loi rend compétent le juge du lieu où la convention a été contractée. Il ne s'agit plus ici de retarder la formation d'un contrat, jusqu'à ce qu'il soit devenu irrévocable, mais de déterminer le tribunal le mieux placé pour connaître de ces litiges.

Or les arguments rationnels fixant la compétence judiciaire territoriale jouent en faveur du tribunal du lieu de l'acceptation. *Psychologiquement*, celui qui doit se déplacer, c'est celui qui a pris l'initiative de l'affaire, le pollicitant; *géographiquement*, le tribunal le plus qualifié est le plus proche du dernier moment du consentement — l'acceptation —; et surtout *socialement*, il s'agit de protéger le justiciable le plus faible, et dans la compétence prud'homale du contrat par correspondance, c'est généralement l'entreprise qui pollicite et l'ouvrier qui accepte.

Telle paraît être la jurisprudence de la Cour de cassation; bien qu'elle prétende souvent que tout ici est question de fait et de circonstances, elle présume que le contrat est conclu au lieu de l'émission de l'acceptation, puisque, pour cette localisation, elle se contente d'éléments de fait presque inconsistants. On voit mal où sont les faits caractéristiques lorsque la Cour de cassation déclare pour localiser un contrat: 'les conditions du contrat avaient été fixées par une lettre du pollicitant . . . et acceptées par une lettre datée de Lyon, et en raison de ces constatations de fait, l'accord des parties s'était trouvé réalisé par cette acceptation et que, partant, le lieu où le contrat avait été conclu était Lyon' (Civ. sect. soc., 20 juill. 1954, J.C.P. 1955. II. 8775, note Rabut; Rev. trim. dr. civ. 1955. 165, observ. Hébraud). En fait, à défaut de volonté contraire clairement exprimée, la compétence territoriale d'un tribunal est fixée par le lieu de l'émission de l'acceptation.

NOTES

1. Compare Carbonnier's 'elegant' explanation in terms of *mandat* cited above with the observations of Kay L. J. in *Henthorn* v. *Fraser*.[35]

2. The *Cour de cassation* tends to leave the question 'is there a contract?' (i.e. has the offer been revoked before acceptance) to the *juge du fond*. But it will intervene where both parties admit the contract but disagree about where it was concluded. Can you see why?

Section 2 : *Vices du consentement*
A. *Erreur*

C. civ. art. 1108, 1109, 1110, 1117

From Pothier, *Traité des obligations* (1761)[36]

17. L'erreur est le plus grand vice des conventions; car les conventions sont formées par le consentement des parties, et il ne peut pas y avoir de consentement, lorsque les parties ont erré sur l'objet de leur convention, *non videntur qui errant consentire.*

C'est pourquoi si quelqu'un entend me vendre une chose, et que j'entende la recevoir à titre de prêt ou par présent, il n'y a, en ce cas, ni vente, ni prêt, ni donation. Si quelqu'un entend me vendre ou me donner une certaine chose, et que j'entende acheter de lui une autre chose, ou accepter la donation d'une autre chose, il n'y a ni vente ni donation. Si quelqu'un entend me vendre une chose pour un certain prix, et que j'entende l'acheter pour un moindre prix, il n'y a pas de vente; car dans tous ces cas il n'y a pas de consentement . . .

18. L'erreur annule la convention, non seulement lorsqu'elle tombe sur la chose même, mais lorsqu'elle tombe sur la qualité de la chose

---

[35] [1892] 2 Ch. 27 (C.A.), at 35, 36.   [36] B. 29, nos. 17–19 (edn. of 1827).

que les contractants ont eu principalement en vue, et qui fait la substance de cette chose . . .

19. . . . l'erreur sur la personne annule la convention, toutes les fois que la considération de la personne entre dans la convention. Au contraire, lorsque . . . le contrat [est un contrat] que j'aurais également voulu faire . . . avec quelque personne que ce fût, comme avec celui avec qui j'ai cru contracter, le contrat doit être valable.

From Mazeaud/Mazeaud (1969)[37]

Les tribunaux, mus par le désir de moraliser le contrat, ont très vite malmené les textes du Code civil, s'arrogeant un grand pouvoir de contrôle et prononçant la nullité de contrat pour vice du consentement hors des limites étroites tracées par le législateur.

Cass. civ. 23.11.1931
(Beltinissin *C.* Cons. Crozillac)

D.P. 1932.1.129 note Josserand   Gaz. Pal. 1932.1.96

LA COUR ; — Sur le moyen unique : — Attendu que le 13 juin 1924 Beltinissin a vendu aux époux Crozillac, par acte sous seings privés une propriété dénommée 'Villa Jacqueline', sans indication de contenance, pour le prix de 36.000 fr., payable fin juillet suivant dernier délai, sous la condition que la vente serait résolue et une automobile, donnée en gage, acquise au vendeur, si à la date indiquée la vente n'avait pas été confirmée par acte authentique, et le prix intégralement payé ; que le pourvoi fait grief à l'arrêt attaqué (Bordeaux, 24 juin 1926) d'avoir prononcé, à la demande des acquéreurs, la nullité de ce contrat pour cause d'erreur sur la contenance, considérée comme qualité substantielle de la chose vendue ; — Attendu que si le défaut de contenance d'un immeuble ne peut donner lieu par application de l'art. 1619 C. civ., qu'à une diminution du prix lorsque la différence en moins excède un vingtième, il en est autrement lorsque le défaut de contenance rendrait cet immeuble impropre à la destination, connue des parties, en vue de laquelle il a été acquis ; qu'en ce cas la contenance devient en fait une qualité substantielle de l'objet du contrat, et l'erreur sur cette qualité rend applicable l'art. 1110 C. civ. ; — Attendu que des motifs de l'arrêt il résulte que les indications données par Beltinissin aux agences chargées de la vente de la

[37] B. 26, vol. 2 (1), no. 159.

villa ou figurant dans les annonces des journaux attribuaient au terrain vendu une superficie de 7800 mètres carrés, alors qu'il n'en avait que 5119 au plus, et que pour les époux Crozillac, qui acquéraient la propriété dans le but unique, connu du vendeur, de la revendre après l'avoir morcelée, la contenance annoncée était une condition essentielle du contrat ; que l'arrêt relève en outre que le vendeur a, volontairement, de mauvaise foi, induit en erreur les acquéreurs et ainsi vicié leur consentement ; — Attendu que, dans ces circonstances de fait, l'arrêt, interprétant, sans la dénaturer, la convention selon l'intention des parties contractantes, a pu, sans violer les articles de loi visés au moyen, décider que l'erreur portait sur la substance même de la chose, objet du contrat, et en prononcer la nullité ; — Par ces motifs, rejette.

From the note; italics added

En l'occurence, la contenance annoncée *était devenue, à raison du but que se proposait l'acheteur, au su du vendeur, une qualité substantielle de l'objet du contrat* ; dès lors, l'erreur sur une telle qualité déterminait l'application de l'art. 1110 : le contrat devait être annulé, sur la demande de l'acheteur, pour erreur sur la substance. Par ce moyen, la Cour de cassation tourne l'obstacle que représentaient les art. 1617 et suiv. : non seulement elle accorde à l'acheteur la plus complète satisfaction à laquelle il puisse prétendre, puisqu'elle rétablit la situation antérieure au contrat en taillant dans le vif, mais encore elle serait à même d'obtenir ce résultat dans l'éventualité d'une déficience minime, ne fût-elle que d'une centaine de mètres carrés ou moins encore, pourvu que la superficie réelle ne cadrât plus avec les intentions de l'acheteur : le problème est ainsi transposé sur un plan différent et le régime restrictif institué dans les articles 1617 et suiv. devient sans emploi et parfaitement inoffensif.

Par ailleurs, la Cour de cassation demeure parfaitement dans la ligne de la théorie de l'erreur sur la substance ; sa décision évoque, plus ou moins explicitement, deux conclusions qu'il n'est pas sans intérêt de mettre en lumière à cette place.

1. L'erreur entraîne la nullité du contrat, non seulement lorsqu'elle porte sur la substance, au sens strict du mot, sur la matière même dont la chose est composée, mais, beaucoup plus généralement, lorsqu'elle a trait aux qualités substantielles, c'est-à-dire, aux qualités essentielles, en considération desquelles les parties ont dû traiter ;

c'est parce que les ressorts de la volonté ont été faussés que la loi permet de faire tomber le contrat; la théorie de l'erreur rejoint ainsi . . . le concept des mobiles; du moment qu'il y a discordance entre l'aménagement de l'opération d'une part, les mobiles des parties et le but qu'elles poursuivent d'autre part, le contrat est vicié dans sa genèse et doit pouvoir tomber; malentendu ne fait pas droit.

Il faut d'ailleurs noter que les qualités ainsi dénommées substantielles sont très largement comprises par les auteurs et par la jurisprudence, car elles peuvent elles-mêmes être soit objectives, soit subjectives.

Les qualités objectives sont celles qui, sans avoir nécessairement un caractère matériel, sans être substantielles au sens étymologique du mot, font cependant corps avec l'objet de l'obligation et s'identifient avec lui; elles présentent un caractère intrinsèque et valent pour quiconque, par exemple pour tout acheteur: au premier rang, il faut citer, dans cette catégorie, la personnalité de l'auteur d'un tableau ou de toute œuvre d'art; celui qui, croyant acheter un Corot, paye très cher une simple copie, est victime d'une erreur sur la substance; et l'erreur est également sérieuse lorsqu'elle porte sur l'antiquité de la chose, ou sur sa provenance exotique. Sur ce point, la cause est entendue depuis longtemps, et la thèse restrictive qui prétendait ne retenir que l'erreur affectant la matière même dont la chose était composée et qui a compté des défenseurs de grande autorité, est aujourd'hui et depuis longtemps tout à fait délaissée; on s'accorde à traduire 'erreur sur la substance' par 'erreur sur les qualités substantielles'.

Mais on va plus loin encore, en faisant état de ce que nous appelons l'erreur sur les qualités substantielles subjectives. Nous entendons par là celles qui, susceptibles de varier à l'infini, sont prêtées à la chose par le contractant qui l'envisage sous tel ou tel angle déterminé, au gré de ses désirs; s'il achète une maison, c'est peut-être pour la revendre aussitôt, avec bénéfice, ou pour l'habiter lui-même, ou pour la donner à bail, ou pour procéder à un lotissement; or, ces différentes velléités sont susceptibles de réagir sur la nature ou même sur la validité de l'opération: si elles sont l'occasion d'une erreur, on dira peut-être que celle-ci porte sur une qualité substantielle de la chose; suivant la formule d'un arrêt, la nullité de l'art. 1110 frappe non seulement les ventes dans lesquelles les éléments matériels de l'objet font défaut, mais aussi celles 'dans lesquelles la chose vendue est dépourvue des propriétés en vue desquelles l'acquisition a été faite'.

C'est à cette conception libérale que se rattache l'arrêt de la chambre civile ci-dessus rapporté; la Cour de cassation y relève cette circonstance que le défaut de contenance rendait l'immeuble 'impropre à la destination, connue des parties, en vue de laquelle il a été acquis . . .', car l'acquisition avait été faite 'dans le but unique' de revendre le domaine après l'avoir morcelé. C'est une conception très subjective et, pourtant, très compréhensive, que la Cour de cassation se fait aussi de la théorie de l'erreur sur la substance, qui devient comme un chapitre, une dépendance de la théorie plus ample de l'erreur sur les mobiles.

2. Toutefois, pour que l'erreur détermine la nullité du contrat, la jurisprudence exige une condition supplémentaire: elle veut que l'autre partie contractante, aujourd'hui défenderesse au procès, ait été lors de la vente, au courant de l'état d'esprit, de la croyance de la victime; elle savait, par exemple, que celle-ci pensait acheter une toile de Corot ou de Rembrandt, ou un meuble Louis XV datant de l'époque; dans l'espèce à l'occasion de laquelle la chambre civile a eu à statuer, le vendeur connaissait l'usage auquel l'acquéreur destinait le terrain; c'est un point sur lequel l'arrêt insiste à deux reprises: la destination était 'connue des deux parties'; le but de l'acheteur était 'connu du vendeur'. C'est à cette particularité et à cette exigence de la jurisprudence que l'on fait allusion en disant que l'erreur sur la substance ne vicie le contrat qu'autant qu'elle a été partagée, qu'elle est 'convenue', qu'elle constitue une erreur ex pacto. La formule n'est pas rigoureusement exacte, ou du moins, elle appelle une précision: *la jurisprudence n'exige pas que le vendeur soit lui-même tombé dans l'erreur dont l'acheteur est la victime; il lui suffit qu'il ait eu connaissance des conditions dans lesquelles cet acheteur pensait traiter, de la croyance par laquelle il a été abusé; cette preuve faite, — et c'est évidemment à l'acheteur, demandeur en nullité, qu'il incombe de l'administrer — le vendeur se trouve acculé à un dilemme: ou bien il a été lui-même de bonne foi, il croyait que le tableau était un Corot, que le meuble était de l'époque, que le terrain avait la superficie annoncée, et alors il y a erreur commune, partagée, erreur ex pacto; le contrat doit donc tomber en vertu de l'art. 1110; ou bien le vendeur était au courant de la situation véritable, et en ce cas, il a commis, par son silence, ses réticences, ses déclarations inexactes, un véritable dol qui justifie l'intervention de l'art. 1116.* Précisément, l'arrêt de la chambre civile, après celui de la cour de Bordeaux, relève que le

vendeur avait 'volontairement, de mauvaise foi, induit en erreur les acquéreurs et ainsi vicié leur consentement'. Dans des cas semblables, l'acheteur peut donc, du moment qu'il a prouvé que le vendeur était au courant de son opinion erronée, lui donner le choix entre deux attitudes, celle de l'homme qui se serait lui-même trompé ou celle de l'auteur d'un dol, par commission ou par omission : de toute façon, la nullité sera prononcée au moins si l'erreur de la victime a été déterminante ; et bien justement, puisqu'en toute occurrence, il y a eu, suivant la formule de Saleilles, 'défaut de concordance entre la volonté vraie, donc la volonté interne, et la volonté déclarée' ; il y a eu maldonne, et l'erreur, spontanée ou déterminée par le dol, ne doit pas faire compte ; le contrat conclu sous son empire se trouve comme désaxé ; il est en état d'équilibre instable, et il suffira de l'action en nullité, basée sur l'art. 1110 ou sur l'art. 1116, pour le faire tomber.

On voit combien important est le rôle joué, en pareille matière, par les mobiles et par le but ; selon que l'acheteur se proposait d'atteindre tel ou tel objectif, la vente restera debout ou encourra l'annulation pour cause d'erreur ou de dol . . .

NOTES

1. The land was advertised as having the larger area. Was this a misrepresentation inducing the contract? Was it innocent or fraudulent? Was it a term of the contract?

2. C. civ. art. 1617 provides:

Si la vente d'un immeuble a été faite avec indication de la contenance, à raison de tant la mesure, le vendeur est obligé de délivrer à l'acquéreur, s'il l'exige, la quantité indiquée au contrat.

Et si la chose ne lui est pas possible, ou si l'acquéreur ne l'exige pas, le vendeur est obligé de souffrir une diminution proportionnelle du prix.

Would this remedy have been (a) available; (b) adequate?

3. Contrast the passage italicized with the following:

'And I agree that even if the vendor was aware that the purchaser thought that the article possessed that quality, and would not have entered into the contract unless he had so thought, still the purchaser is bound . . . there is no legal obligation on the vendor to inform the purchaser that he is under a mistake, not induced by the vendor.'[38]

'I will take the proposition laid down by Sir Edward Fry . . . as a good exposition of the law. . . . "Mere silence as regards a material fact . . . cannot be a ground for rescission."'[39]

[38] *Smith* v. *Hughes* (1871) L.R. 6 Q.B. 597 per Blackburn J. at 607.
[39] *Turner* v. *Green* [1895] 2 Ch.D. 205 per Chitty J. at 208.

'The other cases to which we were referred relate to a duty to disclose all material facts on formation of a contract, and form exceptions to the general rule, which does not impose such a duty. . . . In the present case, there being no obligation to disclose, the appellants, if they had had their misconduct in mind, would have been entitled to say nothing about it and the respondents . . . would have been bound by the contracts, even though, if they had known, they would not have entered into the contracts. . . . *I have difficulty in seeing how the fact that the appellants did not remember at the time is to put the respondents in a better position.*'[40]

In English law a party who does not make a mistake is generally under no duty to disclose, and the contract stands; so if he does make a mistake he can hardly be worse off legally when he is in a better position morally. Is this the French law?

Trib. de Grande Instance de Paris 13.12.1972
(Epoux Saint-Arroman *C.* Directeur de la Réunion des Musées nationaux)

D.S. 1973.410 note Ghestin et Malinvaud   J.C.P. 1973 II 17377 note Lindon

LE TRIBUNAL; — Attendu que les époux Saint-Arroman ont assigné le Directeur de la Réunion des Musées nationaux, Rheims, ancien commissaire-priseur, Lebel, expert, et Laurin, commissaire-priseur, pour: (1) entendre prononcer la nullité de la vente aux enchères publiques, faite au prix de 2 200 F et à la date du 21 fév. 1968, d'un tableau offert comme une œuvre de l'école des Carrache et dont l'auteur serait en réalité Nicolas Poussin; (2) subsidiairement, s'entendre Rheims et Lebel condamner à payer aux demandeurs une indemnité provisionnelle de 250 000 F et entendre ordonner une expertise en vue d'évaluer le préjudice subi par ceux-ci; — Attendu que les défendeurs concluent au rejet de ces demandes et, subsidiairement, Rheims, Laurin et Lebel, à une expertise technique; — Attendu que les époux Saint-Arroman exposent que, désirant vendre le tableau litigieux, ils l'ont présenté à Mᵉ Rheims; que celui-ci l'a soumis à l'expert Lebel; qu'après avis de ce dernier, la toile a été inscrite au catalogue de l'Hôtel des ventes de Paris comme se rattachant à l'Ecole des Carrache; que Rheims a prévenu les demandeurs qu'elle pourrait 'faire en vente environ 1 500 F'; qu'en fait, elle a été adjugée pour 2 200 F et que les Musées Nationaux ont exercé leur droit de préemption; que la Revue du Louvre et des

[40] *Bell* v. *Lever Bros.* [1932] A.C. 161 per Lord Thankerton at 231, 232, 235; italics added.

Musées de France, dans son numéro 2 de 1969, annonce cette acquisition et affirme que l'attribution à Poussin est unanimement acceptée; que le tableau est exposé au Louvre comme œuvre de Poussin; qu'ainsi les époux Saint-Arroman ont, disent-ils, aliéné une toile de Poussin alors qu'ils croyaient vendre un tableau de l'école des Carrache, et par suite commis l'erreur sur la substance qui rend nulle cette vente; que, dans le cas où la nullité ne serait pas prononcée, ils seraient alors fondés à demander au commissaire-priseur et à l'expert la réparation du préjudice qui leur a été causé par les fautes professionnelles de ces derniers; — Attendu que la Réunion des Musées nationaux, sans contester que l'identité de l'auteur constitue une qualité substantielle de l'œuvre d'art, soutient d'une part que seul l'acheteur pourrait faire état de l'erreur commise à ce point de vue, d'autre part qu'il résulterait des faits de la cause et notamment des termes de l'assignation que les demandeurs n'ont pas commis cette erreur, alors qu'avant la mise en vente ils considéraient leur tableau comme 'un Poussin';

En droit; — Attendu, d'une part, qu'il est de principe, et qu'il n'est d'ailleurs pas contesté par la Réunion des Musées nationaux, que l'erreur sur la substance s'entend, non seulement de celle qui porte sur la matière dont la chose est composée, mais aussi de celle qui a trait aux qualités substantielles d'authenticité et d'origine; — Attendu, d'autre part, que, contrairement aux prétentions de la défenderesse, l'erreur sur la substance peut être alléguée aussi bien par le vendeur que par l'acheteur, l'art. 1110 c. civ. ne faisant aucune distinction entre les contractants; qu'en l'espèce, par l'exercice de son droit de préemption, la défenderesse se trouve substituée à l'acheteur; — Attendu, que par ailleurs, pour annuler l'acte vicié par l'erreur sur la substance, la jurisprudence relève comme élément déterminant de cette situation la compétence artistique ou technique du contractant bénéficiaire de cette erreur; — *En fait:* — Attendu que la Réunion des Musées nationaux maintient son opinion déjà proclamée sur l'attribution du tableau à Poussin; — Attendu que cette opinion, exprimée par une administration qui rassemble des experts particulièrement éclairés, doit être considérée comme décisive, tout au moins dans ses rapports avec les demandeurs; — Attendu que par ailleurs cette haute compétence fait apparaître de façon éclatante l'infériorité technique des vendeurs par rapport à leur cocontractant; — Attendu certes que, pour tenter de démontrer qu'il n'y avait pas eu erreur de la part des vendeurs, la défenderesse fait état des termes de l'assignation où il est écrit notamment: 'Propriétaires d'un tableau attribué à Nicolas Poussin, ils ont décidé, en octobre 1967, de sa mise en vente . . .', et plus loin: 'l'expertise faite par M. Lebel, expert en tableaux anciens, précisait que le tableau n'était pas du peintre Poussin, mais de l'école des Carrache'; — Mais attendu que pour apprécier si le consentement des vendeurs a été vicié par l'erreur sur la substance, c'est à leur opinion au moment de la vente, et à elle seule, qu'il convient de se référer; qu'à ce moment ils s'en sont entièrement rapportés à la décision de l'expert en mettant en vente leur tableau comme étant de l'école des Carrache et au prix correspondant à cette attribution; que s'ils avaient eu un motif sérieux de penser que l'œuvre était un Poussin, ils n'auraient pas ainsi accepté, sans recourir à des recherches complémentaires, l'avis et la mise à prix du commissaire-priseur, et de l'expert que, par son intermédiaire, ils avaient estimé nécessaire de consulter tant ils se sentaient incapables de déterminer par eux-mêmes l'origine de la toile litigieuse; — Attendu que, dans ces conditions, lors de la vente de celle-ci, au prix de 2 200 F, le 21 fév. 1968, il n'y a pas eu d'accord des contractants sur la chose vendue, les vendeurs croyant céder un tableau de l'école des Carrache, tandis que la Réunion des Musées nationaux estimait acquérir une œuvre de Poussin; que la défenderesse a bénéficié ainsi, grâce à la grande supériorité de sa compétence artistique, de l'erreur sur la substance commise par ses cocontractants, telle qu'elle résultait des mentions portées par eux sur le catalogue de l'Hôtel des ventes; que cette erreur, parfaitement connue de la défenderesse, a vicié le consentement des vendeurs et que, par application de l'art. 1110 c. civ., la vente doit être déclarée nulle; — Attendu qu'en conséquence, Rheims, Lebel et Laurin doivent être mis hors de cause; — Attendu que, faute d'urgence démontrée, il n'y a pas lieu à exécution provisoire;

Par ces motifs, prononce la nullité de la vente, intervenue le 21 fév. 1968, du tableau appartenant aux demandeurs et acquis par la Réunion des Musées nationaux; met hors de cause Rheims, Lebel et Laurin; dit n'y avoir lieu à exécution provisoire; condamne la Réunion des Musées nationaux aux dépens.

NOTES

1. Would an English court have set the contract aside?

2. Would the experts be liable under the *Hedley Byrne* doctrine?

Orléans 21.1.1931
(Chocquel *C.* Camirel)

D.H. 1931.172

LA COUR; — Attendu qu'en février 1928, Chocquel a vendu à Camirel pour le prix de 7 000 fr. une commode Louis XV à trois tiroirs sans traverse; que Camirel qui est amateur d'antiquités, a fait cette acquisition à la suite d'une visite qu'il avait faite chez Chocquel, lequel avait fait paraître dans le journal L'Acclimatation une insertion indiquant qu'il était vendeur d'un lot d'antiquités;

Attendu qu'aussitôt réception de ladite commode Camirel ayant eu des doutes sur son authenticité la fit examiner par un expert qui déclara qu'il s'agissait là d'une vulgaire copie d'un meuble ancien et que ce meuble était faussement signé Dubois, artiste réputé du dix-huitième siècle; . . .

Attendu que toutes ces circonstances concourent à démontrer que l'ancienneté de la commode litigieuse était la qualité que Camirel acheteur avait principalement en vue et sans laquelle il n'aurait pas acheté et dont Chocquel faisait in petto lui-même état, au cours des pourparlers avec son acheteur;

Attendu d'ailleurs que Chocquel s'est bien gardé de stipuler la non-garantie de l'ancienneté sachant bien qu'une telle clause aurait empêché la réalisation du marché;

Attendu que la vente ayant porté sur un meuble ancien d'une époque déterminée Louis XV et le contrat ayant été passé entre un acquéreur qui était un amateur d'antiquités et un vendeur se prétendant lui-même amateur et se défendant d'être un marchand d'antiquités, l'authenticité de la chose vendue était incontestablement substantielle; qu'en conséquence l'erreur qu'on relève dans l'espèce sur l'authenticité est une cause de nullité de la vente;

Par ces motifs,

Déclare nulle la vente consentie par Chocquel à Camirel de la commode faussement dénommée Louis XV;

Ordonne la restitution des 7 000 fr. versés par Camirel, lequel tient la commode litigieuse à la disposition de Chocquel;

Condamne Chocquel à payer à Camirel 500 fr. à titre de dommages-intérêts et celle de 110 fr. de frais;

Le condamne à l'amende et en tous les dépens de première instance et d'appel qui comprendront à titre de supplément de dommages-intérêts le coût de la mise en demeure du 22 mars 1928 et toutes les perceptions fiscales afférentes à la présente instance.

NOTES

1. On what article of the Code is this decision based?

2. By virtue of what legal rule is the seller ordered to pay damages?

3. Compare: 'A buys a picture from B; both A and B believe it to be the work of an old master, and a high price is paid. It turns out to be a modern copy. A has no remedy in the absence of representation or warranty.'[41]

Cass. civ. 27.4.1953
(Besnier *C.* Edmond)

D. 1953. 440

LA COUR; ... Attendu qu'il est reproché à l'arrêt d'avoir fait des constatations insuffisantes pour permettre à la Cour de cassation de vérifier si les conditions d'application des art. 1110 et 1116 c. civ. étaient réunies en l'espèce; — Attendu que les juges du fond, statuant commercialement, et après l'enquête, 'tiennent pour constant' que le cultivateur Edmond a acheté à Besnier, marchand de chevaux, 'une jument de trait, d'âge moyen, pour les besoins de son exploitation agricole', pour le prix de 108 000 fr.; qu'avant de conclure ce marché, Besnier a déclaré à Edmond que la jument était âgée d'une douzaine d'années; — Attendu que cette bête de somme ayant péri huit jours environ après sa livraison, à la suite de coliques, il est résulté de l'autopsie de l'animal que celui-ci était 'hors d'âge'; — Attendu que la cour a induit de cette constatation du vétérinaire, que 'de toute évidence, si la jument avait vécu, elle n'aurait pu fournir à Edmond le travail qu'il avait envisagé pour son exploitation agricole, alors que, si elle n'avait été âgée que d'une douzaine d'années, selon la déclaration du vendeur Besnier, elle répondait ainsi aux besoins que l'acheteur Edmond avait envisagés au moment du contrat'; que dès lors le consentement d'Edmond était 'vicié par l'erreur sur la substance même de la chose', à laquelle s'ajoute une tromperie de Besnier, caractérisée par le fait que celui-ci, ayant acheté la même jument, peu de temps auparavant, moyennant le prix de 48 000 fr., était en raison de sa qualité professionnelle, parfaitement édifié sur l'âge de

---

[41] *Bell* v. *Lever Bros.* [1932] A.C. 161 per Lord Atkin at 224.

l'animal; — Attendu que de ces constatations et appréciations, la cour a pu déduire que l'erreur avait bien porté sur une qualité substantielle de l'animal vendu, et que la déclaration mensongère du vendeur, concernant l'âge réel de la jument, était constitutive d'un dol; qu'ainsi la troisième branche n'est pas mieux fondée que les précédentes, d'où il suit que l'arrêt est légalement justifié. Par ces motifs, rejette.

NOTES

1. Note the vendor's dilemma. If he shared the mistake—*erreur;* if he did not, *dol.*

2. C. civ. 1117 provides: 'La convention contractée par erreur, violence ou dol n'est point nulle de plein droit; elle donne seulement lieu à une action en nullité ou en rescision'. . . . What does the Court do if, as here, the mare is dead?

3. Why did the buyer not sue on the contract? The note to this case says: 'L'arrêt rapporté marque l'affinité qui se retrouve souvent entre l'erreur sur la substance et la garantie des vices dans la vente.' See e.g. Lyon 5.5. 1952.[42]

Paris 20.4.1964
(Vidot *C.* Dumoulin)
D. 1964 Somm. 97

L'erreur est une cause de nullité de la convention lorsqu'elle concerne la substance même de la chose qui en est l'objet (Arg. art. 1110, C. civ.); Doit être annulée la vente d'une voiture automobile d'occasion, dès lors que le véhicule livré par le vendeur porte une année de sortie d'usine différente de celle qui avait été convenue lors de l'échange des consentements, alors que la date de mise en circulation d'une voiture d'occasion a une grande importance et que l'erreur portait donc, en l'espèce, sur ce qui était pour l'acheteur et à juste titre, la substance même de l'objet du contrat.

NOTES

1. The car's date was a term of the contract. Why did not the buyer sue on the contract?

2. In any case in which a seller in good faith breaks a term—express or implied—as to quality there is a common mistake. Why do English courts not use this approach in such cases as *Farnworth* v. *Attryde*?[43]

[42] D. 1952.479.   [43] [1970] 2 All E.R. 774 (C.A.).

3. Every case of innocent misrepresentation is, inevitably, a case of common mistake. Why do English courts ignore this?

Cass. civ. 19.7.1960

(Bostetter *C.* Fixaris)

Gaz. Pal. 1960.2.217

LA COUR; — Sur le moyen unique: vu les art. 1641 et 1648 C. civ.:

Attendu que l'acheteur ne saurait se soustraire à l'obligation, imposée par l'art. 1648, d'intenter dans un bref délai l'action en nullité de la vente pour vice caché de la chose 'la rendant impropre à l'usage auquel on la destine', aux termes de l'art. 1641, en invoquant cette conséquence du vice au titre d'une erreur sur la substance; que l'action fondée sur cette seule erreur est soumise au même bref délai;

Attendu que Fixaris a acheté à Bostetter un tracteur usagé: qu'il a ultérieurement demandé la nullité de la vente, en invoquant à la fois un vice caché rendant le tracteur impropre à son usage, et une erreur sur la substance, en ce qu'il avait cru acquérir un tracteur en bon état; que le jugement infirmatif attaqué, après avoir constaté, sur l'existence du vice, que le tracteur 'avait été réparé dans des conditions très critiquables et ne pouvait donner satisfaction', déclare néanmoins irrecevable l'action en nullité pour vice caché comme n'ayant pas été intentée dans le bref délai prévu par l'art. 1648; qu'ensuite, cependant, il fait droit à l'action en nullité pour erreur sur la substance, au motif que Fixaris a acquis un tracteur inutilisable, alors qu'il pensait faire l'acquisition d'un tracteur d'occasion complètement révisé et pouvant assurer un service normal;

Attendu qu'en statuant ainsi, alors que l'erreur invoquée était seulement la conséquence du vice, le tribunal a méconnu la portée des textes susvisés;

Par ces motifs, — Casse . . .

NOTE

From *Carbonnier* (1961)[44]

La thèse opposée, cependant, a un argument pour elle: c'est la sainte liberté. . ... Lorsque le droit positif met deux moyens juridiques à la disposition du même individu, le sens le plus élémentaire de ce double don est le cumul.

[44] Jurisprudence en matière de droit civil, *Rev. trim. dr. civ.* 1961, pp. 332 s. (no. 1), at p. 333.

Cass. civ. 25.5.1964
(Caisse synd. agric. mut. de Landerneau *C.* Dame Lozach)

D. 1964.626

LA COUR; — Sur le moyen unique, pris en ses deux branches : — Attendu qu'il résulte des énonciations de l'arrêt confirmatif attaqué (Rennes, 21 nov. 1961) que Le Gall et les époux Le Ru ont par acte sous seing privé du 2 sept. 1958, déclaré se porter cautions solidaires sans bénéfice de discussion ni de division pour le remboursement de deux prêts de 600,000 AF, consentis par la Caisse syndicale de crédit agricole mutuel de Landerneau à la dame veuve Lozach; que cette dernière, n'ayant pu régler un reliquat de compte en capital et intérêts de 7 437 10 F., la caisse créancière assigna la débitrice et les cautions en payement ou garantie de cette somme; qu'à l'encontre de la débitrice qui se bornait à demander un délai de grâce, les cautions alléguèrent que leur consentement avait été obtenu par dol ou erreur et qu'elles avaient cru sur l'affirmation à elles donnée qu'elles n'apportaient qu'une garantie morale, sans risque pour leur patrimoine; —

Attendu qu'il est fait grief à la cour d'appel d'avoir annulé pour vice du consentement les conventions susvisées, à l'égard de Le Gall et des époux Le Ru au motif que l'erreur sur la substance était établie, alors que d'une part, le grief de dol ayant été écarté par les premiers juges, l'arrêt attaqué qui ne l'a pas repris, ne pouvait légalement assimiler à une erreur sur la substance la circonstance que s'ils avaient été exactement renseignés par la caisse syndicale, Le Gall et les époux Le Ru n'auraient pas contracté, alors que, d'autre part, l'arrêt attaqué a arbitrairement retenu comme caractérisant l'erreur sur la substance, l'ignorance des conséquences juridiques s'attachant à tout engagement de caution et même de simples mobiles, enfermés dans 'la pensée' des signataires de l'engagement de caution et ne s'étant pas extériorisés lors de la passation des actes incriminés; —

Mais attendu qu'ayant relevé 'que les intéressés, habitant un district rural, étaient positivement illettrés, que le contrat ne leur a pas été lu avant la signature, la veuve Lozach, dans la crainte de les voir refuser de signer, ne leur ayant pas dit exactement la vérité et Pennec (représentant de la Caisse syndicale, venu chez eux en compagnie de dame Lozach) s'étant borné à présenter les actes à la signature . . .';

Attendu qu'au vu de ces circonstances particulières, sans faire état de manœuvres constitutives de dol, l'arrêt attaqué a pu estimer que ceux-ci 'avaient donné leur consentement à une convention ayant un objet autre que celle à laquelle ils pensaient adhérer: faciliter le prêt de veuve Lozach sans engager leur patrimoine'; qu'en statuant ainsi les juges d'appel ont nécessairement admis que la méprise invoquée avait porté non sur les conséquences, mais sur la substance même de l'engagement et que l'erreur en résultant avait été le motif principal et déterminant de l'obligation contractée; d'où il suit que le moyen n'est pas fondé et que l'arrêt motivé est légalement justifié; —Par ces motifs, rejette.

NOTE

1. Was this a common mistake or a mutual misunderstanding?

Cass. civ. 28.11.1973
(Régie communale des Sources Nessel *C.* S.A.R.L. Eurogadget)
D.S. 1975.21 note Rodière

LA COUR; — Sur la première branche du moyen: — Vu l'art. 7 de la loi du 20 avr. 1810 applicable en la cause; — Attendu que la Régie communale des Sources Nessel a été assignée par la Soc. Eurogadget en paiement de 60 000 ouvre-bouteilles qui lui avaient été vendus au prix, selon cette dernière, de 0,55 F la pièce, soit 550 F le mille; qu'elle a soutenu que son consentement avait été vicié par une erreur sur le prix de base convenu, et demandé la nullité du contrat; qu'elle a été néanmoins condamnée à verser la somme qui lui était réclamée, au motif, en particulier, que l'erreur sur le prix ne peut être invoquée pour faire annuler la vente; — Attendu, cependant, que, dans ses conclusions d'appel, la Régie avait soutenu qu'elle avait été induite à penser par erreur que le prix convenu était de 55 F le mille et qu'ainsi un 'malentendu fondamental' était intervenu entre les parties; qu'en ne répondant pas à ce moyen, la cour d'appel (Colmar, 11e ch., 23 déc. 1971) n'a pas satisfait aux exigences du texte susvisé;

Par ces motifs, casse . . ., renvoie devant la cour d'appel.

From the note

Notre arrêt ne relève pas de l'art. 1110 c. civ. et, si la Cour de cassation n'avait pas visé le texte qui fait aux juges le devoir de motiver suffisamment leurs décisions, elle eût abrité sa censure non

pas sous l'art. 1110, mais sous l'art. 1108 c. civ.: 'Quatre conditions sont nécessaires pour la validité d'une convention:
Le consentement de la partie qui s'oblige . . .'

Cass. soc. 4.5.1956
(Cons. Vidal *C.* Sanchez-Boxa e.a.)
D. 1957.313 note Malaurie

LA COUR; — Statuant sur le pourvoi des consorts Vidal:— Sur le premier moyen, pris de la violation des art. 1110 et 1131 C. civ., du défaut et de la contradiction de motifs et de la dénaturation des faits de la cause; —

Attendu que le jugement attaqué annule le bail conclu le 1er nov. 1949 entre Sanchez-Boxa et les consorts Vidal comme entaché d'une erreur substantielle sur l'objet du contrat; —

Attendu que le pourvoi reproche à cette décision d'avoir admis l'existence d'une erreur substantielle viciant le contrat de bail alors que l'erreur alléguée, qui était une erreur sur la valeur et qui n'existait même pas en fait, était indifférente pour la validité du contrat; —

Mais attendu que la décision attaquée ne relève pas seulement, en fait, que la propriété louée est en état de délabrement,[45] comporte de vastes friches[46] non mentionnées au contrat, d'importants manquants dans les vignes et les vergers,[47] d'ailleurs en partie bons à arracher, un cheptel de travail[48] dont le tiers seul est en état convenable, qu'elle relève aussi que 'le preneur ne pouvait déceler la durée et l'importance des efforts nécessaires à la remise en état du fonds, que cette situation est due au défaut de présentation initial objective de la situation par le bailleur'; qu'elle ajoute que 'les réticences ou les manœuvres du bailleur pour cacher l'importance ou la lenteur de cette remise en état induisaient en erreur le preneur et que si le preneur avait connu la situation réelle, le contrat n'aurait jamais été accepté dans sa forme actuelle et peut-être jamais conclu'; qu'il résulte de ces constatations que Sanchez-Boxa avait passé le bail, au su de son bailleur, en raison de la possibilité d'une mise en rapport rapide de la propriété, et que, par suite, la décision attaquée a pu décider, sans violer les textes visés au moyen, que l'erreur portait sur les qualités substantielles de la chose louée, que le premier juge appelle 'la valeur culturale' et prononcer la nullité du bail;

Par ces motifs, rejette.

---

[45] Dilapidation.   [46] Waste.   [47] Orchard.   [48] Working livestock.

From the note

1. Le droit civil est l'art des nuances; il a horreur des tons tranchés, et le chef-d'œuvre de ses camaïeux est la théorie des vices du consentement; ses couleurs sont mêlées, son dessin imprécis; tous les passages s'y font insensibles: d'un vice à l'autre, du vice du consentement au vice rédhibitoire, du vice du consentement à l'absence de consentement, à l'illicite, à la théorie de la cause ou à celle de l'incapacité.

Dans sa solution, son espèce et ses motifs, l'arrêt commenté est une belle image de cet impressionnisme juridique. Sans doute, en elle-même, la solution est nette; mais il peut en être autrement: de son essence, le jugement est précision catégorique. La subtilité naît des rapprochements: il est ici décidé que le preneur d'une ferme ignorant son état de friche commet une erreur substantielle, tandis qu'il est ailleurs jugé qu'est indifférente l'erreur sur la quantité de gibier dans le bail de chasse; ce qui veut dire qu'on ne cultive que pour faire valoir, tandis qu'on chasse pour le seul plaisir; est-il bien sûr que la vie rurale connaisse une répartition aussi absolue de l'utilitarisme et de l'hédonisme?

L'espèce prêtait aux hésitations: il n'est qu'à voir celles du preneur dont les prétentions sont marginales à plusieurs catégories juridiques; il a balancé entre une demande de nullité pour erreur et une demande en réduction pour vices rédhibitoires, et si, finalement, il s'est rallié à la première, c'est pour lui conserver certaines physionomies de la seconde en soulignant la clandestinité de la friche; le rattachement à d'autres vices est également sous-jacent: au dol résultant des réticences et des manœuvres du bailleur, à la lésion qui se traduit par une insuffisance de valeur culturale, à la cause puisqu'il est argué que les parties avaient fait de la mise en rapport rapide de la propriété une condition de leur engagement. Des motifs de l'arrêt de la Cour de cassation traduisent ces hésitations, lorsqu'ils reproduisent ceux des juges du fond: l'erreur ne semble pas déterminante puisqu'il n'y a qu'un 'peut-être' dans l'influence qu'elle a exercée sur la conclusion du contrat; l'erreur sur la valeur culturale est assimilée entre guillemets à l'erreur sur la qualité substantielle.

Si la Cour de cassation joint à son motif de l'erreur le recours à d'autres concepts, ce n'est peut-être pas parce que l'erreur ne lui paraissait pas suffisante; son attitude dépasse le cas d'espèce car il semble bien que l'erreur à l'état pur n'existe pas comme vice du consentement, qu'elle ne l'est que s'il s'y joint des éléments immoraux de dol ou d'exploitation. Mais il n'en reste pas moins que seule la théorie de l'erreur pouvait donner satisfaction au demandeur.

1. *Erreur, réticence et vice rédhibitoire.* Au premier abord, il peut sembler que le preneur eût eu plus de facilités à fonder sa demande sur d'autres chefs que celui de l'erreur, en choisissant soit la voie du dol, soit celle du vice rédhibitoire.

1° *Réticence* : En relevant les réticences et les manœuvres du défendeur la Cour de cassation semble décrire les éléments constitutifs du dol qui, de l'avis général, permet plus facilement que l'erreur la critique du contrat. Mais en l'espèce, il n'en est pas ainsi. Tant par sa cause que par son objet, cette réticence n'est pas un vice du consentement. D'une part, mettre à la charge du bailleur une obligation de renseignements ne retire pas au preneur le devoir de bien regarder et de rechercher les inconvénients naturels de la chose.

. . . il n'est pas sûr que le devoir du premier soit plus étendu que celui du second. D'autre part, cette réticence n'est pas un dol, bien qu'elle soit la source d'une erreur sur la substance. La réticence, en effet, n'est un dol que si elle porte sur un élément essentiel du contrat, tandis qu'il suffit à l'erreur pour être un vice du consentement de tomber sur une qualité substantielle ; les philosophes avaient souligné les disjonctions entre l'essence et la substance ; la jurisprudence en donne un témoignage : la réticence sur le prix est une cause de nullité, alors que l'erreur sur le prix est indifférente ; en revanche, la qualité culturale de la chose peut être substantielle, mais elle n'est pas un élément du contrat dont la réticence puisse être stigmatisée.

2° *Vice rédhibitoire* : La route du vice rédhibitoire sembla tenter davantage le demandeur puisque ce fut elle qu'il choisit en première instance. Le fait pour une ferme d'être impropre à la culture semble bien l'hypothèse-type du vice rédhibitoire : l'usage d'une ferme est d'être exploitée et non d'être défrichée. Mais un élément interdit d'utiliser la ressource de l'art 1721 c. civ. : un état de friche est apparent ou, pour le moins, notoire ; il appartient au preneur d'examiner la terre avant de la louer et de se renseigner sur elle. Aussi les friches, vices rédhibitoires, ne sont-elles que cas d'école : les Romains citaient la vénénosité de l'herbe, nos pères les inondations occultes ; nous qui sommes en mal de progrès, y ajouterons peut-être les vices de chimie organique qui ne se révèlent pas au premier coup d'œil paysan.

En l'espèce la friche était apparente: un cultivateur ne peut pas ne pas voir le délabrement d'une terre ou les manquants d'une vigne. Ainsi ce n'est pas l'ignorance de la friche qui vicie le contrat, mais l'erreur sur la possibilité de défrichage que la Cour qualifie d'erreur sur la valeur culturale, empruntant alors le chemin épineux de l'erreur sur la valeur.

2. *Erreur sur la valeur et erreur substantielle.* Qualifiant d'erreur sur les qualités substantielles l'erreur sur la valeur culturale, l'arrêt rapporté incite l'interprète à se demander si ce rapprochement entre la substance et la valeur est simplement labial ou s'il annonce un sensationnel élargissement de l'erreur sur la substance.

Car jusqu'ici le dernier obstacle à la relativité complète de cette notion semblait sans faille: le rare principe unanimement admis en matière d'erreur était l'indifférence de l'erreur sur la valeur puisqu'elle se confond avec la lésion. Admettre la critique d'un bail pour motif d'erreur sur la valeur, si importante soit-elle, ce serait par un tour le rescinder pour cause de lésion, ce qui, de jurisprudence constante, est prohibé.

Sans doute, dans les questions d'ordre public, la jurisprudence sanctionne-t-elle aujourd'hui l'erreur sur la valeur (A); sans doute, la doctrine souligne-t-elle le lien constant qui unit l'erreur substantielle et la lésion (B). Mais techniquement, le dogme est vivant car il recouvre une grande vérité économique

A. *Erreur sur la valeur et ordre public*: Le principe de l'indifférence aux vices du consentement de l'erreur sur la valeur se trouve altéré par l'intervention de l'ordre public; les conséquences juridiques, pratiques et politiques de l'ordre public érigent l'erreur sur l'estimation monétaire de la chose en une erreur quasi-substantielle. . . .

B. *Erreur sur la valeur et lésion*: Cette admission de l'erreur sur la valeur dans les matières d'ordre public s'effectue selon les mêmes traits, les mêmes réticences et la même sanction que la lésion. Dans les deux cas, le principe est identique: la lésion n'autorise l'intervention judiciaire que lorsque la loi confère à une chose une protection particulière, de même que l'erreur sur la valeur ne joue que si l'ordre public est directement intéressé. Comme celui de la lésion, le domaine de cette erreur sur la valeur est exceptionnel; non seulement les contrats aléatoires sont aussi indifférents à l'erreur qu'à la lésion puisqu'ils ne sont pas fondés sur la recherche d'une valeur établie mais sur celle d'un risque, mais surtout l'erreur sur la valeur n'est sanctionnée que si elle influe directement sur la valeur monétaire; c'est elle seule que contrôle un ordre public s'exprimant en chiffres et non en goûts; la valeur subjective est aussi indifférente à l'erreur que l'est la valeur de convenance à la lésion. Ainsi il vaut mieux, pour l'erreur sur la valeur, raisonner en termes de lésion qu'en termes d'erreur substantielle: car on est dans un ordre quantitatif et non qualitatif: la preuve en est que la sanction qui va la frapper n'est pas la nullité, sanction normale des vices du consentement, mais le redressement du contrat, de même que la fin naturelle de la lésion est le payement du supplément du juste prix (art. 1681 c. civ.).

. . .

Le rapprochement que l'arrêt rapporté établit entre la théorie de l'erreur et celle de la cause s'inscrit dans l'évolution générale de notre droit contractuel; le lien entre les art. 1110 et 1131 C. civ. avait déjà été célébré avec éclat (Célice, L'erreur dans les contrats, thèse, Paris, 1922); les élargissements de l'erreur sont de nouveaux signes de la dépendance croissante des vices du consentement à la théorie de la cause. Pour le Code Napoléon, les vices du consentement sont une partie de la théorie du consentement; la nullité qu'ils font naître est une marque de respect envers la volonté individuelle. Il ne nous suffit plus que le contrat soit volontaire, nous le voulons juste, car nous le concevons comme un instrument et non comme une fin en soi; le vice du consentement devient un moyen de contrôle, au même titre que la théorie de la cause. La justice que le contrat doit poursuivre est commutative et non distributive, la cause qu'il doit avoir est la connaissance de la valeur d'usage; elle est d'un ordre psychologique et matériel, elle est apathique à des préoccupations économiques. Dans les pays libéraux, la valeur d'usage, expression d'une justice distributive, reste en dehors du contrôle contractuel, sauf stipulations contraires ou la défense de l'illicite.

Cass. req. 17.1.1911

(Bergeron *C.* Baldasserre)

S. 1912.1.518

LA COUR; — Sur le premier moyen, pris de la violation de l'art. 1er de la loi du 9 avril 1898, des art. 1110 et 1116, C. civ., et 7 de la loi du 20 avril 1810 (en ce que l'arrêt attaqué a appliqué le principe du risque professionnel à l'occasion d'un contrat de louage qui devait être nécessairement soumis, pour sa validité, aux conditions essentielles des autres contrats, alors que l'accident avait été occasionné à un ouvrier, qui, au moment de l'embauchage, avait induit le patron en erreur sur son identité, en lui présentant des pièces s'appliquant à une autre personne, dont il avait pris le nom): — Attendu qu'il ressort de l'arrêt attaqué que, si Baldasserre a induit en erreur son patron sur son identité, lorsqu'il a été embauché comme manœuvre par celui-ci sur son chantier de réfection de la voie ferrée entre Bellegarde et le tunnel d'Injous, cette erreur n'a pas été le motif principal et déterminant de la convention; que bien loin qu'il soit évident que, sans la tromperie de cet ouvrier, le patron n'aurait pas contracté, il y a lieu de penser au contraire, que, si Baldasserre avait produit ses propres pièces, qu'il n'avait pas en sa possession, à la place de celles d'un tiers, il aurait été agréé sans difficulté; — Attendu qu'en se refusant, dans ces circonstances, souverainement appréciées par elle, à prononcer l'annulation du contrat de louage d'ouvrage intervenu entre les parties, la Cour d'appel de Lyon, dont la décision est motivée, n'a violé aucun des articles de loi visés au moyen;

Sur le deuxième moyen: . . . (sans intérêt); — Rejette.

NOTES

1. Compare: 'The rule of law is clear, that if you propose to make a contract with A, then B cannot substitute himself for A without your consent.'[49]

2. Did the employer, in fact, *consent* to that contract?

Cass. civ. 20.3.1963
(Liebaert *C.* de La Croix Laval et Admin. des Domaines)

D. 1963.403

LA COUR; — Sur le moyen unique: — Attendu que suivant acte sous seing privé du 10 sept. 1957, de La Croix Laval a vendu à Liebaert, pour le prix de 47 000 000 AF le château de Noailles et le domaine de l'Escure; que sur l'action du vendeur, la cour d'appel a, par l'arrêt infirmatif attaqué (Paris, 10 févr. 1961), annulé la vente, au motif qu'en traitant avec Liebaert, qui avait été condamné par arrêt de la

---

[49] *Boulton* v. *Jones* (1857) 27 L.J. Ex. 117 per Pollock C.B. at 118.

Cour de justice à confiscation de ses biens présents et à venir et dont le patrimoine avait été placé sous le séquestre des Domaines, de La Croix Laval avait été victime d'une erreur qui avait vicié son consentement; — Attendu que le pourvoi fait grief à la cour d'appel d'avoir ainsi statué, alors que l'erreur d'appréciation sur la solvabilité d'un acheteur ne saurait être assimilée à un vice du consentement de nature à frapper le contrat de nullité; — Mais attendu que si l'erreur sur la personne du cocontractant n'est pas en principe une cause de nullité, il peut en être autrement lorsque la considération de cette personne a été la cause principale de la convention; que la cour d'appel a usé à cet égard de son pouvoir souverain d'appréciation lorsqu'après avoir relevé qu' 'en vendant pour l'importante somme de 47 000 000 AF un château et un domaine, de La Croix Laval [n'avait] voulu traiter qu'avec un acheteur libre de ses droits, juridiquement capable de s'acquitter de ce prix par un payement opposable à tous', elle a conclu que le vendeur avait été victime d'une erreur viciant son consentement; qu'ainsi le moyen n'est pas fondé;

Par ces motifs, rejette.

Cass. civ. 25.7.1900
(Bernheim jeune *C.* Vve Tardif)

S. 1902.1.317

LA COUR; — Vu les art. 1110 et 1644, C. civ.:

Attendu qu'il résulte des constatations de l'arrêt attaqué que la Vve Tardif a vendu au sieur Bernheim, moyennant le prix global de 30 000 fr., sept tableaux qu'elle garantissait être des œuvres de Corot 'authentiques, pures et sans retouches'; que, des doutes s'étant élévés sur l'authenticité d'une de ces peintures, intitulée La Moisson, l'acheteur a poursuivi en justice l'annulation partielle du contrat, réclamant le remboursement du septième du prix par lui payé, soit une somme de 4 285 fr., contre restitution de la toile litigieuse;

Attendu qu'une expertise ayant établi que le tableau contesté n'était point de Corot, et qu'il avait simplement été retouché par ce maître, la Cour de Paris a décidé que l'acheteur était en droit d'offrir la restitution de la toile et d'en réclamer le prix; mais qu'au lieu d'allouer au demandeur en cassation la somme par lui reclamée, ou de rechercher quelle était exactement dans le prix total, la part afférente au tableau La Moisson, et d'ordonner la restitution de cette part, les juges du fond ont condamné la Vve Tardif à payer seulement à l'acheteur une somme de 2 000 fr., représentant, d'après les experts, la valeur marchande du tableau reconnu non authentique; qu'ils ont fondé cette décision, non point sur ce qu'une ventilation du prix global eût été impossible, mais uniquement sur ce que Bernheim, connaisseur éclairé, aurait commis une imprudence en se rapportant à la seule garantie de la venderesse, et en ne se livrant pas à un examen attentif du tableau, qui lui eût sans doute révélé son caractère suspect, et sur ce que, dès lors, il y avait eu faute commune des parties;

Mais attendu qu'un semblable motif, qui aurait pu être pris en considération dans une demande en dommages-intérêts, était absolument inopérant pour justifier la réduction d'un prix de vente, restituable en vertu de la résolution du contrat prononcé pour cause d'erreur substantielle;

D'où il suit qu'en statuant comme elle l'a fait, la Cour de Paris n'a pas donné de base légale à sa décision, et a violé les textes de lois sus-énoncés;

Casse, etc.

From Rodière, *Travaux pratiques* (1961)[50]

Reconnaissant que le consentement de l'acheteur avait été vicié par son erreur, la cour de Paris avait refusé d'en tirer la conséquence réclamée par cet acheteur. Il demandait que la venderesse reprît sa toile et lui restituât la partie du prix qui y correspondait. L'arrêt s'était borné à condamner la venderesse à lui rendre une certaine somme, représentant, à dire d'experts, la différence entre le prix payé et la valeur marchande de la toile. Il appuyait cette solution sur la faute qu'un acheteur aussi averti que le sieur Bernheim, même jeune, avait commise en achetant le tableau sans un examen attentif.

La Cour de cassation a condamné cette solution: que des fautes aient été commises de part et d'autre peut conduire à modérer le chiffre de la condamnation dans une demande en dommages-intérêts. Mais cette considération ne pouvait pas justifier la réduction du prix de vente. Pourquoi? C'est ici qu'est le motif important de notre arrêt, le motif par lequel il marque la règle de droit violée par la Cour de Paris: parce que ce prix était 'restituable *en vertu de la résolution du contrat* prononcée pour cause d'erreur substantielle'. C'est l'argument décisif: l'erreur vicie le consentement et, quand elle réunit certaines

50 B. 32, p. 48.

conditions, rend le contrat nul. La nullité opère à la manière d'une résolution. Les parties doivent être replacées, dans l'état où elles se trouvaient avant le contrat. La venderesse devait donc reprendre sa chose et restituer le prix correspondant. C'était une conséquence *logique* de la nullité.

. . .

NOTES

1. Was the Court of Appeal's order an attempt to set the contract aside on terms?[51]

2. The power to make an order as if the parties had not made a mistake but had still contracted is a useful one. Why does the *Cour de cassation* decline it?

B. *Dol*

C. civ. art. 1108, 1109, 1116, 1117

Cass. civ. 30.5.1927
(Hillairet *C.* Dme Bouvier)

S. 1928.1.105 note A. Breton   Gaz. Pal. 1927.2.338

LA COUR; — Sur le premier moyen: — Vu l'art. 1116, C. civ., lequel est ainsi conçu: 'Le dol est une cause de nullité de la convention lorsque les manœuvres pratiquées par l'une des parties sont telles, qu'il est évident que, sans ces manœuvres, l'autre partie n'aurait pas contracté';

Attendu que, si les juges du fond sont souverains pour apprécier la pertinence et la gravité des faits allégués comme constitutifs du dol et, en particulier, pour dire s'ils ont été la cause déterminante du contrat, il appartient à la Cour de cassation d'exercer son contrôle sur le caractère légal de ces faits, c'est-à-dire sur la question de savoir si les moyens employés par l'une des parties doivent ou non être qualifiés de manœuvres illicites; —

Attendu que, par acte notarié du 24 avril 1923, la dame Bouvier, femme divorcée de Hillairet, a cédé à celui-ci, au prix de 55 000 fr. et moyennant divers avantages qui élèvent la valeur totale de la cession à 74 500 fr., tous ses droits dans la communauté ayant existé entre eux, et notamment sa part de propriété sur divers immeubles sis à

[51] See *Solle* v. *Butcher* [1950] 1 K.B. 671 (C.A.).

Hanoi; que, le 27 juin 1923, Hillairet a vendu ces immeubles pour la somme de 36 000 piastres, soit 298 800 fr. au cours du change à cette date; —

Attendu que, sur l'action de la dame Bouvier, l'arrêt attaqué a prononcé, pour cause de dol, l'annulation du contrat; qu'il déclare que Hillairet savait qu'il lui serait facile de revendre les immeubles à un prix inférieur à leur valeur réelle, mais en réalisant un profit considérable par suite de la prime dont bénéficiait la piastre; qu'en dissimulant, non pas, il est vrai, le cours de cette monnaie qui était connu de tous, mais l'imminence de la vente qu'il préparait en secret, il a déterminé le consentement de la dame Bouvier à une opération qu'elle aurait jugée désavantageuse si elle avait connu la véritable situation; que l'arrêt en déduit qu'une réticence aussi grave constitue une manœuvre suffisante pour faire annuler le contrat; —

Mais attendu que le seul fait de n'avoir pas fait connaître à la dame Bouvier qu'il se proposait de revendre les immeubles, qu'il était même en pourparlers avec des acheteurs éventuels, et qu'il espérait, à raison du change, tirer un bénéfice de cette opération, ne suffit pas, sans autre circonstance, à établir à la charge de Hillairet une manœuvre illicite, constitutive de dol; —

D'où il suit que l'arrêt attaqué n'a pas légalement justifié sa décision, et a violé, par voie de conséquence, le texte susvisé; —

Sans qu'il y ait lieu de statuer sur le second moyen; — Casse . . .

From the note

Le fait même de la cassation suffit à rendre cette décision remarquable. C'est chose tout à fait exceptionnelle que le succès d'un pourvoi fondé sur une violation ou fausse application de l'art. 1116, en tant que ce texte détermine la notion du dol . . .

L'une des parties avait gardé le silence sur un fait ignoré de sa contre-partie et tel que celle-ci n'eût pas contracté, si elle l'avait connu. Il y avait donc réticence. Mais pourquoi la Cour suprême a-t-elle cassé?

Est-ce parce qu'il lui semblait qu'en l'hypothèse la réticence n'était pas illicite? Si ce point de vue est exact, la Cour suprême n'a fait qu'user d'un droit de contrôle que nous lui reconnaissons et sur l'exercice duquel nous n'insisterons pas.

Mais nous croyons qu'une autre interprétation du motif . . . a bien plus de chances de correspondre à la pensée de ceux qui l'ont rédigée: la Cour de cassation a entendu proclamer qu'une simple réticence ne peut être, à elle seule, une manœuvre illicite constitutive de dol.

Examinons donc, comme étant celle de la Cour de cassation, l'opinion qui refuse de voir dans la réticence un fait suffisant à lui seul à constituer le dol . . .

Pour le faire en connaissance de cause, envisageons successivement les éléments constitutifs du dol et recherchons si, dans le cas de la réticence, chacun d'eux peut se trouver réalisé.

Constituant l'un des moyens techniques qui servent à sanctionner le vice psychologique d'erreur dans la mesure où le permettent les nécessités du commerce juridique, le dol suppose, de l'aveu unanime, la réunion de trois éléments:

(1) Une volonté a été déterminée par une erreur à la passation d'un acte juridique;

(2) Cette erreur a été provoquée intentionnellement par les manœuvres d'un individu; si l'acte critiqué est une convention, cet individu doit être nécessairement l'une des parties;

(3) Les manœuvres auxquelles cet individu a eu recours pour provoquer l'erreur, sont des manœuvres illicites ou immorales.

La réalisation de l'une quelconque de ces conditions est-elle incompatible avec l'existence d'une réticence?

Il n'en est certainement pas ainsi de la première d'entre elles, qui ne fait que constater la nécessité du vice psychologique d'erreur. La seule personne envisagée est la prétendue victime du dol; l'attitude de l'auteur prétendu n'est pas encore en question.

En ce qui touche le troisième élément du dol, il est pareillement certain qu'il ne peut fournir la justification de la thèse de la Cour suprême.

Il la fournirait s'il était vrai que seul un fait positif peut être illicite et que celui de garder le silence ne peut jamais avoir aucune couleur morale.

Mais cette proposition est inexacte. Il est fréquent, sans doute, qu'une abstention, telle qu'une réticence, soit un fait moralement indifférent. Il n'en est pas toujours ainsi. Comme le dit très justement M. Ripert 'ce qui est vrai, c'est que, dans la plupart des contrats, il y a opposition d'intérêts entre les contractants. Chacun est le gardien de ses propres intérêts et doit par conséquent se renseigner lui-même. Il n'y a donc rien de coupable à ne pas donner à l'autre partie des indications qu'elle aurait pu se procurer elle-même. Mais la solution change et la réticence devient coupable si l'une des parties a l'obligation de conscience de parler sous peine d'abuser de l'ignorance de l'autre.'[52]

La seule qui suppose une difficulté sérieuse est donc la seconde condition du dol: le dol suppose une erreur provoquée intentionnellement par les manœuvres d'un individu.

Pourquoi la réticence serait-elle insuffisante quant à cet élément du dol? Ce serait ou bien parce qu'une réticence est insusceptible de provoquer une erreur, ou bien parce qu'une réticence ne peut constituer une manœvre. Examinons l'une et l'autre proposition.

On soutiendra sans peine qu'une réticence, c'est-à-dire une abstention, est insusceptible de provoquer une erreur. Un fait négatif ne saurait être la cause d'un événement quelconque. L'idée de cause est celle d'efficacité et ce qui n'existe pas, l'absence d'action, est nécessairement dépourvu de toute efficacité.

Il nous paraît que c'est abuser de l'abstraction. Le fait négatif n'existe jamais indépendamment de tout autre fait. L'abstention dont il s'agit n'est pas une abstraction: c'est l'abstention d'un individu qui se trouve dans certaines circonstances données. S'il ne s'était pas abstenu, les choses se fussent passées autrement qu'elles ne se sont passées. Cet individu le savait: n'en est-ce pas assez pour qu'on puisse parler de causalité, lorsque la conséquence n'est qu'un fait psychologique, la naissance d'une erreur dans l'esprit d'un individu?...

Faut-il alors décider que la réticence ne peut suffire à constituer une manœuvre et qu'à cause de cela, de droit commun, elle ne peut servir de base au dol? Tel est le dernier point qui nous reste à examiner.

Pour statuer sur ce point, il faut prendre parti sur ce qu'est la manœuvre dans la notion de dol. Le législateur a-t-il entendu, dans l'art. 1116, donner au terme 'manœuvre' un sens défini, a-t-il mentionné ce terme en vue d'exiger un fait positif d'une certaine gravité? Ne l'a-t-il pas employé, au contraire, à cause de la largeur et de l'imprécision de sa signification pour désigner tout moyen quelconque de déterminer une erreur dans l'esprit d'une personne? Ce qui compterait alors ici, ce seraient l'intention dolosive et l'excitation de l'erreur, et non la nature du procédé de tromperie utilisé.

Nous croyons que cette seconde façon de voir est la seule exacte ...

C'est donc à tort que la Cour suprême a décidé que la simple réticence ne peut servir de base au dol: la réticence peut constituer à elle seule un dol, lorsqu'elle est immorale et intentionnelle et qu'elle

[52] Ripert, *La règle morale dans les obligations civiles*, B. 13, no. 48.

a déterminé une personne à passer un acte juridique, en excitant une erreur dans l'esprit de cette personne.

NOTE

1. Both case-law and *doctrine* agree that the *Cour de cassation* can control the classification of *manœuvres* as illicit or not. Does the Code require the *manœuvres* to be illicit?

Cass. civ. 17.2.1874
(Walter C. Dubois)

S. 1874.1.248

Le 19 févr. 1869, le sieur Dubois a acheté une jument du sieur Walter, marchand de chevaux, au prix de 6 500 fr.

Le 6 avril suivant, il a assigné son vendeur en résiliation de la vente, prétendant que l'animal avait l'habitude de ruer et que ce vice lui avait été frauduleusement dissimulé.

Un jugement du tribunal civil de la Seine du 11 août 1871 a prononcé la nullité de la vente.

APPEL; mais, le 16 déc. 1872, arrêt de la Cour de Paris qui confirme dans les termes suivants: 'Considérant qu'il est établi au procès que la jument dont il s'agit avait un défaut nettement caractérisé et des instincts dangereux; —

Considérant que Walter ne pouvait pas l'ignorer, et ne l'ignorait pas; — Considérant qu'au lieu de révéler cet état de choses à Dubois, son acheteur, il l'a dissimulé avec soin; — Considérant qu'en pareil cas, la dissimulation constitue à elle seule un dol positif et direct qui vicie le contrat et doit en entraîner la nullité; — Adoptant, au surplus, les motifs des premiers juges, etc.'

Pourvoi en cassation par le sieur Walter.

Moyen unique. Violation des art. 1116, 1642, C. civ. et 1er de la loi du 20 mai 1838. — L'art. 1116, a-t-on dit, exige pour reconnaître le dol des manœuvres pratiquées par l'une des parties; il faut donc un fait actif; et la dissimulation, c'est-à-dire, une abstention pure et simple, ne saurait être considérée comme une manœuvre dolosive sans violation du texte de la loi aussi bien que de son esprit. L'acheteur a pu être dans l'erreur, mais cette erreur, n'étant pas le résultat d'un dol, ne pourrait entraîner la nullité du contrat, aux termes de l'art. 1110 C. civ., que si elle portait sur la substance de la chose; or, l'erreur de M. Dubois ne porte que sur les qualités de la chose.

LA COUR; — Sur le moyen unique du pourvoi: — Attendu que l'arrêt attaqué ne se borne pas à établir à la charge de Walter une simple réticence qui serait par elle-même insuffisante pour constituer un dol; — mais qu'appréciant les divers éléments et circonstances de la cause, il constate d'abord qu'il a vu dans les écuries à différentes reprises la jument vendue par lui à Dubois, que, l'ayant déjà vendue deux fois, il ne pouvait pas ignorer et n'ignorait pas, en effet, le vice dont elle était atteinte, qu'il qualifie enfin de manœuvres dolosives le fait par Walter d'avoir, dans ces circonstances, dissimulé avec soin à son acheteur l'existence de ce vice; — Qu'en prononçant, en conséquence, la nullité du marché pour cause de dol, ledit arrêt n'a point violé l'art. 1116, C. civ; — Rejette, etc.

NOTE

1. The *pourvoi* raises precisely the question whether silence can constitute *dol*. Does the *Cour de cassation* decide it?

Colmar 30.1.1970
(Lang *C.* Dame veuve Blum)

D.S. 1970.297 note Alfandari   Gaz. Pal. 1970.1.174

LA COUR; — Vu l'art. 1116 C. civ. . . . Attendu que le code n'a pas défini le dol, mais seulement ses effets; qu'il vise 'des manœuvres' sans spécifier leur consistance; que tous les agissements malhonnêtes tendant à surprendre une personne en vue de lui faire souscrire un engagement, qu'elle n'aurait pas pris si on n'avait pas usé de la sorte envers elle, peuvent être qualifiés de manœuvres dolosives; — Attendu que le droit romain 'tenait pour dol toute manœuvre malhonnête destinée à circonvenir une personne pour obtenir d'elle un consentement' (*Digeste* iv. 3, *De dolo*, 1. 2).

Attendu que Gaudemet qui cite ce texte (Théorie générale des obligations, p. 70) fait connaître implicitement que cette définition est encore valable; que, selon l'analyse que fait cet auteur de la jurisprudence, le critérium du dol est la malhonnêteté qui inspire les manœuvres et non la tromperie; qu'il en ressort que la personne victime d'un dol n'est pas nécessairement trompée, la notion de dol 'débordant l'erreur et la violence'; — Attendu que 'les juges tiennent compte, comme pour la violence, de la situation personnelle de chacune des parties' et spécialement de celle qui se prétend victime d'un dol (Code civil annoté de Fuzier-Hermann sous l'art. 1116, n° 17); que l'incapacité de cette personne à défendre ses intérêts en raison de son âge doit être considérée (ibid.); que le fait de 'chambrer' une personne âgée peut être regardé comme une manœuvre dolosive; que la longueur exceptionnelle de la discussion qui s'est déroulée avant la passation de l'acte est, s'il s'agit d'un acte simple, une circonstance à retenir parce qu'elle laisse supposer une résistance qui a fini par fléchir en raison de la lassitude; — Attendu que les manœuvres dolosives doivent être prouvées mais que le dol fait exception à toutes les règles sur la preuve: Cass. 21 février 1872 (S. 1872.1.367) et note magistrale du Premier Président Mimin sous Civ. 14 févr. 1938 (D.P. 1938.1.84).

Attendu que la preuve du dol peut être rapportée 'outre et contre les termes d'un écrit, s'agirait-il d'un acte authentique'; que si le dol doit être prouvé par celui qui l'invoque, cette preuve peut être faite par tous moyens, même par présomptions: Req. 21 oct. 1885, S. 1886.1.173; Demogue, *Traité des obligations*, t. 1er, n° 372, nombreuses références.

Attendu qu'il ressort du dossier: que l'acte de donation a été passé dans les conditions les plus suspectes; que dame Blum avait été manifestement 'chambrée'; que la longueur des discussions, alors que l'acte était simple, trahit un grave conflit entre les parties; que l'heure tardive à laquelle l'acte fut passé, heure tout à fait inhabituelle, fait présumer que dame Blum a fini par céder par lassitude; que le refus de Me Maurer de passer l'acte souligne la nature suspecte de l'opération; que l'intervention *in extremis* d'un notaire résidant hors de Colmar et qui ignorait tout de l'affaire est également suspecte; — Attendu que des nombreuses offres de preuve présentées par les appelants, aucune n'est pertinente parce qu'elles se rapportent toutes aux démêlées survenus entre Claude Keller et Jacques Lang avant l'acte du 25 janvier ou à l'éviction dont Jacques Lang a été l'objet par la suite; que ces faits, seraient-ils prouvés, ne prévaudraient pas contre la preuve rapportée des manœuvres dolosives qui ont été employées, et qui justifient l'annulation de l'acte; qu'il y a donc lieu de rejeter l'appel en ce qui concerne la partie du jugement statuant sur la demande de veuve Blum; . . .

Par ces motifs, et ceux non contraires des premiers juges, la cour déclare l'appel régulier en la forme et recevable; au fond: le rejette; confirme purement et simplement le jugement querellé; condamne les appelants en tous les dépens de l'instance d'appel.

From the note

Une femme de 75 ans fait, le 25 janv. 1969, un acte par lequel elle cède à sa fille et à son gendre des actions nominatives dans une société familiale. Le présent arrêt ne nous parle que d'une donation, mais, selon l'annotateur de l'arrêt à la *Gazette du Palais* (21–24 mars 1970), il s'agissait d'une opération plus complexe: donation pour la fille, l'acte était pour le gendre une 'cession à titre onéreux, mais à prix modique, payable sans intérêt et par mensualités'.

Grâce à ce transfert, la fille et le gendre avaient désormais la majorité au sein de la société, au détriment du fils, dont l'annotateur nous dit encore qu'il était doublement victime de l'opération: il avait en effet, le 24 janvier, fait l'objet d'une donation de 24 actions, donation précisément révoquée, faute d'acceptation, dans l'acte opéré le lendemain.

Il y avait donc, derrière ce conflit d'associés, un sombre conflit familial, et on est bien loin du 'jus fraternitatis' qui devrait régner dans les sociétés familiales.

Toujours est-il que, ayant cédé à l'insistance de sa fille et de son gendre, la vieille dame, poussée sans doute cette fois par son fils, demande l'annulation de l'acte du 25 janvier.

NOTES

1. Compare the judgment of a *Cour d'appel* both in length and in treatment of authorities with the austerity of the *Cour de cassation*.

2. Could the appellant's conduct be classified as *violence*?

C. *Violence*

C. civ. art. 1108, 1109, 1111–15, 1117

Cass. req. 27.4.1887
(Lebret C. Fleischer)

S. 1887.1.372   D. 1888.1.263

Le 22 sept. 1886, le sieur Fleischer, capitaine du vapeur Rolf, voyant son navire engagé dans les sables de la baie de Seine, et sur le point de se perdre avec sa cargaison, dut accepter le prix de 18 000 fr., auquel le capitaine d'un remorqueur fixait la valeur du sauvetage, et n'échappa à une perte totale qu'en promettant de lui payer cette somme en échange de ses services. Mais, poursuivi plus tard en payement de ce prix, Fleischer argua de la nullité de la convention viciée, selon lui, par le défaut de liberté de son consentement. Le 13 oct. 1886, le tribunal de commerce de Rouen accueillit ce système et condamna Fleischer à payer à Lebret armateur, une somme de 4 190 fr. seulement pour indemnité de remorquage.

Sur l'appel du sieur Lebret, la cour de Rouen a, le 10 déc. 1886, confirmé ce jugement dans les termes suivants:

Attendu que, lorsqu'a été conclue la convention objet du procès, Fleischer, capitaine du Rolf, ne pouvait douter qu'à la marée suivante, son navire engagé dans les sables allait être, à moins d'un prompt secours, fatalement submergé et perdu, que son unique chance de salut était d'être renfloué par Delamer commandant du remorqueur l'Abeille, n. 9, qui, seul, avait répondu à ses signaux et lui offrait ses services; — Attendu qu'en réclamant à l'avance comme prix de sauvetage et de remorquage le vingtième de la valeur du navire et de son chargement, soit 18 000 fr. environ, Delamer a abusé de la situation désespérée dans laquelle se trouvait le capitaine du Rolf; — Attendu qu'après avoir vainement essayé d'obtenir de lui des conditions moins rigoureuses Fleischer s'est vu contraint et forcé de subir comme une nécessité la convention qui était imposée; que son consentement n'ayant pas été libre, la convention viciée dans son principe n'est pas seulement rescindable mais est annulable pour le tout; qu'elle doit être déclarée nulle et de nul effet; . . .

Attendu que s'il importe d'encourager les sauvetages comme une bonne action, en rémunérant largement, eu égard aux circonstances, ceux qui les ont opérés, il importe néanmoins qu'ils ne puissent devenir un moyen de spéculer sur le péril ou le malheur d'autrui; — Attendu que la somme allouée à Lebret par les premiers juges est suffisante, même en tenant compte de la stipulation aléatoire de non-payement en cas d'insuccès, etc.

Pourvoi en cassation par le sieur Lebret.

LA COUR; — Sur le moyen unique, pris d'un excès de pouvoir, de la violation de l'art. 1134 c. civ., et de la fausse application des art. 1109, 1111 et suiv. du même code: — Attendu qu'aux termes de l'art. 1108 c. civ. le consentement de celui qui s'oblige est une condition essentielle de la validité d'une convention; que lorsque le consentement n'est pas libre, qu'il n'est donné que sous l'empire de la crainte inspirée par un mal considérable et présent, auquel la personne ou la fortune est exposée, le contrat intervenu dans ces circonstances est entaché d'un vice qui le rend annulable; — Attendu que l'arrêt attaqué constate que le capitaine du Rolf n'a souscrit l'engagement litigieux que pour sauver son navire, qui, sans cela, aurait été prochainement et fatalement submergé et perdu, que ce n'est que contraint et forcé, qu'après s'être vainement débattu pour obtenir des conditions moins rigoureuses, il a dû subir comme une nécessité la convention que le capitaine de L'Abeille, n. 9, abusant de sa situation désespérée lui a imposée; qu'en annulant, par suite, cette convention, la cour d'appel n'a ni commis un excès de pouvoir, ni violé, ni faussement appliqué aucun des articles susvisés;

Par ces motifs, rejette.

NOTES

1. This matter is now regulated by statute:
'Loi du 29 avr. 1916; Sur l'assistance et le sauvetage maritimes,' D.P. 1919.4.285.

2. The French court applies the general principle of '*vice du consentement*'. In England it is part of the special rules of Admiralty.

3. C. civ. 1109 vitiates consent '*extorqué par violence*'. Gaultlemet argues from this that 'il faut . . . que l'acte de violence ait eu pour but d'imposer la conclusion du contrat'.[53] Does the Court accept this?

4. In certain situations the common law may reach a similar result by denying that performance of a public duty by the promisee is consideration for the promise.

Cass. req. 27.1.1919
(Vigneron *C.* Dme Glaugetas)

S. 1920.1.198

LA COUR; — Sur le moyen unique du pourvoi, tiré de la violation ou fausse application des art. 1109, 1112, 1116, C. civ., et de la violation de l'art. 7 de la loi du 20 avr. 1810: —

Attendu que les libéralités entre vifs ou testamentaires doivent être l'expression libre de la volonté propre et indépendante de leurs

---

[53] B. 22, p. 68.

auteurs; qu'il appartient aux tribunaux de les annuler, quand le consentement du donateur a été extorqué par violence; —

Attendu qu'il est déclaré en fait par l'arrêt attaqué qu'Antoine Duvoisin, vieillard paralysé, affaibli par la maladie, obligé de garder le lit, abandonné par les membres de sa famille, était à la merci des époux Vigneron, ses métayers, et que la menace faite par ceux-ci de ne pas lui continuer leurs soins, s'il ne consentait pas à leur donner ses biens, était de nature à lui inspirer une telle crainte qu'il lui était impossible d'y résister; que la preuve de la contrainte résulte encore, d'après l'arrêt attaqué, de ce fait qu'Antoine Duvoisin a répondu au notaire rédacteur de l'acte, lui demandant s'il consentait à la donation: 'Il le faut bien'; qu'il est encore déclaré par ledit arrêt que la pression exercée par les époux Vigneron sur la volonté chancelante de leur maître est rendue plus manifeste par la série des actes successifs par lesquels Antoine Duvoisin, pour s'assurer les bons soins de ses métayers, leur a fait des libéralités; —

Attendu qu'en tirant de ces faits souverainement constatés la conséquence que la donation faite par Duvoisin aux époux Vigneron devait être annulée, comme étant le produit, non de la volonté libre du donateur, mais de la violence, la Cour d'appel de Bordeaux n'a nullement violé les articles invoqués par le pourvoi, mais en a fait à la cause une juste application; —

—Rejette, etc.

NOTES

1. Compare '. . . where a gift is immoderate . . . and the giver is a weak man, liable to be imposed on, this Court will look upon such a gift with a very jealous eye'.[54]

2. Were the Vignerons under a duty to look after Duvoisin?

Cass. req. 17.11.1925
(Leroy *C.* Bonaventure)
S. 1926.1.121 note Breton

LA COUR; — Sur le deuxième moyen, pris de la violation des art. 1109, 1111 et 1112, C. civ., 7 de la loi du 20 avril, 1810, par défaut de

---

[54] *Huguenin* v. *Baseley* (1807) 14 Ves. 273 per Sir Samuel Romilly at 287 in an argument based largely on Pothier.

motifs, contradiction de motifs entre eux et le dispositif, défaut de base légale : —

Attendu que le 24 mars, 1921, un accident a été occasionné au camion automobile de Bonaventure par le patin de frein tombé de la voiture fourragère de Leroy; que ce dernier s'est engagé par écrit à payer le coût des réparations que nécessiterait l'état du camion; —

Attendu que l'arrêt ayant, en exécution de cet engagement, condamné Leroy au paiement des réparations effectuées, il lui est fait grief par le pourvoi d'avoir validé l'engagement de Leroy tout en constatant des procédés qui constituaient une violence illégitime de nature à vicier son consentement;—

Mais attendu que, si l'arrêt reconnaît que pour obtenir cet engagement, Bonaventure, assisté d'un huissier, s'est livré à une obsession à l'égard de Leroy, menaçant de lui réclamer un chiffre élevé de dommages-intérêts, il déclare, d'autre part, que Leroy a résisté à ces pressantes instances, et qu'il n'a cédé que parce qu'il a reconnu, au vu des résultats de l'enquête de la gendarmerie, à laquelle il avait a assisté, que sa responsabilité était effectivement engagée; que l'arrêt ajouté que la menace d'un procès n'était pas de nature à effrayer un homme habitué aux affaires comme Leroy, au point de lui faire perdre son libre arbitre, et que, dès lors, il a signé en pleine connaissance de cause la transaction invoquée par Bonaventure; —

Attendu, en l'état de ces déclarations et constatations souveraines, que l'arrêt, qui n'est entaché d'aucune contradiction, n'a pas violé les textes de loi visés au moyen;—

Sur le premier moyen: . . . (sans intérêt); Rejette etc.

From the note

. . .

En droit romain classique, selon une formule célèbre de Gaius, la seule crainte qui permette d'obtenir l'application de l'édit est la crainte 'non vani hominis, sed qui merito et in homine constantissimo cadat'. En un mot, il importe peu que l'auteur de l'acte juridique attaqué ait cédé à la violence qui s'est exercée sur lui; toute la question est de savoir si un individu très courageux y eût résisté. Cette abstraction, l'homme très courageux, est l'étalon qui sert de mesure aux diverses menaces possibles et l'on peut dire, par exemple, classant ces diverses menaces: la menace de la mort est suffisante, à supposer qu'elle soit inéluctable: celle de l'*infamia* ne suffira jamais. Le critère de la distinction est un critère objectif, puisqu'il est pris en dehors de la victime de la violence.

Cette conception objective a dû faire place aujourd'hui à de tout autres idées. Le critère dont on s'inspire est un critère subjectif: peu importe l'*homo constantissimus*: la personne sur qui la violence s'est exercée, avec son caractère, ses qualités et ses faiblesses, a-t-elle cédé à la pression qui s'exerçait sur elle?

Sans doute, le 1er alinéa de l'art. 1112 pourrait bien faire douter de l'exactitude de cette solution, car sa formule ne marque pas un progrès notable sur celle qu'employait Gaius. Mais l'art. 1112 comporte deux alinéas, et le second contredit formellement le premier: — 'On a égard, dit-il, en cette matière à l'âge, au sexe et à la condition des personnes.' Les auteurs s'ingénièrent, au cours du 19e siècle, à trouver le moyen de concilier les deux règles. Deux conciliations eurent cours, celle de Marcadé (Explic. du C. civ., 5e éd., t. 4, n. 411), selon laquelle 'il n'est pas nécessaire . . . que le moyen ait pu faire impression sur une personne raisonnable; il suffit que, d'après les circonstances d'âge, de sexe, d'éducation, de caractère, d'habitudes, etc., de la personne dont il s'agit, ce moyen ait dû raisonnablement faire impression sur elle', et celle, plus ingénieuse, de Colmet de Santerre (Cours anal. de C. civ., t. 5, n. 22 bis), pour lequel le second alinéa énonce le droit commun, appréciation subjective, tandis que le premier contient un maximum: si l'on prétend que j'ai une force d'âme extraordinaire et que je n'ai pas cédé à la violence, je répondrai avec succès qu'une personne raisonnable en eût été émue.

L'une ou l'autre conciliation ne pouvait définitivement triompher; l'opposition des deux alinéas est trop absolue pour n'être pas irréductible. Une option s'impose: elle doit être exercée en faveur du second alinéa et de l'interprétation subjective . . .

. . . Si les diverses juridictions n'ont jamais eu à trancher directement le conflit qui oppose les deux alinéas de l'art. 1112, il n'est pas douteux qu'elles se soient prononcées presque unanimement en faveur de l'appréciation subjective. En effet, lorsque la violence est invoquée devant elles, elles se bornent à rechercher si la personne qui a passé l'acte critiqué a vu ou non sa volonté déterminée par la crainte, sans jamais se préoccuper de ce qu'eût fait en pareilles circonstances une personne raisonnable. C'est ainsi que procèdent les arrêts de la Cour de cassation eux-mêmes dans les cas où ils ne s'en sont pas remis à la souveraineté des juges du fond. Ils relatent une argumentation de cet ordre présentée par les juges du fond, puis la disent bon droit.

Mais cette façon d'agir est plus nette encore dans les décisions des juges du fond . . .

Lorsqu'un tribunal est parvenu à établir que c'est la crainte d'un mal qui a déterminé l'une des parties à passer l'acte dont elle conteste la validité, ce tribunal estime souvent que sa tâche est accomplie et qu'il est en droit de prononcer la nullité pour cause de violence.

Dans certaines matières, cependant, les tribunaux ont senti que l'existence de cette détermination de la volonté ne doit pas suffire, à elle seule, à entraîner la nullité. Ils exigent donc qu'un autre élément s'adjoigne à cette détermination. Cette exigence spéciale apparaît surtout dans deux matières, celle de l'assistance maritime, celle de la menace des voies de droit . . .

. . . L'étude des espèces où la violence se manifeste sous la forme de l'exercice ou de la menace d'exercice des voies de droit conduit à des conclusions analogues, bien qu'un peu plus complexes. Il est fréquent qu'une personne menace une autre personne d'user des voies de droit dont elle peut disposer, soit le plus souvent d'une plainte correctionnelle, soit, comme dans notre espèce, d'un procès civil.

La jurisprudence est d'ailleurs fixée par d'assez nombreux arrêts de la Cour de cassation. . . . Partant de ces arrêts, à la doctrine desquels les juridictions inférieures se soumettent, on peut dire: en principe, les voies de droit ne constituent pas 'une violence illégitime'; il en va pourtant autrement dans deux cas:

1. Si, par des manœuvres artificieuses, l'adversaire a fait des voies de droit de véritables voies de fait;
2. Si l'adversaire a obtenu des avantages exagérés dans une disproportion choquante avec le préjudice par lui subi ou avec les avantages recueillis par l'autre partie . . .

A quoi correspond donc cette exigence supplémentaire? Il est facile de le dire: cet élément, que certains arrêts nomment en parlant de violence illégitime, c'est l'injustice ou immoralité de la violence.

NOTE

1. X, who is extremely susceptible, is constrained to enter into a contract by a trivial threat. If one applies the objective standard of C. civ. art. 1112 al. 1, X will be bound by an obligation to which he did not freely consent.

Y, a man of great fortitude, enters into a contract after threats which did not affect him but would have coerced an ordinary person. If, following the opinion quoted above of Colmet de Santerre, one sets the contract aside, Y escapes an obligation to which he gave free consent. In these situations what attention would the Court give to the contract itself—suppose it were for the sale of a motor car at the market price?

Cass. civ. 3.11.1959
(X... *C.* Y...)

D. 1960.187 note Holleaux

LA COUR; — Sur le moyen unique: — Attendu que dame veuve Y... s'étant, le 15 mars 1947, rendue adjudicataire de la maison qu'elle avait toujours habitée, l'agent d'affaires X... obtint d'elle le surlendemain une renonciation à son acquisition sous forme d'un mandat de déclarer command en sa faveur, et devint ainsi adjudicataire à sa place; qu'il est fait grief à l'arrêt attaqué d'avoir annulé la déclaration de command comme entachée de violence, alors que la Cour d'appel ne justifie pas de l'existence d'une contrainte qui ne saurait résulter de la part de X... de l'indication véridique de la faculté qu'il avait de faire surenchère et que dame Y..., capable et jouissant de ses facultés, avait librement signé un accord avantageux; — Mais attendu que la cour d'appel, qui relève les démarches obstinées de X... auprès de dame Y... et ses menaces réitérées de se porter surenchérisseur, et, une fois adjudicataire, de l'expulser aussitôt si elle ne consentait pas à se désister en sa faveur de l'adjudication contre la promesse de la loger encore pendant deux ans et de lui verser 25 000 F, constate que lors d'une dernière visite, le 17 mars, au domicile de dame Y..., qu'il trouva seule, X... réussit enfin à vaincre sa résistance, et à lui faire signer le document qu'il avait apporté tout préparé, sous la pression de ces mêmes menaces par lesquelles il avait su inspirer à cette femme inexpérimentée 'une crainte assez grave pour lui ôter sa libre volonté et emporter son consentement qu'elle n'eût pas donné sans cela' à un acte qui la dépouillait d'une maison qu'elle n'avait acquise que pour continuer à y vivre; que l'arrêt attaqué énonce d'autre part que si X... avait sans doute la faculté de surenchérir, et au cas où il deviendrait adjudicataire d'engager une procédure d'expulsion, l'existence d'une telle faculté 'ne saurait néanmoins rendre licite la contrainte exercée, puisque X..., dépourvu de tout droit ou titre pouvant justifier sa prétention d'exiger à son profit la signature d'une déclaration de command ou d'un désistement, ne poursuivait pas la satisfaction d'un droit légitime'; qu'en l'état de ces constatations et appréciations souveraines, l'arrêt attaqué, qui est motivé, a légalement justifié sa décision;

Par ces motifs, rejette.

From the note

Il ne suffit pas en effet qu'il y ait eu contrainte et pression sur le consentement pour que la nullité pour violence soit acquise. Encore faut-il que cette violence n'ait pas été légitime. Il peut en effet y avoir des formes licites de contrainte psychologique. Un argument en ce sens est fourni par l'art. 1114 lui-même. Et le principe n'a jamais été sérieusement contesté. La violence, qui, en règle générale, est illicite, peut exceptionnellement cesser de l'être. Elle peut être légitime.

Mais à quoi peut tenir cette licéité? Quand peut-on dire que la violence n'est pas illégitime?

Ici deux aspects du problème doivent être distingués. Il faut soigneusement en effet séparer la licéité quant aux moyens et la licéité quant au but. Pour que la violence soit légitime il faut que moyen *et* but le soient l'un et l'autre.

En ce qui concerne les moyens, il y a nécessairement violence illicite si les moyens employés pour inspirer la crainte et peser sur la volonté du contractant sont en eux-mêmes illicites (menaces de voies de fait, par exemple).

En revanche la violence n'est pas illégitime, *quant aux moyens*, si la contrainte consiste dans la menace de l'exercice de voies de droit et de procédures régulières auxquelles leur auteur a le droit ou la faculté de recourir. Encore que la *manière* d'exercer, ou de menacer d'exercer, une voie de droit en elle-même légitime puisse prendre un aspect illicite, si l'intention d'intimidation devient prépondérante et absorbe en quelque sorte la légitimité intrinsèque de la procédure envisagée.

Dans la présente espèce, la menace de recourir à la faculté de surenchérir et d'user du droit d'expulsion une fois déclaré adjudicataire n'est pas en elle-même illégitime, encore que la façon de présenter à une femme inexpérimentée le succès de la surenchère et la réalisation immédiate de l'expulsion comme inéluctables paraisse déjà assez sujette à caution.

Mais en tous cas, sur le plan du but poursuivi, l'illicéité de la contrainte exercée était, en l'occurrence, certaine. On doit en effet poser en principe qu'une contrainte est illégitime quant à son but, dès lors que — même par la menace ou l'exercice de moyens que nous supposons en eux-mêmes licites ou indifférents — elle ne tend pas à l'obtention d'un résultat auquel l'auteur de la contrainte a un droit certain. On peut citer comme exemple typique d'une violence licite, la menace d'employer les voies légales pour contraindre un débiteur à exécuter ses engagements. Mais si l'objet poursuivi est *autre* que la satisfaction directe d'un droit appartenant à l'auteur de la violence, celle-ci ne peut avoir le caractère légitime. Elle est illicite *par le but poursuivi.* Un exemple caractéristique en est la violence exercée sur les proches de l'auteur responsable d'un dommage par la menace de voies de droit contre ce responsable, afin de contraindre les proches à assumer *eux-mêmes* l'indemnisation du dommage. En pareil cas les moyens sont, par hypothèse, licites, et la victime du dommage a bien droit à une réparation, — *mais elle n'a pas droit à une réparation de la part des proches* de l'auteur du préjudice. L'objet recherché ne correspond pas à la finalité normale du droit subjectif en question. Il y a *abus de droit.*

Notre espèce est de même ordre. Assurément, comme le dit l'arrêt attaqué, l'agent d'affaires avait la faculté de surenchérir et, s'il était devenu adjudicataire sur cette surenchère, d'engager des procédures (de succès d'ailleurs peut-être douteux, et en tous cas non immédiat) en vue de l'expulsion des habitants de la maison. Mais ce qui est sûr c'est qu'il n'avait aucun droit d'obtenir de l'adjudicataire de la maison une procuration à l'avoué afin de déclarer command en sa faveur, ce qui équivalait à une renonciation immédiate au bénéfice de l'adjudication. Le but poursuivi par l'auteur de la violence était autre que la fin normale du droit qu'il pouvait avoir. Il y avait donc abus. L'arrêt attaqué avait exprimé cette vérité en des termes excellents que reproduit l'arrêt de rejet.

Ajoutons que l'arrêt de rejet ci-dessus rapporté présente d'autre part un intérêt par les termes mêmes où est conçu le rejet.

La tendance de la Cour de cassation a été, de tous temps, de laisser, en pareille matière, aux juges du fond un pouvoir d'appréciation extrêmement large. Le juge du fond est souverain quant à la preuve des faits de violence, de la contrainte qui en est résultée, et de l'*effet de cette contrainte sur la volonté du contractant.* En effet ce sont là autant de questions de fait dans lesquelles la qualification des éléments du litige n'est pas à vrai dire distincte de leur constatation même. La détermination de la volonté n'étant qu'un des aspects, psychologique, d'un ensemble indivisible de données de fait. Seulement cet aspect de la question de violence — à savoir tout ce qui a trait à la contrainte de la volonté et à la causation de cette contrainte, — n'est pas, nous le savons, le seul point de vue à considérer. Il reste le problème du caractère légitime ou illégitime de la violence. Or on pourrait soutenir que quand le problème de l'illicéité (des moyens ou du but) de la violence est en jeu, il se pose là une question *de droit* naturellement soumise au contrôle de la Cour de cassation. . . . Depuis 1913, la jurisprudence semble revenue à l'idée d'un pouvoir souverain *général* des juges du fond. C'est à cette conception très large du pouvoir des juges du fond pour apprécier à la fois les faits de violence, leurs effets et leur caractère licite ou illicite, que se rattache l'arrêt ci-dessus rapporté.

NOTE

1. In cases of *dol* the *Cour de cassation* insists on its power to decide whether or not the relevant conduct was illicit. In cases of *violence* it declares this to be within *le pouvoir du juge du fond*. Why?

Section 3: *Lésion*

C. civ. art. 1118, 1674–8, 1681, 1683, 1706

Cass. req. 28.12.1932

(Soc. économique de Rennes *C.* Picard)

S. 1933.1.377 note Tortat   D. 1933.1.87 rapport Dumas
Gaz. Pal. 1933.1.287   G.A. 170

LA COUR; — Sur le premier moyen, pris de la violation des art. 1677, C. civ., et 7 de la loi du 20 avril 1810, défaut de motifs et manque de base légale: — Attendu que l'arrêt attaqué aurait à tort, d'après le pourvoi, déclaré recevable l'action en rescision pour lésion de plus des sept douzièmes d'une promesse de vente de divers immeubles consentie par Picard à la Société économique de Rennes et acceptée par celle-ci après le décès du promettant, alors que diverses circonstances alléguées par la défenderesse seraient de nature à prouver que Picard avait consenti ladite promesse librement et sans subir la contrainte morale, qui, seule, dans l'esprit de la loi, conférerait à la lésion le caractère d'un vice du consentement: — Mais attendu qu'aux termes de l'art. 1674, C. civ., 'si le vendeur a été lésé de plus des sept douzièmes dans le prix d'un immeuble, il a le droit de demander la rescision de la vente'; qu'il suit de là que la lésion légalement constatée est, par elle-même et à elle seule, une cause de rescision, indépendamment des circonstances qui ont pu l'accompagner ou lui donner naissance; — Attendu, en conséquence, qu'en statuant comme il l'a fait, après avoir constaté, d'après les documents de la cause et conformément à l'art. 1677, C. civ., la vraisemblance et la gravité des faits articulés par les demandeurs, l'arrêt attaqué, qui est motivé, loin de violer les textes visés au moyen, en a fait, au contraire, une exacte application; . . .

From the note by Tortat

Notre arrêt et deux autres, de la même chambre des requêtes, des 15 mars 1933 et 21 mars 1933, vont mettre fin à une controverse déjà ancienne, puisqu'elle a son origine dans les discussions préalables à l'adoption des art. 1674 à 1685, C. civ. On sait que la rescision de la vente pour cause de lésion, introduite par un rescrit des empereurs Dioclétien et Maximin (Cod. lib. IV, tit. XLIV, 1. 2), adoptée par notre ancien droit, à la mesure d'outre-moitié, fixée par les empereurs, et appliquée alors aux ventes d'immeubles ainsi qu'aux ventes de certains meubles importants, abolie par une loi du 14 fruct. an 3, n'est passée dans notre droit actuel qu'après de longs débats et sur l'intervention personnelle du Premier Consul au Conseil d'Etat. Deux conceptions différentes de la lésion étaient proposées, tour à tour, pour justifier la sanction de rescision: l'une subjective et fondée sur la contrainte morale qu'est présumé subir un vendeur pressé d'argent qui se contentera d'un prix vil offert et payé comptant; l'autre objective et tirée de l'interêt public qui s'attache au maintien d'un juste prix dans les transactions immobilières. La première de ces thèses, empruntée à Pothier, était surtout développée par Tronchet; la seconde, plus propre à émouvoir le Premier Consul, était principalement soutenue par Portalis. C'est en méconnaissant la thèse de Portalis et en s'attachant exclusivement à l'opinion de Pothier et Tronchet, qu'on a pu enseigner que, dans le système du Code civil, 'la lésion est un vice du consentement', qu'on a pu juger, suite logique de cette doctrine, que l'admission de l'action en rescision était subordonnée à la preuve d'une contrainte morale ou d'un autre vice de consentement du vendeur. Et tel était le principal moyen des pourvois rejetés par les trois arrêts conformes de la chambre des requêtes. L'argument de texte invoqué par ces pourvois était assez faible : c'est dans la section 'Du consentement' que figure au Code civil, un art. 1118, ainsi conçu : 'La lésion ne vicie les conventions que dans certains contrats ou à l'égard de certaines personnes, ainsi qu'il sera expliqué en la même section', et cette même section contient les règles de la stipulation pour autrui, qui n'ont rien à voir avec les vices du consentement.

Un argument de texte autrement fort militait pour le rejet des pourvois. Le Code civil a consacré douze articles et une section tout entière à la rescision de la vente pour cause de lésion. Cette monographie législative contient tous les éléments de décision sur la matière. Or, aucun de ces articles ne propose, comme condition d'exercice de l'action en rescision, la preuve d'une contrainte morale éprouvée par le vendeur d'immeubles demandeur en rescision. Une seule justification est exigée de lui : c'est que le juste prix de l'immeuble, à déterminer par une expertise, ait été méconnu, au jour de la vente, dans la proportion indiquée par la loi. Cette proportion : au delà des sept douzièmes, ne se conçoit pas dans le système de la contrainte morale viciant le consentement et annulant, en principe, la convention tout entière, sans égard à la mesure du préjudice éprouvé. Une autre disposition cadre mal avec l'annulation du contrat pour vice du consentement : c'est celle qui permet au défendeur à l'action en rescision de rester en possession de l'immeuble 'en payant le supplément du juste prix, sous la déduction du dixième du prix total' (art. 1681, C. civ.). Cette faculté laissée à l'acquéreur, comme la fixation du taux de la lésion au delà des sept douzièmes, se conçoit fort bien, au contraire, dans le système du législateur intervenant pour régler équitablement, entre parties, la question d'un prix raisonnable et normal dont il croit devoir assurer le maintien dans les ventes immobilières et ce, dans un intérêt supérieur d'économie sociale et d'ordre public. Et c'est la thèse de Portalis sur le juste prix qui donne, seule, la clé du système édicté par le Code.

. . .

NOTE

1. The vendor's predecessor in title contracted to sell before the First World War; the purchaser called for completion of the sale in 1925. As the *rapporteur* puts it: '[U]n propriétaire consent une promesse de vente à un

prix déterminé, qui, loin de lui être imposé, lui paraît avantageux; mais voici que les fluctuations économiques déçoivent l'espoir qu'il avait conçu. . . . En pareil cas — et ce pourrait bien être celui de l'espèce — il y a eu erreur, imprévision de la part du vendeur, mais non pas . . . contrainte, abdication de la volonté. Pouvez-vous cependant écarter . . . l'action en rescision?

Vous vous y refuserez sans aucun doute, et pour une raison très simple.

Au-dessus des travaux préparatoires . . . *il y a les textes*, qu'il est interdit de déformer . . .'[55]

Cass. civ. 27.12.1938
(Epoux Luciani *C.* Maurel)

D.H. 1939.82   D. 1939.1.81 note Savatier

LA COUR; — Sur le moyen unique: Attendu que le sieur Sauze, aujour-d'hui décédé, ayant demandé la rescision pour lésion, de la vente immobilière qu'il avait consentie, mais en nue-propriété seulement, au sieur Maurel, celui-ci lui opposait une exception d'irrecevabilité fondée sur la règle de droit qui soustrait les ventes aléatoires à l'application de l'art. 1674 c. civ.; que, pour repousser cette exception, les premiers juges ont considéré que la valeur de l'usufruit conservé par un vendeur, et par conséquent, la valeur de la nue-propriété transmise à l'acheteur, peuvent être déterminées exactement au moyen d'un calcul de probabilités basé sur les données des statistiques et que, dès lors, le contrat litigieux, comme tous les contrats de la même sorte, n'avait que l'apparence d'une vente aléatoire;

Mais attendu qu'à la thèse de principe ainsi admise par le tribunal, la cour d'appel a répondu à bon droit et en termes également généraux, que les résultats des statistiques, certains quand il s'agit de la détermination de la durée moyenne d'un grand nombre de personnes, ne sauraient faire disparaître le caractère aléatoire d'un contrat isolé aux termes duquel l'importance des prestations stipulées dépend de la longueur, toujours incertaine, de la survie d'un seul individu désigné;

Attendu, à la vérité, qu'il est des cas où l'événement ordinairement incertain qui pourrait se traduire par un gain pour telle partie, apparaît pratiquement irréalisable, à raison de certaines circonstances spéciales, et où le contrat, n'ayant ainsi que l'aspect extérieur d'un contrat aléatoire, retombe sous l'empire de l'art. 1674;

[55] D. 1933.1.87, at 88; italics added. For the debate on *travaux préparatoires*, see above, p. 100.

Mais attendu que les juges du fond n'ont ni le devoir, ni même la possibilité matérielle, de rechercher, dans une espèce déterminée, les particularités non apparentes et non révélées à eux par les conclusions des parties, qui seraient susceptibles de tenir exceptionnellement en échec la règle selon laquelle les ventes avec réserve d'usufruit constituent des contrats aléatoires et échappent, comme telles, à la rescision pour cause de lésion;

Attendu qu'il résulte des qualités de l'arrêt attaqué que Sauze, auteur des époux Luciani, s'était borné en appel à demander la confirmation du jugement de première instance, par adoption de ses motifs d'ordre exclusivement général; d'où il suit que le moyen n'est pas fondé;

Par ces motifs, rejette.

From the note

... une solution traditionnelle admet que la rescision pour lésion cesse d'être recevable lorsque la convention a été aléatoire.[56] Et cela est très logique, car l'échange des prestations, au lieu de concerner alors les biens définis, porte sur les chances d'acquérir ou de perdre des biens. Un élément de jeu intervient donc volontairement et librement dans la convention, une chance ne pouvant s'acquérir ou se céder qu'à un prix arbitraire, sujet aux surprises de l'avenir. Chaque parieur, selon la conception qu'il fait de sa chance, est donc libre d'en apprécier le prix; il pourra, par la suite, perdre ou gagner; mais on ne saurait dire, pour cela, que le contrat a été lésionnaire; on constate alors, tout simplement, que la chance a tourné pour l'une ou l'autre des parties.

Cette règle concerne, en particulier, les aléas inhérents à la durée de la vie d'une personne déterminée. . . . Il peut d'abord arriver qu'un bien viager, tel qu'un usufruit ou une rente viagère, soit échangée contre un bien ou une somme constitués en pleine propriété. . . . Il peut se faire aussi que l'aliénation d'un bien soit consentie sous réserve d'un droit viager . . .

NOTE

1. But see (*a*) the following case; (*b*) the cases on *prix dérisoire*.[57]

---

[56] See Deprez, *La lésion dans les contrats aléatoires*, B. 89.
[57] Cass. req. 27.5.1908. S. 1911. I. 459.

Cass. civ. 28.2.1951
(Belli et Hertog *C.* Vannier)

D. 1951.1.309   Gaz. Pal. 1951.1.247

LA COUR; ... Sur le second moyen: — Attendu que le pourvoi reproche
à l'arrêt confirmatif attaqué d'avoir déclaré admissible l'action en
rescision pour lésion de plus de 7/12es dans la vente d'un immeuble
consentie par Vannier à Hertog et Belli moyennant une rente viagère
de 20 000 fr., au motif que, la valeur d'une prestation dépassant
sûrement celle de l'autre, le contrat n'était pas aléatoire, alors qu'à
supposer qu'il en ait été ainsi, le contrat n'aurait pu être rescindé
pour lésion, parce que la prestation d'Hertog et Belli était, elle, en
tout cas, aléatoire, et qu'il était, en conséquence, impossible de
calculer s'il y avait ou non lésion des 7/12es; — Mais attendu que
pour être à l'abri de l'action en rescision, il ne suffit pas qu'une vente
ait l'apparence aléatoire ou contienne un élément aléatoire; que, dans
ce cas, la rescision est possible lorsque des circonstances spéciales
donnent aux juges le moyen de déterminer la valeur des obligations
soumises à l'aléa ... que les juges d'appel précisent notamment que
'vu l'âge du vendeur et surtout le loyer que rapportait l'immeuble,
12 500 fr. au jour de l'acte, mais devant être porté à 27 500 fr. au Ier
sept. 1949 ... une telle rente ne comportait aucun aléa pour les
acquéreurs, qui, après trois ans, étaient sûrs de percevoir un loyer
égal et supérieur même aux arrérages de la rente'; d'où il suit que ...
la cour ... a souverainement apprecié les faits de la cause et fait de
l'art. 1675 une saine et juste application ...

Par ces motifs, rejette.

Section 4: *Objet*[58] and *Cause*

C. civ. art. 1108, art. 1126–33

Introduction

Pothier, *Traité des Obligations* (1761)[59]

42. Tout engagement doit avoir une cause honnête. Dans les contrats *intéressés*, la cause de l'engagement, que contracte l'une des

---

[58] See Cass. req. 30.7.1873 below, p. 404.
[59] B. 29, nos. 42 and 46 (edn. of 1827).

parties, est ce que l'autre partie lui donne ou s'engage de lui donner, ou le risque dont elle se charge. Dans les contrats de *bienfaisance*, la libéralité, que l'une des parties veut exercer envers l'autre, est une cause suffisante de l'engagement . . . Mais lorsqu'un engagement n'a aucune cause, ou, ce qui est la même chose, lorsque la cause . . . est une cause fausse, l'engagement est nul, et le contrat qui le renferme est nul . . .

46. Une promesse a-t-elle une cause licite, lorsqu'elle est faite à quelqu'un pour qu'il donne ou fasse une chose qu'il était déjà obligé de donner ou de faire? . . . [L]a promesse, que je fais à mon débiteur de lui donner quelque chose pour qu'il fasse ce qu'il était obligé de faire, est une promesse nulle . . . lorsque c'est lui qui a exigé de moi que je lui fisse cette promesse. . . . Mais . . . si la promesse . . . est . . . faite volontairement sans qu'il l'ait exigée, la promesse est valable et a une cause licite et honnête; la cause n'étant autre chose, en ce cas, qu'une libéralité que j'ai voulu exercer envers lui.

NOTE

1. Compare *Stilk* v. *Myrick*;[60] *Foakes* v. *Beer*.[61]

From Marty/Raynaud[62]

La théorie classique de la cause

173. Les premiers interprètes du Code civil ont repris la tradition de l'Ancien droit tel qu'il s'était plus particulièrement exprimé dans les idées de *Jean Domat*,

La théorie classique voit dans la cause le but poursuivi par les parties au contrat, mais elle s'efforce de distinguer ce but des motifs. Les motifs sont individuels et donc propres à chaque contrat et à chaque contractant tandis que la cause est toujours la même pour un type donné de contrat.

1. *La cause est toujours la même dans les contrats de même espèce.* —
(a) Dans les *contrats à titre onéreux*, l'obligation de chaque partie a pour cause l'obligation de l'autre ou, d'une façon générale, l'avantage qu'elle espère obtenir du contrat.

60 (1809) 2 Camp. 317 (K.B.).   61 (1884) 9 App. Cas. 605 (H.L.).
62 B. 25, vol. 2 (1), nos. 173–80. See B. S. Markesinis, *Cause* and Consideration [1978] C.L.J. 53.

La cause apparaît nettement ainsi dans les *contrats synallag-matiques*: les obligations des deux parties se servent mutuellement de cause, 'l'engagement de l'un est le fondement de celui de l'autre' disait Domat.

Si le contrat est *unilatéral*, si une seule des parties s'oblige, c'est parce qu'elle a reçu déjà quelque chose; visant plus particulièrement les contrats réels et prenant l'exemple du prêt, Domat remarquait que la remise de la chose prêtée justifie l'obligation de restituer: 'l'obliga-tion de celui qui emprunte a été précédée de la part de l'autre de ce qu'il devait donner pour former la convention'.

(*b*) Dans les *contrats à titre gratuit*, il faut rechercher la cause ailleurs que dans la poursuite d'un avantage corrélatif. Domat avait bien remarqué qu'elle pouvait être dans 'quelque motif raisonnable et juste, comme un service rendu ou quelqu'autre mérite du donataire', mais comme il avait ajouté que ce motif pouvait être 'le seul plaisir de faire du bien', la théorie classique affirme que la cause du contrat à titre gratuit est l'intention libérale, l'*animus donandi* dont Domat disait: 'ce motif tient lieu de cause'.

2. *Les motifs*, qui ne doivent pas être confondus avec la cause et dont le juge n'a pas à s'occuper, sont *variables avec chaque contrat*. Ainsi les motifs que peut avoir une personne d'emprunter peuvent être les plus divers, elle peut vouloir financer l'achat d'un commerce ou d'une maison d'habitation, rembourser une autre dette, etc , la cause de son obligation est, au contraire, toujours la même: obtenir la remise des deniers.

D'autre part, les motifs constituent les mobiles lointains, indirects de l'obligation (la *causa remota*), tandis que la cause est le mobile immédiat direct (la *causa proxima*). Toujours dans l'exemple du prêt, on dira que la *causa remota* du prêt c'est la dépense que l'emprunteur envisage, tandis que sa *causa proxima* c'est l'obtention de la somme d'argent qui permettra cette dépense. Dans la théorie classique seule cette cause prochaine mérite le nom de cause et peut jouer un rôle juridique.

La théorie anti-causaliste

174. Les critiques adressées à la théorie classique. — De vives critiques devaient être formulées contre la théorie classique et conduire leurs auteurs à contester l'existence même de la cause . . .

La théorie de la cause est illogique. . . . Ses adversaires lui ont reproché de ne pas être arrivée à donner une notion unique de la cause et d'employer ce mot dans trois sens différents et tous trois contestables.

Dans les contrats synallagmatiques, la théorie classique voit la cause des obligations d'une partie dans les obligations de l'autre, mais on ne peut pas concevoir que la cause et l'effet puissent être contemporains, or les diverses obligations découlant d'un contrat synallagmatique naissent simultanément.[63]

Dans les contrats réels, la théorie classique affirme que la cause est la remise de la chose, mais alors elle joue sur les deux sens du mot cause, la remise de la chose qui est antérieure à la naissance de l'obligation en est la cause efficiente et non la cause finale.

Enfin si dans les libéralités la cause n'est autre que l'*animus donandi*, elle est vide de sens et se confond avec le consentement. Pour lui en donner un il est nécessaire d'introduire les motifs et d'abandonner le principe même de la théorie classique.

La théorie de la cause est inutile. Les anti-causalistes ont surtout contesté l'utilité de la cause en affirmant qu'elle n'ajoute rien aux éléments du contrat car elle se confond soit avec l'objet soit avec le consentement. Ainsi, dans le contrat synallagmatique, il est inutile d'exiger que l'obligation d'une partie ait une cause, il suffit d'exiger que l'obligation de l'autre ait un objet. Ainsi si la chose vendue n'existe pas, il suffit de constater que l'obligation du vendeur est sans objet, il est inutile d'ajouter que celle de l'acheteur est sans cause : la cause se confond avec l'objet.

Quand elle s'en distingue, c'est-à-dire dans les contrats à titre gratuit où elle est définie comme l'intention libérale, c'est pour se confondre avec le consentement et elle est tout aussi inutile.

175. . . . La théorie de la cause a pourtant survécu aux critiques anticausalistes. La jurisprudence fait un usage constant de la notion de cause et celle-ci est admise aujourd'hui par la quasi-unanimité des civilistes . . .

La doctrine contemporaine paraît s'orienter vers une conception dualiste de la cause qui ferait sa part aux deux aspects objectif et subjectif de celle-ci.

---

[63] Compare Williston, 'Successive Promises of the Same Performance', B. 93, at p. 35: '. . . unless a promise imposes an obligation, no promise whatever can be considered a detriment. It is, therefore, assuming the point in issue to say that a promise is a detriment because it is binding.'

From J. Maury, 'Cause' (1951)[64]

5. L'obligation contractuelle . . . est une obligation voulue. La question première.est, dès lors, de savoir si la volonté, ou l'accord des volontés, extérieurement manifestées, suffit ou non, à créer l'obligation: l'affirmative aboutirait à la consécration de l'acte abstrait; c'est la négative qui prévaut. Un élément justificatif de la force obligatoire attaché à l'accord des volontés est nécessaire et cet élément c'est justement la cause. Mais, de ce point ce départ, deux directions sont possibles. On peut vouloir empêcher qu'une personne ne soit, par une manifestation de volonté, injustement obligée: l'existence de la cause comme condition de la naissance de l'obligation est un système de protection individuelle dans une pensée d'équité. On peut refuser tous effets de droit à une ou à des volontés dirigées contre l'ordre social *lato sensu*: l'exigence d'une cause qui ne soit contraire ni à l'ordre public ni aux bonnes mœurs, pose des bornes, dans l'interêt de la société, à l'autonomie de la volonté.

7. Il s'agit de déterminer ce qu'est la cause de l'obligation conventionnelle. Or, le mot cause a des significations nombreuses. On oppose assez généralement la *cause efficiente*, ici, la convention qui engendre l'effet, l'obligation, et la *cause finale* qui est la raison d'être, l'explication de la justification de l'engagement. La cause dont il est question dans le droit des obligations contractuelles est, toujours, en droit français, la cause finale. Un nouveau problème surgit alors, celui de savoir si cette cause finale doit être celle du contrat ou celle de l'obligation . . .

8. Le code civil français impose l'option pour la cause de l'obligation. Cela résulte de la combinaison des articles 1108 et 1131. . . . Il faut . . . que l'obligation ait une cause licite (art. 1131) pour que soit valable la convention qui donne naissance à cette obligation. . . . La vente, par exemple, contient deux conventions-principe, l'une créant au profit de l'acheteur l'obligation pour le vendeur de transférer la propriété de la chose, l'autre créant, au profit du vendeur, l'obligation, pour l'acheteur, de payer le prix . . .

13. . . . Chacune des parties s'y oblige pour avoir quelque chose en retour, pour obtenir un équivalent; la considération de cet équivalent est le mobile principal, essentiel, qui fonde et explique sa volonté de s'obliger. La cause de l'obligation consentie est l'*équivalent voulu* . . .

[64] B. 92.

14. La cause de l'engagement contracté peut consister dans une *obligation antérieure* . . .

15. Une *obligation naturelle* peut constituer l'équivalent . . .

56. Si l'existence d'une contre-partie, d'un équivalent voulu caractérise les contrats à titre onéreux, il est évident que les contrats à titre gratuit et, en particulier, les donations auront, comme trait distinctif, *l'absence voulue d'équivalent.*[65]

59. C'est affirmer la nécessité de deux éléments dans la donation, l'absence d'équivalent, élément matériel, et l'intention libérale, élément psychologique, le premier portant sur le second. La cause est la conscience et la volonté de n'avoir pas d'équivalent.

Cause et catégorisation des contrats

27. Si la cause est ce qui explique la naissance de l'obligation, ce qui justifie l'existence de cette dernière, il est normal que le caractère du contrat qui engendre l'obligation dépende de la cause de celle-ci. La notion de cause est un instrument de classement, de 'catégorisation'. C'est elle qui sert, au moins dans une large mesure et peut-être même de façon complète, à distinguer les contrats à titre onéreux des contrats à titre gratuit, qui permet de définir la libéralité et spécialement la donation. C'est elle qui, dans les contrats à titre onéreux, fournit le critère d'une division nouvelle, en contrats commutatifs et aléatoires, rend possible la compréhension, l'individualisation des différents types: vente, louage, rente viagère, assurance, transaction . . .

A. *Cause* in the Formation of Contracts

Cass. com. 23.6.1958
(Fisch *C*. Bellanger)

D. 1958.581 note Malaurie   J.C.P. 1958 II 10857 note P.E.

LA COUR; — Sur le moyen unique: — Vu l'art. 1131 c. civ.; — Attendu que, selon les qualités et les motifs de l'arrêt attaqué (Orléans, 2 déc. 1953), Fisch a, par un acte sous seing privé en date du 11 mars 1952, promis de vendre à Bellanger qui se réservait la faculté d'acquérir, son fonds de commerce de boulangerie-pâtisserie

---

[65] Italics added.

pour le prix de 3 550 000 F, cette promesse étant valable jusqu'au
1er mai 1952, jour fixé pour la prise de possession; qu'il était stipulé
qu'au cas où Bellanger ne se rendrait pas acquéreur dans ledit délai,
il serait tenu de verser au vendeur, à titre de dédit forfaitaire, et
irréductible, la somme de 400 000 F; que, le 20 mars 1952, Bellanger
a informé Fisch que, pour des raisons personnelles, il ne se rendrait
pas acquéreur du fonds de commerce; que Fisch a demandé à
Bellanger le payement du dédit fixé et que l'arrêt infirmatif attaqué
a rejeté cette action; — Attendu que la décision entreprise s'est
fondée sur ce que 'Bellanger, bénéficiaire de la promesse, ne pouvait
être condamné à verser une somme quelconque au promettant Fisch,
puisque, n'ayant pas promis lui-même d'acquérir, mais s'étant
réservé une simple option, il restait libre de sa décision; qu'en
conséquence, l'insertion dans une promesse unilatérale de vente
d'une clause prévoyant le payement d'une somme déterminée à titre
de dédit doit être réputée non écrite, puisqu'elle est sans cause'; —
Attendu qu'en statuant ainsi, alors que la cause de l'engagement pris
par l'acquéreur éventuel de verser un dédit résidait dans l'avantage
que lui procurait le promettant en s'interdisant de céder son fonds
de commerce à une autre personne pendant un délai déterminé, la
cour d'appel a faussement appliqué et, par suite, violé le texte de
loi ci-dessus visé; — Par ces motifs, casse . . .,

Cass. req. 19.1.1863
(Cohen-Scali C. Roubieu)

S. 1863.1.185

LA COUR; — Sur le premier moyen: — Attendu qu'un contrat ne peut
légalement exister s'il ne renferme les obligations qui sont de son
essence, et s'il n'en résulte un lien de droit pour contraindre les contractants à les exécuter; — Attendu qu'il est de l'essence du contrat
de louage que le bailleur s'oblige à faire jouir le locataire de la chose
louée, et à l'entretenir, pendant toute la durée du bail, en état de
servir à l'usage auquel elle est destinée (art. 1709 et 1719, n. 2, C.
Nap.) — Attendu que les engagements impliquent pour le locataire le
droit d'actionner en justice le bailleur, s'il se refuse à les remplir
volontairement; — Attendu que, par l'art. 4 de la convention du
2 oct. 1859, il a été stipulé que 'le locataire renonce à former, pendant
tout le cours de bail, aucune réclamation en dommages-intérêts

envers Cohen-Scali, bailleur, et à intenter contre lui aucune action quelconque . . . pour quelque cause que ce puisse être'; — Attendu que cette clause insolite n'est pas seulement modificative ou restrictive des obligations imposées par la loi au locateur, mais qu'elle l'affranchit de tout engagement, de toute responsabilité . . . Qu'une semblable stipulation étant en opposition manifeste avec les règles essentielles du contrat de louage et même avec le principe de tout contrat, c'est avec juste raison que l'arrêt attaqué en a prononcé la nullité . . .

Rejette, etc.

NOTES

1. The *Cour de cassation* upholds the deletion of the total exemption clause. Would not the notion of *cause* involve the nullity of the lease itself? This is what the *pourvoi* argued:

> Et cette clause est nulle selon l'arrêt attaqué . . . Mais si cela était vrai, la conséquence légale serait que le bail était radicalement nul *ab initio*, et non pas seulement la clause en question; car du moment où il est admis qu'elle atteint l'essence du contrat, ce contrat ne saurait exister, puisqu'il s'agit d'une convention synallagmatique où toutes les stipulations sont corrélatives.[66]

2. Compare *Rajbenback* v. *Mamon*[67] and the doctrinal difficulty: 'Is the doctrine of "promise for promise" satisfied by "promise for unenforceable promise"? Surely . . . not . . .'[68]

3. Is this an *ordre public* decision in disguise?

Trib. d'Inst. de Paris 6.12.1972

(Cheneaux de Leyritz *C.* Allard)

D.S. 1973.323 note A.D.

LE TRIBUNAL; — Attendu que . . . Emile Cheneaux de Leyritz a fait citer par devant le tribunal d'instance du 6ᵉ arrondissement de Paris, Allard, restaurateur à Paris VIᵉ, 41, rue Saint-André des Arts, pour le faire condamner à lui payer: 1° Une somme de 1 200 F avec intérêts de droit, en réparation du préjudice résultant de la

---

[66] Maury describes this case as annulling the *lease* for absence of *cause* (B. 92. para. 96); Capitant says the same (B. 90, p. 185). *Sed quaere.*

[67] [1955] 1 Q.B. 283.

[68] [1955] L.Q.R. per R.E.M. at 329.

disparition d'un pardessus; 2° La somme de 500 F à titre de dommages-intérêts supplémentaires;

Attendu qu'à l'audience, Cheneaux de Leyritz expose, à l'appui de sa demande, que courant décembre 1969 il s'était rendu chez Allard, pour y déjeuner avec des amis; qu'à l'issue du repas pris dans ce restaurant, il constatait la disparition de son manteau, qui avait été accroché, à son arrivée, à un porte-manteau du restaurant Allard; que différentes réclamations en vue d'un certain dédommagement étant, jusqu'à ce jour, restées sans effet, il a été contraint de saisir le tribunal, auquel il demande d'accueillir son action, en retenant la responsabilité du restaurateur; — Attendu que pour s'y opposer et conclure à son rejet, Allard, défendeur, fait plaider que le seul fait par son employé d'avoir aidé son client à se débarrasser de ses effets ne suffit pas à transformer un tel geste de complaisance en un contrat de dépôt; que, d'une part, la responsabilité des hôteliers telle qu'elle résulte des art. 1952 et suivants c. civ. présente un caractère exceptionnel et ne saurait être étendue par voie d'analogie aux restaurateurs; que, d'autre part, aucun préposé n'étant, dans son restaurant, affecté à la surveillance du vestiaire et aucun ticket n'ayant été délivré au demandeur, la remise de son vêtement, par ce dernier, ne pouvait pas constituer un dépôt volontaire; qu'en conséquence, il conclut au rejet de l'action introduite à son encontre par Cheneaux de Leyritz, ce dernier ne pouvant utilement invoquer ni contrat de dépôt, ni dépôt nécessaire.

Sur la demande principale: — Attendu qu'il est constant que le demandeur était accueilli, sans réserves, par Allard et que, dans ces conditions, s'opérait nécessairement un transfert dans la garde des effets, dont le client du restaurant devait se séparer au cours du déjeuner; que cette obligation de garde trouve sa cause dans le repas convenu dont elle n'était, en définitive que l'accessoire indispensable, cette garde étant conditionnée par les circonstances et l'usage (art. 1135 c. civ.); — Attendu, dans ces conditions, que le demandeur rapporte la preuve que Allard a commis une faute en omettant d'organiser la surveillance du porte-manteau mis à la disposition de la clientèle, à l'intérieur de son restaurant; — Attendu, en revanche, qu'en ce qui le concerne, le professionnel ne rapporte pas la preuve que, par suite d'un cas fortuit ou de force majeure, il a été dans l'impossibilité de remplir cette obligation de surveillance; que, dès lors, du seul fait de la non-restitution de la chose volée, il doit être présumé responsable dans les conditions prévues par l'art. 1302 c.

civ.; — Attendu qu'en cas de non-restitution en nature, le montant du préjudice doit être évalué d'après la valeur de remplacement; — Attendu que, compte tenu de la valeur marchande de l'étoffe, le pardessus volé étant en cashmere anglais, et de son état récent, au moment de sa disparition, ainsi qu'il en résulte d'un duplicata, il y a lieu de faire droit à la réclamation principale.

Sur les dommages-intérêts: — Attendu qu'Allard fait plaider que la tardiveté avec laquelle il est cité en justice est surprenante, trois ans s'étant écoulés depuis la 'prétendue subtilisation'; — Mais attendu que Cheneaux de Leyritz justifie, notamment par l'envoi d'une lettre recommandée en date du 31 mars 1971, s'être toujours heurté à la carence d'Allard; qu'aux termes de son exploit introductif d'instance le demandeur explique qu'au cours de pourparlers, Allard lui a répondu que 's'il devait rembourser tous les pardessus qui disparaissent, il n'en finirait plus'; que dans ces conditions, la résistance fautive du défendeur n'a eu pour but que d'augmenter la durée de la privation de jouissance subie par le demandeur; qu'au total, il résulte de tels éléments, que la somme réclamée à titre de dommages-intérêts sur le fondement de l'art. 1153 c. civ. n'est pas exagérée.

Par ces motifs, déclare Cheneaux de Leyritz recevable et bien fondé dans son action; y faisant droit condamne Allard à payer à Emile Cheneaux de Leyritz la somme de 1 200 F avec intérêts de droit à dater du 31 mars 1971; condamne Allard à payer à Cheneaux de Leyritz, la somme de 500 F à titre de dommages-intérêts pour résistance abusive.

NOTES

1. This is a decision of the lowest civil court.

2. In reply to the defence that leaving one's coat in a restaurant does not show an 'intent to create legal relations' the court finds that having a meal was the *cause* of a duty of care.

Cass. civ. 20.2.1973

(Caillet *C.* Dame Nivesse)

D.S. 1974.37 note Malaurie

LA COUR: — Sur le moyen unique, pris en ses deux branches; — Attendu que, selon les énonciations de l'arrêt attaqué (Paris, 27 avr.

1971), la dame Nivesse, désireuse de succéder à Caillet comme gardienne d'immeuble, a signé à son bénéfice une reconnaissance de dette dont la cause n'était pas exprimée, que le montant de cette reconnaissance correspondait, selon Caillet, au prix du mobilier cédé à la dame Nivesse et selon cette dernière pour partie au prix dudit mobilier et pour l'essentiel à la rémunération de Caillet pour la présentation de dame Nivesse au propriétaire de l'immeuble comme successeur au poste de gardien; que la cour d'appel, statuant sur la demande en paiement de Caillet et en validation de la saisie pratiquée par lui, a déclaré sans cause la reconnaissance en ce qu'elle rémunérait l'exercice par Caillet d'un droit qu'il ne possédait pas; — Attendu qu'il est fait grief à la cour d'appel d'avoir ainsi statué alors que, selon les conclusions de la dame Nivesse et les constatations de l'arrêt attaqué, la contrepartie de la reconnaissance consistait non dans la cession d'un droit au poste de gardien, mais dans l'engagement du gardien démissionnaire de présenter son successeur; qu'il s'agissait d'un contrat aléatoire, dûment causé; qu'un tel engagement de bons offices, que l'arrêt aurait dénaturé, était valable ainsi que l'avaient décidé les premiers juges en des motifs auxquels la cour d'appel aurait dû répondre dès lors que les époux Caillet avaient demandé la confirmation du jugement; — Mais attendu que les juges du second degré, en énonçant que la reconnaissance de dette était pour une partie importante 'causée par le prix de l'intervention de Caillet représentée comme déterminante et susceptible de fonder un droit au profit de dame Nivesse à occuper le poste que Caillet quittait' et que ce dernier ne détenait aucun droit qu'il puisse céder à l'obtention dudit poste, ont souverainement apprécié les éléments de fait établissant la cause véritable de l'acte et ainsi, sans dénaturer celui-ci, répondu implicitement mais nécessairement aux motifs que les premiers juges avaient retenus dans le jugement infirmé; que le moyen n'est pas fondé;

Par ces motifs, rejette.

From the note

En réalité, la pure technique juridique est impuissante à justifier la solution. Le salarié ne peut, nous dit la Cour de cassation, rémunérer sa succession parce que l'employeur est libre dans son choix. C'est cette solution qui doit être justifiée directement, sous peine de tomber dans un cercle vicieux: la présentation est faite sans droit, parce que le propriétaire n'a pas à la respecter: c'est précisément ce qu'il faut démontrer, par une politique juridique.

— Du point de vue de la politique juridique, une autre solution eût été inopportune: il eût été consternant qu'un salarié, tel le concierge ou le gardien d'un immeuble, pût monnayer sa succession et ainsi accroître le capitalisme de rentiers qui pullule dans notre société.

NOTE

1. The plaintiff could not ensure that the defendant would be appointed her successor; but she could—and did—promise to try. Why was this not *cause* for the *reconnaissance de dette*? Cf. *White* v. *Bluett* (1853) 23 L.J. Ex. 36.

Cass. req. 30.7.1873
(Michel *C.* Ronet)
S. 1873.1.448   D. 1873.1.330

LA COUR; — Sur le moyen unique, pris de la fausse application des art. 1108, 1109, 1110, 1131, 1172 et 1179 C. civ. et de la violation des art. 1104 et 1964 du même code: — Attendu qu'il résulte, en fait, des déclarations de l'arrêt attaqué: 1. que Ronet, lorsque Michel a pris par la convention du 13 sept. 1871, l'obligation de le remplacer au service, avait déjà cessé légalement de faire partie de l'armée active, comme appartenant à la classe de 1870, dont la loi du 5 sept. 1871 venait de réduire le contingent à 120 000 hommes et comme ayant tiré, l'année précédente, un numéro qui le plaçait en dehors de ce contingent; 2. que si, à la date de la convention, les parties pouvaient connaître la loi modificative du contingent de 1870, elles ignoraient certainement l'une et l'autre la libération de Ronet; qu'elles le croyaient encore soumis au service, et que c'est l'erreur où elles étaient à cet égard qui a été l'unique cause de leur traité; — qu'il suit de là que l'engagement de Michel étant sans objet et celui de Ronet n'ayant point de cause ou n'ayant qu'une fausse cause, le contrat ne pouvait produire aucun effet, et que la cour de Besançon, en le décidant ainsi, n'a fait qu'une juste application des principes écrits dans les art. 1128 et 1131 C. civ.; — Rejette.

NOTE

1. Would an English court have decided the same way? Compare *Bell* v. *Lever Bros.*[70]

[70] [1932] A.C. 161.

Cass. civ. 6.10.1959

(Venutolo *C*. Dlle Berdolt)

D. 1960.515 note Malaurie

LA COUR; — Sur le moyen unique: — Attendu que sur l'appel de la demoiselle Berdolt l'arrêt infirmatif attaqué (Basse-terre, 25 févr. 1957) a écarté le moyen pris de la nullité pour cause immorale de l'obligation souscrite à son profit par Venutolo, sous forme d'une reconnaissance de dette de 2 000 000 F et a condamné ce dernier au payement de ladite somme; — Attendu qu'il est fait grief à cet arrêt d'avoir ainsi statué, alors que, selon ses propres constatations, il n'existait en la cause aucun élément constitutif de faute à la charge de Venutolo, ni aucun préjudice subi par la demoiselle Berdolt, de sorte qu'en assignant comme cause à la libéralité litigieuse une prétendue intention de réparer, la cour d'appel a, par là même, constaté l'absence de cause et, par suite, la nullité de cette libéralité;

Mais attendu que la cause d'une libéralité réside dans le motif déterminant qui l'a inspirée; que le concubinage n'entraîne pas à lui seul, entre les concubins, une incapacité de donner ou de recevoir; qu'en l'espèce la cour d'appel a relevé que Venutolo et la demoiselle Berdolt s'étaient mutuellement témoignés, au cours d'une liaison de douze années, amour, confiance et estime; que la seconde avait constamment fait preuve envers le premier de dévouement et d'un complet désintéressement, que la libéralité litigieuse apparaissait comme l'exécution d'un devoir de conscience, d'une obligation naturelle, et qu'elle tendait à garantir l'avenir d'une femme qui avait donné à son amant la meilleure partie de sa jeunesse et que celui-ci s'apprêtait à délaisser; que par ces constatations souveraines, la cour d'appel a, sans violer les textes visés au moyen, donné une base légale à sa décision;

Par ces motifs, rejette.

From the note

En énonçant que les donations entre les concubins sont licites, sauf lorsqu'elles ont une cause immorale, l'arrêt rapporté ne fait qu'appliquer une règle constante. . . . Mais si cette libéralité peut échapper au reproche de la cause illicite ne peut-elle être critiquée pour absence de cause? L'arrêt Venutolo découvre cette cause dans l'obligation naturelle qui pèse sur un amant en volonté de rupture.

Justifier par l'obligation naturelle une libéralité entre concubins n'est pas nouveau, mais jusqu'alors la découverte de cette cause était liée avec la question de la cause illicite: il arrivait souvent, pour établir qu'une libéralité n'avait pas une cause immorale, de dire en même temps que le disposant avait été poussé par une pensée désintéressée, et qu'il avait accompli ce qu'il croyait être son devoir de conscience.

L'intérêt de l'arrêt rapporté réside surtout dans la netteté avec laquelle il décide que la cause de la donation du concubin consiste dans l'obligation naturelle qui pèse sur lui; le problème n'est plus posé sur un plan classique de la cause illicite, mais sur celui de l'absence de cause. . . . Il peut paraître ainsi bien formel de justifier un acte par une obligation naturelle, car son sens ne peut apparaître que par l'analyse de sa volonté réelle; voir dans l'obligation naturelle la cause de l'engagement du concubin est aussi verbal que de faire de l'*animus donandi* la cause d'une liberalité. Seule, la connaissance de son mobile concret permet de découvrir si son engagement est immoral, gratuit ou le prix de l'oubli.

NOTE

1. Observe that, because of the way the *pourvoi* was formulated, it is treated as a case on absence of cause, not *cause illicite*. Compare *Beaumont* v. *Reeve*.[71]

B. *Cause* in the Execution of Contracts

From Capitant, *De la Cause des Obligations* (1923)[72]

Ce que veut le contractant, c'est obtenir la prestation qui lui a été promise. Du moment où cette prestation n'est pas effectuée volontairement, il est fort à craindre que le but visé lui soit manqué . . . le plaignant est fondé à demander la résolution du contrat et à dire: 'Le but en vue duquel je me suis obligé ne peut plus être atteint, par conséquent, mon obligation est sans cause, je demande à en être déchargé.'

From Maury, 'Cause' (1951)[73]

26. Mais la résolution, partielle ou totale, doit-elle être fondée sur la cause? Il ne le semble pas. Certes, à la base d'une telle thèse, il y a

71 (1846) 8 Q.B. 483.   72 B. 90, p. 311.   73 B. 92, no. 26.

une analyse psychologique exacte: le vendeur, par exemple, vend pour avoir le prix, non la créance du prix; l'acheteur achète pour avoir la chose, non la créance de cette chose. Mais s'en tenir là, c'est ne pas tenir compte du moyen juridique d'arriver au résultat cherché qui est la création d'obligations par le contrat. Sans doute, l'idée d'équivalence, fondement de la théorie de la cause, peut être transportée dans le domaine de l'exécution: la résolution pour inexécution, fautive ou non, et de façon plus lointaine, l'*exceptio non adimpleti contractus* en sont des applications, non d'ailleurs sans intervention d'éléments accessoires. Mais il y a intérêt à distinguer les deux moments de la vie du contrat, formation et exécution, où cette notion intervient et les sanctions sont, d'ailleurs différentes, nullité ou résolution. La cause est élément de formation de la convention, condition d'existence de l'obligation. Elle est la prestation promise, non la prestation exécutée, la contrepartie convenue, non la contrepartie réalisée. C'est donc au moment de la formation du contrat qu'il faut se placer pour savoir si elle existe, et sa disparition ultérieure n'empêche pas que la convention ne soit valable.

NOTE

In the light of these opposing views consider the following:

1. 'Dans un contrat synallagmatique l'obligation de l'une des parties a pour cause l'obligation de l'autre et réciproquement . . .'[74]

2. 'Dans une convention synallagmatique, l'obligation de chacune des deux parties a pour cause l'exécution de l'obligation de l'autre partie.'[75]

3. 'Dans les contrats synallagmatiques, l'obligation de chaque contractant trouve sa cause dans l'obligation envisagée par lui comme devant être effectivement exécutée de l'autre . . .'[76]

4. '. . . in the law relating to the formation of contract, the promise to do a thing may often be the consideration, but when one is considering the law of failure of consideration . . . it is, generally speaking, not the promise which is referred to as the consideration, but the performance of the promise.'[77]

Trib. civ. de Pontoise 26.5.1948
D. 1949, Somm. 7

L'obligation de chacune des parties trouvant sa cause dans l'obligation de l'autre, l'employeur est fondé, en cas de grève, à ne pas payer

[74] Cass. civ. 14.4.1891; below, p. 496.   [75] Cass. civ. 22 11.192; S. 1923.1.81.
[76] Cass. civ. 30.12.1941; D.A. 1942. 98.
[77] *Fibrosa* [1943] A.C. 32 per Viscount Simon L.C. at 48.

le salaire et, en cas de grève perlée,[78] à mettre le salaire en rapport avec le travail effectivement fourni, alors surtout qu'il a averti le personnel de la réduction du salaire qui serait opérée si le ralentissement du travail se poursuivait.

Trib. de simple police de Saint-Amand-les-Eaux 4 mars 1948[79]

[The employer was acquitted of failing to pay the minimum wage.]

[E]n effet l'obligation de chacune des parties ayant sa cause dans l'exécution de l'obligation de l'autre, il en résulte que l'employeur n'est plus tenu de payer un salaire à l'employé qui a cessé d'en fournir la contrepartie sous forme de travail.

Cass. civ. 8.5.1974
(Vve Fleureau *C*. Dame Vaquier de La Baume)

D.S. 1975.306 note Larroumet

LA COUR: — Sur le moyen unique: — Attendu qu'il résulte des énonciations de l'arrêt confirmatif attaqué . . . que, par acte sous seing privé du 30 juill. 1955, les époux de La Baume ont reconnu à Fleureau, en faveur de ses parcelles enclavées 101 et 111 B, un droit de passage gratuit sur la parcelle 109, permettant de rejoindre la parcelle 112, droit 'qui s'exercera de tous temps' . . . ; qu'en échange de ces avantages, Fleureau a concédé aux époux de La Baume, pour une durée de cinquante années, un bail gratuit, résiliable chaque année à la volonté seule des preneurs sur une parcelle n° 211 B lui appartenant, bail régi par les lois du fermage; que, dans le cadre d'une opération d'utilité publique, . . . le service national de l'Electricité de France s'est rendu acquéreur du fonds servant et, pour partie, du fonds dominant; que, le 9 déc. 1970, dame veuve Fleureau a assigné les époux de La Baume aux fins qu'il soit jugé que le bail consenti par son mari décédé était devenu sans cause, du fait de la disparition de sa contrepartie, et que soit constatée sa résolution; — Attendu qu'il est fait grief à l'arrêt d'avoir débouté dame veuve Fleureau de sa demande, alors, selon le moyen, que la convention du 30 juill. 1955, qui a été dénaturée, ne constituait pas un échange, car elle n'opérait aucun transfert de propriété, mais un engagement à des prestations successives; qu'en reconnaissant d'ailleurs leur existence, tout en qualifiant d'échange l'accord

---

[78] Go-slow.   [79] Quoted by Garay, Gaz. Pal. 1949.1.Doctr. 20.

intervenu, l'arrêt s'est contredit; que, contrairement à ce qu'affirmait la cour d'appel, en cas de contrat à prestations successives, la cause doit subsister tout au cours de l'exécution du contrat; qu'en l'espèce, la cause de l'obligation de la dame veuve Fleureau avait disparu avec la servitude de passage concédée par les époux de La Baume sur leur parcelle 109, que cette disparition n'était pas son fait, ni celui de son mari; qu'elle était la conséquence des ventes consenties, de part et d'autre, au service national de l'Electricité de France, sous la menace d'une procédure d'expropriation déjà engagée; ... — Mais attendu que le contrat litigieux, tel qu'il a été analysé par les juges du fond, constitue un contrat synallagmatique à caractère instantané, que, par suite, c'est à juste titre que la cour d'appel a déclaré qu'il fallait se placer au moment de la formation du contrat pour apprécier l'existence de la cause des obligations qu'il comportait, qu'elle a pu ainsi affirmer que le bail concédé par Fleureau avait pour cause les servitudes de passage consenties par les époux de La Baume; — Attendu que par ces seuls motifs, exempts de dénaturation et étrangers à la contradiction alléguée, les juges du second degré ont légalement justifié leur décision; que le moyen n'est donc pas fondé;
Par ces motifs, rejette.

NOTE
Could the plaintiff have pleaded 'failure of consideration' before an English court?

C. *Cause illicite*

Cass. req. 15.7.1878
(Duffau *C.* Boyancé)

S. 1879.1.393 note Labbé

14 août 1876, arrêt de la Cour d'appel de Bordeaux, ainsi conçu: 'Attendu que, quelle que soit la qualification donnée à un acte, les tribunaux saisis d'une demande tendant à le faire annuler, ont le droit d'examiner sa nature, de déterminer son véritable caractère, et de rechercher s'il réunit les conditions que la loi exige pour sa validité; — Attendu que l'acte en date du 27 juill. 1874, par lequel Boyancé a donné tous ses biens aux époux Duffau, à condition de le nourrir et de lui servir une rente viagère de 150 fr. par an, a été fait

dans des conditions qui enlèvent à cet acte les caractères d'un contrat de bienfaisance, et ne lui laissent que le titre et l'apparence d'une donation; — Attendu, en effet, qu'il résulte de la procédure criminelle instruite contre les époux Duffau et qu'il est d'ailleurs reconnu que, le 26 juill. 1874, le nommé Boyancé se rendit, à onze heures du soir, chez la femme Duffau, qui lui avait promis de le recevoir en l'absence de son mari; que, sur la foi d'un signal convenu entre eux, il pénétra dans la chambre . . .; mais qu'à ce moment, il se trouva en présence de Duffau, qui le terrassa et le frappa violemment, lui passa autour du cou une corde . . ., et le menaça de le tuer . . .; que Boyancé, éperdu, consentit alors à faire aux époux Duffau une donation de tous ses biens; qu'on alla immédiatement chercher le notaire d'Auros, et, qu'en l'attendant, Boyancé fut placé dans une chambre et gardé à vue; que le notaire étant arrivé, le 27 au matin, fut immédiatement introduit dans cette chambre, où toute la famille Duffau se trouvait réunie, et qu'il dressa, séance tenante, un acte de donation, acceptant sans examen la fable par laquelle Boyancé cherchait à expliquer sa présence dans cette maison, les conditions dont il était convenu et la détermination soudaine qu'il avait prise de disposer de tous ses biens au profit des époux Duffau; — Attendu qu'on ne saurait trouver dans cet acte la volonté libre de gratifier, qui est le caractère essentiel de la donation; que l'affection et la bienfaisance n'y ont aucune part; que le soin pris par les époux Duffau de garder Boyancé chez eux, la surveillance qu'ils ont exercée sur lui, la précipitation qu'ils ont mise à appeler un notaire pour dresser dans leur maison, sous leurs yeux, l'acte par lequel Boyancé devait se dépouiller à leur profit, prouvent, d'ailleurs, suffisamment qu'ils ne se croyaient pas en droit de compter sur les dispositions libérales du prétendu donateur; — Attendu que si cet acte n'a pas le caractère d'une donation, il ne vaut pas non plus comme obligation, qu'à quelque point de vue qu'on se place, soit qu'on l'envisage comme l'exécution d'une promesse antérieurement faite à la femme Duffau, soit qu'on veuille l'expliquer comme une réparation de l'atteinte portée à l'honneur de son mari, il n'a pas de cause licite et doit être dépourvu de toute efficacité juridique; — Attendu, en effet, que, s'il est vrai, comme les époux Duffau l'allèguent, que Boyancé ait promis à la femme Duffau de lui faire une donation afin de la déterminer à de coupables complaisances, il serait déraisonnable que cette pensée eût survécu à la mystification dont il avait été victime; que, dans tous les cas, l'acte qui serait la réalisation d'une pareille promesse, serait nul comme contraire aux bonnes mœurs; — Attendu, d'autre part, qu'en s'associant aux manœuvres de sa femme pour attirer Boyancé chez elle dans un but de débauche, en cherchant dans le rendez-vous qu'elle avait donné à ce vieillard infirme un prétexte pour le rançonner, en prenant enfin, de concert avec elle, les mesures destinées à le faire tomber dans un guet-apens, Duffau avait perdu le droit de se plaindre de l'outrage fait à son honneur et de réclamer une indemnité à titre de réparation, qu'il serait contraire à la morale et à l'ordre public de sanctionner un engagement obtenu par ces moyens honteux; — Attendu que, la cause de l'obligation étant illicite, l'acte du 27 juill. 1874 est absolument sans valeur; qu'il est entaché d'une nullité radicale et ne pourrait être ratifié; qu'il y a donc lieu de réformer la décision des premiers juges qui ont cherché et cru trouver la preuve de cette ratification dans la conduite ultérieure de Boyancé; — . . . Emendant, déclare nulle la prétendue donation du 27 juill. 1874, au rapport de Me Lafon, notaire à Auros; et, sans s'arrêter à l'exception de ratification qui est déclarée non recevable, dit que tous les biens donnés viendront en la possession de l'appelant, libres de charges et hypothèques, et que les fruits indûment perçus seront restitués, etc.'

Pourvoi en cassation par les époux Duffau pour excès de pouvoirs et violation des art. 1109, 1382, 1338 alinéa 3 C. civ.

LA COUR; — Sur l'unique moyen du pourvoi, pris d'un excès de pouvoirs, ainsi que de la violation des art. 1109, 1382, et 1338 alinéa 3, C. civ.; — Attendu, en fait, que par acte du 27 juill. 1874, Boyancé ayant fait donation de tous ses biens aux époux Duffau, une instruction correctionnelle a d'abord été suivie contre ceux-ci pour extorsion de signature, et que, cette instruction correctionnelle ayant abouti à une ordonnance de non-lieu, Boyancé a demandé aux tribunaux civils la nullité de l'acte du 27 juill. 1874; — Attendu, en droit, que les juges civils ont pu, sans excès de pouvoirs, puiser des éléments de conviction dans les faits établis par la procédure correctionnelle, ces faits étant d'ailleurs reconnus par les parties; qu'ils ont pu constater souverainement que Duffau s'était associé aux manœuvres de sa femme pour attirer Boyancé chez elle, et en conclure que l'acte du 27 juill. 1874 était nul, comme ayant une cause illicite; enfin, qu'ils n'ont pas violé l'art. 1338, et qu'ils ont fait une juste application de l'art. 1131, C. civ., en décidant que l'exécution volontaire par Boyancé de l'acte dont il s'agit, ne l'avait point rendu non recevable à en demander la nullité; — Et attendu que la décision attaquée, étant ainsi expliquée et justifiée, n'a évidemment violé ni l'art. 1109 ni l'art. 1382, C. civ.; Rejette etc.

From the note

. . . Une donation peut-elle être annulée pour cause illicite? Parmi les auteurs, les uns soutiennent carrément la négative. Dans une donation, la cause est uniquement l'intention de donner, le rôle accepté de bienfaiteur. Or, en soi, l'intention de se constituer le bienfaiteur d'autrui n'est jamais immorale. Sans doute, cette intention peut être déterminée par des motifs plus ou moins purs. Cela est vrai: mais la loi annule un acte, non parce que les motifs plus ou moins éloignés sont illicites, uniquement parce que la cause est illicite. La cause d'un acte juridique est la raison d'être essentielle, celle sans laquelle l'acte d'après sa nature ne se conçoit pas, celle qui est la même pour tous ceux qui font un acte semblable. Les motifs n'ont rien d'essentiel, ni d'invariable; ils ne se lient pas à la nature de l'acte. La loi s'occupe de la cause; elle ne considère pas les motifs. Dans une donation, l'esprit de libéralité est la seule condition déterminante qui découle du caractère même de l'acte, qui ne varie pas de personne à personne. Or, répétons-le, la volonté de conférer un bienfait à autrui n'est jamais illicite.

D'autres auteurs sont d'avis qu'une telle conclusion qui rend l'art. 1131 inapplicable aux donations, qui déclare aveuglément toute libéralité licite, qui interdit aux juges de scruter l'immoralité des motifs, suffit à la réprobation du principe. En effet, l'argumentation subtile des adversaires contrarie, dit-on, la vérité et la simplicité naturelle des choses. Dans une donation, la volonté ne peut s'isoler de ce qui la détermine. La donation suppose une affection qui pousse au sacrifice. Cette affection doit être pure, honnête, pour que le législateur la sanctionne. Les juges doivent donc étendre leur examen jusqu'à la nature, jusqu'à la source de l'affection qui produit la libéralité.

. . .

Mais, quand l'acte est une donation, il est malaisé de l'annuler comme ayant une cause illicite; la distinction entre la cause et les motifs est, à nos yeux, incontestable.

La cause est dans la réponse directe à cette question *cur debetur*? Pourquoi vous êtes-vous obligé ou dépouillé, sans recevoir ou attendre d'équivalent pécuniaire? A cette question tout donateur répondra: Parce que j'ai voulu être libéral, conférer un bienfait, remplir le rôle de donateur. Voilà juridiquement la cause, la cause qui fait partie essentielle de l'acte, qui sert à le nommer et à le classer. Si poursuivant l'enquête on demande: Qu'est-ce qui vous a induit à vouloir donner? Chaque donateur répondra différemment et développera ses motifs particuliers. Nous sommes en dehors du cercle des éléments juridiques de l'acte. Nous flottons sur la mer infinie des mobiles de la volonté humaine. La loi a renoncé à s'occuper de ces mobiles tout individuels et souvent insaisissables. Or, relativement à une donation, le caractère illicite se trouve dans les motifs. Il es illogique et dangereux d'altérer et d'étendre le sens du mot cause. L'art. 1131 ne permet pas de donner une double définition de ce mot, l'une étroite, conforme aux explications précédentes pour les actes à titre onéreux, l'autre plus large, plus vague pour les actes à titre gratuit.

Mais si l'art. 1131 bien entendu ne vient pas en aide à la jurisprudence, il est dans le Code civil un autre article dont il faut tenir compte: c'est l'art. 6. Il défend 'de déroger par des conventions particulières aux lois qui intéressent l'ordre public et les bonnes mœurs.' Cet article refuse toute efficacité aux conventions dont le but est illicite ou immoral. Il ne précise pas dans quel élément, dans quelle partie de la convention se trouve la contrariété avec la loi ou la morale. Nous échappons à la nécessité de prouver que c'est la cause elle-même qui est illicite ou honteuse.

Il est vrai que d'après le texte de l'art. 6, nous rencontrons sous un autre rapport une limitation aux pouvoirs du juge, que ne contient pas l'art. 1131. L'art. 6 défend uniquement de déroger aux lois concernant les bonnes mœurs. Il semble donc indispensable que le fait immoral, qu'une convention a pour objet ou pour but, soit réprimé ou réprouvé par une loi, pour que la convention soit annulée . . .

...Nous préférons néanmoins suivre la judicieuse inspiration de notre maître si regretté, M. Valette, et nous nous plaisons à reproduire quelques passages d'un développement où brillent d'un pur éclat ses qualités habituelles, et l'intuition, le goût du juste, et la limpidité du style: 'Si le droit . . . ne se propose pas de réglementer tous les devoirs de l'homme en général, le droit positif ou la loi n'entend pas non plus confirmer par son intervention ce qui serait contraire à la morale. Voilà quel est le sens de l'art. 6 et autres semblables, C. civ.' (Cours de C. civ., Introd. p. 3), et ailleurs: 'Si l'art. 6 mentionne particulièrement les lois, c'est qu'elles sont l'objet traité dans le titre préliminaire ... mais notre article a une portée plus générale, il s'applique à toutes les conventions ... et même aux autres actes qui seraient contraires à l'ordre public et aux bonnes mœurs. . . . Il n'est pas nécessaire, pour donner lieu à l'application de l'art. 6, qu'il s'agisse d'attentats aux bonnes mœurs constituant des délits ou des crimes ... Le fait que la morale réprouve sans que la loi pénale les frappe... ne pourraient point davantage faire l'objet d'une convention valable.'

Ce qui nous fait pencher vers l'interprétation la plus large, c'est la comparaison entre l'art. 6 et les art. 900 et 1133, C. civ. On concevrait que le législateur eût redouté l'arbitraire variable des tribunaux dans l'appréciation des bonnes mœurs. Mais notre législateur l'a-t-il redouté? Nous ne le pensons pas, et cela résulte pour nous de la rédaction des art. 900 et 1133. Art. 900: 'Les conditions qui sont contraires aux lois ou aux mœurs sont réputées non écrites.' Art. 1133: 'La cause est illicite quand elle est prohibée par la loi, quand elle est contraire aux bonnes mœurs ou à l'ordre public'. Notre législateur confie donc aux tribunaux le soin de définir les bonnes mœurs dont le respect importe à l'ordre dans la société. Il admet qu'en dehors du cercle des prescriptions légales, il y a des conventions qu'aucune loi ne réprouve, auxquelles pourtant la sanction judiciaire doit être refusée.

NOTES

1. If Boyancé's obligation was incurred in return for Mme Duffau's promise 'de le recevoir en l'absence de son mari' was its *cause licite*?

2. If Boyancé's obligation was incurred to compensate the husband, did it have a *cause*?

3. As to the *arrêtiste*'s criticism of the avoidance of a gift, compare a modern author: 'Mais si Labbé et les auteurs anti-causalistes critiquaient ainsi le moyen technique employé par la jurisprudence, ils n'en proposaient aucun pour le remplacer. C'est pourquoi les tribunaux, placés en face de la réalité quotidienne et dans l'obligation, à peine de renoncer à accomplir leur mission, de réprimer les conventions immorales continuèrent cependant à déclarer que certaines donations pouvaient reposer sur une cause immorale et devaient en conséquence être annulées.'[81]

4. Compare Labbé's use of art. 6 and his quotation from Valette with Pt. I, pp. 245 ff. and Cass. civ. 4.12.1929.[82]

[81] R. Dorat des Monts, *La cause immorale*, B. 91, p. 86.
[82] Above, p. 253.

Cass. civ. 23.6.1879

(Villacèque *C.* Levray)

S. 1879.1.473

M. Levray a actionné M. Villacèque fils aîné et compagnie, en paiement de 4 750 fr. 80 cent, représentant le prix de trois fûts de caramels colorants livrés à ceux-ci. Devant le tribunal de commerce de Caen, Villacèque et compagnie ont opposé que les fûts de caramels colorants avaient été saisis par le parquet comme substances nuisibles, ainsi que les vins colorés avec lesdits caramels; et ils ont soutenu, par suite, que la vente était nulle comme contraire aux conventions des parties entre lesquelles il n'aurait été question que d'un procédé pour coller les vins, et, en tout cas, illicite. 13 nov. 1876, jugement du tribunal de commerce de Rouen, qui condamne Villacèque et compagnie à effectuer le paiement réclamé. Appel par Villacèque.

26 avril 1877, arrêt de la Cour de Rouen, 2e ch., qui infirme le jugement en ces termes: 'Attendu que toute obligation ayant une cause illicite ne doit avoir aucun effet; qu'une cause est illicite quand elle est prohibée par la loi, quand elle est contraire à l'ordre public; — Attendu que la falsification des boissons constitue un délit; qu'il y a même aggravation de peine dans le cas de mixtions nuisibles à la santé, et qu'ainsi les conventions qui ont pour base des actes de cette nature sont illicites et frappées de nullité; — Attendu que les traites dont Levray poursuit le paiement contre Villacèque ont pour cause des livraisons considérables de caramels colorants destinés à donner aux vins une couleur artificielle; qu'il est reconnu que ces caramels contiennent une certaine quantité de fuchsine, substance préparée industriellement au moyen de l'acide arsénique, et, par conséquent, dangereuse comme tous les poisons; . . . que Villacèque, en recommandant à Levray d'apposer sur ses factures certaines mentions dont le but évident était de donner le change à la justice, a révélé par ces précautions mensongères qu'acheteur et vendeur avaient conscience l'un et l'autre que leurs opérations n'étaient pas légales; . . . qu'il est établi jusqu'à l'évidence que les marchés passés entre Villacèque et Levray étaient illicites, contraires aux lois et à l'ordre public; que, dès lors, ces conventions étant frappées de nullité, le vendeur est non recevable à en poursuivre l'exécution; . . . Par ces motifs, infirmant le jugement, déclare nulles et de nul effet les conventions passées entre les parties; dit Levray sans action pour en exiger

l'exécution et pour se faire payer des marchandises livrées. etc. . . .'
Pourvoi en cassation par M. Levray.

LA COUR; — Sur le moyen unique du pourvoi:— Attendu qu'il résulte
de l'arrêt attaqué, que les caramels colorants vendus par Levray à
Villacèque fils aîné et compagnie, sont propres à communiquer aux
vins une couleur artificielle, que leur emploi donne lieu à des produits
certainement nuisibles, et que la convention intervenue entre les parties
a eu pour objet, dans leur intention commune, l'œuvre de falsification
à opérer au moyen de la substance vendue; — Attendu que, la
convention ainsi appréciée, ayant pour cause déterminante une fraude
concertée en vue d'une opération délictueuse, l'arrêt l'a déclarée à
bon droit illicite, et par conséquent sans effet, au regard des deux
parties; qu'en statuant ainsi, loin d'avoir violé l'art. 1131, C. civ., il
en a fait au contraire une juste application; — Rejette, etc.

NOTES

1. What, in classical theory, is the *cause* of the obligation to pay the price?

2. Note that the *Cour de cassation* speaks of the *cause de la convention*.

3. Note the emphasis on *intention commune* and compare *Pearce* v. *Brooks*.[83]

4. Had the seller been *bona fide* would he have succeeded:
   (*a*) by using the classical theory of *cause*;
   (*b*) by applying to the buyer the maxim *nemo auditur*?

Cass. req. 1.4.1895
(Cons. Benoist *C.* Faivre)
S. 1896.1.289 note C. Appert   D. 1895.1.263

Le 30 janv. 1893, le tribunal de la Seine a rendu le jugement suivant:
'Le Tribunal; — Attendu que les consorts Benoist, comme héritiers
de la dame Berthier, demandent contre les époux Faivre, conjointement et solidairement, comme débiteurs pour prêt, envers la dame
Berthier, d'un capital de 100.000 fr. et intérêts, condamnations au
remboursement dudit capital et des intérêts depuis le 1er janv. 1891;
que les époux Faivre, après avoir offert 1.500 fr. 05 pour intérêts, et
demandé la validité de leurs offres, demandent actuellement la
nullité du prêt, pour cause illicite et contraire aux mœurs; —

[83] (1866) L.R. 1 Exch. 213.

Attendu que l'immoralité commune aux parties contractantes est une cause de nullité absolue des contrats (art. 1131 et 1133, C. civ.); — Attendu que, par acte sous seings privés du 1er juill. 1890, qui sera enregistré, les époux Faivre se sont reconnus débiteurs conjointement et solidairement de 100.000 fr. envers la dame Berthier, pour l'achat d'un fonds de commerce, tel que marchand de vins, hôtel ou autre; —

Attendu que le sens dudit contrat s'explique par la position des parties au moment où il a été passé; que la dame Berthier tenait une maison de tolérance, n. 10, rue Colbert; que les époux Faivre y avaient été à son service pendant plusieurs années; qu'ils sont maintenant propriétaires d'une autre maison de tolérance, passage Cardinet, 3; —

Attendu qu'il est allégué que c'est la dame Berthier qui a traité elle-même de l'achat de cette dernière maison, au prix de 30.000 fr., payé par elle; que la preuve contraire n'est pas rapportée; —

Attendu qu'en tout cas, il est certain que la destination portée au contrat du 1er juill. 1890 s'appliquait principalement à l'achat d'une maison de tolérance, et que les parties avaient cette commune intention; —

Attendu que, la cause immorale du contrat n'étant pas douteuse, le contrat ne peut avoir aucun effet; — Par ces motifs, etc.'

Sur appel des consorts Benoist, la Cour de Paris a, le 26 janv. 1894, confirmé ce jugement par adoption de motifs.

Pourvoi en cassation par les consorts Benoist.

. . .

LA COUR; — Sur les deux moyens réunis, tirés de la violation et fausse application des art. 1131, 1132, 1133, 1134, 1315, 1376 et 1902, C. civ., et de l'art. 7 de la loi du 20 avril 1810; —

Attendu qu'aux termes des art. 1131 et s., C. civ., toute convention dont la cause est contraire aux bonnes mœurs ne peut avoir aucun effet; —

Attendu qu'il résulte des constatations de l'arrêt attaqué que l'obligation souscrite le 1er juill. 1890, par les époux Faivre au profit de la dame Berthier avait pour cause l'acquisition d'une maison de tolérance; que chacune des parties contractantes a pris une part égale à cette convention dont les héritiers de la dame Berthier ont poursuivi l'exécution; que c'est à bon droit, dès lors, que la Cour de Paris a déclaré mal fondée la demande formée par ces derniers, tant à titre de remboursement de la somme prêtée qu'à titre de répétition de cette même somme comme ayant été indûment payée ; qu'en statuant ainsi, par un arrêt régulièrement motivé, elle n'a nullement violé les dispositions légales invoquées au pourvoi ; — Rejette, etc.

From the note

La solution donnée par l'arrêt ci-dessus ne laissera pas que de surprendre ceux qui connaissent sur la matière de la cause les théories généralement, pour ne pas dire universellement enseignées. La distinction entre la cause et les motifs de l'obligation est devenue classique. On admet que la cause d'une obligation est indiquée par la question : *Cur debetur*, que, dans les contrats synallagmatiques, l'obligation d'une partie a pour cause l'obligation de l'autre partie, et que, dans le prêt, l'obligation de l'emprunteur a pour cause la prestation qui lui a été faite par le prêteur. Les motifs de l'obligation, ce sont les raisons qui ont déterminé le débiteur à s'obliger. Tandis que les motifs peuvent être multiples, qu'ils varient dans chaque espèce avec les circonstances et les personnes, tandis qu'ils préexistent à la convention, la cause, au contraire, est toujours une ; elle est déterminée par la nature même du contrat et de même sorte que lui. La cause est un élément essentiel de l'obligation, si bien que l'obligation sans cause, sur fausse cause ou sur cause immorale, est nulle (C. civ. 1131), tandis que les tribunaux n'ont pas à se préoccuper du motif qui a porté la partie à contracter . . .
. . .

Des notions qui précèdent, il ressort que l'emprunteur est obligé dès que les deniers lui ont été comptés, sans qu'on ait à rechercher l'emploi qu'il se proposait d'en faire . . .

Nous estimons que la Cour suprême s'est trompée. Mais, comme elle a négligé d'expliquer pourquoi, dans l'espèce, le prêt avait une cause immorale, il n'est pas facile de savoir sur quel point précis elle se sépare de la doctrine courante. Entend-elle, d'une façon générale, confondre, pour l'application de l'art. 1131, C. civ., les motifs avec la cause, c'est-à-dire annuler l'obligation pour erreur sur les motifs ou pour immoralité des motifs ? Ou son dissentiment avec les auteurs ne porte-t-il que sur le contrat de prêt, et juge-t-elle seulement que, dans ce cas spécial, l'obligation a sa cause, non dans la prestation fournie, mais dans le but particulier qu'a visé l'emprunteur, c'est-à-dire dans la destination des deniers prêtés ? Il faut de toute nécessité s'arrêter à l'une de ces deux hypothèses. Il n'est pas possible d'admettre que les tribunaux annulent une convention pour des raisons plus ou moins vagues d'immoralité. La loi a strictement déterminé les conditions essentielles à l'existence ou à la validité des obligations contractuelles (C. civ. 1108). Toute obligation qui les réunit doit être maintenue. La Cour suprême proclame elle-même cette vérité, en rattachant à l'art. 1131 la nullité qu'elle prononce.

NOTES

1. Would the criticism formulated by Appert also have applied if the decision had not been based on art. 1131, but on art. 6?

2. Can you distinguish cause and motive? Did the borrowers promise the lenders to spend the money on a brothel?

3. Until a *loi* of 13.4.1946, *maisons de tolérance* were immoral, not illegal.

4. Note that the *Cour d'appel* speaks of *cause du contrat* (not *de l'obligation*) and that the *Cour de cassation* misquotes art. 1131.

Trib. de Tarbes 14.3.1899
(Conte *C*. Fould et autres)

S. 1900.2.219

LE TRIBUNAL; — Attendu qu'il résulte des documents de la cause que, dans le courant des mois d'avril et mai 1898, à l'occasion d'une élection législative qui avait lieu dans la deuxième circonscription de Tarbes, Conte, restaurateur et débitant de boissons, a délivré de nombreuses consommations à des personnes se présentant ou regardées par lui comme des partisans de la candidature de Fould, et ce, sur l'ordre de Lasserre, agissant comme agent électoral de ce dernier pour le canton de Maubourguet; — Attendu qu'au cours des débats, le demandeur a déclaré que Dusser et consorts (membres du comité électoral) et Lasserre ont reconnu, et qu'en tout cas il appert, à l'évidence, de toutes les circonstances et des pièces du procès, que les libations dont s'agit avaient pour but, dans la pensée des parties, de procurer à Fould les suffrages de ceux qui y prendraient part; que, dès lors, la cause de l'obligation, dont Conte réclame l'exécution, est illicite comme contraire à la fois aux lois, à l'ordre public et aux bonnes mœurs; que, par suite, toute action en justice doit être refusée au prétendu créancier, lequel a participé à la turpitude commune, puisqu'il connaissait pleinement le but desdites libations; que cela

420   *Contract*

résulte et des termes mêmes de son assignation et d'une lettre du sieur
Lasserre, produite par le demandeur, ladite lettre annonçant le versement de sommes évidemment applicables à des fournitures antérieures, et contenant en outre les passages suivants: 'Pour aujourd'hui,
voulant continuer la lutte aussi énergiquement que possible, je
décide de faire boire chez vous; je vous ouvre le crédit nécessaire; je
payerai la note que vous me porterez'; — Attendu que vainement le
demandeur voudrait distinguer entre la 'cause' de la dette des
défendeurs, cause qui, d'après lui, résiderait dans la livraison de
marchandises, et la destination desdites marchandises, qui serait seul
le 'motif' de l'obligation; — Attendu, en effet, que la jurisprudence
repousse avec raison cette distinction, quand il est certain, comme en
l'espèce, que l'objet du contrat doit, dans l'intention des parties au
moment de la convention, servir à un usage prohibé, car alors le
motif est en connexion si étroite avec la cause que le caractère illégal
ou immoral de l'un affecte l'autre nécessairement; ainsi peut-on dire
au cas actuel, que ce que Conte a entendu livrer et les défendeurs
entendu obtenir, c'est un instrument, sinon de corruption, au sens du
droit pénal, tout au moins de dépravation électorale, et l'on ne
saurait déclarer licite un tel marché; — Attendu qu'il y aurait peut-
être une distinction à faire entre les boissons servies aux électeurs et
les repas fournis aux agents électoraux; que, dans la rétribution de
ces derniers, peut faire fond le remboursement, par le candidat ou
par ses mandataires, des dépenses faites par les agents dont s'agit
pour leur nourriture personnelle; — Mais attendu qu'il résulte du
compte établi par le demandeur qu'il a reçu somme supérieure à la
valeur des dépenses de cette nature engagées chez lui; — Par ces
motifs; — Déclare Conte non recevable dans sa demande; — L'en
déboute, etc.

Cass. soc. 8.1.1964
(Dlle Monge *C.* Vve Minart)

D. 1964.267

LA COUR; — Sur le moyen unique pris de la violation et de la fausse
interprétation de la loi, notamment des art. 1131 et 1133, C. civ. et
de l'art. 7 de la loi du 20 avr. 1810, dénaturation des conventions: —
Attendu qu'il est fait grief au jugement attaqué (Trib. civ. Bayonne,
14 janv. 1957) d'avoir débouté la demoiselle Monge de sa demande
en payement de solde de salaires en raison de l'illicéité du contrat

de travail qui la liait à dame Minart, alors que cette dernière n'avait pas rapporté la preuve qui lui incombait de la cause immorale et illicite du contrat et que demoiselle Monge ignorait lors de la passation dudit contrat les raisons qui pouvaient le vicier; — Mais attendu que les juges du fond ont constaté que la demoiselle Monge avait été employée comme femme de chambre dans la maison de tolérance exploitée par la dame Minart et avait participé à cette entreprise 'illicite et immorale'; qu'ils ont pu en déduire qu'elle était mal fondée à se prévaloir d'un contrat 'dont la cause était illicite et contraire aux bonnes mœurs'; — Attendu que la demoiselle Monge ne justifie pas avoir soutenu devant eux qu'elle ignorait, lors de la conclusion du contrat, les raisons qui pouvaient le vicier, ce qui constitue un moyen nouveau, mélangé de fait et de droit, donc irrecevable;

Par ces motifs, rejette.

Cass. crim. 7.6.1945
(Lavaure)

S. 1945.1.120   D. 1946.1.149 note R. Savatier   Gaz. Pal. 1945.2.146

LA COUR; — Statuant sur le pourvoi de Lavaure contre un arrêt de la cour d'appel de Bordeaux du 2 mars 1944 qui l'a condamnée à trois mois de prison et 15 000 fr. de réparations civiles pour exercice du métier de souteneur; . . .

— Attendu qu'il résulte des énonciations de l'arrêt attaqué que Lavaure a partagé les produits de la prostitution de la fille Janin, sa maîtresse, et ainsi exercé le métier de souteneur, délit prévu par la loi du 2 mars 1943; — Attendu que, sur les conclusions de la fille Janin, partie civile,[84] tendant à l'allocation d'une somme de 35 000 fr. qu'elle affirmait avoir remise en plusieurs fois au prévenu, la cour d'appel lui a alloué celle de 15 000 fr. 'à titre de dommages-intérêts';

Sur le troisième moyen, pris de la violation des art. 1108, 1131, et 1133, C. civ., 7 de la loi du 20 avr. 1810 pour défaut ou insuffisance de motifs et manque de base légale, en ce que la cour a condamné Lavaure à payer la somme de 15 000 fr. à la partie civile en tant que constituant le revenu de la prostitution de cette dernière, alors qu'en tout état de cause, vu son origine, pareille somme ne pouvait être réclamée en justice, faute de pouvoir l'être sans mettre la demande-

[84] See above, p. 271.

resse dans la situation d'alléguer sa propre turpitude : — Attendu que si l'art. 1131, C. civ. déclare sans effet l'obligation sur cause illicite, il ne vise pas les obligations ayant leur source, comme en l'espèce, dans un délit caractérisé par la loi pénale et dont la somme allouée par les juges à la partie civile constitue la réparation ; — D'où il suit qu'en condamnant le prévenu à payer à la fille Janin la somme de 15 000 fr. à titre de dommages-intérêts, l'arrêt attaqué n'a violé aucun des textes visés au moyen ;

Par ces motifs, rejette.

From the note

... Il y a aujourd'hui une remarquable tendance de chaque branche du droit à proclamer son autonomie, et à prétendre, dans une sorte d'esprit revendicatif, rompre les liens qui la rattachent à l'ensemble du droit positif, spécialement au droit privé.... Le présent arrêt n'est pas loin d'apparaître comme une manifestation de l'autonomie que revendiquerait pareillement le droit criminel, même dans ses prolongements civils. Le langage employé en est révélateur. La chambre criminelle y laisse le droit civil libre de persévérer dans ses errements traditionnels, en appliquant l'art. 1131, et en privant d'efficacité l'obligation de cause illicite. Mais quand cette obligation se rapporte à un délit puni par la loi pénale, l'arrêt déclare l'art. 1131 hors de jeu, et affirme que, si illicite que soit la cause de l'obligation, celle-ci doit se traduire, devant la juridiction criminelle, par des dommages-intérêts ...

... Pourtant, en dépit de ces rapprochements plus ou moins lointains, il est certain que l'arrêt ci-dessus ne suit nullement la jurisprudence antérieure. Il rompt même délibérément avec elle. Car, dans l'ensemble, les tribunaux avaient bien respecté, jusqu'ici, le principe que la partie civile ne peut demander, devant aucune juridiction, à l'occasion d'un délit pénal, d'autres dommages-intérêts que ceux conformes aux principes généraux de la responsabilité civile. Spécialement, quand le délit pénal se rattache à une convention immorale, les juridictions pénales, comme les juridictions civiles, avaient, jusqu'ici, refusé toute indemnité elle-même liée à cette convention ...

... Cette confusion existe en effet et elle porte sur la nature des règles de droit civil que la chambre criminelle a cru devoir écarter. Car, si émancipé qu'ait voulu être, par rapport au droit civil, le présent arrêt, il a bien été amené, à l'occasion de l'affaire criminelle qui lui était soumise, à confronter les dommages-intérêts qu'il prononce avec certaines règles de droit privé. Quand une juridiction criminelle connaît d'une action civile, elle ne peut faire, du droit civil, complète abstraction. Or, il est curieux de constater que tout l'effort de l'arrêt consiste, sur ce point, à écarter l'art. 1131, c. civ., qui prive d'effets les obligations sans cause ou sur cause illicite. Direction où cet effort, induit du reste en erreur par certains auteurs, s'exerce précisément au rebours du véritable problème. Car l'obligation de cause immorale consistait ici dans celle de la prostituée à l'égard du souteneur, obligation en exécution de laquelle la prostituée avait remis à celui-ci de l'argent. Et, pour fonder la restitution qu'essaie de justifier la chambre criminelle, il aurait fallu, non pas, comme elle se l'imagine, écarter l'art. 1131, mais l'appliquer. Car l'obligation de la prostituée envers le souteneur étant de cause illicite, l'art. 1131 eût logiquement comporté la restitution de ses versements, c'est-à-dire le résultat auquel tend la chambre criminelle. Il est donc singulièrement paradoxal de la voir précisément s'attaquer à la règle de droit civil qui eût pu expliquer sa sentence.

C'est qu'elle a, en réalité, méconnu l'obstacle de droit civil qui s'opposait à la restitution admise par elle. Cet obstacle existait bien. Seulement, il ne consistait nullement dans l'art. 1131, mais dans une règle distincte, dont les effets, tantôt coïncident avec ceux de ce texte, et tantôt s'y opposent: la règle *Nemo auditur turpitudinem suam allegans*. La Cour n'a sans doute pas vu que cette maxime est, tour à tour, utilisée à deux fins. Elle peut, sans doute, paralyser en accord avec l'art. 1131, l'application d'une convention immorale. Mais, si cette convention a été exécutée, elle peut aussi paralyser les restitutions que devrait en entraîner la nullité. Loin d'être alors conforme à l'art. 1131, elle en exclut, au contraire, les conséquences. Or dans l'espèce, c'était précisément pour exclure le jeu de l'art. 1131 que la jurisprudence habituelle aurait fait jouer la maxime *Nemo auditur*. . . . C'est cette maxime qui eût paralysé toute action en restitution de ce que le souteneur avait reçu de la prostituée, en vertu d'un contrat cependant nul. Car, contrairement à ce qu'a pensé Capitant, la maxime *Nemo auditur* . . . ne dérive nullement de la théorie de la cause dans les obligations contractuelles. Elle manifeste simplement le refus du juge de s'immiscer dans des règlements immoraux.

NOTES

1. Whether the payment is a gift or remuneration for services as a pimp, who is driven to plead that the *cause* is *illicite*?

2. Could an English court justify this result on the grounds that the contract is prohibited by a statutory provision intended to protect the girl? Is this what the *Cour de cassation* means by 'obligations ayant leur source . . . dans un délit caractérisé par la loi pénale'?

7 Breach

4̶9̶7̶

C. civ. art. 1184

'La condition résolutoire est toujours sous-entendue dans les contrats synallagmatiques, pour le cas où l'une des deux parties ne satisfera point à son engagement.

Dans ce cas, le contrat n'est point résolu de plein droit. La partie envers laquelle l'engagement n'a point été exécuté, a le choix ou de forcer l'autre à l'exécution de la convention lorsqu'elle est possible, ou d'en demander la résolution avec dommages et intérêts.

La résolution doit être demandée en justice, et il peut être accordé au défendeur un délai selon les circonstances.'

Section 1 : *Exceptio non adimpleti contractus*

Cass. civ. 5.12.1934
(Dubosc *C*. Soc. des Eaux de Châtel-Guyon)

S. 1935.1.46 note anon.   Gaz. Pal. 1935.1.134 note anon.

LA COUR ; — Sur le premier moyen : — Attendu que le pourvoi reproche au jugement attaqué d'avoir décidé que Dubosc avait violé une condition du contrat par lui passé avec la Soc. des eaux de Châtel-Guyon, en refusant de présenter sa carte de baigneur aux agents de la société, alors qu'au moment où il en avait été requis, il n'accomplissait aucun acte entrant dans les prévisions de ladite convention ; — Mais attendu que le jugement attaqué constate que Dubosc était tenu par son contrat de présenter sa carte de baigneur à toute réquisition des agents de la société ; qu'il s'y était refusé à deux reprises, alors qu'il se trouvait dans le parc de l'établissement 'd'abord, étant assis sur une chaise devant le tennis, puis venant de boire à la source Germaine' ; que le tribunal, usant de son pouvoir souverain d'appréciation, a pu considérer que, dans les circonstances par lui précisées, il était permis à la société d'assurer vis-à-vis de Dubosc le droit de contrôle qu'elle s'était réservé à l'égard de 'toute personne en action de baigneur dans sa propriéte privée' et qu'en refusant de se sou-

savant auteur proposa alors l'expression 'obligation de moyens' pour qualifier le contenu d'un tel devoir. Quelquefois, ce n'est plus seulement une attitude diligente qui est attendue d'un contractant . . . mais un fait ou un acte précis, un résultat indépendant des efforts fournis pour l'obtenir : la terminologie 'obligations de résultat' devait caractériser ce second groupe . . . la jurisprudence ne tarda pas à utiliser la théorie . . .

Un débiteur promet un 'résultat' lorsqu'il prend l'engagement d'effectuer une prestation, sans possibilité d'être libéré en cas d'inexécution due à la survenance de difficultés graves et inattendues, la force majeure ayant seule un pouvoir libératoire. Le résultat est donc une prestation précise (la livraison d'un meuble par exemple) objet direct de l'obligation. Son caractère objectif rend inutile pour le créancier la prise en considération de la conduite du débiteur : ce dernier n'aura aucune chance d'être exonéré en essayant de montrer sa bonne foi ou sa conduite diligente. Dans d'autres hypothèses, une personne peut simplement consentir à faire son possible pour réaliser une œuvre. . . . Elle se propose d'agir avec diligence, d'apporter à l'exécution de sa prestation tous les soins du bon père de famille. Tel est le cas du médecin promettant de mettre en œuvre sa science et son art au service de la guérison d'un malade. Si le but espéré n'est pas atteint, le débiteur n'encourra la charge de la responsabilité que si son attitude est fautive . . .

Cass. civ. 17.3.1947
(Etabl. Dollonne e.a. *C.* Epoux Béaa)

D. 1947.1.269

LA COUR ; — Sur le moyen unique : — Vu l'art. 1147, C. civ. ; — Attendu qu'en matière contractuelle, le débiteur n'est présumé en faute que si l'obligation à l'exécution de laquelle il s'est engagé envers le créancier n'a pas été remplie ; — Attendu que pour faire droit à la demande en dommages-intérêts formée par la dame Béaa, en réparation du préjudice résultant pour elle d'une chute dans un escalier de la salle de spectacle des Etabl. Dollonne, au cours d'une séance cinématographique, l'arrêt attaqué (Aix, 16 mai 1938) adoptant les motifs du tribunal, s'est uniquement fondé sur ce que, à défaut de prouver la faute de la victime, les exploitants d'un cinéma sont responsables, aux termes de l'art. 1147, C. civ., de l'accident dû à l'obscurité que nécessite le spectacle, et qui rend dangereuse la circulation dans la salle; — Mais attendu que, sauf convention contraire, l'entrepreneur de spectacles s'oblige seulement à observer, dans l'organisation et le fonctionnement de son exploitation, les mesures de prudence et de diligence qu'exige la sécurité du spectateur, et n'assume pas l'obligation de rendre celui-ci sain et sauf à la sortie de son établissement; qu'il incombe dès lors au demandeur en dommages-intérêts de démontrer que le préjudice qu'il invoque a été causé par l'inexécution des obligations dont le défendeur a la charge; d'où il suit qu'en statuant comme il l'a fait l'arrêt attaqué a faussement appliqué et, par suite, violé le texte susvisé; — Par ces motifs, casse . . .

NOTE

1. Compare Occupiers' Liability Act, 1957 § 2 (1); and contrast Cass. civ. 6.12.1932.[6]

Cass. civ. 11.2.1975

(S.A. Centre attractif Jean Richard et Cie La Préservatrice *C*. Dame Bruzzesi)

D.S. 1975.512 note Le Tourneau   J.C.P. 1975 II 18179 note Viney

LA COUR; — Sur le moyen unique, pris en sa première branche: — Vu l'art. 1147 c. civ.; — Attendu que dame Bruzzesi assistait à un spectacle donné par la Société 'Centre attractif Jean Richard', lorsqu'elle a été blessée à l'épaule gauche; qu'à la suite de cet accident, elle a assigné en paiement de dommages-intérêts ladite société et l'assureur de celle-ci, la Compagnie 'La Préservatrice'; — Attendu que la cour d'appel (Amiens, 2 mai 1973), tout en admettant que la dame Bruzzesi ne prouvait pas que la Société 'Centre attractif Jean Richard' avait commis une faute, a déclaré celle-ci responsable de l'accident, au motif que l'entrepreneur de spectacles est tenu en ce qui concerne la sécurité des spectateurs d'une obligation de résultat; — Attendu, cependant, que l'entrepreneur de spectacles n'est tenu, sauf circonstances particulières découlant de la nature du spectacle, que d'une obligation de moyens: que, dès lors, en statuant ainsi, sans relever de circonstances impliquant en l'espèce l'existence d'une obligation de résultat, l'arrêt attaqué n'a pas donné de base légale à sa décision;

Par ces motifs, et sans qu'il y ait lieu de statuer sur la seconde branche du moyen, casse . . .

[6] Below, p. 467.

Cass. civ. 12.2.1975
(Orsoni *C.* Cie La Concorde et Madoire)

D.S. 1975.533 note Le Tourneau   J.C.P. 1975 II 18179 note Viney

LA COUR; — Sur le premier moyen: — Vu l'art. 1147 c. civ.; — Attendu que Francois Orsoni, qui se trouvait dans une auto-tamponneuse[7] du manège exploité par Madoire, a été blessé à la suite d'un choc survenu entre sa voiture et celle d'un autre client du manège; qu'Ange Orsoni, agissant en qualité de représentant de son fils mineur, a assigné en paiement de dommages-intérêts Madoire et l'assureur de celui-ci, la Compagnie 'La Concorde'; — Attendu que la cour d'appel (Aix, 20 juin 1973) a rejeté cette demande, au motif que Madoire n'était pas tenu d'une obligation de 'sécurité absolue' et qu'il n'était pas établi qu'il avait manqué à son obligation de surveillance générale; — Attendu qu'en se déterminant ainsi, alors que l'exploitant d'un manège d'auto-tamponneuses est, pendant le jeu, tenu d'une obligation de résultat en ce qui concerne la sécurité de ses clients, les juges du second degré ont violé le texte susvisé;

Par ces motifs, et sans qu'il y ait lieu de statuer sur le second moyen, casse . . .,

NOTES

1. In these last two cases (decided on succeeding days) the *Cour de cassation* quashes the lower court. Is the content of the obligation undertaken in each case a matter of fact?[7a]

2. Remember C. civ. art. 5.

3. Does the judicial approach justify the criticisms of Touffait and Tunc (above p. 160)?

Cass. civ. 16.3.1970
(Richard *C.* Buer)

D.S. 1970.421 note Rodière   Gaz. Pal. 1970.1.363

LA COUR; — Sur le moyen unique: — Vu l'art. 1147, C. civ.;

Attendu qu'il résulte des énonciations de l'arrêt confirmatif attaqué que, le 17 août 1966, Buer, son fils et dlle Reinerd ont loué à Richard,

---

[7] 'Dodgem' car.
[7a] See *Greaves & Co. (Contractors) Ltd.* v. *Baynham Meikle & Partners* [1975] 3 All. E.R. 99 per Denning M.R. at p. 104.

organisateur de promenades à cheval, trois chevaux pour faire, sous la conduite du fils de Richard, une excursion au lac Pavin; qu'au cours de cette promenade, à l'occasion d'un passage sur route, le cheval de Buer, apeuré par le bruit d'un avertisseur de voiture, monta sur un talus et voulut rebrousser chemin; que sur les conseils du guide qu'il avait sollicités, Buer déchaussa les étriers[8] et sauta, se fracturant ainsi la jambe;

Attendu que, pour faire droit à l'action formée par Buer contre Richard, en réparation du préjudice qu'il avait subi, la cour d'appel énonce qu'est lié à un client, par contrat de transport entraînant une obligation de résultat, celui qui, par profession et moyennant rémunération, organise des promenades à cheval pour des touristes en excursion, de telles promenades ne constituant pas la pratique d'un sport, mais un mode de transport à la portée de n'importe quelle personne ne s'étant jamais livrée à l'équitation;

Attendu, cependant, qu'en mettant à la charge de Richard, loueur de chevaux de promenade, une obligation de résultat, alors que la pratique du sport équestre, qui s'exerce, comme en l'espèce, sous forme de promenade à l'extérieur, impliquant l'acceptation de certains risques provoqués, notamment, par les réactions, parfois imprévisibles, des chevaux qui exposent à des accidents des cavaliers confirmés, il n'était tenu que d'une obligation de prudence et de diligence, la cour d'appel a violé, par fausse application, le texte susvisé; Par ces motifs, casse . . .

NOTES

1. Why is the determination of the extent of an obligation not within the *pouvoir souverain du juge du fond*?

2. To what extent does English law recognize a distinction between *obligations de moyens* and *de résultat*? Consider, for instance, the liability of a dealer under Sale of Goods Act, 1893, s. 14 and of a non-dealer; or of, say, a manufacturer of explosives to those (*a*) outside and (*b*) within his premises.

3. Where a dentist contracted to make and supply false teeth, the Court of Appeal held: '. . . such a contract must necessarily, by reason of the relationship between the parties and the purpose for which the contract is entered into, import a term that, given reasonable co-operation by the

[8] Stirrups.

patient, the dentist *will achieve reasonable success* in his work; or, in other words, that there *shall be success* to the extent of producing dentures which fit well, and which can be used . . . for eating and talking . . .'[9] Would a French court have found an *obligation de résultat*?

4. Is the distinction between *obligations de moyens* and *de résultat* reflected in art. 1137 and 1147 *Code civil*?

Section 2 : *Imprévision*

Cass. civ. 6.3.1876

(Syndicat des arrosants de Pélissanne *C.* de Gallifet e.a.)

S. 1876.1.161   D. 1876.1.193 note Giboulot

La Cour d'Aix a rendu, le 31 déc. 1873, l'arrêt suivant: — 'Sur l'augmentation de la redevance d'arrosage: — Attendu que si les conventions légalement formées tiennent lieu de loi aux parties et si elles ne peuvent être modifiées que du consentement commun, il n'en est pas de même pour les contrats qui ont un caractère successif; — Qu'il est reconnu, en droit, que ces contrats, qui reposent sur une redevance périodique, peuvent être modifiés par la justice, lorsqu'il n'existe plus une corrélation équitable entre les redevances d'une part et les charges de l'autre; que, dans l'espèce, la redevance due par les arrosants représente la jouissance successive des eaux du canal, ayant pour corrélatif l'entretien et les dépenses de ce même canal; que du jour où cette égalité cesse, la loi primitive du contrat est rompue et qu'il appartient aux tribunaux de rétablir l'égalité primitive; — Attendu, en fait, que les conventions de 1560 et 1567 représentent ce caractère successif; que l'œuvre de Craponne, en prenant l'engagement de fournir de l'eau aux arrosants de Pélissanne, a stipulé, comme compensation, une redevance déterminée; que cette redevance de 3 sols par carteirade, qui pouvait être suffisante à cette époque, cesse de l'être aujourd'hui que les dépenses pour l'entretien du canal ont considérablement augmenté; qu'on ne peut soutenir qu'Adam de Craponne a reçu, à l'origine, des avantages particuliers qui rendraient ses successeurs non recevables à demander aujourd'hui une équitable augmentation dans les redevances; — Attendu que les

---

[9] *Samuels* v. *Davis* [1943] 2 All E.R. 3 per Scott L. J. at 4; italics added.

premiers juges, en fixant cette augmentation à 60 centimes par carteirade de soixante arbres, ont sagement apprécié les faits du procès, etc.'

POURVOI en cassation par le syndicat des arrosants. — 1ᵉʳ Moyen. Excès de pouvoirs et violation de l'art. 1134, C. civ., en ce que sous prétexte qu'il s'agissait d'un contrat successif, on a substitué un prix nouveau à celui qui résultait de la convention des parties.

ARRÊT

LA COUR; — Sur le deuxième moyen du pourvoi: . . . etc.; — Rejette ce moyen; — Mais sur le premier moyen du pourvoi: — Vu l'art. 1134, C. civ.; — Attendu que la disposition de cet article n'étant que la reproduction des anciens principes constamment suivis en matière d'obligations conventionnelles, la circonstance que les contrats dont l'exécution donne lieu au litige sont antérieurs à la promulgation du Code civil ne saurait être, dans l'espèce, un obstacle à l'application dudit article; — Attendu que la règle qu'il consacre est générale, absolue et régit les contrats dont l'exécution s'étend à des époques successives de même qu'à ceux de toute autre nature; — Que, dans aucun cas, il n'appartient aux tribunaux, quelque équitable que puisse leur paraître leur décision, de prendre en considération le temps et les circonstances pour modifier les conventions des parties et substituer des clauses nouvelles à celles qui ont été librement acceptées par les contractants; — Qu'en décidant le contraire et en élevant à 30 cent. de 1834 à 1874, puis à 60 cent. à partir de 1874, la redevance d'arrosage, fixée à 3 sols par les conventions de 1560 et de 1567, sous prétexte que cette redevance n'était plus en rapport avec les frais d'entretien du canal de Craponne, l'arrêt attaqué a formellement violé l'art. 1134 ci-dessus visé; — Casse, dans la disposition relative à l'augmentation du prix de la redevance d'arrosage, etc.

From the note

Est-ce à dire que cette doctrine, si formellement proclamée par la cour de cassation, soit en contradiction avec les nombreux arrêts qui ont reconnu aux juges du fond le droit d'apprécier et d'interpréter les termes du contrat, et que la cour suprême ait entendu élargir les limites de son pouvoir de contrôle et de censure? Il n'en est rien. Si, d'après les déclarations de l'arrêt attaqué, l'acte de 1567 avait contenu des clauses dont il fût résulté, au moins implicitement, que les arrosants s'engageaient à payer une redevance représentant exactement les dépenses d'entretien faites par le propriétaire du canal, et que cette redevance, fixée d'abord à trois sols par carteirade, devait, dans l'intention des parties, augmenter ou diminuer selon les variations des frais d'entretien du canal, la cour de cassation se serait arrêtée devant cette interprétation souveraine de la volonté des auteurs des parties en cause. Mais telle n'était pas la situation; les juges du fond n'avaient rien à interpréter, puisque le contrat portait expressément, sans la moindre ambiguïté, que le prix était fixé à une somme invariable. Aussi la cour d'Aix a-t-elle reconnu que la question ne pouvait être jugée qu'en droit pur, et elle a formulé la thèse qui a été censurée par la cour de cassation. . . . Elle cédait à l'influence de cette équité arbitraire dont la commode flexibilité reçoit aisément toutes les impressions de la volonté du magistrat. . . . La cour de cassation, gardienne de la loi, ne pouvait donc qu'annuler une décision qui, sous prétexte d'équité, mutilait et violait formellement une convention licite, consacrée par une exécution trois fois séculaire, et dont l'art. 1134, C. civ. fait la loi des parties.

Cass. civ. 6.6.1921
(Bacou *C.* Saint-Pé)

S. 1921.1.193 note Hugueney   D.P. 1921.1.73 rapport Colin, note X . .
                                G.A. 182

[By a lease with livestock made in 1910 the parties agreed a value per head; the land and cattle were to be returned at the end of the lease, and a valuation made, when any excess over the agreed figure was to go to the tenant. The *Cour d'appel* of Toulouse refused to allow the tenant all the excess. Motion to quash by Bacou (the tenant).]

Extract from the *arrêt*

LA COUR; . . . Vu les art. 1134 et 1826, C. civ. . . .

Attendu que la Cour d'appel allègue vainement que les parties, en contractant, n'avaient pu prévoir l'augmentation extraordinaire du prix des animaux résultant de la guerre de 1914, mais seulement une hausse normale . . . Attendu, en effet, qu'en s'astreignant à supporter le risque d'une élévation factice . . . Saint-Pé s'était fait à lui-même une loi dont il ne pouvait s'affranchir en alléguant que ses prévisions avaient été trompées; qu'il lui aurait appartenu de restreindre son engagement à un taux déterminé; mais qu'en induisant cette restriction de circonstances sur lesquelles le bail ne s'était pas expliqué, l'arrêt attaqué n'a fait que substituer une convention supposée à la convention exprimée par les contractants; — Casse . . .

Conseil d'Etat 30.3.1916
(Comp. gén. d'éclairage de Bordeaux *C*. Ville de Bordeaux)

S. 1916.3.17 note Hauriou concl. Chardenet   D. 1916.3.25 concl. Chardenet

La Comp. générale d'éclairage de Bordeaux, à raison de la hausse du charbon amenée par la guerre, a actionné la ville de Bordeaux devant le conseil de préfecture de la Gironde, pour voir dire que le prix du gaz, fixé par le contrat de concession, serait relevé pour les fournitures à faire, la compagnie réclamait une indemnité pour les pertes que lui avait déjà fait subir la hausse du charbon. Cette demande a été rejetée par un arrêté du conseil de préfecture, en date du 30 juill. 1915. — La Comp. générale d'éclairage de Bordeaux a formé un pourvoi contre cet arrêté.

M. Chardenet, commissaire du gouvernement, a présenté dans l'affaire les conclusions suivantes:

From the *Conclusions du Commissaire du Gouvernement*

Ce litige est né dans les conditions suivantes.

A la suite de l'ouverture des hostilités actuelles, une hausse considérable s'est produite sur le prix de revient[10] du charbon rendu aux usines de la Comp. d'éclairage de Bordeaux. La compagnie s'est adressée à la municipalité de Bordeaux, en faisant valoir qu'elle ne pouvait, dans ces circonstances, assurer l'exécution du service de l'éclairage suivant les conditions qui avaient été prévues au contrat de concession de 1904. En somme, et pour laisser de côté tous les détails des conclusions prises, elle lui a demandé de la mettre en état de pouvoir continuer à assurer le service public qui lui avait été concédé, tant que la situation économique actuelle subsisterait. La ville de Bordeaux n'ayant pas accueilli la demande de la compagnie,

---

[10] Prime cost.

le conseil de préfecture de la Gironde a été saisi. Cette juridiction a donné gain de cause à la ville de Bordeaux, par un arrêté du 30 juill. 1915. La Comp. générale d'éclairage vous a déféré cet arrêté.

Avant d'examiner la question, il est essentiel de remarquer que vous avez à statuer sur un litige qui n'existe qu'entre la ville de Bordeaux et la Comp. du gaz, sur un litige né entre le concédant d'un service public et le concessionnaire. Ceux qui, à Bordeaux, ont contracté des abonnements pour le gaz ne sont pas en cause devant vous. Il ne s'agit pas de leur imposer, par une décision de justice rendue par vous, un relèvement du prix d'abonnement; il ne s'agit pas pour vous de refaire les tarifs d'abonnement. Il ne s'agit pas davantage de prononcer, par une décision émanant de vous, la rupture des contrats d'abonnement qui existent actuellement. Non; le débat n'est pas engagé avec les abonnés au gaz de la ville de Bordeaux, et, au surplus, s'il l'avait été, vous n'auriez pu à leur égard que décliner votre compétence: c'est à l'autorité judiciaire qu'il appartient de connaître des difficultés auxquelles peuvent donner lieu des contrats d'abonnement. Ceci bien indiqué, nous vous demandons la permission de vous présenter tout d'abord quelques considérations d'ordre général, car, il faut bien le reconnaître, la question posée devant vous a une portée générale. Ce litige met en jeu la question du fonctionnement d'un service public.

Les contrats de concession étant conclus pour des périodes de temps forcément étendues, il peut se produire, au cours de leur exécution, bien des événements qui viendront plus ou moins troubler leur économie, événements qui n'avaient pas été prévus au moment où les parties avaient contracté. Il arrivera que le concessionnaire ne pourra pas assurer le service dans les conditions fixées au contrat. Que devront faire les parties contractantes et que devra faire le juge, au cas où le concessionnaire et le concédant n'arrivent point à se mettre d'accord? Si nous étions en présence d'un contrat passé dans les conditions du droit commun, et régi exclusivement par les dispositions du Code civil, on n'aurait qu'à se reporter aux art. 1134, 1147 et 1148, C. civ., et à appliquer la jurisprudence de l'autorité judiciaire pour l'interprétation du texte. Vous connaissez l'art 1184, C. civ., relatif aux contrats synallagmatiques. Il en résulte que, pour ces contrats, tels qu'ils sont régis par le Code civil, si l'une des parties ne remplit pas les obligations dont elle est tenue, et si l'exécution de ces obligations est possible, l'autre partie peut poursuivre l'exécution de la convention, ou bien demander au juge de prononcer la résolution du contrat, avec dommages-intérêts. D'ailleurs, à défaut d'une clause expresse de résolution, il appartient toujours aux tribunaux d'apprécier, en cas d'inexécution, si la résolution du contrat doit être prononcée, ou s'il suffit d'allouer des dommages-intérêts.

Mais il est à remarquer que la Cour de cassation interprète l'art. 1184, C. civ., en ce sens que, ne faisant aucune distinction entre les différentes causes d'inexécution des conventions, cette disposition n'admet point la force majeure comme un obstacle à la résolution du contrat, pour le cas où l'une des parties ne satisfait point à ses engagements. Quant aux art. 1147 et 1148, C. civ., ils envisagent les événements de force majeure et les cas fortuits. Vous savez comment ces cas ont été interprétés par l'autorité judiciaire et par la doctrine. M. Tardieu vous le rappelait, en concluant dans différentes affaires concernant des compagnies de navigation, sur lesquelles vous avez statué le 29 janv. 1909, dans les affaires Comp. des messageries maritimes, Comp. gén. transatlantique et Comp. de navigation mixte (S. et P. 1911. 3. 78; Pand. pér., 1911. 3. 78). Il vous disait: 'La doctrine et la jurisprudence sont d'accord pour admettre que seuls constituent un cas de force majeure: 1° un fait indépendant de la volonté du débiteur; 2° un fait qu'il n'a pu ni prévenir, ni empêcher; 3° un fait qui le met dans l'impossibilité de remplir ses obligations'. Lorsque ces conditions sont remplies, l'autorité judiciaire prononce la résolution du contrat. Elle déclare que le débiteur n'est pas tenu de remplir son obligation et qu'il n'est pas passible de dommages-intérêts.

Mais l'autorité judiciaire a précisé bien souvent qu'à impossibilité d'exécution, il ne fallait pas assimiler les événements qui rendent pour l'un des contractants, l'exécution du contrat plus onéreuse ou plus difficile.

Les mêmes règles sont-elles applicables en matière administrative? Sans doute, vous vous conformez aux principes généraux du Code civil; mais vous avez aussi à tenir compte, lorsqu'il s'agit de marchés de travaux publics, de transports, de fournitures, des nécessités de l'intérêt général. Aussi, tout en admettant les mêmes règles que l'autorité judiciaire, en ce qui concerne les événements de force majeure, avez-vous interprété plus largement le caractère d'événements de force majeure ou de cas fortuit. Vous avez bien reconnu que, pour qu'il y eût événement de force majeure, on devait se trouver en présence de faits ayant apporté un obstacle insurmontable à l'exécution du marché, et, sur ce point, vous étiez en complet accord avec la Cour de cassation. Mais vous avez reconnu également qu'il y avait obstacle insurmontable, lorsque l'événement qui s'était produit avait troublé très gravement l'économie du contrat . . .

D'autre part, et surtout, vous avez appliqué très largement le principe que les contrats doivent être exécutés de bonne foi, et conformément à l'intention que les parties en présence avaient pu avoir au moment où elles contractaient. Vous avez été ainsi amenés à tenir compte des faits qui n'avaient pu être prévus lors de la passation du marché, de difficultés exceptionnelles que rien ne permettait de soupçonner, et qui avaient été rencontrées par l'entrepreneur ou le fournisseur au cours de l'exécution du marché. Et, de vos nombreuses décisions, s'échelonnant sur de longues années, on a déduit toute une doctrine, que l'on a appelée la 'théorie de l'imprévision'.

La même jurisprudence devrait s'appliquer, selon nous, au cas d'une hausse sur le prix de la matière nécessaire pour la fourniture. Vient-il à se produire une hausse tout à fait hors de proportion avec les conditions économiques régulières, une hausse qu'aucune des parties contractantes n'avait pu prévoir au moment de la passation du marché, une hausse telle qu'elle rend le marché pratiquement inexécutable dans les conditions où les contractants ont entendu l'établir, on se trouve en présence d'une difficulté aussi exceptionnelle que celle rencontrée par un entrepreneur, lorsqu'il doit effectuer des déblais[11] d'une nature que rien ne lui faisait prévoir, et qui sont particulièrement onéreux, ou lorsqu'il est en présence de nappes d'eau considérables qui ne permettent pas l'exécution des ouvrages.

Lorsque vous avez alloué des indemnités dans les cas que nous venons d'examiner, lorsque vous avez accordé des prix nouveaux etc., avez-vous pour cela refait le contrat, ce qui n'est pas le rôle du juge? Mais pas du tout. Le contrat a subsisté. Vous avez seulement tenu compte d'événements que les parties contractantes n'avaient pu prévoir, de faits extérieurs au contrat, qui étaient postérieurs à sa passation, qui en avaient troublé gravement l'économie, et à raison desquels l'application stricte et littérale des dispositions du marché n'était plus juridiquement possible. Vous avez rémunéré l'entrepreneur du montant des charges extracontractuelles qu'il n'avait pas à supporter en principe et qu'il avait supportées.

Les mêmes principes doivent être appliqués à bien plus forte raison en matière de concessions de services publics.

Mais, lorsqu'on se trouve en présence d'événements qui viennent

---

[11] Excavations.

troubler profondément l'économie du contrat, qui mettent le concessionnaire dans l'impossibilité d'exécuter son marché dans les conditions où ce marché a été passé et existe, il faut faire face à cette situation nouvelle, que les parties n'avaient en rien pu prévoir; il faut y faire face tant qu'elle subsiste; les nécessités du service public l'exigent. C'est alors à la puissance publique, à qui incombe, à l'égard de tous, la responsabilité du service, d'intervenir et de prendre les mesures indispensables pour surmonter les difficultés exceptionnelles rencontrées momentanément.

La puissance publique, le concédant, exigera du concessionnaire l'exécution du service, à laquelle il est tenu par son contrat; mais la puissance publique aura à tenir compte au concessionnaire, — soit en lui allouant des indemnités, soit en restreignant certaines des obligations dont il est tenu, soit par tout autre arrangement, — de l'excédent de charges dépassant le maximum des difficultés ou le maximum de l'amplitude des variations économiques, dont la prévision était possible au moment où l'on avait contracté. La puissance publique est tenue de le faire, puisque, au delà du maximum des difficultés qu'on pouvait prévoir, le concessionnaire ne serait pas obligé d'assurer le service en vertu de son contrat, à raison des événements qui se sont produits. On est en dehors du contrat, passez-nous l'expression. Le concessionnaire ne peut être tenu de faire face à des sujétions extra-contractuelles que si la puissance publique lui donne le moyen d'y faire face, si elle supporte les dépenses au delà des limites que nous venons d'indiquer, et qui sont celles résultant d'une saine interprétation du contrat. Et, remarquez-le bien, ce n'est pas là enrichir le concessionnaire, ce n'est pas le mettre à l'abri de tous les risques, c'est seulement le mettre en état de continuer à assurer le service public, dont le fonctionnement se trouve menacé à raison de faits que les parties ne pouvaient en rien prévoir, et qui· ont porté une grave atteinte à l'économie du contrat. Une fois la période des difficultés passée, on reviendra à l'exécution normale du marché.

En résumé, les principes sont pour nous les suivants. On se trouve en présence de charges dues à des événements que les parties contractantes ne pouvaient prévoir, et qui sont telles que, temporairement, momentanément, tant que dureront les événements ayant déterminé ces charges nouvelles, le contrat ne peut plus être exécuté dans les conditions où il est intervenu. Le service public n'en doit pas moins être assuré, — l'intérêt général l'exige — et le contrat doit subsister. La puissance publique, le concédant, aura à supporter les charges qu'exige le fonctionnement du service public, et qui excèdent le maximum de ce que l'on pouvait admettre comme prévision possible et raisonnable par une saine interprétation du contrat.

LE CONSEIL D'ETAT: — Sur les fins de non-recevoir opposées par la ville de Bordeaux: — Considérant que les conclusions de la compagnie requérante tendaient, devant le conseil de préfecture, comme elles tendent devant le Conseil d'Etat, à faire condamner la ville de Bordeaux à supporter l'aggravation des charges résultant de la hausse du prix du charbon; que, dès lors, s'agissant d'une difficulté relative à l'exécution du contrat, c'est à bon droit que par l'application de la loi du 28 pluv. an 8, la compagnie requérante a porté ses conclusions en première instance devant le conseil de préfecture et en appel devant le Conseil d'Etat:

Au fond: — Considérant qu'en principe, le contrat de concession règle, d'une façon définitive, jusqu'à son expiration, les obligations respectives du concessionnaire et du concédant; que le concessionnaire est tenu d'exécuter le service prévu dans les conditions précisées au traité, et se trouve rémunéré par la perception, sur les usagers, des taxes qui y sont stipulées; que la variation des prix des matières premières, à raison des circonstances économiques, constitue un aléa du marché, qui peut suivant le cas, être favorable ou défavorable au concessionnaire, et demeure à ses risques et périls, chaque partie étant réputée avoir tenu compte de cet aléa dans les calculs et prévisions qu'elle a faits avant de s'engager; — Mais considérant que, par suite de l'occupation par l'ennemi de la plus grande partie des régions productrices de charbon dans l'Europe continentale, de la difficulté de plus en plus considérable des transports par mer, à raison tant de la réquisition des navires que du caractère et de la durée de la guerre maritime, la hausse survenue au cours de la guerre actuelle dans le prix du charbon, qui est la matière première de la fabrication du gaz, s'est trouvée atteindre une proportion telle que, non seulement elle a un caractère exceptionnel, dans le sens habituellement donné à ce terme, mais qu'elle entraîne dans le coût de la fabrication du gaz une augmentation, qui, dans une mesure déjouant tous les calculs, dépasse certainement les limites extrêmes des majorations ayant pu être envisagées par les parties lors de la passation du contrat de concession; que, par suite du concours des circonstances ci-dessus indiquées, l'économie du contrat se trouve absolument bouleversée;

que la compagnie est donc fondée à soutenir qu'elle ne peut être tenue d'assurer, aux seules conditions prévues à l'origine, le fonctionnement du service, tant que durera la situation anormale ci-dessus rappelée; — Considérant qu'il résulte de ce qui précède que, si c'est à tort que la compagnie prétend ne pouvoir être tenue de supporter aucune augmentation du prix du charbon au delà de 28 fr. la tonne, ce chiffre ayant, d'après elle, été envisagé comme correspondant aux prix maximum du gaz prévu au marché, il serait tout à fait excessif d'admettre qu'il y a lieu à l'application pure et simple du cahier des charges, comme si l'on se trouvait en présence d'un aléa ordinaire de l'entreprise; qu'il importe, au contraire, de rechercher, pour mettre fin à des difficultés temporaires, une solution qui tienne compte tout à la fois de l'intérêt général, lequel exige la continuation du service par la compagnie à l'aide de tous les moyens de production, et des conditions spéciales qui ne permettent pas au contrat de recevoir son application normale; qu'à cet effet, il convient de décider, d'une part, que la compagnie est tenue d'assurer le service concédé, et d'autre part, qu'elle doit supporter, seulement au cours de cette période transitoire, la part des conséquences onéreuses de la situation de force majeure ci-dessus rappelée que l'interprétation raisonnable du contrat permet de laisser à sa charge; qu'il y a lieu, en conséquence, en annulant l'arrêté attaqué, de renvoyer les parties devant le conseil de préfecture, auquel il appartiendra, si elles ne parviennent pas à se mettre d'accord sur les conditions spéciales dans lesquelles la compagnie pourra continuer le service, de déterminer, en tenant compte de tous les faits de la cause, le montant de l'indemnité à laquelle la compagnie a droit, à raison des circonstances extracontractuelles dans lesquelles elle aura dû assurer le service pendant la période envisagée; — Art. 1er. L'arrêté du conseil de préfecture de la Gironde, en date du 30 juill. 1915, est annulé. — Art. 2. La Comp. générale d'éclairage de Bordeaux et la ville de Bordeaux sont renvoyées devant le conseil de préfecture, pour être procédé, si elles ne s'entendent pas amiablement sur les conditions spéciales auxquelles la compagnie continuera son service, à la fixation de l'indemnité à laquelle la compagnie a droit, à raison des circonstances extra-contractuelles dans lesquelles elle aura dû assurer le service concédé.

NOTES

1. Note that M. Chardenet asserts that the *Conseil d'Etat* would have no jurisdiction over the contracts between the Gas Company and its customers.[12]

2. M. Chardenet points out that contracts such as that litigated are to last a very long time; but so was that in the Craponne Canal case.[13] What is it about this situation that impels the *Conseil d'Etat* to take a different view from that of the *Cour de cassation*?

3. M. Chardenet denies that an alteration of price is a remaking of the contract. Contrast the attitude of the *Cour de cassation* in its decision of 6.6.1921.[14]

4. In cases between public authorities and private contractors, do English courts ever consider the public interest? See *Commissioner of Crown Lands* v. *Page*.[15]

Section 3 : *Cas fortuit* and *Force majeure*

C. civ. art. 1138, 1147, 1148, 1582, 1583, 1722

Cass. com. 18.1.1950

(Valot *C.* Jamet)

D. 1950.227   Gaz. Pal. 1950.1.320

LA COUR; — Sur le premier moyen: — Vu l'article 1148, C. civ; — Attendu que si, en principe, le débiteur ne répond pas de la force majeure, cette règle n'est pas applicable lorsque l'empêchement invoqué a eu seulement pour effet de rendre plus difficile ou plus onéreuse l'exécution des obligations; — Attendu que pour rejeter la demande de dommages-intérêts formée par Valot contre les Etablissements Jamet à raison du défaut de livraison par ceux-ci des trois appareils à cylindre qui leur avaient été commandés le 10 mai 1941, dont la moitié du prix leur avait été payée, l'arrêt attaqué (Rennes 28 fév. 1948), après avoir relevé que ce défaut de livraison n'était pas imputable à faute au vendeur, s'est fondé sur ce que, du fait de difficultés nées de l'état de guerre et de la situation économique, la livraison desdits appareils était devenue impossible aux conditions

---

[12] See above, p. 301.   [13] Above, p. 430.
[14] Above, p. 432.   [15] [1960] 2 Q.B. 274.

prévues; qu'en faisant ainsi résulter l'impossibilité d'exécuter le marché des circonstances économiques et du déséquilibre des prix, l'arrêt attaqué a faussement appliqué le texte susvisé;

Sur le deuxième moyen: — Vu l'article 1134, C. civ.; — Attendu que le 20 juillet 1944, les Etablissements Jamet ont informé Valot que le prix du planchister commandé par lui le 10 mai 1941 et payé moitié à la commande, moitié à la livraison, laquelle a été opérée le 18 septembre 1943, devait être porté de 58 000 à 74 260 francs, en raison des hausses de prix survenues; que l'arrêt attaqué a admis la prétention des vendeurs au motif que la hausse invoquée avait été homologuée[16] et que Valot, en adressant le 1er juin 1945 une somme de 35 000 francs à valoir sur le marché litigieux, avait admis au moins le principe de ladite hausse; — Mais attendu qu'il résulte des motifs du jugement expressément adoptés par l'arrêt que sur la partie du mandat destiné à la correspondance, Valot a, en adressant à ses vendeurs la somme sus-mentionnée, indiqué qu'il n'acceptait pas la majoration réclamée par eux et qu'il se réservait 'le droit de savoir si une hausse peut être appliquée sur des commandes passées fermes'; que le juge ne saurait faire état des hausses de prix, même homologuées, pour soustraire l'un des contractants à l'accomplissement des engagements clairs et précis qu'il a librement assumés; d'où il suit qu'en statuant comme il l'a fait, l'arrêt attaqué a également violé le texte visé au moyen;

Par ces motifs, Casse . . .

NOTE

1. The two *moyens* show the link between *imprévision* and *force majeure*.

Cass. civ. 4.8.1915

(Maison Agnès *C.* Maalderinck)

S. 1916.1.17 note Wahl   D. 1916.1.22

LA COUR; . . . Attendu que, des constatations des juges du fond, il appert que la demoiselle Marie Maalderinck était, en vertu d'un contrat de louage de services à durée indéterminée, employée depuis plusieurs années dans la maison Agnès, en qualité de première couturière, aux appointements de 900 fr. par mois; qu'à la suite de la déclaration de guerre, cette maison fut fermée le 3 août 1914, pour

---

[16] Officially ratified.

être rouverte dès le mois d'octobre suivant; qu'un certain nombre
d'ouvrières y reprirent, à cette époque, leur travail, mais que, malgré
ses démarches réitérées, la demoiselle Maalderinck ne put obtenir
d'être réintégrée dans son emploi; que, seulement à la date du 6 janv.
1915, la directrice de ladite maison lui fit connaître 'qu'il ne lui était
pas permis de continuer à répondre à ses exigences; et que la maison
ne pouvait payer des appointements aussi élevés'; —

... Attendu ... que le jugement attaqué déclare à bon droit que
le cas de force majeure s'entend des événements qui rendent l'exécution de l'obligation impossible, mais non de ceux qui la rendent seulement plus onéreuse; que, par suite, la société demanderesse était mal
fondée à se prévaloir de l'art. 1148, C. civ., puisque les juges du fait
ont constaté souverainement qu'il n'y avait pas impossibilité pour
elle d'exécuter le contrat; —

Attendu il est vrai, que, celui-ci ayant été fait sans détermination
de durée, il était loisible à la maison Agnès de le résilier, conformément à l'art. 1780, C. civ., et que, par une appréciation souveraine
des faits de la cause, le tribunal de la Seine a estimé que la lettre
adressée le 6 janv. 1915 à la demoiselle Maalderinck équivalait à un
congédiement pur et simple; mais que si, aux termes dudit article,
les contrats de cette nature peuvent toujours prendre fin par la
volonté d'une des parties contractantes, leur résiliation est susceptible
de donner ouverture à des dommages-intérêts, lorsqu'elle constitue,
de la part de celui qui l'impose, un abus du droit préjudiciable à celui
qui la subit; qu'en constatant souverainement que la maison Agnès
avait abusivement congédié la demoiselle Maalderinck, sans 'respecter le préavis d'usage', et en la condamnant à payer à celle-ci un mois
d'appointements, à titre d'indemnité de délai-congé, le jugement
attaqué, loin d'avoir violé les textes invoqués par le pourvoi, en a fait
une exacte application; — Rejette, etc.[17]

From the note

... Mais est-il bien nécessaire d'introduire, pour donner satisfaction
à l'équité, des textes nouveaux, qui apparaîtront comme une législation d'exception, et, par cela même, appelleront la critique? Ne peut-
on pas trouver, dans les principes en vigueur, les arguments nécessaires
pour apporter, d'une manière plus simple que ne pourraient le faire
des dispositions législatives, toutes les atténuations utiles au principe

[17] The rule in the concluding paragraph is now statutory: see *Code du travail*, livre I
art. 23 and compare Contracts of Employment Act, 1963, s. 1.

d'après lequel la force majeure ne dispense pas de l'exécution des obligations, quand elle ne la rend pas entièrement impossible ?

C'est, sans aucun doute, sur une interprétation de la volonté des parties qu'est basé l'art. 1148. Le législateur a estimé que les contractants ont entendu, en dehors des cas prévus par ce texte, laisser à la charge de la partie qui subit une force majeure, les conséquences de cette force majeure. Mais l'art. 1148 est dominé lui-même par l'art. 1134 : les conventions tiennent lieu de lois à ceux qui les ont faites. Un contractant peut valablement convenir que la force majeure ne le libérera pas, dans le cas même où elle rendrait l'exécution du contrat impossible (V. l'art. 1302, alin. 2, qui fait allusion à la clause mettant le cas fortuit à la charge du débiteur ; l'art. 1772, prévoyant formellement cette clause en matière de perte de récoltes). Réciproquement, un contractant peut stipuler que la force majeure le libérera ou modifiera les conditions de son engagement, alors même qu'elle aurait simplement pour effet de rendre difficile ou onéreuse l'exécution de son obligation. Et, comme toute clause peut être tacite, les juges ont le droit de chercher, dans les circonstances de la cause, la preuve que les parties ont entendu faire l'une ou l'autre de ces conventions. La loi suppose elle-même quelquefois la première, quand elle met à la charge des débiteurs la force majeure en certains cas (C. civ., 1182, 1822) ; elle suppose la seconde, quand, en cas de perte de récoltes, elle permet au fermier de demander une réduction des fermages (C. civ., 1769 et s.).

Comme rien n'empêche les parties de convenir qu'un changement produit par les événements extérieurs, dans les conditions de l'exécution des obligations, diminuera ou supprimera leurs obligations, — c'est la clause rebus sic stantibus, — rien n'empêche non plus le juge d'apprécier l'intention des parties, en déclarant qu'elles ont sous-entendu cette clause.

Sans doute, les juges ne doivent user de ce pouvoir qu'avec discrétion ; car si, en toute hypothèse, ils suppléaient pareille clause dans le silence de la convention, ils annihileraient l'art. 1148, et en même temps méconnaîtraient la pensée des parties, qui n'ont certainement pas entendu supprimer tout aléa pour le débiteur. Mais les juges useront légitimement de leur pouvoir discrétionnaire au cas d'une force majeure extraordinaire, comme la guerre, du moins si cette force majeure vient bouleverser le commerce, au point que l'exécution rigoureuse du contrat ruinerait le débiteur et enrichirait injustement le créancier. Cette distinction entre la force majeure susceptible

d'être prévue et la force majeure extraordinaire n'a rien de choquant
ni de nouveau. Les art. 1772 et 1773, C. civ., la consacrent, en disposant que la stipulation expresse, par laquelle le fermier est chargé
des cas fortuits qui détruiraient la récolte, ne s'entend point des cas
fortuits extraordinaires, tels que les ravages de la guerre, si la clause
ne porte pas sur tous les cas fortuits prévus ou imprévus. La distinction est tout aussi rationnelle, lorsqu'il s'agit d'examiner si les parties
ont ou non entendu supprimer tacitement la prise en charge par un
débiteur de la force majeure qui rend difficile ou onéreuse l'exécution
des obligations. Et, ici, il n'est pas besoin d'une stipulation expresse,
parce que la loi n'en exige pas, et aussi peut-être parce que le Code,
en bien des circonstances, a manifesté une faveur particulière pour
les personnes obligées.

A cet égard, on peut tirer parti dans une certaine mesure, des
décisions qui ont, sous prétexte d'équilibre, admis les compagnies de
gaz à hausser leurs prix ou leur ont alloué une indemnité en raison
de l'augmentation des combustibles. A la vérité, l'idée qu'un contrat
doit être revisé, s'il cause des pertes excessives à l'un des contractants,
est des plus critiquables; mais l'équilibre envisagé par les parties peut
entrer en ligne, en ce sens qu'il paraît être contraire à leur volonté
que des faits imprévus, et qui, s'ils avaient été prévus, auraient
modifié gravement leurs stipulations, soient à la charge exclusive de
l'une d'entre elles.

On ne voit pas ce qui pourrait être objecté aux juges, qui, ap-
préciateurs de l'intention des contractants, interpréteraient cette
intention comme nous venons de le faire; la Cour de cassation
déclarerait, sans doute, leur appréciation souveraine. Ce pouvoir
reconnu aux juges rendrait inutile toute disposition législative, et
serait plus bienfaisant qu'une loi formelle; car, d'une part, les juges
conserveraient la faculté d'admettre, en raison des circonstances, que
les parties n'ont aucunement voulu dispenser le débiteur des conséquences de la guerre, si onéreuses qu'elles fussent. D'autre part, ils
pourraient, en sens inverse, admettre qu'elles ont voulu l'en dispenser, alors même que le contrat a été conclu après le commencement
des hostilités, si la force majeure ne pouvait, lors du contrat, être
prévue. Enfin, à leur gré, les juges décideraient que, dans la pensée
des parties, cette force majeure doit avoir pour effet, ou de résilier le
contrat purement et simplement, ou de le résilier en laissant à la
charge du débiteur libéré une indemnité plus ou moins forte, ou de
suspendre le contrat, ou de majorer les prix.

Cass. civ. 17.11.1925
(Delpin e.a., Société des *Docks de Plombières C.* Lugagne)

D.H. 1926.35   Gaz. Pal. 1926.1.68

LA COUR; . . . Vu l'art. 1148, C. civ.;

Attendu que le cas de force majeure s'entend des événements qui rendent l'exécution de l'obligation impossible, mais non de ceux qui la rendent plus onéreuse;

Attendu que par marché du 5 janv. 1920, Lugagne et de Bouillanne s'étaient engagés à exécuter à Marseille pour Delpin, aux droits duquel se trouvaient les Docks de Plombières, divers travaux de construction, d'après des prix de série;

Attendu que les entrepreneurs ont réclamé des majorations sur les prix convenus, en raison de l'augmentation des salaires que leur avait fait subir l'application d'un contrat collectif de travail, en date du 14 mars 1920;

Attendu que l'arrêt attaqué a fait droit à leur demande, sous prétexte qu'au moment où ils avaient contracté ils ne pouvaient prévoir cette augmentation, laquelle ayant gravement affecté l'exécution du marché, avait le caractère de la force majeure;

Mais attendu que l'augmentation susvisée, si elle avait rendu l'exécution des travaux plus onéreuse, ne l'avait pas rendue impossible, qu'elle n'était pas dès lors constitutive de la force majeure;

D'où il suit qu'en statuant comme il l'a fait, l'arrêt attaqué a violé le texte visé au moyen;

Par ces motifs, casse . . .

NOTE

1. Compare *Davis Contractors Ltd.* v. *Fareham U.D.C.*[18]

Cass. req. 4.1.1927
(Kahn *C.* Soc. franco-belge d'Extrême-Orient)

S. 1927.1.188 note anon.   D.H. 1927.65   Gaz. Pal. 1927.1.587

ARRÊT

LA COUR; — Sur le premier moyen, pris de la violation et fausse application des art. 1147 et 1148, C. civ., 1er, 2 et 4 de la loi du 3 avril 1918, manque de base légale et violation de l'art. 7 de la loi du 20 avril 1810: —

[18] [1956] A.C. 696.

Attendu en fait que les frères Kahn ont acheté, le 9 nov. 1920, à la Société franco-belge d'Extrême-Orient, 300 tonnes de riz Saïgon au prix de 23 livres sterling 15 schellings la tonne; qu'ils s'étaient engagés, pour garantir le paiement de cette marchandise, à fournir de suite à leur vendeur un crédit de banque confirmé, irrévocable et transmissible pour la totalité à Saïgon; qu'ils n'ont pas obtenu à cet effet l'autorisation nécessaire du comité de contrôle de l'exportation des capitaux et ont déclaré à la société venderesse que ce refus d'autorisation leur faisait considérer l'affaire comme terminée; —

Attendu que ladite société ayant intenté contre eux une action en résiliation du marché et dommages-intérêts, le pourvoi reproche à l'arrêt attaqué d'avoir fait droit à cette demande, alors que l'inexécution des engagements pris par les frères Kahn provenait uniquement d'un fait qui leur était étranger et constituait pour eux un cas de force majeure; —

Mais attendu qu'on ne peut considérer comme un cas de force majeure un fait qui rentrait dans l'application d'une loi bien antérieure au marché litigieux; que l'arrêt attaqué déclare à bon droit qu'il appartenait aux frères Kahn de prendre les dispositions nécessaires pour se procurer les autorisations voulues en temps opportun; qu'ainsi le moyen n'est pas fondé;

Sur le second moyen, pris de la violation des art. 1144 et 1146, C. civ., et 7 de la loi du 20 avril 1810, pour défaut et contradiction de motifs: —

Attendu qu'une mise en demeure est inutile quand le débiteur prend l'initiative de déclarer à son créancier qu'il refuse d'exécuter son obligation; qu'il est constaté par l'arrêt attaqué que les frères Kahn se trouvant dans l'impossibilité de se procurer le crédit de banque confirmé qu'ils s'étaient engagées à fournir, ont écrit, le 8 déc. 1920, à leur vendeur qui leur proposait de modifier les clauses premières du contrat, qu'il était inutile de continuer une correspondance sur une affaire qu'ils considéraient comme terminée; —

Attendu que ce refus de donner suite à leurs engagements et par suite de prendre livraison de la marchandise entraînait résolution de plein droit et sans sommation de la vente, dégageait le vendeur de l'obligation de livrer et le dispensait de tenir la chose vendue à la disposition de l'acheteur; —

D'où il suit que l'arrêt attaqué qui est régulièrement motivé, n'a violé aucun des textes visés au pourvoi; —

Rejette . . .

From the note

Pour qu'il y ait force majeure dispensant d'exécuter un contrat, il ne suffit pas que cette exécution soit impossible, . . . il faut, en outre, qu'il s'agisse d'un événement que la volonté humaine n'a pu ni prévoir ni conjurer . . .

Dans ces conditions, l'application d'une loi ou d'un décret, ou d'une manière plus générale, le fait du prince peut bien constituer un cas de force majeure, si la mesure prise est postérieure à la conclusion du contrat, car elle n'a pu être prévue à ce moment-là . . .

Mais il en est autrement, d'après l'arrêt ci-dessus, lorsque l'obstacle qui empêche l'exécution du contrat résulte de l'application d'une loi qui est antérieure à sa passation. Le débiteur ne saurait alors invoquer la force majeure, même s'il est dans l'impossibilité d'exécuter, car il devait s'attendre à l'empêchement qu'il rencontre et n'avait qu'à prendre ses mesures en conséquences . . .

On se demande si une mise en demeure est indispensable de la part du créancier soit pour obtenir du débiteur des dommages-intérêts compensatoires en cas d'inexécution de l'obligation. . . . Sans prendre expressément parti sur cette question, l'arrêt ci-dessus décide qu'à tout le moins une mise en demeure n'est pas nécessaire lorsque le débiteur a pris lui-même l'initiative de déclarer à son débiteur qu'il refuse d'exécuter son obligation.

Cette solution doit être rapprochée de celle d'après laquelle aucune mise en demeure n'est nécessaire lorsque le débiteur a accompli un fait offensif en contradiction avec l'obligation qu'il a contractée . . .

NOTES

1. Compare *Walton Harvey Ltd.* v. *Walker & Homfrays Ltd.*[19]

2. For the *moyen* on *mise en demeure* see below, pp. 494.

Cass. req. 28.11.1934
(Marty e.a. *C.* Barral et Villeneuve)

S. 1935.1.105   Gaz. Pal. 1934.2.1020

LA COUR; — Sur les deux moyens réunis, pris de la violation des art. 1134, 1657, 1184, 1147 et 1148, C. civ., et 7 de la loi du 20 avril 1810: —

Attendu que le pourvoi fait grief à l'arrêt attaqué d'avoir refusé de reconnaître à Marty, vendeur, le 29 déc. 1927, de 1 200 hectolitres de

[19] [1931] 1 Ch. 274.

vin dont l'enlèvement devait être terminé 'd'ici fin février', le droit de se prévaloir de la résiliation du marché, conformément à l'art. 1657, C. civ., pour défaut de retirement dans le délai, sous prétexte que les pluies avaient empêché l'acquéreur de prendre livraison en temps utile, alors que, d'une part, l'événement considéré comme constitutif de la force majeure ne présentait pas ce caractère et qu'en tout cas, la force majeure n'était pas un obstacle à la résolution du contrat; —

Mais attendu que la Cour d'appel ayant constaté que pendant les trois derniers jours du mois de février 1928 des pluies diluviennes rendant les chemins impraticables, ont interdit toute circulation aux camions automobiles et aux voitures à chevaux envoyés par les acheteurs à la cave de Marty pour prendre livraison du vin, a qualifié à bon droit ces événements imprévisibles, rendant totalement impossible l'exécution du marché, de cas de force majeure; —

Attendu, d'autre part, que le défaut d'exécution d'un marché à terme portant sur des livraisons de vin, au temps convenu, par suite de force majeure, n'entraîne la résolution de plein droit du marché que si la date de la livraison a été une condition essentielle et déterminante du contrat; qu'il n'en a pas été ainsi, en l'espèce, les juges du fait se fondant tant sur la correspondance que sur la commune intention des parties, pour déclarer 'que le délai que s'étaient réservé Barral et Villeneuve, acheteurs, pour retirer le vin ne constituait pas un terme fatal, mais un élément secondaire et accessoire du contrat'; —

Mais attendu que par cette appréciation qui rentre dans son pouvoir souverain d'interpréter le contrat et sans le dénaturer, la Cour de Montpellier a justifié sa décision sans violer les textes visés au moyen; —

Rejette.

NOTE

1. Would rain (even diluvian) ever be an Act of God in England?

Cass. req. 27.12.1937

(Soc. L'Energie Industrielle *C.* Louis et Jean Grange)

S. 1938.1.52

LA COUR; — Sur les deux moyens réunis, pris de la violation des art. 1138, 1148, 1178, 1722, 1182, 1184, 1797, C. civ., 1er et s. de la loi du 20 avril 1810, défaut et contradiction de motifs, manque de base légale: —

Attendu qu'en 1918, une convention est intervenue, par laquelle Grange s'engageait à céder tous ses droits sur la rivière du Doron à la Soc. Giron, laquelle s'obligeait, en échange, à lui fournir du courant électrique, après avoir aménagé un barrage d'une chute d'eau, permettant de créer une usine hydro-électrique; que cette société et celles qui lui ont été substituées, n'ayant pas exécuté ces travaux, n'ont pu procurer à Grange le courant électrique promis; —

Attendu que la Cour d'appel ayant prononcé la résiliation de ces accords et décidé que leur inexécution étant due au fait de la société, elle devait payer à Grange des dommages-intérêts à fixer par experts, le pourvoi en fait grief à l'arrêt par le motif que la loi du 16 oct. 1919 sur l'utilisation de l'énergie hydraulique constituant un cas de force majeure, qui rendait impossible l'exécution des obligations des deux contractants, leur convention ne pouvait qu'être résiliée sans indemnité; —

Mais attendu que la Cour d'appel, considérant, par une appréciation souveraine, que l'accord de 1918 constituait, non pas un échange ferme, créant immédiatement des obligations pour les deux parties, mais un échange conditionnel, la naissance des engagements réciproques était subordonnée à la construction, par les soins de la société, d'un barrage et d'une chute d'eau, il lui suffisait de rechercher et de décider si la loi du 16 oct. 1919 avait rendu impossible la réalisation de cette condition suspensive; —

Or, attendu que l'arrêt constate que la société ne justifie pas que la loi de 1919 ait été un obstacle insurmontable à l'exécution des travaux susvisés; que si, du fait de cette loi, leur accomplissement était devenu plus difficile et plus onéreux, il n'était pas, cependant, impossible et que la société à laquelle aucun délai n'avait été imposé par le contrat de 1918, avait négligé de solliciter de l'Etat une concession ou une autorisation qui, dans les circonstances où sa demande aurait été présentée, lui eût été très vraisemblablement accordée; que, dès lors, la non-réalisation de la condition à laquelle était subordonné l'engagement prévu dans les accords de 1918 était due, non à un cas de force majeure, mais au fait personnel de la société; d'où il suit que la Cour d'appel, dont l'arrêt dûment motivé, ne renferme pas de contradictions, a justement et légalement justifié sa décision, sans violer les textes visés aux moyens; —

Rejette.

NOTES

1. Compare *Maritime National Fish Ltd.* v. *Ocean Trawlers Ltd.*[20]

2. Compare *Joseph Constantine S.S. Line Ltd.* v. *Imperial Smelting Corp. Ltd.*,[21] and consider, in both systems, who has the burden of proving that the obstacle to performance was—or was not—'self-induced'.

Cass. civ. 4.5.1898

(Anglo-American Telegraph Co. *C.* Cie. Française du télégraphe de Paris à New-York)

S. 1898.1.281   D. 1898.1.457 note Planiol

[In 1880 the two companies entered into a working arrangement to pool gross receipts and split them in a defined proportion for a minimum of 22 years. This was done until 1887 when the French company refused to continue; finally, after certain governmental difficulties in France, the French company was forbidden to carry out the contract by a ministerial letter of 21 May 1891.

The Anglo-American Company claimed the return of certain monies taken out by the French company since 1880 and damages. The Paris *Cour d'appel* distinguished three periods:

(i) 1880–6: during this time the contract was being properly performed and the Anglo-American company recovered nothing;

(ii) 1887–91: for these years the French company admitted breach and the Court ordered an account of sums due from it;

(iii) 21 May 1891 to the expiry of the contract: the Ministerial letter was found to be *force majeure*, and no damages were awarded from that date.]

Pourvoi en cassation par l'Anglo-American Telegraph Co.,

1. Violation des art. 1131, 1134, 1142 et suiv., 1183 et 1184 C. civ. et 7 de la loi du 20 avr. 1810 en ce que l'arrêt en prononçant la résolution anticipée d'un contrat partiellement exécuté, à raison des agissements de l'une des parties, a dispensé cette dernière de restituer à son cocontractant des sommes que celui-ci ne lui avait versées qu'en vue d'avantages futurs, dont la rupture du contrat a empêché la réalisation.

2. Violation des art. 1142 et suiv., 1382 et suiv., C. civ., et 7 de la loi du 20 avr. 1810 en ce que la cour, réglant l'indemnité due pour inexécution

---

[20] [1935] A.C. 524 (P.C.).   [21] [1942] A.C. 154.

et résiliation consécutive d'un contrat, en a réduit le chiffre en considération d'un prétendu événement de force majeure, qui, d'après elle, se serait produit à une époque postérieure à la résiliation du contrat, dont il aurait de toute façon empêché la continuation.

LA COUR; — Sur le deuxième moyen du pourvoi: — Attendu qu'après avoir admis le principe d'une indemnité due par la Comp. française du Télégraphe de Paris à New-York pour réparation d'une faute par elle commise, l'arrêt attaqué devait tenir compte de tous les événements qui, étant de nature à influer sur le chiffre de cette indemnité, se seraient produits avant le moment où il prononçait la résolution du contrat; qu'il en était ainsi, notamment, de la lettre du 21 mai 1891, par laquelle le ministre des postes et télégraphes déclarait formellement refuser son approbation aux traités des 24 sept. 1880 et 12 mai 1882, et être dans la disposition, si l'exécution de ces traités était reprise, d'appliquer la clause de déchéance inscrite dans l'art. 13 du cahier des charges régissant la concession faite à la Comp. du Télégraphe de Paris à New-York; — Attendu que, du texte de cette lettre, comme des conditions dans lesquelles cet acte administratif était intervenu, et alors que rien ne constatait qu'il eût été provoqué par des manœuvres de la Comp. française, l'arrêt attaqué a pu déduire l'existence d'un cas de force majeure, faisant disparaître la responsabilité de ladite Comp. pour les temps postérieurs à la lettre ministérielle; que, par suite, en décidant que les dommages-intérêts à déterminer par experts ne s'appliqueraient qu'à la période courue du 31 déc. 1886 au 21 mai 1891, l'arrêt attaqué n'a violé aucun des articles de loi invoqués par le pourvoi; — Rejette ce moyen;

Mais sur le premier moyen: — Vu l'art. 1183, C. civ.; — Attendu, en droit, qu'aux termes de l'art. 1183, C. civ., la résolution du contrat, quand elle s'accomplit, opère la révocation de l'obligation et remet les choses au même état que si elle n'avait pas existé; qu'il suit de là que les prestations déjà effectuées deviennent caduques et doivent être restituées, quand la partie qui les a reçues n'en a pas fourni d'équivalentes; qu'il importe peu, d'une part, que, jusqu'au moment de la résolution, le contrat ait été loyalement exécuté, la loyauté d'exécution ne pouvant suffire pour donner existence et faire produire effet à un contrat qui a juridiquement disparu; — et, d'autre part, que les effets de la convention se soient produits sous forme de règlements périodiques, ces règlements ne pouvant être considérés comme constituant des contrats successifs, mais n'étant qu'un mode d'exécution d'un seul et même contrat; — Attendu, en fait, que, des constatations de l'arrêt attaqué il résulte que, par traités des 24 sept. 1880 et 12 mai 1882, la Comp. Anglo-American Telegraph et la Comp. française du Télégraphe de Paris à New-York sont convenues de mettre en commun leurs recettes brutes, et de les répartir entre elles dans des proportions déterminées; que, pendant les six années qui ont suivi ces traités, la Comp. française aurait touché des sommes dépassant notablement ses recettes propres, sans qu'il soit établi que ladite Comp. française ait fourni l'équivalent de cette différence; — Attendu que, l'Anglo-American Telegraph Company ayant demandé, à la suite de la résolution des traités pour inexécution par la Comp. française, la restitution de ce que celle-ci n'eût pas touché si elle n'avait pas traité avec les Comp. anglaises, l'arrêt attaqué a refusé d'ordonner cette restitution par l'unique motif que, les traités des 24 sept. 1880 et 12 mai 1882 ayant été loyalement exécutés de part et d'autre jusqu'à la dénonciation du 31 déc. 1886, ils ont été la cause légitime et juridique des prélèvements faits périodiquement sur les recettes de la caisse commune, dans la proportion stipulée; — Attendu qu'en attribuant ainsi effet à un contrat, qui en conséquence de sa résolution, devait être considéré comme n'ayant jamais existé, l'arrêt attaqué a violé l'article de loi susvisé; — Casse l'arrêt de la Cour de Paris du 10 juillet 1894, mais seulement en ce que, pour la période du 24 sept. 1880 au 31 déc. 1886, il a refusé d'ordonner, — compte préalablement établi des avantages respectivement tirés par les parties de l'exécution des conventions, — la restitution des sommes que n'eût pas encaissées la Comp. française, si elle n'avait point traité avec la Comp. anglaise, etc.

NOTES

1. Damages are due from the date of breach to that of *force majeure*. Would the common law of frustration lead to the same result?

2. Can the award of damages for the period 1887–91 be reconciled with the *Cour de cassation*'s statement that the contract 'devait être considéré comme n'ayant jamais existé'? See art. 1184 al. 2.

3. Compare the *Cour de cassation*'s insistence that, while there must be *restitutio in integrum*, account must be taken of *avantages respectivement tirés* with the effect of the Law Reform (Frustrated Contracts) Act, 1943.

4. Compare the differing attitudes to *cause* of the *Cour d'appel* and the *Cour de cassation* with the views on consideration of the Court of Appeal[22] and the House of Lords.[23]

5. Should the effect of *force majeure* be dealt with under art. 1183 and 1184 C. civ. ? See Cass. civ. 14.4.1891.[24]

[22] *Chandler* v. *Webster* [1904] 1 K.B. 493.   [23] *Fibrosa* [1943] A.C. 32.
[24] Below, p. 496.

6 The Effect of a Contract on Third Parties

C. civ. art. 1165

'Les conventions n'ont d'effet qu'entre les parties contractantes;
elles ne nuisent point au tiers, et elles ne lui profitent que dans le cas
prévu par l'article 1121.'

Section 1 : The Basic Principle

Cass. req. 17.5.1938
(S.A. *Tarn et Agout C.* Cayla)

D.H. 1938.419   Gaz. Pal. 1938.2.377

LA COUR; — Sur le moyen unique pris de la violation de l'art. 1134 c.
civ., du décret du 13 fruct. an 3, de l'art. 18 du cahier des charges de la
concession de la société demanderesse au pourvoi, 7 de la loi du 20
avr. 1810, défaut de motifs, manque de base légale, défaut de réponse
à un chef des conclusions:

Attendu que, sur refus de Cayla, qui avait une convention verbale
avec la société d'électricité *Tarn et Agout*, de se soumettre à une clause
de cahier des charges de la concession, comportant une consommation minimum et de signer la police contenant cette clause, la société
lui a coupé le courant; que, la société ayant été condamnée par la
cour d'appel à le lui restituer, le pourvoi reproche à l'arrêt, d'une
part, de n'avoir pas répondu aux conclusions de la société soutenant
que la période provisoire pour laquelle devait s'appliquer la convention verbale susvisée était expirée, l'abonné ne pouvait se refuser à
souscrire une police conforme au cahier des charges, et d'autre part
d'avoir condamné le concessionnaire à exécuter son obligation de
fournir le courant électrique alors que l'usager n'exécutait pas ses
propres obligations;

Mais attendu que la cour d'appel, adoptant les motifs du juge des
référés, a suffisamment répondu aux conclusions prises par la société

en constatant que déjà un contrat verbal liait la société et Cayla, établissant entre eux une sorte de *modus vivendi*; que jusqu'à ce jour Cayla a toujours consenti à payer le courant au prix prévu au cahier des charges, se refusant seulement à respecter la clause du minimum; que cette situation, toute particulière, ne permet pas d'assimiler Cayla à l'usager du réseau électrique à qui déjà a été livré le courant sous la réserve expresse de signer ensuite la police, ou à celui qui, demandant le courant, refuserait de signer préalablement ladite police;

Attendu, d'autre part, que les usagers n'étant ni parties ni représentés au traité de concession passé entre la commune et la société concessionnaire, cette dernière ne peut leur imposer une clause de ce marché qu'à la condition de justifier l'adhésion de l'intéressé; que, dès lors, en la cause, Cayla n'ayant pas adhéré aux dispositions du contrat de concession et du cahier des charges, par suite de son refus de signer la police, les clauses de cette police ne lui étaient pas opposables;

Attendu, enfin, que l'interdépendance des obligations réciproques résultant d'un contrat synallagmatique qui donne le droit à l'une des parties de ne pas exécuter son obligation quand l'autre n'exécute pas la sienne, suppose essentiellement des obligations dérivant d'un même contrat; que, par suite, la société ne pouvait, pour refuser de fournir le courant à Cayla conformément au contrat verbal passé avec lui, prendre prétexte qu'il se dérobait à l'exécution d'une obligation inscrite dans un cahier des charges auquel il était demeuré étranger; d'où il suit que l'arrêt attaqué, dûment motivé, a justifié légalement sa décision sans violer les textes visés au pourvoi;

Par ces motifs, rejette.

NOTE

1. Observe that this contract fell within the jurisdiction of the civil courts. Contrast *Conseil d'Etat* 30.3.1916[1] and see Part I, Ch. II, Sect. 1.

Section 2: *Stipulation pour autrui*

C. civ. art. 1119, 1121, 1122

Introductory notes

It is impossible, within a brief compass, to portray, by means of extracts, the vast edifice which the French courts have constructed

___
[1] Above, p. 433.

on the frail foundation of 1121. It has been used in many situations, but the selections which follow are intended to illustrate two main themes:

1. *The development of a law of life assurance.* As the first quotation shows,[2] a strong current of opinion held that life assurance was an evil; an attitude that persisted in some quarters until the middle of the nineteenth century.[3] As life business increased in popularity, however, the courts were forced to come to terms with it: the extracts from the case of 2.6.1863[4] illustrate the difficulty felt by the judges in fitting such policies into the Code.

Once they had decided to use 1121, they were faced with formidable problems. The article apparently envisages the *stipulation pour autrui* as accessory to a *stipulation pour soi-même* or a gift, but this requirement becomes attenuated to a mere *intérêt moral* in the stipulant. Furthermore, the courts wanted to give the *tiers* an asset which would be free from the claims of the stipulant's heirs and creditors and yet the article clearly gives the stipulant a power of revocation; and so the rather artificial notion is developed of a distinct *droit* in the *tiers* from the moment of the contract; a *droit* which is merely made impregnable by loss of the power to revoke. Other difficulties arose when the *tiers* was unspecified or unborn; when the 'acceptance' did not take place until after the death of the stipulant; and in working out the respective powers of enforcement of the *tiers* and the stipulant.

These problems were solved more or less successfully, in a number of late-nineteenth-century decisions which were sometimes contradictory, frequently laconic to the point of obscurity, and united only by their refusal to follow *doctrine*; Labbé and the other *arrêtistes* of the period saw their criticisms ignored and their elegant alternatives unapplied. Finally, the whole topic was removed from dependence on 1121 by the *loi* of 13.7.1930 which is printed in the *Code civil* under article 1983.

2. *The choice of contract rather than delict.* If the task of art. 1121 in the last century was devoted mainly to the construction of a law of life assurance, its use today seems to be to give a remedy to a party who would fail in delict. Although the judicial development of art. 1384 has led to a growth in many areas of principles coming close to 'strict' liability in French law, there still exist situations where the

---

[2] Below, p. 457.
[3] See Cass. crim. 4.6.1864, D. 1864.1.497 concl. Dupin.
[4] Below, p. 457.

plaintiff, suing in delict, must prove fault; if, however, his claim can be classified (by himself or by the court) as contractual, the onus will be cast on the defendant to show either that he incurred merely an *obligation de moyens* and has taken due care, or that he is absolved by *force majeure*. Examples of this are the decisions of the *Cour de cassation* of 6.12.1932,[5] 24.5.1933,[6] and 17.12.1954.[7]

A. Life Assurance

From Portalis, *Présentation au corps législatif du titre
XL du livre III du projet de Code civil* (1804)[8]

Nous savons qu'il est des contrées où les idées de la saine morale ont été tellement obscurcies et étouffées par un vil esprit de commerce, qu'on y autorise les assurances sur la vie des hommes. Mais en France de pareilles conventions ont toujours été prohibées.

From Baudet, *Labbé arrêtiste* (1908)[9]

La validité du contrat d'assurances fut donc reconnue d'une façon générale. . . . On a pu comparer les décisions de la jurisprudence aux arrêts de règlements de nos parlements et l'importance de son rôle à celui du préteur romain. Comme lui, elle a eu à satisfaire aux exigences de la pratique qui trouvait devant elle des textes de loi fort gênants. Ainsi, les exceptions apportées à la règle de l'article 1119 'on ne peut, en général, stipuler en son propre nom que pour soi-même' par l'article 1121, ne paraissent pas comprendre le cas de l'assurance sur la vie. Cependant, les faits ont fini par faire violence au principe inscrit dans le Code. Il en a toujours été ainsi, toutes les fois que des textes ou de vieilles formules . . . se sont opposées au développement d'une institution de tous points féconde . . .

Lyon 2.6.1863
(Chapuis C. Bouvard)

S. 1863.2.202 conclusions Onofrio

From the court of first instance

Attendu que, par convention intervenue entre Jean Bouvard et la compagnie générale, cette dernière s'était engagée, moyennant le

---

[5] Below, p. 467.   [6] Below, p. 467.   [7] Below, p. 472.
[8] B. 95, in B. 7, vol. 14, p. 119.   [9] B. 64, p. 194.

paiement d'une prime annuelle . . . pendant toute la vie de Bouvard, à payer, après sa mort, une somme . . . à sa femme ou à ses enfants . . .

Attendu qu'il serait difficile, pour ne pas dire impossible, de trouver dans le Code Napoléon un nom qui pût être donné à cette convention; que c'est là un de ces contrats innomés que le législateur n'avait pu prévoir, dont il n'a pu régler les conséquences légales, parce qu'à l'époque où le Code fut promulgué les assurances sur la vie étaient chose inconnue; — Attendu néanmoins que c'est dans les principes généraux que l'on doit rechercher et trouver la solution de la question.

From the *arrêt* of the *Cour d'appel*

LA COUR; — Considérant que les contrats d'assurances sur la vie, actes par lesquels on cherche à se garantir des préjudices possibles dans ses affections ou dans l'universalité de son patrimoine par un trop prompt décès, rentrent dans le cas de l'art. 1121, C. Nap., et offrent le caractère d'une stipulation licite pour autrui; — Que ces actes créent, au profit du destinataire du capital de l'assurance, un droit qui naît dès le moment du contrat, et qui, simplement suspendu dans son exercice tant que dure la vie de l'assuré, existe parallèlement à l'obligation où est la compagnie d'assurances de payer le capital au temps convenu; — Considérant qu'il s'ensuit que le montant de l'assurance n'est point alors une valeur qui ait été placée dans le patrimoine de l'assuré, et qui ait eu à en sortir; — Que c'est un avantage créé directement pour autrui par la convention.

Cass. civ. 2.7.1884

(Dieudonné *C.* Blaise)

S. 1885.1.5 note Labbé, rapport cons. Crépon   D. 1885.1.150

Le 25 févr. 1882, la Cour de Nancy a rendu l'arrêt suivant: — La Cour; — Attendu que, le 2 déc. 1867, Blaise père avait souscrit avec la Comp. l'Union une police d'assurance pour une somme de 50 000 fr., payable à son décès; que, le 8 avril 1874, il en avait souscrit une autre avec la même Comp. pour une somme de 10 000 fr., également payable à son décès; — Attendu qu'à la date du 2 déc. 1867, quatre des appelants existaient déjà; mais que la naissance du cinquième est antérieure seulement au 8 avril 1874; — Attendu que, soit dans la première, soit dans la seconde police, Blaise désignait comme tiers bénéficiaires ses enfants, sans ajouter, ni les mots 'nés ou à naître', ni les mots 'héritiers ou ayants cause'; qu'il avait donc exclusivement en vue, lors de chaque contrat, les enfants nés à cette époque (ce qui s'expliquerait d'ailleurs par son âge et celui de sa femme); et qu'il stipulait pour eux, abstraction faite de leur qualité d'héritiers, c'est-à-dire même au cas où ils renonceraient à sa succession; — Attendu que les expressions ainsi employées par lui étaient suffisamment déterminées; qu'elles ne s'appliquaient, ni à des personnes futures, ni à des personnes incertaines; qu'elles indiquaient au contraire nettement des donataires capables de recevoir; — Attendu que ceux-ci ont accepté cette libéralité entre vifs, sans que le stipulant ait usé, avant leur acceptation, du droit de révocation que lui conférait l'art. 1121, C. civ.; — Attendu dès lors, qu'ils sont appelés à recueillir le bénéfice des assurances *jure proprio*, et non pas *jure hereditario*; que le jugement, par suite, doit être réformé; — Par ces motifs; — Met l'appelation et ce dont est appel au néant; — Dit que les sommes provenant des assurances contractées les 2 déc. 1867 et 8 avril 1874 par Blaise père appartiennent en toute propriété, et privativement, dans la mesure de leurs droits respectifs, aux appelants désignés auxdites polices, et ce, à l'exclusion des créanciers de la succession (représentés par M. Dieudonné). — Annule, par suite, la saisie-arrêt de l'intimé, en fait mainlevée, et dit que les sommes saisies-arrêtées seront touchées par les appelants sur leur simple demande collective.

POURVOI en cassation par M. Dieudonné. — Moyen unique. Violation des art. 557, C. proc., 1122, 2092 et 2093, C. civ., fausse application des art. 894 et 1121 du même Code, ainsi que des principes en matière d'acceptation de donation, en ce que l'arrêt attaqué a méconnu le droit appartenant aux créanciers du *de cujus* de se payer sur tous les biens composant l'actif de la succession, et a considéré comme ne rentrant pas dans l'actif le bénéfice d'une stipulation faite par le *de cujus*, au profit d'un tiers, mais non acceptée de son vivant par ce tiers.

. . .

LA COUR; — Sur le moyen unique du pourvoi, tiré de la violation de l'art. 557, C. proc. 1121, 2092, 2093, C. civ., et de la fausse application des art. 894 et 1121 du même Code, ainsi que des principes en matière d'acceptation de donation: — Attendu que l'arrêt attaqué, par une appréciation souveraine des termes du contrat, constate que, sans stipuler pour lui-même, le sieur Blaise a entendu attribuer à des personnes déterminées tout le bénéfice des polices passées avec la Comp. d'assurances sur la vie l'Union, le 2 déc. 1867 et le 8 avril 1874, et appeler ces personnes à recueillir le capital assuré *jure proprio*, non *jure hereditario*; — Attendu en droit, que le contrat d'assurance sur la vie, par lequel il est purement et simplement stipulé que, moyennant le payement de primes annuelles, une somme déterminée sera, à la mort du stipulant, versée à une personne spécialement désignée, a pour effet, au cas où le contrat a été maintenu par le payement régulier des primes, d'une part, d'obliger, à la mort du stipulant, le promettant à verser le capital assuré entre les mains du tiers désigné, et, d'autre part, de créer, à ce même instant, au profit du tiers bénéficiaire, un droit de créance contre le promettant; — Attendu que ce droit est personnel au tiers bénéficiaire, ne repose que sur sa tête, et ainsi ne constitue pas une valeur successorale; qu'en effet, le capital assuré n'existe pas dans les biens du stipulant durant sa vie, puisque ce capital ne se forme et ne commence d'exister que par le fait même de la mort du stipulant, et que, d'un autre côté, le contrat n'en attribue à celui-ci ni le bénéfice personnel, ni la disposition, et ne lui laisse que la faculté de rendre nuls les effets de la convention par le non payement des primes, au cas où ces primes ne seraient pas acquittées par le bénéficiaire ou par tout autre aux lieu et place du stipulant; — Attendu que, dans ces conditions, il est impossible de dire que la somme qui doit être versée par le promettant au tiers bénéficiaire, après la mort du stipulant, ait été la propriété de ce dernier au moment de son décès, et conséquemment se trouve dans sa succession; — Attendu, en fait, que les bénéficiaires des polices passées par Blaise avec la Comp. d'assurances sur la vie l'Union ont revendiqué le bénéfice de ces polices; que, par suite, l'arrêt attaqué a justement déclaré que le montant des polices devait leur être versé, et annulé les oppositions pratiquées par les créanciers de la succession, lesquels n'avaient pu valablement saisir le capital assuré comme valeur successorale; — Rejette, etc.

NOTES

1. This is now statutory: see *Loi du 13.7.1930 relative au contrat d'assurance*, art. 63, 64, 67, 68. These provisions are in the *Code civil* after art. 1983.

2. Consider the parallel problem in England with special reference to Sect. 11 of the Married Women's Property Act, 1882.

Cass. civ. 16.1.1888

(Despretz *C.* Wannebroucq)

D. 1888.1.77   S. 1888.1.121 note T.C.   G.A. 110

Le 27 juin 1868, le sieur Bény-Delobeau a souscrit à la Compagnie des assurances générales une police d'assurance sur la vie de 10 000 fr. au profit de sa femme et de ses enfants, lesquels n'ont jamais accepté la stipulation faite en leur faveur. Le 12 avr. 1881, par un avenant à la police de 1868, le nom du sieur Despretz a été substitué à celui de la femme et des enfants de Delobeau comme bénéficiaire du contrat d'assurance. Cet avenant a été signé par Delobeau et Despretz. Delobeau étant tombé en faillite, le syndic a soutenu que cette police faisait partie du patrimoine du failli, et, par suite, du gage de ses créanciers.

Cette prétention a été admise par jugement du tribunal de Lille du 17 mars 1885 pour les motifs suivants:

. . . Attendu que ce droit (*de Despretz à la propriété définitive de la police*) ne se trouve pas établi davantage par les dispositions de l'art. 1121 c. civ., puisque Bény-Delobeau, en stipulant pour Despretz, n'a pas stipulé pour lui-même; — Attendu, sur le gage, que la police d'assurance, objet du litige, n'était ni au porteur ni négociable par endossement; — Que la créance qui en résulte rentre donc dans la catégorie des créances mobilières; que la participation aux bénéfices au profit de Despretz, sans participation aux pertes, n'est qu'un accessoire éventuel du contrat principal et ne saurait changer la nature de ce contrat; que l'obligation du service des primes acceptée et effectuée par Despretz n'a pu avoir d'autre effet que d'augmenter sa créance contre Bény-Delobeau sans pour cela modifier la nature dudit contrat; qu'en cet état la police revendiquée n'a pas cessé d'être une créance mobilière dont le cessionnaire ne peut être saisi à l'égard des tiers que par la signification faite au débiteur, conformément aux prescriptions des art. 1699 et 2075 c. civ.; — Que Despretz ne justifie d'aucune signification au débiteur; — Par ces motifs, ordonne à Despretz de restituer ladite police aux mains du syndic Bény-Delobeau.

Ce jugement a été confirmé, par adoption de motifs, par un arrêt de la cour de Douai du 3 juin 1885 contre lequel M. Despretz s'est pourvu en cassation.

MOYEN: Violation de l'art. 1121 c. civ., en ce que l'arrêt attaqué a refusé d'appliquer à un contrat d'assurance sur la vie souscrit au profit d'un tiers déterminé les règles de la stipulation pour autrui, et a décidé, en conséquence, que le bénéfice de cette assurance continuait à faire partie du patrimoine de l'assuré, malgré l'acceptation par laquelle le tiers s'était attribué irrévocablement ce bénéfice.

LA COUR; . . . Attendu, en droit, que le contrat d'assurance sur la vie, lorsque le bénéfice de l'assurance est stipulé au profit d'une personne déterminée, comporte essentiellement l'application de l'art. 1121 c. civ., c'est-à-dire des règles qui régissent la stipulation pour autrui; — Que, vainement, on voudrait prétendre, comme l'a fait l'arrêt attaqué, que, dans un pareil contrat, l'assuré ne stipulant pas pour lui-même, les dispositions de l'art. 1121 ne sauraient être invoquées par le tiers bénéficiaire; — Attendu, en effet, que, d'une part, le profit de l'assurance peut, dans de certaines éventualités, revenir au stipulant, et que, d'ailleurs, le profit moral résultant des avantages faits aux personnes désignées, suffit pour constituer un intérêt personnel dans le contrat; que, d'autre part, le stipulant s'engage à verser à la Compagnie d'assurance des primes annuelles, de telle sorte qu'à quelque point de vue qu'on se place il est impossible de soutenir que le stipulant ne stipule pas pour lui-même, et que, par suite, l'art. 1121 n'est pas applicable; — Attendu, conformément à la dernière partie de cet article, que, lorsque le tiers spécialement désigné par la police d'assurance a déclaré vouloir profiter de la stipulation faite en sa faveur, il en résulte pour lui un droit personnel, irrévocable, en vertu duquel le promettant sera tenu de lui payer le montant de l'assurance au moment du décès du stipulant, si d'ailleurs les primes ont été régulièrement payées, soit par ce dernier, soit, à son défaut, par le tiers lui-même; — Attendu que la faillite du stipulant survenue avant son décès ne saurait faire disparaître ce droit et autoriser le syndic à prétendre, au nom de la masse créancière, que la police d'assurance constitue purement et simplement une valeur mobilière demeurée dans le patrimoine du failli et devant servir de gage à ses créanciers; . . . — Attendu, qu'en ordonnant au sieur Despretz de restituer ladite police aux mains du syndic de la faillite Bény-Delobeau, l'arrêt attaqué a violé les articles de loi susvisés ainsi que les principes en matière de contrat d'assurance sur la vie; — Par ces motifs, casse . . .

NOTES

1. Contrast the words of art. 1121 ('On peut . . . stipuler au profit d'un tiers, lorsque telle est la condition d'une stipulation que l'on fait pour

soi-même . . .') with the Court's statement that 'le profit moral . . . *suffit* . . .' and compare Cass. req. 15.5.1934.[10]

2. The lower Court had held that, to take the right arising from the policy out of the *patrimoine* of the life, an assignment to the beneficiary should have been made and this would have required notice to the Company (art. 1690). In default of this the policy remained subject to the *gage commun* of the assured's creditors.

Cass. civ. 8.2.1888

(Tourbez *C*. Consorts Tourbez)

S. 1888.1.121 note T.C.   D. 1888.1.193 note anon.

From the *arrêt*

LA COUR; — Sur le premier moyen du pourvoi: — Attendu qu'il est constaté en fait par l'arrêt attaqué que César Tourbez a contracté, en 1877, avec la compagnie le *Phénix* une assurance par laquelle la compagnie s'est engagée à payer au décès de l'assuré, la somme de 30 000 fr. à Léopold, Jules et Elisabeth Tourbez, ses trois enfants, et, en cas de décès de chacun d'eux, à leurs enfants ou à leurs héritiers; — Attendu que l'arrêt attaqué, appréciant souverainement les termes de la convention et l'intention des contractants, décide que César Tourbez a stipulé pour ses trois enfants nominativement désignés, aux termes de l'art. 1121 c. civ., et que les enfants et héritiers de ces trois personnes ne sont désignés que surérogatoirement par application du principe posé dans l'art. 1122 même code; — Attendu qu'en cet état des faits, la demanderesse en cassation n'est pas fondée à prétendre que la stipulation a eu lieu au profit de personnes incertaines; — Attendu qu'à la vérité Elisabeth Tourbez était décédée au jour du décès de l'assuré, mais que cette circonstance importe peu; qu'en effet, en l'état de la convention ci-dessus analysée, ce n'est point au jour du décès de l'assuré, c'est uniquement au jour de la stipulation qu'il faut se reporter pour apprécier la capacité des bénéficiaires; que, du jour de la stipulation, les bénéficiaires ont été saisis d'une créance sur la Comp. d'assurances; que si ce droit pouvait être révoqué par l'assuré, il n'en existait pas moins tant que cette révocation n'avait pas eu lieu; que si le paiement ne pouvait être exigé qu'au décès de l'assuré, le terme ainsi stipulé ne constituait pas une condition de survie et ne suspendait pas l'existence de l'obligation; qu'il suit de là qu'Elisabeth Tourbez s'est trouvée, au

[10] Below, p. 464.

jour du décès de l'assuré, valablement représentée par sa fille, la mineure Ida Quévy et que, dès lors, en déclarant que les consorts Tourbez avaient un droit direct et personnel au montant de l'assurance, l'arrêt attaqué, loin de violer l'art. 1122 c. civ., a fait, au contraire, une juste application, tant de cet article que de l'art. 1121 du même code;

Sur le deuxième moyen: — Attendu que la stipulation pour autrui, lorsqu'elle est pure et simple, confère immédiatement un droit au tiers au profit duquel elle a eu lieu; qu'à la vérité, ce droit peut être révoqué par le stipulant, mais qu'il devient irrévocable du jour où le tiers a déclaré vouloir en profiter; que l'art. 1121 c. civ. n'impose aucune autre condition de validité; qu'il n'y a donc lieu d'appliquer en pareille matière ni l'art. 932 c. civ., aux termes duquel les donations doivent être acceptées du vivant du donateur, ni les principes généraux qui régissent la formation des contrats par l'acceptation d'une offre, et qu'en conséquence la déclaration dont parle l'art. 1121 peut être faite postérieurement au décès du stipulant, tant que la stipulation n'a pas été révoquée; — Attendu, en fait, qu'il s'agissait d'une stipulation pour autrui; que, dès lors, les bénéficiaires avaient pu, même après le décès de leur père et aïeul, auteur de ladite stipulation, déclarer qu'ils entendaient en profiter; . . . Rejette les deux premiers moyens . . .

NOTE

1. This is one of five cases working out the position of the *tiers* reported together in Sirey with an illuminating note by Crepon. In discussing the second *moyen* the Court is able to quote the Code in dealing with gifts; but, in relation to the formation of contracts by offer and acceptance, falls back on *principes généraux*.

Cass. req. 15.5.1934
(Cons. Saint-Cloud *C.* Cie. La Protection)

D. 1934.1.141 rapport Pilon   Gaz. Pal. 1934.2.252

LA COUR; — Sur les deux moyens réunis pris de la violation des articles 711, 748, 1122, 1133, 1135 C. civ., 7 de la loi du 20 avril 1810 pour défaut de motifs et manque de base légale et du principe que nul ne doit s'enrichir aux dépens d'autrui; — Attendu que Saint-Cloud, qui avait souscrit une assurance individuelle contre les accidents à la Société La Protection, laquelle s'engageait, en cas de mort de l'assuré, au payement d'un capital de 30 000 francs, étant décédé accidentellement, et la cour d'appel (Bordeaux 13 mai 1931) ayant dénié à son père et à sa sœur le droit de réclamer, en tant qu'héritiers, le capital assuré, le pourvoi en fait grief à l'arrêt par le motif qu'en s'assurant, Saint-Cloud avait contracté pour lui et pour ses héritiers;

Mais attendu que si, aux termes mêmes de l'article 1122 C. civ., 'on est censé avoir stipulé pour soi et pour ses héritiers', c'est sous la réserve que 'le contraire ne soit pas exprimé';

Or, attendu que, d'après l'article 1er de la police litigieuse, la Société La Protection garantit, 'en cas de mort, un capital payable exclusivement au bénéficiaire désigné ou, à défaut de bénéficiaire, à la femme ou aux enfants de l'assuré'; que, d'autre part, il résulte des constatations de l'arrêt attaqué que Saint-Cloud n'avait, dans la police ni depuis, désigné aucun bénéficiaire, et qu'il est décédé ne laissant ni veuve ni enfant; — Attendu, dès lors, et abstraction faite de certains motifs critiqués par le pourvoi qui peuvent être tenus pour surabondants, que la cour d'appel, dont l'arrêt est motivé et l'interprétation souveraine, en déduisant de ces faits et circonstances que le père et la sœur de Saint-Cloud n'avaient aucun droit au capital assuré, n'a violé aucun des textes ni des principes visés par le pourvoi; — Par ces motifs, rejette.

NOTES

1. For policies taken out after 13.7.1930, article 66 of the law of that date gives the capital in such cases to the deceased's estate.

2. In the decision the company was held not bound to pay out the sum assured. Where was the 'stipulation que l'on fait pour soi-même' in the terms of art. 1121?

B. Other Applications

Cass. civ. 12.7.1956
(Fornas *C.* Jacquin e.a.)

D. 1956.749 note Radouant   G.A. 111

LA COUR; — Sur le moyen unique: — Vu l'art. 1121, C. civ.; — Attendu que si le tiers bénéficiaire d'une stipulation pour autrui acquiert contre le promettant un droit propre et direct, le stipulant n'en possède pas moins une action en exécution de la promesse souscrite par le débiteur; — Attendu qu'il résulte des énonciations et des qualités de l'arrêt attaqué (Lyon, 20 oct. 1952) que Fornas, qui avait reçu en nantissement, de son débiteur Perret, 98 000 actions d'une Société chaux et ciments Portland artificiels de Virieu, a consenti à l'aliénation par Perret de 45 000 de ces actions; que l'acquéreur desdites actions, Jacquin, a, par un acte concomitant de la cession, pris l'engagement d'investir dans la Société de Virieu une somme de 60 millions; que cette promesse n'ayant pas été exécutée et la société ayant été mise en faillite, Fornas a assigné Jacquin pour le voir condamner à verser à la faillite les 60 millions dont il était débiteur; — Attendu que, tout en reconnaissant l'existence en l'espèce d'une stipulation pour autrui, l'arrêt attaqué a débouté Fornas de sa demande pour le motif qu'il ne pouvait exercer une action qui normalement n'appartenait qu'à la société; — Mais attendu qu'en statuant comme elle l'a fait, la cour d'appel n'a pas donné une base légale à sa décision; — Par ces motifs, casse . . ., renvoie devant la cour d'appel de Grenoble.

From the note

Sans avoir l'importance des arrêts fondamentaux qui ont construit et organisé la stipulation pour autrui, l'arrêt du 12 juill. 1956 apporte à l'édifice une pierre qui n'est pas négligeable et il méritera d'être désormais cité dans toute étude de la matière. Pour la première fois, la Cour de cassation affirme en un arrêt de principe que le stipulant possède une action en exécution de la promesse souscrite par le débiteur au profit du tiers. Le stipulant peut donc agir contre le promettant au cas où, comme dans l'espèce, le tiers bénéficiaire s'abstient de le faire.

. . .

La séparation des intérêts et des droits, chez le stipulant et chez le tiers, quant à l'exécution qui n'est due qu'à celui-ci, apparaît en toute clarté en cas d'inexécution de sa promesse par la faute du débiteur. Chacun peut, en ce qui le concerne, se plaindre de l'inexécution et réclamer des dommages-intérêts; mais le préjudice subi par l'un est indépendant de celui qui atteint l'autre et il convient de les évaluer séparément. Le tiers est lésé par la privation de la prestation due. Pour le stipulant, il n'est lésé que dans la mesure de l'intérêt qu'il avait à ce que l'exécution s'accomplisse exactement aux mains du bénéficiaire. Souvent le stipulant n'y avait qu'un intérêt moral, auquel cas l'indemnité tendra pour lui vers le franc symbolique de réparation et il s'abstiendra généralement de le réclamer. Parfois il avait, lui aussi, un intérêt pécuniaire, peut-être important dans l'opération. Il suffit de songer au cas où, étant antérieurement débiteur du tiers bénéficiaire, il comptait sur l'exécution de la promesse pour se libérer à l'égard de celui-ci.

Ces particularités de régime ne sont que les conséquences logiques de la complexité de la stipulation pour autrui, qui combine dans une opération globale deux actes juridiques, donnant naissance à deux créances, dont l'objet, unique, est nécessairement réservé à un seul des créanciers, à l'exclusion de l'autre, alors que tous deux cependant s'y intéressent simultanément, quoique dans une mesure le plus souvent inégale.

NOTES

1. Compare *Lloyd's* v. *Harper*;[11] *Beswick* v. *Beswick*.[12]

2. A writes a letter to B, addresses, stamps, and posts it. The Post Office refuses to deliver. Advise A and B according to the general principles of the law of contract of (*a*) France; (*b*) England.

Cass. civ. 6.12.1932 et 24.5.1933
Ière Espèce — (Chem. de fer de Paris à Orléans *C.* Vve Noblet)

S. 1934.1.81 note P. Esmein   D. 1933.1.137 note Josserand   Gaz. Pal. 1933.1.269 (1ère esp.); 1933.2.350 (2ème esp.).   G.A. 186–7

LA COUR; — Sur le premier moyen: — Attendu que Noblet, capitaine d'infanterie, qui avait pris place dans un wagon en direction d'Angers, est tombé sur la voie; que sa mort a été instantanée; — Attendu que la veuve de la victime, agissant tant en son nom personnel que comme tutrice de ses enfants mineurs, a demandé réparation du préjudice qui leur a été causé par cet accident; — Attendu que la faute de la compagnie n'étant pas établie, la Cour d'appel a écarté l'application de l'art. 1382; qu'elle a néanmoins accueilli la demande en dommages-intérêts en vertu des règles de la responsabilité contractuelle et par application de l'art. 1147, C. civ.; — Attendu, d'après le pourvoi, que la veuve Noblet et ses enfants mineurs ne pouvaient obtenir les réparations qui leur ont été accordées, sur le seul fondement de l'art. 1147; qu'agissant du chef de la victime, ils n'avaient droit, d'après ledit article, qu'au préjudice matériel, subi par le défunt du fait de l'accident, antérieurement au décès; que le décès ayant été instantané,

11 (1880) 16 Ch.D. 290 (C.A.).   12 [1968] A.C. 58.

ce préjudice était nul; qu'ainsi, à défaut d'établir la faute de la compagnie, la veuve Noblet et ses enfants mineurs n'avaient droit à aucun dommage; — Mais attendu qu'en vertu du contrat de transport, la compagnie des chemins de fer assume envers la personne transportée l'obligation de la conduire saine et sauve à destination; qu'en cas d'accident mortel survenu en cours d'exécution du contrat, le droit d'obtenir réparation du préjudice s'est ouvert, en vertu de l'art. 1147, C. civ., au profit du conjoint et des enfants de la victime en faveur de qui celle-ci a stipulé, sans qu'il ait été besoin de le faire expressément, dans la mesure de leur intérêt;

Sur le second moyen: — Attendu que l'arrêt attaqué constate qu'à raison du décès de Noblet, sa veuve et ses enfants sont actuellement dans une situation particulièrement précaire, que ce motif suffit pour faire écarter le grief fondé sur ce que les juges auraient envisagé un dommage, qui ne serait ni certain, ni actuel, ni direct; d'où il suit que l'arrêt attaqué a pu statuer comme il l'a fait, sans violer aucun des textes visés aux deux moyens du pourvoi; — Rejette le pourvoi formé contre l'arrêt de la Cour d'Angers du 13 mai 1929, etc.

2ᵉ Espèce — (Dlle Falduti *C*. Comp. des Chem. de fer de Paris–Lyon–Méditerranée)

LA COUR; — Sur le moyen unique: — Attendu que le pourvoi reproche à l'arrêt attaqué d'avoir refusé d'allouer à la demoiselle Falduti des dommages-intérêts en réparation du préjudice qu'elle alléguait avoir subi à raison de la mort accidentelle de son frère, qui subvenait à tous ses besoins, et qui est décédé des suites de la chute qu'il a faite, d'un train en marche, sur le réseau de la Compagnie de Paris–Lyon et à la Méditerranée; — Mais attendu qu'il résulte des qualités et des motifs que les causes de cette chute mortelle sont restées inconnues et que la demanderesse n'a ni prouvé, ni offert de prouver qu'elle soit imputable à une faute du transporteur; — Attendu que si le voyageur qui a été victime d'un accident mortel doit être présumé avoir stipulé au profit des personnes envers lesquelles il était tenu d'un devoir d'assistance en vertu d'un lien légal, une telle présomption ne peut être étendue au cas où le demandeur ne peut, comme en l'espèce, alléguer, pour justifier son action, aucun devoir de cette nature; d'où il suit qu'en l'état des faits, déclarés constants par l'arrêt, et abstraction faite des motifs erronés, critiqués par le pourvoi, le dispositif se trouve légalement justifié; — Rejette, le pourvoi formé contre l'arrêt de la Cour de Paris du 11 juill. 1928, etc.

From the note by Esmein

Dans quels cas une personne à laquelle le décès accidentel d'une autre cause un préjudice peut-elle se faire indemniser par le tiers responsable du décès? Les deux arrêts ci-dessus, à l'occasion de morts survenues au cours de transports contractuels, donnent sur cette question controversée deux solutions nouvelles. L'une fonde le droit du demandeur sur une stipulation pour autrui, censée intervenue entre le transporté et le transporteur. L'autre restreint le droit à indemnité aux personnes à l'égard desquelles le défunt était tenu d'un devoir d'assistance en vertu d'un lien légal.

I. La veuve et les enfants d'un homme mort en tombant sur la voie au cours d'un transport par chemin de fer, demandaient une indemnité à la compagnie sans pouvoir prouver une faute de ses agents. Pour justifier une condamnation, la Cour de cassation déclare, dans l'arrêt Noblet: 'En vertu du contrat de transport, la compagnie de chemins de fer assume envers la personne transportée l'obligation de la conduire saine et sauve à destination; en cas d'accident mortel survenu en cours d'exécution du contrat, le droit d'obtenir réparation du préjudice s'est ouvert, en vertu de l'art. 1147, C. civ., au profit du conjoint et des enfants de la victime, en faveur de qui celle-ci a stipulé, sans qu'il ait été besoin de le faire expressément, dans la mesure de leur intérêt'. L'arrêt Falduti reproduit cette doctrine.

Cet appel à une stipulation pour autrui a soulevé des critiques qu'il était aisé de formuler. Une stipulation pour autrui est un contrat; si la loi fait souvent découler d'un contrat des obligations auxquelles les parties n'ont pas songé, il faut, au moins, qu'elles aient voulu passer le contrat; de même, il faut, au moins, pour qu'il y ait stipulation pour autrui, que l'une des parties ait entendu stipuler quelque chose au profit du tiers envisagé. Or, qui prétendra que le voyageur, en demandant au guichet son billet de chemin de fer, a eu la pensée de stipuler le paiement d'une indemnité à ses proches en cas d'accident mortel?

A prendre isolément cette affirmation, par les arrêts Noblet et Falduti, d'une stipulation pour autrui, elle n'est, en effet, guère acceptable. Mais il en est autrement si, avec les motifs cités plus haut de l'arrêt Noblet, on la rattache à l'ensemble de la jurisprudence sur la responsabilité du transporteur de personnes.

Cette jurisprudence, inaugurée par les arrêts de la Cour de cassation (Ch. civ.) (21 nov. 1911, S. 1912.1.73[13] et 21 avril 1913, S.

---

[13] See above, p. 172.

1914.1.5, et les notes de M. Lyon-Caen), déclare qu'en vertu du contrat de transport le transporteur assume envers la personne transportée l'obligation de la conduire saine et sauve à destination ...

II. S'il est choquant de rendre le transporteur responsable, suivant des règles différentes, à l'égard du transporté et des tiers souffrant de sa mort, il faut rattacher au contrat l'action en indemnité ouverte aux tiers. Mais à quel titre peuvent-ils invoquer le contrat?

Des arrêts de Cours d'appel ont cru pouvoir admettre les parents et le conjoint à invoquer le contrat de transport en qualité d'ayants cause du transporté. Mais cela est inacceptable ...

Une autre voie est ouverte pour rattacher au contrat le droit à indemnité des parents: c'est d'y voir le produit d'une stipulation pour autrui. Mais d'abord le moyen technique répond-il au résultat visé?

M. Josserand a fait à cet égard des objections: 'La stipulation pour autrui, dit-il, n'est valable qu'en faveur de personnes dont le stipulant a pu se faire une idée suffisamment nette', et ce ne serait pas ici le cas. Mais la jurisprudence n'exige pas que les bénéficiaires soient déterminés nominativement. Il suffit qu'ils soient déterminables (Planiol, Ripert et P. Esmein,Tr. prat. de dr. civ., t. 6, n. 367).

. . .

Il ne semble donc pas que le procédé technique adopté soit inapte à jouer le rôle qu'on attend de lui.

Mais comment écarter la grave objection tirée du caractère fictif de la volonté de stipuler en faveur des parents? Comment justifier une jurisprudence qui paraît en prendre à son aise avec la réalité des faits?

Au fond, l'objection ne porte pas, parce que l'allusion à une stipulation pour autrui n'est qu'une manière de parler, pour dire que le droit des tiers se rattache au contrat. Nul ne doute, ni les rédacteurs, ni les lecteurs des arrêts, que la Cour de cassation a entendu établir une règle de droit en vertu de laquelle les parents des transportés ont, en cas d'accident, un droit personnel à indemnité.

La question qui se pose alors est de savoir si la jurisprudence était qualifiée pour créer une pareille règle de droit. Or, l'affirmative nous paraît certaine.

A notre sentiment, la jurisprudence, en France, n'a pas qualité pour réformer ou abroger la loi écrite. La conception française de la loi, expression de la volonté générale par la voix du parlement, et le principe de la séparation des pouvoirs, y font obstacle. Et même, la loi étant un commandement qui, comme tel, ne vaut que comme expression de la pensée de celui qui a pouvoir de commander, nous croyons inacceptable la thèse, admise pourtant en 1904 par le premier président de la Cour de cassation, Ballot-Beaupré, dans un passage célèbre de son discours à l'occasion du centenaire du Code civil, d'après laquelle, à condition que la lettre de la loi n'y répugne pas, le juge peut, pour satisfaire des besoins nouveaux, négligés par le législateur, donner au texte un sens autre que celui qui était dans l'esprit des auteurs de la loi.

Une pareille interprétation revient à refaire la loi. Elle est un empiétement sur le pouvoir législatif.

Mais sur une question non réglementée par la loi écrite, il appartient à la jurisprudence de suppléer à l'absence de loi et de formuler des règles de droit comme le ferait le législateur. Cela résulte de l'art. 4, C. civ., qui interdit au juge de refuser de juger. Et depuis la suppression du référé législatif et l'établissement de l'obligation pour la juridiction de renvoi de statuer conformément à l'arrêt de cassation des chambres réunies, il ne peut être mis en doute que le juge, dans le silence ou devant l'obscurité de la loi, doit statuer en droit, et non en équité. Ce rôle de légiférer pour combler les lacunes de la loi est d'ailleurs attribué à la jurisprudence, dans les termes les plus nets, par Portalis, dans le discours préliminaire du projet de Code civil. 'On ne peut pas plus se passer de jurisprudence que de lois, et c'est à cette jurisprudence que nous abandonnons les cas rares et extraordinaires . . . et tous les objets qu'on s'efforcerait inutilement de prévoir ou qu'une prévoyance limitée ne pourrait définir sans danger. C'est à l'expérience à combler successivement les vides que nous laissons. Les Codes des peuples se font avec le temps, mais, à proprement parler, on ne les fait pas.'

Nous nous élevons avec force contre la doctrine qui permet aux juges de modifier la loi. Mais il faut affirmer nettement qu'ils doivent faire la loi là où elle manque. S'il règne à cet égard, actuellement, une grande confusion, c'est parce qu'on a voulu tout régler au moyen des textes en se permettant, sous couleur d'interprétation, d'en détourner le sens. En affirmant qu'il faut respecter la loi, mais seulement là où elle existe, on rend à la jurisprudence une liberté nécessaire, en même temps qu'on rend à la loi sa force et son autorité, compromises par les libertés qu'on prend avec elle . . .

Nous pouvons donc dire qu'il était permis à la Cour de cassation de rattacher au contrat le droit à indemnité des parents de la victime,

comme une obligation légale que des raisons d'aménagement technique commandent de faire découler du contrat . . .

NOTES

1. Compare Esmein's doubts as to the courts' law-making power with the
statement of the court of first instance of 2.6.1863.[14]

2. In 1933 it was doubtful whether a plaintiff could succeed in delict
without proving fault. Why would the court prefer to classify the claim as
contractual?

3. The court implies an *obligation de résultat* in the contract of carriage;
cf. Cass. civ. 21.11.1911.[15] Compare the English Law of carriage of goods;
and contrast carriage of persons: see *Readhead* v. *Midland Rly.*[16] and the
dissent of Blackburn J.[17]

4. For the relation between statute and case-law see Pt. I, Ch. I, Sect. 2;
for Portalis' views see Pt. I, Ch. I, Sect. 1.

Cass. civ. 17.12.1954

(Centre national de transfusion sanguine et Cie d'assurances *La
Nationale C.* Epoux L...)

D. 1955.269 note Rodière   Gaz. Pal. 1955.1.54
J.C.P. 1955 II 8490 note Savatier

LA COUR; — Sur les deux moyens réunis: — Attendu qu'il résulte de
l'arrêt attaqué qu'une transfusion de sang fut ordonnée, au cours d'un
traitement auquel était soumise la dame L... à l'hôpital Boucicaut;
que les services de cet établissement firent appel au Centre national
de transfusion sanguine, qui désigna la demoiselle V... comme donneuse de sang; que celle-ci étant atteinte de syphilis, cette maladie
fut transmise à la dame L...; —

Attendu que le pourvoi reproche à la cour d'appel d'avoir, en une
matière essentiellement contractuelle, déclaré, à tort, le Centre
national de transfusion sanguine responsable délictuellement d'une
faute commise à l'égard de la dame L... et apprécié le préjudice causé
sur des données purement conjecturales, bien que la preuve d'une
faute de la préposée n'ait été nullement rapportée et que les usages

---

[14] Above, p. 457.
[15] Above, p. 172. See Cass. civ. 1.7.1969. D.S. 1969.640 note G.C-M.
[16] (1869) L.R. 4 Q.B. 379 (Ex. Chbr.).   [17] (1867) L.R. 2. Q.B. 412 (Q.B.).

médicaux, admis à l'époque de l'accident, aient exclu la faute de quiconque; —

Attendu que tout en recherchant devant le juge administratif l'Assistance publique pour la responsabilité encourue par ses propres services, la dame L... a obtenu des juges civils, sur la base de l'art. 1382, la condamnation du Centre national de transfusion sanguine à des dommages-intérêts; —

Mais attendu qu'il appartient à la Cour de cassation de restituer leurs véritables caractères aux rapports juridiques déduits par le juge des faits qu'il a souverainement constatés; —

Attendu qu'il n'est point contesté que la convention passée entre l'Assistance publique et le Centre, demandeur au pourvoi, avait pour objet de procurer à la malade hospitalisée le concours d'une donneuse de sang, pour l'exécution d'une prescription médicale; que cette convention était ainsi accompagnée d'une stipulation pour autrui, faite au nom de la dame L..., qui, bien qu'étrangère au contrat originaire et n'y ayant point été représentée, devait bénéficier de l'engagement contracté à son profit; que l'inexécution de celui-ci par le débiteur rendait donc ce dernier, par l'effet des dispositions combinées des art. 1121 et 1135, C. civ., directement responsable, envers la créancière, du préjudice en résultant; —

Et attendu qu'en l'état des relations contractuelles par lui-même invoquées, le débiteur n'a ni prouvé ni même allégué que, selon l'art. 1147 du même code, la contravention à l'engagement litigieux dérivât d'une cause étrangère, telle que la force majeure, qui ne pût lui être imputée; qu'en constatant, dans des circonstances exclusives de toute responsabilité d'ordre médical, le fait de 'l'inoculation à la dame L... d'un sang vicié', les juges du fond ont établi que le Centre de transfusion sanguine n'avait pas fourni la prestation loyale à laquelle la dame L... était en droit de prétendre, et fondé sur la faute ainsi commise le droit à réparation; d'où il suit que, par ce motif de droit pur substitué d'office à tous autres, que critique le pourvoi, l'arrêt attaqué se trouve légalement justifié; —

Par ces motifs, rejette.

From the note by Rodière

. . .

Recherchant à la fois l'Assistance publique devant la juridiction administrative et le Centre de transfusion devant les juges civils, la dame L... a obtenu de ceux-ci la condamnation du Centre sur la base de l'art. 1382 c. civ. Mais ces juges avaient dans le même temps reconnu qu'en l'état des usages de l'époque, le Centre n'avait ni par lui-même, ni par ses préposés commis de faute. Le pourvoi avait beau jeu de relever la contradiction : la responsabilité délictuelle fondée sur l'art. 1382 suppose la faute de l'auteur et cette faute doit être prouvée par la victime. Or, en l'espèce, non seulement cette faute n'était pas prouvée, mais il semblait même établi qu'il n'en avait pas été commis.

La cassation se serait imposée si la Cour suprême, usant d'une faculté qui ne lui est pas contestée, n'avait substitué à la motivation de l'arrêt attaqué une argumentation de droit différente, argumentation de pur droit fondée sur les faits constatés souverainement par les juges du fond. Pour justifier la condamnation du Centre, seul défendeur devant les juges civils, la Cour de cassation établit successivement :

1. que la responsabilité du Centre envers l'hôpital était d'ordre contractuel ;
2. que la malade était en droit de la faire valoir parce qu'elle bénéficiait d'une stipulation pour autrui, annexée au contrat par lequel le Centre avait promis une prestation loyale à l'administration de l'Assistance publique.

Sur la stipulation pour autrui. — La construction est désormais classique. C'est par le même moyen que les parents d'un voyageur ont pu faire condamner le transporteur à réparer le dommage que celui-ci leur avait directement causé en n'amenant pas le voyageur sain et sauf à destination. Malgré la différence des situations, la construction juridique est la même : un contrat est passé entre A et B ; la mauvaise exécution de ce contrat par B cause un dommage à C, mais celui-ci ne peut arguer de l'inexécution contractuelle que s'il est contractuellement créancier de B ; il faut pour cela l'associer au contrat ; c'est à quoi l'on parvient en déclarant que A a stipulé pour lui. Quand cette stipulation est expresse, il n'y a pas de difficulté spéciale. Mais elle est supposée par les juges dans le cas précité des parents du voyageur comme elle est supposée dans la présente espèce. On a déjà montré que ces constructions ne sont pas aussi fermes qu'il le paraît d'abord et qu'elles reposent sur une volonté incertaine des parties. Mais ceux qui se flattaient de voir bientôt disparaître cette jurisprudence doivent en perdre l'espoir. Loin de céder du terrain, elle en gagne comme en témoigne le présent arrêt.

Cependant, le bénéficiaire de la stipulation pour autrui peut y renoncer. Il n'est pas associé de force au contrat de base. Le conseiller

E. Pilon l'avait indiqué clairement (rapport S. 1937.242, col. 2, et 243, col. 1) et la Cour de cassation l'a reconnu (Civ. sect. com., 19 juin 1951, D. 1951.717, note G. Ripert; S. 1952.1.89, note Nerson). Malgré certaines hésitations les juges du fond l'ont suivie. On peut dès lors se demander s'il ne faut pas que le bénéficiaire fasse acte positif d'acceptation. Certes, cette acceptation peut intervenir à n'importe quel moment; elle peut même être tacite et résulter du seul fait que le tiers agit en vertu du contrat.

Mais, en l'espèce, la dame L... ne paraît à aucun moment de la procédure avoir réclamé le bénéfice de cette stipulation tacite. Elle a agi contre le Centre de transfusion sanguine en invoquant la faute commise par lui (ou présumée à sa charge) sur la base de l'art. 1382. Si, devant la Cour suprême, le mémoire en défense a invoqué la stipulation faite en faveur de la dame L..., il n'y a rien à dire. Si la construction nouvelle est entièrement due à la Cour de cassation, la technique de la stipulation pour autrui n'aura pas été respectée . . .

NOTES

1. The claim was formulated in delict; but it was almost impossible to prove fault since, had the donor's blood been checked, it is unlikely that the incubating syphilis could have been discovered. Why should the *Cour de cassation* prefer to '*restituer* leurs *véritables* caractères aux rapports juridiques' and classify the claim as contractual? Would the House of Lords act thus?

2. What view of the nature of judicial activity is presented by the words italicized in the previous paragraph?

3. Presumably the husband contracted syphilis from his wife. Is he also a *tiers bénéficiaire*?

Section 3: *Simulation*

C. civ. art. 1321

NOTE

In so far as a sham transaction affects the parties thereto, this topic should be treated in the chapter devoted to the formation of contracts. It is placed here, however, as its most interesting aspects lie in the effect of such dealings on third parties. For a full study see Dagot, *La simulation en droit privé*.[18]

• 18 B. 97.

From Josserand, *Les mobiles dans les actes juridiques du droit privé* (1928)[19]

194. . . . Le principe qu'on ne songe plus à contester aujourd'hui, c'est que la simulation ne vicie pas l'acte qui en est l'objet ou l'occasion; c'est qu'elle ne constitue pas, en elle-même et à elle seule, une cause de nullité. La règle contraire, qui avait été consacrée par le droit de la période intermédiaire, est considerée comme ayant été condamnée par l'article 1321 du code civil aux termes duquel 'les contre-lettres ne peuvent avoir leur effet qu'entre les parties contractantes: elles n'ont point d'effet contre les tiers': du moment que l'acte clandestin produit effet entre ceux qui l'ont conclu, c'est évidemment que la validité en est reconnue par la loi qui le place ainsi sous la protection de ce grand principe que 'les conventions légalement formées tiennent lieu de loi à ceux qui les ont faites'.[20] La seule réserve à faire — et elle est fondamentale — c'est que la convention secrète n'est point opposable aux tiers qui sont en droit de l'ignorer et qui peuvent donc s'en tenir à l'acte apparent comme à la situation qui en est résultée, sauf à eux d'ailleurs, si cet acte leur est défavorable, à faire la preuve de la simulation pour se placer sous la protection de la contre-lettre: car, si le code civil décide, dans l'article 1321, que celle-ci ne saurait avoir d'effet *contre* eux, il ne dit nullement qu'elle ne puisse pas en produire *en leur faveur*; en sorte qu'ils se trouvent placés, de par le déguisement auquel les parties ont eu recours, dans une situation exorbitante du droit commun: ils sont fondés à se réclamer, au gré de leurs convenances et de leurs intérêts, soit de l'acte ostensible qui constitue pour eux, jusqu'à plus ample informé, la vérité juridique, soit de l'acte secret dont ils sont admis à démontrer qu'il représente précisément cette vérité dont la convention apparente n'est que le travestissement choisi par les parties pour dissimuler la réalité: ils parviendront à ce résultat en exerçant *l'action en déclaration de la simulation*; grâce à cette arme, ils perceront l'enveloppe sous laquelle les contractants avaient caché leur véritable but et ils pénétreront ainsi jusqu'à la vérité juridique qu'on s'était proposé de leur dissimuler. Cette option ouverte aux tiers entre l'acte apparent et l'acte secret les place dans une situation singulièrement avantageuse, mais qui trouve sa justification dans l'équivoque créée par les parties et dont ils ne sauraient être les victimes.

---

[19] B. 98, p. 242 f.   [20] C. civ. art. 1134.

Cass. civ. 25.4.1939
(Marion *C.* Raoux)

D.H. 1939.305   **D.P.** 1940.1.12 note anon.   Gaz. Pal. 1939.2.57
G.A. 108

Pourvoi en cassation contre un arrêt de la cour d'appel d'Alger du 17 juin 1935, pour violation des art. 2182, 2125, 1321, C. civ. et 7 de la loi du 20 avr. 1810, pour défaut de motifs et manque de base légale, en ce que, statuant sur la validité d'une hypothèque constituée par un donataire dont le titre de propriété avait par la suite été anéanti rétroactivement pour simulation frauduleuse, l'arrêt attaqué a décidé que cette hypothèque subsistait et devenait opposable à l'héritier réservataire auquel l'immeuble était attribué après l'annulation de la donation, sous prétexte que le créancier hypothécaire était de bonne foi, alors que la bonne foi du créancier ne pouvait être prise en considération en présence de la nullité absolue du droit de propriété du constituant de l'hypothèque.

LA COUR; — Sur le moyen unique: — Attendu que Jean-François Marion étant mort, le 4 févr. 1923, à la survivance de deux enfants, Louise Marion, épouse Bauthéac, et Jean Marion, celui-ci a engagé, le 1er déc. 1925, contre sa sœur, une action tendant à l'annulation d'une donation immobilière que le père de famille lui avait faite, au mois de juin 1918, sous la forme mensongère d'une vente, et, par surcroît, avec la connivence d'une personne interposée; qu'il a été rendu, sur cette action, le 2 juill. 1930, un premier arrêt déclarant la libéralité dont s'agit, non pas simplement réductible à la quotité disponible, mais entièrement nulle, 'par application de l'art. 911 c. civ.'; —

Attendu qu'en suite de cette décision, passée en force de chose jugée à défaut de pourvoi formé contre elle, et en se fondant sur l'anéantissement rétroactif du titre de propriété de l'épouse Bauthéac, le sieur Jean Marion a actionné le sieur Raoux en nullité d'une hypothèque que la susnommée et son mari avaient consentie à ce dernier, le 15 déc. 1924, sur un immeuble compris dans la donation annulée le 2 juill. 1930 pour cause de simulation; que cette nouvelle demande de Jean Marion a été rejetée, le 17 juin 1935, par l'arrêt aujourd'hui déféré à la Cour de cassation; —

Attendu qu'au regard des conventions simulées de juin 1918, le créancier hypothécaire Raoux, et l'héritier réservataire Jean Marion agissant en vertu des droits qu'il tenait directement de la loi, avaient pareillement la qualité de tiers au sens de l'art. 1321 c. civ., et que, d'après ce texte, chacun d'eux pouvait se réclamer, suivant son intérêt, soit de l'acte ostensible derrière lequel les contractants avaient dissimulé leur véritable volonté, soit, au contraire, des véritables conventions tenues secrètes par lesdits contractants; qu'en cette situation, et alors que les deux adversaires exerçaient en sens opposé la faculté d'option à eux ouverte par l'art. 1321, les juges du fond ont pu donner la préférence au droit du créancier hypothécaire, en considération de l'erreur que la force invincible des apparences avait provoquée dans l'esprit de ce prêteur sur la valeur et la solidité du titre ostensible sur lequel paraissait reposer la possession paisible et prolongée des emprunteurs constituants de la sûreté réelle; — D'où il suit que la décision attaquée est légalement justifiée, indépendamment d'autres motifs surabondants critiqués par le pourvoi; Par ces motifs, rejette.

From the note

Le procès auquel met fin l'arrêt de rejet ci-dessus rapporté avait été précédé d'un autre litige dont il n'était que le prolongement. Cette contestation initiale était née à l'occasion de la succession d'un sieur J.-F. Marion, décédé le 4 févr. 1923 à la survivance de deux enfants, un garçon, Jean Marion, et une fille, dame Bauthéac, cette dernière légataire de toute la quotité disponible. Sans attaquer le testament qui avantageait sa sœur, Jean Marion poursuivait alors l'annulation de deux contrats constatés par actes notariés, le premier, en date du 19 juin 1918, par lequel le père de famille disait vendre certains de ses immeubles à un sieur Massardier, le second, intervenu dix jours plus tard, et portant revente des mêmes biens par Massardier à la dame Bauthéac, née Marion, et à son mari. La cour d'appel d'Alger a considéré, par une appréciation souveraine des faits de la cause, que la double opération dont s'agit masquait une véritable donation faite par le père de famille à sa fille, en fraude des droits que l'autre enfant tenait de la loi en sa qualité de réservataire. Mais, de ces constatations et appréciations contre lesquelles il n'y avait rien à dire, la cour d'Alger a, dans son premier arrêt (2 juill. 1930), tiré une conséquence fausse en prononçant la nullité totale des deux actes de juin 1918. On sait, en effet, qu'en dehors des deux cas prévus par les art. 911 et 1099, alin. 2, c. civ., la donation faite par personne interposée, ou bien déguisée sous l'apparence d'un contrat à titre onéreux, reste valable, étant assujettie seulement aux règles de fond édictées par la loi en ce qui concerne les libéralités entre vifs. A cet égard, il suffira de rappeler la proposition doctrinale reproduite dans maints arrêts de la Cour suprême: '. . . que les donations déguisées entre personnes capables de donner et de recevoir sont valables jusqu'à concurrence de la quotité disponible; *qu'il en est ainsi, même lorsque ces donations, par suite d'un concert frauduleux entre le donateur et le donataire, tendent à porter atteinte à la réserve des héritiers; que le droit de ceux-ci, en ce cas, se borne à demander la réduction de ces donations à la quotité disponible, et non pas leur annulation totale . . .'* (Civ. 13 déc. 1859, D.P. 59.1.503 et 504; Req. 1ᵉʳ juin 1932, D.P. 1932.1.169, et la note de M. Savatier).

Ces principes certains avaient été méconnus manifestement par l'arrêt du 2 juill. 1930 qui prononçait la nullité complète de l'opération de juin 1918, uniquement à raison de la forme sous laquelle se cachait son caractère de libéralité. Mais, à défaut de pourvoi formé en temps utile contre cette décision, l'erreur de la cour d'appel bénéficiait de la présomption irréfragable de vérité qui s'attache à la chose jugée. Par l'effet dudit arrêt, les immeubles litigieux, censés n'être jamais sortis du patrimoine du *de cujus*, faisaient partie de l'actif successoral, et, grâce à la disposition de l'art. 792, alin. 2, sur le recel ou le divertissement des biens héréditaires par l'un des héritiers, ils se trouvaient être la propriété exclusive de Jean Marion.

Tout eût été terminé par là, sans une complication tenant à une hypothèque que les époux Bauthéac avaient constituée sur les immeubles litigieux au cours de l'année 1924, à une époque où ils jouissaient paisiblement de ces biens en vertu des actes de juin 1918, non encore contestés par Jean Marion. Il est évident que l'arrêt du 2 juill. 1930 n'aurait procuré à Jean Marion qu'une demi-satisfaction si les immeubles en question ne lui étaient revenus que grevés de cette hypothèque.

C'est ainsi qu'est né le second procès, celui à l'occasion duquel a été rendu l'arrêt ci-dessus rapporté. Cette fois, Jean Marion dirigeait son action contre le sieur Raoux, au profit de qui avait été constituée par les époux Bauthéac l'hypothèque de 1924. Pour demander l'annulation de cette charge réelle, il se prévalait du principe que le propriétaire seul peut créer une hypothèque sur son bien et que l'hypothèque disparaît automatiquement lorsque le titre de propriété de celui que l'avait constituée se trouve anéanti rétroactivement par résolution, rescision ou annulation (art. 2125 c. civ.) . . .

Si, dans l'affaire actuelle, la chambre civile s'est prononcée en faveur du créancier hypothécaire, qui tenait cependant son droit *a non domino*, c'est précisément parce que, en cette circonstance, la solution à laquelle elle s'arrêtait trouvait son fondement dans un texte de la loi positive. Et c'est le soin avec lequel elle a insisté sur cette disposition de la loi qui mérite d'être retenu.

Le texte invoqué ainsi dans l'arrêt est l'art. 1321 c. civ., relatif aux contre-lettres. La contre-lettre est l'acte secret dans lequel les parties consignent leurs intentions véritables, dissimulées par elles dans un acte ostensible volontairement mensonger. Il y a d'ailleurs contre-lettre dès que les parties s'entendent, même verbalement, pour cacher dans leur acte ostensible les conventions vraies sur lesquelles elles se sont mises d'accord et qui, dans leur pensée, doivent seules recevoir effet. Or, il résulte de l'art. 1321 que, si les parties sont bien liées par leur convention vraie mais occulte (à la condition naturellement que cette convention ne soit ni illicite, ni immorale), les tiers sont en droit de s'en tenir, si tel est leur intérêt, aux clauses de l'acte apparent et mensonger. Et l'on sait que, dans cet art. 1321, le mot 'tiers' a un sens plus large que dans l'art. 1165, les créanciers même chirographaires jouissant de la faculté qui vient d'être dite, dans le cas de simulation ou de dissimulation, par les parties, de leurs intentions alors qu'en règle générale ils sont censés avoir été représentés par leur débiteurs, dont les contrats leur sont en conséquence opposables . . .

Si, par exemple, deux compères ont établi un acte purement fictif de vente, étant d'accord pour que la propriété de la chose vendue en apparence reste sur la tête du pseudo-vendeur, le créancier de bonne foi au profit de qui le pseudo-acheteur aura plus tard consenti une hypothèque pourra se fonder sur la disposition de l'art. 1321 pour exiger que la vente fictive soit considérée, par rapport à lui, comme valable. Quoique le pseudo-acheteur constituant de l'hypothèque, n'ait jamais été propriétaire du bien, à défaut de contrat de vente formé par l'accord des parties sur la chose et sur le prix, l'immeuble restera grevé de la charge réelle . . .

Donc, si, dans la présente espèce, le créancier Raoux s'était trouvé en conflit avec Jean-François Marion père, partie à l'opération simulée de 1918, c'est en vain que ce dernier aurait contesté la validité de l'hypothèque litigieuse en se fondant sur l'accord occulte qui rétablissait le véritable caractère de cette opération qualifiée mensongèrement de vente dans l'acte apparent. Fort de la disposition de l'art. 1321, Raoux n'eût pas manqué de faire juger que, pour lui, les époux Bauthéac tenaient l'immeuble à titre d'acheteurs, et qu'ils avaient pu, en conséquence, grever ce bien de la charge réelle litigieuse . . .

Cependant une difficulté nouvelle se présentait ici, du fait que Raoux, tiers par rapport à la convention simulée de 1918, avait pour adversaire, non pas l'une des parties à cette convention, mais Jean Marion fils, qui, en sa qualité de réservataire, pouvait se prévaloir, lui aussi, de la disposition de l'art. 1321. . . . On sait que si l'art. 1321 permet aux tiers de s'en tenir à l'acte ostensible dressé par les parties contractantes, ce n'est là qu'une faculté pour eux, le droit leur restant, s'ils y trouvent un avantage, de se prévaloir des conventions vraies et secrètes qui constituent la contre-lettre. . . . Raoux et Jean Marion, étant l'un et l'autre des tiers, semblaient donc être à égalité, puisant chacun dans le même texte le droit de faire considérer l'acte de 1918, soit comme une vente, caractère qu'il avait en apparence, soit comme une donation, caractère qu'il avait après la convention vraie mais secrète. Il est évident, d'ailleurs, que l'intérêt de Jean Marion était de faire restituer à l'opération de 1918 sa véritable nature de libéralité (et de libéralité nulle selon le premier arrêt rendu par la cour d'Alger le 2 juill. 1930), alors que Raoux avait un intérêt tout contraire . . .

Que faire quand deux plaideurs exercent ainsi en sens opposés la faculté que la loi leur accorde pareillement à l'un et à l'autre, en leur qualité de tiers, d'opter soit pour l'acte ostensible et mensonger, soit pour l'acte vrai mais occulte ? . . .

Dans la circonstance, il résultait de l'arrêt attaqué que Jean-François Marion père, l'auteur de l'acte simulé de 1918, étant mort le 4 févr. 1923, Jean Marion fils avait attendu jusqu'au 1er déc. 1925, soit près de trois ans, avant d'engager contre les époux Bauthéac et Massardier son premier procès en nullité de cet acte combiné pour faire échec à ses droits de réservataire. D'autre part, il était constant que Raoux avait consenti son prêt hypothécaire aux époux Bauthéac en décembre 1924, vingt mois après l'ouverture de la succession, alors que ceux-ci jouissaient encore, sans protestation aucune de Jean Marion, des immeubles ayant fait l'objet de l'opération de 1918. C'était bien le cas de retenir, comme dernier élément propre à faire pencher la balance en faveur du créancier hypothécaire, et contre le véritable propriétaire trop lent à se révéler, l'erreur que la force invincible des apparences avait provoquée, dans l'esprit du bailleur de fonds, sur la valeur et la solidité du titre ostensible en vertu duquel les emprunteurs possédaient paisiblement, et depuis si longtemps, les biens litigieux.

NOTES

1. Why is art. 1321 placed in the chapter of the Code devoted to *preuve*?[21] Can it be compared at all with the English doctrine of estoppel?

2. Why has English (unlike Scots) law never developed a doctrine of 'sham transactions'?

Section 4: *Porte-fort*

C. civ. art. 1119, 1120

Douai 3.12.1912

(Carpentier et Descamps *C*. Baur et Roux)

S. 1914.2.217 note Roux

Par contrat en date du 19 mai 1911 MM. Descamps et Benoit Carpentier se sont portés forts de faire disputer, à Paris, du 1er oct. au 31 déc. 1911, au fils mineur de M. Benoit Carpentier, M. Georges Carpentier, trois combats de boxe, pour le compte de MM. Baur et Roux. Depuis la signature de ce contrat et avant le 1er oct. 1911, la notoriété de M. Georges Carpentier s'étant considérablement accrue, MM. Descamps et Carpentier père ont trouvé plus profitable pour eux de passer un nouveau contrat particulièrement rémunérateur avec un autre entrepreneur de combats de boxe et . . . se sont refusés à laisser M. Georges Carpentier figurer dans les rencontres. . . . MM. Baur et Roux ont alors assigné MM. Carpentier père et Descamps en dommages-intérêts, pour inexécution du contrat du 13 mai 1911. MM. Carpentier père et Descamps ont soutenu que ce contrat ne pouvait avoir d'effet juridique, sa cause étant illicite . . .

[L]e tribunal civil de Béthune a décidé que le contrat . . . n'était pas illicite, et il a condamné MM. Carpentier père et Descamps à des dommages-intérêts.

[Appeal upheld by the Douai *Cour d'appel*.]

[21] See J.-D. Bredin, 'Remarques sur la conception jurisprudentielle de l'acte simulé', B. 96, pp. 261 ff.

Cass. civ. 30.1.1957
(Roetinck *C.* Poulet)

Gaz. Pal. 1957.1.351

LA COUR; — Sur les 2 moyens réunis: — Vu les art. 1110 et 1120, C. civ.;

Attendu que la ratification de l'acte passé par un porte-fort a un caractère rétroactif et remonte au jour de l'acte ratifié;

Attendu que l'arrêt attaqué a déclaré nul comme constituant une vente de la chose d'autrui et comme entaché d'erreur le contrat par lequel Roetinck avait . . . revendu à Poulet un immeuble qu'il avait acheté à Boissel et que celui-ci n'avait acquis que sous réserve de ratification par un des propriétaires indivis, alors mineur, pour lequel le vendeur originaire avait déclaré se porter fort; que la Cour d'appel a décidé que cette vente était, pour partie au moins, une vente de la chose d'autrui atteinte de la nullité de l'art. 1599 et que le consentement de l'acheteur, qui avait voulu acquérir une propriété libre et entière de la chose, avait été vicié d'une erreur substantielle;

Mais attendu que, l'arrêt attaqué constatant que, postérieurement à cette vente, le tiers pour qui le vendeur originaire s'était porté fort avait ratifié l'acte, cette ratification avait pour conséquence à la fois de faire disparaître toute cause de nullité tirée de l'art. 1599 et par là même de conférer à l'acquéreur le droit complet de propriété pour l'acquisition duquel il avait contracté; d'où il suit qu'en statuant comme elle l'a fait, la Cour d'appel a violé les textes susvisés;

Par ces motifs; — casse . . .

Section 5: *Concurrence déloyale*

C. civ. art. 1382

Cass. civ. 27.5.1908
(Doeuillet et Cie. *C.* Raudnitz)

D. 1908.1.459

[Facts extracted from the judgment of the lower court.]

La dame Richard était employée chez Raudnitz; elle avait un engagement prenant fin au 31 déc. 1901, aux appointements de 11 000 fr.; au mois de juin 1901, elle a brusquement quitté la maison Raudnitz; Doeuillet et Cie. ont engagé la dame Richard à partir du 1er juillet suivant aux appointements de 12 000 fr. avec stipulation d'un dédit[22]

[22] Penalty.

de 10 000 fr. — Pour conserver le concours de cette employée qu'il s'était cependant assuré par contrat jusqu'au 31 décembre, Raudnitz a dû, le 21 juin 1901, lui consentir les conditions les plus favorables qui lui avaient été faites par la maison Doeuillet; il a payé le dédit de 10 000 fr. et remboursé, à titre d'appointements pour le mois de juin, une gratification de 1 000 fr. que la dame Richard avait reçue d'avance et qu'elle devait restituer. Il est possible de chiffrer exactement le préjudice causé à Raudnitz: pour le mois de juin, 83 fr. 35 cent.; du 1er juill. au 31 déc. 1901, 500 fr.; le dédit, ci 10 000 fr., soit une somme totale de 10 583 fr. 35 cent.

Pourvoi en cassation par les sieurs Doeuillet et Cie pour violation des art. 1165, 1382, 1383, C. civ., du principe de la liberté du commerce et de l'industrie et de l'art. 7 de la loi du 20 avr. 1810, en ce que l'arrêt attaqué a condamné les exposants[23] à payer au défendeur éventuel 10 583 fr. 35 cent. à titre de dommages-intérêts, sous prétexte qu'ils auraient commis une faute en engageant une employée qu'ils savaient liée à une maison concurrente et en prenant à leur charge le payement de son dédit, alors que, d'une part, les exposants n'ont fait qu'user d'un droit légitime, soit parce que le précédent contrat leur était inopposable, en tant que tiers, soit parce qu'il renfermait une faculté de dédit, et que, d'autre part, le préjudice allégué ayant été souffert volontairement par le défendeur éventuel, il ne pouvait en demander réparation.

LA COUR; — Sur le moyen unique du pourvoi pris dans sa première branche:

Attendu qu'il résulte de l'arrêt attaqué que Doeuillet et Cie, couturiers à Paris, ont engagé comme employée une dame Richard à partir du 1er juill. 1901, alors qu'ils la savaient liée à la maison concurrente de Raudnitz par un traité qui ne devait prendre fin qu'au 31 décembre de la même année; qu'ils lui ont alloué des appointements supérieurs à ceux qu'elle gagnait chez le défendeur, en stipulant un dédit de 10 000 fr.; que l'arrêt déclare qu'en agissant ainsi et 'en facilitant à cette employée la violation de son engagement, par la promesse de prendre à leur charge les conséquences pécuniaires de la rupture du contrat, Doeuillet et Cie ont commis une faute dont l'appelant est bien fondé à leur demander réparation';

Attendu que les demandeurs en cassation soutiennent que la cour d'appel a considéré à tort comme une faute des faits qui n'auraient

---

[23] Petitioners.

constitué, de leur part, que l'exercice d'un droit, puisque, en premier lieu, le contrat intervenu entre Raudnitz et la dame Richard ne leur était pas opposable, et que, d'autre part, ce contrat contenait, suivant eux, la faculté pour la dame Richard de se dégager, en payant une somme fixée à titre de dédit;

Mais attendu, sur le premier point, que l'arrêt n'a pas reproché à Doeuillet et Cie de n'avoir pas exécuté ou fait exécuter une convention à laquelle ils étaient étrangers, mais d'en avoir, par des actes quasi-délictueux accomplis en connaissance de cause et dans leur intérêt, amené ou facilité la rupture; que le moyen en cette partie, manque donc en fait;

Attendu, sur le second point, qu'il n'appert, ni de l'arrêt attaqué, ni des pièces de la procédure qui sont visées, que les demandeurs en cassation aient invoqué l'existence, en faveur de la dame Richard, d'une faculté de dédit stipulée entre elle et Raudnitz; que l'arrêt ne contient aucune indication sur la nature de l'obligation à laquelle cette dame se serait soumise au cas de rupture de son engagement avant le terme fixé; que le moyen en cette partie, étant mélangé de fait et de droit, ne saurait être soulevé pour la première fois devant la cour de cassation;

Attendu, au fond, que l'arrêt a pu, sans violer aucun des textes visés par le pourvoi, considérer les faits ci-dessus spécifiés comme excédant les droits de la libre concurrence et comme constituant, de la part de Doeuillet et Cie, une faute de nature à engager leur responsabilité;

Sur la seconde branche du moyen: — Attendu que l'arrêt attaqué déclare que, 'pour conserver le concours de l'employée qu'il s'était cependant assurée par contrat jusqu'au 31 décembre', Raudnitz a dû lui consentir les conditions les plus favorables que lui avaient faites Doeuillet et Cie et payer le dédit de 10 000 fr., stipulé par ceux-ci;

Qu'il a ainsi, par une appréciation souveraine des faits de la cause, suffisamment indiqué que le dommage souffert par Raudnitz provenait, non de sa libre volonté, mais de la situation qui lui avait été faite par la faute des demandeurs, qu'il a donc constaté la relation entre la faute et le préjudice, et que la condamnation à des dommages-intérêts est ainsi motivée et justifiée;

Par ces motifs, rejette.

NOTES

1. Observe that this is one of the many cases which determine how far contractual relations are protected by the law of delict.

2. Note that the *pourvoi en cassation* pleads a general principle—'liberté du commerce et de l'industrie'.

3. Compare, from the point of view of judicial technique, the French treatment of problems of causation and of privity with, e.g., *Lumley* v. *Gye*[24] and *Rookes* v. *Barnard*,[25] and see *Torquay Hotel Co. Ltd.* v. *Cousins*.[26]

4. The French bring the cases under the general provisions of art. 1382; contrast the English invention of a *sui generis* tort.

5. In Raudnitz's second contract with Richard, what *cause* did she provide?[27]

[24] (1853) 2 Ellis & Blackburn 217 (esp. Coleridge L.C.J.'s dissent).
[25] [1964] A.C. 1129 (esp. per Lord Devlin at 1208, 1209).
[26] [1969] 2 Ch. 106 (C.A.) (per Lord Denning M.R. at 137 ff.).
[27] See Pothier above, p. 394.

5 The Effect of a Contract *inter partes*

C. civ. art. 1134

'Les conventions légalement formées tiennent lieu de loi à ceux qui les ont faites.

Elles ne peuvent être révoquées que de leur consentement mutuel, ou pour les causes que la loi autorise.

Elles doivent être exécutées de bonne foi.'

Section 1 : Interpretation

A. General principles

C. civ. art. 1134–8, 1156–64

For the role of the *juge du fond* and of the *Cour de cassation* see above[1] and Cass. civ. 28.11.1968.[2]

Note that Book III, Title III, Ch. II, Section V (art. 1156–64) is declared by the *Cour de cassation* to be 'sans caractère impératif, et n'a imposé aucune règle absolue dont l'inobservation puisse donner ouverture à cassation'.[3]

B. *Obligations de moyens* and *Obligations de résultat*

From Frossard, *La distinction des obligations de moyens et des obligations de résultat*[4] (1965)

[A]vant de reconnaître la responsabilité d'un individu, il convient de rechercher le contenu précis de la diligence qu'il devait fournir pour faire honneur à ses obligations.

En 1925, Demogue proposa une distinction.[5] Parfois, enseignait-il, le débiteur n'est tenu qu'à la diligence du bon père de famille, et le

---

[1] p. 275.
[2] Above, p. 324. See Cass. soc. 18.10.1972. D.S. 1973. 43 note Serra.
[3] Cass. req. 16.2.1892; S. 1893.1.409.   [4] B. 94, pp. 1 and 10.
[5] Demogue, *Traité des obligations*, vol. v, no. 1237, vol. vi, no. 599 (Paris, 1925). [Author's footnote.]

mettre à ce contrôle, Dubosc avait manqué à son engagement; d'où il suit que le moyen n'est pas fondé;

Sur le deuxième moyen: — Attendu que, d'après le pourvoi, le jugement attaqué aurait violé les dispositions de l'art. 1184, C. civ., en déboutant Dubosc de sa demande en dommages-intérêts sous le prétexte que le refus de celui-ci de présenter sa carte d'abonnement aux agents de la Comp. des Eaux autorisait celle-ci à suspendre l'exécution de son contrat, alors que la rétention de ladite carte en constituait la rupture complète et définitive, et que la résolution d'un contrat synallagmatique ne peut être prononcée qu'en justice; — Mais attendu que saisi uniquement d'une demande en dommages-intérêts, le jugement attaqué se borne à déclarer que la délivrance de la carte d'abonnement comportait, à la connaissance des parties des engagements réciproques et que Dubosc les a violés en refusant systématiquement et sans motifs légitimes de se prêter au contrôle prévu par la convention; — Attendu qu'en l'état de ces constatations, le jugement attaqué, par une appréciation souveraine des faits et circonstances de la cause, a pu décider qu'en retenant la carte de Dubosc, la compagnie n'a fait, nonobstant le remboursement du prix, lequel a été librement accepté par l'abonné, qu'user d'un droit de rétention légitimé par la résistance de Dubosc à remplir ses propres obligations; d'où il suit que le moyen n'est pas fondé;

Par ces motifs, rejette.

The note in Sirey

Simple décision d'espèce, l'arrêt ci-dessus fournit un exemple intéressant du pouvoir qui appartient aux juges du fond, de déterminer, par une interprétation souveraine d'une convention, l'étendue des obligations qui ont été contractées par chacune des parties dans ladite convention. Dans l'espèce, le contrat d'abonnement à un établissement thermal stipulait un droit de contrôle de la part de l'établissement à l'égard de 'toute personne en action de baigneur dans sa propriété privée'. Pour justifier son refus de présenter sa carte d'abonnement aux agents de l'établissement, le demandeur alléguait que n'étant pas 'en action de baigneur' au moment où la réquisition lui avait été adressée, il se trouvait en dehors des clauses du contrat. Mais les juges du fond ayant constaté que la réquisition lui avait été adressée à deux reprises alors qu'il se trouvait dans le parc de l'établissement, une première fois lorsqu'il était assis sur une chaise auprès du tennis, et une seconde alors qu'il venait de boire à une source, avaient pu décider qu'il y avait dans ces circonstances 'action de baigneur' de la part de l'abonné et que le contrôle était justifié. Il est évident en effet que la clause litigieuse devait, conformément à l'art. 1157, C. civ., être interprétée dans le sens où elle pouvait produire effet, et que c'eût été lui refuser toute efficacité que de la limiter strictement aux seuls moments où l'abonné faisait réellement acte de baigneur, c'est-à-dire pratiquait les divers traitements curatifs organisés par l'établissement. L'abonné objectait que le retrait de la carte, qui, à la suite de son refus de la représenter, lui avait été imposé, constituait la résolution d'un contrat synallagmatique, laquelle, aux termes de l'art. 1184, C. civ., ne pouvait avoir lieu de plein droit et devait être prononcée par jugement. Mais le juge, non saisi d'une demande en nullité de la mesure prise contre l'abonné pour inexécution des formalités prescrites, mais simplement d'une demande en dommages-intérêts pour faute contractuelle, avait pu, à juste titre, décider qu'en retirant la carte dans les conditions où il l'avait fait, l'établissement n'avait fait qu'user de son droit, et n'avait par suite pas commis de faute génératrice de dommages-intérêts.

NOTES

1. On interpretation, see above, pp. 99 ff., 284, 425.

2. The Society reimburses Dubosc and takes back the card without which he cannot use the facilities; is this merely, as the *Cour de cassation* describes it, a '*droit de rétention*'?

3. Why was the Society not bound to sue for *résolution* under art. 1184 al. 3? Is art. 1134 al. 3 relevant?

Angers 14.4.1934
(Peltier *C*. Charpentier)
D.H. 1934.371   S. 1935.2.97 note Hébraud

LA COUR; — Attendu qu'en vertu de la grosse dûment en forme exécutoire d'un bail intervenu entre Charpentier, bailleur, et les époux Peltier, locataires, par-devant le notaire Poiraud, les 11 juillet et 23 août 1930, et concernant la location d'un hôtel situé à la Plage des Demoiselles, commune de Saint-Hilaire-de-Riez (Vendée) et moyennant le loyer annuel de 10.000 fr. pour les échéances des 1er sept. 1932 et 1er sept. 1933, Charpentier a fait, à la date du 24 oct. 1933, commandement aux époux Peltier d'avoir à lui payer la somme de 20.000 fr. en principal, montant de deux années de loyer échues le 1er sept.

1933; qu'à la date du 6 nov. 1933, Charpentier a fait de nouveau commandement aux époux Peltier d'avoir à lui payer les sommes réclamées par le commandement du 24 oct. 1933 et a tenté de faire procéder à une saisie-exécution à leur domicile; que les époux Peltier ont alors déclaré se pourvoir en référé devant le président du tribunal pour voir ordonner la discontinuation des poursuites commencées contre eux par Charpentier, alléguant que leur obligation de payer les loyers était corrélative de celle qui incombe à Charpentier de procurer à ses locataires une jouissance utile et paisible de la chose louée, et qu'ils ne payeront pas leurs loyers tant que Charpentier n'aura pas exécuté des travaux mis à sa charge par un jugement du tribunal civil d'Angers du 3 juill. 1933, jugement non définitif et dont Charpentier a interjeté appel le 16 nov. 1933; qu'à la date du 17 nov. 1933, le président du tribunal civil d'Angers, statuant en état de référé, a ordonné la continuation des poursuites commencées par le commandement du 24 oct. 1933; . . .

Attendu . . . que les époux Peltier n'étaient pas fondés à obtenir la discontinuation des poursuites; qu'en effet, lorsque deux parties sont liées par un contrat synallagmatique et que l'une d'elles n'exécute pas son engagement, l'autre partie ne peut pas rompre de sa propre autorité, un contrat qui n'est pas résolu de plein droit, ni refuser d'exécuter ses obligations; qu'il appartient au juge d'examiner, d'après les circonstances, si l'inexécution de quelques-uns des engagements de l'une des parties, a été suffisamment grave pour affranchir l'autre partie de ses obligations; qu'en l'espèce, Charpentier a été condamné par jugement du 3 juill. 1933 à exécuter des travaux dans l'immeuble loué et que, par lettre du 12 sept. 1931, il s'était même engagé à faire effectuer dans le courant du mois d'oct. 1931 divers travaux mais que l'inexécution des engagements de Charpentier ne présente aucune gravité; que dans l'intention des parties, le payement des loyers n'était pas subordonné à la confection de ces travaux et qu'en ce qui concerne les travaux ordonnés par le jugement du 3 juill. 1933 et qui sont encore moins importants que ceux faisant l'objet de l'engagement du 12 sept. 1931, il y a lieu d'observer que ce jugement n'était pas définitif lors du commandement du 24 oct. 1933 et qu'en tout cas les manquements peu importants commis par Charpentier dans l'exécution de ses obligations ne pouvaient à aucun titre autoriser les époux Peltier de se soustraire à leur obligation essentielle et primordiale, de payer leurs loyers;

Par ces motifs,

Et ceux non contraires du premier juge : — Dit que le juge des référés était incompétent pour ordonner la discontinuation des poursuites sollicitée par les époux Peltier et que cette mesure n'était, d'autre part, nullement justifiée ;

En conséquence, confirme l'ordonnance de référé rendue par le président du tribunal civil d'Angers le 17 nov. 1933 et condamne les appelants à l'amende et aux dépens d'appel . . .

Cass. civ. 4.1.1910
(Cahen *C.* Teyssonnier)

S. 1911.1.195

M. Teyssonnier, représentant de commerce, qui avait des relations établies dans une région, s'est chargé de représenter dans cette région les produits de la maison Cahen. Cette maison, après avoir utilisé un certain temps ses services, lui a adjoint un employé pour l'accompagner dans ses tournées, et ce en vue de le remplacer par cet agent, aussitôt qu'il serait au courant et connu de la clientèle. M. Teyssonnier ayant, à raison de ces faits, rompu brusquement son contrat, sans observer le délai de préavis stipulé, M. Cahen l'a assigné en dommages-intérêts. M. Teyssonnier a opposé une demande reconventionelle. — Par jugement du 21 mai 1907, le tribunal de commerce de St.-Etienne a repoussé la demande principale, et accueilli, au contraire, la demande reconventionnelle.

POURVOI en cassation par M. Cahen. — Moyen unique. Violation des art. 1184 et 1134, C. civ., défaut de base légale, et violation de l'art. 7 de la loi du 20 avril 1810, en ce que le jugement attaqué a décidé qu'une partie pouvait, de sa propre autorité, tenir pour résolu un contrat par elle signé, sous prétexte d'inexécution des obligations de l'autre partie contractante, alors, d'une part, que les obligations prétendues inexécutées ne figuraient pas au contrat, et alors, d'autre part, que la résolution, fût-elle justifiée, ne pouvait être prononcée que par justice.

LA COUR ; — Sur le moyen unique de cassation : — Attendu qu'il résulte des constatations du jugement attaqué que Teyssonnier, engagé en qualité de courtier livreur par la maison Cahen, a cessé ses fonctions sans donner à son patron le préavis de huitaine prévu par son contrat ; — qu'assigné à raison de ce fait en paiement de dommages-intérêts, il a formé une demande reconventionnelle, fondée sur ce que son départ aurait été nécessité par des actes dolosifs dont Cahen s'était rendu coupable vis-à-vis de lui; —

Attendu que le pourvoi soutient que le tribunal de commerce de St-Etienne, en rejetant la demande principale et en accueillant la demande reconventionnelle dont il était saisi, aurait admis, d'une part, l'existence à la charge de Cahen d'obligations non prévues par le contrat, et décidé, d'autre part, contrairement aux dispositions de l'art. 1184, C. civ., qu'une partie pouvait résoudre un contrat synallagmatique de sa propre autorité, sans recourir aux tribunaux; —

Mais attendu, sur le premier point, que les juges du fond se bornent à rappeler l'obligation générale imposée par la loi aux parties; que le grief manque donc en fait; —

Attendu, sur le second point, qu'il résulte de l'ensemble des constatations du jugement: que Teyssonnier était parvenu, grâce à ses efforts, à trouver de nombreux acheteurs pour les produits de la maison Cahen; que celle-ci, dans le but de s'approprier la clientèle ainsi créée, tout en se dégageant de ses obligations envers son représentant, avait adjoint à ce dernier un autre employé, avec mission d'accompagner Teyssonnier dans ses tournées et de le supplanter aussitôt que ce nouvel agent aurait été mis suffisamment en contact avec les clients; que, sur les réclamations du défendeur à la cassation, cette adjonction avait été momentanément suspendue; mais qu'elle n'avait pas tardé à être imposée de nouveau à Teyssonnier, et que c'est alors que celui-ci, pour éviter de se voir frustré du profit légitime de son labeur, avait quitté la maison Cahen; —

Attendu que ces constatations, déduites des résultats de l'enquête ordonnée, établissent une véritable fraude à la charge de Cahen; que, dans ces circonstances, le tribunal a pu décider que la partie dont la mauvaise foi avait causé la rupture du contrat était sans droit pour se prévaloir des dispositions de l'art. 1184, C. civ., et qu'une indemnité devait, au contraire, être allouée à l'autre contractant, qu'en statuant ainsi, il n'a violé aucun des textes de loi visés par le pourvoi;

Rejette, etc. . . .

NOTE

1. Observe that the *pourvoi* is against a judgment of a *tribunal de commerce*.

2. Is art. 1134 al. 3 relevant?

Section 2: Judicial Remedies:

Introductory notes

It has long been customary, in treating of remedies — especially of *exécution en nature* and *dommages-intérêts* — to distinguish two types of obligation: on the one hand, *donner* (to transfer property), and on the other, *faire ou ne pas faire*. This line was drawn but faintly in classical Roman law; it was made more clear by Bartolus, although he showed himself well aware of the difficulties.[1] But it was Pothier, at once lucid and shallow, who treated the difference as self-evident. In the case of an *obligation de donner*, the creditor had the right *de poursuivre le paiement de la chose*;[2] whereas

Lorsque quelqu'un s'est obligé à faire quelque chose, cette obligation ne donne pas au créancier le droit de contraindre le débiteur précisément à faire ce qu'il s'est obligé de faire, mais seulement celui de le faire condamner en ses dommages et intérêts, faute d'avoir satisfait à son obligation.

C'est en cette obligation de dommages et intérêts, que se résolvent toutes les obligations de faire quelque chose, car *nemo potest praecise cogi ad factum*.[3]

The distinction was embodied in the *Code civil*. Art. 1126 divides contracts into those whose obligation is a thing to be given, and those where it is a thing to be done or not done. The first is usually performed at once, since property passes by agreement;[4] the obligation to deliver, however, is an obligation to do.[5] It seems that this will be enforced specifically where the plaintiff has become owner; for instance a purchaser of an immoveable whose vendor refuses to complete the *acte de vente* may ask the Court to do this.

For obligations to do or refrain, art. 1142 appears to provide a basic remedy of damages, though the two following articles add qualifications. Modern doctrine, however, insists that the creditor of such an obligation has, in principle, the right to obtain *exécution en nature*. Professor Tunc puts it thus:

La vérité est que l'art. 1142 est une disposition fâcheuse, contraire même à l'idée d'obligation (elle évoque ce riche Romain dont Aulu-Gelle nous rapporte qu'il se promenait dans les rues pour gifler les passants, suivi

---

[1] The whole topic is a fascinating piece of intellectual history: see Dawson, Specific performance, B. 99.

[2] B. 29, no. 151.   [3] Ibid., no. 157; the Latin is from Bartolus.

[4] C. civ. art. 938, 1136, 1138, 1583, 1703.

[5] *Pace* Lyon 30.7.1946, D. 1947.377, note Tunc.

d'esclaves qui versaient immédiatement les sesterces compensatoires), démentie ensuite par les art. 1143 et 1144, et dont il faut limiter l'application aux cas où l'exécution en nature est matériellement ou moralement impossible.[6]

An award of damages can, of course, be enforced by process of seizure and execution. An order to act or stop acting is sanctioned by the *astreinte,* which is discussed below.[7]

A. *Mise en demeure*

C. civ. 1138, 1139, 1145, 1146

Note: Mazeaud and Tunc explain the basic principle thus:

L'article 1146 n'a nullement pour effet, dans les cas où il s'applique, d'interdire à la victime de citer en justice le défendeur avant de l'avoir mis en demeure. Il décide seulement que le débiteur ne peut être condamné à des dommages-intérêts que s'il a été au préalable mis en demeure. Or, la citation en justice est elle-même une mise en demeure; dès qu'il est assigné par la victime, le défendeur se trouve en demeure. . . . L'article 1146 a donc pour effet . . . non pas de rendre irrecevable une action en responsabilité qui ne serait pas précédée d'une mise en demeure distincte, mais de supprimer la dette du responsable entre le jour du dommage et le jour de la mise en demeure; l'auteur de la faute ne doit réparer que les conséquences dommageables postérieures à la mise en demeure. Le juge, pour fixer la condamnation, ne doit envisager que le seul préjudice postérieur à la mise en demeure.[8]

The requirement of a *mise en demeure* is subject to several exceptions (see, for instance, articles 1145, 1146, 1302, and Cass. req. 4.1.1927)[9] and to one great uncertainty. Obviously damages for delay alone run from the *mise en demeure;* but is this the case where the fault is not delay but some other breach, such as faulty or non-performance, i.e. the action is not (or not only) for *dommages et intérêts moratoires* but (or but also) for *dommages et intérêts compensatoires?*

---

[6] Note to the case cited in the preceding footnote.
[7] p. 520.
[8] Traité de Responsabilité civile, B. 27, vol. 3, nos. 2268, 2271.
[9] Above, p. 445.

Cass. civ. 13.11.1940
(Marbach *C.* Bernard)

S. 1941.1.11.   D.A. 1941.2   Gaz. Pal. 1941.1.52

LA COUR; . . . Vu l'art. 1146 C. civ.; — Attendu que la demande en dommages-intérêts formée contre le bailleur pour inexécution de ses obligations, n'est pas, en principe, subordonnée à la mise en demeure prévue par ce texte, dès lors que le locataire a avisé, sous une forme quelconque, son propriétaire de la nécessité d'effectuer, d'urgence, les réparations qui s'imposaient; —

Attendu qu'il résulte des qualités du jugement attaqué que Marbach ne pouvant obtenir de Bernard, malgré des réclamations réitérées, les réparations exigées par l'état d'insalubrité des locaux loués, l'a fait citer en dommages-intérêts; que Bernard a répondu par une demande reconventionnelle pour loyers dus; —

Attendu que, pour débouter Marbach de son action et accueillir la demande reconventionnelle de Bernard, le juge de paix, sans examiner le mérite des allégations du locataire, s'est uniquement fondé sur ce que la mise en demeure du créancier par acte d'huissier était obligatoire; d'où il suit que sa décision manque de base légale; —

Casse . . .

NOTES

1. An example of a *pourvoi en cassation* against a decision of a *juge de paix* (now *tribunal d'instance*) *not* subject to appeal.

2. For a discussion of the cases see G. Marty, 'Jurisprudence en matière de droit civil', *Rev. trim. dr. civ.* 1938, pp. 267 s. (no. 3).

Cass. civ. 13.4.1923
(Chemin de fer de l'Ouest-algérien *C.* Simon et Bernheim)

S. 1926.1.17 note Hubert   Gaz. Pal. 1923.2.82

ARRÊT

LA COUR; — Sur la première branche du moyen: — Vu les art. 1146 et 1147 C. civ.;

Attendu qu'en cas d'inexécution ou de retard dans l'exécution d'une obligation, le créancier doit, pour fair naître le droit à des dommages-intérêts, mettre le débiteur en demeure;

Attendu que Bernheim a assigné Simon, son vendeur, en paiement de dommages-intérêts pour retard dans l'exécution d'un marché de grains; que Simon a appelé en garantie l'Administration des Chemins de fer de l'Ouest-algérien, laquelle a été condamnée à payer à Bernheim la somme réclamée;

Attendu qu'en appel, cette Administration des chemins de fer a prétendu ne pas devoir de dommages-intérêts, parce qu'elle n'avait pas été mise en demeure de livrer les marchandises à l'expiration des délais de transport; que l'arrêt attaqué déclare que seul le destinataire est obligé de remplir cette formalité;

Mais attendu que la mise en demeure est nécessaire de la part de tout créancier qui veut faire sanctionner, par des dommages-intérêts, l'inexécution de l'obligation ou le retard dans l'exécution;

Sur la seconde branche:...

Par ces motifs, casse...

NOTES

1. Although the case is on delay, the Court refers to *inexécution*, thus raising the question whether a *mise en demeure* must precede a remedy for non-performance.

2. A contracts with B to deliver him 100 kilos of potatoes monthly for a year.
  (*a*) The first load is sent late. Must B have served a *mise en demeure*?
  (*b*) The first load is sent on time but with short weight. Must B have served a *mise en demeure*? Would such an act be possible?
  (*c*) The first load is sent late with short weight. Must a *mise en demeure* precede damages for (i) delay; (ii) the short weight?

3. Compare Cass. civ. 3.12.1930.[12]

B. *Résolution*

C. civ. art. 1184

Cass. civ. 14.4.1891

(Conjoints Ceccaldi *C.* Albertini)

S. 1894.1.391   D. 1891.1.329 note Planiol   G.A. 112

En 1877, la dame Pulicani, assistée de son mari, le sieur Ceccaldi, maire d'Evisa (Corse), avait donné pour dix ans au sieur Albertini,

---

[12] Below, p. 509.

à titre de bail à complant, un terrain inculte, à la condition de planter ce terrain en vignes pendant les trois premières années et de procéder ensuite au provignage selon l'usage local. Le preneur devait avoir la jouissance exclusive des lieux loués pendant la durée du bail, à l'expiration duquel il deviendrait propriétaire d'une moitié du terrain, au choix du bailleur. La vigne fut bien plantée, comme il était convenu, pendant les trois premières années, mais le phylloxera rendit le provignage impossible. — En 1886, Ceccaldi demanda le délaissement du terrain qui, n'étant pas complanté et ne pouvant plus l'être, devait faire retour à sa femme. Le preneur prétendait rester en possession jusqu'à l'expiration des dix années et garder ensuite la moitié du terrain. — Dans l'intervalle ce terrain avait été en partie exproprié pour l'établissement de la ligne de Bastia à Corte qui le traverse, et l'indemnité d'expropriation fut fixée par le jury, en avril 1883, à la somme de 13 500 fr. Par un jugement en date du 1er févr. 1887, le tribunal civil de Corte a déclaré résilié le bail à complant de 1877. Toutefois, le preneur s'étant trouvé dans l'impossibilité absolue de remplir ses engagements par suite d'une force majeure, le tribunal a déclaré qu'il n'y avait pas lieu de le condamner à des dommages et intérêts et qu'il fallait au contraire lui tenir compte de la plus-value donnée à la propriété par ses travaux de culture, l'indemnité allouée par le jury ayant été calculée d'après l'état actuel du terrain. Mais ce jugement a été infirmé par un arrêt de la cour de Bastia, du 12 juill. 1887.

Pourvoi en cassation par les époux Ceccaldi, pour violation des art. 1148, 1184 et 1220 c. civ. en ce que l'arrêt attaqué a refusé d'ordonner la résolution du bail pour cause d'inexécution des engagements du preneur, sous prétexte que cette inexécution ne serait que partielle et proviendrait d'un cas de force majeure, bien que, pour l'événement de la condition résolutoire, la loi n'exige pas que l'inexécution soit totale et n'admette point la force majeure comme faisant obstacle à son application.

LA COUR ; — Statuant sur le moyen unique du pourvoi : — Vu l'art. 1184 c. civ. ; — Attendu que cet article ne distingue pas entre les causes d'inexécution des conventions, et n'admet pas la force majeure comme faisant obstacle à la résolution, pour le cas où l'une des deux parties ne satisfait pas à son engagement ; qu'en effet, dans un contrat synallagmatique, l'obligation de l'une des parties a pour cause l'obligation de l'autre et réciproquement, en sorte que, si l'obligation de l'une n'est pas remplie, quel qu'en soit le motif, l'obligation de l'autre devient sans cause; — Attendu, il est vrai, que lorsque le contrat ne contient aucune clause expresse de résolution, il appartient aux tribunaux de rechercher, dans les termes du contrat et dans l'intention des parties, quelles sont l'étendue et la portée de l'engagement souscrit par celle d'entre elles qui y aurait manqué complètement, et en cas d'inexécution partielle, d'apprécier, d'après les circonstances de fait, si cette inexécution a assez d'importance pour que la résolution doive être immédiatement prononcée, ou si elle ne sera pas suffisamment réparée par une condamnation à des dommages-intérêts; que ce pouvoir d'appréciation est souverain; — Mais attendu que, pour repousser la demande en résolution du contrat de bail à complant du 20 oct. 1877, l'arrêt attaqué se fonde uniquement sur ce que la condition résolutoire que l'art. 1184 déclare sous-entendue dans tous les contrats synallagmatiques, en cas d'inexécution par une des parties, ne serait pas applicable au cas où le contrat a été exécuté en partie et où c'est par un cas de force majeure qu'il n'a pu recevoir sa complète exécution; qu'il déclare que ce principe doit s'appliquer sans difficulté à l'espèce, où il est constant, d'une part, que le sieur Albertini a, conformément au contrat de bail, planté la vigne en fossés, dans les trois premières années dudit bail, et, d'autre part, que s'il n'a pas provigné ensuite, c'est par suite de l'empêchement de force majeure résultant de l'invasion du phylloxera; — Attendu qu'en statuant ainsi, la cour d'appel, au lieu d'exercer son pouvoir souverain d'appréciation, a fait uniquement dépendre sa décision d'une doctrine contraire à l'article visé par le pourvoi; que l'arrêt attaqué a ainsi violé cet article; — Par ces motifs, casse . . .

From the note

. . .

Cette solution est conforme à plusieurs décisions antérieures. En cas d'inexécution partielle, la cour de cassation reconnaît actuellement aux tribunaux un pouvoir d'appréciation et les autorise à rejeter la demande en résolution, lorsque la portion déjà exécutée leur paraît d'une utilité suffisante pour que le demandeur puisse être équitablement forcé de se contenter de dommages et intérêts pour le surplus . . .

    La doctrine de l'arrêt ci-dessus semble bien établie aujourd'hui. Elle est très équitable et très juridique, à la condition toutefois que la principale considération sur laquelle se guident les juges soit l'intention des contractants. La résolution doit être prononcée toutes les fois qu'il est permis de croire que le demandeur n'eût pas contracté, s'il avait prévu l'inaccomplissement de cette partie de l'obligation. L'art. 1184 c. civ. n'est qu'une interprétation de volonté; son texte l'annonce lui-même: 'la condition résolutoire est toujours sous-entendue . . .' Cette disposition légale est donc l'équivalent d'une stipulation expresse réservant aux parties le droit d'agir en résolution . . .

L'art. 1184 c. civ., en accordant l'action résolutoire dans les contrats synallagmatiques, ne distingue pas pour quelle cause la partie poursuivie ne satisfait pas à ses engagements. De là, dit-on, la possibilité d'obtenir la résolution, même quand il y a eu empêchement par force majeure.

Nous ne contesterons pas le résultat pratique auquel arrivent la cour de cassation et les auteurs qui partagent sa manière de voir. Il nous semble absolument certain que, lorsque l'une des parties est empêchée par force majeure d'accomplir son obligation, elle perd le droit d'exiger l'accomplissement à son profit de l'obligation contractée par l'autre partie; mais nous ne croyons pas que ce soit par l'effet de l'exercice de l'action en résolution, et la façon dont cette solution est déduite de l'art. 1184 c. civ. nous paraît inexacte.

Est-il vrai que cet article vise à la fois l'inexécution imputable au débiteur, due à sa faute ou à sa négligence, et celle qui est due à un cas fortuit ou de force majeure? . . .

Lorsqu'on veut justifier, dans le système que nous discutons, la portée absolue qu'on attribue à l'art. 1184 c. civ., on en donne l'explication suivante. Les obligations des parties, dit-on, se servent réciproquement de cause dans les obligations synallagmatiques; par conséquent, lorsque l'une d'elles n'exécute pas son engagement, l'obligation de l'autre cesse d'avoir une cause. Cette explication va directement contre le système qu'elle prétend établir. En essayant de préciser ces motifs et en parlant du défaut de cause, elle nous indique elle-même la raison pour laquelle il est impossible d'englober sous un même article les deux cas de force majeure et de faute.

L'idée d'un défaut de cause fait bien comprendre la disparition simultanée des deux obligations, lorsqu'il survient pour l'exécution de l'une d'elles un empêchement de force majeure. La force majeure a un effet direct: elle produit la suppression immédiate et définitive de l'obligation dont elle empêche la réalisation (c. civ. 1148 et 1302 et arg. de ces art.). Cette suppression a lieu sans que le créancier ait été satisfait ou se tienne pour satisfait. Par la disparition de sa créance, sa propre obligation, dont l'exécution est encore possible, reste, pour ainsi dire, en l'air. Sa contre-partie nécessaire lui fait défaut, et on peut dire d'elle qu'elle est désormais sans cause. Par conséquent, elle disparaît.

Mais, nous ne croyons pas que cette idée puisse également servir à justifier l'action en résolution fondée sur une inexécution imputable à l'autre partie. Il y a, en effet, une différence profonde entre le débiteur qui pourrait se libérer, mais qui ne fait rien pour y réussir, et celui qui ne demanderait pas mieux que d'exécuter sa promesse, mais qui en est empêché par une force supérieure à sa volonté: le premier reste légalement tenu; le second est forcément libéré. Or une obligation inexécutée n'est pas une obligation inexistante. Elle en est plutôt l'opposé; elle subsiste avec toute sa force, et la preuve, c'est que la loi elle-même réserve à l'autre partie le choix entre l'exécution du contrat et sa résolution. Il est alors manifestement inexact de dire que les obligations du demandeur en résolution sont sans cause; ses obligations ont une cause, puisqu'il a encore en face de lui un débiteur tenu en vertu du même contrat. Ainsi le fondement théorique de la libération des parties ne peut pas être le même dans les deux cas. Il varie suivant la nature des faits qui empêchent l'exécution du contrat par l'une d'elles. S'il y a faute ou fait imputable à l'une des parties, l'action en résolution dérive d'une convention de résiliation sous-entendue et elle a son origine historique dans la *lex commissoria* du droit romain. S'il y a cas fortuit ou force majeure, la libération simultanée des deux parties est imposée par la théorie de la cause, et elle s'opère sans qu'on ait besoin de sous-entendre aucun pacte résolutoire.

Il y a plus: l'anéantissement du contrat ne se produit pas de la même façon dans les deux cas. Au cas de faute du débiteur, la résiliation est prononcée par le juge; c'est un acte d'autorité qui délie les parties. Au cas de force majeure, la libération des contractants s'opère *ipso facto*; le jugement n'intervient que pour la constater, en cas de contestation, absolument comme s'il s'agissait d'une condition résolutoire casuelle.

NOTES

1. Note the Court's explanation in terms of *cause*.

2. Art. 1184 deals expressly with the case where 'l'une des deux parties ne satisfera point à son engagement.' The *Cour de cassation*, however, gives the lower courts power over situations of *inexécution partielle*. Had the Bastia court based its refusal to grant *résolution* solely on this ground, would the *Cour de cassation* have intervened?

3. The *Cour de cassation* states that art. 1184 covers *inexécution* due to *force majeure* as well as to fault; and this is what Planiol criticizes. Art. 1184 al. 2 provides for *résolution* with damages: would this occur also in a case of *force majeure?*

Cass. civ. 25.4.1936
(Estivant *C.* Dorigny)

Gaz. Pal. 1936.1.879

LA COUR; — Sur les deux moyens réunis:

Attendu que des qualités du jugement attaqué, il résulte qu'Estivant a été engagé le 1ᵉʳ octobre 1933 par le garagiste Dorigny, pour une période d'une année, comme collaborateur préposé à la vente des voitures automobiles moyennant des appointements fixes, un pourcentage sur les bénéfices et la garantie d'un minimum d'émoluments s'élevant à 2 500 F par mois;

Attendu que congédié pour incapacité après trois mois et demi de services, Estivant a été assigné devant le Conseil de Prud'hommes d'Argenteuil en résiliation du contrat à ses torts et griefs et qu'il a conclu reconventionnellement à ce qu'il lui fut alloué 50 000 F de dommages-intérêts pour rupture sans motifs légitimes d'un louage de services à durée déterminée;

Attendu que si, en cas de louage de services à durée déterminée, la partie, qui prétend avoir contre l'autre des griefs suffisants pour motiver la résiliation du contrat, doit, en principe, demander cette résiliation en justice conformément aux dispositions de l'article 1184 C. civil, elle est en droit de rompre le contrat sans l'intervention d'une décision judiciaire, lorsque l'autre partie a rendu cette rupture nécessaire par un manquement grave aux obligations qui lui incombaient;

Attendu que, pour prononcer la résiliation du contrat litigieux aux torts et griefs d'Estivant et pour repousser sa demande reconventionnelle basée sur la faute qu'aurait commise Borigny, en rompant ce contrat, le tribunal se fonde sur ce que Estivant, qui était tenu de consacrer toute son activité au développement de l'entreprise, n'a visité que 8 clients et n'a vendu qu'une seule voiture pendant sa présence au garage, alors que, dans un laps de temps d'égale durée à la même époque de l'année, son prédécesseur et son successeur avaient vendu respectivement 12 et 9 voitures;

Attendu que de ces faits souverainement constatés par lui, le jugement attaqué a pu déduire qu'Estivant avait fait preuve dans l'exercice de ses fonctions d'une inertie ou d'une incapacité notoire justifiant la rupture du contrat par son employeur; qu'il s'ensuit que, par ces motifs, qui répondent suffisamment aux conclusions d'Estivant, le tribunal a donné une base légale à sa décision;

Par ces motifs, rejette.

NOTES

1. Note the interrelation between judicial resolution under art. 1184 and the *exceptio non adimpleti contractus.*

2. The *pourvoi* is taken against a decision of the *Conseil de prud'hommes.*

Cass. req. 29.11.1886
(Croizette-Casiez *C.* Picq et consorts)
S. 1887.1.63   D. 1887.1.388

LA COUR; — Sur le moyen unique, pris de la violation de l'art. 1184, et de la fausse application de l'art. 1657, C. civ. en ce que la Cour, tout en constatant des livraisons postérieures à la prétendue résiliation, a néanmoins jugé que ladite résiliation avait été acquise de plein droit contre l'exposant, à dater de l'époque convenue pour le livrement des marchandises: — Attendu que l'art. 1184, C. civ. aux termes duquel la résiliation pour inexécution des engagements, toujours sous-entendue dans les contrats synallagmatiques, ne s'opère pas de plein droit et doit être demandée en justice, n'est pas applicable au cas où la résolution de plein droit a été expressément stipulée; qu'en présence d'une telle stipulation, l'inexécution au terme convenu des engagements contractés, entraîne de plein droit et par elle-même la résolution du contrat, sans que, surtout en matière mobilière, il soit besoin de sommation ou mise en demeure; — Attendu qu'il est constaté par l'arrêt attaqué que, dans le marché intervenu entre la dame Croisette-Casiez et les frères Picq, il était expressément convenu: 1. que l'opération serait entièrement liquidée au 15 oct. 1878; 2. qu'une somme de 4 000 fr. serait immédiatement versée par celle-ci sur le prix des marchandises à elles vendues, à titre d'arrhes et de provision; 3. qu'un nouveau versement de 6 000 fr. serait fait par elle au 10 sept., faute de quoi ledit marché serait nul et résilié de plein droit, et les 4 000 fr. déjà versés seraient acquis aux vendeurs à titre d'indemnité à forfait; qu'il résulte du même arrêt que la dame Croisette n'avait ni effectué le versement de 6 000 fr. au 10 sept., ni achevé le versement au 15 oct. et que si, depuis ces époques, les frères Picq lui avaient livré contre argent quelques parties de marchandises, ces livraisons constituaient des ventes nouvelles qui n'avaient entraîné ni novation, ni renonciation aux conditions du marché; — D'où il suit que c'est à bon droit et par une exacte application, soit du pacte commissoire qui faisait la loi des parties, soit de l'art. 1657 qui régissait la matière, que la Cour de Paris a déclaré que le marché avait été résolu de plein droit par l'inexécution aux termes convenus des engagements de la dame Croisette; — Rejette, etc.

Cass. civ. 4.5.1920

(Cie. d'assurances *L'Urbaine et la Seine C.* Pisseloup)

D. 1926.1.37   Gaz. Pal. 1926.2.5

LA COUR; — Sur le moyen unique pris dans sa première branche: — Vu l'art. 1184, § 1 et 2, c. civ.; — Attendu qu'aux termes de cette disposition, la condition résolutoire est toujours sous-entendue dans les contrats synallagmatiques pour le cas où l'une des deux parties ne satisfera point à son engagement; que, dans ce cas, le contrat n'est point résolu de plein droit; que la partie envers laquelle l'engagement n'a point été exécuté a le choix ou de forcer l'autre à l'exécution de la convention, lorsqu'elle est possible, ou d'en demander la résolution avec dommages-intérêts; — Attendu que Pisseloup a contracté, le 21 févr. 1902, avec la Compagnie d'assurances *L'Urbaine et la Seine*, une police le garantissant contre les accidents éprouvés par les ouvriers employés dans une exploitation agricole, située à Saint-Symphorien-de-Marmagne, d'une contenance déclarée de 13 hectares; qu'aux termes de l'art. 9 de la police, toute augmentation du nombre d'hectares déclaré oblige l'assuré à une déclaration nouvelle, sous peine de déchéance de garantie, ledit assuré ne restant pas moins tenu de toutes ses obligations à l'égard de la Compagnie; qu'en 1907, Pisseloup a agrandi de 27 hectares son domaine de Saint-Symphorien sans faire la déclaration prévue à l'art. 9, et qu'il n'a payé les primes que sur 13 hectares; qu'à partir du 28 févr. 1914, il a cessé de les acquitter; qu'en conséquence la Compagnie l'a assigné en payement de la somme de 569 fr., représentant le complément des primes dues jusqu'en février 1914, et le montant des primes échues en 1915 et 1916, calculées au taux correspondant à 40 hectares exploités; — Attendu que, statuant sur l'appel de la décision rendue par le juge de paix de Montcenis, le tribunal civil d'Autun (jugement du 4 juill. 1917), d'une part, a rejeté la demande en payement de complément de primes, par ce motif que l'inexécution de l'obligation que l'art. 9 imposait à Pisseloup de déclarer tout accroissement apporté à son domaine avait entraîné la résolution du contrat; qu'en conséquence, rien ne subsistait, pour aucune des parties, de leurs engagements antérieurs; et, d'autre part, a néanmoins condamné Pisseloup à verser le montant des deux primes arriérées, calculé sur le chiffre de 13 hectares mentionné dans la police; — Mais attendu qu'il résulte des constatations ci-dessus précitées que c'est Pisseloup qui a contrevenu à ses engagements et que la Compagnie *L'Urbaine et la Seine*, qui seule pouvait demander la résolution du contrat, en a au contraire poursuivi l'exécution; — Attendu, dès lors, qu'en décidant que Pisseloup, qui par sa faute n'avait pas exécuté le contrat, pouvait se faire un titre de cette inexécution pour exciper d'une prétendue résolution et conclure à l'extinction de ses obligations personnelles, le jugement attaqué a violé l'article susvisé; — Par ces motifs, sans qu'il y ait lieu de statuer sur les autres branches du moyen, casse.

C. Damages

C. civ. art. 1142, 1145, 1146, 1149, 1150, 1151, 1152

Cass. req. 6.2.1922

(Soc. Les Distilleries de Bretagne *C.* Brosset)

Gaz. Pal. 1922.1.714

LA COUR; — Sur le moyen pris de la violation des art. 1147, 1149, 1150, 1582 et s. C. civ., des règles du droit en matière de fixation des dommages-intérêts pouvant être dus pour cause d'inexécution prétendûment fautive d'un contrat, de l'art. 1315 C. civ. et des règles de la preuve, ainsi que de l'art. 7 de la loi du 20 avril 1810, pour défaut de motifs et manque de base légale:

Attendu que, suivant convention du 1er septembre 1919, la Sté des Distilleries de Bretagne avait acheté à Bourhy, représenté aujourd'hui par Brosset, 2.000 tonnes de pommes à cidre au prix de 175 fr. la tonne, livrables d'octobre à décembre 1919; qu'à la suite de la promulgation du décret du 10 septembre 1919, interdisant la distillation des pommes, la Sté des Distilleries de Bretagne a demandé la résiliation du contrat et que Bourhy a demandé reconventionnellement à celle-ci des dommages-intérêts pour refus injustifié de prendre livraison de la marchandise vendue; que, par arrêt du 29 janvier 1921, la Cour de Rouen a prononcé la résiliation du marché aux torts de l'acheteur, condamné la Société demanderesse au pourvoi à payer à Bourhy, à titre de dommages-intérêts, la différence entre le prix fixé au contrat et le cours moyen coté à l'époque où devait s'exécuter le marché, soit 45 fr. par tonne, ou au total, 90.000 fr.;

Attendu que le pourvoi reproche à l'arrêt attaqué d'avoir alloué au vendeur des dommages-intérêts autres que ceux représentant le préjudice réellement subi par lui et calculés arbitrairement dans l'hypothèse où, vendeur à découvert, il se serait procuré à l'époque convenue pour la livraison, les pommes à un prix inférieur à celui de la vente à la société;

Mais attendu que la Cour de Rouen avait le droit de faire entrer, dans l'évaluation du préjudice subi par Bourhy, le gain par lui manqué; que, pour fixer ce gain, elle a jugé une expertise inutile et l'a fait consister dans la différence entre le prix promis à Bourhy et le cours moyen coté à l'époque où devait s'exécuter le marché; qu'en calculant ainsi, elle n'a fait qu'user de son pouvoir souverain d'appréciation, et n'a en rien violé les textes et règles visés au moyen;

Par ces motifs, rejette ...

NOTES

1. Compare Sale of Goods Act, 1893 s. 50 (3).

2. The buyers were prevented by statute from distilling; but, as it was no part of the contract that they should do this, *force majeure* does not apply.

Cass. civ. 22.11.1893

(Chem. de fer de Paris–Lyon–Méditerranée *C.* Benoît et Laurin)

D. 1894.1.358

A la date du 8 déc. 1890, le tribunal de commerce de Tarascon a rendu le jugement suivant :

Attendu que Benoît et Laurin ont fait assigner la Compagnie Paris–Lyon–Méditerranée en payement de 1 200 fr. de dommages-intérêts, à raison du préjudice par eux éprouvé à la suite du retard apporté par ladite Compagnie dans la livraison d'une machine devant servir à leur industrie ; — Attendu que la Compagnie, sans dénier le retard de huit jours dans la remise des colis expédiés en grande vitesse et sans contester sa responsabilité, offre en dédommagement du préjudice la somme de 50 fr. ainsi que les frais de transport s'élevant à 17 fr. ; — Attendu que la Compagnie invoque l'application des art. 1150 et 1151 c. civ., sous prétexte que les transporteurs ne peuvent être rendus responsables que du préjudice prévu ou qu'on a pu prévoir au moment du contrat, et jamais de dommages-intérêts ; — Mais attendu que les conséquences dommageables subies par les demandeurs n'ont pas été prévues entre les parties, au moment du contrat ; que les parties n'ayant pu les prévoir, le contrat de transport s'est engagé en dehors des dispositions desdits articles ; qu'il en résulte que le préjudice subi par Benoît et Laurin ne peut être intégralement réparé que dans les limites et applications de l'art. 1149 c. civ. ; — Attendu qu'il n'y a pas lieu d'apprécier des dommages appelés indirects par la Compagnie, mais qu'il s'agit, conformément à l'article précité, de déterminer la perte faite par les demandeurs et le gain dont ils ont été privés ; — Attendu que le colis en retard formant une machine à éplucher les artichauts aurait dû parvenir le 4 juin aux destinataires ; qu'à ce moment, ces derniers auraient pris leurs dispositions pour mettre en vente, au moyen de cet engin, une certaine quantité de légumes ; que la machine n'arrivant pas, ils ont été obligés de faire appel à des ouvriers ; — Attendu qu'une partie de la marchandise s'est détériorée et que les demandeurs ont dû payer une indemnité de 300 fr. à leurs fournisseurs ; — Mais attendu que la preuve n'étant pas faite que leurs pertes s'élèvent à la somme de 1 200 fr., le tribunal croit devoir remplir les prescriptions de l'art. 1149 c. civ., en arbitrant à 600 fr. la totalité des dommages ; — Par ces motifs, condamne la Compagnie à payer la somme de 600 fr. à titre de dommages-intérêts.

POURVOI en cassation par la Compagnie des chemins de fer de Paris–Lyon–Méditerranée, pour violation des art. 97, 104 c. com. et 1150 c. civ.; fausse application de l'art. 1149 c. civ., en ce que le jugement attaqué a condamné la Compagnie à payer aux défendeurs des dommages-intérêts, tout en reconnaissant que les dommages-intérêts n'avaient pas été prévus et n'avaient pu l'être lors du contrat.

LA COUR; — Sur le premier moyen: — Vu l'art. 1150 c. civ.; — Attendu, en droit, que la loi ne met à la charge du débiteur, en cas d'inexécution d'une obligation, que les dommages-intérêts qui ont été prévus ou qu'on a pu prévoir lors du contrat; — Attendu, en fait, que Benoît et Laurin demandaient à la Compagnie des chemins de fer de Paris–Lyon–Méditerranée la réparation du préjudice qui leur aurait été causé par le retard apporté dans l'expédition d'une machine nécessaire pour leur industrie; — Qu'après avoir constaté 'que les conséquences dommageables subies par eux n'avaient pas été prévues entre les parties au moment du contrat et qu'elles n'avaient pu les prévoir', le tribunal a cependant condamné la Compagnie à payer la somme à laquelle il évalue 'la *totalité* du dommage éprouvé'; — Qu'en statuant ainsi par le motif que 'les parties n'ayant pu prévoir le préjudice, le contrat de transport s'est engagé en dehors des dispositions de l'art. 1150 c. civ.', le jugement a formellement violé ledit article de loi; — Par ces motifs, et sans qu'il soit besoin de statuer sur le second moyen du pourvoi; — Casse . . .

NOTE

1. Compare *Hadley* v. *Baxendale*.[13]

Cass. civ. 21.11.1910
(Chem. de fer de l'Est *C*. Lamiraux)

D. 1911.1.208

LA COUR; — Vu l'art. 1150 c. civ.; — Attendu que la loi ne met à la charge du débiteur, en cas d'inexécution d'une obligation, que les dommages-intérêts qui ont été prévus ou qu'on a pu prévoir lors du contrat, lorsque ce n'est point par son dol que l'obligation n'est pas exécutée; — Attendu, dans l'espèce, qu'à l'occasion d'un retard survenu dans l'expédition de huit demi-muids,[14] remis le 30 août 1906

---

13 (1854) 9 Ex. 341.   14 *Muid* = hogshead.

à la gare de Châlons-sur-Marne, pour être adressés, par petite vitesse, à Lafontaine, commissionnaire en vins, en gare d'Uchizy-lès-Mâcon, Lamiraux demandait à la Compagnie des chemins de fer de l'Est des dommages-intérêts en précisant deux éléments distincts de préjudice : (1) privation des fûts[15] à l'époque des vendanges; (2) impossibilité d'exécution d'un marché de vins conclu avec le destinataire; — Attendu que la Compagnie ne contestait pas le principe de sa responsabilité et qu'elle faisait offre de 100 fr., mais qu'elle prétendait faire écarter le second élément du dommage allégué en soutenant qu'elle n'avait pu prévoir, lors de la formation du contrat de transport, qu'un retard dans son exécution entraînerait la résiliation d'un marché; — Attendu, d'une part, que le jugement attaqué ne relève aucun dol à la charge de la Compagnie; que, d'autre part, il ne contient aucune constatation ou appréciation de fait de nature à contredire le moyen de défense qu'elle présentait; que, cependant, il tient compte, pour la détermination du préjudice dont il alloue la réparation, des deux chefs de réparation formulés dans la demande; — D'où il suit que le tribunal . . . n'a pas légalement justifié la décision . . . Par ces motifs, casse.

NOTE

1. Could Lamiraux have been sued for breach of his contract?

Cass. civ. 23.12.1913
(Chem. de fer du Midi C. Bousquet)

D. 1915.1.35

LA COUR; — Vu l'art. 1150 c. civ.; — Attendu que la loi ne met à la charge du débiteur, en cas d'inexécution d'une obligation, que les dommages-intérêts qui ont été prévus ou qu'on a pu prévoir lors du contrat; — Attendu que la demande en 500 fr. de dommages-intérêts, introduite par Bousquet contre la Compagnie des chemins de fer du Midi, était fondée sur ce que, par suite du retard d'un train qu'il avait pris à Caux, il avait manqué la conclusion d'une affaire importante, pour laquelle il était appelé d'urgence à Béziers; attendu que la Compagnie ne contestait pas le principe de sa responsabilité, qu'elle faisait offre de 15 fr.; mais qu'elle soutenait dans ses conclusions qu'elle n'était pas tenue du surplus des dommages-intérêts réclamés,

[15] Casks.

qu'elle n'avait pas prévus lors de la formation du contrat de transport; attendu que, sans répondre à ces conclusions, sans relever aucune circonstance établissant que la Compagnie avait connu l'objet du voyage et prévu, ou pu prévoir, les risques particuliers qu'il comportait, le jugement attaqué (Trib. com. de Pézénas, 2 déc. 1908) l'a condamnée à 200 fr. de dommages-intérêts; — Qu'en statuant ainsi, le tribunal de commerce de Pézénas n'a pas légalement justifié sa décision et a, par suite, violé l'article de loi susvisé; — Par ces motifs, casse.

Cass. civ. 3.12.1930
(Chemin de Fer P.–L.–M. *C.* Barthe)

S. 1931.1.101   Gaz. Pal. 1931.1.78

ARRÊT

LA COUR; — Sur le 1er moyen:

Attendu qu'il résulte des constatations de l'arrêt attaqué, qu'une caisse, expédiée à l'adresse de Barthe, livrable en gare de Turenne et contenant, d'après la déclaration d'expédition 210 kg. de plants[16] de vigne américaine racinés, n'est arrivée à destination qu'après l'expiration des délais réglementaires; qu'à la date du 6 mars 1923, alors que ces délais étaient déjà expirés, Barthe informa le chef de gare de Turenne par lettre recommandée, que, s'étant déjà présenté plusieurs fois à la gare de Turenne, pour retirer les plants à lui expédiés et rien n'étant arrivé, il se réservait de demander des dommages-intérêts pour retard dans la livraison à la Cie P.–L.–M.; qu'à cette mise en demeure le chef de gare répondit le 8 mars que le colis allait parvenir d'Oran dans le plus bref délai, que, néanmoins, ce fut seulement le 12 mars que Barthe reçut avis que la caisse était à sa disposition; qu'il refusa, dans ces conditions, d'en prendre livraison et que, lors de l'ouverture qui en fut faite, les plants furent reconnus, par suite de leur dessiccation, impropres à la culture;

Attendu qu'étant démontré que la Compagnie n'avait pas observé, pour le transport de la marchandise, les prescriptions réglementaires, l'arrêt attaqué a pu mettre à sa charge toutes les conséquences dommageables de sa faute; qu'en déclarant que le temps écoulé entre la

---

[16] Seedlings.

date d'expédition du colis et le jour où les plants avaient été mis effectivement à la disposition du destinataire, avait été plus que suffisant pour amener leur dessiccation complète et rendre leur reprise impossible, il a fait un usage souverain de son pouvoir d'appréciation;

Attendu, il est vrai, que, dans ses conclusions, la Compagnie a prétendu, sans d'ailleurs en offrir ni en rapporter la preuve, que le préjudice s'étant réalisé au moins dans quelques-uns de ses éléments, avant toute mise en demeure et que celle-ci étant le point de départ de sa responsabilité, l'intégralité du préjudice ne pouvait être mis à sa charge;

Attendu que le pourvoi fait grief à l'arrêt d'avoir repoussé ces conclusions;

Mais attendu que, si la Compagnie ne pouvait être constituée en état de retard que par une mise en demeure régulière, le fait par le destinataire de n'avoir accompli cette formalité, demeurée d'ailleurs sans effet, que plusieurs jours après l'expiration des délais impartis à la Compagnie pour le transport de la marchandise, ne saurait, même partiellement, exonérer celle-ci des conséquences dommageables d'un événement, imputable, aux termes de l'arrêt, à l'inexécution constatée de ses obligations contractuelles;

Par ces motifs et abstraction faite de motifs surabondants, rejette le 1er moyen.

Sur le 2e moyen:

Attendu que le pourvoi fait grief à l'arrêt attaqué d'avoir condamné la Compagnie non seulement au remboursement des plants avariés, mais encore à la réparation du préjudice que Barthe aurait subi à raison d'une année de retard dans sa récolte, et ce, sans répondre à ses conclusions ni sans relever aucun fait qui pût être considéré comme ayant permis au transporteur de prévoir que le retard dans la livraison aurait pour conséquence une perte dans la récolte;

Mais attendu que le jugement dont l'arrêt adopte sur ce point les motifs, déclare que le préjudice subi par Barthe pouvait être prévu et a été la conséquence naturelle du retard; que l'arrêt ajoute que la Compagnie savait, par la mention 'plantes vivantes' portée sur la déclaration d'expédition et corroborée par le certificat d'origine joint au colis, qu'il s'agissait de plants devant être remis au destinataire dans un délai extrêmement bref, sous peine de dépérir sans remède: qu'ainsi se trouve légalement justifiée la décision attaquée;

Par ces motifs, rejette . . .

Cass. civ. 11.4.1918
(Francès *C.* Collin et Courcier)

S. 1918.1.171

LA COUR; — Sur le premier moyen: — Attendu que, des qualités et des motifs de l'arrêt attaqué, il résulte que Francès a introduit contre Collin et Courcier, devant le tribunal consulaire de France au Caire, une action en résolution des conventions intervenues entre eux, les 18 juin et 12 juill. 1913, pour la fourniture d'un mobilier destiné aux magasins du demandeur au Caire en se basant notamment sur l'exécution incomplète ou défectueuse des clauses insérées au contrat; —

Attendu que l'arrêt attaqué, tant par adoption des motifs des premiers juges que par des motifs propres, examinant successivement les trois chefs de contestation, déclare:

1. que la substitution du sapin blanc de Trieste au sapin de Suède entraîne une notable différence de prix, mais que les deux bois peuvent rendre à peu près les mêmes services dans une installation de magasin;

2. que si, aux termes du cahier des charges, la façade des meubles devait être en chêne ciré et l'intérieur en bois de Suède, l'exécution de la seule partie extérieure de la façade en chêne et celle de la partie intérieure en bois de Suède était conforme aux usages de l'ébénisterie, et qu'un placage[17] bien fait arrive à rendre des services identiques à ceux du chêne massif;

3. que les fonds des meubles avaient l'épaisseur convenue, et que Collin et Courcier ne peuvent encourir aucun reproche pour avoir ramené à 0.020 millimètres l'épaisseur des rayons; d'où l'arrêt conclut que les griefs de Francès, d'ordre secondaire, ne portant pas sur les qualités essentielles de solidité et d'élégance des meubles vendus, ne sauraient donner ouverture à résolution, mais seulement à l'allocation de dommages-intérêts; —

Attendu que, lorsqu'un contrat synallagmatique ne contient aucune clause expresse de résolution, il appartient aux tribunaux de rechercher, en cas d'inexécution partielle, et d'après les circonstances de fait, si cette inexécution a assez d'importance pour que la résolution doive être immédiatement prononcée, ou si elle ne sera pas suffisamment réparée par une condamnation à des dommages-intérêts; que ce pouvoir d'appréciation est souverain; —

[17] Veneer.

Attendu, par suite, que la décision de l'arrêt attaqué, qui n'a pas, comme l'allègue à tort le pourvoi, substitué des stipulations nouvelles à celles de la convention, échappe au contrôle de la Cour de cassation; . . .

Sur le troisième moyen: — Attendu que le pourvoi relève enfin, à l'encontre de l'arrêt attaqué, une prétendue contradiction de motifs, parce qu'après avoir reconnu, avec le jugement qu'il a confirmé, les fautes et les négligences commises par Collin et Courcier, il refuse à Francès tout droit à des dommages-intérêts, sous le prétexte qu'il n'aurait éprouvé aucun préjudice; —

Mais attendu que l'adoption des motifs du jugement se limite à ceux qui ne sont pas contraires aux motifs propres de l'arrêt; que ce dernier déclare que, de l'ensemble des faits, il résulte que Francès n'a pas eu à se plaindre de ses adversaires, qu'il n'a subi de leur fait aucun préjudice, que la bonification offerte spontanément par Collin et Courcier sur les prix convenus constitue une réparation suffisante, et qu'il n'y a lieu, par suite, d'accorder de plus amples dommages-intérêts; —

Attendu que, la constatation de l'existence, de l'étendue ou de l'absence du préjudice rentrant dans les pouvoirs souverains des juges du fond, le moyen ne saurait être accueilli; —

D'où il suit qu'en statuant comme il l'a fait, l'arrêt attaqué n'a violé aucun des articles invoqués par le pourvoi; —

Rejette le pourvoi formé contre l'arrêt rendu par la Cour d'Aix, le 19 janv. 1916, etc.

NOTE

1. Observe that *le préjudice* is essential to an action for damages; but not for other remedies. See Cass. civ. 3.12.1962.[18]

D. Other Remedies

C. civ. 1184, 1143, 1144

Cass. civ. 14.3.1900
(Eden *C.* Whistler)

S. 1900.1.489 note anon.

Il y a eu pourvoi en cassation par M. Eden contre l'arrêt rendu par la Cour de Paris le 2 déc. 1897, et rapporté S. et P. 1900.2.201. —

[18] Below, p. 520.

Moyen unique. Violation des art. 1136, 1138, 1583, 1584, 1603 et s., 1787 et 1788, C. civ., fausse application de l'art. 1142 du même Code, manque de base légale, défaut de motifs et violation de l'art. 7 de la loi du 20 avril 1810, en ce que, tout en reconnaissant que Whistler avait contracté, vis-à-vis de sir W. Eden, l'obligation de faire le portrait de lady Eden et qu'il avait fait et parachevé ce portrait, l'arrêt attaqué a refusé d'en ordonner la remise au demandeur, sous le prétexte que le contrat intervenu entre les parties n'avait donné naissance qu'à une simple obligation de faire, résoluble en dommages-intérêts en cas d'inexécution, alors que ce contrat constituait une vente de chose future ou un louage d'ouvrage, dans lequel l'ouvrier devait fournir la matière, ou, tout au moins, une obligation de donner qui avait pour effet de transférer de plein droit la propriété du portrait sur la tête du demandeur, dès son achèvement ou tout au moins dès son agrément par sir Eden, et ce avant toute livraison, et que, l'obligation de M. Whistler n'eût-elle constitué qu'une simple obligation de faire, les juges du fond auraient encore dû ordonner l'exécution directe, l'obligation étant de celles qui peuvent être exécutées directement, sans exercer aucune contrainte sur la liberté du débiteur.

ARRÊT

LA COUR; — Attendu que la convention, par laquelle un peintre s'engage à exécuter un portrait, moyennant un prix déterminé, constitue un contrat d'une nature spéciale, en vertu duquel la propriété du tableau n'est définitivement acquise à la partie qui l'a commandé que lorsque l'artiste a mis ce tableau à sa disposition et qu'il a été agréé par elle; que, jusqu'à ce moment, le peintre reste maître de son œuvre, sans toutefois qu'il lui soit loisible de la retenir pour lui-même ou d'en disposer au profit d'un tiers, à l'état de portrait, le droit de reproduire les traits du modèle ne lui ayant été concédé que conditionnellement en vue de l'exécution complète du contrat, et que, faute par l'artiste de satisfaire à ses engagements, il se rend passible de dommages-intérêts; — Attendu qu'il résulte des constatations de l'arrêt attaqué que Whistler s'est engagé à faire le portrait de lady Eden, mais qu'il s'est toujours refusé à mettre ledit portrait à la disposition du demandeur en cassation qui en avait fait la commande; et qu'après avoir exposé le tableau au salon du Champ-de-Mars, il a fait subir à la peinture des modifications radicales, remplaçant la tête de lady Eden par celle d'une autre personne; — Attendu, en cet état des faits, qu'en décidant, d'une part, que le demandeur en cassation, n'étant pas devenu propriétaire du tableau, n'en pouvait exiger la remise en son état actuel; d'autre part, que Whistler serait tenu de restituer avec des dommages-intérêts le prix perçu d'avance, et en interdisant, en outre, à ce dernier de faire un usage quelconque de la toile avant d'en avoir modifié l'aspect, de manière à la rendre méconnaissable, l'arrêt attaqué, lequel est motivé, loin de violer le texte de loi visé par le pourvoi, en a fait, au contraire, une juste application; — Rejette, etc.

NOTES

1. Would an English court have ordered specific performance against Whistler had the portrait been (*a*) finished; (*b*) unfinished?

2. If not, would an injunction have been made similar to the French court's interdiction? How is the latter enforced?

Cass. civ. 4.6.1924
(Chemin de fer d'Orléans *C.* Vidal)

S. 1925.1.97   D.H. 1924.469   Gaz. Pal. 1924.2.237

ARRÊT

La Comp. d'Orléans a formé un pourvoi en cassation contre un arrêt rendu par la Cour de Riom, le 7 déc. 1922. —

Moyen unique: Violation des art. 1134, 1142, C. civ., 101, C. comm.; et 7 de la loi du 20 avril 1810, en ce que l'arrêt attaqué a condamné la compagnie à exécuter elle-même la réparation d'avaries survenues aux objets transportés, alors que l'inexécution du contrat de transport n'autorisait les juges du fond qu'à prononcer une condamnation à des dommages-intérêts.

LA COUR; — Donne défaut contre le défendeur; — Sur le moyen unique: — Vu l'art. 1142, C. civ.; —

Attendu qu'aucune disposition légale n'autorise les tribunaux à condamner une partie, en réparation d'un dommage causé par elle, à exécuter un acte qui ne lui est imposé ni par une convention, ni par la loi, alors qu'elle refuse de l'accomplir; —

Attendu que des meubles expédiés le 20 févr. 1922 à Vidal en gare de Saint-Gervais-Châteauneuf, ayant été avariés en cours de transport, l'arrêt attaqué, rejetant l'offre d'une indemnité faite par la

Comp. des chemins de fer de Paris à Orléans, l'a condamnée à faire
réparer elle-même et à ses frais, par des ouvriers qualifiés, les meubles
avariés; qu'en statuant ainsi, il a violé le texte susvisé; —
  Casse . . .

Cass. civ. 20.1.1953
(Epoux Ailloud *C.* consorts Plissonnier)
J.C.P. 1953 II 7677 note P. Esmein

LA COUR; . . . *Sur le second moyen*: — Attendu qu'en raison de la
prétendue impossibilité où se trouverait Ailloud d'effectuer la restitution de divers objets mobiliers que lui a imposée l'arrêt du 20 janvier
1947, la réparation du préjudice en résultant pour Plissonnier, leur
propriétaire, devait, selon le pourvoi, se résoudre en dommages-
intérêts; que, dès lors, en le condamnant à titre de réparation à livrer
des objets de même nature et valeur, l'arrêt attaqué aurait violé
l'article 1142 du Code Civil; — Mais attendu que ce texte ne peut
trouver son application qu'au cas d'inexécution d'une obligation
personnelle de faire ou de ne pas faire; qu'il résulte des énonciations
de l'arrêt attaqué que la faute génératrice du dommage réside dans
la rétention pure et simple et injustifiée d'objets appartenant à
autrui; que, dès lors, le texte visé au pourvoi est sans application
dans la cause, et qu'en jugeant qu'une restitution par équivalence
d'objets de même nature pouvant se trouver dans le commerce sera
le meilleur mode de réparation du préjudice, la Cour d'Appel n'a fait
qu'user de son pouvoir souverain d'appréciation; — D'où il suit que
le moyen n'est pas fondé;
  Par ces motifs: — Rejette le pourvoi.

Cass. civ. 30.6.1965
(Vve Cassin *C.* Borneque)
Gaz. Pal. 1965.2.329

LA COUR; — Sur le 1er moyen pris en ses diverses branches:
  Attendu qu'il résulte des énonciations du jugement dont la cour
d'appel adopte les motifs non contraires, que Mellet et dame
Meunier ont constitué, le 27 avril 1953, et dans le cadre de la loi du
28 juin 1938, une société civile immobilière, dite du Palais Neptune
à Nice, dont les deux associés étaient gérants; que la société a acquis,
le 28 avril 1953, dans l'intention d'y bâtir, un terrain sis à Nice;

qu'entre le 14 février et le 22 avril 1958, dame Meunier a, par acte
sous seing privé, vendu par plans dans l'immeuble à construire des
appartements à 5 acquéreurs, au nombre desquels figurait dame
Dana, alors épouse Cassin, et aujourd'hui Vve Cassin; que de graves
difficultés s'élevèrent et durent être portées devant les tribunaux quant
à la possibilité d'exécuter les plans au vu desquels les ventes d'appartements avaient été faites; que, notamment 4 acquéreurs d'appartements, au nombre desquels Vve Cassin, demandèrent en justice
l'exécution en nature de l'obligation assumée par la société de livrer
des appartements conformes aux plans;

Attendu qu'il est reproché à l'arrêt attaqué infirmatif sur ce point,
d'avoir, tout en reconnaissant que le contrat passé était une vente,
décidé qu'il s'agissait d'une obligation de faire qui, étant donné la
résistance du débiteur à l'exécution, se résolvait en dommages-
intérêts, que cette exécution, en raison du caractère erroné des plans,
n'était pas possible sans modification de la chose et du prix, éléments
essentiels du contrat, et que la société ne pouvait y être contrainte,
alors que les juges ne pouvaient modifier d'office la cause de la
demande et faire jouer les règles des obligations de faire dont l'application n'avait pas été demandée et sur laquelle Vve Cassin n'avait
pas été mise à même de se défendre; que, d'autre part, le contrat
étant une vente, le vendeur ne pouvait échapper à l'exécution forcée
qu'à la condition de prouver que l'exécution était rendue impossible
par la force majeure et qu'il ne résulte pas des constatations de
l'arrêt qu'un obstacle insurmontable s'oppose à la construction de
l'appartement; que l'arrêt a statué à tort comme si la réduction de la
dimension de la façade entraînait nécessairement la modification du
plan de tous les appartements, sans examiner le cas de chacun d'eux
et a décidé à tort que Vve Cassin avait reconnu que son appartement
ne pouvait être construit conformément aux plans, alors que Vve
Cassin soutenait que l'adaptation des plans aux sujétions d'urbanisme pouvait être effectuée sans que son appartement fût modifié;
alors qu'en supposant même que la modification des plans dût
entraîner une modification du plan de l'appartement litigieux, cette
circonstance n'autorisait pas les vendeurs à demander la résiliation et
qu'il appartenait à dame Cassin seule d'apprécier si la réduction de
la surface la déterminait à demander cette résiliation; alors qu'enfin,
selon le pourvoi, l'arrêt dénaturerait le jugement en déclarant qu'il
avait reconnu l'impossiblité de construire du fait qu'il avait prévu
que, faute de livraison par la société, les acquéreurs pourraient re-

quérir la résolution de la vente aux torts de la société, bien que cette mesure visât seulement l'éventualité d'une défaillance volontaire de la société;

Mais attendu qu'en réponse à la Vve Cassin demandant l'exécution en nature de la vente, la société avait conclu que la vente d'une chose future crée essentiellement une obligation de faire; qu'ainsi était demandée, contrairement aux allégations du pourvoi, l'application des règles des obligations de faire et que le moyen mânque en fait en sa première branche; que, s'agissant ainsi d'une obligation de faire, le vendeur pouvait échapper à l'exécution forcée dans les termes des art. 1142 et suiv. C. civ., qui régissent ces obligations et qu'à bon droit l'arrêt attaqué énonce que les tribunaux peuvent d'office substituer une réparation en argent à l'exécution en nature seule demandée; que, si Vve Cassin soutenait en 1re instance que les plans primitifs concernant son appartement pouvaient être exécutés, quoique le plan d'ensemble dût être modifié, elle avait en cause d'appel une position différente, demandant la confirmation du jugement 'en ce qu'il a donné acte aux conclusions de leurs acceptations d'éventuelles modifications nécessaires de surface des appartements vendus, sous réserve de diminution proportionnelle de leur prix'; qu'ainsi Vve Cassin a reconnu que son appartement ne peut être construit conformément aux plans initiaux; qu'elle ne peut plus, dès lors, reprendre devant la Cour de cassation un moyen qui, abandonné en appel et mélangé de fait et de droit est nouveau et, par suite, irrecevable . . . que le premier moyen doit être écarté . . .

Sur le second moyen . . .

Par ces motifs, rejette . . .

Cass. civ. 13.4.1961
(Lajusticia *C.* Soc. des ateliers d'aviation Bréguet)
D. 1961.401

LA COUR; — Sur le moyen unique, tiré de la violation des art. 16 de la loi du 16 avr. 1946 fixant le statut des délégués du personnel dans les entreprises, 23, liv. 1er, c. trav., 1142, 1184 c. civ., 7 de la loi du 20 avr. 1810: — Attendu qu'il est reproché au jugement attaqué (Trib. civ. Bayonne, 19 janv. 1959) d'avoir refusé à Lajusticia, employé par la Compagnie Louis Bréguet dans son usine d'Anglet et délégué du personnel, la réintégration dans son emploi qu'il poursuivait en raison du rejet, par jugement définitif du 7 juill. 1958, de la demande en résiliation de son contrat de travail que la société avait formée en vertu de l'art. 1184 c. civ. à la suite de sa mise à pied au motif de faute lourde, et du refus de l'assentiment à son licenciement, exigé par la loi, du comité d'entreprise, et, à défaut, de l'inspecteur du travail, et d'avoir accordé à Lajusticia des dommages-intérêts pour 'rupture illicite de son contrat de travail', par la Société Loius Bréguet, alors que le contrat de travail n'étant pas rompu, le tribunal ne pouvait que condamner la société à son exécution et donc à la réintégration demandée, laquelle n'était pas impossible; — Mais attendu qu'après avoir constaté que la Société Bréguet n'avait pas autorisé Lajusticia à reprendre son emploi malgré le rejet, par le jugement du 7 juill. 1958, de la demande de résiliation du contrat de travail de ce salarié qu'elle avait formée et malgré une sommation à elle signifiée à la requête de Lajusticia le 20 août 1958, le tribunal était fondé à déclarer, comme il l'a fait, que l'inexécution par la société de l'obligation dont elle était tenue de réintégrer Lajusticia, obligation de faire, ne pouvait donner droit à Lajusticia qu'à des dommages-intérêts, lesquels lui étaient d'ailleurs accordés; d'où il suit que le moyen ne peut être accueilli;

Par ces motifs, rejette.

NOTE

1. Under the law of 16.4.1946 a *délégué du personnel* (member of the statutory workers' committee) cannot be dismissed without the consent of either the committee or the labour inspector: see Cass. soc. 27.11.1952;[19] and the report of the Royal Commission on Trade Unions and Employers' Associations 1965–1968.[20]

Cass. civ. 17.12.1963
(Jalaguier e.a. *C.* Sté. Immobilière Le Rabelais)

J.C.P. 1964 II 13609 note Blaevoelt   Gaz. Pal. 1964.1.158

LA COUR; — *Sur le premier moyen*: ... (sans intérêt): — *Mais sur le second moyen, pris en sa première branche du même pourvoi*: — Vu l'article 1143, Code civil; — Attendu qu'il était uniquement demandé aux juges du fond de condamner Parena et la Société civile immobilière Le Rabelais à démolir les étages de l'immeuble par eux élevés en violation d'une stipulation du cahier des charges régissant les constructions érigées sur le lotissement; — Attendu que l'arrêt attaqué,

[19] D. 1953.239.   [20] 1969 Cmnd 3623, para. 551.

tout en constatant la réalité de l'infraction à cette stipulation, a refusé
d'ordonner la démolition des étages excédentaires et alloué aux
demandeurs des dommages-intérêts compensatoires au motif que
devaient être sauvegardés les intérêts des attributaires des logements
situés dans ces étages: — Attendu qu'ayant reconnu que l'exécution
de la condamnation en nature sollicitée n'était pas impossible et que
les demandeurs avaient intérêt à obtenir cette condamnation, la
Cour, en refusant de la prononcer pour des raisons tenant à l'intérêt
des tiers, a violé le texte ci-dessus visé;
Par ces motifs, et sans qu'il y ait lieu de statuer sur la seconde
branche du même moyen: — Casse.

From the note

Les faits sont très simples. Parena et la Société immobilière Le
Rabelais avaient élevé dans un lotissement un immeuble comportant
plus d'étages que n'en autorisait le cahier des charges de ce lotissement. Des propriétaires de lots les assignèrent en démolition. La
Cour d'appel de Montpellier, saisie de l'affaire, tout en constatant
la réalité de l'infraction aux stipulations du cahier des charges, a
refusé d'ordonner la démolition et alloué aux demandeurs des dommages-intérêts en compensation au motif que devaient être sauvegardés les intérêts des attributaires des logements situés dans ces
étages. C'est l'arrêt attaqué.

La Ire Section civile de la Cour de cassation, statuant sur le moyen
pris de l'article 1143 du Code civil, a décidé que la Cour d'appel
l'avait violé: après avoir reconnu que la condamnation sollicitée
n'était pas impossible et que les demandeurs avaient intérêt à l'obtenir, elle avait refusé de la prononcer pour des raisons tenant à
l'intérêt des tiers.

Cependant, certaines Cours d'appel avaient coutume de se tenir à
des dommages-intérêts. Ces Cours invoquaient diverses considérations: le fait que 'ordonner la démolition aurait été une sanction
disproportionnée avec le préjudice . . .', le faible dépassement de la
hauteur autorisée, l'intérêt général de ménager les constructions en
raison de la crise du logement, parfois la bonne foi du constructeur.
. . . La fermeté de la Chambre civile dans l'application du Code ne
peut qu'être approuvée pour sa concordance avec le souci du législateur qui a tenu à préserver la salubrité . . . dans certains lieux par de
graves sanctions aux règles qu'il impose en matière d'urbanisme.

Cass. civ. 3.12.1962
(Cassac C. Sobrero)

D. 1963.302   Gaz. Pal. 1963.1.210

LA COUR; — Sur le moyen unique, pris en sa dernière branche; — Vu l'art. 1134 C. civ.:

Attendu que l'arrêt attaqué a débouté Cassac de sa demande de démolition d'une construction édifiée par Sobrero sur le lot contigu au sien, à 3.30 m de la ligne séparative des deux terrains, alors que l'art. 7 du cahier des charges du lotissement prévoit, à cet égard, un recul de 4 mètres pour assurer l'harmonie de l'ensemble des bâtiments; — Attendu que pour en décider ainsi, bien qu'ils aient constaté que l'implantation incriminée contrevenait aux dispositions du cahier des charges 'qui s'imposent, en principe, à tous ceux qui y ont adhéré', les juges du second degré ont retenu essentiellement que Cassac ne justifiait d'aucun préjudice et que les prescriptions qui lui étaient opposées étaient 'simplement indicatives'; d'où il suit qu'en statuant de la sorte, la cour d'appel a méconnu la portée d'une clause claire et précise du cahier des charges constituant la loi commune des acquéreurs de lots et a violé le texte susvisé. Par ces motifs . . . casse . . .

NOTE

The lower court had refused a remedy because the plaintiff had suffered no *préjudice*; compare Cass. civ. 11.4.1918.[21]

E. *Astreintes*

From Pekelis, 'Legal Techniques and Political Ideologies' (1943)[22]

The Anglo-American idea of responsibility for contempt means, indeed, that the party who does not abide by certain specific decrees emanating from a judicial body is a contumacious person and may, as a rule, be held in contempt of court, in the king's mercy, so to say, and consequently fined and jailed. And although the institution is not utilized to the same extent in all areas of enforcement, it is still a highly characteristic illustration of the philosophy underlying the whole mechanism of the Anglo-American legal machinery.

[21] Above, p. 511.   [22] B. 100, pp. 668–9.

Now, this very concept of contempt simply does not belong to the world of ideas of a Latin lawyer. It just does not occur to him that the refusal of the defendant to deliver to the plaintiff a painting sold to the latter, a purely *private* matter between plaintiff and defendant, may, as soon as a judicial order is issued, become a matter to a certain extent *personal to the court*, and that the court may feel hurt, insulted, 'contemned', because its order has been neglected or wilfully disobeyed.

The Latin conception of the means of enforcement is of a far more mechanical or formalistic character: it is a play with certain rules, traps, catches and loopholes; and the court itself is one of the cogs of the mechanism, a party to the play. It does not occur to the actors that you have to bow to the judge's will, or that you may be punished by him or, even more absurd, *blamed* for not having complied with his orders. The court says that the painting belongs to the plaintiff? Very well, let him try to get it! He may send the sheriff, and the defendant certainly will not prevent him from coming into his house and looking for the painting; if he is lucky enough to find it *there*, not elsewhere, well, he has won. Neither the sheriff nor the court can ask where the defendant put the painting. . . . The Anglo-American solution of this situation, namely, to send the debtor to jail until he chooses to deliver the painting—theoretically for life—simply does not occur to the Latin lawyer. . . . The enforcement device known to the civil law . . . is the French '*astreinte*'.

NOTES

An *astreinte* is a court order obliging a person in breach of an obligation to pay to the innocent party a sum of money calculated usually by the day. There are two main types:

1. *Astreinte provisoire*. The court fixes a sum *per diem* which is to run until the obligation is fulfilled. Before the plaintiff can enforce the order, however, he must apply to the court to 'liquidate' the amount: to set, that is, a total figure which can then be taken by way of execution. In arriving at this figure the Court does not merely multiply the sum by the period of time; it can increase or reduce the amount so calculated in the light of the plaintiff's losses and the defendant's conduct.

2. *Astreinte définitive*. This is an award of a fixed sum per period; liquidation is merely mathematical.

Before the *loi* of 5.7.1972 (below) the use of the *astreinte* presented some difficulties; the following observations are offered as background to the texts:

(*a*) It was founded on no article of the Code. Indeed, it could be argued that it was forbidden by art. 1142 which makes damages the sanction for breach of obligations to act or abstain.

(*b*) Its use was not confined to contract cases. In fact, as the first case shows, the earliest *astreintes* were in the field of family law; and they are still used, for instance, to persuade a defendant to abate a nuisance.

(*c*) It was difficult to reconcile with the rule that an innocent party must be compensated for his loss and no more: art. 1147 obliges the debtor to pay damages *s'il y a lieu*. Again, the first case shows the Court's uneasy awareness of the problem. In the case of an *astreinte provisoire* the question was whether, on liquidating the final amount, the Court must arrive at a figure no greater than the plaintiff's loss; and, in the *astreinte définitive*, whether the figure must be a judicial forecast of damage. Of course, the lower courts have a completely free hand in assessing such losses; but, even then, if the *astreinte* had to be tied to them, it would lose much of its force.

The Second World War brought this problem to a head. At a time of great housing shortage, if a lease was properly terminated, the landlord could obtain a court order for possession; but how was he to enforce it? Apparently, the Administration would not help. In 1947 a lower court complained: 'qu'il est en effet navrant que la formule exécutoire des décisions de justice est journellement mise en échec par la carence ou le mauvais vouloir de l'Administration préfectorale, qui trouble ainsi l'ordre public au lieu de l'assurer comme elle en a la charge.' What then was the court to do? The tribunal had no hesitation: 'Il n'est pas sans intérêt, dans les temps présents, de souligner, en fait, l'utilité, la légitimité et l'opportunité de l'astreinte, pour éviter les conséquences abusives et arbitraires des pratiques administratives.'[24]

So the practice grew of imposing an *astreinte* on the tenant until he left. But if this is not to exceed the landlord's loss (to be, say, a market rent) the tenant will be loath to surrender possession. Consequently many *astreintes* were pitched high to force the defendant to obey; and, as the liquidated amount was paid to the landlord, he received more than his loss. In the field of housing this practice was stopped by a *loi* of 21.7.1949.[25] But the *Cour de cassation* in a case not governed by (though heard after) the statute, appeared to generalize its provision to apply to all *astreintes provisoires*.[26]

---

[23] Paris 24.12.1963; J.C.P. 1964 II 13501.
[24] Trib. civil des Sables d'Olonne 24.11.1947; D. 1948.34.
[25] Below, p. 526.
[26] Cass. civ. 27.2.1953. S. 1953.1.196 note anon.

The decision was subjected to lively criticism. It was said to deprive courts of any real power to have their orders obeyed; conversely it was argued that the law's restriction in the field of housing by implication sanctioned in all other spheres the use of *astreintes* in excess of the plaintiff's loss.

In 1959, the *Cour de cassation* reversed its position[27] and began a *jurisprudence constante*[28] which was given normative respectability by the 1972 *loi*.

Paris 7.8.1876
(De Bauffremont *C.* de Bauffremont)

D. 1878.2.125

[Princess Nabisco had been ordered to return her children to her husband.]

LA COUR; ... Considérant qu'il est du droit et du devoir de la justice, en prévision de l'inexécution ou du retard dans l'exécution de ce qu'elle ordonne, de prendre dès à présent les dispositions que la loi autorise, soit pour vaincre la résistance de la princesse ... soit pour indemniser, autant que possible, le mari du préjudice qui lui serait causé ... Considérant que l'obligation imposée à la princesse ... de remettre à son mari leurs enfants communs, constitue une obligation de faire, dont l'inexécution ou le retard dans l'exécution se résout, suivant l'art. 1142 c. civ., en dommages-intérêts ... Considérant qu'en réduisant à de simples dommages-intérêts la sanction demandée, il convient de la proportionner à la résistance qu'il s'agit de vaincre et au dommage à réparer ...

Par ces motifs ... Dit toutefois que, faute par elle d'avoir remis les enfants au prince ... dans la quinzaine de la signification du présent arrêt, elle est dès à présent condamnée à lui payer pour chaque jour de retard ... 500 fr. pendant le premier mois et 1 000 fr. pendant le second mois; passé lequel délai de deux mois, il sera par la cour fait droit définitivement.

[Two months later the Princess had not complied.]

Paris 13.2.1877

D. 1878.2.125

LA COUR; ... Considérant que la princesse ... ne tenant aucun compte des décisions de la justice, n'a point encore satisfait aux

---

[27] Below, p. 527.
[28] See A. Tunc, 'Le renouveau de l'astreinte en droit français', B. 101.

condamnations . . . Qu'en présence de la résistance qu'il s'agit de vaincre, la justice doit d'autant moins hésiter à recourir à une contrainte pécuniaire . . . Par ces motifs . . . dit et décide que, faute par la princesse . . . d'avoir remis leurs enfants communs au prince . . . elle demeure, dès à présent, condamnée à lui payer, en outre de dommages-intérêts actuellement acquis, la somme de 1 000 fr. par chaque jour du retard . . .

Cass. civ. 14.3.1927

(Vve Galbrun *C.* Durand)

S. 1927.1.231

LA COUR ; — Sur le premier moyen : — Vu l'art. 1142, C. civ., lequel est ainsi conçu : 'toute obligation de faire ou de ne pas faire se résout en dommages et intérêts, en cas d'inexécution de la part du débiteur' ; — Attendu que les tribunaux peuvent, en condamnant le débiteur d'une obligation de faire à l'exécuter dans un délai déterminé, ordonner qu'à défaut d'exécution de sa part dans le temps prescrit il aurait à payer une somme fixe de dommages-intérêts par chaque jour de retard ; que, dans le cas où cette condamnation a le caractère d'une mesure comminatoire, le juge n'est pas tenu de justifier, dès à présent, que la somme ainsi fixée représente exactement le préjudice causé au créancier par le retard, une semblable condamnation étant, de sa nature, sujette à révision ; qu'il en est autrement lorsque le juge entend évaluer d'avance le dommage qui résulterait pour le créancier de l'inexécution de l'obligation dans le délai fixé, et prononce contre le débiteur une condamnation qui, alors, dans l'éventualité d'un retard, serait définitive ; — Attendu que, dans le cas de contestation sur le caractère comminatoire ou définitif de la condamnation, il appartient aux juges qui ont rendu la sentence d'en déterminer, par voie d'interprétation, le sens et la portée, d'après les faits de la cause et les motifs de la décision interprétée ; — Attendu que, par arrêt du 2 mai 1923, la Cour d'appel d'Angers a enjoint à la dame veuve Galbrun, sous contrainte de 50 fr. par jour de retard pendant deux mois, d'enlever sur une concession qui lui est commune avec les consorts Durand, un monument édifié par elle à la mémoire de son fils, tué à la guerre ; — Attendu que cet arrêt ne constate pas que la modification ainsi apportée à la concession ait causé un préjudice aux consorts Durand, et n'énonce pas expressément que la condamnation soit prononcée, à titre de dommages-intérêts ; qu'en cet état la dame veuve Galbrun, assignée par les consorts Durand en paiement de 3.000 fr. pour deux mois de retard dans l'exécution des travaux prescrits, a demandé à la Cour d'appel d'Angers d'interpréter son arrêt du 2 mai 1923 dans ce sens que la sentence était purement comminatoire, et de décider qu'elle devait être revisée; — Attendu que, pour rejeter cette prétention et maintenir la condamnation de la dame veuve Galbrun au paiement de la somme réclamée, l'arrêt attaqué, sans tirer argument des motifs de l'arrêt qu'il interprète, se borne à déclarer que, 'dans l'esprit de la Cour, le dispositif n'avait pas seulement un caractère comminatoire', et que l'astreinte est due, la Cour voulant qu'elle soit payée à défaut 'de l'exécution de ses ordres nettement précisés'; — Mais attendu, d'une part, que la condamnation prononcée contre la dame veuve Galbrun ne pouvait être à la fois comminatoire et définitive; que, d'autre part, la simple affirmation de l'intention ou de la volonté du juge ne peut, à elle seule, suffire à constituer juridiquement l'interprétation d'une sentence obscure ou ambiguë; — D'où il suit que l'arrêt attaqué n'a pas légalement justifié sa décision, et a violé, par voie de conséquence, le texte susvisé; — Et attendu que la cassation qui va être prononcée doit s'étendre, à raison d'un lien de dépendance nécessaire, au chef de l'arrêt qui élève pour l'avenir le chiffre de l'astreinte; — Sans qu'il y ait lieu de statuer sur le second moyen; — Casse . . .

NOTE

1. What exactly is the basis of the *Cour de cassation*'s distinction between *astreintes comminatoires* and *définitives*?

Conseil d'Etat 27.1.1933
(Le Loir)
D. 1934.3.68. concl. Detton
From the conclusions of M. le commissaire du Gouvernement Detton.

En droit civil, lorsqu'un débiteur n'exécute pas une obligation autre que celle d'une somme d'argent, les tribunaux fixent d'ordinaire un délai pour l'exécution, délai à l'expiration duquel le débiteur devra, pour chaque jour de retard, payer une somme d'argent. C'est l'astreinte, telle que l'appliquent constamment les tribunaux civils. Cette condamnation a un caractère indéterminé, puisqu'elle dépend du retard que mettra le débiteur à s'exécuter. Elle peut dépasser de beaucoup la valeur en argent de la prestation. Elle n'a donc rien de commun avec les dommages-intérêts. C'est une mesure comminatoire, une pénalité véritable, de caractère d'ailleurs provisoire, car le juge se réserve le pouvoir de réduire, s'il y a lieu, le montant définitif des astreintes encourues par application de sa décision.

Cette mesure est évidemment efficace. C'est son efficacité même qui l'a fait adopter. Son intérêt pratique est indéniable. Il n'en reste pas moins qu'elle est en dehors des règles habituelles de notre droit. D'une part, en effet, aucun texte ne la prévoit; l'art. 1142 c. civ. se borne à disposer que toute obligation de faire ou de ne pas faire se résout, au cas d'inexécution, en dommages-intérêts; les art. 1143 et 1144 prévoient seulement que le créancier pourra se faire autoriser par le juge à détruire ce qui a été fait en contravention d'un engagement ou à faire exécuter lui-même l'obligation aux dépens du débiteur. D'autre part, à défaut de texte, aucun principe supérieur n'autorise l'astreinte. Elle constitue au contraire une extension anormale du rôle du juge, lequel doit se borner à assurer à chacun ce qui lui est dû, c'est-à-dire déterminer les obligations des parties telles qu'elles résultent de la loi ou des contrats, sans créer lui-même des obligations nouvelles, sans édicter de son propre chef de véritables peines.

Le système des astreintes n'est donc qu'une pratique, dépourvue de toute base juridique, mais qui se justifie dans les rapports de droit privé par sa très réelle efficacité.

. . .

Loi No. 49–972 du 21.7.1949

D. 1949, Légis. 328

ART. 1er. Les astreintes fixées pour obliger l'occupant d'un local à quitter les lieux ont toujours un caractère comminatoire et doivent être révisées et liquidées par le juge une fois la décision d'expulsion exécutée.

ART. 2. Le montant de l'astreinte une fois liquidée ne pourra excéder la somme compensatrice du préjudice effectivement causé. Il devra être tenu compte, lors de sa fixation, des difficultés que le débiteur a rencontrées pour satisfaire à l'exécution de la décision . . .

Cass. civ. 20.10.1959

(Soc. X... *C*. P...)

S. 1959.225   D. 1959.537 note Holleaux

ARRÊT

LA COUR; — Sur le moyen unique, en ses deux branches : — Attendu qu'il est reproché à l'arrêt attaqué (Riom, 10 déc. 1956, D. 1956.101) d'avoir, lors de la liquidation d'une astreinte précédemment ordonnée pour assurer l'exécution d'une obligation de faire, pris en considération la résistance fautive du débiteur, sans s'attacher à mesurer l'importance du préjudice causé au créancier par le retard de l'exécution, alors que selon le pourvoi, le juge qui liquide une astreinte est tenu de ne pas dépasser le montant du dommage dont la constatation est indispensable pour justifier la condamnation; —

Mais attendu qu'en décidant que l'astreinte provisoire, mesure de contrainte entièrement distincte des dommages-intérêts, et qui n'est en définitive qu'un moyen de vaincre la résistance opposée à l'exécution d'une condamnation, n'a pas pour objet de compenser le dommage né du retard et est normalement liquidée en fonction de la gravité de la faute du débiteur récalcitrant et de ses facultés, la cour d'appel, dont l'arrêt est motivé, a légalement justifié sa décision;

Par ces motifs, rejette . . .

From the note

I. Les circonstances de l'espèce font apparaître l'intérêt pressant de la question de droit soumise à la Cour de cassation : la nature juridique des astreintes.

Une société industrielle est condamnée à modifier un ouvrage établi au mépris des droits d'un particulier. En vue d'assurer l'exécution de sa décision, la cour d'appel assortit la condamnation d'une astreinte, calculée par jour de retard. Néanmoins, la société n'exécute pas. L'astreinte est liquidée et une nouvelle astreinte ordonnée. La société persiste à ne pas exécuter. Nouvelle liquidation, suivie d'une nouvelle astreinte. En vain. Enfin par nouvel arrêt (le quatrième) une nouvelle astreinte, de 10.000 F par jour cette fois, est ordonnée pendant trois mois. L'exécution n'ayant toujours pas eu lieu, les bénéficiaires demandent la liquidation de l'astreinte au plein de son montant (900.000 F) et la fixation d'une nouvelle astreinte plus forte.

C'est alors que la société, qui jusque-là paraissait être restée indifférente aux liquidations, à un chiffre modéré, des astreintes antérieures, peu élevées, s'émeut enfin. Elle fait plaider que l'astreinte n'est pas autre chose que des dommages-intérêts, et que sa liquidation doit donc se mesurer exactement au préjudice effectivement souffert du fait de la non-exécution ou du retard dans l'exécution de la condamnation. Et elle demande même avant dire droit une expertise afin d'évaluer le dommage.

Sur quoi, la cour d'appel prend nettement parti sur la nature de l'astreinte (Riom, 10 déc. 1956, D. 1956.101 ; S. 1957.112) où elle voit une mesure de contrainte, entièrement étrangère à la notion de dommages-intérêts. Et en considération de l'obstination de la société à ne pas exécuter une décision de justice, elle fait droit à la demande de liquidation de l'astreinte à son plein chiffre, sans aucune référence au montant du préjudice.

L'enjeu du litige sur lequel avait à statuer l'arrêt ci-dessus rapporté était extrêmement grave. C'est le sort de toute l'institution des astreintes qui en dépendait. Si l'astreinte en définitive ne devait plus être considérée que comme des dommages-intérêts moratoires purs et simples, la justice serait, en matière de décision ayant pour objet un *facere* ou un *non facere*, le plus souvent entièrement désarmée en présence d'un plaideur obstinément récalcitrant. Seule l'éventualité et la menace de condamnations pécuniaires d'un montant croissant pouvant atteindre des chiffres élevés est de nature à faire réfléchir un litigant de mauvaise volonté . . .

II. Ceci amène à préciser la distinction entre deux catégories d'astreintes. Ce sont :

1. les astreintes définitives qui prononcent — à raison de chaque jour de retard dans l'exécution de la décision, ou à raison de chaque infraction à une décision ordonnant soit l'accomplissement d'un acte soit plus souvent une abstention —, une condamnation à une somme d'ores et déjà acquise au bénéficiaire de cette condamnation, et

2. les astreintes provisoires qui comportent à l'expiration du délai pour lequel elles sont prononcées, la révision éventuelle du chiffre de l'astreinte, sa 'liquidation'.

C'est d'ailleurs tout à fait à tort que seule la deuxième catégorie d'astreinte — l'astreinte provisoire soumise à liquidation — est en pratique qualifiée de 'comminatoire'. C'est là une erreur certaine. Le caractère comminatoire qui est de l'essence de toute astreinte étant même en réalité bien plus marqué dans l'astreinte définitive que dans l'astreinte provisoire, puisque dans l'astreinte définitive la sanction calculée par jour ou par infraction ne peut être révisée. La menace inhérente à toute astreinte consiste dans l'augmentation progressive de la condamnation et non dans son caractère révisable, comme on a trop souvent tendance à le croire. C'est même justement l'inverse. Mais de nos jours s'est progressivement établi entre les deux catégories d'astreintes une différence très remarquable, — d'ailleurs beaucoup plus de forme que de fond. L'astreinte définitive a évolué — en principe — vers la notion formelle de dommages-intérêts. On est venu de nos jours à considérer que l'astreinte dont le taux est définitivement fixé constitue juridiquement une condamnation à des dommages-intérêts. Cela signifierait-il donc, sur ce plan, l'abandon du caractère sanctionnateur de l'astreinte?

On pourrait le croire à voir certaines décisions des dix dernières années, qui imposent aux juges du fond l'obligation de 'justifier dès à présent (c'est-à-dire dès le prononcé de l'astreinte) que la somme fixée représente le préjudice causé au créancier par le retard' . . .

Mais il n'en est rien. Il faut, en effet, toujours tenir compte de la liberté incontestée du juge du fond pour évaluer le préjudice, qu'il sera donc libre d'évaluer à un taux particulièrement élevé en fixant l'astreinte. Cette considération atténue déjà singulièrement l'exigence qui figure dans les termes des arrêts ci-dessus cités. Mais il y a mieux encore, et un très remarquable courant jurisprudentiel, inauguré par une importante décision de la chambre civile (2 févr. 1955, Bull. civ. 1955.1, no. 54, p. 50), a cessé d'exiger aucune justification de l'adéquation de l'astreinte définitive au préjudice, la simple fixation du chiffre de l'astreinte définitive valant, par elle-même et sans autre justification, évaluation souveraine du préjudice futur . . .

La tendance de cette jurisprudence tout à fait remarquable est visiblement de rétablir, sous le vocable (et nous oserons dire, sous le 'masque') de la notion de dommages-intérêts, le caractère de sanction de l'astreinte définitive. La 'menace' est ici fonction du pouvoir souverain d'évaluation du préjudice futur par les juges du fond. . . .

. . .

Cette évolution est très intéressante car elle montre comment, même quand on prétend ne voir dans l'astreinte que des dommages-intérêts (ce qui le cas suivant la conception actuelle régnante en matière d'astreinte définitive), celle-ci revient nécessairement, sous l'apparence, et disons franchement sous la fiction, de la notion de dommages-intérêts, à sa vraie nature qui est d'être une sanction et une peine . . .

III. Si nous passons maintenant à l'astreinte soumise à liquidation, tout le monde est d'accord que le chiffre de l'astreinte est, au moins provisoirement, fixé à titre de menace, sans aucun rapport avec le préjudice futur prévisible. Toute la difficulté vient de la question de savoir si, lors de la liquidation, la condamnation finale (que le juge est libre de maintenir au chiffre primitif ou d'abaisser) doit être mesurée exactement — ou du moins être réputée mesurée exactement — au taux du préjudice réellement causé par le retard ou l'infraction.

Or en matière d'astreinte provisoire, il y a une tradition très nette en faveur d'une rupture complète avec la notion de dommages-intérêts . . .

Dans ces conditions il est permis de ne pas voir l'expression d'une doctrine arrêtée dans deux arrêts de la deuxième chambre civile (27 févr. 1953,[29] Bull. civ. 1953. II, p. 41, et 27 oct. 1955, ibid. 1957, II, p. 286) qui indiquent que lors de la liquidation de l'astreinte provisoire les juges devront justifier que son montant représente le préjudice causé au créancier par l'exécution différée. Ces décisions admettent donc le principe d'une adéquation de l'astreinte à de simples intérêts moratoires . . .

V. Telle était bien en effet la portée du débat. La thèse de l'arrêt de la cour de Riom — qui est celle professée par la majorité des juridictions de fond, conscientes du caractère indispensable de l'institution des astreintes fonctionnant à titre de sanction d'une attitude récalcitrante, et hors de toute confusion avec des dommages-intérêts — ne pouvait être condamnée sans que toute l'institution ne fût démantelée du même coup . . .

NOTES

1. Is the dilemma of the *astreinte non-comminatoire* due to an insufficient distinction between a penalty designed to induce obedience and an assessment of compensation for an unquantifiable loss?

2. What happens if the defendant cannot pay?[29a]

---

[29] Above, p. 522.
[29a] See Le Monde 7–8.5.1978 *sub. tit. Chère Bicyclette.*

Loi N° 72-626 du 5 juillet 1972. D.S. 1972 L361

TITRE II

De l'astreinte en matière civile[29b]

Art. 5. — Les tribunaux peuvent, même d'office, ordonner une astreinte pour assurer l'exécution de leurs décisions.

Art. 6. — L'astreinte est indépendante des dommages-intérêts. Elle est provisoire ou définitive. L'astreinte doit être considérée comme provisoire, à moins que le juge n'ait précisé son caractère définitif.

Art. 7. — Au cas d'inexécution totale ou partielle ou de retard dans l'exécution, le juge qui a ordonné l'astreinte doit procéder à sa liquidation.

Art. 8. — Sauf s'il est établi qui l'inexécution de la décision judiciaire provient d'un cas fortuit ou de force majeure, le taux de l'astreinte définitive ne peut être modifié par le juge lors de sa liquidation.

Il appartient au juge de modérer ou de supprimer l'astreinte provisoire, même au cas d'inexécution constatée.

[29b] See M. F. Chabas, La réforme de l'astreinte. D.S. 1972 Chron. 271.

Bibliography

The purpose of this bibliography is twofold: to give precise references to works cited and to provide an additional reading-list for anyone wishing to take a particular topic further. Thus, after listing general and background works, it is divided according to the chapters in the book itself. Numbered works are those cited in the text; and, unless otherwise stated, the place of publication of works in French is Paris; of those in English, London.

I. General Bibliography

1. Bibliographies

DAVID, R. *Bibliographie du droit français 1945–60*, Mouton, 1964.

SZLADITS, C. *Bibliography of Foreign and Comparative Law*, Oceana Publications, New York, 1955, 1962, 1968 with supplements.

2. General and Comparative

DAVID, R. *Traité élémentaire de droit civil comparé*, L.G.D.J., 1950.

—— *Les Grands Systèmes de droit contemporains* (Précis Dalloz), 6ème éd., 1974.

DAWSON, J. P. *The Oracles of the Law*, University of Michigan Law School, 1968.

GUTTERIDGE, H. C. *Comparative Law. An Introduction to the Comparative Method of Legal Study and Research*, Cambridge University Press, 1946; reprinted 1970.

KAHN-FREUND, O. *Comparative Law as an Academic Subject* (Inaugural lecture), Oxford University Press, 1965.

LAMBERT, E. *Fonction du droit civil comparé* (Etudes de droit commun législatif ou de droit civil comparé, sér. 1), Giard et Brière, 1903.

—— *L'Enseignement du droit comparé. Sa coopération au rapprochement entre la jurisprudence française et la jurisprudence anglo-américaine*, Annales de l'Université de Lyon; nouvelle série (Droit et Lettres), fascicule 32, 1939.

LAWSON, F. H. *A Common Lawyer Looks at the Civil Law*, University of Michigan Law School, 1953.

LÉVY-ULLMANN, H. *The English Legal Tradition* (translated from the French), Macmillan, 1935.

Livre du centenaire de la Société de législation comparée (Un siècle de droit comparé en France: 1869–1969), L.G.D.J., 1970.

VON MEHREN, A. *The Civil Law System* (Cases and materials), Prentice-Hall, New York, 1957.

POUND, ROSCOE. 'Hierarchy of Sources and Forms in Different Systems of Law', 7 *Tulane Law Review* (1932–3), 475.

RYAN, K. W. *An Introduction to the Civil Law*, Halstead Press, Sydney, 1962.

SCHLESINGER, R. B. *Comparative Law. Cases—Text—Materials*, 3rd ed., Brooklyn Foundation Press, New York, 1970.

1 SCHWARTZ, B. (ed.). *The Code Napoléon and the Common-law World*, New York University Press, 1956.

SCHWARTZ, B. *French Administrative Law and the Common-law World*, New York University Press, 1954.

2 SZLADITS, C. *Guide to Foreign Legal Materials* (French, Swiss, German), Oceana Publications, New York, 1959 and supplement.

ZWEIGERT, K., and KÖTZ, H. *Einführung in die Rechtsvergleichung*, Bd. II: *Institutionen*, J. C. P. Mohr, Tübingen, 1969.[1]

3. French Background

A. *General*

AMOS, M. S., and WALTON, F. P. *Introduction to French Law*, Oxford, Clarendon Press, 3rd ed., 1967.

3 CAPITANT, H. *Etudes de droit civil à la mémoire de Henri Capitant*, Dalloz (n.d.).

4 —— *Travaux de l'Association H. Capitant pour la culture juridique française*, Dalloz, 1946– .

DAVID, R. *Le Droit français*, 2 vols. (Les systèmes de droit contemporain XI et XII), L.G.D.J., 1960.

—— *French Law*, La. S.U.P. Baton Range, 1972.

5 DOMAT, J. *Les Loix civiles dans leur ordre naturel (1689–1694)*, nouv. éd. revue par M. de Héricourt, 1745.

6 FENET, P. A. *Recueil complet des travaux préparatoires du Code civil*, 15 vols., 1830.

7 GÉNY, F. *Recueil d'études sur les sources du droit en l'honneur de François Gény*, 3 vols., Sirey, n.d.

HAMEL, J. *Dix Ans de conférences d'agrégation. Etudes de droit commercial offertes à J. Hamel*, Dalloz, 1961.

JULLIOT DE LA MORANDIÈRE, L. *Etudes juridiques offertes à Léon Julliot de la Morandière*, Dalloz, 1964.

LABORDE-LACOSTE, M. *Mélanges de droit, d'histoire et d'économie offerts à M. Laborde-Lacoste*, éd. Bière, Bordeaux, 1963.

8 LAMBERT, E. *Introduction à l'étude du droit comparé. Recueil d'études en l'honneur d'Edouard Lambert*, 3 vols., L.G.D.J., 1938.

[1] English translation by T. Weir: *An Introduction to Comparative Law*, North Holland, 1977 (2 vols.).

9 *Livre du centenaire du Code civil*, 2 vols., Rousseau, 1904.

10 MAURY, J. *Mélanges offerts à Jacques Maury*, 2 vols., Dalloz, Sirey, 1960.

11 MESTRE, A. *L'Evolution du droit public. Etudes offertes à A. Mestre*, Sirey, 1956.
RIPERT, G. *Le Déclin du droit*, L.G.D.J., 1951.

12 —— *Les Forces créatrices du droit*, L.G.D.J., 1955.

13 —— *La Règle morale dans les obligations civiles*, 4ème éd., L.G.D.J., 1949.
—— *Le Régime démocratique et le droit civil moderne*, L.G.D.J., 2ème ed., 1948.

14 —— *Le Droit privé français au milieu du xxe siècle. Etudes offertes à Georges Ripert*, 2 vols., L.G.D.J., 1950.

15 SAVATIER, R. *Mélanges offerts à René Savatier*, Dalloz, 1965.
—— *Les Métamorphoses économiques et sociales du droit civil d'aujourd'hui*, 3 vols., Dalloz, 1959–64.

16 SCELLE, G. *La Technique et les principes de droit public. Etudes en l'honneur de G. Scelle*, 2 vols., L.G.D.J., 1950.

B. *Droit civil*

17 AUBRY, C., ET RAU, C.-F. *Droit civil français*, 12 vols. et supplément permanent, 6ème et 7ème éd., Editions techniques, 1936–58.

18 BEUDANT, CH. *Cours de droit civil français*, 14 vols., 2ème éd., Rousseau, 1934–51.
CAPITANT, H. *Les Grands Arrêts de la jurisprudence civile*, 7ème éd. par A. Weill et F. Terré, Dalloz–Sirey, 1970.

19 CARBONNIER, J. *Droit civil*, 4 vols., P.U.F., vols. 1, 2, 8ème éd., 1969, vols. 3, 4, 8ème éd., 1975.

20 COLIN, A., CAPITANT, H., ET JULLIOT DE LA MORANDIÈRE, L. *Traité de droit civil*, 2 vols., Dalloz, 1957.

21 DEMOGUE, R. *Traité des obligations en général*, 7 vols., Rousseau, 1921–33.

22 GAUDEMET, E. *Théorie générale des obligations* (réimpression de l'édition publiée en 1937), Sirey, 1965.

23 JOSSERAND, L. *Cours de droit civil français*, 3ème éd., Sirey, 1939.

24 DE JUGLART, M. *Cours de droit civil* (*Capacité en droit*), 7ème éd., Montchrestien, 1972.

25 MARTY, G., ET RAYNAUD, P. *Droit civil*, 3 vols. (in 4), Sirey, 1961–76.

26 MAZEAUD, HENRI, LÉON ET JEAN. *Leçons de droit civil*, 4 vols., 5ème éd. par M. de Juglart, Montchrestien, 1963–76.

27 MAZEAUD, H. ET L., ET TUNC, A. *Traité théorique et pratique de la responsabilité civile délictuelle et contractuelle*, 3 vols., 5ème et 6ème éd., Montchrestien, 1960–70.

28 Planiol, M., et Ripert, G. *Traité pratique de droit civil français*, 13 vols., 2ème éd., L.G.D.J., 1952–60.

29 Pothier, J. *Traité des obligations* (1761), Pichon-Béchet, 1827.

30 Raynaud, P. *Cours de droit civil* (sténotypie), Les cours de droit, 1967–8.

Revue trimestrielle de droit civil, Sirey, 1902– .

31 Rodière, R. *Droit civil*, Travaux pratiques 1ère année, 2ème éd., Sirey, 1963.

32 —— *Droit civil*, Travaux pratiques 2ème année, 2ème éd., Sirey, 1961.

Savatier, R. *La Théorie des obligations* (Précis Dalloz), 2ème éd., 1969.

Starck, B. *Droit civil*, 2 vols., Librairies techniques, 1972.

Travaux de la Commission de réforme du Code civil, Sirey, 1945– .

Weill, A. *Droit civil* (Précis Dalloz), 3 vols., 2ème éd., 1972–5.

C. *Droit commercial*

Escarra, J. *Manuel de droit commercial*, 2 vols., Sirey, 1947.

Hamel, J., Lagarde, G., et Jauffret, A. *Traité de droit commercial*, 2 vols., Dalloz, 1954–66.

Houin, R. *Les Grands Arrêts de la jurisprudence commerciale*, Sirey, 1962.

33 Julliot de la Morandière, L., Rodière, R., et Houin, R. *Droit commercial* (Précis Dalloz), 5ème éd., 1968.

Revue trimestrielle de droit commercial, Sirey, 1948– .

Ripert, G. *Traité élémentaire de droit commercial*, 8ème éd. par R. Roblot, L.G.D.J., 1974.

Travaux de la Commission de réforme du code de commerce et du droit des sociétés, L.G.D.J., 1949–58.

D. *Institutions judiciaires—procédure civile*

Cornu, G., et Foyer, J. *Procédure civile* (Thémis), P.U.F., 1958.

Garsonnet, E., et Cézar-Bru, Ch. *Traité théorique et pratique de procédure civile et commerciale*, 9 vols., Sirey, 1912–25.

Glasson, E., Tissier, A., et Morel, R. *Traité théorique et pratique d'organisation judiciaire, de compétence et de procédure civile*, 5 vols., Sirey, 1925–36.

Herzog, P. *Civil Procedure in France*, Martinus Nijhoff, The Hague, 1967.

34 Solus, H., et Perrot, R. *Droit judiciaire privé*, vol. 1, Sirey, 1961, vol. 2, 1973.

35 Vincent, J. *Procédure civile* (Précis Dalloz), 16ème éd., 1973.

E. *Droit constitutionnel—droit administratif*

36 Brown, L. N., and Garner, J. F. *French Administrative Law*, Butterworths, 2nd ed., 1973.

BURDEAU, G. *Droit constitutionnel et institutions politiques*, 16ème éd. L.G.D.J., 1974.

DUVERGER, M. *Institutions politiques et droit constitutionnel* (Thémis), 8ème éd., P.U.F., 1965.

Etudes et documents du Conseil d'Etat, Imprimerie nationale, 1947– .

FAVOREU, L., PHILIP, L. *Les Grandes Décisions du Conseil Constitutionnel*, Sirey, 1975.

FRANCK, C. *Les fonctions juridictionnelles du Conseil constitutionnel et du Conseil d'Etat dans l'ordre constitutionnel*, L.G.D.J., 1974.

37 HAURIOU, A., GICQUEL, J., ET GELARD, P. *Droit constitutionnel et institutions politiques*, 6ème éd., Montchrestien, 1975.

38 DE LAUBADÈRE, A. *Traité élémentaire de droit administratif*, 4 vols., L.G.D.J., 1970–7.

LONG, M., WEILL, P., ET BRAIBANT, G. *Les Grands Arrêts de la jurisprudence administrative*, 6ème éd., Sirey, 1974.

Revue du droit public et de la science politique, L.G.D.J., 1894– .

39 RIVERO, J. *Droit administratif* (Précis Dalloz), 3ème éd., 1965.

—— *Les libertés publiques*, P.U.F., Vol. 1 1973, Vol. 2 1977.

VEDEL, G. *Droit administratif* (Thémis), 4ème éd., P.U.F., 1968.

40 WALINE, M. *Droit administratif*, 9ème éd., Sirey, 1963.

F. *Droit criminel—procédure pénale*

BOUZAT, P., ET PINATEL, J. *Traité de droit pénal et de criminologie*, 3 vols., Dalloz, 2ème éd., 1970.

GARRAUD, R. *Traité théorique et pratique de droit pénal français*, 6 vols., Sirey, 3ème éd., 1913–35.

STEFANI, G., ET LEVASSEUR, G. *Droit pénal et criminologie* (Précis Dalloz), 2 vols., 2ème éd., 1966.

—— *Procédure pénale* (Précis Dalloz), 6ème éd., 1972.

VOUIN, R., ET LÉAUTÉ, J. *Droit pénal et criminologie* (Thémis), P.U.F., 1956.

II. Chapter Bibliography

Part I

Chapter I. *Section 1*

BATAILLER, F. *Le Conseil d'Etat, juge constitutionnel*, thèse, L.G.D.J., 1966.

41 BENTHAM, J. *Theory of Legislation* (published in French 1802), Oxford University Press, 1914.

42 —— 'To the Emperor of All the Russias, Letter II' (published in the Supplement to Papers relative to Codification and Public Instruction), 1817.

BOULANGER, J. 'Le rôle du juge en cas de silence ou d'insuffisance de la loi' (exposé), in B. 4, 1949, pp. 61 ff.

43 CAPITANT, H. 'Les travaux préparatoires et l'interprétation des lois', in B. 7, vol. 2, pp. 204 ff.

44 —— 'Portalis, le père du Code civil', *Rev. crit. de législation et de jurisprudence* (nouvelle série), L.G.D.J., 1936, pp. 187 ff.

COHEN, A. J. 'La jurisprudence du Conseil constitutionnel relative au domaine de la loi d'après l'art. 34', *R.D.P.* 1963, 745 ff.

CORNU, G. 'La lettre du Code à l'épreuve du temps', in B. 15, pp. 157 ff.

COSTE-FLORET, P. 'Le Code civil et les codifications étrangères', *Commission de réforme du Code civil 1945*, vol. 1, pp. 34 ff.

45 DALLOZ. From: *Répertoire de droit public et administratif*; title: 'Constitution et pouvoirs publics', Dalloz, mise à jour 1970.

DUVERGER, M. *La Cinquième République*, 4ème éd., P.U.F., 1968.

46 FABRE, M.-H. *Principes républicains de droit constitutionnel*, 2ème éd., L.G.D.J., 1970.

47 GEORGEL, J., ET MOREAU, J. *La Loi en général*, Jurisclasseur (Civil) 1–10, fasc. A (ad C. civ. art. 1), Editions techniques, 1960.

HAURIOU, A. *Droit constitutionnel et institutions politiques.* See B. 37.

JÈZE, G. 'Le contrôle juridictionnel des lois', *R.D.P.* 1924, 392 ff.

48 JOSSERAND, L. 'La "publicisation" du contrat', in B. 8, vol. 3, pp. 143 ff.

JULLIOT DE LA MORANDIÈRE, L. 'La réforme du Code civil', D. 1948, Chr. pp. 117 ff.

DE LAUBADÈRE, A. *Traité élémentaire de droit administratif.* See B. 38.

49 LOUIS-LUCAS, P. 'La loi', D. 1964, Chr. pp. 197 ff.

MALLET, L. 'Le Code civil et la doctrine', *Commission de réforme du Code civil 1945*, vol. 1, pp. 68 ff.

MARTY, G. 'Le rôle du juge dans l'interprétation des contrats', in B. 4, 1949, pp. 84 ff.

MIGNON, M. 'Le contrôle juridictionnel et la constitutionnalité des lois', D. 1952, Chr. pp. 45 ff.

MOTULSKY, M. 'Le rôle respectif du juge et des parties dans l'allégation des faits', in *Etudes de droit contemporain*, Contributions françaises aux 3ème et 4ème Congrès internationaux de droit comparé, vol. 2, pp. 355 ff., Sirey, 1959.

NICHOLAS, J. K. B. 'Loi, règlement and Judicial Review in the 5th Republic', *Public Law* (Autumn 1971), 251 ff.

50 PORTALIS, J. 'Discours préliminaire prononcé par Portalis le 24 thermidor an 8, lors de la présentation du projet arrêté par la commission du Gouvernement', in B. 6, vol. 1, pp. 463 ff.

RIVERO, J. 'Regards sur les institutions de la Vème République', D. 1958, Chr. pp. 259 ff.

ROBERT, J. 'Propos sur le sauvetage d'une liberté', *R.D.P.* 1971, 1171 ff.

51 SALEILLES, R. *De la déclaration de la volonté*, Pichon, 1901.

DE SOTO, J. 'La loi et le règlement dans la Constitution du 4. 10. 1958', *R.D.P.* 1959, 240 ff.

TERRÉ, F. 'Les problèmes de la codification à la lumière des expériences et des situations actuelles', in *Etudes de droit contemporain*, Contributions françaises au 6ème Congrès international de droit comparé, pp. 175 ff., Cujas, 1962.

TUNC, A. 'The Fifth Republic, the Legislative Power and Constitutional Review', 9 *American Journal of Comparative Law* (1960), 335 ff.

52 —— 'The Grand Outlines of the Code', in B. 1, pp. 19 ff.

WALINE, M. 'Les rapports entre la loi et le règlement avant et après la Constitution de 1958', *R.D.P.* 1959, 699 ff.

—— 'La jurisprudence du Conseil constitutionnel sur la répartition des matières entre la loi et le règlement', *R.D.P.* 1960, 1011 ff.

WILLIS, J. 'Statute Interpretation in a Nutshell', 16 *Can. Bar Rev.* (1938), 1 ff.

Section 2

BOULANGER, J. 'Notations sur le pouvoir créateur de la jurisprudence civile', *Rev. trim. dr. civ.* 1961, 417 ff.

53 —— 'Le précédent judiciaire dans le droit privé français contemporain', in *La Revue du barreau de la province de Québec*, 1961, 65 ff.

—— 'Jurisprudence', *Encyclopédie Dalloz* (Civil III), pp. 17 ff.

54 CROSS, A. R. N. *Precedent in English Law*, Oxford University Press, 3rd ed., 1977.

DEAK, F. 'Le rôle du "cas" dans la *common law* et en droit civil', in B. 8, vol. 1, pp. 467 ff.

DUPEYROUX, O. 'La jurisprudence, source abusive du droit', in B. 10, vol. 2, pp. 349 ff.

ESMEIN, P. 'La jurisprudence et la doctrine', *Rev. trim. dr. civ.* 1902, 5 ff.

55 —— 'La jurisprudence et la loi', *Rev. trim. dr. civ.* 1952, 17 ff.

56 GÉNY, F. *Méthode d'interprétation et sources du droit privé positif*, 2 vols., L.G.D.J., 1919.

57 GOODHART, A. L. 'Precedent in English and Continental Law', 50 *L.Q.R.* (1934), 40.

58 GUTTERIDGE, H. C. 'Abuse of Rights', 5 *Cambridge Law Journal* (1933) 22.

59 HÉBRAUD, P., ET Raynaud, P. 'Jurisprudence en matière de procédure civile', *Rev. trim. dr. civ.* 1955, 696.

60 LEDRU-ROLLIN, C. Preface to the 1st Volume of the 'Journal du Palais', 1837. Quoted by Thaller in B. 9, vol. 1, p. 229.

MALAURIE, P. 'La jurisprudence combattue par la loi', in B. 15, pp. 503 ff.

61 MAURY, J. 'Observations sur la jurisprudence en tant que source de droit', in B. 14, vol. 1, pp. 28 ff.

MIMIN, P. *Le Style des Jugements*, 4ᵉᵐᵉ éd., Librairie Technique, 1970.

TOUFFATT, A. et TUNC, A. 'Pour une motivation plus explicite . . .', *Rev. trim. dr. civ.* 1974, 487.

RUDDEN, B. 'Courts and Codes' (1974) 48 Tulane L.T. 1010.

62 TREITEL, G. 'Law Reform in the Court of Appeal', 29 *M.L.R.* (1966), 656.

63 WALINE, M. 'Le pouvoir normatif de la jurisprudence', in B. 16, vol. 2, pp. 613 ff.

WORTLEY, B. A. 'François Gény', *Modern Theories of Law*, Oxford University Press, 1933, pp. 139 ff.

Section 3

64 BAUDET, F. *Labbé arrêtiste*, thèse, Lille, 1908.

65 BOULANGER, J. 'Principes généraux du droit et droit positif', in B. 14, vol. 1, pp. 51 ff.

DAWSON, J. P. *Unjust Enrichment*, Little, Brown & Co., Boston, Mass., 1951.

FRIEDMANN, W. 'The Principles of Unjust Enrichment in English Law', 16 *Can. Bar Rev.* (1938), 234 ff.

66 GOODHART, A. L. 'Rescue and Voluntary Assumption of Risk', 5 *Cambridge Law Journal* (1935), 192 ff.

GUTTERIDGE, H. C. 'Unjust Enrichment', 5 *Cambridge Law Journal* (1934), 204 ff.

67 HAMSON, C. J. *Executive Discretion and Judicial Control*, Stevens, 1954.

JEANNEAU, B. *Les Principes généraux de droit dans la jurisprudence administrative*, Sirey, 1954.

68 —— *La Nature des principes généraux du droit en droit français*, Contributions françaises au 6ᵉᵐᵉ Congrès de droit comparé, Cujas, 1962.

LETOURNEUR, M. 'Les principes généraux du droit dans la jurisprudence du Conseil d'Etat', *Etudes et documents du Conseil d'Etat*, Imprimerie nationale, 1951, pp. 19 ff.

69 LLOYD, D. *Public Policy. A Comparative Study of English Law and French Law*, Athlone Press, 1953.

70 MEYNIAL, E. 'Les recueils d'arrêts et les arrêtistes', in B. 9, vol. 1, pp. 173 ff.

71 NICHOLAS, B. 'Unjustified Enrichment in the Civil Law', 36 *Tulane Law Review* (1961–2), 605 ff. and 37 ibid. (1962–3), 49 ff.

O'CONNELL, D. P. 'Unjust Enrichment', 5 *American Journal of Comparative Law* (1956), 2 ff.

72 ROUBIER, P. 'L'ordre juridique et la théorie des sources du droit', in B. 14, vol. I, pp. 9 ff.

Chapter 2. *Section 1*

73 BRÈTHE DE LA GRESSAYE, J. 'Droit administratif et droit privé', in B. 14, vol. I, pp. 304 ff.

FLOUR, J. 'L'influence du droit public sur le droit privé', in B. 4, 1946, pp. 39 ff., 184 ff.

48 JOSSERAND, L. 'La "publicisation" du contrat', in B. 8, vol. 3, pp. 143 ff.

74 MAZEAUD, H. 'Défense du droit privé', D. 1946, Chr. pp. 17 ff.

RIVERO, J. 'Droit public et droit privé: conquête, ou *status quo*?', D.H. 1947, Chr. pp. 69 ff.

SAVATIER, R. 'Droit privé et droit public', D. 1946, Chr. pp. 25 ff.

—— 'Du droit civil au droit public', 2ème éd., L.G.D.J., 1950.

75 DE SMITH, S. A. *Judicial Review of Administrative Action*, 3rd ed., Stevens, 1973.

WALINE, M. *Droit administratif*. See B. 40.

Section 2

76 HÉBRAUD, P., ET RAYNAUD, P. 'Jurisprudence en matière de procédure civile', *Rev. trim. dr. civ.* 1955, 699 ff.

77 JULLIOT DE LA MORANDIÈRE, L. 'L'ordre public en droit privé interne', in B. 3, pp. 381 ff.

KAYSER, P. 'Les nullités d'ordre public', *Rev. trim. dr. civ.* 1933, 1115 ff.

MALAURIE, PH. *Les Contrats contraires à l'ordre public* (Etude de droit civil comparé: France, Angleterre, U.R.S.S.), thèse, Reims, 1953.

78 —— 'Ordre public', *Encyclopédie Dalloz* (Civil III), 1953, pp. 668 ff.

RIPERT, G. 'L'ordre économique et la liberté contractuelle', in B. 7, vol. 11, pp. 347 ff.

SAVATIER, R. 'L'ordre public économique', D.S. 1965, Chr. pp. 37 ff.

79 SOLUS, H. 'La jurisprudence contemporaine et le droit du ministère public d'agir en justice au service de l'ordre public', in B. 3, pp. 769 ff.

TALLON, D. 'Considérations sur la notion d'ordre public dans les contrats en droit français et en droit anglais', in B. 15, pp. 883 ff.

Section 3

JULLIOT DE LA MORANDIÈRE/RODIÈRE/HOUIN. *Droit commercial*. See B. 33.

LYON-CAEN, G. 'Contribution à la recherche d'une définition du droit commercial', *Rev. trim. dr. com.* 1949, 577 ff.

80 LYON-CAEN, C. 'De l'influence du droit commercial sur le droit civil depuis 1804', in B. 9, vol. 1, pp. 207 ff.

81 THALLER, E. 'De l'attraction exercée par le Code civil et par ses méthodes sur le droit commercial', in B. 9, vol. 1, pp. 225 ff.

Section 4

82 FAIVRE, P. 'Action civile', *Encyclopédie Dalloz* (Droit pénal et proc. pénale), 1967, vol. 1, p. 42.

GRANIER, J. 'Quelques réflexions sur l'action civile', *J.C.P.* 1957 I 1386.

Chapter 3. Section 1

CHAPLET, P. 'La réforme judiciaire et ses options' (organisation judiciaire et procédure), Sirey, 1959, Chr. pp. 37 ff.

HÉBRAUD, P. Justice 59. 1. 'L'autorité judiciaire', D. 1959, Chr. pp. 77 ff.; 2. 'Les juridictions', D. 1959, Chr. pp. 151 ff.

DE JUGLART, M. *Cours de droit civil (Capacité en droit)*. See B. 24.

MARTY, G. 'Etude de droit comparé sur l'unification de la jurisprudence par le tribunal suprême', in B. 8, vol. 2, pp. 728 ff.

VINCENT, J. *Procédure civile*. See B. 35.

Section 2

RASSAT, M.-L. *Le Ministère public entre son passé et son avenir*, L.G.D.J., 1967.

Section 3

BERTRAND, E. 'De la profession d'avocat', D.S. 1970, Chr. p. 85.

83 BROWN, L. N. 'The Office of the Notary in France', *I.C.L.Q.* (1953), 60 ff.

84 DALLOZ. *Nouveau Répertoire de droit*, vol. 3, 'Notaire', 2ème éd., 1964, pp. 437 ff.

FARBOS DE LUZAN, R. 'La réforme des professions judiciaires et juridiques ou le danger des annexions', D.S. 1970, Chr. p. 81.

SIALELLI, J.-B. 'La réforme des professions judiciaires et juridiques : profession libérale, office ministériel, société commerciale', D. 1970, Chr. p. 13.

SOLUS, H., ET PERROT, R. *Droit justiciaire privé*. See B. 34.

Section 4

85 BÉQUIGNON-LAGARDE, C. 'Conflit', *Encyclopédie Dalloz* (Droit public et administratif), vol. 1, pp. 442 ff., Paris, 1958, mise à jour 1976.

RIVERO, J. *Droit administratif*. See B. 39.

Part II

Introduction

86 SCHMIDT, F. 'Model, Intention, Fault', *Scandinavian Studies in Law* (1960), 179 ff.

    HOUIN, R. *La Distinction des contrats synallagmatiques et unilatéraux*, thèse, Paris, 1937.

Chapter 4. *Section 1*

    AUBERT, J. L. *Notions et rôles de l'offre et de l'acceptation dans la formation des contrats*, L.G.D.J., 1970.

    GOUNOT, E. 'La liberté des contrats et ses justes limites', in *Semaines sociales de France* (1938), 321 ff. Printed in Mazeaud, *Leçons*, vol. 2, 6ème leçon, lectures pp. 98 ff.

87 LACOMBE, J. 'La responsabilité de l'exploitant d'un magasin à l'égard de ses clients', *Rev. trim. dr. civ.* 1963, 242 ff.

    LOUIS-LUCAS, P. 'L'autonomie de la volonté en droit privé interne et en droit international privé', in B. 3, pp. 469 ff.

    RIEG, A. *Le Rôle de la volonté dans l'acte juridique en droit civil français et allemand*, L.G.D.J., 1961.

    RODIÈRE, R. ed., *La formation du contrat*, Pedone, 1976.

    SCHLESINGER, R. B. *Formation of Contracts*, 2 vols., Stevens, London, Oceana, New York, 1968.

Section 2

88 CÉLICE, R. *L'Erreur dans les contrats*, thèse, Paris, L.G.D.J., 1922.

    DAVID, R. 'La doctrine d'erreur dans Pothier et son interprétation par la *common law* d'Angleterre', in B. 3, pp. 145 ff.

    DECOTTIGNIES, R. 'L'erreur de droit', *Rev. trim. dr. civ.* 1951, 309 ff.

    DEMOGUE, R. 'De la violence comme vice du consentement', *Rev. trim. dr. civ.* (1914), 435 ff.

    —— *Traité des obligations en général.* See B. 21.

    GHESTIN, J. *La Notion d'erreur dans le droit positif actuel*, L.G.D.J., 1962.

    —— 'La réticence, le dol et l'erreur sur les qualités substantielles', D.S. 1971, Chr. pp. 247 ff.

    GUYOT, P. 'Dol et réticence', in B. 3, pp. 287 ff.

    MAURY, J. 'De l'erreur sur la substance dans les contrats à titre onéreux', in B. 3, pp. 511 ff.

    POTHIER, J. *Traité des obligations.* See B. 29.

    RIPERT, G. *La Règle morale dans les obligations civiles.* See B. 13.

    TALLON, D. 'Erreur sur la substance et garanties des vices dans la vente mobilière', in *Etudes de droit commercial offertes à J. Hamel*, Dalloz, 1961, pp. 435 ff.

TREILLARD, J. 'La violence comme vice du consentement en droit comparé', in *Mélanges offerts à M. Laborde-Lacoste*, ed. Bière, Bordeaux, 1963, pp. 419 ff.

Section 3

DEMONTÈS, E. 'Observations sur la théorie de la lésion dans les contrats', in B. 3, pp. 171 ff.

89 DESPREZ, J. 'La lésion dans les contrats aléatoires', *Rev. trim. dr. civ.* 1955, 1 ff.

Section 4

90 CAPITANT, H. *De la cause des obligations*, thèse, Paris, 1923.

DAVID, R. 'Cause et *consideration*', in B. 10, vol. 2, pp. 111 ff.

91 DORAT DES MONTS, R. *La Cause immorale*, Rousseau, 1956.

92 MAURY, J. 'Cause', *Encyclopédie Dalloz* (Civil), 1951, vol. 1, pp. 514 ff.

SEILLAN, J. 'La cause des obligations en droit comparé', in *Mélanges offerts à M. Laborde-Lacoste*, ed. Bière, Bordeaux, 1963, pp. 379 ff.

TALLON, D. 'Considérations sur la notion d'ordre public dans les contrats en droit français et anglais', in B. 15, pp. 883 ff.

93 WILLISTON, S. 'Successive Promises of the Same Performance', 8 *Harv. L.R.* (1894), 27 ff.

Chapter 5. *Section 1*

94 FROSSARD, J. *La Distinction des obligations de moyens et des obligations de résultat*, L.G.D.J., 1965.

GAUDIN DE LAGRANGE, E. *L'Intervention du juge dans le contrat*, Sirey, 1935.

GROSS, B. *La Notion d'obligation de garantie dans le droit des contrats*, L.G.D.J., 1963.

MARTY, M. 'Le rôle du juge dans l'interprétation des contrats', in B. 4 (1949), vol. 5, pp. 84 ff.

Section 2

SAVATIER, J. 'La théorie de l'imprévision dans les contrats', in *Etudes et recherches de l'Institut de droit comparé de l'Université de Paris*, vol. 2 (1959), pp. 1 ff., Editions de l'Epargne.

Section 3

TUNC, A. 'Force majeure et absence de faute en matière contractuelle', *Rev. trim. dr. civ.* 1945, 235 ff.

Chapter 6. *Section 2*

PICARD, H. 'Rapport sur la stipulation pour autrui', in B. 4, vol. 7, pp. 267 ff.

95 PORTALIS, J. 'Présentation au corps législatif du titre XI du livre III du projet de Code civil (1804)', in B. 7, vol. 14, pp. 119 f.

Section 3

96 BREDIN, J.-D. 'Remarques sur la conception jurisprudentielle de l'acte simulé', *Rev. trim. dr. civ.* 1956, 261 ff.

97 DAGOT, M. *La Simulation en droit privé*, L.G.D.J., 1965.

98 JOSSERAND, L. *Les Mobiles dans les actes juridiques du droit privé*, Dalloz, 1928.

Chapter 7.   Section 1

CASSIN, R. *De l'exception tirée de l'inexécution dans les rapports synallagmatiques*, Sirey, 1914.

—— 'Réflexions sur la résolution judiciaire des contrats pour inexécutions', *Rev. trim. dr. civ.* 1945, 159 ff.

CONTANTINESCO, L.-J. *Inexécution et faute contractuelle en droit comparé* (droits français, allemand, anglais), Publications de l'Institut de droit européen de l'Université de la Sarre, vol. 5, W. Kohlkammer Verlag, Stuttgart, 1960.

PICARD, M., ET PRUDHOMME, A. 'La résolution judiciaire pour inexécution des obligations', *Rev. trim. dr. civ.* 1961, 61 ff.

Section 2

BORÉ, J. 'La liquidation de l'astreinte comminatoire', S. 1966, Chr. pp. 159 ff.

99 DAWSON, J. P. 'Specific Performance', 57 *Michigan L.R.* (1959), 495 ff.

ESMEIN, A. 'L'origine et la logique de la jurisprudence en matière d'astreintes', *Rev. trim. dr. civ.* 1903, 5 ff.

FRÉJAVILLE, M. 'L'astreinte', D. 1949, Chr. pp. 1 ff.

100 PEKELIS, A. H. 'Legal Techniques and Political Ideologies', 41 *Michigan L.R.* (1943), 665 ff. at p. 668.

RASSAT, M.-L. 'L'astreinte définitive', *J.C.P.* 1967 I 2069.

RODIÈRE, R. 'Une notion menacée: la faute ordinaire dans les contrats', *Rev. trim. dr. civ.* 1954, 201 ff.

SAVATIER, J. 'L'exécution des condamnations au paiement d'une astreinte', D. 1951, Chr. pp. 37 ff.

101 TUNC, A. 'Le renouveau de l'astreinte en droit français', *Festschrift O. Riese*, Karlsruhe, 1964, pp. 397 ff.

Index